Donald A. Prater
Ein klingendes Glas

Das Leben Rainer Maria Rilkes

Aus dem Englischen
von Fred Wagner

Carl Hanser Verlag

Titel der Originalausgabe:
A Ringing Glass
© 1986 Oxford University Press, Oxford
© 1986 D. A. Prater

ISBN 3-446-13110-8
Alle Rechte vorbehalten
© 1986 Carl Hanser Verlag München Wien
Umschlag: Klaus Detjen
Abbildung: Kippenberg Archiv, © Insel Verlag, Frankfurt
Satz: LibroSatz, Kriftel/Taunus
Druck und Bindung: Hieronymus Mühlberger, Augsburg
Printed in Germany

Für Patricia

Sei allem Abschied voran, als wäre er hinter
dir, wie der Winter der eben geht. . . .

Hier, unter Schwindenden, sei, im Reiche der Neige,
sei ein klingendes Glas, das sich im Klang schon zerschlug.

Sei – und wisse zugleich des Nicht-Seins Bedingung,
den unendlichen Grund deiner innigen Schwingung,
daß du sie völlig vollziehst dieses einzige Mal . . .

Die Sonette an Orpheus, II: 13

Inhalt

Vorwort
11

I   Eine Kindheit in Böhmen 1875–1896
17

II   München, Rußland und Worpswede 1896–1902
59

III   Paris, Rom und Schweden 1902–1905
159

IV   Frankreich, Italien und Nordafrika 1905–1911
215

V   Duino und Spanien 1911–1913
315

VI   Eine Welt im Krieg 1913–1919
373

VII   Vorspiel in der Schweiz 1919–1921
501

VIII   Muzot und Valmont 1921–1926
559

Nachwort
671

Abbildungen
679

Anhang
681

Abkürzungen
683

Anmerkungen
686

Bibliographie
706

Verzeichnis der Abbildungen
716

Register
719

Vorwort

Aus unbeschreiblicher Verwandlung stammen
solche Gebilde –: Fühl! und glaub!
Wir leidens oft: zu Asche werden Flammen;
doch, in der Kunst: zur Flamme wird der Staub.

Rilke, *Magie*

Müssen wir das persönliche und private Leben eines Dichters kennen? Hat nicht Orwell recht mit seiner Behauptung, der private Charakter eines Schriftstellers habe wenig oder gar nichts mit seiner literarischen Persönlichkeit zu tun? Es ist gewiß möglich, das Werk Rainer Maria Rilkes, des vielleicht größten dichterischen Genies unseres Jahrhunderts – seine *Elegien*, *Die Sonette an Orpheus*, den *Malte Laurids Brigge* und insbesondere die *Neuen Gedichte* – als eine Reihe autonomer Kunstwerke zu lesen und zu bewundern, die zu einer wirklichen Existenz in keiner Beziehung stehen. Dabei mag man das Gefühl haben, es sei überflüssig, über den Verfasser mehr herausfinden zu wollen, als daß er im Jahr 1875 in Prag geboren wurde, in deutscher und zuweilen französischer Sprache schrieb, durch Europa zog und schließlich 1926 in der Schweiz starb.

Rilke selbst erkannte freilich die bedeutsame Wechselbeziehung zwischen der Art, wie er lebte, und dem Werk, das er schuf. Dies läßt sich deutlich aus der Sorgfalt ersehen, mit der er alles Schriftliche aufbewahrte, besonders aber aus der nachdrücklichen Bestimmung in seinem Testament, die Briefe, denen er so viel über sich selbst anvertraut hatte, zu veröffentlichen. Dies mußte so sein, bot er doch das seltene Beispiel eines Dichters, dem eine Existenz gelang, die ausschließlich sciner Kunst galt, ja, der aus seinem Leben ein Kunstwerk machte. Um dem geschriebenen Wort völlig gerecht zu werden, müssen wir die Umstände beachten, unter denen es entstand – die Peripetien, die *misères et grandeurs*, die existentiellen Krisen, vor allem aber die menschlichen Beziehungen, die in ihm ihren Eindruck hinterließen. Es ist so viel Magie in dem, was Rilke schrieb, daß wir das Wesen des Menschen kennen müssen, der zu einem solchen Magier wurde.

Rilkes literarische Testamentvollstrecker waren freilich anderer Ansicht. In den zehn Jahren vor dem Zweiten Weltkrieg unterstand die Auswahl von Briefen, die sie zur Veröffentlichung bestimmten, der erklärten Absicht, nur das bekanntzumachen, »was das dichterische Werk und sein an dieser Schöpfung unmittelbar beteiligtes Erleben betraf«, und somit alles, was das Privatleben des Dichters anging, möglichst auszuschließen. Ein solches selektives Verfahren, zu dem noch die unbezweifelbare Schwierigkeit kam, Briefe aus dem Besitz anderer Personen einzubeziehen, mußte das Bild des Dichters als eines Hohepriesters und Philosophen noch weiter fördern, das durch das Werk *in vacuo* ohnedies genährt wurde: das Bild eines Wesens, dessen irdisches Leben weitgehend irrelevant ist, bei dem alles, wie Eudo Mason bedauernd erkannte, »Übertreibung und Legendenbildung begünstigt«.

In den Jahren vor und nach dem Krieg sind wohl verschiedene Studien über einzelne Abschnitte von Rilkes Leben erschienen – allen voran die bewundernswerte Darstellung der letzten Jahre Rilkes in der Schweiz, die J. R. von Salis aus persönlichen Erinnerungen und damals noch unveröffentlichten Briefen schuf – doch Versuchen einer umfassenden Biographie fehlte noch bis in die späten fünfziger Jahre eine auch nur annähernd ausreichende Grundlage. Erst vergleichsweise spät, mit der allmählichen Veröffentlichung von Memoiren und wichtigen Korrespondenzen, nach dem Erwerb weiterer noch unveröffentlichter Briefe durch die bedeutenden Bibliotheken, dem Erscheinen der detaillierten *Rilke-Chronik* von Ingeborg Schnack und Ernst Zinns wissenschaftlicher Ausgabe der *Sämtlichen Werke*, ist es möglich geworden, eine vollständigere Darstellung zu geben.

Sie ist das Ziel des vorliegenden Buchs. Anders als die Versuche, die im Rahmen von »Leben und Werk« vorwiegend das Werk Rilkes interpretieren, wobei das Leben selbst häufig nur als zufällig erscheint, konzentriert sich dieses Buch ausschließlich auf das »Leben«, ein Porträt des Menschen, den Hintergrund, vor dem er schrieb, und die Bedingungen, unter denen sich seine Vorstellungen entwickelten. Der Leser wird eine Deutung und kritische Würdigung etwa der *Elegien* an anderer Stelle suchen müssen, sollte solchen Exegesen aber leichter folgen können, wenn ihm die vorliegende Darstellung einen Eindruck davon vermittelt hat, wie der Zyklus entstand und welche Rolle er im Leben Rilkes spielte. Die Zitate aus den Werken sind daher beschränkt, denn sie sollen nur diese Entwicklung und die Bedeutung aufzeigen, die ein jedes von ihnen in einem bestimmten Lebensabschnitt für Rilke selbst hatte. (Zitate aus den französischen Versen sowie Teile der anderen Äußerungen, die in französischer Sprache entstanden, sind im Original belassen worden.)

Aus den Briefen hingegen wird ausführlich zitiert – auch wenn sie nicht unbedingt die »Wahrheit« bieten, so beleuchten sie doch mehr als bei jedem anderen Dichter die Gefühle, die hinter seinem Werk stehen, die Hoffnungen, Ängste und das unaufhörliche Ringen um die Leistung. Aus diesem wie aus Platzgründen werden zahlreiche der Briefempfänger, mit denen der Leser vertraut ist, der sich in Rilkes Leben schon etwas auskennt – Gräfin Sizzo, Gudi Nölke, Elisabeth von Schmidt-Pauli und eine Menge anderer – im Text nicht namentlich erwähnt; in diesen Fällen waren die Äußerungen Rilkes für unseren Zusammenhang wichtiger als der Adressat. Soweit wie möglich habe ich bislang unveröffentlichte Briefe gewählt, die häufig etwas Neues anfügen oder bereits Bekanntem eine neue Wendung geben.

In dieser Hinsicht ist die Darstellung, der auch noch weitere mündliche und schriftliche Zeugnisse zur Verfügung standen, umfangreicher als ihre Vorgänger. Sie kann jedoch keinesfalls Anspruch auf Endgültigkeit erheben. Das Rilke-Archiv in Gernsbach enthält beträchtliches noch nicht erschlossenes Material. Christoph und Hella Sieber-Rilke boten mir zwar große Hilfe, für die ich sehr dankbar bin, doch konnte aufgrund von Schwierigkeiten praktischer Art nur ein Bruchteil dieses Materials eingesehen werden. Vor allem Rilkes Notizbücher, Tagebücher und die Briefe an seine Mutter, die später veröffentlicht werden sollen, mußten unberücksichtigt bleiben. Ich hatte jedoch den Vorzug, Carl Siebers Biographie der späteren Jahre – eine geplante Fortsetzung zu seinem *René Rilke* – in einem Manuskript lesen zu dürfen, das kurz vor seinem Tode im Jahr 1945 abgeschlossen wurde. Die in diesem Text zitierten Auszüge aus unveröffentlichten Briefen im Rilke-Archiv wurden für meine Arbeit eine unschätzbare Quelle, – wie weitgehend ich daraus geschöpft habe, läßt sich aus den Anmerkungen erkennen.

Um einen unverhältnismäßig großen Apparat zu vermeiden, beschränkt sich die Bibliographie auf das tatsächlich verwendete Material und die Anmerkungen werden in möglichst knapper Form gehalten, wobei für die Werk-Zitate auf Ernst Zinns sechsbändige Ausgabe der *Sämtlichen Werke* (Frankfurt a. M., Insel Verlag, 1955-1966) verwiesen wird.

Meine Dankesschuld ist groß. Sie gilt nicht nur Christoph und Hella Sieber-Rilke für ihre Freundlichkeit und Unterstützung und den Verlegern für ihre nachsichtige Geduld, sondern auch vielen anderen Freunden und Kollegen, deren wissenschaftliche Hilfe und großzügige Gewährung von Material, Ratschlägen und Anregungen für die Arbeit von unermeßlichem Wert waren: Dr. Joachim W. Storck (Marbach); Dr. Ernst Pfeiffer (Göttingen); Dr. Ingeborg Schnack (Marburg); Professor Klaus W. Jonas (Pittsburgh); Professor J. R. von Salis (Brunegg); Dr. Rätus Luck (Bern); Dr. Karl Klutz (Bad Ems). Für persönliche Erinnerungen und andere wesentliche Unterstützung schulde ich Dank: Fürst Raimondo della Torre e Tasso (Duino), Gräfin von Clary (Salzburg), Madame Roland de Margerie (Paris), Elisabeth Bergner (London), wie den Verstorbenen Frau Frieda Baumgartner und Madame Jeanne de Sépibus; Direktor und Frau L. Rehnquist (Stocksund), Frau Greta Lauterburg, Madame Vincens-de Bonstetten, Frau Barbara Glauert-Hesse, Frau Magda Kerényi, Madame Monique Desarzens und Madame Ernest Abravanel.

Mit Dank für bereitwillige Zusammenarbeit sind auch die folgenden Bibliotheken und Sammlungen zu nennen, in denen Rilke-Material aufbewahrt wird: Deutsches Literaturarchiv, Marbach; Schweizerische Landesbibliothek, Bern; Nationalbibliothek und Stadt- und Landesbibliothek, Wien; Stadtbibliothek und Bayerische Staatsbibliothek, München; Rilke-Sammlung, Hôtel de Ville, Sierre; Kungliga Bibliotek, Stockholm; Universitetsbiblioteket, Lund; Landesarkivet und Universitetsbiblioteket, Göteborg; Houghton Library, Harvard University; Goethe- und Schiller-Archiv, Weimar; British Library, London; Kongelige Biblioteket, Copenhagen; Jewish National and University Library, Jerusalem; Bibliothek der Universität Bremen; Staatsbibliothek (Preußischer Kulturbesitz), Berlin; Archiv des Nationalmuseums, Prag; University College, Cardiff.

Dank endlich meinen Freunden von der Rilke-Gesellschaft und den vielen anderen, deren Interesse und vielseitige Unterstützung mir auf einem langen Weg stets Ermunterung zuteil werden ließen – sie sind zu zahlreich, um hier einzeln genannt zu werden. Ich hoffe, das Ergebnis wird ihnen und den anderen, denen ich so viel verdanke, ihre Mühe und Freundlichkeit lohnen. ›Wenn es aufbrennt, ist es echt.‹

Gingins, Schweiz
November, 1984

I Eine Kindheit in Böhmen
1875-1896

Dieses Prag hier ist eine alte Zauberstadt ... wo
viele Essenzen zusammenfließen, da entstehen
auch viele zauberhafte, unbegreifliche und sonst
nie gesehene Dinge, Worte, Charaktere und Be-
gebenheiten, da ist der Nährboden der magischen
Kräfte und Zauberworte.

Johannes Urzidil, *Zu den neun Teufeln*

Eine bange, schwere Kindheit
(An Ellen Key, 14. 2. 1904)

In Prag, kurz nach Mitternacht am Samstag, den 4. Dezember 1875, wurde René Karl Wilhelm Johann Josef Maria Rilke als Siebenmonatskind, das es »eilig hatte, in die Welt zu kommen«[1], in einer Wohnung geboren, die seine Eltern im Haus Nr. 19 der Heinrichsgasse (Jindřišská ulice) gemietet hatten. Am Tag vor seiner unerwarteten Ankunft waren sie schon früh auf gewesen, um trotz des hohen Schnees seiner Großmutter mütterlicherseits Caroline Entz einen Besuch abzustatten. Auf dem Heimweg hatten sie ein goldenes Kreuzchen als erstes Geschenk für dieses ersehnte Kind erstanden, dessen Schwester kaum einige Tage alt im vergangenen Jahr gestorben war. Am 19. Dezember wagten sie sich mit dem Kind ins Freie, um es in der benachbarten St. Heinrichs-Kirche im katholischen Glauben taufen zu lassen. Dabei erhielt der Junge die Reihe prätentiöser Vornamen.

Die Provinz Böhmen, deren Hauptstadt Prag war, bildete zu jener Zeit einen Teil des großen übernationalen österreichisch-ungarischen Kaiserreichs der Habsburger, des zweitgrößten Staatsgebildes in Europa, das sich von Kroatien und Slowenien im Süden bis zum Erzgebirge im Norden, vom Vorarlberg im Westen bis zu Galizien und der Bukowina im Osten erstreckte. Diese bemerkenswerte Verschmelzung hochverschiedener Rassen, Sprachen und Gebräuche wurde von einem kaiserlichen und königlichen Gefüge zusammengehalten, das vielen seiner Bürger – den deutschsprachigen auf jeden Fall – für die Ewigkeit bestimmt schien, eine anscheinend ideale Verbindung von Wohlwollen und Regel, von Toleranz und fester Herrschaft. Die Regungen nationaler Gefühle in den Provinzen wurden zwar zunehmend ausgeprägter und mitunter militant, zeigten aber noch keine Wendung zur Revolution. Wo immer man nationale Unabhängigkeit erträumte, geschah dies für gewöhnlich im Sinn einer Selbstbestimmung innerhalb eines Staatsgebildes, das unter der ruhigen, wenn auch phantasielosen Hand des Königs und Kaisers Franz Josef den Anspruch auf hervorragendes Funktionieren erheben konnte.

Außerhalb Österreichs bestanden freilich zuweilen krasse Unterschiede zwischen Deutschsprechenden und Angehörigen anderer Sprachen, die im allgemeinen mit Klassenunterschieden zusammenfielen. Die Bevölkerung Böhmens war zu etwa einem Drittel deutschsprachig und umfaßte die Oberschicht – die Kaufleute, Beamten, das Militär und den Adel –, die die Berührung mit den Tschechen vermied. Dies traf auch auf weniger Begüterte wie die Eltern Rilkes zu. In Prag selbst überwogen die Tschechen bei weitem, kaum sieben Prozent der Bevölkerung waren deutschsprachig, woraus sich für die Deutschen eine Situation ergab, die man mit dem treffenden Namen eines »doppelten Ghettos« innerhalb der Mauern von Sprache wie Klasse bezeichnet hat. Unter dieser Apartheid sammelte sich die obere Mittelklasse aus Deutschen und Juden (die erst vor kurzem aus ihrem tatsächlichen Ghetto befreit worden waren) in der Hauptsache in dem Bereich zwischen dem Stadtpark und dem Graben – dem »besseren Viertel« der Stadt. Es blieb der Hintergrund der frühen Jahre Rilkes; die erstickende Atmosphäre, die so entstand, war ein starker Beweggrund für seinen Entschluß, vor seinem einundzwanzigsten Geburtstag eine Stadt zu verlassen, die er später nur ungern wieder besuchte, da er sich »von dem großen stummen Fisch« wie verschluckt fühlte und abgestoßen war von den »dunklen Gassen . . . in deren Schauern meine einsame Kindheit wie eine blasse, fröstelnde Blüte nach Sonne sich sehnte«.[2]

Seine Familie war von ihrer gesellschaftlichen Überlegenheit überzeugt, was seit langem durch eine Tradition unterstützt wurde, derzufolge sie von einem Adelszweig abstammte. Die »Deutschheit« dieser Linie wurde noch dadurch bestärkt, daß man ihren Ursprung in Kärnten behauptete, wo zwischen dem 13. und dem 16. Jahrhundert tatsächlich Ritter von Rülko bekannt waren. Rilke selbst hielt lebenslang an der angenehmen Vorstellung dieser Herkunft fest, obgleich weder seine eigenen Nachforschungen noch die seines Onkels irgendeinen sicheren Beweis erbrachten. Seine frühesten bezeugten Vorfahren waren, wie nunmehr feststeht, wohlhabende und angesehene Landwirte zu Beginn des 17. Jahrhunderts im Dorf Türmitz (Termiče) bei Aussig in Böhmen, unweit von Teplitz und nahe an der sächsischen Grenze. Der Nachweis dieser eher bescheideneren Anfänge soll nicht heißen, daß die Familientradition und Rilkes eigener Instinkt unrecht hatten. Es gab Rülkos oder Rylkes in Sachsen im 14. und 15. Jahrhundert, von denen ein Johann 1348 als ein Stadtbeamter in Freiberg, einem Bergwerksgebiet südwestlich von Dresden, bezeugt ist, und die Familie wird als Grundbesitzer in Langenau und Linda um das Jahr 1450 erwähnt. Wohl fehlt der ritterliche Titel, doch ist das Emblem des Windhundes auf dem Wappen jenes Johann dem auf dem Wappenschild der Kärntner Rülkos ähnlich. Ein Jahrhundert später war ein Franz Rülike Vogt auf dem Schloß von Brüx in Böhmen, nicht weit von Türmitz. Der sorgfältigen Ahnenforschung ist es bisher nicht gelungen, irgendeine nicht-geographische Verbindung zwischen diesem Franz und den Rilkes von Türmitz, oder zwischen den sächsisch-böhmischen Linien einerseits und der kärntnerischen andererseits herzustellen. Zwei Dinge aber mögen der mündlichen Überlieferung Farbe geben. Da ist einmal der Umstand, daß Johann Franziskus von Türmitz, der Urgroßvater Rilkes, ein silbernes Siegel mit dem Wappen der Kärntner besaß, »von Silber und Schwarz gespalten: zuspringende Windhunde, Farben gewechselt, zwei gekrönte Helme mit schwarz-weißen Decken und den Hunden wiederholt« mit dem Motto »Veritate firmitas, firmitate veritas.« Dazu kommt, daß man 1960 in der Schloßbücherei von Hilprant zu Mlada Vožice in Böhmen eine Basler Ausgabe des Jüngeren Plinius von 1554 entdeckte, deren Besitzer als ein Christophorus Rülcko auf Gamelitz in Kärnten verzeichnet war.

Bei der Familie von Türmitz stehen wir auf festcrem Boden. Ihre Verhältnisse litten im Dreißigjährigen Krieg: Michael Rilke (1653-1710) wurde Metzger und zugleich Bauer, während sein Sohn Johannes (1679-1750) Schneider war. Sein Enkel Johann Franziskus (geboren 1719) war dann aber im Jahr 1774 Bürgermeister von Türmitz. Im Jahr 1806 hatte Rilkes Urgroßvater Johann Joseph (geboren 1755) den

Wohlstand soweit wiederhergestellt, daß er ein beträchtliches Gut zu Kamenitz an der Linde erwerben konnte, ein stattliches Schloß, das etwa hundert Kilometer südöstlich von Prag lag. Dort konnte er sich jedoch nur einige wenige Jahre halten, bevor er wieder verkaufen und eine Stellung als Gutsverwalter auf den Nostitzschen Gütern zu Tschochau annehmen mußte. Sein Sohn Johann Baptist Joseph (1788-1853), der Großvater Rilkes, bekleidete einen ähnlichen Posten auf dem Gut des Grafen Hartig zu Schwabitz, wo Rilkes Vater Josef 1838 zur Welt kam.

Josef war der dritte von vier Söhnen. Seine Mutter Wilhelmine, geborene Reiter, war die Tochter eines Stadtrats im böhmischen Budin. Nach dem Tod ihres Mannes lebte sie bis zu ihrem eigenen Tod im Jahr 1879 im südmährischen Kremsier. Jaroslav, der älteste Sohn der Familie, wurde Rechtsanwalt, während die anderen drei die militärische Laufbahn einschlugen; Emil starb mit etwas über zwanzig Jahren als Leutnant des 12. Ulanerregiments an der Ruhr; Hugo beging mit einundfünfzig als Artilleriehauptmann wegen einer nicht eingetroffenen Beförderung Selbstmord. Gabriele, die einzige Schwester und das jüngste Kind, heiratete Wenzel von Kutschera, einen Prager Rechtsanwalt. Josefs militärische Laufbahn fand ein weniger dramatisches Ende als die seiner Brüder. Er diente zehn Jahre lang als Artilleriekadett korrekt und nicht ohne Auszeichnung, namentlich in der österreichischen Kampagne in Italien im Jahr 1859, wo er für kurze Zeit, nunmehr als Kadettfeuerwerker, das Kommando übernehmen mußte. Eine chronische Halserkrankung vereitelte jedoch die erstrebte Kommission. Verbittert kam er im Alter von siebenundzwanzig Jahren um Abschied ein und fand durch Jaroslavs Beziehungen einen Angestelltenposten bei der neuerbauten Eisenbahn Turnau–Kralup–Prag. Er wurde nach angemessener Zeit Inspektor und Leiter der Personalabteilung bei der nordböhmischen Eisenbahn, fand sich aber in der verwirrenden Welt außerhalb des Bereiches der Armeeregeln nie so ganz zurecht. Immer noch in der Reserve seines Regiments, von gerader Haltung, elegant und traditionsbewußt, hielt er an der Wunschvorstellung des alten Soldaten fest, daß der Sohn in die Fußstapfen des Vaters treten und eines Tages den Offiziersrang erreichen würde, der ihm selbst versagt geblieben war.

Am 24. Mai 1873 heiratete er Sophie, die zweiundzwanzigjährige Tochter eines Prager Kaufmanns und kaiserlichen Rates Carl Joseph Entz und seiner Gemahlin Caroline, geborene Kinzelberger. Die Herkunft dieser alteingesessenen Prager Familie ist weniger gut belegt; es hieß jedoch, eine frühere Generation der Familie Entz sei aus dem Elsaß eingewandert – auch diese Überlieferung sagte Rilke zu, da so ja die starke Zuneigung erklärt werden konnte, die er Frankreich und den Franzosen gegenüber empfand. Als ein Direktor der Böhmischen Sparkasse und Schwiegersohn des Besitzers eines gutgehenden Farben- und Chemiehandels war Carl Entz vergleichsweise wohlhabend. Die Familie wohnte im romantischen Barockpalais der Kinzelbergers in der Herrengasse (Panská ulice), wo Phia, wie sie sich selbst gerne nennen ließ, geboren wurde. Es war eine Familie, deren äußerer Erfolg im Gegensatz zu den relativ bescheidenen Errungenschaften der Rilkes stand, und deren besonderer Wesenszug in dem starken Willen lag, den Rilke von Mutter wie Großmutter erbte.

Als junges Mädchen war Phia tatsächlich eigensinnig gewesen und hatte von Emanzipation und einem Leben in der besten Gesellschaft geträumt. Nach ihrer Verheiratung mit Josef Rilke erkannte sie hinter dem eleganten Charme des Werbenden bald die Langweiligkeit eines beschränkten, zuweilen soldatisch-groben Ehemanns, der weder ihr Verlangen nach Liebe noch ihren gesellschaftlichen Ehrgeiz befriedigen konnte. Im Temperament paßten sie schlecht zusammen, wie er suchte auch sie ihre Zuflucht in einem äußerlich anspruchsvollen Leben. Man unternahm große Anstrengungen, durch die Einrichtung der Wohnung in der Heinrichsgasse den Eindruck gesellschaftlicher Geltung zu vermitteln, sie ging in ihrem Ehrgeiz sogar so weit, gewöhnlichen Tafelwein mit einem Qualitätsweinetikett zu versehen, wenn sie Gäste hatten. Im übrigen machte ihr die Verwandtschaft Josefs einen gewissen Eindruck – ein Onkel, Josef von Weissenburg, besaß ein Gut in Mähren –, und von der Rilkeschen Tradition der vornehmen Herkunft war sie sehr angetan. Ihre Erwartungen von der Heirat mit Josef wurden um so mehr enttäuscht, als es sich herausstellte, daß der neue Erbtitel eines Ritters von Rüliken, der seinem Bruder Jaroslav eben verliehen worden war, durch dessen Nachforschungen keine dokumentarische Bestätigung erfuhr und daß Josef durch seine Vorfahren nicht zu der höheren gesellschaftlichen Sphäre Zugang hatte, nach der es sie so sehr verlangte.

Sie kleidete sich stets in Schwarz, spielte die große Dame und gefiel sich in modischer Hypochondrie. Religiöses Pflichtbewußtsein und das Ritual der katholischen Kirche beschäftigten sie bis zum Fanatismus, später nahezu bis zur Manie. Sie suchte nicht nur Trost für ein ungerechtes Schicksal, sondern erflehte auch den Schutz der heiligen Jungfrau Maria vor den Gefahren einer Geisterwelt, an die sie ernsthaft glaubte. Ihrem mehr phlegmatischen und humorlosen Gatten fühlte sie sich geistig überlegen, was auch zutraf, führte ein Tagebuch, schrieb Gedichte und brachte in aphoristischer Kürze ihre Beobachtungen zur menschlichen Situation zu Papier. In einem schmalen Band mit dem Titel *Ephemeriden*, um die Jahrhundertwende veröffentlicht, zeigen diese Bemerkungen einen gewissen Scharfsinn und bieten einen zuweilen bitteren Kommentar zu ihrer erfolglosen Ehe, verraten aber auch ihre Entschlossenheit, sich daraus zu befreien: »Manche Trauung ist nur das Gebet vor der Schlacht« . . . »Das ganze Mineralreich genügt oft den Menschen nicht, um eine glückliche Frau zu steinigen« . . . »Eine Frau, die nicht geliebt hat, hat nicht gelebt.« . . . »Das Unglück erhöht unsere Willenskraft . . .« Daß sich eine so starke Persönlichkeit nicht auf die Dauer den engen Beschränkungen des ehelichen Loses unterwerfen würde oder ihre Freiheit so zaghaft suchen würde wie eine Emma Bovary, ist nicht verwunderlich.

Das Kind in seiner Altklugheit fühlte bald, wie sich das Verhältnis zwischen den Eltern verschlechterte, und erkannte die Unehrlichkeit ihres Lebens in der Heinrichsgasse. »Eine sehr dunkle Kindheit«, nannte Rilke es mit einundzwanzig, und ein paar Jahre später: »Die Ehe meiner Eltern war schon welk, als ich geboren wurde . . . [Meine Mutter] war eine sehr nervöse, schlanke, schwarze Frau, die etwas

Unbestimmtes vom Leben wollte. Und so ist sie geblieben ... Ich mußte sehr schöne Kleider tragen und ging bis zur Schulzeit wie ein kleines Mädchen umher; ich glaube, meine Mutter spielte mit mir wie mit einer großen Puppe. Im übrigen war sie immer stolz, wenn man sie ›Fräulein‹ nannte. Sie wollte für jung gelten, für leidend und unglücklich. Und unglücklich war sie wohl auch. Ich glaube, wir waren es alle«.[3] Es war verständlich, daß sie den jungen René verwöhnte. Anfangs sah sie in ihm das Mädchen, das sie verloren hatte, und umgab ihn aus Furcht, daß ihn seine vorzeitige Geburt anfällig gemacht hätte, mit erstickender Fürsorglichkeit. Es konnte nicht ausbleiben, daß dies in ihm einen Widerstand hervorrief, der zwar in seinen pflichtbewußten regelmäßigen Briefen unausgesprochen blieb, aber doch ein Leben lang tief in ihm wurzelte.

Bei jedem Wiedersehen mit ihr, so schrieb er 1904, durchlebe er aufs neue seinen Kampf um Befreiung und fühle, daß er auch nach Jahren der Flucht noch nicht weit genug gekommen sei, daß irgendwo in seinem Innern noch Abbilder ihrer Gesten, Bruchteile von Erinnerungen waren, die sie zerbrochen mit sich herumtrug – »dann graut mir vor ihrer zerstreuten Frömmigkeit, vor ihrem eigensinnigen Glauben, vor allem diesem Verzerrten und Entstellten, daran sie sich gehängt hat ... Und daß ich noch ihr Kind bin; daß in dieser zu nichts gehörenden, verwaschenen Wand irgend eine kaum erkennbare Tapetentür mein Eingang in die Welt war. . .«[4] Ihre Religiosität und Neigung zum Aberglauben mußten ein Kind in einem so beeinflußbaren Alter bedrücken. Bei jedem Kirchenbesuch mußte René die Wunden Christi am Kreuz küssen und ständig wurden ihm Geistergeschichten erzählt.

> Arme Heilige aus Holz
> Kam meine Mutter beschenken . . .
> Haben ihrem heißen Mühn
> Sicher den Dank vergessen . . .
> Aber meine Mutter kam
> ihnen Blumen geben.
> Meine Mutter die Blumen nahm
> alle aus meinem Leben.[5]

Diese frühe Konfrontation mit dem Schrecklichen war für ihn Grund genug, sich als Jugendlicher von den äußerlichen Formen der traditionellen Religion abzuwenden und nahm ihm, trotz einer tiefen Überzeugung, daß es eine Welt jenseits unserer Wahrnehmungen gebe, den Glauben an die Möglichkeit ihrer Offenbarung durch Medien.

Die steife Förmlichkeit seines Vaters ließ wenig Raum für Liebe. Lang nach dessen Tod im Jahr 1906 sagte er rückblickend: »Er hatte bis zuletzt eine Art unaussprechlicher Herzangst zu mir, ein Gefühl, dem gegenüber ich nahezu wehrlos war, und das ihm mehr gekostet haben mag als die gewaltigste Liebe.«[6] Dies waren in der Tat »bange, schwere« Tage[7], mit Eltern, deren einzige Sorge zu sein schien, daß er gut angezogen war und sich nicht ansteckte. »Hätte es einen Menschen gegeben, der mir Tiere oder Blumen gezeigt, der mich unterrichtet hätte, wie man es macht, mit einem Buch gut allein zu sein, welche Liebe, welchen Segen hätte ich jetzt für ihn in meinem Herzen. Statt dessen spazierte ich mich auf diesem unaufhörlichen Pflaster sinnlos müd . . . und *vertrieb* die Zeit, die mir später fehlen sollte . . . Theseus kam in einem unterirdischen Zimmer zur Welt, was tuts, er stieß herauf wie ein Keim: aber ich wuchs völlig im Nirgends, auf das Nichts zu. . .«[8]

2

Was ich in diesen fünf Jahren . . . erlitt, ist ein Leben für sich: ein langes, schweres Leben.
(An Ellen Key, 3. 4. 1903)

Viele Menschen neigen dazu, ihre Kindheitstage zu idealisieren. Rilke gehörte, wie wir sahen, nicht zu ihnen, doch auch er gestand zuweilen ein, daß es für ihn in diesen frühen Jahren ein paar schöne Zeiten gegeben habe. Die Aufregung der Weihnachtsvorbereitungen in seiner Jugend kehrte später alljährlich als lebhafte Erinnerung zurück, auch gab es Sommerferien mit Phia auf dem Land, die er offensichtlich genoß: »Esse wie ein Wolf, schlafe wie ein Sack«[1], er kletterte auf Bäume und bildete sich ein, ein Kavallerieoffizier zu sein. Zu Hause spielte man bei den wenigen Anlässen, zu denen andere Kinder eingeladen wurden, besonders gern »Haus« und »kochte«; er hatte aber auch Bleisoldaten, die natürlich von Wallenstein kommandiert wurden, und ein Schaukelpferd, Helm und Schwert als Geschenke von den Onkeln; er zeichnete gerne fahrende Ritter und Helden, die in der Schlacht fielen, und hörte mit Vergnügen die Geschichten von militärischen Taten, die ihm sein Vater erzählte.

Die Schule fing für ihn 1882 mit der Aufnahme in die Piaristenanstalt an. Diese Einrichtung wurde für die gesellschaftlich akzeptablere der beiden Volksschulen gehalten, die deutschsprachigen Kindern offenstanden, und mußte so in Phias Augen trotz des geringen menschlichen wie pädagogischen Ansehens der Mönche vorgezogen werden (»Piaristen – schlechte Christen« schrie man den Schülern auf der Straße häufig nach). Von zu Hause war es nur ein Katzensprung, doch René mußte jeden Tag hingebracht und abgeholt werden. Auch hier aber würde das Bild eines Kindes, das man in Watte packte und der Freuden eines normalen Jungen beraubte, nicht ganz zutreffen. Man hielt ihn zwar von den Routineschlägereien mit den Jungen der benachbarten tschechischen Schule fern, und er durfte seine Schulkameraden nicht bei ihren Entdeckungsreisen ins Labyrinth von Prag begleiten. Manchmal aber konnte er doch über die Karlsbrücke hinüber zur Kleinseite (Malá Strana) entwischen: »dort sind eigentlich alle Winkel, die ich als Knabe geliebt habe, sowie es ging lief ich dort hinüber und ging den merkwürdigsten Spuren nach.«[2]

Solche Ausflüge weg von Phias erdrückender Sorge waren gewiß selten; er blieb ein ziemlich einsames Muttersöhnchen, das seinen eigenen Gedanken nachging und bei den unbefangenen Spielen der anderen ein Außenseiter war. Auf Photographien sieht er ziemlich kräftig aus, neigte aber zu besorgniserregenden Fieberanfällen wie zu allen normalen Kinderkrankheiten, so daß man ihn für längere Zeiten nicht zur Schule gehen ließ, in seinem dritten Jahr sogar für zwei Trimester. Nach einem zögernden Anfang war sein Zeugnis im dritten Jahr trotz des langen Fernbleibens in allen Fächern

»sehr gut«, bis auf Zeichnen und Singen, in denen er nur »gut« bekam. Auf dem Lehrplan stand auch Tschechisch, in dem er gute Grundkenntnisse erwarb. Französisch lernte er von Phia, die darauf bestand, ihm jeden Tag ein paar Wörter beizubringen. Schon früh mußte er Gedichte auswendig lernen oder zuhören, wie sie bei der Hausarbeit oder an seinem Krankenbett Schiller rezitierte. Er schrieb Gedichte, die er mochte, ab und versuchte sich bald selbst im Reimen, wozu sie ihn, zu einem gewissen Unbehagen des Vaters, ermunterte. Das erste aufgezeichnete Ergebnis ist ein Vers an seine Eltern zu deren Hochzeitstag im Mai 1884. Dies fiel ironischerweise in eine Zeit, als Phia ihre Unabhängigkeit durch häufige Abwesenheit zu behaupten begann und Josef einer dauernden Trennung zustimmte. Phia bezog vorläufig eine eigene Wohnung in Prag.

Nunmehr mußte eine Entscheidung über die nächste Stufe in der Erziehung ihres Sohnes getroffen werden, für die sie, freilich im Übereinkommen mit ihrem Ehemann, weiter verantwortlich war. Die Auflösung des Haushalts machte eine Art von Internat unumgänglich und spielte daher bei ihren Überlegungen eine gewichtige Rolle; gleichzeitig aber fehlte es dafür oder für den üblichen Bildungsgang durch das Gymnasium an Mitteln. Sein Vater, der zwar ebenso um Renés Gesundheit besorgt war, hatte trotzdem nie den Gedanken aufgegeben, daß er ihm in die Armee folgen sollte, und so war für ihn das militärische Realschulsystem die ideale Lösung, zumal eine gute Aussicht auf einen Freiplatz für den Sohn eines ehemaligen Armeeangehörigen bestand. René selbst scheint dies begrüßt zu haben. Und so geschah es denn auch. Phias Einverständnis, ein verhätscheltes Kind solchen Bedingungen auszuliefern, kann man wohl nur als ein Zeichen von Egoismus ansehen. Vielleicht war sie sich dessen bewußt, als sie ihn im Sommer 1885 nach Canale, bei Görtz nördlich von Triest, mitnahm – seine erste Erfahrung Italiens und, wie er später bemerkte, »sozusagen die Fibel meines beweglichen Daseins«[3]; von dort schrieb er an seinen Vater, daß er die Dichtung mit Sorgfalt betriebe, um, falls er durchhielte, nach seiner Rückkehr der »Lorbeerkrone« würdig zu sein. Nach seinem Schlußjahr bei den Piaristen wurde er vom

Arzt für gesund erklärt, und seine körperliche Entwicklung wurde als »entsprechend« beurteilt.[4] Am 1. September 1886 begleitete ihn Phia, als er in der vorschriftsmäßigen Uniform, das Haar kurz geschoren, zur Militär-Unterrealschule im niederösterreichischen St. Pölten fuhr.

Die vier Jahre dort und das darauffolgende Jahr an der Oberrealschule in Mährisch Weißkirchen (Hranice) sind, nicht zuletzt von Rilke selbst, häufig kommentiert worden. In seiner Erinnerung blieb es eine traumatische Erfahrung, auf die er mit Schrecken und Haß zurückblickte: die Verdichtung all dessen, was er mit den für ihn so bezeichnenden Worten seine »ungeleistete Kindheit« nannte. Als sei er fünf Jahre untergetaucht gewesen, sagte er später, »Länger ist nie einer unter Wasser geblieben«.[5] Dem sensiblen Dichter der späteren Jahre trug dies viel Mitgefühl ein, und so mancher Biograph machte viel Wesens um das verführerische Mitleid, das aus dieser Zeit gewonnen werden konnte. Die »militärische Periode« sollte auf lange Zeit als unerträglich grausamer Schlag des Schicksals einen wesentlichen Bestandteil der Rilkelegende bilden. Andere Biographen neigten zum genauen Gegenteil, indem sie das Drama seiner militärischen Schultage bagatellisierten und das von Rilke selbst gezeichnete Bild einer schrecklichen Leidenszeit bloß als ein weiteres Beispiel seines Hangs zur »Selbststilisierung« abwerteten, wenn nicht gar (wie in einem Fall) als »weichliches Selbstbedauern«. Die Wahrheit mag irgendwo in der Mitte liegen.

Die offiziellen Vermerke von St. Pölten liefern kaum den Beweis eines Jungen, der sich zutiefst unglücklich fühlt. Seine »Konduite« besserte sich von »sehr gut« zu Beginn zu »vorzüglich« in seinem dritten und vierten Jahr; sein Charakter, der zuerst als »zaghaft« eingestuft worden war, erhielt die ganze Zeit hindurch die Bezeichnung »still, gutmütig« und erreichte schließlich in den Schlußjahren die zusätzliche Bewertung »sehr strebsam«; seine »Adjustierung« im ersten Jahr bedurfte der »Überwachung«, später aber wurde er für »rein und ordentlich« befunden. In den wissenschaftlichen Fächern, vor allem in den Sprachen (darunter das Tschechische) und in Religion, besserten sich seine Leistungen ständig. Was die militärische Seite des Lehrplans angeht, scheint er lediglich Exerzieren, Scharfschießen und militärische Vorschriften bestanden zu haben, nicht aber Fechten und Turnen, worin er sich zur Aufnahme in die Oberschule zusätzlichen Prüfungen unterziehen mußte. Seine niedrige Ziffer im Rang der Klasse im ersten Jahr, 35 von 51, verbesserte sich auffällig zu 7 von 53 im zweiten und 8 von 48 im dritten; am Ende des vierten Jahres aber fiel sie zurück auf 18 von 51, was mit Sicherheit der weniger zufriedenstellenden körperlichen Tüchtigkeit und nicht dem Mangel an Eifer zuzuschreiben war. In den unvollständigen medizinischen Unterlagen erscheint er als schwach entwickelt und blutarm; aus seinen Briefen an seine Mutter läßt sich jedoch entnehmen, daß er bis zum letzten Jahr an keiner schweren Erkrankung litt.[6]

Für die Lücken stehen uns freilich nur wenige unabhängige Zeugnisse zur Verfügung. Horaček, der Priester, erinnerte sich an René als einen stillen, ernsten und hochbegabten Jungen, der sich abseits hielt und den Druck einer Kasernenschule geduldig ertrug. Einem seiner Zeitgenossen erscheint er viele Jahre später wie aus einer anderen Welt: bescheiden, gutmütig, nie gegen die Vorschriften verstoßend, reinlich und ordentlich im Aussehen, »wie ein Mädchen in Uniform«. Besonders auffällig war es, so entsinnt sich der Schulkamerad, wie sehr er sich seiner dichterischen Begabung bewußt war. Vor dem Beginn einer Deutschstunde pflegte er häufig lautlos von seinem Hinterplatz aufzustehen und dem Lehrer einige Gedichte nach vorne zu bringen, der ihm stets erlaubte, sie der Klasse vorzutragen. »Wir verstanden wenig von Lyrik, wir schwiegen. Das war für uns der Ausdruck größter Hochachtung. Es fiel nie ein spöttisches Wort. Er war eine Persönlichkeit.«[7] Körperlich war er unter dem Durchschnitt und hätte seinen eigenen Worten nach beim Turnen, Fechten und Gruppenspiel kaum ungeschickter sein können; doch nie beklagte er sich. Der Offizier, der Deutsch unterrichtete, erinnerte sich − ebenfalls, wie zu bemerken ist, viele Jahre später, als diese junge »Persönlichkeit« der berühmte Dichter und er selbst ein Generalmajor der Reserve geworden war − in einem Brief an Rilke an die rote Tinte, die er so großzügig bei der Kritik seiner »gar phantasievollen und weitschweifigen Aufsätze« verwendet habe, zugleich aber auch an das Verständnis, das er dem »Bücherwurm« entgegenbrachte und sein Mitgefühl für den schlechten Turner, der in der Turnhalle dem Spott seiner Kameraden ausgesetzt war.[8]

Wenn Rilke selbst über diese Tage sprach oder schrieb, hob er als die Hauptursache seines Elends seine wachsende Isolierung hervor, eine »schmerzhafte Ausbildung der ersten Einsamkeit unter Vielen«.[9] Man kann durchaus verstehen, daß er die Zeit als Qual empfand, da er jäh aus einem behüteten Dasein in die rauhen Verhältnisse des Internats und der militärischen Disziplin geworfen worden war. »Wo das einsame, hilflose Herz nach ungesunder Verzärtelung unvernünftige Brutalität erfährt«, so drückte er es selbst aus, »dann kommt die Entscheidung: entweder das Kind wird gleichgültig oder unglücklich. Ich ward das Letztere.«

In den Freistunden suchte er Zuflucht in der Schulkapelle und Trost in einer übertriebenen Frömmigkeit, für die ihn die eifernde Religiosität seiner Mutter bereits anfällig gemacht hatte. Mitunter betete er nach besonders groben Rüpeleien um Krankheit, ja Tod, wobei er in »den Gedanken eines falschen Martyrertums« schwelgte.[10] »Ich litt und trug.«[11] Vor allem aber, besonders in seinem dritten Jahr, fand er Zuflucht bei seiner Dichtung, die nunmehr für ihn mehr wurde als nur eine Beschäftigung für müßige Augenblicke. Seine Gedichte drückten jugendliches Liebesverlangen aus (Erinnerungen an die »liebe Amélie«, der er in Canale begegnet war) oder verklärten die Kameradschaft, die er nicht finden konnte; häufiger jedoch galten sie Themen des Kampfes und heldischer Taten. Er begann auch mit der Niederschrift einer Geschichte des Dreißigjährigen Krieges, für den sein Interesse schon in der Prager Schule geweckt worden war, wobei er versuchte, die Großen jener Zeit, Wallenstein, Gustav Adolph, Tilly, vor einen Hintergrund von Verwüstung und Verfall zu stellen, und seine Prosa mit Versen durchwirkte, in denen ihre Führerschaft bei den streitenden Parteien gefeiert wurde. Die Notizhefte der Schulzeit von 1888 und 1889, in denen die Gedichte und der Beginn dieses Manuskripts enthalten sind, zeugen von einem plötzlichen Ausbruch dichterischen Talents, sie sind sein »erstes, schlichtes Opfer« am Altar der Muse, »als ich aus meines Geistes Nacht erwacht«.[12] Was ihm offensichtlich vorschwebte, war ein Stück mit »den Gedanken eines falschen Martyrertums« und Beweis seines Willens, sich gegen alle Widerstände durchzusetzen. In seinem letzten Jahr in St. Pölten stellte sich obendrein eine fortschreitende Verschlechterung seines Gesundheitszustands ein. Medizinisch wurde seine Verfassung beim Abgang als »Nervosität« bezeichnet, ein Anfall von Lungenentzündung erwies sich dann als so beunruhigend, daß man ihn im Sommer 1890 vor seiner Aufnahme in die Oberschule in Mährisch-Weißkirchen zu einer Salzwasserkur nach Salzburg schickte.

Zum Schulanfang im September 1890 kam er verspätet und beklagte sich beinahe sofort in einem Brief an seine Mutter über Fieber und Kopfschmerzen, die »noch schrecklicher als letzthin« seien.[13] Im November verbrachte er vierzehn Tage auf der Krankenstation. Bei seiner Entlassung schien er so geschwächt, daß man ihn am 6. Dezember nach Hause schickte, lang vor dem Ende des Trimesters, für das daher kein Zeugnis vorliegt. Es ist unbestimmt, wie lange er es dort aushielt, nachdem er im neuen Jahr zurückgekehrt war. Später sprach er von Reitstunden, aber auch von langen Aufenthalten auf der Krankenstube, »mehr geistig vergrämt als körperlich krank«, da er in seinen Gedichtversuchen größere Klarheit und Selbstsicherheit zu finden schien und »die oft erstickten Trosttriebe« frei aufkeimten.[14] Er war nun auf jeden Fall verzweifelt darauf bedacht, so schnell wie möglich loszukommen und konnte seinen Vater davon überzeugen, ihn aus Gesundheitsgründen von der Schule zu nehmen. Aus einem der seltenen noch erhaltenen Briefe Josefs an Phia geht hervor, daß der Vater diese Krise dem beunruhigenden Einfluß ihrer Briefe an René zuschrieb, die ihn erregten, statt ihn zu beruhigen. Wie dem auch sei, er willigte ein; sein offizieller Antrag bewirkte die Entlassung des Jungen am 4. Juni 1891.

3

Die Saiten meiner Leier rosten nicht.
(An Generalmajor Cäsar Sedlakowitz, 30. 12. 1892)

Zu den Legenden, die sich lange um Rilkes Schuljahre rank-
ten, gehörte auch die Behauptung, seine Schulbildung sei
aufgrund schmerzlicher Erfahrungen nutzlos gewesen, und
die später an den Tag gelegten Kenntnisse seien um so
bemerkenswerter, als sie weitgehend von einem erwachsenen
Autodidakten stammten. Heute wissen wir, daß dies ein
gewaltiger Irrtum war. Als er nämlich seine Eltern gezwungen hatte, ihm weitere »Foltern« durch das militärische System zu ersparen, durfte er ohne besondere Nachhilfe in die
Handelsakademie zu Linz eintreten. Im Herbst wurde er in
die seinem Alter entsprechende Stufe aufgenommen und
kam, ohne durch die Vorbereitungsklasse gehen zu müssen,
sofort in die zweite Klasse. Der Lehrplan der Militärreal-
schule in Österreich glich im großen und ganzen dem des
zivilen Schulsystems, und Rilke hatte sich, wie wir gesehen
haben, in den wissenschaftlichen Fächern in St. Pölten besonders ausgezeichnet. Sein Übergang auf die Linzer Akademie
im September 1891, deren Niveau dem der Oberrealschule in
Weißkirchen entsprach, bereitete also keine Schwierigkeit.
   Die Erkrankungen waren größtenteils psychosomatisch
gewesen, eher verursacht durch das Gefühl der Isolierung
und Verlassenheit als durch irgendeinen Widerstand gegen
den Gedanken an eine militärische Laufbahn, und so erholte
er sich bald. Nahezu den ganzen Sommer verbrachte er in
einer Villa, die sein Onkel Jaroslav in Smichov, damals noch
ein Vorort Prags, gemietet hatte. Dort unternahm er lange
Wanderungen, immer noch in Uniform, was ihm, wie er an
Phia schrieb, mehr Achtung verschaffte. Die neugewonnene
Freiheit hatte ihn tatsächlich noch nicht dazu verlockt, den
Gedanken an eine militärische Zukunft aufzugeben. Gegenwärtig, so schrieb er ihr, sei er »ganz Literat« und beschäftige
sich unter anderem damit, den zweiten Teil seines »Dreißigjährigen Krieges« abzufassen; später aber bekannte er aus
Linz, daß er nur für den Militärstand tauge. »Ich habe nur

den Rock des Kaisers ausgezogen, um ihn in kurzer Zeit wieder anzuziehen – für immer; und sei überzeugt, ich werde ihn in Ehren tragen.«[1] In ähnlichem Sinne wird er sicher auch an seinen Vater geschrieben haben, denn in einem Gedicht zu Josefs Geburtstag am 25. September versprach er, hart zu arbeiten, um »sein Wort zu halten«.[2] Freunde seines Alters in Linz hörten dieselbe Geschichte.

Es war nicht die relative Freiheit des zivilen Studentenlebens, wodurch diese Veränderung für ihn so bedeutsam wurde. Nun fand der einsame Außenseiter bei seinen Kameraden Aufnahme und Achtung, und seine ungewöhnliche Herkunft und seine freundliche Aufgeschlossenheit für alle verliehen ihm ein Ansehen, wie er es bisher nie erfahren hatte. Der geistige Fortschritt wurde nicht mehr von sportlicher Ungeschicklichkeit und körperlichen Nachteilen überschattet und man betrachtete ihn bald als einen Gewinn für die Anstalt. Für einen Schüler, der noch nicht sechzehn war, mußte Unterkunft bei einem verantwortungsbewußten Vormund gefunden werden; mit der Aufnahme in die Familie von Hans Drouot, dem hochgeachteten und wohlhabenden Prokuristen und nachmaligen Besitzer der Hofdruckerei zu Linz, erschloß sich ihm der Zugang zu einer beschwingten Geselligkeit, die er vorher nicht gekannt hatte, mit Bällen, Theaterbesuchen und Faschingsfesten. Die Uniform mußte einem eleganten dunklen Anzug mit weißer Krawatte, einem Überzieher mit Samtkragen, einem Stock mit silbernem Knauf und grauer Melone weichen. Eine Atelieraufnahme von ihm in dieser Aufmachung, mit klarem, festem Blick, beweist, wie schnell sich diese »Persönlichkeit« in den neuen Verhältnissen zu einem selbstsicheren jungen Mann entwickelt hatte, der für die Zukunft auf seine eigenen Fähigkeiten vertrauen konnte.

Der Nimbus literarischen Erfolgs fügte zweifelsohne noch eine besondere Note hinzu. Bereits von Smichov aus war es ihm gelungen, ein Gedicht in Druck zu bringen, seinen Beitrag zu einem Wettbewerb in einer Wiener Zeitschrift (der zwar nicht gewann, doch unter die besten gerechnet wurde[3]); nun konnte sich sein Talent zum Reimen vor einer aufgeschlosseneren Zuhörerschaft als den Armeeausbildern und

Zöglingen voll entfalten. Seine Geltung als Lyriker nahm zu, jetzt hatte er Freunde, die sich mit Begeisterung von ihm Verse in ihre Alben schreiben ließen; er wurde von der Klasse beauftragt, ein Festgedicht zum Namenstag ihres Lehrers zu verfassen; sein Beitrag zum Jubiläum des Direktors der Akademie wurde von der örtlichen Presse hoch gepriesen. Eine weitere Wiener Zeitschrift, *Böhmens Deutsche Poesie und Kunst,* ermutigte ihn, Beiträge einzuschicken, von denen einer zu Ostern 1892 veröffentlicht wurde – bezeichnenderweise eine robuste und glühend patriotische Erwiderung auf Bertha von Suttners pazifistischen Aufruf gegen die Rüstung.[4]

Er genoß, wie er an Phia schrieb, diese Zeit sehr. Der Lehrplan der Akademie war darauf ausgerichtet, eine »wissenschaftlich fundierte Allgemeinbildung und umfassende Vorbereitung auf die verschiedenen Berufe des Wirtschaftslebens« zu verbinden. In seinem ersten Semester widmete er sich weniger diesem letzteren Ziel, obgleich seine Leistung in Handelslehre und Betriebstheorie »befriedigend« und in »kaufmännischer Arithmetik« »genügend« war; in geistes- und naturwissenschaftlichen Fächern andererseits, vor allem Französisch, Geschichte, Chemie, Naturgeschichte und Physik, glänzte er und hatte trotz ziemlich häufigen Fehlens keine Schwierigkeit, als Gesamtergebnis »bestanden« und den zweiten Platz in einer Klasse von 53 Schülern zu erreichen.[5] Außerhalb der Schule galten seine Abende nicht nur der Geselligkeit. Er las Tolstoj und Schlossers *Weltgeschichte* im »höchst eleganten Herrenzimmer« der Drouots[6] und schrieb zahlreiche Gedichte, die später in seinem ersten gedruckten Gedichtband erscheinen sollten. Im Haus Arnold Wimhölzels, eines Mitschülers, mit dem er sich sehr angefreundet hatte, wurde er herzlich aufgenommen. Dort traf er zwei anziehende Schwestern, Kusinen Arnolds, deren Bewunderung er seinem neuen Ruf getreu mit Briefen voller Verse erwiderte, in denen er seine Liebe beteuerte und das gütige Geschick segnete, das ihn nach Linz geführt habe. »Hier sollte ich die Liebe kennenlernen . . . dies kann nicht bloß Zufall sein? – Wie einsam, wie öde entflohen bisher meine Tage . . . Lenz! Lenz! ist da im Innern, in der Seele und in der Natur. – Jetzt – – bin ich *ganz glücklich!* – O! zerstören

Sie mir nimmer diese schöne Phantasie, lassen Sie mich glauben, daß – – Sie beide – – mich ein ganz klein wenig gern hätten, daß in Ihrem Herzen ein bescheidenes Plätzchen sich findet für – Ihren René?«[7]

Aus der Entfernung nahm sich sogar das Elend von St. Pölten rosiger aus. In einem Brief an den dortigen Deutschlehrer schrieb er, er blicke auf die damalige Zeit nicht ohne angenehme Empfindungen zurück, denn seien auch manche Tage schwer gewesen, so habe es doch auch viele gegeben, »die im sonnigen Glanz überschwellender Jugendlust erstrahlten, und diese bleiben für fernere Zeiten gönnende Inseln im wogenden Meere irdischer Leiden«.[8]

Für den Augenblick freilich schienen solche Leiden noch in weiter Ferne zu liegen. Zeitig im neuen Jahr sah man ihn mit Olga Blumauer »ausgehen«, einer attraktiven Blondine, die als Kinderschwester arbeitete und die er am Morgen vor Schulbeginn traf. Der Vormund eines anderen Schülers, der befürchtete, sein Mündel könnte durch Renés schlechten Einfluß auf die schiefe Bahn geraten und seine Pflichten vernachlässigen, informierte Frau Drouot; als ihr eigener Schützling dann erklärte, er wolle die Abschlußvorstellung des Theaters am 30. März besuchen, wurde sie mißtrauisch. Und dies mit gutem Grund, wie sich herausstellte, denn eine Nachfrage bei Olgas Dienstherrn ergab, daß man auch ihr den Abend für das Theater freigegeben hatte. Als die energische Frau Drouot tatsächlich das Publikum musterte, war von den beiden nichts zu sehen, was René von ihr ganz unzweideutig zu hören bekam, als er viertel vor elf zurückkehrte. Am nächsten Tag erschien auf ein Telegramm hin sein Vater, um ihn zu dem Versprechen zu bewegen, diese »Liaison« aufzugeben. Bald aber kam es zu einem neuerlichen Fehltritt, der Vater wurde wieder herbeizitiert, um wiederum den feierlichen Schwur zu erhalten, er werde Olga vergessen.

Den Augen der wachsamen Frau Drouot entging es nicht, als er sein Gelöbnis wieder brach, doch auf die Folgen war sie nicht gefaßt. Am Sonntag, den 21. Mai verließ René zeitig das Haus; man nahm an, er wolle die städtischen Dekorationen für das Chorfest besichtigen, das an diesem Tag stattfand. Erst als er nicht zurückkehrte und man erfuhr, daß Olga gekündigt hatte, um angeblich zu ihrer Mutter in Wien zu ziehen, schlug man Alarm. Telegraphisch wurde bei Josef und Phia angefragt, ob René bei ihnen sei, die Schule wurde benachrichtigt, zwei Tage später wurde die Polizei verständigt. Erst am 24. Mai entdeckte man, daß das Paar in einem obskuren Wiener Hotel abgestiegen war; René wurde über Linz nach Prag zurückgebracht. Um das Schicksal des Mädchens scheint man sich kaum gekümmert zu haben. Selbst Arnold Wimhölzel, den man als Freund natürlich genau verhört hatte, hatte nichts von Renés Plänen gewußt. Der Bericht des Dramas, den Arnold schließlich für die Nachwelt verfaßte und der erst vor kurzem ans Licht gekommen ist, zeigt ein faszinierendes Bild von der entsetzten Frau Drouot, die ein derart undankbares Verhalten eines Jungen beklagte, den sie so gerne gemocht und wie eines ihrer eigenen Kinder behandelt hatte.[9]

Später, im September, schrieb René an seine Mutter, er fühle sich nun glücklicher, da er seinen Irrtum einsehen und bereuen könne – er tat dies in hochtrabenden Worten, die ihre Nachsicht garantieren sollten: der göttliche Funke, den »der Himmel . . . jedem . . . in die Brust gesenkt«, könne zu einer heiligen vestalischen Flamme werden, er könne aber auch »verderbend und unheilbringend werden! Er kann die engen Bande innerer Ordnung entfesselt durchbrechen und, von dem ungeheuren Sturm der Leidenschaft beflügelt, alles zerstören«, und für ihn war dieses Feuer von einer »albernen Liebelei« entfacht worden. »Gottlob, daß ich mich von den Fesseln dieses Verhältnisses frei fühle.«[10]

Seine wahren Motive für diesen plötzlichen Bruch scheinen freilich ziemlich klar zu sein. Der Traum vom Militär war geschwunden, und an seiner Stelle drohte, falls er die Handelsakademie abschloß, der Alptraum einer »trostlosen Comptoirzukunft«.[11] Er war sicher, daß er etwas Besseres verdiente, und hatte das Gefühl, es müsse einen Ausweg geben. Es war schmeichelhaft gewesen, sich in der Bewunderung von Freunden zu sonnen, doch die Aufnahme seiner Lyrik in der weiteren Welt der Wiener Literaten ermutigte zu Hoffnung auf größere Dinge, fern von der provinziellen Geselligkeit, die anfangs so anziehend gewirkt hatte. Die

Flucht mit Olga nach Wien hatte ihm die ersehnte Möglichkeit geboten. Trotz des »verderbenden Feuers«, das von dieser »albernen Liebelei« genährt worden war, behielt er, einmal in der Hauptstadt, einen klaren Kopf und besuchte zweimal Eduard Kastner, den Verleger, der ihn gedruckt hatte und mit dem er in Korrespondenz stand. Bei Kastner ließ er die handschriftliche Aufzeichnung der Gedichte, die er in Linz geschrieben hatte, in der Hoffnung auf weitere Veröffentlichung zurück.[12] Der erotische Reiz der Affäre braucht nicht geleugnet zu werden, wenn wir darin auch eine drastische Weigerung sehen, den ihm vorgeplanten Weg einzuschlagen, und erkennen, daß der Mai 1882 für ihn die Entscheidung bezeichnete, unter allen Umständen Dichter zu werden.

Phia, die nun nach Wien ziehen wollte, sollte bald um ihre Mithilfe gebeten werden, seine Gedichte in Zeitschriften unterzubringen; Josef aber konnte trotz seiner Nachgiebigkeit die Poesie lediglich als einen Zeitvertreib ansehen. Ihm ging es darum, die Ausbildung des Jungen so abzuschließen, daß er irgendeine Art »normaler« Laufbahn einschlagen konnte, und um die Finanzierung des Ganzen. Jaroslav, der sich nach dem Tod des Vaters als das Oberhaupt der Familie für die jüngeren Brüder verantwortlich fühlte, war anfangs wegen der Eskapade Renés wütend. Er selbst hatte seine beiden Söhne durch Kinderkrankheiten verloren und sah in seinem Neffen die letzte Hoffnung für die Zukunft der Rilkes. René habe offensichtlich durch den Einfluß seiner Mutter gelitten, schrieb er am 4. Juni an Josef – ein ungesundes Erbteil, das ihn zusammen mit seiner unsystematischen Lektüre unmäßig erregt habe, auch sei ihm übertriebenes Lob in zu jungem Alter in den Kopf gestiegen.[13] Trotzdem sei er bereit, eine monatliche Summe von 200 Gulden (»mit Ausschluß der Ferialmonate«) für Privatunterricht bis zum Abschluß und ein anschließendes Rechtsstudium an der Universität auszusetzen, wonach René in seine Praxis eintreten und hoffentlich eines Tages sein Nachfolger werden würde.[14] Von diesem Endziel abgesehen, entsprach der Vorschlag genau den Wünschen Renés. Er würde hart arbeiten, aber auch die Freiheit haben, sein eigenes Ziel zu verfolgen.

Für den Rest des Sommers schickte man ihn nach Schönfeld in Nordböhmen, wo er bei einem Tutor wohnte, den
man für den Beginn seines Studienprogramms angestellt
hatte. Nach seiner Rückkehr nach Prag im September wurde
für ihn ein Zimmer in der Wassergasse (Vodičkova ulice) bei
seiner Tante Gabriele von Kutschera gefunden, die nun
gleichfalls von ihrem Mann getrennt war. Hier ließ er sich
mit dem festen Willen nieder, die Arbeit ernsthaft anzu-
packen, um in drei Jahren den üblichen Gymnasiallehrplan
von acht Jahren Latein, Griechisch und den anderen Fächern, die ihm bisher entgangen waren, zu absolvieren. Jeden Morgen folgte von sechs Uhr dreißig bis Mittag ein
Hauslehrer dem anderen; alle sechs Monate wurde er in der
deutschen Oberschule in Prag-Neustadt (Nové Mesto) geprüft, und jedesmal bewährte er sich ausgezeichnet. Diese
Arbeit hatte er gern, wie aus den Briefen an Phia hervorgeht,
am meisten aber genoß er die Freiheit, sich seinem eigenen
Schreiben widmen zu können. Die Saiten seiner Leier waren
keineswegs rostig geworden, sie klangen nun sogar reiner
denn je, wie er in einem Brief an den Lehrer von St. Pölten
behauptete.[15]

Das handgeschriebene Notizbuch, das Kastner aus Wien
zurückschickte, wurde nun zum Manuskript eines Gedichtbandes, den er *Leben und Lieder* nennen wollte. Gegen Ende
1892 schickte er einige der Gedichte zur Beurteilung an
Franz Keim, den Dichter-Schulmeister in St. Pölten, den er
vorher aus Schüchternheit nicht darum gebeten hatte. Keim
scheint ermutigend reagiert zu haben, wenn auch mit einer
berechtigten Aufforderung zu strengerer Selbstkritik. Wohlwollende Bemerkungen erhielt er auch von Dr. Alfred Klaar,
dem Prager Lehrer für deutsche Literaturwissenschaft und
Präsidenten der literarischen Gesellschaft »Concordia«. Der-
maßen gestärkt bot er den Band im neuen Jahr der Verlagsanstalt Cotta in Stuttgart an. Deren Ablehnung entmutige ihn
jedoch nicht, zumal er eben erst in einer neuen Liebesbezie-
hung frische Inspiration gefunden hatte, diesmal auf einer
Ebene, die seine künstlerischen Hoffnungen eher ansprach.

Valerie von David-Rhonfeld, auch Vally genannt, stammte
aus einer Familie, die im Hause der Entz in der Herrengasse

häufig zu Gast war. Etwa ein Jahr älter als René, war sie eine Freundin seiner Kusine Gisela Mähler von Mählersheim, der Tochter von Phias Schwester Charlotte, ihr Onkel war der tschechische Dichter Julius Zeyer. Mit Hingabe bemalte sie Porzellan, schrieb Novellen und kultivierte ihre künstlerischen Neigungen in einem zierlich exzentrischen Bohèmetum, trug ein rotes Empirekleid und einen Hirtenstab – alles in allem ein Wesen, das einen jungen Mann anziehen mußte, der sich selbst unbedingt aus den Banden des bürgerlichen Philistertums lösen wollte; bereits einen Tag nach ihrer ersten Begegnung gestand er ihr in Versen seine Liebe. Sie lebte in einem anderen Bezirk von Prag, den Weinbergen (Vinohrady), wo er mit seiner Arbeit nachmittags häufig Zuflucht suchte. Dies bot eine willkommene Abwechslung zu seinem einsamen Zimmer in der Wassergasse, das auf einen lauten Innenhof hinausging, und zu »dem trüben, nüchternen Dunstkreis meiner so unendlich fernstehenden Verwandten«.[16] Mit der Erscheinung dieses angenehm unkonventionellen Geschöpfs in seinem Leben gewann er wieder Lust an seiner Schularbeit, zu einer Zeit, da seine Entschlossenheit durch den unerwarteten Tod seines Gönners Onkel Jaroslav bereits ins Wanken geraten war.

Vally behauptete später, daß er nur durch ihr Verdienst seine Paukerei durchgestanden und nicht verzweifelt sei – von seiner Familie verachtet und ohne Freunde habe er zuweilen sogar von Selbstmord gesprochen. Gewiß gaben ihm die Aufnahme in ihr ästhetisch anspruchsvolles Reich und ihre Anerkennung seiner immer noch naiven Verse den Ansporn, den er brauchte. Sie auch brachte es fertig, das Geld für die Veröffentlichung von *Leben und Lieder* aufzutreiben, als er schließlich einen Verleger gefunden hatte, und nachdem sie das Manuskript aus einem Teich gerettet hatte, in den er es in einem weiteren Anfall von Verzweiflung geworfen hatte – so behauptete sie zumindest. G. E. Kattentidt, der in Straßburg und Leipzig eine vierzehntägige Literaturzeitschrift und einen Jahresalmanach herausgab, gehörte zu denen, die einige von Renés Gedichten aus den Studententagen angenommen hatten; er war einer der wenigen, die zu einem persönlichen Briefwechsel mit ihm bereit waren und so zu Freund wie Verleger wurde. Verlegern in Wien, Dresden, Hamburg und Prag wurde der Name Rilke zunehmend ein Begriff, es war jedoch Kattentidt, der nach Zusicherung der Druckkosten *Leben und Lieder* im November 1894 mit einer Widmung an Vally herausbrachte.

Konventionelle Themen in epigonenhaftem Stil kennzeichnen diese Verse, wobei nur selten eine originelle Wendung aufblitzt und in den meisten eine ungemilderte Sentimentalität vorherrscht. Es sollte auch nicht lange dauern, bis er selbst die Mängel von *Leben und Lieder* zugab. »Mein Können war damals so gering«, schrieb er 1904 an Ellen Key, »mein Fühlen unreif und verängstigt, und es kommt noch dazu, daß ich für alle ersten Veröffentlichungen immer das Schlechteste und Unpersönlichste aus meinen Versuchen zusammenstellte, weil ich mich nicht entschließen konnte, das, was mir wirklich lieb war, preiszugeben.«[17] Er hoffte leidenschaftlich, das Buch würde in Vergessenheit geraten, tatsächlich haben nur einige wenige Exemplare überlebt.

In diesen und anderen Versuchen läßt sich nur wenig Verheißung des späteren Rilke erkennen. Anders als der junge Hofmannsthal einige Jahre vorher tauchte er nicht als Vollendeter auf, um die literarische Welt mit sofortiger Meisterschaft zu überraschen. Er versuchte sich an allem – lyrischer Dichtung, Prosaerzählungen und -skizzen, Drama –, hartnäckig zum Erfolg entschlossen; dabei legte er erstaunlichen Fleiß an den Tag, nicht als der Griffel einer göttlichen Eingebung, sondern als gewissenhafter Lehrling eines Handwerks. Er suchte Rat und Hilfe bei »Autoritäten«, die er stets mit »Meister« anredete – und korrespondierte unermüdlich mit den Zeitschriften in seiner »Branche«. Noch hatte er nicht jene souveräne Unabhängigkeit gewonnen, die er einige Jahre später einem ratsuchenden jungen Poeten empfahl. Doch er hatte sich selbst die Frage gestellt: »Kann ich leben ohne zu schreiben? *Muß* ich schreiben?« und sie mit einem spontanen, einem »starken und einfachen ›Ich muß‹«[18] beantwortet. Alles andere, die Äußerlichkeiten des gewöhnlichen Lebens, das Ablegen von Prüfungen, die Ansprüche von Familie und Freunden, der Reiz der Liebe, waren bereits dieser Forderung unterstellt.

Das führte zu einer Beschäftigung mit sich selbst, einem halbbewußten Drang, sein Leben seiner »Arbeit« anzupassen. Wir finden nun die ersten Zeichen jener lebenslangen Tendenz zur »Selbststilisierung«, die Freunde und Kritiker abwechselnd fasziniert und irritiert hat. Wo sich andere einem Tagebuch anvertrauen oder das Autobiographische in Literatur verwandeln, fühlte Rilke beinahe immer das Bedürfnis, sich unmittelbar mitzuteilen, in Briefen, die persönlich und unpersönlich zugleich sind, und die, wie er am Ende seines Lebens selbst sagte, einen wesentlichen Teil seines Werks bilden. So auch an seinem neunzehnten Geburtstag, als er in einer langen Epistel an Vally auf ihr gemeinsames Leben vorausblickte – in das zwanzigste Jahrhundert als zwei Künstler in Harmonie vorausschreitend, »die über ihrer Liebe und ihrem Schaffen die Welt vergessen und die Menschen bedauern oder verachten« – und im Gegensatz zu dieser lichten Vision ein düsteres Bild seines bisherigen Lebens entwarf:

»Du kennst die lichtarme Geschichte meiner verfehlten Kindheit und Du kennst diejenigen Personen, welche Schuld daran tragen, daß ich nichts oder wenig Freudiges aus jenen Werdetagen zu merken vermag . . . Wenn mir im Vaterhause die Liebe nur von seiten meines Papas . . . entgegengebracht wurde, ich im allgemeinen ganz auf mich selbst angewiesen war, und meine kleinen Leiden und Wonnen meist niemandem zuteil werden lassen konnte . . . Was ich damals erlitt, es läßt sich mit dem ärgsten Weh der Welt vergleichen, obwohl ich ein Kind war, oder vielmehr weil ich es war. Weil mir nicht die Kraft des Widerstandes und nicht die Fülle geklärter Vernunft zuteil war, um darin gemeine Büberei und nichts mehr zu erkennen. . . . In meinem kindlichen Sinn glaubte ich durch meine Geduld nahe dem Verdienste Jesu Christi zu sein, und als ich einst einen heftigen Schlag ins Gesicht erhielt, so daß mir die Knie zitterten, sagte ich dem ungerechten Angreifer – ich höre es noch heute – mit ruhiger Stimme: ›Ich leide es, weil Christus es gelitten hat, still und ohne Klage, und während du mich schlugst, betete ich zu meinem guten Gott, daß er dir vergebe.‹ . . . Ich floh dann immer zurück bis in die äußerste Fensternische, verbiß meine Tränen, die dann erst in der Nacht, wenn durch den weiten Schlafsaal das regelmäßige Atmen der Knaben hallte, sich ungestüm und heiß Bahn brachen. Und eben in der Nacht, in der meine Geburt sich, ich weiß nicht zum wievielten Male jährte, war es, daß ich im Bette aufkniete und mit gefalteten Händen um den Tod bat. Es wäre mir damals eine Krankheit als sicheres Zeichen einer Erhörung erschienen, allein die kam nicht. Dafür entwickelte sich zu jener Zeit der Trieb zu dichten, der mir schon in seinen kindlichen Anfängen Trost verschaffte . . . So keimten in diesen trüben Tagen zum ersten Male die oft erstickten Trosttriebe frei auf . . . Hatte [ich] doch nie, nie noch freundliches Entgegenkommen, geschweige denn Liebe gefunden, und schien dennoch dazu angetan, diese zu fordern . . . mein Herz war leer, eh ich Dich fand, Vally . . . Dann kam die Zeit, die Du kennst, . . . und deren herbe Enttäuschungen und Irrungen in Deiner Verzeihung begraben sind . . . Schon war ich bereit, meiner wissenschaftlichen Zukunft, der immerwährenden, erfolglosen und zielfremden Arbeit müde, zu entsagen, als Du, geliebte, teuerste Vally mir begegnetest, mich stärktest, heiltest, tröstetest und mir Leben, Dasein, Hoffnung und Zukunft gabst . . .«[19]

Viel Selbstbedauern spricht aus diesem Brief, das uns jedoch nicht den Blick für seine Entschlossenheit verstellen sollte, das in seinen Augen so schreckliche Hindernis zu überwinden. Denn diese Version seiner Kindheit, die ihm zur »Wahrheit« wurde, sollte ihn in der Überzeugung bestärken, daß der Künstler gegen das Unverständnis seiner Zeitgenossen und in seinem Willen, sich auch gegen diese Widerstände durchzusetzen, notgedrungen allein stehe.

Briefe waren für ihn eine Form der Selbstanalyse, und Vally war die erste in einer langen Reihe von »Heilern und Tröstern«, die sie empfing. Von der Hölle der Militärschule sprach er später zwar noch häufig, bemühte sich aber trotzdem, diese Erinnerung zu unterdrücken. In *Pierre Dumont*, einer kurzen Erzählung, die früher im Jahr 1894 entstanden war, hatte er in lebhaften Farben den Abschied einer Mutter, einer Offizierswitwe, von ihrem jungen Sohn zu Beginn des Herbsttrimesters an einer Militärschule geschildert; er veröffentlichte sie jedoch nie. Eine kurze Skizze, *Die Turnstunde*, die zuerst als Tagebucheintrag im November 1899 entstand, wurde tatsächlich drei Jahre später gedruckt. In ihr erscheint sein Widerwillen gegen die militärische Atmosphäre deutlicher, in der Beschreibung des Todes eines schwächlichen Jungen, der verzweifelt versucht, sich selbst zu behaupten. Abgesehen davon aber brachte er den Militärroman, der ihm lange vorschwebte, nie zu Papier.

Einstweilen empfand er die Unabhängigkeit, die er genoß, als angenehm, auch reichte die Weiterzahlung seiner Zuwendung aus, Sommerferien fern von Prag möglich zu machen. Im Juni 1894 bestand er seine Abschlußprüfungen mit Auszeichnung und verbrachte dann einige Zeit im nordböhmischen Dittersbach und in Misdroy an der baltischen Küste, wo er zum erstenmal das Meer sah, »wie violenblauer, schwerer Atlas«.[20] Größere Freiheit stand ihm nun mit der Einschreibung an der Universität bevor, und die Verbindung mit Vally, die er noch acht Monate zuvor mit solcher Glut verherrlicht hatte, wurde schwächer. Als Meister seines Geschicks spürte er nun eine neue Kraft, was in der Unterschrift »René Maria *Caesar* Rilke« unter einem Gedicht für die Tochter eines Prager Arztes, die er zufällig in Misdroy getroffen hatte, Ausdruck fand. Im Herbst kehrte er nach Prag zurück und löste die immer noch heimliche Verlobung mit Vally auf, der er später in einem Brief von erstickender Banalität für »das Geschenk der Freiheit« dankte: »Du hast Dich groß und edel erwiesen auch in diesem schweren Augenblick, besser als ich. – Mein Segen weilt über Deinem Haupt. Du warst ein lichter Flugstern in meinem dunklen Leben! Leb wohl. Und bedarfst Du je eines Freundes, – dann rufe. – Es kann Dir niemand mehr Freund sein als René.«[21]

Es ist zweifelhaft, ob ihre Zuneigung zu ihm je mehr war als ein Teil der von ihr gespielten Rolle, mit dem zusätzlichen Reiz, daß ihre Eltern es mißbilligten, wenn sie den unbemittelten Studenten den passenderen Partien vorzog, die sie ihr anrieten. Als es jedoch zum Abschied kam, nahm sie es schwer, heiratete tatsächlich nie, und ihre Erinnerungen an die Episode verwandelten sich, als sie seinen Aufstieg verfolgte, in Bitterkeit. Auf ihre Art war diese Beziehung ein Prototyp aller seiner Beziehungen zu Frauen in seinem Leben: das anfängliche Hingezogensein zu jemandem, der häufig älter war als er selbst, einer Künstlerin, die Versuchung eines gemeinsamen »normalen« Lebens, darauf der Widerspruch zwischen diesem Leben und seiner Arbeit und früher oder später – meistens früher – der unausweichlich feste Entschluß, daß sein Werk den Vorrang habe und er das, was in ihm war, nur in Einsamkeit verwirklichen könne. Bei einem äußerlich sanften Charakter überrascht solche Härte. Noch überraschender ist – und dies zeugt von seiner Ausstrahlung –, daß von all den Frauen, denen es widerfuhr (und sie alle zeichneten schließlich ihre Gefühle und Erinnerungen auf), nur Vally ihm dauernden Groll bewahrte.

4

Es gibt keinen wie ich, hat nie einen solchen gegeben.

Ewald Tragy

Der Plan, Rilke für die Nachfolge in der Praxis seines Onkels vorzubereiten, wurde auch nicht aufgegeben, als Jaroslav so kurz nach dieser Vereinbarung starb. Die hinterbliebenen Töchter Paula und Irene hatten sich zur Weiterzahlung der monatlichen Unterstützung bereiterklärt, und so stand dem nächsten Schritt nichts im Weg. Renés Einschreibung für das Wintersemester 1895 an der Carl-Ferdinand Universität brachte den ersten Widerstand – noch keine offene Rebellion – gegen die ihm vorgezeichnete Laufbahn. Statt Jura zu studieren, worauf Jaroslav mit Sicherheit bestanden hätte, entschied er sich für Kunstgeschichte, Literaturgeschichte und Philosophie. Bald zwanzig, war er älter als seine Kommilitonen, wenn auch nicht reifer; in der Freiheit des Universitätslebens fand er die Möglichkeit, nicht nur persönlich auf der literarischen Bühne zu erscheinen, auf der er sich bisher nur aus relativer Verborgenheit heraus bemerkbar gemacht hatte, sondern auch das Leben der Stadt außerhalb der deutschen Kultur, in der er aufgewachsen war, zu entdecken.
Die Themen des nächsten Gedichtbandes, den er plante, lassen diese beiden Welten erkennen. *Larenopfer*, das im De-

zember erschien und bei dem ihm Vally, diesmal durch den Umschlagentwurf, wiederum behilflich war, hatte »die starken Wurzeln seiner Kraft« in Böhmen, wie er selbst in einem Waschzettel für das Buch schrieb[1] – einem Böhmen mit einer deutschen wie tschechischen Gegenwart und Vergangenheit, das den Patrioten von »48« noch ein ungeteiltes Vaterland und nicht Besitz der einen oder der anderen Partei war. Das Werk selbst ist eine eigenartige Mischung: ein baedekerartiger Besuch der Denkmäler, die an Prags lange Geschichte erinnern, eine neuromantische Beschwörung seiner Atmosphäre, sentimental naturalistische Bilder »des Volkes« in seiner Armut und seinem dumpfen Dahinleben, und Huldigungen an bewunderte Zeitgenossen unter den tschechischen Dichtern wie Jaroslav Vrchlický und Julius Zeyer (der Onkel Vallys, der »Meister«, dem er im Oktober ein Exemplar von *Leben und Lieder* mit einer überschwenglichen Widmung geschickt hatte). Rilke erweist sich hier immer noch als Anfänger, allen literarischen Einflüssen der Zeit zugänglich, ein Nachfolger und Nachahmer, gleichzeitig aber auch als ein scharfer Beobachter des wirklichen Lebens. Einige Kritiker bemerkten, daß er dabei war, die Unreife und Unwirklichkeit von *Leben und Lieder* abzuschütteln. In seiner Erwiderung auf einige anerkennende Zeilen eines tschechischen Schriftstellers nennt er als seine Absicht, »ein leises Accord des Friedens im rauschenden Kampfgetöse« erklingen zu lassen, den Ausdruck der »Sympathie ... die ich für Ihr Volk und seine künstlerische Bestrebungen hege, und Zeuge soll es sein dafür, daß ich über Kastenwesen der Nationen ein allumfassendes Reich kenne, das Reich, in dem die Sonne der Kunst nie untergeht«.[2]

Noch findet sich kein Anzeichen jener Abneigung gegen Prag, die seine späteren Erinnerungen zuweilen bestimmte. In diesem ersten Universitätsjahr scheint er im Gegenteil die neuen literarischen und künstlerischen Begegnungen eifrig gesucht und außerordentlich genossen zu haben. Er wurde ein tätiges Mitglied der führenden Vereinigungen, erschien in den Zirkeln der Kaffeehäuser und machte beharrlich auf sich aufmerksam, spürte die »Modernen« auf und war reich an Ideen und voller eigener Pläne. Bereits in seinem ersten

Semester veröffentlichte er aus eigenen Mitteln die erste Nummer einer kostenlosen Flugblatt-Zeitschrift mit Gedichten und hatte Kattentidt vorgeschlagen, die Herausgabe eines neuen Unternehmens *Jung-Deutschland und Jung-Österreich* zu übernehmen, einer zweiwöchentlichen Zeitschrift neben dem *Jung-Deutschland und Jung-Elsaß* des Verlegers, zu dem er immer noch beitrug. Diese Unternehmungen waren von kurzer Dauer, seine Begeisterung ließ jedoch nicht nach. Sein Selbstbewußtsein wuchs, er schrieb unermüdlich und veröffentlichte eine Menge, in so unterschiedlichen Formen und Stilen, daß sie zuweilen nur schwer der Feder eines einzigen Dichters zuzurechnen sind. Bald war er der Ästhet, der Poet romantischer Schwermut, der mitunter tatsächlich in dieser Maske unter den Massen am Graben auftauchte, schwarz gekleidet, in der Hand eine einzelne langstielige Iris; dann wieder der Verfasser dramatischer Monologe (»Psycho-Dramen«), grob naturalistischer Erzählungen und dramatischer Episoden, die in der Öde ihrer Thematik der geknechteten Armen und in ihrer unverblümten Sozialkritik Gerhart Hauptmann noch übertrafen; und wiederum der selbsternannte »Hofpoet« auf Schloß Veleslavin bei Láska van Oestéren, der Tochter einer Familie niederen Adels und ebenfalls Schriftstellerin. Stets aber warb er für sich, begierig nach Aufmerksamkeit und Anerkennung als Schriftsteller. Im Januar 1896 lautete sein Vorschlag für den Eintrag in ein Lexikon deutscher Lyrik und Prosa des 20. Jahrhunderts folgendermaßen: »René Maria Caesar Rilke . . . gegenwärtig Schriftleiter von ›Jung-Deutschland und Jung-Oesterreich‹. Mein Motto: patior ut potiar. Für die Gegenwart hege ich heißes Streben nach Licht, für die Zukunft eine Hoffnung und eine Furcht. Hoffnung: Inneren Frieden und Schaffensfreude. Furcht (als erblich nervös belastet): Wahnsinn! Ich bin tätig auf dem Gebiete des Dramas (»Gleich und frei«, »Im Frühfrost«), Novelle und Skizze (viele Arbeiten zerstreut in mehr denn 20 Zeitschriften). Demnächst gesammelt); Lyrik, Psychodrama, Kritik etc.«.«[3] Zu Recht ist behauptet worden, dieses Jahr in Prag sei vielleicht das einzige in seinem Leben gewesen, in dem er eine erfolgreiche Karriere im konventionellen Sinn vor sich sehen konnte.[4]

Der Gedanke, eine eigene Zeitschrift von »Liedern als Gaben für das Volk« zu veröffentlichen, scheint von Karl Henckells *Sonnenblumen* angeregt worden zu sein, die in Zürich mit Beiträgen einer Anzahl bekannter Dichter erschienen und von René in einer Prager Zeitung im Dezember 1895 rezensiert worden waren. Henckell, ein aus Bismarcks Deutschland geflüchteter Sozialist, sah diese Zeitschrift als ein Werkzeug zur Erziehung der Arbeiter. René war entschlossen, ihn noch zu übertreffen. Seine Zeitschrift mit dem Titel *Wegwarten* sollte kostenlos an die Arbeiter und Armen verteilt werden, wo immer sie zu finden waren. Im selben Monat, unmittelbar nach *Larenopfer*, erschien die erste Nummer mit einer großen Anzahl seiner Gedichte aus den reichen Vorräten der vergangenen drei Jahre und einem Vorwort, in dem er die Notwendigkeit einer unentgeltlichen Kunst für die Armen verkündete. Billige Ausgaben seien nicht genug: auch zwei Kreuzer seien noch zuviel, wenn es um die Entscheidung zwischen Buch und Brot gehe. »Wollt ihr also allen geben, – so gebt! Paracelsus erzählt, die Wegwarte werde alle Jahrhunderte zum lebendigen Wesen; und leicht erfüllt die Sage sich an diesen Liedern; vielleicht wachsen sie zu höherem Leben auf in der Seele des Volkes. Ich bin selbst arm; aber diese Hoffnung macht mich reich. – Die *Wegwarten* werden ein- bis zweimal jährlich erscheinen. Pflückt sie, und mögen sie euch zur Freude sein!«[5] Er selbst hatte Zweifel, ob seine Spende tatsächlich das Volk erreichen würde, auch wenn er sie an verschiedene Handwerkszünfte und Arbeitervereinigungen, Krankenhäuser und Buchhändler schickte oder Exemplare an öffentlichen Orten herumliegen ließ. Er konnte es sich kaum leisten, genug Kopien herstellen zu lassen, um den Markt zu sättigen, und ein »paar hundert Heftchen versickern schier spurlos«. Doch durfte er hoffen, daß hier und dort der Zufall ein Exemplar »in eine einsame Stube trug, wo die schlichten Lieder ein wenig Licht und Freude wecken dürfen«.[6]

Hinter dem aufrichtigen Idealismus stand vermutlich eine mehr praktische, wenn auch unterbewußte Absicht. An seine ohnehin weitreichende Liste von »Meistern« und andere, die vielleicht von ihm noch nicht gehört hatten, wie Theodor

Fontane oder Arthur Schnitzler, Exemplare zu schicken war eine auffälligere und originellere Weise, sich selbst bemerkbar zu machen. Es war bezeichnend, daß die Zeitschrift ausschließlich René Rilke galt, während Henckell Anthologien von Zeitgenossen herausgab; die zweite Nummer vom April 1896 gab den Gedanken an »Lieder für das Volk« völlig zugunsten seines höchst naturalistischen Dramas *Jetzt und in der Stunde unseres Absterbens* auf, einer düsteren Geschichte von tyrannischen Grundbesitzern, Blutschande und armseligem Sterben – kaum eine Quelle des Lichts und der Freude für die Stube des einsamen Arbeiters. Mit gleicher Begeisterung hatte er sich zu dieser Zeit Kattentidt für das neue Jahr als Herausgeber von *Jung-Deutschland und Jung-Österreich* aufgedrängt, das er mit einer vielversprechenden Liste möglicher Abonnenten »auf gleicher Stufe mit dem bewährten Hauptblatte zu erhalten« hoffte[7] – und das dabei auch das Ansehen seines energischen Herausgebers fördern könnte. Nach wenigen Wochen jedoch klagte er bereits über seine Machtlosigkeit, dieses »Dilettantenasyl«[8] umzuformen, für das er Kattentidt verantwortlich machte. Die Flut von Abonnenten, die er erwartet hatte, erwies sich als ein Tröpfeln. In der Tat stellte sich heraus, daß es für eine gesonderte Ausgabe kein Publikum gab. Im März hatte er die Last dann ebenso schnell abgelegt wie er sie aufgenommen hatte, wobei er einen Verlust von über 19 Gulden – für seine Verhältnisse ziemlich viel – verbuchte.

In seinem Briefwechsel mit Kattentidt, mit dem er trotz der Unannehmlichkeiten, die er dem Herausgeber verursacht haben mußte, auf bestem Fuß blieb, wagte er es sogar, die Selbstanpreisung anderer ehrgeiziger junger Dichter herablassend zu beurteilen. Dabei vertraute er auf die Position, die er sich selbst auf erhabeneren Höhen geschaffen hatte. Mit so vielen eigenen Publikationen wurde er in Prag tatsächlich zu einem Begriff. Nur selten versäumte er die Zusammenkünfte der seriösen Literaturvereinigung »Concordia«, bei denen sein Patron Klaar den Vorsitz führte und wo er sein bemerkenswertes Talent zur Gedichtimprovisation vor angesehenen Besuchern wie Karl-Emil Franzos vorführen konnte, oder die regelmäßigen Donnerstagabende bei der »friedlichen, gemäßigten Anti-Concordia«[9], dem Verein der bildenden Künstler, wo es in der Gesellschaft des Dramatikers Rudolf Christoph Jenny und des Graphikers Emil Orlik lebhafter zuging. Dort konnte er Vorträge der Künstler über ihre Arbeit und Methode oder Jenny seine Dramen vorlesen hören; seine eigenen Novellen fanden ein aufmerksames Publikum, und er konnte für diese jüngere unbürgerliche Generation einen gereimten Aufruf zu einer »kühnen Sezession« verfassen. All dies genügte aber noch nicht, er mußte unbedingt eine eigene Vereinigung gründen – einen »Bund der wahrhaft Modernen«, zusätzlich und nicht wetteifernd mit den beiden bestehenden Vereinigungen, mit einer eigenen Zeitschrift (wofür *Wegwarten* schon bereitstand) und einem »intimen Theater« für Liebhaber des Dramas, in dem Stücke aufgeführt werden konnten, die vom ordentlichen Theaterbetrieb ausgeschlossen waren. Er träumte von einer völlig neuen Struktur, es sollte sich »das phantastische Gebäude einer freien Künstlerzunft hoch in die blaue Luft erheben, der Palast an dessen goldener Turmspitze die Oriflamme der Begeisterung flattert«.[10]

Der Gedanke stammte eigentlich von seinem Freund Harry Louis von Dickinson in Dresden, der unter dem Pseudonym Bodo Wildberg ähnliche Gedichte und Prosa schrieb (und ebenfalls auf eigene Kosten drucken ließ). Die beiden einigten sich schnell darauf, daß die Gesellschaft »verwandter Geister« höchst erlesen (d. h. von ihnen auserlesen) sein müsse und sich nicht auf Prag beschränken, sondern sich korrespondierend über Österreich und Deutschland nach Wien, Berlin und Göttingen ausdehnen solle. Bis Mai, in dem Sommersemester an der Universität, als Rilke den Wünschen der Familie folgend zur juristischen Fakultät überwechselte, hatten sie genügend Unterstützung geworben, um *Wegwarten* als das offizielle Sprachrohr zu planen, zu dem alle Mitglieder beitragen und die bildenden Künstler jeweils ein neues Titelblatt für jede Ausgabe entwerfen würden. Dazu kam noch der wichtigere Umstand, daß die Mitglieder sich verpflichten würden, die Druckkosten von jeweils hundert Exemplaren zu übernehmen. Da jedes Mitglied den eigenen Freundeskreis erreichen sollte, erhoffte

Rilke eine »ungeheure Verbreitung«, denn immer noch sollte die Zeitschrift kostenlos verteilt werden, nun aber an die Elite und nicht mehr bloß an den einsamen Arbeiter;[11] ein neues Medium für »modernes Schaffen, Unterwerfung unter die Macht der ›Stimmung‹, der intimen fantasievollen Stimmung«.[12] Dies würde um so wirkungsvoller sein, als es das Produkt einer kleinen Gruppe war, vereint in ihren Absichten und frei von den unvermeidlichen Auseinandersetzungen eines größeren Zusammenschlusses.

Er hatte bereits auf die Schaffung eines »freien Theaters« in Prag gedrängt, auch dazu konnte er vom neuen »Bund« Hilfe erhoffen. Dabei dachte er an eine voll ausgerüstete Bühne, bei der Jenny einen glänzenden Regisseur abgeben würde, und an »Schauspieler von Fach und vernünftige Dilettanten«, die man schnell entdecken würde. Eigenartig für einen solchen Verehrer des Naturalismus erscheint seine Absicht, Maeterlinck zu inszenieren: »das Drama dessen beredteste Sprache das Schweigen, dessen Katastrophe die ›schreiende Ruhe‹ ist. Hermann Bahr schrieb mir, daß [Maeterlincks] Les aveugles zu solch einer Aufführung sich eignen«.[13] Man kann sich kaum etwas vorstellen, was von seinen eigenen Versuchen der jüngsten Zeit weiter entfernt gewesen wäre – von *Im Frühfrost, Jetzt und in der Stunde . . .* und dergleichen. Sein »freies Theater« wurde nie verwirklicht, das großartige Konzept des »Bunds der Modernen« verlief nach der dritten und letzten Nummer der *Wegwarten* im Sand. Die sich widersprechenden Attraktionen von Naturalismus und Symbolismus blieben noch lange Zeit ungelöst und erklären vielleicht seine schließliche Abwendung vom Drama als Ausdrucksform. Die ganze Episode – ein sehr kurzer Sturm im Wasserglas – war, wie er später erkannte, Ausdruck seines ungeduldigen Wunsches, »meiner widerstrebenden Umgebung mein Recht auf solche Betätigung zu erweisen . . . die einzige Zeit in meinem Leben, da ich nicht innerhalb der Arbeit rang, sondern mit ihren dürftigen Ansätzen nach Anerkennung ausging.«[14] Die Vorstellung eines Zusammentreffens »verwandter Geister« blieb jedoch ein für ihn wesentlicher Charakterzug. Im Verein mit ihnen hatte er das Gefühl, nicht länger ein Bekenntnis an die toten Wände seines Zimmers zu richten, sondern sich »tiefempfindenden Menschen, aus deren klarer Seele mich das Bild des eigenen Wesens anblickt«, anzuvertrauen.[15] Dieses Bedürfnis, sein Werk Freunden oder unbekannten Korrespondenten, bei denen er Verständnis spürte, mitzuteilen und zu erläutern, wurde bald viel mächtiger als sein Drang nach Veröffentlichung.

Für den Augenblick jedoch blieben Veröffentlichung und das Streben nach Anerkennung höchstes Gebot. Fieberhaft, beinahe verzweifelt, betätigte er sich in jeder erdenklichen Richtung: brachte seine eigenen Erzeugnisse unter und forderte Besprechungen, half bei Anthologien von Übersetzungen aus dem Tschechischen, rezensierte, plante Sammlungen seiner Prosaerzählungen und -skizzen, besorgte eine Aufführung von *Jetzt und in der Stunde . . .* im deutschen Volkstheater zu Prag und unterhielt einen ungeheuren Briefwechsel. Tatsächlich war der »Bund der Modernen« wenig mehr als eine Gesellschaft für wechselseitige Bewunderung, bei der die wenigen Mitglieder gegenseitig ihre Arbeiten rezensierten. Hans Benzmanns Gedichtband wurde von René glühend gepriesen (mit der Aufforderung zum *Kauf* an die Leser), und von diesem wiederum wurde *Larenopfer* wohlwollend besprochen; Jennys Stück *Not kennt kein Gebot* – ein »Volksstück« – mit seiner »klar entwickelten Handlung« und der »Hogarthschen Natürlichkeit« seiner Charaktere[16] erhielt von René für seine einzige Prager Aufführung im Mai willkommene Reklame. Auf den Besuch der Universitätsvorlesungen verzichtete er nicht gänzlich, doch ist von dieser weniger aufreibenden Tätigkeit in seinen Briefen, die vom letzten Literatur- und Bühnenklatsch übersprudeln, nicht die Rede.

Zu Pfingsten begleitete er Jenny nach Wien und von dort weiter nach Budapest, um die Jahrtausendfeier und -ausstellung zu sehen. Entfernte Verwandte hatten ihn eingeladen, bis Mitte Juni zu bleiben; sie schienen ihm zwar »meilenhoch« über denen zu Hause zu stehen, doch war ihm die Aussicht, auf eine so lange Zeit in der Gesellschaft von Leuten mit kleinen Interessen, deren Horizont hinterm Kirchturm endete, nicht angenehm; mit einiger Höflichkeit konnte er sich ein paar Tage früher als geplant verabschieden.[17]

Prag aber wurde allmählich zu eng für ihn. Während seine früheren Briefe und Beiträge an Herausgeber, von Kattentidt abgesehen, nicht über die Grenzen Österreichs hinausgegangen waren, gelangten sie nun bis Berlin, Bremen und München. Er plante einen neuen Gedichtband und sah sich nach einem Verleger um, nicht in Prag, sondern in Wiesbaden oder sogar in Zürich – »nur niemals in Oesterreich!«[18]; im Verlauf des Sommers half ihm Richard Zoozmann, einer seiner verehrten »Meister«, beeindruckt von der Qualität des neuen Manuskripts, dieses bei Friesenhahn in Leipzig unterzubringen, wobei er großzügig die Hälfte der Druckkosten übernahm. Er aber wurde unter den Beschränkungen des provinziellen Lebens immer unruhiger: da waren nicht nur die Gleichgültigkeit, ja Feindseligkeit, die der Vater und die Verwandten seinem Streben entgegensetzten, sondern auch die Grenzen der literarischen Kreise, trotz des Wohlwollens von Klaar und August Sauer, der sein Professor in Literaturgeschichte gewesen war. Es war ihm gelungen, über die Mauern des deutschen »Ghettos« in Böhmen hinauszublicken, und er hatte gelernt, die Bestrebungen der Tschechen zu respektieren. Sein kurzes Jahr der Unabhängigkeit hatte ihm aber auch mit zunehmender Klarheit gezeigt, daß er, um sich einen Namen als ein Dichter der deutschen Sprache zu machen, diesen entlegenen Außenposten verlassen mußte.

Viele von den Künstlern, die vor und nach ihm am Rand der deutschen Kultur und Sprache aufgewachsen waren, fühlten sich von der Schwerkraft eines deutschen Zentrums angezogen. Besonders stark war dieser Einfluß für seine Zeitgenossen zu einer Zeit, da die nichtdeutschen Völker Österreich-Ungarns immer stärker auf Selbstbestimmung drängten. Franz Werfel ging nach Hamburg, Kafka nach Berlin; Emil Orlik aus Prag und Arthur Holitscher aus Budapest nach München. Auf München fiel auch die Wahl René Rilkes. Er hatte bereits mit Holitscher, der zu den Mitarbeitern der neuen Zeitschrift *Simplicissimus* gehörte, wegen lyrischer Beiträge korrespondiert; die Stadt beherbergte viele der von ihm bewunderten Meister, darunter den Dramatiker Max Halbe und den Schriftsteller Ludwig Ganghofer; dort würde er sicher einen wahren »Bund der Modernen« finden.

Nach der erstickenden Atmosphäre Prags würde in einer »Kunststadt« tatsächlich eine frische Luft wehen, in der er »Geschmack und Urteil läutern und klären« könnte.[19] Im Juli, als das Sommersemester noch kaum vorüber war, dachte er schon an einen Umzug dorthin, der Plan wurde schnell zum Entschluß. Er könne sein Universitätsstudium in München fortsetzen – mit diesem Argument gelang es ihm, seinen Vater zu überzeugen, nicht nur einzuwilligen, sondern ihm auch noch eine bescheidene Zuwendung über die Summe hinaus auszusetzen, die ihm seine Kusinen nur sehr ungern weiterzahlen wollten.

Die Inszenierung seines Stücks am 6. August buchte er als »großen Erfolg«, wie er an Zoozmann und an Ludwig Jacobowski in Berlin schrieb, großartig inszeniert und in seiner Wirkung weniger herb und brutal als die Lesefassung.[20] Die Besprechungen waren tatsächlich ziemlich gut. Eine Prager Zeitung nannte das Stück zwar in seinem »gehäuften Elend eine Ballade im Alltagskleid, aber kein Drama«, lobte aber doch das dramatische Talent, das sich in der »prospektivischen Gedrängtheit der kurzen Szenenreihe, in manchem kräftigen Farbenstrich und dem kecken Spiel mit Kontrasten« zeige.[21] Der Wiener Theaterverleger Eirich nahm es in seine Liste auf, und René hoffte, auch *Frühfrost* würde noch zur Aufführung kommen. Seine Pläne für eine Sammlung von Novellen und Skizzen, die er verschiedentlich bei der Veröffentlichung einzelner Erzählungen angekündigt hatte, hatten sich noch nicht verwirklicht, und er war ständig am Revidieren seiner Auswahl. Der Gedichtband mit »modernen und besseren Gedichten als in den Larenopfern«, mit dem er den Weihnachtsmarkt zu erreichen hoffte[22], machte guten Fortschritt. Auf Zoozmanns Rat verringerte er ihre Zahl, beschränkte die Themen und änderte schließlich den Titel von *Neue Gedichte* zu *Traumgekrönt*, mit einer verehrungsvollen Widmung an seinen Gönner. Daneben arbeitete er auch noch an der dritten Nummer der *Wegwarten*.

An geselligen Anlässen mangelte es inmitten all diesen Eifers nicht. Viele Monate lang hatte er mit Láska van Oestéren, seiner »bewunderten Kollegin«, Briefe gewechselt, in denen er vor ihr all seine Hoffnungen und Pläne zusammen mit einer Menge von Gelegenheitsversen ausgeschüttet hatte. Nun gelang es ihm, im Juli nach Schloß Veleslavin bei Prag eingeladen zu werden, wo die Familie den Sommer verbrachte. In den ersten Augusttagen kam eine weitere Einladung zu einem großen Ball auf dem Schloß, den Baronesse van Oestéren für Láska und ihre anderen Töchter gab; in der von ihr geschickten Kutsche fand René einen weiteren Gast, einen jungen Mann in der Ausgehuniform eines Dragonerleutnants, einen gewissen Siegfried Trebitsch, der im zweiten Abschnitt seiner militärischen Dienstzeit vorübergehend in Prag stationiert war. Dieser Dichter- und Schriftstellerkollege (heute hauptsächlich als der deutsche Übersetzer von George Bernard Shaw bekannt) war, wie sich herausstellen sollte, ein Geistesverwandter; wie René suchte auch er seine Berufung gegen den Wunsch seines Stiefvaters, der ihn als Nachfolger in seinem Geschäft wollte, zu verteidigen. Im Garten des Schlosses führte man abseits von der Menge ein langes Gespräch, und René vertraute ihm seinen Entschluß an, entweder ein Dichter zu werden, dem die Menschen zuhören, oder die Welt zu verlassen und in der Dunkelheit zu verschwinden. Auf der Rückfahrt trug Trebitsch im Wagen einige seiner eigenen Verse vor und fühlte sich ermutigt, als ihm Rilke sagte, er sei verpflichtet, jede Ablenkung zu vermeiden und sich mit aller Kraft der ihm vom Schicksal vorgezeichneten Arbeit zu widmen. Menschen wie sie beide hätten keine Wahl.[23] Kurz darauf kam ein Exemplar von *Larenopfer*, versehen mit einem Widmungsgedicht »dem verborgenen, feinfühligen Dichter als Erinnerung an die Heimfahrt von Veleslavin«.[24] Rilkes eigene Bestimmtheit gab Trebitsch den Mut, das elterliche Joch abzuschütteln; er war ihm für jenen Abend lebenslang dankbar.

Als spürte er in dem Weggang nach München bereits den unwiderruflichen Bruch mit seiner Heimat, verließ Rilke kurz nach der Aufführung seines Stückes die Stadt und verbrachte zehn Tage in Obergrund an der oberen Elbe, in den nordböhmischen Bergen. Dort, nicht weit vom Geburtsort seines Vaters, besuchte er noch einmal »die lieben altvertrauten Plätze, deren Tempelzauber Müh und Mißmut aus der Seele verbannt«, lauschte den Bächen in den Klüften und trank die Sonne der Gipfel.²⁵ Es war ein höchst notwendiger Urlaub, denn trotz seines guten Allgemeinzustands hatte er doch unter beträchtlicher nervlicher Spannung und gelegentlicher Migräne gelitten. Einen oder zwei Tage verbrachte er während dieser Zeit im benachbarten Dresden, zu dessen Kunstgalerien ihn der Weg in späteren Jahren häufig zurückführen sollte. Nach zwei Tagen Aufenthalt zurück in Prag reiste er abermals ab, diesmal ins Salzkammergut, um eine Kusine zu besuchen; der Hauptgrund war aber vermutlich, Jenny Carsen, einer Schauspielerin des Prager Volkstheaters, nachzufahren, die als Gast in Gmunden auftrat. Seine »liebe, abendrotblonde Freundin« fand jedoch wenig Zeit für ihn, was vielleicht ganz gut war, denn der Aufenthalt erwies sich als entspannend und ein paar Tage, die er in Goisern bei Bad Ischl verbrachte, waren durch »das süße An-nichts-Denkenbrauchen . . . ein Jungbrunnen für die Nerven«.²⁶

Anfang September war er wieder in Prag und begann, seine Vorkehrungen für den Sprung ins Ungewisse am Ende des Monats zu treffen. Die Zuversicht, die er Trebitsch gegenüber an den Tag gelegt hatte, mag vor dem tatsächlichen Abschied wohl nachgelassen haben. Das ist in der Novelle *Ewald Tragy* festgehalten, einem seiner wenigen aufrichtig autobiographischen Werke, das er ungefähr ein Jahr später schrieb: die Sehnsucht nach dem Fortsein, nach der Entfernung von den Beschränkungen und dem Nicht-Begreifen der Familie, nach Selbstbestätigung; doch zu gleicher Zeit die Liebe zu seinem Vater und der nagende Zweifel an sich selbst. Ewald ist zwei Jahre jünger als René, sonst aber scheint jede Einzelheit genau zu stimmen – in der Skizzierung des Vaters, der abwesenden Mutter, der Tanten und Kusinen in der Tat so genau, daß es nicht verwunderlich ist, daß er die Erzählung nicht veröffentlichte.

Der letzte Sonntag vor Ewalds Weggang nach München ist angebrochen: »Aber ich weiß immer noch nicht, was du eigentlich willst«, sagt sein Vater, »der vornehme und geachtete« Inspektor auf dem Weg zu dem allwöchentlichen Mittagessen bei den Tanten:

»Man geht doch nicht so fort, einfach ins Blaue hinein. Sag mir nur mal, was wirst du denn in München tun?‹ ›Arbeiten —‹ hat Ewald rasch bereit. ›Sooo — als ob du hier nicht arbeiten könntest . . . Du hast dein Zimmer, dein Essen, alle wollen dir wohl. Und schließlich man ist bekannt hier, und wenn du die Leute richtig behandelst, stehen dir die besten Häuser offen —‹ ›Immer die Leute, die Leute . . . du scheinst nur zwei Dinge zu kennen, die Leute und das Geld. Um die dreht sich alles bei dir. Man liegt vor den Leuten auf dem Bauch, das ist der Weg. Und man kriecht auf dem Bauch zum Geld, das ist das Ziel. Nicht? . . . Wenn man's nicht hat . . .‹ ›Dann . . . wird man ein Lump und macht dem guten, ehrlichen Namen Schande . . . Wir sind eben nicht von heute.‹ ›Das ist es ja gerade . . . von irgendwann, von anno olim seid ihr, verstaubt, vertrocknet, überhaupt —‹«

Und der Inspektor wechselt zur anderen Seite der Straße über, die zwischen ihnen immer weiter und weiter zu werden scheint. Die Kluft zwischen den Generationen ist unüberbrückbar.

Das Mittagessen mit drei Tanten, vier Kusinen, dem kleinen Egon und seiner französischen Gouvernante ist mit feiner Satire dargestellt; die unsagbare Langeweile, die triviale Unterhaltung, bevor man zu Tisch geht, die Pausen des Schweigens, »wie lange, lange Fäden gebleichten Garnes«, der Papagei, dem sie Tiergeräusche vormachen und der sich vor ihnen »mit der Miene eines jüdischen Musiklehrers« verneigt, die Völlerei, die Bemerkungen bei jedem Gang, die man schon im voraus kennt – und Ewalds vergebliche Hoffnung, daß *einer* daran denken wird, daß es sein *letzter* Sonntag ist, als sie ihre Gläser heben. Als sie im Salon eindösen, vertraut er sich leise der Gouvernante an, die als einzige wissen will, warum er weggeht ohne zu müssen. »Sind Sie ein Dichter?« fragt sie.

»›Das ist es eben, Fräulein‹, erklärt er – ›Ich weiß nicht. Und einmal muß man es doch wissen, nicht? So oder so. *Hier* kommt man zu keiner Klarheit darüber. Man kann nicht forttreten von sich, es fehlt die Ruhe, der Raum fehlt, die Perspektive . . .‹ ›— Ihr Herr Vater muß doch Freude haben und dann Ihre —‹ ›Meine Mutter, wollen Sie sagen. Hm. Ja, das hat schon so mancher behauptet. Wissen Sie, meine Mutter ist krank. Sie werden ja wohl gehört haben – obwohl man vermeidet, hier ihren Namen zu brauchen. Sie hat meinen Vater verlassen, sie reist. Sie hat immer nur soviel mit, als sie unterwegs braucht, auch von Liebe – Ich weiß lange nichts von ihr, denn wir schreiben uns seit einem Jahr nichtmehr. Aber gewiß erzählt sie zwischen zwei Stationen im Coupé: ›Mein Sohn ist ein Dichter‹ . . . Ja, und dann mein Vater. Er ist ein trefflicher Mensch. Ich hab ihn lieb. Er ist so vornehm und hat ein goldechtes Herz. Aber die Leute fragen ihn: ›Was ist Ihr Sohn?‹ Und da schämt er sich und wird verlegen. Was soll man sagen? *Nur* Dichter? Das ist einfach lächerlich. Selbst wenn es möglich wäre – das ist ja kein Stand. Er trägt nichts, man gehört in keine Rangsklasse, hat keine Pensionsberechtigung, kurz: man steht in keinem Zusammenhang mit dem Leben . . . Begreifen Sie jetzt, daß ich meinem Vater nie etwas zeige – überhaupt niemandem hier; denn man beurteilt meine Versuche nicht, man haßt sie von vornherein, und man haßt mich in ihnen. Und ich habe selbst soviel Zweifel. Wirklich: ganze Nächte lieg ich mit gefalteten Händen wach und quäle mich: ›bin ich würdig?‹«[27]

II München, Rußland und Worpswede
1896-1902

Als ich mich immer nach einer Wirklichkeit
sehnte, nach einem Haus, nach Menschen . . .
nach dem Täglichen –: wie irrte ich da.
(An Lou Andreas-Salomé 8. 8. 1903)

Ich fühl die Zeit in meiner Seele reifen,
die neue Zeit, die wir noch nicht begreifen!
(Widmung an den Vater in *Traumgekrönt*)

Prag blieb für Rilke trotz all seiner Achtung vor dessen Tradition und Geschichte stets eine Erinnerung an dunkle, enge Straßen, und das Gegenbild, diese »neue, lichte« Stadt[1] München, bestärkte ihn in seinem Vorsatz, den Neubeginn zu einem Erfolg werden zu lassen. Er fand Unterkunft in einem Haus an der Briennerstraße, im Erdgeschoß, doch auf der Rückseite, eine »stille Träumerstube«.[2] Bei seiner Einschreibung an der Universität gab er Jura zugunsten von Philosophie auf, zog den Kreis seiner Interessen aber weit – Kunst der Renaissance, Ästhetik und Darwinismus. Aus den bereits bestehenden persönlichen Beziehungen entwickelte sich ein weiterer Kreis und damit unter Künstlern und Schriftstellern, den einst von weitem bewunderten »Modernen«, ein geselliges Leben, das so aktiv war, wie er es nur wollte. Michael Georg Conrad, dessen Münchner Zeitschrift *Die Gesellschaft* die Anfänge des Naturalismus vermittelt hatte, schätzte er als den beredten Anwalt eines »modernen schöpferischen Geistes« in Gesellschaft, Literatur, Kunst und Wissenschaft – »Sprengung der alten Formen, alles den freien Geist beengenden, ... Fehde der Täuschung«.[3] Diese revolutionäre Tendenz fand er auch bei weiteren Angehörigen der älteren Generation: Max Halbe, dem geistreichen Journalisten und Romancier Ernst von Wolzogen, dem bildenden Künstler Heinrich von Reder, der Malerin und Autorin Hermione von Preuschen und Ludwig Ganghofer. Im Café Luitpold traf er sich mit den Gleichaltrigen: Jakob Wassermann, der sich in ärmlichen Verhältnissen mit seinem ersten Roman abquälte; Wilhelm von Scholz, ehemaliger Offizier und nun Dichter; sein Prager Freund Emil Orlik und der junge Komponist Oskar Fried, der ebenfalls aus Böhmen stammte; Láska van Oestérens Bruder Werner. Häufig war jedoch die Einsamkeit seine »liebste Freundin ... ich fühle mich so wohl, wenn sie mit kühlen Feierabendhänden meine wünschefiebernde Stirne streicht«.⁴

In dieser neuen Umgebung schien das Projekt der *Wegwarten* neues Leben zu gewinnen, und er ließ sich für die Korrespondenz einen Briefkopf mit dem Titel der Zeitschrift drucken. Gegen Ende Oktober war die dritte Nummer fertig, mit dem Untertitel »Deutsch-moderne Dichtungen (Zwangloses Erscheinen)«. Er und Bodo Wildberg zeichneten als Herausgeber, ein Dresdner Künstler hatte das Titelblatt entworfen.⁵ Man hatte einen größeren Kreis von Mitarbeitern versammelt, zu denen nicht nur der angesehene Dichter Gustav Falke aus Lübeck, sondern auch Anfänger wie Renés Freundin, die Schauspielerin Jenny Carsen, und der junge Christian Morgenstern gehörten. Von einer »Dichtung für die Armen« war keine Rede mehr. Als er Richard Dehmel um einen Beitrag für die folgende Nummer bat, schrieb er, es sollten Anthologien sein, »für intimere Kreise feinsinnige, echte Lyrik . . .; nach und nach werden sie vielleicht doch weitere Ringe werfen in den Wasserspiegel des Unverständnisses und der Gleichgültigkeit«.⁶

Die vierte Nummer erschien zwar nie, doch die Liste derer, die um einen Beitrag angegangen wurden, ist aufschlußreich dafür, wie unsicher er sich bezüglich seiner eigenen Richtung immer noch war. Die »Modernität« der älteren Generation zeigte vielfache Formen: Julius Hart in Berlin, Lyriker und Dramatiker, der zusammen mit seinem Bruder Vorläufer des Naturalismus in den siebziger Jahren gewesen war; Dehmel, dessen revolutionäre lyrische Dichtung nicht nur von den Harts, sondern auch von Nietzsche beeinflußt wurde; Prinz Emil von Schönaich-Carolath, der eine Lyrik ohne jede Spur von »Relevanz« oder Engagement schrieb; Gustav Falke, Dichter in der Tradition des einfachen Volkslieds und der Romantik; und Detlev von Liliencron, der ehemalige Offizier, der zu schreiben begann, als Schulden ihn zur Aufgabe seines Berufes gezwungen hatten und dessen kraftvolle Sprache und Ablehnung der Konvention in seinen Balladen und Gedichten – sowie vielleicht auch seine militärische Vergangenheit – Rilke stark anzogen. Sie alle waren Norddeutsche. Die Dichter im näheren Umkreis waren seine

Freunde: Wilhelm von Scholz, Emanuel von Bodman und Dickinson-Wildberg oder Richard von Schaukal in Wien; ihre Lyrik hatte neuromantischen Charakter.

Seine größte Begeisterung schien Dehmel und Liliencron vorbehalten zu sein. Dehmels Gedichtband *Weib und Welt* und »Meister« Detlevs *Poggfred*, ein episches Gedicht in der Nachfolge von *Childe Harold*, würden seinem Gefühl nach die Nachfahren unter »das glorreiche Jahr 96, in dem sie geboren wurden«, »einen großen roten Strich« setzen lassen.[7] Immer noch hoffte er vergeblich auf Inszenierungen von *Im Frühfrost* und *Jetzt und in der Stunde* . . . in München, Wien und Berlin, doch begann er in seinen dramatischen Versuchen nun von dem naiven Naturalismus jener früheren Stücke abzurücken. Der Wunsch nach ihrer Aufführung entsprang dabei nicht der Vorstellung, daß sie großen Wert besäßen: »Es ist schon zum Ausweis meinen Verwandten gegenüber notwendig, daß ich an äußerem Erfolge, der mir ja sonst nicht Hauptsache ist, nicht versage«, schrieb er im November an Rudolf Jenny, als er ihn bat, beim Wiener Raimundtheater ein Wort für ihn einzulegen.[8] Der Vergleich von *Jetzt und in der Stunde* . . . mit einem seiner späteren Werke gab ihm, wie er an seine Mutter am 8. Dezember schrieb, das Gefühl, daß er die ungesunde, zerstörerische Seite seines »Sturm und Drang« hinter sich gelassen habe. In *Vigilien*, basierend auf einer Skizze von Werner van Oestéren und kurz vor dem Weggang aus Prag geschrieben, findet sich wohl eine Änderung des Milieus, doch auch manches Makabre. Ein Student bringt seine Freunde und deren Mädchen nach Hause zu einem mitternächtlichen Rummel, zündet das Licht an und entdeckt dann die bereits erkaltete Leiche seiner Mutter im Armsessel. Die kurze Szene *Mütterchen* aber, die er in jenem Winter anscheinend als Teil eines dreiteiligen Zyklus von Einaktern schrieb, von denen die anderen beiden nicht erhalten sind, ist eine einfühlsame Studie bürgerlichen Familienlebens, deren Handlung nicht mehr so grob angelegt ist.

Die kurzen Stimmungsbilder von *Traumgekrönt*, seinem eigenen Beitrag zum »glorreichen Jahr 96«, waren von einer viel zarteren lyrischen Art als die Gedichte Dehmels oder Liliencrons. Das Buch erschien in den ersten Dezembertagen, wie stets gingen Exemplare mit seinen sorgfältig formulierten Widmungen an Freunde, Kollegen und die »Meister«. Am wichtigsten waren ihm wohl die Exemplare für seine Eltern. Eine neue Publikation zu seinem einundzwanzigsten Geburtstag würde, so durfte er mit Zuversicht hoffen, zur Rechtfertigung des Weges beitragen, den er gewählt hatte. Als Widmung an seinen Vater schrieb er in der Hoffnung, »Dir einen neuen Beweis zu geben von der Ehrlichkeit meines künstlerischen Strebens«[9], ein langes Gedicht auf das Vorsatzblatt, in dem er sein Leben als einen freudigen Ritt durch Frühlingstäler auf die fernen Berge zu darstellte, vorwärtssprengend, jeden Tag ein jugendliches Abenteuer, im Einklang mit der Welt inmitten seiner Träume und Lieder – »Du bist, Papa, mein bester Freund. Und Sorgen / machst Du Dir viel um mich . . . / Nein Du wirst sehn: Mir glückt, was ich gewollt. / Ich werde Silber von den Sternen borgen, / die Sonne selber kommt und schenkt mir Gold . . . / Doch dem *Professor* bringt sie's nicht, dem *Richter*, – / nur Deinem dankbar treuen Sohn – dem Dichter!«. Im Exemplar für seine »liebe, gute Mama« gab er sich etwas geheimnisvoller; in einem kurzen Vers erinnert er an Zeiten des Ringens und Suchens, »so flog der Wahn auf schwarzen Schwingen / um meiner Wünsche Blütenschnee . . . / Doch ich bezwang ihn; und ich seh / tief in mir Frieden und Vollbringen, / und um mich ist ein Glockenklingen, / als ob ich durch den Sonntag geh. . .«.[10]

An Meister Detlev schickte er einen Schlachtruf gegen die Philister: »*Attaque*! Vorwärts gegen Haß und Hohn, / wir stehn zu *Deiner* Fahne, Liliencron!«[11] Er hatte von den beschränkten Verhältnissen des Dichters gehört und war in einer Diskussion mit Scholz über eine mögliche Hilfe der jungen Bewunderer auf den Gedanken gekommen, während seines weihnachtlichen Aufenthalts in Prag einen Vortrag mit Lesungen aus Liliencrons Werken zu veranstalten. Dort würde er dem Dichter ein neues Publikum gewinnen, und die Einnahmen könnten etwas zur Erleichterung seiner Notlage beitragen. Nichts sprach gegen ein solch bedeutendes öffentliches Auftreten auf seinem Heimatboden, das den verlorenen Sohn als einen Mann des Erfolgs zeigen würde, dem man Achtung erweisen mußte. Wie um seine Unabhängigkeit zu

unterstreichen, stieg er nicht bei seiner Tante in der Wassergasse ab. Es war bezeichnend für ihn, daß er auch tschechische Literaten für die Veranstaltung zu interessieren suchte.[12]
Sie fand am 13. Januar 1897 im Deutschen Dilettantenverein
am Graben statt. Vorausgeschickt hatte er eine überschweng-
liche Rezension von *Poggfred* in der deutschen »Abendzei-
tung«, und trotz der sehr zurückhaltenden Besprechungen
am folgenden Tag war er überaus begeistert: »Sende unserem
teuren Detlev heute 300 Mark und die Versicherung vieler
neuer begeisterter Freunde«, schrieb er an Scholz. »Heil
Liliencron!«[13]

Das war keine Übertreibung, denn im folgenden Mai lud
man Liliencron zu seinem ersten Besuch in der böhmischen
Hauptstadt seit seines Aufenthalts als Kavallerieleutnant mit
der preußischen Invasionsarmee im Jahr 1866 ein. Er wurde
mit beinahe überwältigender Begeisterung empfangen. Viele
Jahre später blickte Rilke auf diesen fernen Meister als den
Mann zurück, der ihm, dem »Stadtkind . . . dem der Hang
sich abzusondern viele Tränen brachte«, den Weg zur weiten
»Heide« des wirklichen Lebens gewiesen hatte.[14] Nie würde
er vergessen, so schrieb er in den letzten Jahren, »daß es
Detlev von Liliencron war, der mich als einer der ersten . . .
ermutigte . . .« »Wenn er, gelegentlich, seine kordialen Briefe
mit der generösen Überschrift versah . . . ›Mein herrlicher
René Maria‹, so kam es mir vor, (und ich strengte mich an,
meiner Familie diese Überzeugung anzubieten), als ob ich in
dieser Zeile die verläßlichste Anweisung auf kühnlichste
Zukunft besäße!«[15]

Bis Februar war er in die Blütenstraße etwas weiter im
Norden und näher zum Münchner Künstlerviertel Schwabing umgezogen. In Gesellschaft bewegte er sich nun unbe-
fangener und besuchte eifrig die »Jours«, die beinahe täglich
bei den Schriftstellern, Künstlern, Musikdirektoren und
Theatergrößen der Stadt abgehalten wurden. In seinen Briefen deutet nichts darauf hin, daß er sich nach Einsamkeit und
stillem Schaffen sehnte. Im Gegenteil, seine Kolportage des
letzten literarischen Klatsches, lebhafte Beschreibungen des
wilden Faschingtrubels – in der Tat eine neue Erfahrung für
den jungen Mann aus Böhmen – und Kritiken der laufenden

Theaterinszenierungen beweisen, daß er sich von der gesellschaftlichen und kulturellen Szene kaum etwas entgehen ließ. Zu diesem ziemlich aufreibenden Treiben und zumindest ein paar Vorlesungen an der Universität kam noch die »arge Mühe« der Herausgebertätigkeit für die nächsten *Wegwarten*[16] und die Vorbereitung des Manuskripts für einen weiteren Gedichtband.

Und doch fand er die Zeit, seinen eigenen Weg zu suchen. Im Unterschied zu Ewald Tragy, seinem anderen Ich, wachte er zwar nicht eines Tages in München mit der Entdeckung auf, daß er eine Philosophie besaß, doch es waren Monate, in denen er ernsthaft über die »letzten Dinge« nachsann und in denen sich seine religiösen Vorstellungen zu der Form verfestigten, die sie zeit seines Lebens behielten. Auch wenn er die Leichtgläubigkeit mißbilligte, mit der seine Mutter allem Übernatürlichen begegnete, übten die Geheimnisse übersinnlicher Erfahrung eine Anziehung auf ihn aus, wie es bei einem Menschen, dessen Gabe im Ausdruck des Innerlichen und Visionären liegen sollte, nur zu erwarten war. Begierig versenkte er sich in die letzten Schriften Baron Du Prels über den Spiritismus. In seinen Worten an den Verfasser sprach er die Hoffnung aus, daß es ihm vielleicht vergönnt sein werde, »mit Wort und Feder einer von den Verbündeten des neuen Glaubens zu werden, der hoch über die Kirchturmkreuze ragt«. Er habe nämlich das Gefühl, daß ihn seine *Christus-Visionen* jener Gemeinschaft näherbringen würde.[17]

Dieser Zyklus von langen Gedichten, gegen deren Veröffentlichung er sich schließlich entschied, ist zu einem Verständnis seiner religiösen Vorstellungen unentbehrlich. Ewald Tragy hatte vor seinem Weggang aus Prag »Gott verloren« – René Rilke hatte nicht Gott, sondern Christus verloren. Schon in dem Gedicht »Glaubensbekenntnis«, das 1893 entstand und gleichfalls nicht veröffentlicht wurde, hatte er seine Abneigung gegen »die Falle des Christentumes«, gegen das Evangelium der Belohnung im Jenseits für die Absage an das Diesseits erklärt:

Ich lasse mir's genügen
an dieser *einen* Welt . . .

66

Die Lehre, die ich übe,
die Lehre heißt die Liebe,
sie ist mir Religion.

Und in »Christus am Kreuz« heißt es um die gleiche Zeit:

Er war ein Mensch, wie ich, – doch er vertraute
auf seine eigne Stärke allzusehr. –
Er war ja groß – er hatte edle Ziele
sich vorgesteckt. Doch *eines* macht ihn klein:
daß er im Übermaße der Gefühle
verleugnete ein schlichter Mensch zu sein . . .
. . . lieber trug er Schande, Schmach und Spott, –
nein, lieber wollte leiden er und sterben,
am Kreuze sterben, – aber doch – als Gott.
Nun ist mir's klar, warum ich ihn nicht lieben
noch achten kann, und kein Gebet ihm weihn:
Er wär als Mensch so göttlich groß geblieben,
und nun als Gott erscheint er menschlich klein![18]

Nun zeichnete er, in gewaltigen und zuweilen schrecklichen *Visionen*, einen Christus in der modernen Welt, eine
Gestalt voll ewiger Reue über seine falschen Lehren, für
die Anmaßung, mit der er sich selbst zwischen den Menschen und Gott gedrängt hat. Wie ein welkes Blatt durch
die Welt treibend, ist er ein Ahasver, »der täglich stirbt
um neu zu leben«, ein »ewiger Wahn«, »der ewge Erb-
fluch dieser Welt«, der die Menschen und vor allem die
Kinder vor sich selbst warnt. In Umarmung einer Dirne
flüstert er:

»Sie kamen einst mich bei Gericht verklagen . . .
. . . *Bist du Gottes Sohn?* . . .
Ich schrie sie an: *Was wollt ihr? Ja, ich bins.*
Zu meines Vaters Rechten ist mein Thron!
Was lachst du, Weib? So spei mir ins Gesicht,
ich weiß es, ich verdiene deinen Spott.
Und meine Reue. Nein, ich bin es nicht,
ich bin kein Gott! . . .«[19]

Die *Visionen*, die er in den folgenden Jahren noch vermehrte, blieben noch über zwanzig Jahre nach seinem Tod unveröffentlicht. Erst dann, und im Zusammenhang mit der fortschreitenden Veröffentlichung seiner Briefe, wurde seine tiefe Überzeugung von Christus als einem überflüssigen Zwischengänger zwischen dem Menschen und Gott offenbar – zur Bestürzung derer, die in seinem bis dahin bekannten Werk die Offenbarung eines Dichter-Priesters grundsätzlich christlichen Glaubens hatten erkennen wollen. In einem Brief aus Spanien im Jahr 1912 sprach er von »einer beinahe rabiaten Antichristlichkeit«, pries Mohammeds unmittelbaren Zugang zu Gott, »ohne das Telephon Christus, in das fortwährend hineingerufen wird: *Holla, wer dort?*, und niemand antwortet«.[20] Abgesehen von dem Glaubensbekenntnis, das in ihnen enthalten ist, berühren uns die *Visionen* vor allem durch die Kraft des dichterischen Ausdrucks. Es liegt eine gewisse Ironie darin, daß er trotz seines Dranges nach Bewährung glaubte, Gedichte, in denen sein Genie zum erstenmal deutlich erscheint, nicht veröffentlichen zu können.

Wassermann – »der kleine schwarze Mann mit den breiten Schultern und dem schäbigen Rock«[21] – war beinahe täglich Gast am Mittagstisch seiner Pension. René hatte Grund, dem Schriftsteller für seine nüchterne Auffassung der Literatur als Arbeit statt eines Erzeugnisses hochtrabender ästhetischer Theorie dankbar zu sein und auch dafür, daß er die Neigung zum Vagen und Unbestimmten in seinem Schreiben korrigierte. Wassermann verdankte er auch die Einführung in die Werke Turgenjews und insbesondere in das Werk des Dänen Jens Peter Jacobsen, des »einsamen Dichters«. Für viele Jahre blieb Jacobsen »ein Begleiter im Geiste und eine Gegenwart im Gemüt; daß er nicht mehr lebte, schien mir zuweilen eine unerträgliche Entbehrung zu sein«.[22] In seiner »Sanftmut, dieser geheimen lyrischen Zärtlichkeit«, wie Stefan Zweig schrieb, war Jacobsen für eine ganze Generation im Deutschland der Jahrhundertwende »der Dichter der Dichter« – die schwermütige Liebesgeschichte *Niels Lyhne* war ihr *Werther*.[23] In Jacobsens Romanen erscheinen zahlreiche der Themen von Rilkes späterem Leben und Werk: die unhörbare Musik der Seele, der Zauber alten Mobiliars, die

Vorstellung aller Götter als menschlicher Schöpfung, Lyhnes Drang nach Wissen, der Gedanke, daß jeder Mensch seinen eigenen Tod sterben solle (*Maria Grubbe*). »Ich weiß nicht zu sagen, woran ich diese Bücher erkannt; aber ich war entschlossen, mit ihnen zu leben«, schrieb Rilke 1907; »denn ihnen zuerst verdanke ich die Bereitschaft zu unwählerischem Schauen und die Entschlossenheit, zu bewundern; und sie stützen in mir ... die innere Gewißheit, daß es auch noch für das Leiseste und Unfaßbarste in uns in der Natur sinnliche Äquivalente gibt, die sich müssen finden lassen.«[24]

Zu den vielen neuen Freunden in München zählten Mathilde Nora Goudstikker und ihre Schwester Sophie, die das Photoatelier »Elvira« führten. (Es wurde auch durch seine kühne Jugendstilfassade des Architekten August Endell berühmt.) René besuchte es zum erstenmal mit Nathan Sulzberger, einem jungen amerikanischen Mitstudenten, und ließ sich dort auch photographieren. Die unabhängigen jungen Schwestern waren in der Tat richtige »Moderne«, und vor allem Nora übte eine große Anziehung auf ihn aus. Für die Osterferien lud ihn seine Mutter nach Arco, einen Ort an der Spitze des Gardasees im damals noch österreichischen Südtirol ein. Er hatte nicht viel Geld, und so kam ihm ihr Angebot, die Kosten zu übernehmen, sehr gelegen. Verlockender noch scheint jedoch die Aussicht gewesen zu sein, dort Nora Goudstikker, wenn auch nur für kurze Zeit, zu treffen. Am 16. März kam er in Arco an und entdeckte, daß Sulzberger ebenfalls nach Süden gereist war und im nahegelegenen Riva wohnte. René war sehr versucht, die großzügige Einladung des Freundes zu einer kostenlosen dreiwöchigen Italienreise anzunehmen, doch gestattete ihm sein Stolz nur einige wenige Tage in Venedig. Die Verheißung dieser Erfahrung, seines ersten Besuchs in Venedig, bewegte ihn sehr, und er las alles über die Stadt, was ihm erreichbar war, darunter Goethes »recht unmoderne« Schilderung Venedigs in der *Italienischen Reise*.[25]

Die vier venezianischen Tage verglich er mit einer »goldigen Kuppel« auf dem »Palast voll himmlischer Schätze« seiner dreiwöchigen Ferien. »Ich schaue und schaue und bin wie ein Kind.«[26] »Das steinerne Märchen« Venedig übertraf alle Vorstellungen seiner Kindheit[27], und er erforschte mit seinem Freund das Labyrinth der Stadt, die er, abgesehen von Paris, in Europa am besten kennen und lieben lernen sollte. Sie wanderten über die Brücken hin und her, fanden sich plötzlich in einer Sackgasse, umringt von einer Schar lachender Kinder, die Lösegeld forderten; sie teilten Goethes Bewunderung für die Meisterwerke Palladios, vor allem für den Kreuzgang von Maria della Carità; sie drangen zum alten jüdischen Viertel vor, dessen »Häuser den Eindruck machen, als hätten sie in hilfloser Verzweiflung die dürren Arme zum trüben Himmel gestreckt, scheibenlose Fenster und ängstliche kleine Tore in die kalten, dämmernden, schmutzigen Gänge leitend«, ein Ort, der ihn in »seiner eigenartigen Abgeschlossenheit« an das Prager Ghetto erinnerte. Das Glockenläuten um Mitternacht schien ihm wie »ein Klang aus dem Unendlichen . . . über den Lagunen mit schwerem Flügelschlagen zu schweben« und zwang ihn, sich zwischen den Kissen mit dem ungewissen Gefühl aufzurichten, er werde etwas Neuem begegnen, das ihn »viel besser oder viel elender – aber gewiß ganz anders machen müsse«. In diesen Tagen der »vielen Gedichte«, die er in langen Briefen an Nora Goudstikker zwischen seine Eindrücke einflocht und aus denen er zu Jahresende manche für seinen nächsten Gedichtband *Advent* auswählte, vermochte er etwas von der Atmosphäre »dieser eigenartigsten aller historischen Ansiedlungen« einzufangen. »Die große Fülle des Neuen«, die sich ihm bot, sollte ihre Gestaltung jedoch erst später erfahren.[28]

Am 1. April war er wieder in Österreich und dankte Sulzberger aus tiefem Herzen dafür, daß er ihm diese Erfahrung ermöglicht hatte. Als er sich in Meran seiner Mutter anschloß, erschien ihm Österreich als krasser Gegensatz. Er hatte sich wie »ein kleiner Doge« gefühlt und wurde nun zu einer bloßen Eintragung in der Statistik der Behörden, »an jeder kleinsten Brücke erinnert einen irgendein kategorischer Imperativ an die Steuerpflichtigkeit: 9 Kreuzer am Hin-, 9 Kreuzer am Rückweg. So hätte ich es für eine Weltungerechtigkeit gehalten, wenn Venedig bei Österreich geblieben wäre. Die oesterr.k.k. Amtsverwaltung umspinnt die reizendsten Nußschalen der Poesie mit ihrer grauen Ordnung.«

Doch fand er eine mildere, menschlichere Umgebung vor als unter »Venedigs Marmorhäusern«: Burgen, die wie alte Menschen in der Sonne träumten, dankbar für jeden neuen Tag; einfache, gute und ehrliche Leute, deren Vorstellungen von Christus ganz anders waren als die seinen und die Ihn nach ihrem eigenen Bild schnitzten, »im Gewand eines Bauers aus dem Eisacktal mit Kniestrümpfen und den spitzen Hut in der Hand«, einen müden Wanderer, der von weit her kommt. In der warmen Sonne und den lichten Tälern Südtirols hatte er dasselbe Gefühl, das ihn schon in Venedig überfallen hatte, das Vorgefühl von etwas Neuem, ein »großes Vorbereiten« auf ein Unbekanntes.[29]

Als er eine Woche später nach München zurückkehrte, schien er einen festen Entschluß gefaßt zu haben. Auf irgendeine Weise würde er sich von der Familie lösen, sein Studium aufgeben und ernstlich eine Laufbahn als Dichter und Schriftsteller einschlagen. Der Abgang von der Universität war leicht; schwierig wurde erst die Suche nach einem Einkommen unabhängig von der Familie. Von Scholz, bei dessen Hochzeit er Anfang März zugegen war, hatte ihn zu einem Osterbesuch bei seinen Eltern in Konstanz eingeladen. Vor der Abreise verfaßte er noch mit besonderer Sorgfalt einen Brief an Ludwig Ganghofer, in dem er sein Problem schilderte und ihn an sein früheres Versprechen erinnerte, ihm jede mögliche Hilfe zuteil werden zu lassen. Abgesehen von Max Halbe, der auf Renés Bewunderung kühler reagierte, war Ganghofer der einzige aus der älteren Generation angesehener Schriftsteller gewesen, zu dem er eine persönliche Beziehung hatte knüpfen können. Nach einem begeisterten Brief über Ganghofers Drama *Meerleuchten* hatte er durch dessen Anerkennung für seine eigenen Bemühungen Mut bekommen. Von Ganghofers Ansehen und Einfluß erwartete er sich mit Gewißheit einen Posten bei einem Verlag oder einer Zeitung, der ihm ein bescheidenes Auskommen ermöglichen würde.

Dieser Brief war der erste von vielen ähnlichen, die er über die Jahre schreiben sollte, – ein klassisches Beispiel für die Zielstrebigkeit, mit der er seine Absicht verfolgte. Sachlicher als in dem Brief, den er zwei Jahre zuvor an Vally geschrieben hatte, schilderte er seinem »vielverehrten Meister« die Geschichte seiner »dunklen Kindheit«, die Militärschule, die Linzer Zeit und die Privatstudien, die ihm die Großzügigkeit des Onkels gestattet hatten.

»Er hat wohl unter die Erde die Meinung mitgenommen, daß nicht viel aus mir werden wird. Es blieben keinerlei testamentarische Bestimmungen, als die, daß seine Töchter, meine Cousinen, mir das Studium bis zur Matura und unter Umständen die Universitätsjahre gewähren sollten. . . . Und ich habe in den zwei Jahren meines Universitätsstudiums ziemlich stark das Gefühl erworben, daß ich den beiden Damen eine lästige Pflicht bin. Viel lästiger noch ist mir das Sklavengefühl einer so hilflosen Abhängigkeit in meinem Alter, wo Andere schon ihre Eltern erhalten dürfen. Und dann: ich habe auf dieser Bahn *gar kein Ziel*. Denn ich koste immer und immer neu Geld, und wenn ich Doktor bin und nicht als Gymnasialsupplent verkümmern mag – so koste ich eben wieder Geld bis zu irgend einer Professur, nach der mich aber so gar nicht verlangt. – Mit jedem Tag wird mir klarer, daß ich Recht hatte, mit aller Kraft von Vornhinein mich gegen die Phrase zu stemmen, die meine Verwandten lieben: Kunst ist, was man so nebenher in den Freistunden betreibt, wenn man aus der Kanzlei kommt etc. – Das ist mir ein furchtbarer Satz. Ich fühle, das ist mein Glaube: *Wer sich der Kunst nicht ganz mit allen Wünschen und Werten weiht, kann niemals das höchste Ziel erreichen. Er ist überhaupt nicht Künstler.* Und nun kann es keine Überhebung sein, wenn ich *gestehe, daß ich mich Künstler fühle*, schwach und zag in Kraft und Kühnheit, aber doch lichter Ziele bewußt, und daher mir ernst, herrlich und wahr ist um jedes Schaffen. – Nicht als Martyrium betrachte ich die Kunst – aber als Kampf, den der Auserwählte mit sich und seiner Umgebung zu kämpfen hat, um dem größten Ziel, dem einen Feiertag, reinen Herzens entgegenzugehen und von dem errungenen reichen Versöhntsein allen Nachfahren mit vollen Händen zu geben. Aber das braucht einen ganzen Mann! Nicht ein paar müde Freistunden. Ich weiß nicht . . . ob Sie vielleicht das Ungestüm des jungen Grolls weise belächeln; dann verzeihen Sie auch. – *Jetzt bin ich von der Universität los.* – Die Zeit ist da.

Lieber Herr Doktor, Sie haben mir selbst mal angetragen, mir Hilfe zu geben, wenn ich deren bedarf. Nun denn: heute bin ich da. Ich möchte durch Abkommen mit einem Verleger oder stetige Verpflichtung für eine Zeitung, mir soviel verdienen, daß ich kurz und gut aus eigenem leben kann. Ich möchte meinen Cousinen das Gerngebenwollen ersparen und meinem lieben Vater, der etwas kränklich ist, durch dankbaren Verzicht auf mein Monatsgeld ermöglichen, seiner Gesundheit mehr zu gönnen. Ich kann nicht ruhig arbeiten, bevor das nicht geschah. – Ich selbst brauche ja wenig.« Anschließend zählte er die fertigen Werke auf: die *Christus-Visionen*, von denen Michael Conrad fünf zur Veröffentlichung in der *Gesellschaft* in Erwägung zog, die aber, ebenso wie das Drama *Im Frühfrost*, drei weitere Einakter und ein umfangreicher Gedichtband noch keinen festen Verleger hatten; dazu kam noch ein Band mit Erzählungen, die dem Berliner Verlag Schuster und Loeffler zur Beurteilung vorlagen. »Und wenn ich erst mal sicher und ruhig schaffen darf!... Voll des tiefinnigsten Vertrauens lege ich dieses ganze Geständnis in Ihre gütigen Hände und bitte Sie treuherzig: raten Sie, helfen Sie.« Nach seiner Rückkehr nach Ostern könne man sich vielleicht persönlich besprechen. »Das seien Sie gewiß, daß ich Ihrer Anempfehlung nie und nirgends Schande machen werde.« Die Aufrichtigkeit dieser Worte ist unverkennbar, und es ist nur bewundernswert, daß er auch noch eine Bitte für jemanden anderen einlegte, eine »liebe Collegin«, Franziska Gräfin zu Reventlow, »die auch in der Fischerschen Rundschau etc. mitarbeitet und einigen Namen, aber sehr arge Verhältnisse hat«. Er war gewiß, der Meister würde einem nicht zürnen, »der selbst arg der Hilfe bedürftig... noch Anderen helfen will«.[30]

Franziska zu Reventlow, Tochter eines norddeutschen Adeligen und vier Jahre älter als René, befand sich in der Tat in einer schwierigen Lage. Nach einer unglücklichen Kindheit und Jugend in Husum und Lübeck, eigensinnig und uneins mit ihren völlig konventionellen Eltern, hatte sie eine Ausbildung als Lehrerin abgeschlossen. Während ihrer Studienzeit hatte sie sich der Strömung jugendlicher Rebellion angeschlossen, deren Schutzheilige Ibsen und Nietzsche waren und die sich die freie Liebe aufs Panier geschrieben hatte. Ihre eigentliche Sehnsucht galt jedoch der Malerei. 1894 heiratete sie in Hamburg einen jungen Rechtsanwalt, den sie nach einem Jahr überredete, sie in München Kunst studieren zu lassen. Dort brachten sie hektisch wechselnde Liebesaffären an den Rand eines Zusammenbruchs und führten im Januar 1897 zu einer Schwangerschaft. Ihr Ehemann, dem sie nichts verheimlichte, ließ sich scheiden. Niedergeschlagenheit und Einsamkeit wechselten ab mit der Vorfreude auf die Mutterschaft, für die sie mit großem Mut eine aufrichtige Hingabe an den Tag legte. Und zu alledem noch – Rilke. »Jeden Morgen ein Gedicht in meinem Briefkasten. Das gefällt mir.«[31] An allen Enden fehlte es an Geld, doch sie konnte sich mit Übersetzungen, Erzählungen und Zeitschriftenbeiträgen gerade noch über Wasser halten. René gehörte zu den Freunden, die zu helfen versuchten. Mit ihm fuhr sie an einem Osterwochenende nach Konstanz (was vielleicht der Grund für die »leeren Taschen« war, die er, ohne sich zu beklagen, später in einem Brief an die Mutter erwähnte[32]). Später erinnerte er sich gerne an diese Reise, und nach einigen Jahren schrieb er an Franziska: »Ich fühlte, daß ich Ihnen wohl tat und nötig war, obwohl ich gar nichts tun konnte für Sie . . . ein Schutzengel aus Holz, aber doch – wie ein hölzerner Schutzengel . . .«[33] Ihre Umstände inspirierten ihn zweifelsohne zu einem weiteren Einakter mit dem Titel *Höhenluft*, den er nach seiner Rückkehr schrieb. In diesem Stück beweist die Heldin, eine unverheiratete Mutter, die gleiche Verachtung für die Konvention und die Entschlossenheit, ihren eigenen Weg zu unabhängigem Glück zu finden.

Gewidmet wurde das Stück freilich Nora Goudstikker, an die er aus Konstanz geschrieben hatte und die er nach seiner Rückkehr häufig traf. Er schien nun entspannt, seine Zukunft lag in fähigen Händen, und diese Zuversicht erwies sich zumindest teilweise als gerechtfertigt, als er Ende April mit Ganghofer zusammentraf. Es war eine sehr herzliche Begegnung, wie er an Nora berichtete: »Ganghofer . . . ermutigt mich alle Novellen von Schuster und Loeffler zurückzuziehen und ihm zu übergeben, da er es bei seinem Verleger versuchen wolle, – wenn er dies irgendwie nach der Lektüre der Arbeiten verantworten kann«. Dies geschah auch sofort, und Ganghofer erhielt eine Auswahl von zwölf der Novellen. »Ganghofers Verleger hat den Ruf sehr gut zu zahlen . . . Diese Hoffnung hat mich im Verein mit . . . dem schönen Einsamsein und dem leisen Ihrer-Gedenken in diesem Einsamsein wieder etwas zufriedener und freudiger gemacht.«[34]

Geändert hatte sich eigentlich nichts. Er war immer noch der abhängige Student, nicht etwa ein verlorener Sohn. Doch Sicherheit und Ruhe zum Schaffen schien sich einzustellen, Pläne für neue Arbeiten gewannen Gestalt, und er war »nicht mehr so bang, über die nächsten Tage in das weite Werdeland zu schauen«. In seiner »heiligen Einsamkeit . . . so reich und rein und weit wie ein erwachender Garten«[35] arbeitete er gewöhnlich bis zum späten Nachmittag, wanderte dann hinunter zum Wiener Café, um die Zeitungen zu lesen (nur das Feuilleton, »die Politik fürcht' ich wie die Pest«), oder ging in den Englischen Garten. »Dieses Anachoretentum« wurde hie und da von einem Theaterbesuch unterbrochen oder einem Abend mit Nora, an dem er seine Verse vorlas oder einfach in brüderlicher Gemeinsamkeit schweigend bei ihr saß.[36]

Ich trage in mir tausend wilde Fragen.
Wenn ich sie rufe, kommt nur Widerhall,
nicht Antwort mir. Und doch in meinen Tagen
stehn sie wie Wächtertürme an dem Wall,
Und ihrer Zinnen Sehnsucht seh ich ragen
und stoßen an die Sterne hoch im All.
Und einmal werden Glocken wach in ihnen,
und dann ist mir der Feiertag erschienen.

Doch jene such ich, die die Glocken läuten,
die die versteckten Stränge fassen mag,
ich such nicht mehr, wo Mengen mich ummeuten,
die neuen fremden Wege geh ich zag.
Und find ich sie, das wird das Fest bedeuten,
aus Himmeln reiß ich mir den Feiertag
und zwing ihn nieder in die Erdenufer –
und meine Wonne weckt sich hundert Rufer.[37]

Seine Vorahnung in Venedig, die Begegnung mit etwas Neuem, was ihn »viel besser oder viel elender – aber gewiß ganz anders machen müsse«, sollte sich bald erfüllen, als die mit unbestimmtem Sehnen Gesuchte in sein Leben trat.

2

It may be that God is as yet
only foreshadowed in life.
H. G. Wells, *The Undying Fire*

Am Abend des 12. Mai 1897 wurde René im Haus Jakob Wassermanns »zwei herrlichen Frauen« vorgestellt, wie er seiner Mutter anschließend schrieb, »der berühmten Schriftstellerin Lou Andreas-Salomé und der Afrikaforscherin Frieda von Bülow«.[1] Die beiden Frauen waren eben erst in München angekommen, wollten einige Monate bleiben und hatten in einer Pension in der nahegelegenen Schellingstraße Quartier genommen. René lag daran, seine Mutter zu beeindrucken, denn »berüchtigt« wäre auf die Lou Andreas-Salomé jener Zeit besser zugetroffen. Fünfzehn Jahre vorher hatte es den Skandal der vergeblichen Werbung Nietzsches und die kurzen Monate ihrer Verbindung mit ihm und Paul Rée gegeben, die allgemein als *ménage à trois* galt und die mehr Aufsehen erregte als der Erfolg ihrer Bücher über Nietzsche und Ibsen und ihrer drei Romane. Als Louise von Salomé 1861 in St. Petersburg geboren, Tochter eines russischen Generals hugenottischer Abstammung und einer deutschen Mutter, hatte sie schon früh große Intelligenz und einen brennenden Wissensdurst erkennen lassen. Nach dem Tod des Vaters war sie mit ihrer Mutter durch Europa gereist, war als Studentin der Theologie und Philosophie in Zürich eine der ersten studierenden Frauen gewesen und hatte auf intellektuelle Kreise, besonders bei Malwida von Meysenbug in Rom, einen starken Eindruck gemacht. Sie war von auffallender Schönheit; in ihren eigenen Vorstellungen war sie zwar vollständig »emanzipiert« und verachtete die Konvention, hatte aber ein Leben geführt, in dem – entgegen allem

Anschein – die heterosexuelle Liebe keine Rolle spielte. Sie war die einzige Tochter in einer Familie von Söhnen, und in all den Männern ihres Lebens schien ihr »ein Bruder in jedem verborgen«.² Rée war und blieb der Inbegriff der Freundschaft und konnte nie zum Geliebten werden; den Heiratsantrag Nietzsches hatte sie trotz der mächtigen intellektuellen Anziehung entschlossen abgelehnt. Als sie im Jahr 1887 schließlich der Heirat mit Friedrich Carl Andreas, einem Professor am Institut für Orientalische Sprachen in Berlin – unter dem Druck seines Selbstmordversuches – zustimmte, erwies sich auch für ihn die Hoffnung, sie körperlich zu besitzen, als vergeblich. Unerbittlich hielt sie an der Ansicht fest, wahre Ehe müsse sich auf einer höheren Ebene als nur der körperlichen vollziehen – »zwei, die zusammen knien«, sagte sie einmal – und nach beinahe fünf Jahren hatte sie ihn überzeugt, daß dies tatsächlich die Grundlage für eine abgeklärte und glückliche Gemeinschaft sei, bei der jeder Partner auch noch ein unabhängiges Leben führen konnte. Nach außen hin mußte eine solche Verbindung freilich als bloße Vernunftehe ihrerseits erscheinen, doch da sie sich nie um die Meinung anderer kümmerte, konnte sie dieses Ideal für den Rest ihres Lebens aufrechterhalten. Vorläufig aber machte sie vollen Gebrauch von dem, was Nietzsche ihren »tierhaften Egoism³« genannt hatte, reiste, wohin und wann immer sie wollte, ging ihren eigenen Studien nach und schrieb. In München war sie sofort ein Begriff, Freunde wie Max Halbe und Frank Wedekind kannte sie aus Berlin, neue Freundschaften, mit Wassermann, Eduard Graf von Keyserling, Conrad und dem jungen Architekten August Endell wurden schnell geschlossen.

René Rilke erlag wie viele vor und viele nach ihm sofort ihrem Zauber. Er mußte sie schon aus der Ferne bewundert haben, da sie, wie sie sich später erinnerte, Briefe mit Gedichten von einem Unbekannten erhalten hatte, dessen Handschrift die des Briefes war, den er ihr am Tag nach ihrer ersten Begegnung schrieb. Jene »Dämmerstunde« mit ihr sei für ihn nicht die erste gewesen. In dem Winter, als er seine *Christus-Visionen* schuf, habe ihm Conrad ihren Essay »Jesus der Jude« geschickt, den er als Offenbarung empfunden hatte, da das, was er in den *Visionen* auszudrücken versuchte, dort mit Macht und Meisterschaft dargestellt sei. »Das war die seltsame Dämmerstunde, deren ich erst gestern wieder gedenken mußte . . . Ihr Essay verhielt sich zu meinen Gedichten wie Traum zu Wirklichkeit wie ein Wunsch zur Erfüllung.« Seit jener Stunde des Alleinseins mit ihr habe er sich nach einer persönlichen Begegnung gesehnt. Seine Dankbarkeit könne er nicht im Beisein anderer ausdrücken, und so dürfe er vielleicht hoffen, ihr bei anderer Gelegenheit einige seiner Gedichte vorzulesen.[4] Tatsächlich wird Jesus in ihrem Aufsatz ebenfalls als ein Mensch, als religiöses Genie, nicht aber als Gott dargestellt. Sie geht jedoch viel tiefer auf die geschichtlich gesehene Verwandlung seines Kreuzestods in das Symbol einer neuen Religion ein: von jenem Vorgang gelte wieder, was vom groben Ursprung der Götter überhaupt galt – daß die Not zur Gott-Schöpfung treibt.[5] Renés Brief muß also eher als der Ausdruck des »Donnerschlags« gelesen werden, der ihm widerfuhr, und der Ton verehrungsvoller Schmeichelei ist seinem dringenden Bedürfnis, sich ihr interessant zu machen, zuzuschreiben.

Für Lou war eine solche Situation keineswegs ungewohnt, doch auch sie konnte der Hartnäckigkeit seines Werbens in den folgenden Wochen nicht widerstehen. Am nächsten Abend gelang es ihm, sich im Theater ihrer Gesellschaft anzuschließen, zu der auch Endell und die Schwestern Goudstikker gehörten; in gelöster Stimmung nahm man später im Schleichschen Restaurant das Abendessen ein, und es war halb zwei morgens, als er und Endell sie nach Haus begleiteten. Drei Tage später traf er sie allein und las ihr einige der Visionen vor, bevor er sie und Frieda wiederum ins Theater begleitete. Sie erhielt ein Exemplar von *Traumgekrönt* mit einem Widmungsvers; das Abendessen wurde häufig in seiner Pension eingenommen und er zeigte ihr seine Einakter. Wenn er sie nicht treffen konnte, war er untröstlich: »Ich bin mit ein paar Rosen in der Hand in der Stadt und dem Anfange des Englischen Gartens herumgewandert, um Ihnen die Rosen zu schenken. Ja, statt sie an der Tür mit dem goldenen Schlüssel abzugeben, trug ich sie mit mir herum, zitternd vor lauter Willen, Ihnen irgendwo zu begegnen. Und das war doch ungefähr so, wie wenn Einer einen Brief ins Meer wirft, damit die Wellen denselben an den Strand des Freundes tragen.« Wie ein solcher Brief sanken auch seine Rosen.[6] Doch die »Sehnsucht« sang für ihn:

> Ich weiß, daß Du aus Einsamkeiten
> Dem großen Glück entgegenschreiten. . .
> und meine Hände finden wirst.[7]

Anfang Juni mußte er zu einer Voruntersuchung für den Militärdienst nach Böhmen zurückkehren. Bevor er abreiste, griff er »mit beiden Händen nach jeder Sekunde, die Sie bis dahin noch schenken wollen«. Freunden gegenüber ließ er nichts von seiner Abscheu bei dem Gedanken an eine neuerliche Begegnung mit dem Militärapparat erkennen – er dachte nur an die frühestmögliche Rückkehr zu ihr und versprach, ihr das Ergebnis der Untersuchung telegraphisch mitzuteilen. Seine »Lieder der Sehnsucht« würden sie weiter in seinen Briefen erreichen, schrieb er, doch würden sie nun anders sein, »denn ich hab' der Sehnsucht neben mir in die Augen geschaut, und sie führt mich an sicherer Hand«. Er konnte in der Tat auf Erwiderung seiner Liebe hoffen. Ein oder zwei Tage vor seiner Abreise nach Prag hatten sie nämlich zusammen einen Ausflug in das südlich von München gelegene Wolfratshausen gemacht, um nach einer ruhigen Bleibe in Gebirgsnähe zu suchen, wo sie mit gebührender Schicklichkeit zusammensein konnten (denn trotz all ihrer Emanzipiertheit wollte Lou aus Rücksicht auf ihren Gatten die Regeln der Konvention nicht verletzen). Über die Dauer seines Aufenthalts bei der Militärbehörde bestand eine gewisse Unsicherheit, doch am 4. Juni konnte er bereits telegraphieren: »Frei und bald auch froh« und war zwei Tage später schon bei ihr.[8]

Als Lou viele Jahre später auf diese Zeit zurückblickte, empfand sie ihn als »das erstmalig Wirkliche« in ihrem Leben, »Leib und Mensch ununterscheidbar eins . . . Wortwörtlich hätte ich Dir bekennen können, was Du gesagt hast als Dein Liebesbekenntnis: ›Du allein bist wirklich.‹ Darin

wurden wir Gatten, noch ehe wir Freunde geworden. . .«.[9]
Auch wenn sie älter und in vieler Hinsicht reifer war als er,
war es für sie doch die erste sexuelle Erfahrung. Von Anfang
an wußte sie aber, daß die Verbindung nicht dauern konnte,
ja, nicht dauern durfte. Erstes Gebot war für sie, die ungewöhnliche, doch in praktischer wie emotioneller Hinsicht
zufriedenstellende Verbindung mit Andreas ungetrübt zu
erhalten. Sie beurteilte die Gaben Renés mit Unbestechlich-
keit, und dabei kam zu ihrer intellektuellen Haltung gegenüber dem Künstler gewiß eine Art mütterlichen Dranges,
ihm zu einer vollen Entwicklung seiner Kräfte zu verhelfen.
Es war außerdem noch eine Erfahrung, die sie sich selbst
nicht versagen wollte. Was sie bewunderte und wodurch sie
sich ungeheuer angezogen fühlte, war seine Verbindung von
Geist und Sinnen, seine natürliche Männlichkeit und die
fröhliche Aufgeschlossenheit für alles, was das Leben zu
bieten hatte.

René war hingerissen:

> Aus allem Schönen gehst Du mir entgegen,
> Mein Frühlingswind Du, Du mein Sommerregen,
> Du meine Juninacht mit tausend Wegen,
> Auf denen kein Geweihter schritt vor mir:
> Ich bin in Dir!

Wenn er ihr sein Werk vorlas, so hatte er das Gefühl, es gehöre
ganz der Vergangenheit an, sei kein Teil mehr von ihm, etwas,
was er in einem alten Garten zurückgelassen hatte. Die Stunden, die er mit ihr verbringen durfte, waren wie »dichtum-
blühtes Inselland . . . losgelöst von allen andern, wie gelebt in
einem zweiten höheren Sein«. Sie war ein »Bergquell dem Ver-
durstenden«, er gehörte ihr »wie das Szepter der Königin zueigen ist . . . wie der letzte kleine Stern der Nacht zueigen ist«.
Er fühlte den »ersten Dämmer einer neuen Epoche« und
wollte alles Vorhergegangene und die Menschen seiner früheren Tage abwerfen. »Ich will diesen Menschen, wenn sie es
verdienen, ein seltenes welkes Erinnern auf das Grab legen im
Vorübergehen, weil ich zu glücklich bin, um nicht dankbar zu
sein. Aber die Sprache, die sie mir jetzt reden, ist die die auf

Grabsteinen steht, und wenn sie ein Wort sagen, so taste ich und greife lauter kalte starre Lettern. Ich will diese Gestorbenen glücklich preisen; denn sie haben mich enttäuscht und mißverstanden und mißhandelt und zu Dir – hingeführt die lange Leidensstraße.«[10]

Am 14. Juni verließen sie München, Lou zog mit Frieda in ein kleines Häuschen in Wolfratshausen, und René quartierte sich für die ersten paar Tage im nahegelegenen Dorfen ein, bevor er sich zu ihnen gesellte. Wenig später fanden sie eine geeignetere Bleibe, in einem Häuschen, das sie scherzhaft »Loufried« nannten; dort besuchte sie vor Friedas Weggang nach Holland des öfteren August Endell, malte eine Fahne mit dem Scherznamen und gab der Inneneinrichtung seine künstlerische Note. Das sommerliche Idyll bedeutete für René in jeder Hinsicht eine »neue Epoche«. Lous Liebe zur Natur, ihre Gewohnheit, Tiere im Morgengrauen zu beobachten und barfuß durch den Tau zu wandern, holte ihn zum erstenmal aus dem wirklichkeitsfernen Romantisieren des Stadtdichters auf die Erde herunter. Zusammen studierten sie die Kunst der italienischen Renaissance. Unter ihrem starken Einfluß streifte er allmählich die überhitzten und angestrengten Gewundenheiten seines früheren Werks ab, das sie trotz all seines musikalischen Reizes nicht sehr anziehend fand, und strebte nach einem einfacheren, reineren Stil: »Ich bin aus dem Garten fort, in dem ich mich lange müde gegangen bin. . .«.[11] Sie weigerte sich, ihn mit dem preziösen und weibisch klingenden Namen *René* zu nennen und gebrauchte statt dessen *Rainer*, ein Name, der »schlicht, schön und deutsch«[12] war, den er sofort annahm. Äußerliches Zeichen des Umschwungs, der in diesem Sommer stattfand, war die Wandlung seiner Handschrift von nachlässigen, häufig beinahe unleserlichen Zügen zu dem klaren Schriftbild, das zu einem Ausdruck seiner Kunst, sei es in Abschriften seiner Gedichte oder in seinen Briefen, werden sollte.

Sie waren wie die beiden Hälften eines unteilbaren Ganzen, so dachte sie später, »wie Geschwister – doch wie aus Vorzeiten, bevor Inzest zum Sakrileg geworden«.[13] In ihren Augenblicken der Leidenschaft hätte sie wohl, wie sie gestand, denselben Gedanken gefaßt haben können wie ihn

Rainer in einem Gedicht aussprach, das er eines Tages in ihr
Zimmer legte:

> Lösch mir die Augen aus: ich kann Dich sehn
> Wirf mir die Ohren zu: ich kann Dich hören
> Und ohne Fuß noch kann ich zu Dir gehn
> Und ohne Mund noch kann ich Dich beschwören.
> Brich mir die Arme ab: ich fasse Dich
> Mit meinem Herzen wie mit einer Hand
> Reiß mir das Herz aus und mein Hirn wird schlagen
> Und wirfst Du mir auch in mein Hirn den Brand
> so will ich Dich auf meinem Blute tragen.[14]

Die meisten seiner lyrischen Ausbrüche überstanden die gemeinsame Selbstzensur jedoch nicht. Ihrem Gatten gegenüber war Lou stets völlig aufrichtig, doch wollte sie ihn nicht
willkürlich kränken, indem sie solche Herzensergüsse als
Lektüre für ihn herumliegen ließ. Andreas kam tatsächlich in
der letzten Juliwoche nach »Loufried« und blieb einen Monat, ohne das friedliche Glück zu stören; als sie ihm den
wahren Stand der Dinge gestehen wollte, wollte er es nicht
hören. Rainer entfernte sich von Zeit zu Zeit taktvoll nach
München, wo er im August ein paar Tage mit seinem Vater,
der zu Besuch gekommen war, zubrachte.

Lou war von diesem ersten Verlangen des Leibes keineswegs so überwältigt, daß sie alles für ihn aufgegeben hätte.
Ein bereits geplanter Besuch in Kufstein wurde eingehalten,
auch im September ließ sie ihn ohne weiteres allein, um in
Hallein eine »Verabredung« mit der Familie von Friedrich
Pineles, einem Arzt, wahrzunehmen, den sie 1895 in Wien
kennengelernt hatte und der später ein weit stürmischer und
beunruhigender Werber werden sollte als Rainer. Mit unver-
änderter Festigkeit hielt sie in ihrem Inneren an der klaren
Unterscheidung fest, die sie ihrem Tagebuch nur achtzehn
Monate nach ihrer Verbindung mit Andreas anvertraut hatte,
an der Unterscheidung zwischen Freundschaft, körperlicher
Liebe und Ehe: bei der Ehe sollte es sich »gar nicht um ein
Binden, sondern um ein Gebundensein« handeln, »etwas
über alle freundschaftlichen Interessen Hinausliegendes, viel

Tieferes und Höheres«, eine Art von Gipfel, zu dem beide Partner streben, »die Erkenntnis, ob man schon *in*einander (nicht nur *zu*einander) gehöre, und zwar in einem fast religiösen, wenigstens rein ideellen Sinn des Wortes«. »Ich habe nie begriffen«, schrieb sie, »warum Leute, die ineinander vorwiegend sinnlich verliebt sind, sich *vermählen*.«[15]

Daß sie so fühlte, sollte Rainer erst allmählich einsehen. Er selbst hatte nie zuvor einen so verzehrenden körperlichen Reiz, verbunden mit solch intellektuellen und künstlerischen Kräften, empfunden und war sich im Augenblick völlig sicher, in Lou die ideale Frau, eine Gefährtin für Seele und Leib gefunden zu haben. Als er während ihrer Abwesenheit in Hallein Leben und Werk eines Künstlers las, dessen unglückliches Liebesverhältnis ein schlimmes Ende nahm, schrieb er ihr: »Es ist nicht allein wertvoll, daß zwei Menschen einander erkennen, es ist von großer Wichtigkeit, daß sie einander zur rechten Zeit finden und miteinander tiefe und stille Feste feiern in denen sie zusammenwachsen in ihren Wünschen, um gegen Stürme geeint zu sein ... ehe zwei Menschen gemeinsam unglücklich sein dürfen, müssen sie zusammen selig gewesen sein und eine gemeinsame heilige Erinnerung haben, die verwandtes Lächeln auf ihren Lippen und verwandte Seelen in ihrer Sehnsucht bewahrt.«[16] Die »stillen Feste« von »Loufried«, die er nun in den Herbstnebeln allein wieder durchlebte, und die »heilige Erinnerung« ihrer gemeinsamen Liebe gaben ihm das sichere Gefühl, im Verein mit Lou alles bewältigen zu können, was das Leben auch bringe. Lou hatte vor, aus Hallein für eine Zeit nach München zurückzukehren, ehe sie im Oktober wieder nach Berlin ginge, wohin nun auch er umziehen wollte.

Mit Lou an seiner Seite, ermutigt durch diese neugewonnene Sicherheit nach dem »fleißigen Sommer« in Wolfratshausen, erhoffte er sich viel von einem Ortswechsel.[17] Adolf Bonz, der Verleger Ganghofers in Stuttgart, hatte sich im Juni mit der Veröffentlichung der zwölf »Skizzen«, wie Rainer sie nannte, zu günstigen Bedingungen einverstanden erklärt. Das Buch hatte im Ernsten wie im Leichteren inzwischen eine stark veränderte Form bekommen und war um eine Anzahl von Erzählungen vermehrt worden. *Im Früh-*

frost war endlich in Prag inszeniert und nicht unfreundlich besprochen worden. Der neue Name Rainer erschien zum erstenmal im September unter der Übersetzung eines Gedichts von Fernand Gregh. Seinem Vater gegenüber, der ihm im August auf die Nachricht hin, daß er die Universität verlassen wolle, vermutlich aus Sorge um seine Zukunft besucht hatte, machte er Ausflüchte und teilte ihm erst später mit, daß er doch nicht nach Prag zurückkehren werde. Zur finanziellen Unabhängigkeit war noch ein weiter Weg, aber als sich Berlin vor ihm auftat, schien sie nicht mehr länger ein unerfüllbarer Traum.

Lou lebte mit ihrem Gatten bescheiden am Rande Berlins in Schmargendorf, nahe an Wäldern und offenem Land, doch nur eine viertelstündige Bahnfahrt vom Potsdamer Bahnhof entfernt. Rainer fand nicht weit davon in Wilmersdorf eine bequeme Unterkunft. Ganghofer erklärte er den Umzug mit gesundheitlichen Gründen, da er das feuchte Klima im vergangenen Herbst in München nicht gut vertragen habe und einen Winter in der rauhen Trockenheit Brandenburgs, insbesondere in der friedlichen Einsamkeit Wilmersdorfs, für bekömmlicher halte. Als er seine Mutter von dem Umzug unterrichtete, teilte er ihr auch die Änderung seines Namens mit: »René gilt für gezwungen und geziert in der Öffentlichkeit . . . ich hasse nichts mehr, wie den Verdacht zu erregen, originell sein zu wollen.« (Sie war über die Nachricht seines Umzugs gewiß weniger beunruhigt als der Vater, da ihm ja die literarische Welt Berlins größere Möglichkeiten bot als München; die Namensänderung in Rainer mißfiel ihr zwar nicht, doch blieb er für sie stets ihr René und sie nannte ihn auch so.) Er hielt seine Münchner Beziehungen aufrecht – Max Halbe, Conrad, von Wolzogen und natürlich Ganghofer – war aber auch in Berlin kein Unbekannter mehr für Verleger und Leute mit Beziehungen zum Theater, da er an einen neuem Zweiakter schrieb. Ganghofer gegenüber sprach er von einem »arbeitsamen Winter«, nun da ihn die »starke Stütze« des Verlegers sichere.[18]

Bonz erwies sich in der Tat als höchst ermutigend. Für den Novellenband, der nun endgültig elf Stücke enthalten sollte, hatte Rainer den Titel *Am Leben hin* gewählt, er sollte im

Frühjahr erscheinen. Als sein nächstes Prosawerk versprach er dem Verleger ein »größeres Buch«, das er zu Sommeranfang fertig haben wollte. Bonz riet jedoch von einem weiteren Gedichtband ab, bevor er sich nicht einen größeren Namen gemacht habe. Dies ging allerdings gegen Rainers eigenes Gefühl: seit *Traumgekrönt* habe er sieben Skizzenbücher mit Dingen gefüllt, »die auszusprechen« er »brenne«, und sie müßten »entweder jetzt gesagt sein oder nie«. Mit dem achten, das er nun begonnen habe, glaube er eine völlig neue Stufe betreten zu haben, und er fühle, jeder neue Abschnitt seiner lyrischen Entwicklung müsse durch ein Buch bezeichnet werden. Freilich würden diese Bücher kein Geld einbringen, doch seien sie seine »Verbindung mit dem Draußen, sein Kompromiß mit der Welt«.[19] So erschien dann *Advent*, »Gedichte aus München 1896/1897 von Rainer Maria Rilke«, seinem Vater gewidmet, zu Weihnachten bei Friesenhahn, der auch *Traumgekrönt* verlegt hatte.

Die Auswahl enthielt einige wenige Gedichte, die noch in Prag, doch kurz nach seinem Entschluß zum Weggang entstanden waren; sie können also zu Recht der nun zu Ende gegangenen »Münchner Periode« zugerechnet werden. Der Stil ist noch weitgehend »vor – Wolfratshausen« (nur fünf von ihnen entstanden tatsächlich dort), trägt noch Spuren der gezwungenen Nachwirkungen von Reim und Assonanz, doch die größere Einfachheit, die er anstrebte, kommt bereits zum Durchbruch. Die Gedichte sind gruppiert in »Gaben«, »Fahrten« und »Funde«. In der ersten Ausgabe trugen die »Gaben« Namen, die nicht nur seine künstlerischen Vorbilder – Jacobsen, Maeterlinck, Hofmannsthal – nannten, sondern auch der Hilfe, die ihm zuteil geworden war, gedachten – Ganghofer, Conrad – und der Freundschaften – wie der mit Emil Orlik. Darin sind sie ganz Rilke, der sein ganzes Leben hindurch sein Werk wie seine Briefe als »Gaben« betrachtete, die in offizieller Widmung im Druck oder in mehr persönlicher Form in makelloser Handschrift und ohne Absicht der Veröffentlichung einem Freund oder Bewunderten dargebracht wurden. Es war genug, die Gabe verfaßt und zu gegebenem Anlaß dargebracht zu haben. Sie blieb immer sein Werk, sorgfältig aufbewahrt in seinen Skizzenbüchern,

nach der Entstehung datiert – in dieser Hinsicht ist Rilkes
Werk wohl das am vollständigsten dokumentierte Œuvre,
das wir kennen. Gedichte, die zuerst in Briefen oder als
gelegentliche »Gaben« entstanden, erhielten häufig revidiert
oder auch unverändert ihren Platz in veröffentlichten Werken.

So erschienen nun in den »Fahrten« die Venediggedichte,
die er an Nora Goudstikker gerichtet hatte. Am bezeichnend-
sten ist vielleicht die erste der »Gaben«, die im Februar in
München entstand und die der Welt seine Herausforderung
entgegenschleuderte:

> Das ist mein Streit:
> Sehnsuchtgeweiht
> durch alle Tage schweifen.
> Dann, stark und breit,
> mit tausend Wurzelstreifen
> tief in das Leben greifen –
> und durch das Leid
> weit aus dem Leben reifen,
> weit aus der Zeit![20]

Diese Gefühlshaltung war weniger gekünstelt als die Reime
und sollte ihn durch manche Höhen und Tiefen begleiten.

Als das »größere Buch«, das ihm versprochen worden war,
wünschte sich Bonz einen Roman. Statt dessen bestand Rainer aber auf weiteren Novellen, gewichtiger in der Form,
und plante einen Band von zwei »Prager Geschichten«, deren
erste, *König Bohusch*, er im November vollendete. Sie waren
zusammen mit dem autobiographischen *Ewald Tragy*, den er
ja begreiflicherweise von der Veröffentlichung zurückhielt,
der endgültige Versuch, sich von Prag zu befreien. »Heimat
und Kindheit – beide längst fern – sind sein Hintergrund«,
schrieb er in der Einführung zu den *Zwei Prager Geschichten*,
als der Widerstand von Bonz überwunden war und sie
schließlich im Jahr 1899 erschienen. »Ich würde es heute
nicht *so*, und darum wohl überhaupt nicht geschrieben haben. Aber damals, als ich es schrieb, war es mir notwendig.
Es hat mir Halbvergessenes lieb gemacht und mich damit

beschenkt; denn wir besitzen von der Vergangenheit nur das, was wir lieben.«[21] Das Thema der beiden Erzählungen (die zweite mit dem Titel *Die Geschwister* vollendete er innerhalb weniger Monate) war die jungtschechische Nationalbewegung »Omladina«, die 1893 aus einer halb im Untergrund geführten Existenz mit der Verhaftung der Anführer und der anschließenden Ermordung des verantwortlichen Polizeispitzels auftauchte. Bohusch, der kleine Bucklige, ist Rilkes Version des tatsächlichen Spitzels und Provokateurs Mrva; in seinem Richter, dem Studenten Rezek, der in beiden Geschichten auftritt, zeichnet er den Idealismus der Bewegung. Seine Sympathie ist ganz offensichtlich, wenngleich die Resignation, die er in Rezek darstellt, eine sentimentale und etwas herablassende Einstellung den Tschechen gegenüber verrät, was bei seiner Erziehung nicht überraschend ist. Er sieht das tschechische Volk noch im »Kindesalter«, gehemmt in seinem Versuch, unter den ernsten, erwachsenen Deutschen großzuwerden. Doch wie schon zuvor in *Larenopfer* gibt er die Hoffnung einer Versöhnung der beiden Völker nicht auf; in dieser letzten Gabe an die Götter seiner Heimat läßt sich bereits die Aufrichtigkeit erkennen, mit der er die Unabhängigkeit der Tschechen in der Republik von 1918 begrüßen sollte.

Wie nahe er Lou in diesem »arbeitsamen Winter« stand, ist schwer zu sagen. Er war häufig zu Gast in Schmargendorf, doch dort konnte es freilich nicht die Freiheit geben, die beide in Wolfratshausen genossen hatten. Lous Zugang zur literarischen Gesellschaft Berlins war für ihn jedoch von unschätzbarem Wert. Zusammen mit ihr war es ihm möglich, sich dem erlesenen Kreis bei einer von Stefan Georges feierlichen Lesungen anzuschließen. Gemeinsam wurden sie zu einem Empfang im Haus des Verlegers Samuel Fischer eingeladen, bei dem Gerhart Hauptmanns Bruder Carl sein neues Drama vortrug und bei dem Rainer auf Fischers Frau Hedwig einen starken Eindruck hinterließ. In ihrer Bewunderung für Peter Altenberg und Gerhart Hauptmann entdeckten sie viel Gemeinsames. Seine Freundschaft mit den Fischers sollte viele Jahre währen. Samuel erwies sich als starke Stütze in Zeiten der Not, obgleich er selbst nur wenige von Rilkes Gedichten verlegte. Lou sorgte offenbar auch für die erste Übersetzung eines Werks von Rilke, die Übertragung einer der Novellen von *Am Leben hin*, die im Oktober in einer russischen Zeitschrift erschien, zu der sie zuweilen beigetragen hatte. Zum erstenmal konnte er auch Julius Hart und den verehrten »Meister« Richard Dehmel treffen. Zusammen mit Lou verfolgte er auch weiter sein Interesse an der Italienischen Renaissance. Über die Jahreswende versenkte er sich tief in die Kunst und Literatur des fünfzehnten Jahrhunderts, versuchte sich an einer Übertragung von Dantes *Vita Nuova* und beschloß, nach einem Wiedersehen mit seiner Mutter im Frühling in Arco, nach Florenz weiterzureisen.

Dafür benötigte er größere Mittel. Bonz antwortete prompt nach Erhalt der ersten der »Prager Geschichten« im Februar auf seine Bitte um einen Vorschuß auf das Honorar und gab ihm einen Vertrag für das Buch. Dazu wurde er sicher durch Rilkes wiederholtes Versprechen eines »buchfüllenden Romans« ermutigt, den er in jenem wärmeren Klima, das sein Arzt empfohlen habe, schreiben wolle.[22] Wiederum drohte aber die Möglichkeit einer Einberufung zum Militär später im Jahr, und ein Besuch im Lager von Böhmisch-Leipa war notwendig; aber er konnte ihn mit einem Vortrag vor dem Deutschen Dilettantenverein in Prag, der ihn eingeladen hatte, vereinbaren; er wollte den Erfolg des Liliencronvortrags wiederholen (diesmal aber für die eigene Tasche), bevor er bei Phia in Arco eintraf. Sein Vortrag, ein umfassender Überblick über die »Moderne Lyrik«, fand eine höchst aufmerksame Zuhörerschaft, wie er Dehmel, dessen Gedichte aus *Weib und Welt* in seiner Darstellung eine wichtige Rolle einnahmen, berichtete. Ein paar Tage später erhielt er in Leipa eine angenehme Nachricht – die dauernde Freistellung von jeder Art von Militärdienst. Bonz erfuhr es als erster: »so gehören also – Gesundheit vorausgesetzt – alle, alle nächsten Jahre mir und der – Arbeit! Und Sie sollen mit mir zufrieden sein.«[23] Vor seiner Abreise aus Prag am 11. März 1898 sandte er ihm die zweite »Prager Geschichte«.

Arco war eine Enttäuschung, denn das Frühjahr war regnerisch, und man fror draußen wie drinnen. Er schrieb eine

Reihe von Gedichten, ein oder zwei Kritiken und eine Essayfassung seiner »Modernen Lyrik«. Ob er an seinen Roman dachte, ist ungewiß. Als seine Exemplare von *Am Leben hin* gegen Ende des Monats eintrafen, schickte er eines mit einer langen »Gabe« in Knittelversen an Liliencron: es seien nicht die Frühlingsgrüße, die er zu senden gehofft hatte, während er an den Ofen gedrängt mit frierenden Fingern schreibe, doch hoffte er trotzdem, »sein Detlev« werde Freude an diesem »Buch vergangener Geschichten« finden, die nicht mehr seien als »Glocken, die ein letztes Beben haben ... Gärten, die in klingenden Gedichten die letzten Blüten schon gegeben haben...«.[24] Je eher er südwärts in die Toskana fahren würde, desto besser – daran bestand kein Zweifel, doch er machte sich noch Sorgen um seine finanziellen Mittel. Er schickte ein Exemplar des Buchs an Julius Hart, versprach ihm den Essay nach Erscheinen und erkundigte sich gleichzeitig taktvoll, ob Harts Verleger in Florenz ihm vielleicht in dieser kleinen Verlegenheit »Rat« erteilen könne. Die Antwort ist nicht erhalten, doch er konnte sich am 4. April aufmachen, zitternd vor dem »Erwarten« jener Stadt, »wo der Frühling ewig wurde in Namen und Tat«.[25]

Die ganze Fahrt verbrachte er auf seinem Gepäck sitzend; seine Erschöpfung wich jedoch, als er noch am selben Abend durch die Straßen von Florenz ging und zufällig auf die Piazza della Signoria geriet, wo ihm der Palast »in seiner felssteilen, wehrhaften Wucht« und der Wachtturm, der »seinen sehnigen Hals in die nahende Nacht« reckte, den Atem raubten. In der Loggia dei Lanzi, wo Cellinis Bronzefigur des Perseus und Da Bolognas »Raub einer Sabinerin« im Dämmerlicht gerade noch erkennbar waren, konnte er die Anwesenheit des Schöpfers des Bauwerks, Andrea Orcagna, fühlen: »der erste Renaissancemensch weiht mich so ein in das Geheimnis seiner Zeit.« Als er in die Piazzale degli Uffizi auf den Arno zu einbog, glaubte er die Männer der Renaissance vor sich zu sehen, Orcagna, Giotto in tiefen Gedanken, Michelangelo, Leonardo, Boccaccio, Petrarca, Dante – und gewann Stärke aus der Stille der großen Menschen, die über die großen Paläste hinausgewachsen waren »in die eine ewige Heimat aller Hoheit und Herrlichkeit«.[26]

Sein Zimmer in einer Pension an der Lungarno Serristori befand sich auf dem Dach, das eine weite Terrasse bildete, von der aus ganz Florenz vor ihm lag: »auf den Knien – wie eine Anbetung der Hirten!«. »Als ich (zum ersten Male) heraustrat aus der Stube, dachte ich unbescheiden: ›Hier sollten Rosen stehen‹ [der Titel einer Novelle von Jacobsen] – und wie ich mich wende, finde ich die Wände leichten Blühens voll.«²⁷ Stiefmütterchen in Steintöpfen wachten mit freundlichen Augen über das, was er tat, und er hoffte, sie würden in ihm »ein lang verwandtes Wesen« finden, »dessen letzter Glaube ein festlicher und lichter Frühling ist und weit dahinter eine schwere, schöne Frucht«. Doch es sollten beinahe zwei Wochen vergehen, bevor er anfangen konnte zu schreiben, so überwältigend war die Stadt für ihn – ein seltenes Erlebnis für einen, der vom Schreiben so besessen war. Am 15. April begann er ein Buch, das er als Tagebuch für Lou dachte, in weißes Leder gebunden und mit florentinischen Lilien geprägt. Emersons »all mankind love a lover« stand als Oberstes auf einer Seite von Mottos, und seine ersten Eintragungen waren kurze Strophen dichterischer Vergegenwärtigung: der Atmosphäre der »strahlenden Viale«; der Madonnen in den Galerien; der Abende über dem Arnotal, an denen er sich »Gott in Gold malte«; der Renaissance, welche die Männer »Bilder beten und Gebete bauen« ließ. Ob er »ruhig und reif genug« war, das Buch zu beginnen, das er ihr darbringen wollte, wisse er nicht; doch würde diese Freude ein Fernes bleiben, wenn er sie nicht festhielte, und es sei ein glückliches Vorzeichen, daß er genau vor einem Jahr mit einer ähnlichen Sehnsucht auf dem Weg zu einer noch unbekannten Erfüllung in ihr gewesen sei.

Andere Gäste aus Deutschland hatten, wie er ihr schrieb, in den ersten Tagen viel von seiner Zeit in Anspruch genommen, doch es waren die verwirrenden Eindrücke der Stadt gewesen, die einen sofortigen Bericht unmöglich gemacht hatten; erst jetzt könne er aufatmen und zu übermitteln versuchen, was in seinem Netz verblieben sei. Florenz erschloß sich dem Reisenden nicht so rasch wie Venedig, »fast feindlich heben die Paläste dem Fremden ihre stummen Stirnen entgegen«; doch hatte man einmal ihr Vertrauen gewonnen, so erzählten sie bereitwillig »die Sage ihres Daseins in der herrlichen, rhythmischen Sprache ihrer Höfe«. Die frühe Renaissance sprach zu ihm am meisten in den umschlossenen Gärten der Klöster, mit den schmiedeeisernen Einfassungen der Brunnen und den wilden Rosen die Kieswege entlang, die in einer Zypresse an der Mauer endeten. »Die Meister müssen das wie ich empfunden haben, als sie ihre milden Madonnas schufen.«[28]

Er schaute, horchte und nahm in sich auf. Das Gewonnene fand seinen Ausdruck, abgesehen von den wenigen zusammenfassenden Seiten des »Tagebuchs« für Lou, vor allem in Gedichten. Viele entstanden aus seiner Verehrung für sie, aus seinen Träumen von der »fernen Frau«, während er wanderte, ohne »Ziel . . . bis einst das Fürchten von mir fiel / und ich ein leises Saitenspiel / in deinen Händen bin. . .«.[29] In seinen Aufzeichnungen begannen diese Gedichte zusammen mit den früheren Arbeiten sich bereits zu einem Zyklus zu formen, den er *Dir zur Feier* nennen wollte, aus Gründen der Diskretion aber nicht veröffentlichte, wobei zahlreiche Gedichte auf gemeinsamen Beschluß hin vernichtet wurden. Andere freilich, vor allem eine Reihe von »Gebeten der Mädchen zu Maria«, hatten die Madonna zum Gegenstand, da es schließlich die Renaissancedarstellungen der jungfräulichen Mutter waren, die in ihm den tiefsten Eindruck aus diesem florentinischen Monat hinterließen, Marksteine des »ernsten und dunklen Weges zur Sonne«, den der Künstler gehen mußte.[30]*

Zwei Zufallsbegegnungen waren für seine spätere Entwicklung bedeutend. Auf einem Spaziergang durch die Boboli-Gärten traf er Stefan George und führte mit ihm ein Gespräch, an das er sich noch lange erinnern sollte. George tadelte dabei nämlich ausdrücklich den Drang junger Dichter nach allzufrüher Veröffentlichung und betonte, wie notwendig es für sie sei, geduldig und ohne Rücksicht auf die

---

* Rilke beschäftigte sich offensichtlich zu dieser Zeit mit dem Mysterium der Mutterschaft, was, zusammen mit dem Verlust etwaiger Briefe an Lou, zu der Vermutung geführt hat, sie habe ein Kind erwartet, vielleicht von ihm, oder dies zumindest gehofft. Die Gründe für eine solche Vermutung sind höchst fadenscheinig und ohne jegliche Beweiskraft.

Außenwelt an ihrer Kunst zu arbeiten. Diese Lektion kam zum damaligen Zeitpunkt zwar nicht sehr gelegen, doch er nahm sich die Worte des hochverehrten Älteren schließlich doch zu Herzen. Bei einer anderen Gelegenheit lud er einige Gäste der Pension, mit denen er den Abend verbracht hatte, anschließend auf seine Dachterrasse ein, wo ihn Heinrich Vogeler, ein junger Maler aus Bremen, sehr durch die Art beeindruckte, wie er in schweigender Versunkenheit und Andacht den Ausblick auf die Stadt genoß. In Florenz begegneten sie einander dann nicht mehr, wechselten jedoch Briefe und trafen sich im Herbst in Berlin wieder; Rilke war danach froh, einer Einladung Folge zu leisten, Weihnachten bei Vogelers Familie in Bremen und anschließend bei ihm im Barkenhoff, seinem Haus in Worpswede, zu verbringen. Für Vogeler nahm die Kunst eine Sonderstellung im Leben ein, deren Ausdruck dem Ästhetizismus des englischen *fin-de-siècle* nicht unverwandt war: darin, sowie in einer deutlichen, doch unaufdringlichen Gewähltheit in Benehmen und Kleidung kam er der Einstellung Rilkes zu dieser Zeit sehr nahe. Die wenigen Jahre ihrer Freundschaft sollten zu einem Wendepunkt im Leben des Dichters werden.

Florenz wurde schließlich doch zu viel für ihn. Schon am 11. Mai war er aus jenem »Genetze seltsamer Gassen« in den Frieden der ligurischen Küste nach Viareggio bei Pisa geflohen – nach den vielfältigen Schönheiten menschlicher Leistungen kam nun der »große und unerschöpfliche Fund« der Natur, »in welchem tief innen noch unberührte Künste einer leisen Erlösung entgegenwarten«. Hier konnte er darüber nachsinnen, was er gesehen hatte, den herrlichen Frühling des Quattrocento, dem die moderne Kunst als Sommer und herbstliche Frucht folgen könnte. In seinem »Tagebuch« für Lou destillierte er, unterbrochen von Gedanken der Sehnsucht nach ihr, seine eigene Sicht des Künstlers als eines Menschen, der schaffen muß, nicht für andere, nur für sich selbst. »Wisset denn, daß die Kunst ist: Das Mittel Einzelner, Einsamer, sich selbst zu erfüllen«; »Die Kunst geht von Einsamen zu Einsamen in hohem Bogen über das Volk hinweg«; »Was bei Euch Lachen wird oder Weinen, muß [der Künstler] mit ringenden Händen formen und aus sich hinausheben ... Nur weil er keine andere Materie weiß als die eurer Welt, stellt er [seine Werke] in eure Tage. Sie sind nicht für euch. Rühret nicht daran, und habet Ehrfurcht vor ihnen.« In der Tat eine aristokratische Haltung, die in starkem Gegensatz zu seiner früheren Vorstellung von einer »Kunst für das Volk« in der freien Gabe der Gedichte in den *Wegwarten* steht.[31]

Diese Haltung ist von besonderer Bedeutung, da Rilke in seinem künftigen Werk mehr und mehr zum Schaffen um des Schaffens willen neigen und nahe an den Grenzen des Unsagbaren und über sie hinaus experimentieren sollte, ohne Rücksicht darauf, ob das Geschaffene gedruckt an die Öffentlichkeit gelangte oder nicht. Der Zwang, jede Periode seiner Entwicklung durch eine Veröffentlichung zu bezeichnen, sollte nachlassen; er würde sich länger mit der Zusammenstellung eines Buches befassen, um präzise wiederzugeben, was ihm in Inspiration oder harter Arbeit gewährt worden war, als ein Akt des Schaffens an sich – eine Kunst also, die sich weit über die gemeine Herde hinwegschwingt. Doch verging nicht die ganze Zeit in Viareggio mit dem Schmieden solch erhabener Aphorismen. Es gab Strandspaziergänge mit Helene Woronin aus St. Petersburg, seiner Tischnachbarin, die mit Vater und Schwester dort die Ferien verbrachte und deren Melancholie er mit seiner Naturfreude vertreiben konnte. Seine Einträge in das ledergebundene Buch, die er für gewöhnlich am Morgen auf dem sonnenüberfluteten Balkon vornahm, verzeichnen zufriedenstellende Tage, an denen Gedichte »zu ihm kamen«, Gedichte, die das Mädchentum und dessen Sehnsucht verherrlichten. Er erwähnt aber auch den schweigsamen Besuch eines Mönches in schwarzer Kutte und Kapuze in seinem Garten, der für seinen Orden sammelte und zwischen den Blumen stand wie die Gestalt des Todes selbst, der auf ein Opfer wartete, und er beschrieb, wie er in diesem Kontrast ruhig und furchtlos die Einheit von Tod und Leben erkannte. »Darauf kommt es schließlich an: alles, eines anderen wert, *im* Leben zu sehen; auch das Mystische, auch den Tod.«[32] In diesem Erlebnis lag der Keim der Inspiration zu seinem lyrischen Drama *Die weiße Fürstin*, das er später im Jahr schrieb. Der Gedanke, daß der Tod nur ein unsichtbarer Teil des Lebens sei, sozusagen die dunkle Seite des Mondes, sollte ein wesentliches Element seines Denkens bleiben.

All das wird durchzogen von der Vorstellung einer triumphalen Rückkehr zu Lou, geläutert durch seine Erfahrungen, eine Pilgerschaft tief in ihre »Seele, tief, tief hinein, bis hin, wo sie Tempel wird«.[33] Als er Ende des Monats von ihrer Absicht hörte, Freunde in Danzig zu besuchen, war er anfangs niedergeschlagen, änderte aber schnell die eigenen Pläne, um sie in Zoppot zu treffen, ohne Furcht vor der kälteren baltischen Küste nach seinen Monaten im schönen Süden. Er würde ihr Schätze genug bringen, um sie beide die anderen Menschen vergessen zu machen. Lou schien weniger begeistert, da ihr ein so rasches Wiedersehen ungelegen kam. Die Reise nach Zoppot, die er über Innsbruck und München geplant hatte, mußte also verschoben werden, und schließlich fuhr er über Wien, Prag und Berlin. »Mit einem schlechten Lotsen bin ich diesmal gefahren«, schrieb er an Franziska zu Reventlow in dem Bedauern, sie in ihrer »rosenreifen mutigen Fröhlichkeit« mit ihrem kleinen Rolf nicht sehen zu können, da man ihn so hastig »von den seligen Küsten« seiner »sommerfrühen Einsamkeit« fortgetrieben habe.[34]

Die Wiedervereinigung mit Lou, die Mitte Juni endlich stattfand, brachte einen harten Schlag für die Hoffnungen des glühenden Liebhabers. Lou war sich nun, wie schon die ganze Zeit vorher, völlig bewußt, daß ihre Verbindung keine Zukunft hatte, und so mochte ihr eine Begegnung in solch unpersönlicher Umgebung, fern von der Vertrautheit Wolfratshausens oder sogar Schmargendorfs, als die rechte Gelegenheit erscheinen, das Verhältnis sacht auslaufen zu lassen. Anfangs war er verbittert und beschämt. »*Ich* wollte diesmal der Reiche, der Schenkende sein, der Lachende, der Herr, und Du solltest kommen und, von meiner Sorgfalt und Liebe gelenkt, Dich ergehen in meiner Gastlichkeit. Und nun Dir gegenüber war ich wieder nur der kleinste Bettler an der letzten Schwelle Deines Wesens, das auf so breiten und sicheren Säulen ruht.« Er war zu ihr »voll Zukunft« gekommen, doch er fand in den schalen Tagen an dieser kühleren See nur die unglücklichen Erinnerungen an ihre Vergangenheit und konnte nicht einmal deren Freuden aufleben lassen. Er brachte ihr das Tagebuch dar, das er für sie geschrieben hatte, doch er konnte nicht ihre Freude daran sehen, nur eine ärgerliche Sanftheit und einen beleidigenden Versuch, ihm Mut zuzusprechen. Er haßte sie sogar, »wie etwas *zu Großes*«. Ihren Trost wollte er nicht, denn er machte ihn so elend, daß er das Gefühl hatte, den Qualen einer so demütigenden Freundlichkeit entrinnen zu müssen.[35]

Aber als er sich anschickte, dies in einer ehrlichen und außerordentlich klaren Analyse als einen letzten Eintrag im Tagebuch niederzuschreiben, hatte er neuen Mut gefaßt. Sie hatte ihm – nachdem sie ihm offenbar deutlich gemacht hatte, daß eine körperliche Vereinigung nicht mehr in Frage käme, so nahe sie sich auch intellektuell blieben – die »eherne Frage« gestellt: »Was willst Du tun?« Und er hatte nunmehr eingesehen, daß sie weiterhin sein Ideal bleiben konnte, nicht *ein* Ziel, sondern viele, während er den Höhen zustrebte. »Wie weit ich auch gehen mag – Du bist immer wieder vor mir . . . dieses Buches letzter Wert ist die Erkenntnis eines Künstlertums, das nur ein Weg ist und in einem reifen Dasein endlich sich erfüllt.«[36]

Was würde er aber tatsächlich tun, in praktischer Hinsicht? Lou war sehr um ihn besorgt und begann ihn klug in einen Plan einzubeziehen, den sie schon seit einiger Zeit erwogen hatte. Mehrere Jahre waren seit ihrem letzten Besuch in der Heimat vergangen, und sie dachte an eine Reise mit Andreas nach Rußland. Warum sollte Rainer sie nicht begleiten? Die bevorstehenden Herbstmonate in Berlin böten Zeit, ihn in die Sprache einzuführen. Der Mut zu einem solchen Plan und die kühle Beherrschtheit, mit der sie ihn vorschlug, waren bezeichnend für sie. Es konnte keinen besseren Weg geben, Rainer in derselben Entfernung zu halten wie ihren Gatten – eigentlich zwei Brüder für sie, nicht Liebhaber. Die Aussicht auf die Reise gefiel ihm sofort, bereits Ende Juni schrieb er seiner Mutter davon.

Bis Ende Juli blieben sie in Zoppot, wo er in der neugewonnenen Ruhe wieder an seine Arbeit denken konnte. In einer Antwort an Bonz, der ein paar Besprechungen von *Am Leben hin* geschickt hatte, schrieb er, es sei ihm vielleicht möglich, die *Christus-Visionen* zu vollenden und zur Veröffentlichung fertigzumachen, »die andere Seite meiner Lyrik, welche in den bisherigen Gedichtbänden etwas eintönig zag erscheint«.[37] Dazu begann er Essays über das Quattrocento und Kunst im allgemeinen – »Offenbarungen, die mir im letzten Florentiner Frühling geschahen« – und ein neues Tagebuch. Phia gegenüber äußerte er sich begeistert über die ostpreußische Landschaft mit ihren »weiten Wiesen, hohen Linden und dunklen Dörfern« und pries sogar den »altertümlichen Zauber« Danzigs, der »sich mit nichts bisher Geschautem vergleichen ließe«[38] (seine Briefe an die Mutter waren für gewöhnlich derart überschwenglich). In seinem Tagebuch richteten sich seine Gedanken wieder auf Größe, den Neuanfang für jeden wahren Mann, für den es keine Geschichte geben könne: »seine Väter und Vorfahren ... sind Zeitgenossen seiner Seele und *in* ihm, nicht *vor* ihm wirksam.«[39]

Nach ihrer Rückkehr nach Berlin nahm er sich ein Zimmer in der Villa Waldfrieden in Schmargendorf, einem Haus, das näher am Heim der Andreas in einem kleinen Garten lag, der an einen Fichtenwald grenzte. Lou ließ ihn voll an ihrem bescheidenen Alltagsdasein teilnehmen und konnte ihn nun so formen, wie sie es beabsichtigte. Es wurde eine intellektuelle Kameradschaft, die mehr in der Küche als im Salon stattfand, da Andreas den einzigen Wohnraum für seine Studien und Lehrstunden beanspruchte. Rainer half ihr bei der Hausarbeit, kochte, spülte und spaltete Holz, barfuß wanderten sie durch die Wälder, wo zutrauliche Rehe an ihren Taschen nach Futter schnupperten. An den Abenden saßen sie still mit einem Buch in der Küche. So kam das Wolfratshausener Idyll zurück – nur das Schlafzimmer fehlte. Rainer legte bald die ziemlich verwöhnte und anspruchsvolle Art ab, mit der er sich früher über die geringste Einschränkung erregt und über seinen Geldmangel beklagt hatte, und war mit diesem einfacheren Leben, bei vorwiegend vegetarischer Kost und Enthaltsamkeit vom Alkohol, zufrieden. Er sollte diese Lebensweise beibehalten, wenn er auch, wo immer es möglich war, eine bequemere Umgebung vorzog.

Die Abgeschlossenheit von Schmargendorf war ihm willkommen. Für seine Münchner Freunde war er in Berlin, die

Freunde in Berlin aber vermuteten ihn noch in München, und wenn sich zwei trafen, so kamen sie überein, daß er in Italien weilen müsse – eine ideale Lage für ihn, »denn jedes Nirgendwo hat eine positive Seite, die Allgegenwart«.[40] Sein Studium des Russischen wurde nun Ernst; er schrieb Essays und vollendete *Ewald Tragy*, dazu noch zwei weitere Novellen, die er bereits für einen neuen Band plante, und, gegen Herbst, *Die weiße Fürstin*. Das Versdrama, das er später umarbeiten und Eleanore Duse widmen sollte, wirft ein beinahe mystisches Licht auf die Probleme von Liebe und Tod: ein plötzlicher Ausbruch der Pest im Italien des sechzehnten Jahrhunderts erfüllt die Fürstin mit Schrecken, als sie auf den Geliebten wartet, für den sie sich in Jahren unglücklicher Ehe seelisch unberührt erhalten hat. Als die schwarzvermummten Barmherzigen Brüder nahen und das letzte Sakrament austeilen, fährt das Boot des Geliebten weiter ohne ihr Zeichen. In Form und Thema stand das Werk in starkem Kontrast zu Rilkes früheren und robusteren Versuchen naturalistischer Art.

»Eine wichtige und arbeitsame Zeit«, schrieb er an seine Mutter.[41] Doch er war keineswegs ein Einsiedler. Von Zeit zu Zeit fuhr er in die Stadt, vor allem wenn es Ausstellungen moderner Kunst und Innenarchitektur gab – die Impressionisten, Degas, Liebermann, Van der Velde, Stoeving. Besonders vom Jugendstil fühlte er sich angezogen, wie aus seinem Bericht an eine Wiener Zeitschrift über »Die neue Kunst in Berlin« ersichtlich ist. In Heinrich Vogeler, dessen Werk stark von William Morris und Beardsley beeinflußt war und für den Kunst mehr eine Lebensform war als bloße Zierat, fand er, als der Künstler im November nach Berlin kam, in der Tat »einen lieben träumerischen Weggefährten«[42]: sein eigenes Werk zu der Zeit (*Die weiße Fürstin* und ein *Spiel*, das er für den Künstler Ludwig von Hofmann schrieb) war durchaus vom Geist des Jugendstils geprägt, bis hin zum symmetrischen Satzspiegel seiner Verse.

Bevor er sich Vogeler für Weihnachten anschloß, besuchte er einige Tage Hamburg, wo er zum erstenmal zwei der »Meister« traf, mit denen er früher im Briefwechsel gestanden hatte: Gustav Falke und Liliencron. Die darauffolgenden

Tage mit Vogelers Familie in deren elegantem Patrizierhaus in Bremen, erschienen ihm von »unbeschreiblicher Schönheit«. Am Weihnachtstag fuhren sie zum Barkenhoff in Worpswede hinaus, unweit von Bremen, dem Landsitz, den Vogeler mit seinem Erbteil erworben und nach eigenen Plänen erweitert und eingerichtet hatte. Das Dorf war der Mittelpunkt einer Künstlerkolonie, durch die es bereits ein gewisses Ansehen gewonnen hatte – Fritz Mackensen, Otto Modersohn, Fritz Overbeck, Hans am Ende. Rilkes erster Eindruck war jedoch keineswegs günstig. Als er mit seinem Freund in einer schwefligen Abendluft zu den Torfgruben hinauswanderte und eine dunkelviolette Wolke beobachtete, die wie eine krallige Hand über sie zu greifen schien, rief er aus: »Ein grausiges Land, in dem Ihr da lebt.«[44] Nach seiner Heimkehr sandte er Vogeler »zum Anfang des neuen und als Anhang des gut vollendeten Jahres« einen »Haus-Segen« für den Barkenhoff, der noch heute auf dem Türsturz zu sehen ist, in den ihn der Künstler kerbte: Licht sei sein Los. / Ist der Herr nur sein Herz und die Hand / des Bau's, / mit den Linden im Land / wird auch sein Haus / schattig und groß.[45]

In einem Brief an Helene Woronin in St. Petersburg, der sie von seinen Rußlandplänen unterrichtete, sprach er von seinem Gefühl, daß das Ende dieses Jahres auch das Ende einer Arbeitsphase sei, in der sich viel von der Verheißung seines italienischen Aufenthalts erfüllt habe: »für mich war es ein großes Beginnen«.[46] Die Frucht würde der Gedichtband *Mir zur Feier* sein – das veröffentlichte Gegenstück zu dem Band für Lou, den er noch zurückhielt –, der nach äußerst sorgsamer Auswahl Ende 1899 erscheinen sollte. »Langsam versammelt«, wie er an George schrieb: »als ob ich noch keine hinter mir hätte, ein erstes, ernstes, feierliches Buch.«[47] Mit Titelblatt und Vignetten von Vogeler sollte es das erste Werk sein, dem er selbst später künstlerischen Rang zusprechen würde.

Im neuen Jahr 1899 dachte er wieder an eine Aufnahme der Universitätsstudien – vielleicht von Lou, wohl aber auch von seiner Familie dazu angespornt. Georg Simmel, der Professor der Philosophie, mit dem er ebenso wie mit Sauer in Prag jahrelang in freundlicher Beziehung stehen sollte, scheint ihn beraten zu haben, und so schrieb er sich für das Sommersemester an der Friedrich-Wilhelm Universität ein. Er belegte Vorlesungen in Kunstgeschichte, moderner Geschichte und klassischer Lyrik. Gerne hätte er, wie er Frieda von Bülow gegenüber erwähnte, den Professor für Kunstgeschichte in Breslau, Richard Muther, gehört, doch wollte er sein Heim im »Waldfrieden« nicht verlassen, das ihm so viele gute Stunden für seine Arbeit gewährt hatte – »die höchste Instanz . . . daß vor dem Blick einer schenkenden Stunde alle Eintagspflichten verstummen müssen«.[48] Auf keinen Fall aber wollte er weit von Lou fortgehen. Als Ziel hatte er sich, wie er Frieda schrieb, nicht mehr als das schickliche Mindestmaß an akademischer Arbeit gesetzt.

Es ist zweifelhaft, ob er sich auch dafür noch Zeit gönnte. Die Pläne für die Rußlandreise beschäftigten ihn und Lou in zunehmendem Maße. Seiner Mutter gegenüber hatte er die Reise als seine Frühjahrsreise ausgegeben; doch dann war er schließlich den ganzen März abwesend, die ersten beiden Wochen bei ihr in Arco, dann ein paar Tage in Wien und Prag, schließlich kehrte er nur wenige Wochen vor der Abreise nach Moskau nach Berlin zurück. Arco und Prag waren Pflichtbesuche bei beiden Eltern und der Großmutter, bevor er sich zu dem Abenteuer aufmachte. Wien freilich bot am 18. März zwei Attraktionen, die er auf keinen Fall versäumen wollte: die Eröffnung der *Secession*-Ausstellung mit Gustav Klimt und anderen, dann die Erstaufführung von Hofmannsthals dramatischen Dichtungen *Die Hochzeit der Sobeïde* und *Der Abenteurer und die Sängerin.* Seit seinen Münchner Tagen hatte er die Gedichte bewundert, die von »Loris« stammten, und in seiner Prager Vorlesung über die »Moderne Lyrik« hatte er diese Kostbarkeiten gepriesen, die außer den privilegierten Lesern von Georges *Blättern für die Kunst* oder Flaischlens Zeitschrift *Pan* nur wenigen bekannt waren. Nach der Premiere, der er in Gesellschaft Arthur Schnitzlers beiwohnte, war es ihm endlich möglich, den Dichter persönlich kennenzulernen. Am folgenden Tag übermittelte er ihm von Prag aus seine tiefe Dankbarkeit für das unvergeßliche Erlebnis, dessen überwältigende Erregung in ihm nachlebte »wie ein anvertrautes Geheimnis«.

»Wenn ich Sie als den Führer oft empfand, der dunkle Worte spricht vor ernsten Bildern und einen tiefern Sinn in Bäume und in Blumen senkt im Weitergehen, so hab' ich Sie gestern als den Herrn gefühlt, und Ihres Wesens Wille war mein Weg.«[49] Hofmannsthals Ausstrahlung hatte ihm Wien vielleicht anziehender als früher erscheinen lassen, und an Phia schrieb er, er habe mit Freude einen »spontanen Patriotismus« als Österreicher empfunden, »Gott vergelte es mir«.[50]

Er hatte Bonz gebeten, ihm ein Exemplar der *Prager Geschichten* als Geschenk zum Namenstag des Vaters zu senden. Damit konnte er dem Vater beweisen, daß er trotz der Beschäftigung mit seinen Studien auch als Schriftsteller ein gewisses Ansehen zu erwerben vermochte. Das Aussehen des Bandes, der nun endlich erschienen war, gefiel ihm sehr. Aus Prag sandte er an Bonz eine lange Liste mit Vorschlägen für Besprechungsexemplare, wobei er sein Netz bis zu Theodor Herzl, Karl Kraus und Schnitzler in Wien und Rudolf Steiner und Jacobowski in Berlin auswarf. Später erbat er sich von Berlin aus zwei Exemplare zur persönlichen Überreichung, eines an den tschechischen Dichter Jaroslav Vrchlický, das andere an Tolstoi bei einer erhofften Begegnung in Moskau. Bonz seinerseits scheint mit seinem Autor wohl zufrieden gewesen zu sein, denn er sandte ihm bereitwillig einen Vorschuß auf das nächste Buch, obwohl Rilke immer noch von einem weiteren Novellenband und nicht von dem erwünschten Roman sprach. Das Geld kam zu diesem Zeitpunkt sehr gelegen, doch betrachtete Rilke es lieber als Anleihe, die er tatsächlich im Lauf des Sommers zurückzahlte.[51]

Die Aprilwochen vergingen in der Vorbereitung auf die große Reise. Der Baedeker wurde studiert, Empfehlungsbriefe und all die notwendigen Dokumente, darunter die Reisepässe, wurden zusammengestellt. Juden durften die Grenzen nicht überschreiten, wie er an Phia schrieb, und man brauchte eine unglaubliche Menge von Beweismaterial, um sich als Christen auszuweisen.[52] Simmel half ihm mit Rat bei der Meldung seiner Abwesenheit von den Vorlesungen. In der Beschreibung seiner Reise an Scholz bemerkte er, er habe die Stimme des Ostern als zu dünn für ihn, als unfruchtbar empfunden: »Ich will sie noch einmal unter den volleren Glocken haben, und köstlicher soll der Klang der Kremlkirchen mein frommes Horchen krönen.«⁵³

3

> Ein Teil meiner Existenz soll auf diesen russischen Kenntnissen ruhen.
>
> (An Phia Rilke, 5. 12. 1899)

Eine lange Bahnfahrt über Warschau brachte Rainer, Lou und Andreas am 27. April 1899, unmittelbar vor dem russischen Ostern, nach Moskau. Rainer, der mit Empfehlungsschreiben von deutschen Freunden wohl versehen war, scheint dem jungen Künstler Leonid Pasternak, Professor am Institut für Kunst, als erstem einen Besuch abgestattet zu haben, aus dem sich sofort ein herzliches Verhältnis ergab. Pasternak, der eben an den Illustrationen zu Tolstojs *Auferstehung* arbeitete, konnte für den nächsten Tag für sie einen Besuch bei dem Grafen vereinbaren. Rainer war von der »Güte und Menschlichkeit« Tolstojs zwar beeindruckt, scheint aber zu eingeschüchtert gewesen zu sein, um viel zu sagen oder wie beabsichtigt sein Buch zu überreichen. Lous Tagebuch zufolge drehte sich das Gespräch in der Hauptsache um Andreas' Erforschung der Babi (Bahá'i) Sekte in Persien, die Tolstoj besonders interessierte, und um die Behauptung Lous, die Zukunft des russischen Volkes läge in einer Synthese von westlichem Intellekt und russischer »Seele«. Dem widersprach Tolstoj heftig, er verwarf die Frömmigkeit des russischen Bauern als reinen Aberglauben. Was der Mouzhik brauche, sei Aufklärung und praktische Erziehung, nicht ein Verharren in seiner Unwissenheit durch eine mystische Beschäftigung mit seiner »Seele«. Er beschwor sie, einem solchen Aberglauben nicht durch ihre Teilnahme an den Osterfeiern Vorschub zu leisten.¹ Gerade das aber war die Erfahrung, deretwegen sie gekommen waren. Die »lange, ungewöhnliche, ungemeine, erregte Nacht«, da in den Kirchen sich gewaltige Volksmassen drängten, war für Rainer ein unvergeßliches Erlebnis. Der

Ruf »Christ ist erstanden«, aus Tausenden von Kehlen die glühende Erwiderung »Er ist wahrlich auferstanden!« und die hallenden Klänge der großen Kremlglocke Ivan Veliki ließen ihm dieses Ostern zu etwas Einmaligem werden, etwas, das »für ein ganzes Leben ausreicht«.[2]

Man verbrachte nur wenige Tage in Moskau, da es Lou zu einem Wiedersehen mit ihrer Mutter und Familie nach St. Petersburg zog. Es war noch Zeit, wiederum durch Pasternaks Vermittlung, den Bildhauer Fürst Pavel Troubetzkoj zu treffen. Als sie am 3. Mai in St. Petersburg ankamen, stand die Stadt wegen der Jahrhundertfeiern für Puschkin im Fahnenschmuck und erschien Rainer im Gegensatz zu Moskau als westlich, »viel internationaler und unrussischer«, während in seinen Augen Moskau das wahre Rußland gewesen war, »eine neue Übersetzung des Wortes Freiheit«. »Die Klänge des Orientes gespielt auf den Orgeln demütiger Gedanken: das ist Moskau, das ist Rußland.«[3] Seine noch bruchstückhafte Kenntnis des Russischen machte die Zuflucht zur Zeichensprache notwendig, um sich in dem »maison meublée« verständlich zu machen, wo er in St. Petersburg abgestiegen war – zuweilen, wie er gestand, eine willkommene Atempause für die Stimmbänder –; doch war es für ihn immer noch ein »seltsames Erleben, unter diesem Volke voll Ehrfurcht und Frömmigkeit« zu weilen.[4] Er machte sofort einen Besuch bei Helene Woronin, die er während seines Aufenthaltes häufig traf, für die er mehrere Gedichte schrieb und der er das Exemplar der *Prager Geschichten* widmete, das er Tolstoj zugedacht hatte. Manchmal in ihrer Begleitung, manchmal ohne sie, besuchte er die großartigen Kunstsammlungen der Eremitage und in Privathäusern. In dem Maler Elia Repin, einem angesehenen Künstler des Naturalismus, fand er einen weiteren Vertreter der »wahren Russen«, der »Menschen die einem in der Dämmerung sagen, was die Andern im Lichte leugnen«.[5] Ende Mai verbrachte er wieder einige Tage in Moskau und konnte weitere Künstler aus Pasternaks Kreis kennenlernen.

Nach seiner Rückkehr nach St. Petersburg widmete er sich der religiösen Kunst Rußlands, studierte die verschiedenen Ikonenstile und las Kunstgeschichten mit einer Begeisterung, die, wie er Helene versicherte, keinesfalls eine nur vorübergehende Phase war. Zum »Studium dieser russischen Dinge« würde er »aus allen Zerstreuungen und Versuchen zurückkehren – am liebsten möchte ich sagen: heimkehren . . .«; denn sie seien »die letzte, heimlichste Stube im Herzen Gottes. Seine schönsten Schätze sind darin. Und sie liegen nicht verstaubt und müßig herum – sie sind alle im Gebrauch jener tiefen Frömmigkeit, aus welcher heraus Wunder und Werke kamen seit Anbeginn . . . Ich fühle, daß die russischen Dinge die besten Bilder und Namen für meine persönlichen Gefühle und Geständnisse sind. Und daß ich mit ihnen . . . alles aussprechen werde, was in meiner Kunst nach Klang und Klarheit drängt«.[6]

Der jähe Ausbruch des russischen Frühlings, »so ohne alle die Zagheit und Enttäuschung des unseren«, kam wie eine Offenbarung: über Nacht, »um 3 oder 4 Uhr morgens ist ein unendliches Erlöstsein über dem Land«, schrieb er anschließend aus St. Petersburg an Phia, »und wirklich sind den Birken allen tausend kleine Flügelchen gewachsen, mit denen sie sich leise versuchen im zaghaften Wind«.[7] Er hatte tatsächlich den Eindruck eines ganz neuen Landes, gerade am Anfang seines Lebens, mit aller Zukunft vor sich, als seien seine Paläste und Kirchen noch nicht voll erstanden – und doch den Eindruck eines Landes, das seine wahre Heimat war. »Rußland?«, schrieb er später, »Mein Gott, was es für mich war und ist, kann ich gar nicht verständlich machen; denn es lag zum großen Teil an Bedingungen, die ich ihm, ohne es zu wissen, entgegenbrachte, daß es mir so völlig, und von der ersten Minute an, zur Heimat anschlug.«[8] Italien war »ein Land wie im Traum, während Rußland voller tiefer unerwarteter Wirklichkeiten ist.«[9] Florenz erschien nun wie eine Vorbereitung auf Moskau, hier war er »weiter in die Tiefe, in die größere Einfachheit« geführt worden.[10] Trotz Tolstojs Verachtung für die einfachen Leute, waren sie, wie sie so vor ihren Madonnen knieten und beteten, in seinen Augen nicht in Aberglauben verstrickt; ihre Verehrung unter solch wunderbaren Umständen war das Sichtbarwerden eines schöpferischen Vorgangs, eben jenes Vorgangs, in dem sich Gott noch selbst formte. »Aus allen Gebärden des Volkes strömt die Wärme seines Werdens wie ein unendlicher Segen aus.«[11]

Über die Art von Rainers Verhältnis zu Lou während des ersten Rußlandsbesuches liegt kein unmittelbares Zeugnis vor. Es war selbstverständlich, daß sie und Andreas bei ihrer Familie in St. Petersburg wohnten, während Rainer anderswo untergebracht war. Mitte Juni reisten sie zusammen nach Danzig, von wo aus Lou einige Tage später nach Berlin zurückkehrte. Rainer blieb bis Monatsende allein in Oliva, in der Nähe von Danzig, und war trotz des Regens zufrieden, seine Erfahrungen dort in Einsamkeit verarbeiten zu können. Sommerpläne hatte man schon vor der Rußlandreise geschmiedet: Frieda von Bülow hatte sie beide eingeladen, mit ihr eine Villa in Bibersberg, in der Nähe von Meiningen am Rand des Thüringer Waldes, zu teilen, und Lou war gewiß erleichtert, daß es nun auf der Woge seiner Begeisterung Arbeitsferien sein sollten, die den russischen Studien galten – Sprache, Literatur, Kunst und Geschichte. Zunächst mußte er sich jedoch an der Universität sehen lassen und konnte sich ihnen nicht vor Semesterende anschließen. Solange er in Schmargendorf war, fuhr er fleißig mit dem Studium der russischen Sprache fort und versuchte sich, die Grammatik zur Seite, bereits an Puschkin und Lermontow, wobei er »ein kleines intimes Fest« feierte, wann immer ihm die eine oder andere Zeile leicht fiel. In einem langen Brief an Helene Woronin gestand er Ende Juli eine wachsende Abneigung allem Deutschen gegenüber: »bis ich die Sprache kenne und kann, werde ich mich ganz Russe fühlen. Dann werde ich vor der Znamenskaja (die liebe ich vor allem) verneigen, tief, dreimal« – mit einer Verehrung, die nicht so sehr religiös war als vielmehr Anerkennung der grundsätzlichen Identität von Stolz und Demut, die nur in Rußland erlebt werden konnte. »Wenn ich als Prophet gekommen wäre, ich würde mein Leben lang Rußland predigen als das auserwählte Land über welchem Gottes schwere Bildhauerhand wie eine große weise Verzögerung liegt: *Alles* soll diesem Lande geschehen, was ihm nottut; aber langsamer sollen seine Schicksale sich erfüllen und klarer.«[12]

Die Energie, mit der er sich während der sechs Meininger

Wochen in die gemeinsame Arbeit stürzte, war ungeheuer. Frieda war tatsächlich etwas verstimmt darüber, daß ihre beiden Hausgenossen fast keine Zeit für sie hatten, weil sie den ganzen Tag über so tief in ihren Büchern steckten, »als ob sie sich für ein fürchterliches Examen vorbereiten müßten«, und bei den Mahlzeiten dann so erschöpft waren, daß eine anregende Unterhaltung nicht möglich war.[13] »Die Tage zu kurz für uns«, schrieb Lou.[14] Rainer fand Zeit zu einem verehrungsvollen Brief an Tolstoj, dem er in Erinnerung an ihren Besuch eine kurze Arbeit von Andreas über die Babi-Sekte, Lous letzte Novellensammlung und seine eigenen *Prager Geschichten* schickte, »ein kleines Buch, welches vielen dunklen Gefühlen entsprang, die mich an meine slawische Heimat, Prag, binden«. Man trennte sich am 12. September, als sie von Andreas die Nachricht erhielten, daß Lous geliebtes Hündchen erkrankt war und sie sich zur plötzlichen Rückreise nach Berlin entschlossen. Frieda blieb es überlassen, das schwere Gepäck und die Bücher nachzusenden – sie war wohl nicht zu unglücklich, da sie sich so ausgeschlossen gefühlt hatte. Rainer aber war zufrieden wie selten. Er hatte »eine neue Gesundheit . . . und durch ein bestimmtes Studium« einen »neuen Mut« gewonnen, wie er ihr schrieb. Er bedankte sich für alles, was sie getan hatte und legte mit der ihm üblichen Korrektheit seinen Beitrag zu den September-kosten der Villa bei.[15]

Für ihn gab es nun nur noch Rußland, und er wollte unbedingt alles lesen, was ihm erreichbar war. Er bat Lou, ihm irgendetwas zu leihen, Lermontow oder irgendein Pro-sawerk, bis seine eigenen Bücher aus Meiningen zurückka-men. Eine Reproduktion von Wasnetzows Gemälde »Drei Ritter«, um die er Helene Woronin gebeten hatte, wartete auf ihn. Er wolle sie, wie er ihr schrieb, in einem einfachen Rahmen über einem kleinen Kästchen aufhängen, das er aus Moskau mitgebracht hatte, »aus Kästchen, Kreuzen, Bildern fügt sich so allmählich eine fromme russische Ecke in mei-nem Arbeitszimmer«.[16] Er nahm das einfache Leben in Schmargendorf wieder auf, half Lou bei der Zubereitung von Borschtsch oder seines Lieblingsgerichts aus russischer Grütze, wobei er nun einen blauen Bauernkittel russischen

Zuschnitts trug. Irgendwo hatte er gelesen, daß keiner Künstler sei, der nicht in vier Meilen Umkreis um seine Heimat Stoff genug für das ganze Leben findet; für ihn aber war Heimat nicht notwendigerweise der Geburtsort, und gerade die Suche nach der wahren Heimat mochte der Ursprung alles Großen in der Kunst sein – um sie »offen und festlich und wie wartend unsrer Wiederkehr« zu finden.[17] Das Gefühl der Heimkehr, das er in Rußland empfunden hatte, war nun die Quelle einer intensiven Schöpfertätigkeit. In weniger als zwei Monaten hatte er *Die Gebete* geschrieben, die später den ersten Teil des *Stunden-Buchs* bilden sollten, den *Cornet*, der später den Titel *Die Weise von Liebe und Tod des Cornets Christoph Rilke* erhielt; dazu noch *Das Buch vom lieben Gott und Anderes* – Werke, die ihm schließlich eine breitere Anerkennung einbringen sollten als alles bisher Erreichte und die für viele stets als der eigentliche Rilke gelten würden.

Die Gebete, der erste Entwurf des Buchs *Vom mönchischen Leben*, waren ein langes zyklisches Gedicht in der Stimme eines russischen Mönches nach dem Konzept, das Rilke auf seinen Reisen nach Italien und Rußland entwickelt hatte. Der Mönch beschwört, während er in seiner Zelle in demütiger Hingabe seine Ikonen malt, Gott als ein Mysterium, dessen Wesen in traditioneller Darstellung eher verborgen werden soll, nicht enthüllt, wie in der unverschämten Anmaßung der Künstler des Quattrocento; ein Gott der Dunkelheit byzantinischer Malerei, nicht des Lichts der italienischen Renaissance. Er betrachtet seine Arbeit – die Aufgabe des Künstlers, Dichters, ja der ganzen Menschheit – als das *Schaffen* Gottes, wie das geduldige und scheinbar unendliche Bauen eines Doms:

> Wir bauen an Dir mit zitternden Händen,
> und wir türmen Atom auf Atom.
> Aber wer kann Dich vollenden,
> Du Dom.[18]

Der Mönch sieht Gott nicht nur als den ursprünglichen Schöpfer, sondern auch als ein Geschöpf, das erst geschaffen werden muß. Diese unmögliche Antithese wird in tausend

Beschwörungen wiederholt: der »Nachbar Gott«, der in allen Dingen wohnt, bald ein erschrecktes Vögelchen, bald ein bärtiger Bauer, doch immer noch »reifend« wie ein Baum auf eine stets ferne Reife zu und immer noch im Geschaffenwerden durch den Künstler, ja, nur in ihm existierend:

> Was wirst Du tun, Gott, wenn ich sterbe?
> Ich bin Dein Krug, – wenn ich zerscherbe?
> Ich bin Dein Trank, – wenn ich verderbe?
> Bin Dein Gewand und Dein Gewerbe,
> mit mir verlierst Du Deinen Sinn.
> Nach mir hast Du kein Haus . . .
> Was wirst Du tun, Gott? Ich bin bange. . .[19]

Eine solch seltsame Verbindung eines Gottes, der in allen Dingen wohnt, mit Einem, der erst sein wird, eine Art geistiger Erbe der Künstler und Dichter, die kommen und helfen müssen, ihn zu schaffen, hat keinen Platz in einer orthodoxen Religion. E. M. Butler bemerkt zu Recht: »Rilkes scheinbar religiöser Mönch betete am Altar der Kunst und suchte einen Gott, den es nie gab.« Doch die Myriaden von Bildern, mystisch und konkret zugleich, in denen er diesen Widerspruch gestaltete, in Versen von jubelnden Rhythmen und einer Meisterschaft, die er nicht einmal in den *Christus-Visionen* erreicht hatte, besitzen einen so himmlischen Klang in ihrer Doppelsinnigkeit, daß zahllose Leser und Kritiker, unter ihnen nicht wenige Theologen, die Vorstellung ohne große Schwierigkeiten mit ihren orthodoxen Ansichten vereinbaren konnten. Viele der Gebete des Mönchs können ebensogut als Gebete an den Gott der Christen gelesen werden. Doch auch der Leser, der Rilkes Ablehnung des Christentums kennt, kann in den vielfältigen Bildern, in denen Gott dargestellt ist, immer noch die Bestätigung nahezu jeder Form von Deismus oder Theismus finden. Rilke glaubte in der Tat nicht an Gott, sondern an seine eigene Kraft, ihn zu schaffen. »Wenn er nicht mehr ist oder noch nicht ist, was macht es aus?« schrieb er später. »Es wird mein Gebet sein, das ihn schafft . . . Und wenn der

Gott, den es aus sich schafft, nicht dauert, um so besser: er wird von neuem geschaffen werden und nicht in der Ewigkeit verbraucht werden.«[20] Das war eine Vorstellung, die er bereits in Italien zu formulieren begonnen hatte und die sein Gefühl erklärt, Florenz sei eine Vorbereitung auf Moskau gewesen. Daher waren trotz der russischen Gewandung der *Gebete* seine kurze Erfahrung des Landes und seine Studien der Geschichte und Literatur nicht so sehr die Inspiration des Gedichts als seine Beschleunigung. Es kam mit Heftigkeit zu ihm während der stürmischen, herbstlichen Tage und Nächte im späten September und frühen Oktober, und es war Lou, die die *Gebete* als erste hörte.

In einer besonderen Nacht aber, als der Mond unbeständig durch windgejagte Wolkenfetzen glänzte, überkam ihn eine ganz andere Geschichte, angeregt durch einen Hinweis in einer alten Chronik (vielleicht auch noch durch die Erinnerung an eine vor einigen Jahren erschienene Erzählung Liliencrons). Die Chronik gehörte zu den Dokumenten, die bei den genealogischen Forschungen Jaroslavs zum Vorschein gekommen waren und die, wie Rainer sich nun erinnerte, in einer kurzen Bemerkung den Tod eines achtzehnjährigen Otto Rilke im Jahr 1664 während seines Einsatzes als Cornet im österreichischen Feldzug gegen die Türken in Ungarn verzeichneten. Dieser Rilke, der eigentlich Christoph hieß und nicht Otto, war der jüngste der drei Söhne des Herrn von Langenau in Sachsen – der Familie, die Rilkes Onkel vergeblich als Vorfahren in Anspruch nehmen wollte. In jener »einen Nacht« (so behauptete er später stets), »ohne auch nur ein einziges Wort durchzustreichen«[21], schrieb er in beschwingter lyrischer Prosa die romantische Geschichte vom Ritt des jungen Fähnrichs zu seiner ersten und letzten Erfahrung von Liebe und Krieg nieder – zur Liebesnacht in seinem Schloßquartier (»kein Gestern, kein Morgen; denn die Zeit ist eingestürzt. Und sie blühen aus ihren Trümmern«[22]) und dem heldenhaften Tod am Morgen, da er mit seiner brennenden Fahne fällt. »Was war ich jung!«[23] entsann er sich im Jahr 1924, als die leicht revidierte endgültige Fassung, der ein genaueres Zitat aus der Chronik voranstand, sich längst als ein populä-

rer Erfolg erwiesen hatte, der alles übertraf, was er je erträumt hatte.* Im Urteil derer, die Rilke an seinen größten
Werken messen, grenzt der *Cornet* an Kitsch; doch das Buch
verdient zumindest die Nachsicht, die er selbst ihm als dem
letzten Ausdruck seines jugendlichen Überschwangs stets
zugestand.

Anfang November begann er von neuem sein Tagebuch –
immer noch in der Form einer Gabe an Lou, nun aber unter
dem Eindruck der Wandlung in ihrer Beziehung. Das Zwiegespräch mit ihr wird zwar fortgesetzt, zuweilen werden
Gedanken weitergesponnen, die von ihren tatsächlichen Gesprächen angeregt sind, doch die Glut der Einträge in Venedig und Florenz ist erkaltet und einer schwermütigen Resignation gewichen. »In meinen guten Stunden allen werde ich
dein Lächeln wie eine Stadt nehmen, eine ferne Stadt, die
glänzt und lebt, – ich werde ein Wort von dir erkennen wie
eine Insel, auf welcher ... stehen ... stille und festliche
Bäume. Ich werde deinen Blick für einen Brunnen halten ...
ich werde wissen, daß alles das *ist*, daß man diese Stadt
betreten kann, daß ich diese Insel oft erblickt habe und genau
weiß, wann es am einsamsten ist am Rande des Brunnens;
aber wenn du mich fragst, wirst du mich zögern sehen: ich
weiß nicht bestimmt, ob der Wald, durch den wir gehen,
nicht nur meine Stimmung ist ...« Aus dem Tagebuch
spricht auch die Einfühlung, mit der ihn Lou in dieser Ent-
täuschtheit behandelte, denn sozusagen als Kontrapunkt erscheint eine neue Entschlossenheit, Erfüllung in der Arbeit
zu suchen. »Ich muß es lernen, auch meine Ermüdung, auch
meine *berechtigte* Ermüdung auszunützen ... Ein jeder Tag
soll und muß seinen Sinn haben, und erhalten soll er ihn nicht
vom Zufall, sondern von mir!« Seine Innenschau richtete
sich weniger und weniger auf sein Gefühl zu ihr, seine Verse
sind nicht länger ihre »Feier«. »Wenn Gott ein Gesetz gegeben hat, so lautet es: Sei einsam von Zeit zu Zeit. Denn er

* Von seinem Erscheinen als erster Band der *Insel-Bücherei* im Juli 1912 (». . . was
haben Sie diesen guten Christoph Rilke beritten gemacht!« schrieb Rilke an Kippenberg, nachdem in den ersten drei Wochen 8000 Exemplare verkauft worden waren,
»Wer hätte das gedacht!«) bis zu Rilkes Tod 1926 hatte er eine Verkaufszahl von über
300 000 erreicht, und 1962 überschritt er die Millionengrenze.

kann nur zu einem kommen oder zu zweien, die er nicht mehr unterscheiden kann.«²⁴ Die Eintragungen erhalten zunehmend den Charakter eines Tagebuchs, das versuchte oder vollendete Arbeiten verzeichnet, und eine Anzahl von Prosastücken sind tatsächlich hier zum erstenmal aufgeführt.

Vor allem eines hatte er wohl Lou zu verdanken. Der Gedanke an einen Roman, dem seine Erfahrung an der Militäroberschule zugrundeläge, hatte ihn seit langem beschäftigt, sie hatten öfters darüber gesprochen. Lou konnte am ehesten die Bedeutung ermessen, die ein solches Buch als Therapie für ein Trauma haben mochte, von dem er sich selbst nicht befreien konnte. Das mag auch das Thema gewesen sein, das er sich für den Roman vorgestellt hatte, den er Bonz früher versprochen hatte. Nun, in der Nacht des 5. November, spürte er einen plötzlichen Impuls, wenigstens einen Anfang zu machen. Im nüchternen Licht des Tages erschien dieser Plan im Vergleich zu anderen jedoch weniger dringlich, und er war sich auch nicht sicher, ob er das ungeheuerliche Verhalten von Jungen in der Masse auch wahrheitsgetreu gestalten könne. »Der einzelne ist ja eben – auch der verdorbenste – Kind, was aber aus der Gemeinsamkeit dieser Kinder sich ergibt, – das wäre der herrschende Eindruck –, eine schreckliche Gesamtheit, die wie ein fürchterliches Wesen wirkt.« Er schrieb trotzdem eine lebhafte Szene in sein Tagebuch, die auf einen tatsächlichen Vorfall in St. Pölten zurückging, der aus der Erinnerung nicht zu tilgen war. Es geht um die verzweifelte Anstrengung, die der Klassenletzte, der »blasse Mondsüchtige« Karl Gruber, in der Turnhalle unternimmt, als er unaufgefordert unter dem Beifall der verdutzten Mitschüler am Seil fast bis zur Decke klettert und dann jäh herunterrutscht, benommen auf dem Boden sitzt und schließlich lautlos zusammensackt; die Wirkung auf die Klasse, als man ihn bewußtlos hinausträgt und der Regimentsarzt erscheint; die unheimliche Spannung, bevor der Leutnant sie antreten läßt und brüsk den Tod Grubers mitteilt; die Mischung aus Erleichterung und Achtung, die sie empfinden, als man sie entläßt.²⁵ Daß Rilke zuweilen noch imstande war, seine jugendlichen Träume vom militärischen Ruhm wiederaufleben zu lassen, hatte er im *Cornet* bewiesen, in den schlaflosen Nachtstunden war es aber häufiger der Alptraum der militärischen Erziehung, der ihn bedrückte.

Einen Gegensatz zu dem Realismus dieser Skizze und dem Überschwang des *Cornet* stellt *Das Buch vom lieben Gott und Anderes* dar, das er kurz darauf schrieb und das leichtere und unbeschwertere Arbeiten enthält; aber auch sie besitzen autobiographische Züge in ihren Schauplätzen (Rußland, Venedig und Florenz, München) und in ihren kurzen Einblicken in einige seiner Erlebnisse (die düstere Zeit der Kindheit; eine ledige Mutter, die wiederum an Franziska zu Reventlow erinnert.) »An Große für Kinder erzählt« lautete bei der Veröffentlichung zu Weihnachten 1900 der Untertitel – er ist ein offenes Eingeständnis der Verlegenheit, die Rilke im Gespräch mit Kindern empfand, ein Charakterzug, den er nie verlor. »Das ist an sich nicht schlimm. Aber die Kinder könnten meine Verwirrung dahin deuten, daß ich mich lügen fühle . . . Und da mir sehr viel an der Wahrhaftigkeit meiner Geschichte liegt – Sie können es den Kindern ja wiedererzählen. . .«[26] Der Gott, der hier dargestellt wird, ist eine zuweilen wunderliche Version des Wesens, das »noch nicht ist«, des »unvollendeten Gottes«, den er in Rußland begriffen hatte; ein Gott, der vielleicht allwissend, nicht aber allsehend ist, der seinen Händen die Aufgabe der Schaffung des Menschen anvertraut hatte, dann aber das Ergebnis nicht sehen konnte; der erschrickt, wenn er sich selbst in Michelangelos Marmorblock findet, der aber in Freude und unendliches Entzücken zurückversetzt wird durch das Wissen, daß er auch in dem Bildhauer ist, und daß sie beide in einem Vorgang gegenseitiger Schöpfung am Werk sind.

Obwohl ihn dieser Ausbruch von schöpferischer Fruchtbarkeit stark beanspruchte, hatte er Zeit zu einem ermunternden Brief an Franziska zu Reventlow in ihrem neuen Schwabinger Heim gefunden und Ernst von Wolzogen gebeten, einen Verleger für ihre Übersetzungen zu besorgen. »Ich bleibe den ganzen Winter hier«, teilte er ihr mit, »über jenen Arbeiten, welche, durch meine russische Reise angeregt, mich sehr beschäftigen. Ich lese schon ziemlich leicht russisch und freu mich des Fortschrittes, den jeder Tag bedeutet.«²⁷ Als die *Geschichten vom lieben Gott* abgeschlossen waren, wurden seine Sprachstudien intensiver; bald war er imstande, sich durch Dostojewskijs Roman *Arme Leute* durchzuarbeiten. Pläne für eine zweite, längere Reise mit Lou in Rußland waren in Vorbereitung. Er schrieb sich an der Universität in der russischen Abteilung ein, entschlossen, die Vorlesungen regelmäßig zu besuchen. »Es war ja so notwendig, daß ich bei meinen ausgebreiteten Interessen mich endlich konzentriere«, schrieb er am Tag nach seinem vierundzwanzigsten Geburtstag an Phia, »und nun ich mal Rußland gewählt habe, muß ich auch dabei beharren, – nicht wahr?«²⁸ Zwei bis drei Stunden täglich wurden Turgenjew in der Originalsprache gewidmet und drei bis vier Stunden galten französischen Werken über Rußland, darunter de Vogüés Abhandlung über den russischen Roman, »ein feines Buch«, aus dem er sich zahlreiche Notizen machte.

Diese Beschäftigungen hielten ihn jedoch nicht davon ab, sich den mehr praktischen Angelegenheiten des Veröffentlichens zu widmen, da ein Nebenverdienst für ihn immer noch unerläßlich war. Bonz hatte er an Stelle des noch ungeschriebenen Romans im Juli eine Auswahl seiner Novellen geschickt und erklärt, er werde nach Erhalt einer Unterstützung, die ihm eine Prager Stiftung auf Fürsprache Professor Sauers gewährt habe, seinen nächsten Gedichtband anderswo unterbringen, »da Sie ja im vorigen Jahr sich darüber geäußert haben, Gedichte für die nächste Zeit nicht zu verlegen. Auch würde die Ausstattung – (jedes einzelne Blatt ist mit H. Vogelers Zeichnungen geschmückt) – nicht in Ihren Intentionen sein«.²⁹ *Mir zur Feier* – jenes »erste, ernste, feierliche Buch«, wie er es George gegenüber beschrieben hatte – erschien demzufolge zu Weihnachten 1899 bei dem Berliner Verlag G. H. Meyer. Wir wissen nicht, wie Bonz reagierte, doch er war einer Veröffentlichung einer weiteren Reihe von Erzählungen abgeneigt und gab sich schließlich mit einem Versprechen Rilkes zufrieden, ihm erste Option auf jedes künftige längere Werk einzuräumen – eine Verpflichtung, die dem Dichter später viel Ärger bereiten sollte.

Wie zuvor stand Rilke mit einer breiten Vielzahl von Zeitschriften in Wien, München, Berlin und Prag in Verbindung, die von Zeit zu Zeit Geschichten von ihm abdruckten und seiner finanziellen Lage dadurch willkommene Erleichterung verschafften. Ein neues Unternehmen zog nunmehr jedoch seine Aufmerksamkeit auf sich, *Die Insel*, eine bibliophile Monatsschrift, deren erste Nummer im Oktober herauskam. Finanziert von dem wohlhabenden Ästheten Alfred Walter Heymel, der sie zusammen mit dem Dichter Rudolf Alexander Schröder und dem Schriftsteller Otto Julius Bierbaum herausgab, erschien sie als eben das Gefährt, das er selbst einst hatte in Bewegung setzen wollen. Das Ziel dieser Zeitschrift war nämlich, »einen Sammelpunkt für die künstlerisch wertvollsten Produktionen moderner einheimischer und zum Teil auch ausländischer Literatur zu bilden« und »an der neuen Bewegung in den angewandten bildenden Künsten« teilzunehmen, indem man in Ausstattung, Druckbild und Papierqualität einen Rahmen bieten wolle, der nur des Besten würdig sei.[30] Heymel und Schröder waren Vettern, wenige Jahre jünger als Rilke, sie waren als junge Männer von Bremen nach München gegangen; Bierbaum war dreizehn Jahre älter und brachte seine journalistische Erfahrung mit; für die Gestaltung gewann Schröder Vogeler, dessen Stil ihrer Vorstellung vollkommen entsprach. Bierbaum war im Dezember von dem Gedicht »Die Drei Könige«, das Rilke als erstes einsandte, hochbegeistert: »eine ganz außerordentliche Freude . . . ein entzückendes Gedicht . . . Wir hoffen, daß Herr Vogeler ein Blatt dazu zeichnen wird.«[31] Der Künstler schuf schließlich die Ausstattung für alle drei Nummern des zweiten Quartals vom Januar bis zum März 1900. »Die Drei Könige« wurden in der Märzausgabe abgedruckt.

Das editorische Triumvirat hielt nicht lange zusammen, Schröder und Heymel überließen Bierbaum die Alleinverantwortung für den dritten Jahrgang, bevor sie die Zeitschrift aufgaben. In der Zwischenzeit verfolgten sie jedoch einen noch ehrgeizigeren Plan, die Gründung ihres eigenen Verlages unter dem Signet des Segelschiffes der »Insel«. Er wurde bereits im Sommer 1899 Wirklichkeit, anfangs unter der Ägide der Verleger der Zeitschrift, Schuster und Loeffler in Berlin und Leipzig, 1901 aber schon als unabhängiges Haus mit Sitz in Leipzig. Eine der ersten Veröffentlichungen war eine Ausgabe der Gedichte Vogelers *Dir* im Faksimile seiner eigenen Handschrift, von ihm selbst illustriert; ein handkoloriertes Exemplar widmete er seinem Freund Rilke. Die »uferlose Romantik« der Zeichnungen Vogelers in diesen Jahren des Jugendstils – »ein schöner Vorhang, der die Wirklichkeit verhüllte«, gestand er selbst ein[32] – übte damals auf Rilke, wie erwähnt, eine große Anziehung aus. Und in dem erstehenden Insel Verlag mit seinen anspruchsvollen Prinzipien künstlerischer Produktion erkannte er sogleich die Einstellung, die seinem eigenen Werk angemessener war als die eher kommerzielle Haltung von Bonz und Meyer. Als die *Geschichten vom lieben Gott* von Bierbaum und Heymel sofort angenommen wurden, war er begeistert; ihr Erscheinen im Dezember 1900 bei der Insel war ein Ereignis von großer Bedeutung in seinem Werdegang.

Die Weihnachtstage 1899 verbrachte er in Prag und kehrte dann über Breslau zurück, um Richard Muther, dem seit langem bewunderten Professor der Kunstgeschichte, einen Besuch abzustatten; er versprach ihm einen Aufsatz über russische Kunst für die Wiener Zeitschrift *Die Zeit*, deren künstlerischer Herausgeber Muther war. Im ruhigen Gleichlauf von Schmargendorf, den er nun im neuen Jahr wieder aufnahm, konzentrierte er sich mehr und mehr auf Vorbereitungen für die bevorstehende Rußlandreise. Im Begleitbrief zu einem Exemplar seines Gedichtbandes schrieb er im Februar an Leonid Pasternak, das Land sei für ihn mehr gewesen als nur ein flüchtiges Erlebnis, seit August habe er sich nahezu ausschließlich dem Studium der russischen Geschichte, Kunst und Kultur und nicht zuletzt der »schönen, unvergleichlichen Sprache« gewidmet. »Was für eine Freude . . . Lermontowsche Verse oder Tolstojs Prosa im Original zu lesen!« Er sehne sich ungeheuer nach Moskau und wolle, wenn alles gut ginge, bis April dort sein, diesmal für einen längeren Aufenthalt »als ein Eingeweihter« im Kreis Pasternaks. Er habe vor, viel mehr über Rußland zu schreiben, sobald er sich noch tiefer in den Gegenstand versenkt habe. Die Krim und Kiew würden, wie er hoffte, Stationen auf seiner Reise sein. »Ich fühle mich angesichts dieser Zukunft wie ein Kind vor Weihnachten.«[33] Sophia

Nikolajewna Schill, eine russische Schriftstellerin, die er durch Lou zur Jahreswende in Berlin kennengelernt hatte, sandte ihm nach ihrer Heimkehr eine Anzahl von Büchern; eines davon, die Gedichte des Bauerndichters S. D. Drožžin, weckte in ihm eine Begeisterung, die sie überraschte. Er übersetzte einige dieser Gedichte »voll Musik . . . und voll Tanz« sofort,[34] veröffentlichte zwei davon in Prag und bestürmte Sophia, für ihn und Lou während ihres Aufenthaltes einen Besuch bei Drožžin zu vereinbaren. Er sehne sich danach, so schrieb er ihr, selbst russische Verse dichten zu können. In der Zwischenzeit erbat er Exemplare von Tschechows *Die Möwe* und *Onkel Wanja* für einen Verleger in München, da er ihre Aufführung in Übersetzung in Deutschland erhoffte; seine Übersetzung von *Die Möwe* (die nicht erhalten ist) hatte er Ende März fertig.

Der übliche Besuch bei seiner Mutter in Arco kam in diesem Jahr natürlich nicht in Frage. Sie hörte, daß er »wie ein Tagelöhner« arbeite, in zwei Tagen 170 Seiten schreibe und sogar auf die Premiere von Ibsens dramatischem Epilog *Wenn wir Toten erwachen* verzichten müsse.[35] »Über Hals und Kopf« in die Vorbereitungen für die Rußlandreise verstrickt, wie er an Franziska zu Reventlow schrieb, bedauere er nur, daß er in vier Jahren zum erstenmal keine Frühjahrsreise an den Gardasee mache, noch dazu, wenn sie mit ihrem kleinen Rolf dorthin fahren wolle. Seine Bemühungen würden hoffentlich in einer Sammlung von Monographien russischer Maler, deren Werk er studiere, Frucht tragen. Dies halte er »für künstlerisches Schaffen überhaupt bezeichnend und allgemein menschlich wertvoll«, denn »von russischen Künstlern sprechen, heißt wirklich von selten tiefen Menschen (und schlichten Menschen) erzählen«.[36] »Russische Kunst«, der Essay, den er Muther versprochen hatte und der auf den allgemeinen Eindrücken seiner ersten Reise beruhte, wenngleich er sich auch ausführlich mit dem Werk Wasnetzows beschäftigte, war bereits fertig, und er wollte mehr sehen. Ebenso wie der Gott des russischen Volkes »unvollendet« war, so war seine Kunst noch im Werden, und er fühlte, daß beide sich Seite an Seite in einer dauernden Wechselwirkung entfalten würden.

Die Erregung des russischen Ostern war vorüber, als er mit Lou am 9. Mai 1900 in Moskau eintraf. Als sie aus ihren Zimmern zum Kreml schauten, wo ein Fenster die untergehende Sonne »wie eine heilige Lampe« zurückwarf, fühlten sie in der Stadt eine Stimmung »wie ein Ausgleich zwischen Gebet und Freude«, während die Farben der Stadt zu »einem Ausdruck von breitem, himmlischen Glück« verschmolzen.[37] »Schillchen« war eine willige Führerin, am nächsten Tag brachte sie sie zum historischen Museum, später, einem langgehegten Wunsch entsprechend, zu wiederholten Besuchen in die Tretjakowsche Kunstgalerie. Sie erinnerte sich, was für ein auffallendes Paar die beiden waren, als sie die Alleen und Nebenstraßen der Stadt erforschten, Hand in Hand wie eifrige Kinder, achtlos neugierigen Blicken und Lächeln gegenüber: Lous »große, ein wenig schwere Gestalt, in einem selbstgenähten Reformkleid«, Rainer mit dem »Teint eines jungen Mädchens«, doch mit einem »hellblonden Ziegenbärtchen«, das ihm sehr gut stand, schlank, »mittelgroß, in einer Joppe mit unzähligen Taschen und einem echten Tiroler Hut«. Sie machten des öfteren eine Pause, um in den kleinen Gaststätten, die von Kutschern und Dienstmännern besucht wurden, Tee zu trinken; sie hörten ihren Gesprächen zu und redeten mit. Rainer war beeindruckt von der offenen Freundlichkeit, die ihnen entgegenschlug, wohin sie auch gingen. Sophia hatte Empfehlungsbriefe für sie an die Schriftsteller, die sie kannte, doch sie schienen ihr eher nach dem echten Antlitz Rußlands zu suchen; je weiter von der Literatur und von Europa entfernt, desto besser.[38]

Jeder Tag wurde voll ausgenutzt, und man kehrte nur zum Schlafen in die Unterkunft zurück. Rainer fühlte sich selbst »unbeschreiblich zuhause«, da er nun die Sprache so gut beherrschte. Pasternak, der ihn ganz als jungen russischen Intellektuellen sah, machte von ihm zwei Bleistiftzeichnungen, nach denen er nach dem Tod des Dichters das Ölbild »Rilke in Moskau« malte. Auf seine Anregung hin machte der berühmte Schriftsteller und Kunstsammler Pawel Davidovič Ettinger, der die meisten führenden Künstler persönlich kannte, Rilke am 15. Mai einen Besuch. Rilkes »blasses, längliches Gesicht mit vollem sinnlichen Mund«, das »reiche, aschblonde Haar« und »die wasserblauen Augen« sollten ihm noch lange in Erinnerung bleiben. Ettinger wie Pasternak sorgten während Rilkes dreiwöchigem Aufenthalt in Moskau dafür, daß er möglichst viele der damaligen Künstler kennenlernte. Besonders Ettinger erwies sich später als hilfreich, indem er ihm Bücher und Reproduktionen sandte, die er für seine Arbeit brauchte.[39]

»Dank der ausgezeichneten Verbindungen, die ich anknüpfen durfte, stehen mir alle Kreise offen«, schrieb er an seine Mutter.[40] Es gab Abende mit Fortbildungskursen für Arbeiter, bei denen Sophia Schill Vorträge hielt, nach denen sie mit den daran teilnehmenden Webern und Druckern Tee trinken konnten. Außerdem erfolgte eine Einladung von Prinz Schachowskoj zu einer Besichtigung der Rüst- und Schatzkammern des Kreml und ein Besuch in Begleitung eines Priesters im Kloster Tschudow. Sie machten einen weiteren Besuch auf Abramtsevo, dem Gut in der Nähe von Moskau, das nun ein Mittelpunkt russischen künstlerischen Lebens war, »eine Art russisches Worpswede«, wie er an Phia schrieb;[41] und sie sahen die außerordentliche »Klosterstadt« von Sergei Troitzky, mit ihren Festungsmauern, zwanzig Kirchen und Kathedralen, dazwischen Buden wie auf einem Jahrmarkt, eine seltsame Mischung von Heiligkeit und Weltlichkeit.[42]

Das Monatsende sollte den Höhepunkt ihrer Reise bringen: eine 4000 Kilometer lange Fahrt durch den Süden und Osten des europäischen Rußland, zuerst in die Ukraine, mit einem vierzehntägigen Pfingstaufenthalt in der »heiligen Stadt« Kiew, von da aus den Dnjepr hinunter nach Krementschug, anschließend über Charkow und Woronesch zur Wolga bei Saratow, wo sie ein Schiff stromaufwärts nach Jaroslawl nehmen und dann mit der Bahn nach Moskau zurückkehren wollten. Für Lou wie für Rainer sollte es eine Entdeckungsreise in das unbekannte Herzland sein. Ein Besuch bei Tolstoj, den sie diesmal in Moskau nur kurz sehen konnten, schien eine mögliche Unterbrechung, da sie in der Nähe seines Landsitzes Jásnaja Poljána vorbeifahren würden. Bis zu ihrer Abreise am 31. Mai wußten sie jedoch nicht, ob er dorthin zurückgekehrt war. Durch Zufall nahm Leonid Pasternak, der mit seiner Fa-

milie nach Odessa reiste, denselben Zug (für den damals zehnjährigen Boris blieb in der Erinnerung an diese einzige Begegnung mit dem Dichter, dessen Werk er so bewunderte, der
Eindruck von einem Mann, der Deutsch mit einem ungewöhnlichen Akzent sprach und von einer großen Dame begleitet wurde, »wohl seine Mutter oder seine ältere Schwester«).[43] Ein Freund der Tolstojs, der auch mit diesem Zug
fuhr, äußerte, nachdem ihn Pasternak vorgestellt hatte, die
Vermutung, daß der Graf tatsächlich zur Zeit auf Jásnaja sei.
Nach einer Übernachtung in Tula fuhren sie also teils mit dem
Personenzug, teils mit dem Güterzug und schließlich mit einer gemieteten Troika dorthin.

Ihre Ankunft kam offensichtlich höchst ungelegen, da die
Familie eben erst aus Moskau eingetroffen war und sich die
Spannung zwischen dem Grafen und seiner Frau zunehmend
verschärfte. Der alte Mann, der Rainer »kleiner geworden,
gebeugter, weißer« vorkam, immer aber noch den scharfen
und gütigen Blick hatte, war verstört und wollte sie später
empfangen. Sie tranken Kaffee im großen Speisesaal im
ersten Stock, umgeben von den Ahnenbildern, machten
dann in Begleitung des ältesten Sohnes eine Wanderung
durch den Park und in die große Birkenallee. Bei ihrer
Rückkehr fanden sie die Gräfin in ungastlicher Stimmung
vor, sie sortierte gereizt Bücher und behauptete, ihr Gatte sei
unpäßlich. Türen wurden zugeschlagen, Streitworte und
Weinen waren aus einem anstoßenden Zimmer zu vernehmen, dazwischen die beschwichtigende Stimme Tolstojs; er
kam in den Raum, ging wieder hinaus, schließlich erschien er
und schlug einen weiteren Spaziergang durch den Park vor,
während die Familie zu Mittag aß, ein Mahl, das für sie unter den Umständen wohl zu einem zweifelhaften Vergnügen
geworden wäre und das auch er anscheinend gerne versäumte. Diesmal konnten sie ihrem Gastgeber ihre ganze
Aufmerksamkeit widmen, hörten ihm gespannt zu, als er
durch den Wind stapfte und sich zuweilen bückte, um große
Büschel aus dem Teppich von Vergißmeinnicht zu pflücken,
die er dann mit einer schwungvollen Bewegung, als hasche er
nach Schmetterlingen, an sein Gesicht preßte und wieder
fallen ließ. Am Haus nahmen sie Abschied von ihm, »in dem

Gefühl kindlichen Dankes«, wie Rainer an Sophia Schill schrieb, machten sich »reich von Geschenken seines Wesens« auf den Weg zur nächsten Station und kehrten am Abend nach Tula zurück.[44]

Lou hatte später das Gefühl, die Begegnung auf dieser zweiten Reise sei wie das Tor zu Land und Volk gewesen. Für Rainer hatte das Tolstoj-Erlebnis zwei Seiten. Zum einen sah er den Autor inmitten der sanft hügeligen Landschaft in seiner Vorstellung von ihm als dem wahren, dem »ewigen Russen«; gleichzeitig schloß Tolstojs verhältnismäßig hohes Alter jede echte Verständigung zwischen ihnen aus (in späteren Jahren konnte sich Tolstoj an ihre Begegnung nicht einmal mehr erinnern). Rainers zögerndes Eingeständnis, daß er Dichter sei, hatte ihn einer beinahe gewalttätigen Tirade gegen jegliche Kunst ausgesetzt; doch trotz der überwältigenden Persönlichkeit des Patriarchen konnte er in ihm den Widerstreit von Kunst und Leben spüren; Tolstoj erlag der Versuchung, seiner Kunst, dem »Herz-Werk«, für das er geschaffen war, abzuschwören zugunsten des wirklichen Lebens, des »Hand-Werks«, in dem er ein unsicherer Dilettant war und das ihm in Rilkes Augen Enttäuschung und ungeheure Einsamkeit eingetragen hatte.[45]

Die ersten Eindrücke von Kiew, wo sie am Spätnachmittag des 3. Juni nach einer heißen und unbequemen Fahrt ankamen, waren enttäuschend. Ihre Lektüre hatte sie eine Stadt mit echt russischem Charakter erwarten lassen, die alte Hauptstadt, in der die Heiligen Olga und Wladimir zuerst das Banner des Christentums aufgepflanzt hatten. Nun sah es völlig modern aus und hatte einen internationalen Anstrich, der Jahrhunderten polnischen und westlichen Einflusses zuzuzuschreiben war. »Von alledem versuche ich so wenig als möglich zu bemerken«, schrieb Rainer an die Mutter, »und wende den alten Kirchen und Kathedralen, in denen es alte Bilder und kostbare Reliquien gibt, alle Aufmerksamkeit zu.«[46] Erst in der Wladimirkathedrale, dem Widubietzki-Kloster und in der Kirche der Heiligen Sophia entdeckte er das eigentliche Wesen Rußlands wieder, das er bei seinem ersten Besuch schon flüchtig gefühlt hatte. Mit einer brennenden Kerze wanderte er durch die niedrigen engen Gänge der Pecharskaja-Katakomben, vorbei an den Zellen, wo die heiligen Mönche aus dem vorigen Jahrtausend in kostbaren Damastgewändern einbalsamiert in offenen Silbersärgen lagen, und wie zu Ostern in Moskau war er wieder von der glühenden Hingabe der Scharen von Pfingstpilgern überwältigt, die aus allen Winkeln Rußlands kamen. Lou, die alles etwas nüchterner ansah, war über die abstoßende Gier und geistige Beschränktheit der damaligen Mönche und das ganze, auf Macht ausgerichtete kirchliche System mit seinem zähen Festhalten am Bildungsmonopol eher bestürzt. Es mochte zwar gefährlich sein, die Leute aus diesem Würgegriff zu entlassen, doch schien ihr dessen Fortdauer noch gefährlicher.[47]

Sie fanden Unterkunft in einem hübschen kleinen Hotel und bezogen Zimmer, von deren Balkonen man auf die Gärten am Ufer des Dnjepr sah. Das Wetter war schwül, mit gelegentlichen Stürmen, und die Möglichkeit eines Bades im Fluß kam sehr erwünscht. Zwischen Besuchen in den Kirchen und Klöstern durchstreiften sie den Podol-Markt und hielten sich auch oft in den benachbarten Gärten auf. Am Sonntag nach Pfingsten bestiegen sie nach einem letzten Besuch auf dem Markt den Dampfer »Moguchy« (»Der Mächtige«) zur Fahrt flußabwärts nach Krementschug, das Lou trostlos erschien, und dann nach Kresl. Von dort ging es mit dem Zug nach Poltava, wo sie zwei Tage verbrachten, einen Ausflug zum nahegelegenen Korbonovka unternahmen und eine Bauernkate besuchten, wie sie für Kleinrußland typisch war.[48]

Am 21. Juni begann die lange Bahnfahrt hinüber nach Saratow, dritter Klasse über Charkow nach Woronesch, am zweiten Tag dann aber in bequemen Abteilen. In Saratow hatten sie zwei Tage Aufenthalt vor der Ankunft der »Alexander Newsky«, die sie wolgaaufwärts bringen sollte. Sie erforschten die Stadt und das Kosakengebiet auf deren östlichen Abhängen; Lou war mittlerweile etwas erschöpft und ruhte sich am zweiten Tag aus, während Rainer das Nationalmuseum besichtigte. Mit der gewöhnlichen Verspätung legte das Dampfschiff am 25. Juni um ein Uhr nachts ab. Während der sechsunddreißigstündigen Fahrt vorbei an Jekaterinburg mit seiner deutschen Kolonie, Khralynsk und Syzran nach Samara schliefen sie nur wenig, so heiter war das Wetter und so gewaltig ihre Erregung über die Reise auf der weiten Fläche des großen Flusses. Eine sanfte angenehme Landschaft, ohne Melancholie, wie Lou bemerkte, ganz das Gegenteil zum pittoresken Rheintal, mit Kirchen, die fest in einer wahren Heimat wurzelten.[49] Für Rainer war es eine völlig ungewohnte Erfahrung, Land, Wasser und Himmel in neuen Dimensionen zu sehen, die gesamte Schöpfung in der Größenordnung Gottvaters. Während der langen Unterbrechung in Samara gingen sie einkaufen und genossen *kumiss* mit Preiselbeeren, die sie bei einem Tataren kauften. Die schönste Strecke lag noch vor ihnen, die weite Biegung des Flusses nach Stavropol; trotz zunehmender Bewölkung blieben sie bis Mitternacht an Deck. Als sie am Morgen des 27. Juni Simbirsk (Uljanowsk) erreichten, regnete es, doch das Wetter klärte sich langsam auf, als sie nach Kazan weiterfuhren. Von dort brachte sie ein Schnelldampfer, die »Großfürstin Olga Nikolajewna«, am 30. Juni nach Nischni-Nowgorod (Gorkij), anschließend fuhren sie die nun schmälere Wolga mit der »Prinz Michael Twerskoj« nach Jaroslawl, wo sie am 2. Juli eintrafen.

Sie waren entschlossen, vor ihrer Rückkehr nach Moskau das Leben des einfachen Volkes näher kennenzulernen. In dem Nachbardorf Kresta Bogorodskoje fanden sie eine Isba, ein Bauernhäuschen, das eben erst von einem jungvermählten Paar errichtet worden war, das sich um Lohn verdingen mußte und über die vorübergehenden Mieter nur allzuglücklich war. Es gab eine eingebaute Bank und einen Samowar; ein Strohsack wurde eilends gefüllt (breit genug für zwei, sagte der Nachbar – doch wurde im anschließenden Stall ein weiterer für Rainer hergerichtet). Einige Tage lang konnten sie das einfache Leben und die kargen Mahlzeiten der freundlichen Dorfleute teilen, über die blühenden Wiesen wandern und ihren Tee im Morgendämmern vor der Haustür trinken – ein Idyll des einfachen Lebens, dessen grimmigere Wirklichkeit ihnen freilich entging. Für Lou symbolisierte das kurze Zwischenspiel die Freude über das Wiedersehen mit der alten Heimat, und Rainer, so schien es ihr, fand hier den wahren Wesenskern der Frömmigkeit des russischen Volkes, inmitten eines Lebens in tiefster Armut, ja Elend, den Glauben dieser Menschen an die Fürsorge dessen, den sie »Gott« nannten. Der Widerhall dieses Glaubens war zu ihm in Versfragmenten in Poltáva und Saratow oder auf der Wolga bei Kazan gekommen und ging in die Fortsetzung der *Gebete* ein, die er nach seiner Rückkehr begann.

In Jaroslawl, wo sie den 5. Juli verbrachten, bevor sie mit dem Zug nach Moskau zurückfuhren, sahen sie die Familienkirche der Schachowskojs, in der drei Vorfahren des Fürsten in juwelenbesetzten Särgen von der örtlichen Bevölkerung als Heilige verehrt wurden. Schachowskoj war einer der wenigen unter ihren neuen Freunden, der Moskau nicht für den Sommer verlassen hatte; er führte sie während der folgenden beiden Wochen häufig durch die Museen. Der Plan einer weiteren ausgedehnten Reise, diesmal mit der Uralbahn bis nach Tscheliabinsk, mußte aus Geldmangel aufgegeben werden. Sophia Schill konnte aber ihren Wunsch nach einer weiteren Erfahrung dörflichen Lebens erfüllen, indem sie einen Besuch bei Drožžin in dessen Heim in Nisowka an der oberen Wolga organisierte. Der Bauerndichter, der nun über fünfzig war und sich – in der Art des frühen Robert Burns – in St. Petersburg einen gewissen Namen gemacht hatte, war vor etlichen Jahren in sein Dorf zurückgekehrt; dort war er nun der angesehene Gemeindevorstand, der im Sommer auf dem Feld arbeitete und im Winter schrieb. Beeindruckt von Sophias Schilderung der vornehmen Besucher aus Deutschland, seines Übersetzers und der »berühmten Schriftstellerin«, tat er alles, um ihnen einen angemessenen Empfang zu bereiten und stellte ihnen in einer Nachbarhütte, die er sich eben als Arbeitsraum eingerichtet hatte, eine entsprechende Unterkunft zur Verfügung. Bei der Ankunft wurde den Gästen Tee serviert, und »Rainer Ossipowitsch« verehrte dem Gastgeber ein Exemplar seiner Übersetzungen; zusammen mit »Luise Gustawowna« führte man ihn anschließend über die Felder zur Wolga. Als sie zurückkehrten, las nach dem Abendessen Spiridon Dimitrijewitsch aus seinen Gedichten.

Drožžin war höchst überrascht, als er am folgenden Morgen entdeckte, daß sie vor Morgengrauen und noch vor ihm aufgestanden waren, um barfuß durch den Tau über die Wiesen am Fluß zu wandern – »sie meinten, wie sie mir später erklärten, das wäre gesund«, doch er war skeptisch, und tags darauf zog er selbst bei Sonnenaufgang seine Stiefel an, um sie auf ihrem Morgenspaziergang zu begleiten.[50] Der einfache Dichter, der dem Land noch so verwachsen war, war in Rainers Augen der Inbegriff Rußlands und des russischen Volkes: »Mit diesen Tagen tun wir einen großen Schritt auf das Herz Rußlands zu, nach dessen Schlägen wir schon lange hinhorchen im Gefühl, daß dort die richtigen Taktmaße sind auch für unser Leben«, schrieb er an Sophia Schill.[51] Nikolaj Alexejewitch Tolstoj, ein benachbarter Gutsbesitzer, schickte seinen Wagen, um sie für einen Tag auf sein Gut in Nowinki zu bringen. Das erlaubte einen Blick in das Leben des Landedelmanns, dessen Familie ebenso fromm war wie die Bauern, worin Lou eine unerwartete und erfreuliche Ergänzung zu den Eindrücken ihrer Reise sah. Es war aber doch das Dorfleben, hier und wo immer sie sich aufgehalten hatten, das sie am meisten anregte: »Die Menschen schweigen und beten viel, und der Alltag wird in ihnen nicht fortwährend laut und vehement . . . Es ist einer der Gründe, warum diese Menschen Tiefe haben und keiner Bildung zu bedürfen scheinen.«[52] »Ich . . . wünschte, für immer hier bleiben zu können«, schrieb sie in Drožžins Gästebuch, nachdem Rainer auf russisch einen kurzen Lebensabriß eingetragen und zum Ausdruck gebracht hatte, um wieviel tiefer sein Verständnis und seine Liebe für die Gedichte des Gastgebers nun seien, da er den Ort ihrer Eingebung kenne.[53]

Nach ihrer Abreise am 24. Juli verbrachten sie zwei Tage in der alten Hansestadt Nowgorod Veliki und fuhren dann nach St. Petersburg weiter. Es war das eigentliche Ende ihrer gemeinsamen Fahrt, da Lou nach Rongas in Finnland weiterreiste, wo sie ihren ältesten Bruder und dessen Familie traf, während Rainer nahezu einen Monat allein blieb, bis für beide die Zeit ihrer Rückreise nach Berlin gekommen war. Er warf sich sofort aufs Studieren, verbrachte lange Stunden in der Kaiserlichen Bibliothek, wo er sich in die Geschichte des alten Moskau vertiefte und wiederum Werke über Kunstgeschichte las. Bald jedoch entdeckte er seinen Mangel an

Begabung für systematische Arbeit, als er so vielen hundert-
tausend Büchern ohne Anleitung gegenüberstand und vergeblich auf einen Augenblick der Erkenntnis wartete, in dem
»man den Geist aller empfangen und empfinden kann, samt
allen Widersprüchen und abgewendeten Weisheiten.«[54] In
seinem Dankesbrief an Drožžin sprach er begeistert von
seinen Entdeckungen. Sein Gefühl, aus Büchern nicht recht
lernen zu können, sollte jedoch häufig wiederkehren. Auch
die Abwesenheit Lous machte ihm zu schaffen. Etwa eine
Woche lang ließ sie ihm keine Nachricht zukommen, er
fühlte sich »namenlos bange« bei der plötzlichen Leere, bei
dem Verlust der angenehmen Gesellschaft, an die er sich
gewöhnt hatte, ihm fehlte diese wesentliche Stütze seiner Existenz. Die Stadt, die sie beide im vergangenen Jahr genossen
hatten, nahm ein deprimierendes, »fast feindliches« Gesicht
an, wie er ihr in einem Brief schrieb, dessen Ton sie an die
»vor-Wolfratshausensche« Zeit erinnerte. Er bereute diesen
für sie so unerwarteten Ausbruch des Elends sehr, als ihre
Antwort eintraf, in der sie ihm den glücklichen Sommer mit
ihren Neffen und Nichten in den finnischen Birkenwäldern
schilderte; er wartete nun noch ungeduldiger auf ihre Rückkehr. Wohin er sich im Getriebe der Stadt auch wandte, alles
war von dem Gedanken »wenn Du kommst« beherrscht, und
wenn er von seinem Lieblingsplatz an der Newa hinübersah
zur Isaak-Kathedrale, gewann er frischen Trost aus der Gewißheit, daß dieser Augenblick nicht ferne war.[55]

Ein neuer Freund war nun Aleksandr Benois, der Künstler, Kunstkritiker und Bühnenbildner. Rainer genoß einen
Abend in seinem Landhaus, wo er durch den großen Park
wanderte, in dem »die kleinen holländischen Schlösser Peters
des Großen« standen und »lange Alleen lichtsteigender Fon-
tänen bis an das ganz stille Meer führen«.[56] Benois schrieb
eine Geschichte der russischen Kunst des 19. Jahrhunderts
aus moderner Sicht, wie es Muther für die deutsche Kunst
getan hatte, und Rainer begann deren Übersetzung zu planen. Er traf Sergej Diaghilew, den Herausgeber der Zeitschrift *Mir iskusstva* (»Die Welt der Kunst«), zu der Benois
beitrug, und besprach mit ihm die Möglichkeit einer russischen Kunstausstellung in Berlin. Mehr und mehr fühlte er

sich in St. Petersburg wie ein »Einheimischer«, wie es an seine Mutter hieß, und erwog ernstlich Benois' Vorschlag, für immer als Korrespondent für eine russische Kunstzeitschrift hierher zu ziehen.[57]

Dieser Gedanke einer »Russifizierung« seines Lebens dauerte freilich nicht an, war aber doch ein weiterer Widerhall dessen, was Lou in seinen Briefen nach Finnland überrascht und beunruhigt hatte – Anzeichen, wie es ihr schien, eines Rückfalls in jene »vor-Wolfratshausenschen Überschwenglichkeiten«, deren Überwindung sie sich von ihrer Beziehung erhofft hatte. Das beunruhigte sie nun umso mehr, als ihr die Wiederentdeckung ihrer Heimat neue Kraft verliehen und den Wunsch erweckt hatte, das von ihr gewählte Leben weiterhin zu führen, während er nach derselben Erfahrung »in allen Tiefen aufgerissen« schien. »Nie wurde mir bewußter, aus welchen Urtiefen erst *Deine* Ausreifung würde stattfinden können.« Ihre Wege mußten sich trennen, davon war sie überzeugt – er mußte unverzüglich »Freiheit und Weite« suchen, in die Welt und unter die Menschen hinausgehen, während es sie fortzog von ihm, fort »aus jener Wirklichkeit Deiner Anfänge, in der wir wie von Einer Gestalt gewesen waren«. »In jenem sorgend inbrünstigen Nahesein bei Dir«, schrieb sie später, »stand ich dennoch außerhalb dessen, was Mann und Weib ineinanderschließt.«[58]

Tatsächlich hatte sie während der gemeinsamen Tage in Jaroslawl schon den Weg dafür bereitet, indem sie ihn ermunterte, einer seit langer Zeit bestehenden Einladung Heinrich Vogelers zu einem Aufenthalt in Worpswede Folge zu leisten. Rainer hatte nun die Bestätigung, daß man ihn unmittelbar nach seiner Rückkehr nach Deutschland dort erwartete, nicht zuletzt um die ersten Fahnen der Inselausgabe der *Geschichten vom lieben Gott* durchzusehen. Am 22. August reisten sie nach Danzig ab und waren vier Tage später in Berlin. Von dort aus fuhr Rainer unmittelbar nach Worpswede. Am letzten Tag des Jahres schrieb Lou in ihr Tagebuch: »Was ich will vom kommenden Jahr, was ich brauche, ist fast nur Stille, – mehr Alleinsein, so wie es vor 4 Jahren war. Das wird, muß wiederkommen.«[59]

> Meine mit dem zeitlichen Leben so wenig zusam-
> menhängende Welt . . . bedurfte zu ihrer Ent-
> wicklung des stillen eigenen Hauses unter den
> weiten Himmeln der Einsamkeit.
> (An Gustav Pauli, 8. 1. 1902)

»Das ist ja ein merkwürdiger Mensch«, rief Vogelers Wirtschafterin aus, »der zieht sich sein Hemd über die Hosen!«[1]
Rilkes russische Gewandung erregte bei seiner Ankunft am
27. August 1900 Aufsehen im Dorf, obgleich die Worpsweder exzentrische Künstler gewohnt waren. Unter dem
weißen Giebel des Barkenhoff hatte sein Freund ein stilles
Zimmer vorbereitet und bot eine Umgebung »voll von der
Stimmung eines Schaffenden«[2], von einer bequemen Eleganz, die er vorher kaum gekannt hatte. Die Möbel waren
nach Vogelers eigenen Entwürfen gefertigt, seine Bilder und
Zeichnungen schmückten die Wände, und der Künstler
selbst war in Rainers Augen wie ein Bild, wie ein entfernter
Vorfahre, mit seiner schlanken Gestalt im hohen, weitecki-
gen Kragen, das Halstuch mit einer Kamee festgesteckt, und
einer samtenen Weste. Die Landschaft nahm sich nun nicht
mehr so unheimlich aus wie bei seinem ersten Besuch. Ein
»seltsam schönes Wiesenland«, schrieb er an Phia, »reich in
Wechsel und Bewegung«; ein flaches Land »mit Birkenalleen,
alten Bauernhäusern und Vogelbeerbäumen – der Boden teilt
sich zwischen roter Erikaheide, die wunderbar duftet, und
dem seltsamen, von Kanälen durchschnittenen Moorland«.
Er konnte den Reiz dieser Landschaft für den Maler verstehen – »die Klarheit und Farbigkeit seiner Luftstimmungen
und die Pracht der Wolken«.[3]
Was ihn an dieser Umgebung jedoch am meisten befriedigte, war ein Gefühl der Erleichterung, daß er ein Heim
gefunden hatte. Im Überschwang seiner Leidenschaft für
Lou hatte er das gesetztere Leben in München für ein noma-
disches Dasein aufgegeben – das freilich reich an Eindrücken
und häufig intensiv schöpferisch war, sich jedoch einzig und
allein auf Lou bezogen hatte. Auch nach seiner Rückkehr aus

Florenz hatte er auf eine Fortführung dieses Lebens gehofft und sich in der Erregung der russischen Erfahrung, zu der sie ihn geführt hatte, zufrieden geglaubt – ein Trabant, der um sie kreiste, etwas ferner zwar, doch immer noch in ihrem Bann. Der plötzliche Verlust dieses Schwerpunktes ließ ihn frei doch einsam treiben.

Die ersten Tage in Worpswede hatte er das Gefühl, in Rußland in seinem Bestreben versagt zu haben, seiner Sendung im Leben gerecht zu werden: der Verwandlung von Erfahrung in dichterische Form. »Alles, was wirklich geschaut wurde, *muß* Gedicht werden!« hatte er vor Lou in Moskau ausgerufen – doch die nachfolgende lange Reise hatte nur wenige Verse gezeugt. »Unzählige Gedichte hab ich nicht erhört. Ich habe einen Frühling überschlagen; was Wunder, wenn nun kein rechter Sommer ist. Alles Kommende hat mich verschlossen gefunden. Und jetzt, da ich die Türen öffne, sind die Wege lang und leer. . .«[4] Als er nun aber in Worpswede in eine Gemeinschaft Gleichgesinnter und Gleichaltriger aufgenommen wurde, als Gast in einem Haus, das zu einem Mittelpunkt für Künstler, Dichter und Dramatiker geworden war, wich seine Niedergeschlagenheit schnell. Wenn er aus der Einsamkeit von Schmargendorf in Berlin aufgetaucht war, hatte er sich häufig im Gefolge – und im Schatten – der »berühmten Schriftstellerin« gefunden, hier wurde er um seiner selbst willen aufgenommen, von Kollegen, die ihn aus seinem Werk lesen hören wollten und denen er von Rußland und dessen Künstlern, von Tolstoj, den Ikonenmalern, Kramskoi und Drožžin erzählen mußte.

Häufig kam man in Vogelers kerzenerleuchteten Musikzimmer zusammen, »weiß, weiße Türen, Vasen darüber gemalt, aus denen Rosenketten sanft zu beiden Seiten fallen«[5], alte Stiche und anmutige Porträts an den Wänden und Möbel im Stil des Empire. Carl Hauptmann, zu Besuch bei dem Worpsweder Maler Otto Modersohn, erschien, um seine Gedichte und Prosa vorzutragen und seine Ansichten über die Philosophie der Kunst darzulegen; andere Gäste spielten und sangen Schubert, Richard Strauss oder Händel; Rilke las seine *Weiße Fürstin* oder aus den *Geschichten vom lieben Gott*, »mit einer wunderbar weichen, vibrierenden Stimme«. Modersohn erinnert sich: »Die Dichter trugen dazu bei, die Tage festlich und reich für unseren kleinen Kreis zu gestalten«.[6] Die derberen Freuden eines Erntefests im Dorf, bei dem die Künstler alle mittanzten, machten Rilke still und verlegen inmitten der Bier- und Tabaksschwaden. Seinen Genuß fand er in den Gesprächen und der wohltuenden Ruhe des weißen Musikzimmers, der vertraulichen Unterhaltung mit Vogeler auf langen Heidewanderungen, vorbei an frisch gemähten Feldern von Buchweizen, »der mit seinem Stengelrot und dem Gelb seiner Blätter köstlichem Seidenstoff gleicht«, vor sich in jedem Augenblick ein klares Bild vom Baum, Haus und langsam sich drehender Windmühle.[7] Dazu kam unter der Worpsweder Künstlergemeinschaft noch eine besondere Attraktion, die Anwesenheit zweier Mädchen, noch Neulinge, die sich hier niedergelassen hatten, um von Mackensen und Modersohn zu lernen: die blonde Paula Becker, fast so alt wie er, und die große, dunkelhaarige Clara Westhoff, die beinahe drei Jahre jünger war. Sie hörten aufmerksam und aufgeschlossen zu, wenn er während der Abende im Musikzimmer seine Gedichte vorlas (»zart und voller Ahnen«, fand Paula, »süß und bleich«[8]) oder sich in ihren Ateliers einfand, um über Kunst und Leben und Tod zu reden – gewiß ein schmeichelnder Kontrast zur kühlen Anerkennung Lous.

Paula Beckers Leben war bislang in mancher Hinsicht dem seinen ähnlich gewesen. Sie war die Tochter eines wenig bemittelten Bahnbeamten in Bremen und in ihrer frühen Begabung für Zeichnen und Malen von einer künstlerisch veranlagten Mutter gefördert worden. Die Hilfe bessergestellter Verwandter hatte es ihr ermöglicht, in England und Berlin zu studieren und im Alter von einundzwanzig Jahren einen Monat in Worpswede zu verbringen. Obwohl ihr – durch eine Reorganisierung frühzeitig pensionierter – Vater drängte, eine Laufbahn einzuschlagen, die ihren Lebensunterhalt sicherstellen würde, hatte er doch auch Verständnis für den von ihr gewählten Weg; als dann Verwandte wiederum eine Beihilfe für weitere drei Jahre versprachen, erhob er im Herbst 1898 keinen Einwand gegen ihre Übersiedlung nach Worpswede, wo Mackensen ihre Arbeit überwachen wollte. Die Schönheit der Umgebung und das Gefühl der Anerkennung und Herzlichkeit in einer Gemeinde von Künstlern hatten sich als anregend erwiesen. Sie hatte unter Mackensens Aufsicht fleißig gearbeitet – freilich nicht immer mit seiner Billigung, da das, was sie sah und zeichnete, zuweilen weiter von der Natur entfernt war, als es den Worpswedern geheuer schien. Wie der junge Rilke in Prag fühlte sie instinktiv, daß sie zu ihrer Entwicklung eine weitere Welt brauchte; nachdem schließlich ein führender Kritiker in seiner anti-modernistischen Einstellung die Werke und Skizzen unbarmherzig verrissen hatte, die sie im Dezember 1899 in der Bremer Kunsthalle ausgestellt hatte, war sie froh, nach Paris entrinnen und dort einige Monate arbeiten und studieren zu können. Gleich Rilke fühlte sie sich zu einem Menschen hingezogen, der älter war als sie, zu jemandem, den sie als Künstler vergöttern und als Person idealisieren konnte. Otto Modersohn, der zehn Jahre älter war als sie und bereits Frau und Kind hatte, erhielt Briefe aus Paris, die ihn über ihre Verehrung und die Freude nicht im Zweifel ließen, die sein dortiger Besuch mit Overbeck und Vogeler anläßlich der Weltausstellung von 1900 ausgelöst hatte. Der frühe Tod seiner Frau im Juni ersparte ihnen eine Situation, die höchst peinlich zu werden drohte. Als Paula kurz darauf mit angegriffener Gesundheit nach Worpswede zurückkehrte, gaben ihr seine häufigen Besuche bei ihr und später, als sie sich wohler fühlte, die Abende im Barkenhoff die Gewißheit, daß ihre Liebe erwidert wurde – die Freunde freilich ließ man mit vollendeter Diskretion vorläufig im Unklaren. Rilke hörte sie von dem Heimweh sprechen, das sie in Paris nach dem Heideland empfunden hatte, hatte aber noch keine Ahnung, daß sie mehr als nur die Schönheit der Natur an Worpswede fesselte. Er wußte auch nicht, daß sie trotz all ihrer Bewunderung für sein »feines, lyrisches Talent, zart und sensitiv«[9] ihr Herz schon an Modersohn verloren hatte.

In Clara Westhoff, die ebenfalls als Studentin Mackensens ungefähr zur gleichen Zeit angekommen war, hatte Paula Becker eine »Schwesternseele« gefunden. Claras Eltern – Friedrich Westhoff, ein bedeutender Bremer Importkaufmann und seine zweite Frau Johanna – hatten das künstlerische Talent ihrer Tochter ebenfalls gefördert. Westhoff, der sein Leben zwar dem Gelderwerb und geschäftlichen Erfolg gewidmet hatte, hätte unter anderen Umständen eine künstlerische Laufbahn gewählt und bewies in seiner Freizeit eine gewisse Begabung für die Malerei; seine Gattin führte ein durchaus unkonventionelles Leben, bewegte sich gerne im Freien und war begeisterte Radfahrerin; zudem waren sie in einer besseren Lage als die Beckers und konnten die Studien ihrer Tochter leichter finanzieren. Mit siebzehn durfte Clara drei Jahre auf Kunstschulen in München und Dachau verbringen und hatte 1895 die Münchner Sezessionsausstellung und auch die internationale Ausstellung besucht, die den ersten Erfolg für die Worpsweder Gruppe brachte. Als sie zu Mackensen kam, der nicht nur Maler, sondern auch Bildhauer war, erkannte dieser sofort die Richtung, in der ihre Begabung lag, und brachte ihr die Grundzüge des Modellierens bei. Paula bewunderte sie, als sie an der Büste einer alten Frau arbeitete. »Die möchte ich zur Freundin haben«, schrieb sie im Dezember 1898 in ihr Tagebuch, »groß und prachtvoll anzusehen ist sie und so ist sie als Mensch und so ist sie als Künstler.«[10] Häufig arbeiteten sie nach demselben Modell und verbrachten einen Großteil ihrer Freizeit zusammen. Paula besuchte sie im folgenden Jahr in Leipzig, als sie dort für einige Wochen bei Max Klinger studierte, und folgte ihr zur Jahreswende nach Paris, als Clara beschlossen hatte, an der Académie Julian das Studium der Anatomie aufzunehmen, zu dem damals in Deutschland Frauen noch nicht zugelassen wurden. Eine Empfehlung Klingers gab Clara die Möglichkeit, Rodin in seinem Atelier an der Rue de l'Université zu besuchen und eine kurze Zeit in seiner Schule zu arbeiten, wo der Meister gelegentlich selbst ihre Arbeit korrigierte. Die Eindrücke, die sie von jenem Sommer aus Paris heimbrachten, vor allem die Entdeckung Cézannes, gaben ihnen bei der Rückkehr nach Worpswede ein Gefühl der Freude und Harmonie. (Weniger harmonisch war ihr plötzlicher Einfall, sehr spät an einem Sonntag die Glocken der Zionkirche zu läuten. Der falsche Feueralarm rief bei Malern wie Dorfbewohnern große Bestürzung hervor. Als Sühne verehrte Clara der Kirche acht Kopien eines Engelskopfes, an denen sie arbeitete und die heute noch dort zu sehen sind.)

Für Rilke waren die beiden wie zwei Seiten einer einzigen Persönlichkeit, in ihrer bezaubernden Mischung aus Schüchternheit und unschuldiger Bohème, die sich von der selbstsichereren Freiheit, der er in Lou begegnet war, sehr unterschied. Mit ihrem gegensätzlichen Aussehen und Temperament schienen sie gleich anziehend: Paula wach, lebhaft, manchmal schnippisch, Clara eher nachdenklich und zurückhaltend. Jede Einzelheit ihres bisherigen Lebens nahm ihn gefangen – die Geschichte der Hingabe an die Kunst, eine Hingabe, die der seinen glich, doch in sanften Wesen, deren Dasein an sich eine Inspiration für den Dichter war:

> Mädchen, Dichter sind, die von euch lernen
> das zu *sagen*, was ihr einsam *seid*.[11]

Wenn sich die Gesellschaft vom Barkenhoff um Mitternacht Wein und Tanz zuwandte und Rainer sich auf sein Zimmer zurückzog, gewann er seine gute Laune wieder, wenn ihm die Mädchen in ihren weißen Kleidern an sein offenes Fenster folgten, um sich schweigend in das Mondlicht hinauszulehnen, »halb Wissende, d. h. Maler, halb Unbewußte, d. h. Mädchen . . . ich war ihnen dankbar für ihre Schönheit, die mein großes Fenster weiß, einfach umfaßte«. Aus seinem Tagebuch, das er auch weiterhin an Lou richtete, ist kaum zu ersehen, welche der beiden es ihm mehr angetan hatte: Clara, in ihrem langen weißen Empirekleid, der der Barkenhoff zu schmeicheln und sich ihr anzupassen schien, »wiederholt schön«, wenn sie aufmerksam seinem Vortrag lauschte; oder Paula, »zart und schlank in ihrer weißen Mädchenhaftigkeit«, ihrem Haar »von florentinischem Golde«, und mit einer Stimme, die »Falten wie Seide« hatte. »Wieviel lerne ich im Schauen dieser beiden Mädchen, besonders der blonden Malerin, die so braune schauende Augen hat! Wieviel näher fühl ich mich jetzt wieder allem Unbewußten und Wunderbaren, wie damals in den Tagen der ›Mädchenlieder‹ . . . Mein ganzes Leben ist voll der Bilder, mit denen ich zu ihnen reden kann. . .«[12]

Warum sollte nicht das eine – oder das andere – dieser entzückenden Geschöpfe die ersehnte Gattin sein? Heirat lag in der Luft: Vogeler hatte ihm erzählt, er wolle im Frühling die junge Martha Schröder zur Frau nehmen, ein Mädchen von besonderer Schönheit, die er schon als Kind verehrt und aus einem schwierigen Familienleben erlöst hatte, indem er für ihre Erziehung gesorgt und sie bei seinen Brüdern auf dem Familienbesitz bei Bremen untergebracht hatte. Worpswede erschien Rainer außerdem als der ideale Ort für seine künftige Arbeit, in seiner Abgelegenheit und der natürlichen Schönheit seiner weiten Moorflächen, den »hohen und erregten Himmeln, unter denen die Schatten so vieler Bilder und Gebärden . . . sich bewegen«.[13] Er hätte all dies nur sehr ungern aufgegeben. So übersiedelte er im September, um Vogeler durch seinen langen Aufenthalt nicht zur Last zu fallen, vom Barkenhoff in ein eigenes Heim in der Nähe. Die Persönlichkeiten Claras und Paulas blieben für ihn immer noch eigenartig ineinander verwoben. Eines Samstags, als er mit Paula in einer Kutsche nach Bremen fuhr und sie ihm gegenübersaß, mit einem auffallenden weitkrempigen Pariser Hut, schwarz mit dunkelroten Rosen, die lebhaften braunen Augen glänzend vor Freude an der Landschaft, wurden sie von Clara auf dem Fahrrad überholt, die ihre Eltern in deren Sommerhaus in Oberneuland besuchte; er winkte ihr noch lange nach, als sie flott weiterfuhr. Bei ihnen im Wagen lag ein riesiger Kranz aus Heidekraut, den Clara für Carl Hauptmann gewunden hatte, der aber, wie sie sagte, eigentlich ihm hätte gehören sollen, als Dank für das Drama, das er am vorherigen Abend vorgelesen hatte. In den verschlungenen Stengeln glaubte er »die einfache fromme Kraft ihrer Bildhauerhände«[14] zu spüren, und die Fahrt verging in schweigender Freude über die Kraft Claras in seinen Händen und die Sanftheit Paulas vor seinen Augen.

Als sich die ganze Gruppe in Hamburg zur Erstaufführung von Hauptmanns neuem Stück traf – Vogeler und sein Bruder Franz, Mackensen, Paulas Schwester Molly, Modersohn – schwand der anfängliche Eindruck von einer Stadt, die diese »Heidekinder« bedrohte, in der Gesellschaft Paulas und Claras, die so bereitwillig alles sehen und aufnehmen wollten. Mit ihnen sah er Kunstwerke zum erstenmal wirklich, von ihnen lernte er die Würdigung der Einzelheiten.

»Mir ist so seltsam wirr und klar in diesen Tagen«, schrieb er
später in sein Tagebuch. »Ich finde ein Land und Menschen,
finde sie so, als ob sie mich erwartet hätten.« Er begann nicht
nur eine neue Seite, sondern ein neues Buch – sein »Worpsweder Tagebuch«. Auf ihrer Rückkehr mit der Postkutsche
deutete Clara auf das Heim der Familie in Oberneuland, wo
sie zum erstenmal gelernt hatte, die Schönheit des Landes in
all seinen Jahreszeiten, im Verfall wie im Wachstum, zu
sehen. Wieder zu Hause erwartete sie eine »schöne, stille
Sternennacht, festlich und gut zur Heimkehr. Da entschloß
ich mich, in Worpswede zu bleiben. Jetzt schon fühle ich, wie
mit jedem Tage die Einsamkeit wächst, wie dieses Land,
verlassen von Farben und Schatten, immer größer wird,
immer breiter und immer mehr Hintergrund für bewegte
Bäume im Sturm. Ich will in diesem Sturm bleiben und alle
Schauer fühlen . . . Ich will Herbst haben. Ich will mich mit
Winter bedecken . . . Ich will einschneien um eines kommenden Frühlings willen, damit, was in mir keimt, nicht zu früh
aus den Furchen steige.« Seine eigene Kunst konnte keinen
fruchtbareren Boden finden als hier, unter Künstlern. Wieder fühlte er, wie viel er in Rußland versäumt hatte, mit
seinen »unreifen Augen, die nicht zu empfangen, nicht zu
halten und auch loszulassen nicht verstehen, die, mit quälenden Bildern beladen, an Schönheiten vorübergehen«. Hier
konnte er von Menschen lernen, »die so landschaftlich wirken«. Als er Vogelers Fortschritt erkannte, nachdem ihm der
Freund ein frühes Skizzenbuch gezeigt hatte, schien ihm die
Worpsweder Zeit den wahren Anfang des Künstlers zu enthüllen: all die Eindrücke dieser Landschaft waren in die
klaren, sanften Linien seiner verzauberten Prinzessinnen, der
Schwäne auf dunklen Teichen, der seltsamen Tiere und Drachen und versponnenen Najaden, seiner großen glänzenden
Engel und ihrer frohen Botschaft für die Schäfer eingegangen. Gleich darauf bei Paula, rührte ihn ihr tiefes Empfinden
für Claras Begabung, sich einem einzigen Ding zu widmen,
einer Blume: »Ich bin . . . dein Lehrling«, sagte er zu ihr,
»und werde dein Lehrender, jetzt, da ich dich lehre, daß du
gut und heilig bist.«[15]
Als er am letzten Septembersonntag mit seinen Freunden

über den Hügel hinter dem Barkenhoff wanderte – »sehr dunkel und stumpf die Heide, sanft wie japanische Seide das schüttere Gras, metallisch rot das gemähte Buchweizenfeld, dunkel und schwer das ungeackerte Land« – blieb er voll Staunen über den Kontrast in den Farben der beiden Mädchenkleider zurück; Claras »licht schilfgrüne Schlankheit« war »so unsagbar rein und groß«, während das Paar vor ihm ging, die Kleidung der Männer ins grüne Licht verschwamm und sie einem gewundenen Pfad über die Hügel folgten wie auf dem Hintergrund von Votivbildern. Der anschließende Abend auf dem Barkenhoff war einer der schönsten und verging in einem Gefühl der Gemeinsamkeit, das ihm beinahe heilig schien. Die folgenden Tage, als er die Mädchen in ihren Ateliers besuchte – Claras lag in Westerwede, wenige Kilometer entfernt – brachten ihn dann den beiden näher. Er hörte von ihren Erfahrungen und berichtete ihnen seinerseits von seiner Vorstellung eines Gottes, der noch im Werden war, von der Aufgabe des Künstlers, ihn weiter zu bauen, und von Christus als dem »Verdecker« Gottes. Sein Tagebuch dieser »vielbeschenkten Tage« schäumt über vor Begeisterung bei der Aussicht eines Lebens in solcher Kameradschaft.[16]

Am Ende der Woche jedoch, im Morgengrauen des 5. Oktober, nahm er die Postkutsche zum Zug nach Berlin. Ein solcher Termin zur Besprechung einer möglichen Aufführung eines seiner Dramen scheint geplant gewesen zu sein – doch kehrte er nicht nach Worpswede zurück. In einer kurzen Nachricht, die er zusammen mit seinem Notizbuch mit Gedichten für Paula zurückließ, verriet er nichts davon, daß sein Weggang nicht nur vorübergehend sein würde. Der Grund für seine Sinnesänderung läßt sich nur vermuten, da an dieser Stelle zwei Seiten des Tagebuchs fehlen. Vielleicht war seine Wahl tatsächlich auf Paula gefallen – das Buch mit den Gedichten ging ja an sie und nicht an die Freundin – oder er brauchte einfach Abstand, um sich zwischen ihnen beiden zu entscheiden und sich zu überlegen, ob eine Ehe in seiner immer noch unsicheren Lage überhaupt möglich sei. Einmal in Berlin, hatte sicher auch die Beziehung zu Lou einen gewissen Einfluß. Sie wird wohl kaum eine Wiederbelebung der alten Verbindung vorgeschlagen haben, doch sie mag aufs neue um sein inneres Gleichgewicht besorgt gewesen sein, als er davon sprach, sich in der Wildnis von Worpswede zu vergraben, das Studium und die weitere Erfahrung Rußlands, die sie so wichtig für ihn hielt, zu unterbrechen. Mit Sicherheit aber hatte sie das Gefühl, daß er zur Ehe noch nicht reif sei.

Als er vierzehn Tage später auf die Briefe antwortete, die ihm Paula und Clara schrieben, gab er jedenfalls Rußland und russische Dinge als Erklärung an. »Sie wissen, was mir diese Studien, welche ich neben meine persönlichste Arbeit gegründet habe, bedeuten . . .«, hieß es an Paula: »mir ist ja Rußland doch das geworden, was Ihnen Ihre Landschaft bedeutet: Heimat und Himmel«, eine ferne Heimat, die er nicht für eine andere aufgeben dürfe.[17] An Clara schrieb er, die Inspiration ihrer Arbeit habe ihm die Überzeugung gegeben, daß er sich der eigenen widmen müsse; den ganzen Winter hindurch würde er fleißig sein und vielleicht im neuen Jahr wieder nach Rußland gehen. Er nahm jedoch weder von der einen noch von der anderen Abschied und fühlte sich weniger einsam, wenn er an ihre Sonntage im weißen Musikzimmer dachte und daran, als »Beethoven sprach« –

Und das Bewußtsein, daß der Abend klingt,
schmiegt sich um meine Schultern wie Damast,
und meine Hände fühl ich wie beringt.[18]

Nach seinem »momentanen« Rückzug von »russischen Dingen«, schrieb er an Frieda von Bülow, sei es nun gut, wie in den Tagen von Meiningen stille, tägliche Arbeit wiederaufzunehmen, fern von den »überstarken« Einflüssen der Farben und Künstler von Worpswede.[19]

Er suchte sich eine neue Bleibe – immer noch in Schmargendorf, bezeichnenderweise aber nicht mehr ganz so nahe am Heim der Andreas – und verwandte wie immer peinliche Sorgfalt auf die Szenerie für seine Arbeit: die »russische Ecke« mit einem passenden Samowar; ein Druck von Rubens; ein türkischer Teppich über dem Sofa; reichlich Schreibtischraum; eine kleine Küche, wo er seinen Haferflockenbrei zubereiten konnte. Paula und Clara wurden gleichermaßen mit Briefen bedacht, häufig schrieb er beiden am gleichen Tag, und in seinen Gefühlen für sie läßt sich kaum ein Unterschied erkennen. Er ist voll Sehnsucht nach ihrer Gesellschaft, hofft halb, daß sie ihn in seinem neuen Heim besuchen werden, wobei seine Briefe an beide jene außerordentliche Einstimmung auf die Empfänger zeigen, die für ihn so charakteristisch ist. In feiner Prosa werden sie sorgfältig als Kunstwerk verfaßt, und mitunter finden sich die Entwürfe im Tagebuch. An seine »liebe Clara Westhoff« richtet sich häufig ein ernsterer Ton, seiner »lieben Freundin Paula« gelten eher Unmittelbarkeit und Wärme, wenn er ihr etwa Gedichte oder die Romane Jacobsens zusendet. Am 5. November freilich, als er ihr dankt, daß sie sein Tagebuch mit Gedichten zusammen mit einigen Roßkastanien und Ebereschenzweigen vom Worpsweder Herbst zurückgeschickt hatte, wird er zu einer niedergeschlagenen Betrachtung über seine Vorliebe für Friedhöfe zu Allerseelen bewegt. Clara aber schreibt er beinahe so wie der Lochinvar in der schottischen Ballade, davon träumend, daß er seine Bücher verläßt und ohne Hut oder Rock hinauswandert, »bis . . . die Birkenalleen beginnen und die kleinen Hütten, und bis ich von der Straße abbiege in den dunkelnden Weg, bis ich vor einem bewegten und großen Himmel dunkel das Profil Ihres Hauses erkenne«.[20] Doch an ihren Sonntagabenden ist er bei beiden, »die Ihr wie Schwestern meiner Seele seid«, »die Säulen meiner Einsamkeit«, mit den Erinnerungen an die »Stunden mit dem weißen Hintergrunde«.[21]

Eine Woche später entdeckte ihm Paula ihre Liebe zu Modersohn, die auch erwidert werde: »die ist etwas Wundervolles und segnet mich und überströmt mich . . . Es ist schon lange; schon vor Hamburg. Ich habe Ihnen nicht davon gesprochen. Ich dachte, Sie wüßten. Sie wissen ja immer und das ist so schön. Und heute muß ich es Ihnen doch mit Worten nennen und taufen und es Ihnen fromm in die Hände legen, auf daß Sie Pate stehen.«[22] Ob er es gewußt oder erraten hatte oder nicht, sein Segen kam sofort, in elegant geformten Versen, die Paula große Freude bereiteten. Sein Interesse für die beiden Schwesternseelen, als Menschen wie als Künstlerinnen, zeigte sich weiterhin in häufigen Briefen; die Briefe an Clara wurden aber begreiflicherweise herzlicher – und länger. Zu ihrem Geburtstag im November erhielt sie ein Exemplar von *Mir zur Feier*, dem weiteres aus seinem früheren Schaffen folgte, darunter der *Cornet*; er bat um Photographien ihrer Arbeiten und zollte ihr ausführliche Worte der Anerkennung; er erinnerte sich an Einzelheiten, die sie ihm aus ihrem bisherigen Leben erzählt hatte; er schrieb von einem Rodin, den er in Berlin gesehen hatte und von den Bildern »eines eigentümlichen Franzosen Cézanne«. »Wir müßten einmal zusammen einen Aufsatz schreiben [über Rodin]! Ja, gehen Sie nach Paris, später . . . ich glaube, es ist gut.«[23]

Gegen Ende des Jahres jedoch überfiel ihn tiefe Niedergeschlagenheit, und er hatte das Gefühl, sein Leben sei aus den Fugen geraten. Er war wieder dort, wo er angefangen hatte, an dem Punkt, da er sich zu seiner zweiten russischen Reise aufgemacht hatte, doch schienen ihn die wiederaufgenommenen Studien und der Plan weiterer Rußlandbesuche nicht länger in die rechte Richtung zu weisen. Nun fehlte ihm die starke Stütze, die er vorher in Lou gefunden hatte. Nach außen hin hatten sie ihre frühere Verbindung wieder aufgenommen. Sie stellte ihn Gerhart Hauptmann vor, zusammen durften sie der Generalprobe von *Michael Kramer*, dem Stück mit dem Thema des Künstlers in der Gesellschaft, beiwohnen – was für ihn ein unvergeßliches Erlebnis bedeutete. Immer noch gingen sie gelegentlich im Schmargendorfer Wald spazieren; er schrieb für sie Gedichte in einem unbeholfenen, für sie aber »eigenartig poetischen« Russisch. Doch er wußte nur zu genau, daß sie für ihn gerade da verloren war, wo er sie brauchte, daß sie tatsächlich wollte, daß er fortging, um seiner selbst willen. Sein Tagebuch – das mit diesem Jahr endete und nicht fortgesetzt wurde – wurde zunehmend fragmentarisch; abgesehen von langen Sätzen der Anerkennung über Hauptmann sank es manchmal in Verzweiflung und morbide Grübelei. Die Gedichte glücklicher Erinnerungen aus Worpswede wichen einem Requiem auf den frühen Tod einer Freundin Claras – ein makabres Bild, wie sich der Efeukranz, den Clara gewunden hatte, schwer in den Sarg legte, »seine langen Ranken werden an dem weißen Sterbekleid hinaufkriechen und mit den gefalteten Händen verwachsen und mit dem weichen, niemals geliebten Haar verwachsen...«.[24] Ein kurzer Besuch Vogelers Anfang Dezember richtete ihn für eine Weile wieder auf; doch erst nach mehreren Tagen vermochte er an die Freunde in Worpswede zu schreiben. Am 11. Dezember beschwor er Clara in einem kurzen Brief – »eigentlich nur ein Briefkeimchen in der dunklen Erde meines Gedenkens« – ihm weiter zu schreiben, ihm von ihren Hoffnungen, ihrem Fortschritt zu berichten.[25] In jenen Tagen, »Tage in Feuchtigkeit und Fäulnis«, fühlte er sich wie begraben, in einer Art von Zwischenreich, einer Vorhölle wie die der Insassen eines Irrenhauses: »was helfen die Anstrengungen, die man immer lässiger, immer mühsamer, immer uninteressierter wie leise werdende Widersprüche versucht, – überredet vom Ekel? man will ja, aber der Wille ist wie Rohr auf Stein gestoßen ... Über dem Leben und über dem Tode ist Gott. Aber über das Zwischenland hat er keine Macht, es ist trotz seiner Gewalt und Gegenwart, hat nicht Raum, nicht Zeit und nicht Ewigkeit«. Es war eine »unendliche Demütigung«, dies seinem Tagebuch anzuvertrauen, doch es »mußte geschrieben sein, mir zum Zeichen. Helfe mir Gott.«[26]

Wenn Lou Stellen wie diese im Tagebuch sah und das »Requiem« las, wurde sie in ihren Befürchtungen wegen seines inneren Gleichgewichts nur bestätigt. Es steht fest, daß sie nach der Jahreswende mehr denn je überzeugt war, daß er sich in ihrer beider Interesse eine neue Umgebung suchen mußte. »Damit Rainer fortginge«, schrieb sie am 20. Januar in ihr Tagebuch, »*ganz* fort, wäre ich einer Brutalität fähig. (*Er muß fort!*)«[27] Sie war sich der Worpsweder Attraktionen voll bewußt. »Ich weiß ja, er *muß* Anlehnung und Ausschließlichkeit haben um jeden Preis«, vertraute sie sich Frieda von Bülow an, »wenn nicht bei mir, dann sonstwo; lieber noch am ungeeignetsten Gegenstand als garnicht. Er wird sie deshalb auch bald wieder haben.«[28]

Für Rainer bedeutete diese Ungewißheit nicht nur Trübsinn und Niedergeschlagenheit. Die *Geschichten vom lieben Gott* erschienen in eleganter Ausstattung im Insel Verlag gerade noch rechtzeitig, um als Weihnachtsgabe versandt zu werden. Clara erhielt ein Exemplar zusammen mit den *Prager Geschichten*, damit sie sich in die Atmosphäre seiner Kindheit versetzen könne; Paula und Otto Modersohn sollten es gemeinsam lesen; an seine Mutter ging das Buch mit »einem Teil meiner tiefen Frömmigkeit, einem Stück meiner Zukunft«;[29] an Hugo Salus, den hochverehrten Prager Dichter, in der Erwartung, er werde darin »einige Kerne« finden, »aus denen Bäume wachsen können später«.[30] Vogeler erhielt zu seinem Geburtstag ein Gedichtmanuskript mit dem Titel »In und nach Worpswede«, das manches enthielt, was von Werken des Künstlers angeregt war. Immer noch dachte Rilke an einen neuerlichen Besuch in Rußland und schrieb weiter an seine russischen Freunde – Schachowskoj, Drožžin, Pawel Ettinger. Paula kam zu Jahresbeginn nach Berlin, um sich mit einem Kochkurs auf die künftigen Hausfrauenpflichten vorzubereiten. Sie trafen sich beinahe jeden Sonntag im Haus ihrer Verwandten oder in Schmargendorf, wonach der »feine Schmelz« ihrer Anwesenheit in seinem Zimmer zurückblieb. Ihr Tagebuch aus früheren Zeiten, das sie ihm zur Lektüre mitbrachte, war eine lebhafte Erinnerung an die Tage in Worpswede. In ihm erwachte ein »so frohes und dankbares Empfinden« durch »die Sicherheit, mit der Sie das Leben liebten«.[31] Sie habe ihm so teure Erinnerungen gebracht, schrieb er an Modersohn, daß er einmal mehr mit Dankbarkeit seine Nähe zum alten Freundeskreis empfand.

Claras Ankunft Anfang Februar beschleunigte seine Entscheidung. Sie schloß sich ihm und Paula an und schuf für ihn »ein Stück Worpswede« in der Stadt[32]. Als sie dann am 11. Februar in seine Schmargendorfer Unterkunft kam, suchte er in ihrer Umarmung beinahe verzweifelt die Tröstung, die ihm Lou versagt hatte. Es war für ihn wie der Anfang eines neuen Lebens. Als sie am 15. Februar Berlin wieder verließ, war der Brief, der ihr folgte, voll ruhiger Zuversicht und unbekümmert um die praktischen Schwierigkeiten, die in der Zukunft auftauchen mochten. »Hinter allem bin ich ruhig . . . so ernst heute, getröstet von etwas, in allen meinen alten Bangigkeiten. . . . Gib mir Kraft zu alledem, was jetzt getan werden muß. . . . Du Anfängerin meiner

Freuden! Du Erste! Du Ewige!«[33] Als wolle er einen endgültigen Abschied von Lou besiegeln, zog er am folgenden Tag
in das Berliner Hotel ein, das Clara eben verlassen hatte.

Lou hörte in ihrem letzten Gespräch vor seinem Weggang
aus Schmargendorf mit Bestürzung von seiner Entscheidung, Clara zu heiraten. Sie hatte zwar gewollt, daß er fortginge, daß er woanders, auch bei dem »ungeeignetsten Gegenstand« Unterstützung fände, doch sie hatte in ihm so viel
entdeckt, was abnormal und morbide war, daß ihr ein solch
dramatischer Schritt als das denkbar Ungünstigste erschien.
Sie trennten sich, sie würden nicht mehr alle ihre Gedanken
miteinander teilen, einander nicht einmal schreiben, doch sie
versprach ihm eine Rettungsleine im äußersten Notfall, in
Worten, die sie vor Bewegung nicht aussprechen konnte und
stattdessen auf ein Stückchen seines Papiers schrieb: »Wenn
einmal viel später Dir schlecht ist zu Mute, dann ist bei uns
ein Heim für die schlechteste Stunde.«[34] Seine eigene Rührung bei diesem Abschiednehmen fand Ausdruck in drei
Gedichten – die er ihr vorenthielt:

> Ich steh im Finstern und wie erblindet
> weil sich zu Dir mein Blick nicht mehr findet,

er verglich sie mit Pygmalion, der von einer Gestalt träumte,
die zu formen war und an ihm hing »wie die formende Hand
sich schmiegt an den Ton« –

> da wurde sie müde, da ließ sie nach,
> da ließ sie mich fallen, und ich zerbrach.

Sie war für ihn die »mütterlichste der Frauen«, »das Zarteste,
das mir begegnet«, und doch

> das Härteste warst Du, damit ich rang.
> Du warst das Hohe, das mich gesegnet –
> und wurdest der Abgrund, der mich verschlang.[35]

Das war kaum die Stimmung für den Beginn eines neuen
Lebens. Doch am folgenden Tag konnte er an Clara in glü-

hendsten Hoffnungen schreiben: »Mein Leben war bisher etwas Ungewisses . . . es wird Wirklichkeit um mich . . . einfach wird alles . . . und auf der Erde will ich bleiben. Auf der Erde, auf der unser Haus stehen wird.«[36] Er plante bereits einen Besuch bei ihren Eltern in Bremen und, als wolle er deren Zweifeln über seine Zukunft zuvorkommen, sah er sich wiederum nach irgendeiner regelmäßigen journalistischen Arbeit um. Die Tatsache, daß er sehr wenig Geld hatte, bestand unverändert weiter; als Clara ihn dann einlud, zu ihr nach Westerwede und nicht zu ihren Eltern zu kommen – ein solcher Besuch hätte bestimmte einige Vorbereitung erfordert – mußte er sich von seinem Buchhändler fünfzig Mark leihen, um reisen zu können. »Ich sehe nicht zurück«, schrieb er ihr voll Ungeduld, »und laufe zu Dir, wie ein Füllen hinaus läuft zur kühlen nächtlichen Weide. Mit fliegender Mähne und gestrecktem Hals. . .«[37] Paula erhielt, bevor er abfuhr, eine Andeutung: »das Leben ist ernst, aber voll Güte. . . . Vor mir liegt so viel. Sie werden bald hören, was alles!«[38] Seiner Mutter wurde in einer geheimnisvollen Note mitgeteilt, »unerwartete Umstände« machten sein Vorhaben eines neuerlichen Rußlandbesuchs zunichte.[39] Eine Woche blieb er in Westerwede, und die beiden begannen mit ihren Plänen. Ihre Verlobung sprach sich, zumindest im Worpsweder Kreis, schnell herum. Der genaue Zeitpunkt, zu dem die Westhoffs und sein eigener Vater benachrichtigt werden sollten, bleibt unbestimmt; Phia Rilke, die wie gewöhnlich das Frühjahr in Arco verbrachte, wollte er Anfang März für ein paar Tage besuchen und ihr dann persönlich die Nachricht überbringen.

Für Lou war mittlerweile ein beinahe ebenso dramatischer Wendepunkt eingetreten. Sie war in Wien gewesen und hatte dort Pineles (»Zemek«) wiedergesehen. Ob sie dabei mehr von der Hoffnung getrieben war, der Arzt könne sie von ihrer Sorge um Rainer befreien als von der Erwartung einer neuen sexuellen Beziehung zu einem Mann, dessen Werben sie bislang abgewiesen hatte, läßt sich nicht sagen. Es besteht jedoch kein Zweifel, daß sie, als sie zurückgekehrt war, Erleichterung in zweifacher Hinsicht gefunden hatte; eine sexuelle Erfahrung, die für sie sehr neuartig war, und gleichzeitig eine Diagnose des »Falls Rilke«, die vielleicht seine

Rettung bedeutete, wenn sie nur die richtigen Worte fände. Am 26. Februar, etwa um die Zeit seiner Rückkehr von Westerwede nach Berlin, verfaßte sie einen langen Brief an ihn mit der eher feierlichen Überschrift »Letzter Zuruf«, in dem ihre neugewonnene Euphorie die Einschätzung der gegenseitigen Beziehung überlagerte und bis zu einem gewissen Grad verzerrte. »Jetzt wo alles um mich in lauter Sonne und Stille steht und die Lebensfrucht sich reif und süß gerundet hat, kommt mir eine letzte Pflicht aus der uns gewiß beiden noch teuren Erinnerung, daß ich in Wolfratshausen wie eine Mutter zu Dir trat. Laß mich darum als eine Mutter die Pflicht aussprechen, die ich vor mehreren Jahren infolge einer langen Unterredung Zemek gegenüber einging. Schweifst Du frei in's Ungewisse, so verantwortest Du nur für Dich selbst; indessen für den Fall, daß Du Dich bindest, mußt Du erfahren, *warum* ich Dich auf einen so ganz bestimmten Weg zur Gesundheit unermüdlich hinwies . . .«

Der Grund liege darin, daß Pineles einen Zustand diagnostiziert habe, der zu Selbstmord führen könnte. Aus ihrer Beschreibung Rainers hatte er ein bedenkliches Symptom entnommen, das aus Fällen bekannt ist, die in Nervenzusammenbruch und Geistesgestörtheit enden: das gelegentliche Auftreten einer zweiten Persönlichkeit, die Lou und Rainer den »Anderen« nannten, »diesen bald deprimierten, bald excitierten, einst Allzufurchtsamen, dann Allzuhingerissenen«.

»Dies braucht jedoch nicht zu sein!« schrieb sie. Oft habe Rainer keinerlei Anzeichen dieses Zustands erkennen lassen, dann aber habe sie ihn wieder und wieder in eine schwankende Unsicherheit zurückgleiten sehen. Auch wenn sie ihn zunehmend ablehnte, brachte die Warnung von Pineles sie nun wieder auf seine Seite zurück. »Ich fühlte: Du *würdest* genesen, wenn Du nur standhieltest! Doch da kam etwas hinzu, – etwas, fast wie eine tragische Schuld gegen Dich: nämlich der Umstand, daß ich, trotz unseres Altersunterschiedes, seit Wolfratshausen immer noch wachsen mußte, – weiter und weiter wachsen, bis in das hinein, was ich Dir beim Abschied so froh erzählte, – ja, so seltsam es klingt: bis *in meine Jugend hinein!* denn erst jetzt bin ich jung, erst jetzt darf ich sein, was Andere mit 18 Jahren werden: ganz ich selbst.

Darum verlor Deine Gestalt, – in Wolfratshausen noch so lieb und deutlich dicht vor mir, – sich mir mehr und mehr wie ein Einzelteilchen in einer Gesamtlandschaft, – in einer wilden Wolgalandschaft gleichsam, und die kleine Hütte darin war nicht die Deine.« Ohne es zu wissen, habe sie »dem großen Plan des Lebens« gehorcht und demütig das »Geschenk über alles Verstehn und Erwarten« empfangen, das er für sie bereithielt: und nun rief sie ihm zu: »gehe denselben Weg Deinem dunklen Gott entgegen! Er kann, was ich nicht mehr tun kann an Dir, . . .: er kann Dich zur Sonne und Reife segnen. Über weite, weite Fernen schicke ich diesen Zuruf zu Dir, nichts vermag ich mehr als das, um Dich zu behüten vor der ›schlechtesten Stunde‹, von der Zemek sprach. Darum war ich so bewegt, als ich beim Abschied die letzten Worte aufschrieb auf ein Stück Deines Papiers, *weil ich sie nicht aussprechen konnte: ich meinte alle diese Worte.*«[40]

Die Wirkung eines solchen Briefs auf seine seelische Verfassung läßt sich nur ahnen. Er hielt aber an seiner Absicht fest. Wie geplant fuhr er am 5. März nach Arco und beantragte von dort aus in Prag einen amtlichen Vermerk im Taufregister, daß er aus der katholischen Kirche ausgetreten sei – ein notwendiger Schritt vor der Verheiratung mit einer Protestantin, den seine Mutter aber sicher mißbilligt hätte. An Clara kamen Briefe mit Gedichten, denen zwar der fast rauschhafte Überschwang seiner früheren Verse an Lou fehlte, die aber doch sein vollstes Vertrauen auf die gemeinsame Zukunft bewiesen. Nicht länger nur Ton in den Händen des anderen, konnte er nun sein eigener Meister sein, mit Clara als

> . . . schöne dunkle Laute, mir gegeben,
> damit ich prüfe meine Meisterschaft, –
> spielen will ich auf dir das Leben![41]

Unmittelbar nach seiner Rückkehr aus Arco Mitte März machte er einen Besuch bei ihren Eltern und fuhr dann zu ihr nach Westerwede. Die Heiratspläne wurden mit gewisser Eile vorangetrieben, das Aufgebot am 6. April bestellt und die Feierlichkeit für den 28. April in Bremen angesetzt. Es scheint, daß Clara schwanger war und Rilke dem Druck von Eltern und Gesellschaft nachgeben mußte. Insofern war er bei aller Neigung zu ihr doch, wie Lou es befürchtet hatte, zu einer Entscheidung gezwungen worden, die er zutiefst bedauern sollte. Es ist nicht überraschend, daß er einen Fieberanfall erlitt. Johanna Westhoff nahm ihn in ihr Haus zur Pflege auf, ein Aufschub kam jedoch nicht in Frage. Am Tag der Hochzeit war er kaum auf dem Weg der Besserung, und eine einfache Zeremonie im Westhoffschen Speisezimmer mußte als Ersatz für die ursprünglich geplante in der nahegelegenen St. Jürgens Kirche dienen. Von den Rilkes war keiner zugegen.

Von jeglichem praktischen Gesichtspunkt aus war dies, wie Rilke später einräumte, ein überstürztes Unternehmen. Er hatte so gut wie keine Geldreserven, und sein Einkommen aus der Prager Zuwendung, die seine Kusinen und Josef immer noch weiterzahlten, war keineswegs üppig, so daß er gezwungen war, auf die Zahlung eines noch ausstehenden Honorars für die Veröffentlichung seiner Gedichte zu bestehen. Das Haus, das sie in Westerwede mieten wollten, Teil eines einfachen Bauernhauses mit einem Nebengebäude als Atelier für Clara, war gewiß bescheiden. Auch dies war aber nur mit Hilfe ihrer Eltern möglich, zumal er darauf bestand, den Großteil der Möbel im Ort nach seinen und Vogelers Entwürfen anfertigen zu lassen. Die »neue Bindung« konnte er bald zur Notwendigkeit erklären: »Meine mit dem zeitlichen Leben so wenig zusammenhängende Welt war in der Junggesellenstube allen Winden preisgegeben, unumschützt, und es bedurfte zu ihrer Entwicklung des stillen eigenen Hauses unter den weiten Himmeln der Einsamkeit.«[42] Nach den aufregenden Jahren des Werbens um Lou und ihrer schließlichen Zurückweisung war es sinnvoll, solche Sicherheit in der Gemeinschaft eines Menschen zu suchen, dessen Sendung der seinen glich und dem er seinerseits zur Vollendung verhelfen zu können glaubte. Doch er begann bereits, an die Ehe als eine Vereinigung zu denken, in der jeder »den anderen zum Wächter seiner Einsamkeit bestellt«.

»Ein *Miteinander* zweier Menschen ist eine Unmöglichkeit

und, wo es doch vorhanden scheint, eine Beschränkung, eine gegenseitige Übereinkunft, welche einen Teil oder beide Teile ihrer vollsten Freiheit und Entwicklung beraubt«, schrieb er nur wenige Monate später.[43] Sollte Clara vor ihrer Ehe auch anders gedacht haben, so nahm sie diese Vorstellung unter seinem Einfluß doch sehr bald an. »Jeder fühlte im Andern ein Leben«, schrieb sie später, »das eine Einsamkeit braucht und Ungestörtheit, um zu einer langen und wichtigen Lebensarbeit fest zu werden. Die Gemeinsamkeit sollte diese Stille schaffen.«[44] Dieses Ideal sollte sich als unerreichbar erweisen.

5

> Vorerst stehen allerhand sehr kleine und häßliche Sorgen praktischen Inhalts breitbeinig mitten im Weg zum Kommenden.
>
> (An Arthur Holitscher, 26. 8. 1901)

Während sie auf die Fertigstellung des Hauses in Westerwede warteten, wohnten die beiden anfangs bei Claras Eltern. Rainer hatte sich noch keineswegs erholt und, wie er sich später erinnerte, war die Strindbergsche Atmosphäre dort – der Vater »entsetzlich«, die Mutter »durch und durch gebrochen innen«[1] – höchst unangenehm. Es kam daher als eine Erleichterung, als Johanna Westhoff vorschlug, sie sollten statt der versäumten Flitterwochen in das Sanatorium *Weißer Hirsch* bei Dresden gehen, das von einem Doktor Lahmann geleitet wurde. Sie war früher dessen Patientin gewesen und war von seinen »modernen« Methoden der vegetarischen Kost und Naturheilkunde begeistert. Rainer verbrachte mit Clara dort nahezu den ganzen Mai 1901 und unterzog sich einer genauen Untersuchung und einer strikten Kur. Von einer allgemeinen Schwäche abgesehen, die auf das Fieber zurückzuführen war, wurde er für körperlich gesund erklärt. Als sie schließlich zu Monatsende in ihr neues Haus einzogen, scheint er die Mühen des Möblierens und Einrichtens und sogar das Umgraben des kleinen Gartens mit Eifer auf sich genommen zu haben. Die Front des Hauses war von

Efeu überwachsen, vor der Küchentür, die in den Garten und zu Claras Atelier führte, stand eine Weinlaube. Ihre Unterkunft war klein, aber ausreichend: zwei Zimmer und eine Küche im Erdgeschoß, von den Kuhställen durch eine weißgetünchte Mauer getrennt, an der ein Bild der Heiligen Cäcilia aus dem Rilkeschen Hause hing; in einem nach Rainers Entwurf angefertigten Glasschrank stand bäuerliche Keramik und eine Silberschüssel mit Kanne, das Geschenk seines Vaters für die Braut. Ein enges Stiegenhaus führte hinauf zu den Mansardenräumen: ein geräumiges Arbeitszimmer für Rainer, mit kleinen Kammern zu beiden Seiten, die als Gästeschlafzimmer dienten. »Wir werden uns in der nächsten Zeit wenig rühren«, schrieb er an Wilhelm von Scholz am 10. Juni, das Haus müsse warmgewohnt werden, ehe sie reisen könnten, und es gebe »noch viel zu ordnen, zu packen, zu bauen«.[2] Die Anfertigung der Möbel ging sehr langsam vonstatten, und während des Sommers konnten weder er noch Clara die Zeit und Einsamkeit finden, die sie zu ihrer Arbeit brauchten. Ende Juni war es ihnen möglich, nach Prag zu reisen, um seinen Vater und Freunde wie Emil Orlik zu treffen; später wurden sie dann von Josef und Phia in Westerwede besucht – freilich, wie es scheint, zu verschiedenen Zeiten.

Das Planen der Einrichtung war für Rilke eine fesselnde und vergnügliche Aufgabe. Er inszenierte seinen Arbeitsplatz mit seiner üblichen peinlichen Genauigkeit in Einzelheiten, richtete sich in seinem Zimmer im ersten Stock wieder seine »russische Ecke« ein und bestellte Briefpapier, für das ihm Vogeler eine Jugendstilvignette als Briefkopf entwarf, deren Brunnenmotiv ein beliebtes Symbol war. Die »kleinen und häßlichen Sorgen« des praktischen Lebens waren nicht wenig, wie er im August an Holitscher schrieb.[3] Die beständige Furcht, ihr Einkommen würde eines Tages nicht mehr ausreichen, konnte jedoch vorläufig verdrängt werden. Ende Juli schickte er ein Photo Claras an den Künstler Oskar Zwintscher, zusammen mit einem Exemplar der *Geschichten vom lieben Gott*, die ihn einführen sollten, und lud ihn ein, sie zu besuchen und ihr Porträt zu malen. Sie seien »sehr arme Leute« und könnten in »absehbarer Zeit« kaum ein Honorar aufbringen; da er aus einer »alten Kärntner Uradelsfamilie« stamme, von der keine Porträts auf ihn gekommen seien, sehe er es jedoch als seine Pflicht an, Kindern und Enkelkindern das Bild seiner Frau »in ihrer ersten Schönheit, vor der zweiten Schönheit ihrer Mutterschaft« zu erhalten.[4] Zwintscher konnte schließlich erst im folgenden März kommen, wohnte im Barkenhoff und malte ein hervorragendes Porträt von Vogeler. Das Porträt Claras, die mit gefalteten Händen sitzt, im Halbprofil, doch den Blick dem Künstler zugewandt, fing die »zweite Schönheit ihrer Mutterschaft« reizvoll ein. Auch Rilke malte er, Kopf und Schultern, die Stirn und die durchdringenden Augen gegen den dunklen Hintergrund betonend – ein getreues und ausdruckstarkes Bild des Dichters zur damaligen Zeit, das Rilke später aber für nicht gelungen hielt.[5]

Das Glücksgefühl dauerte weit in den Herbst hinein, während Clara an einer Büste ihres Gatten arbeitete. Die Landschaft werde ihm nun vertrauter, schrieb er an Phia, im Zusammenklang ihrer dunklen und einfachen Farben und der ungeheuren Höhe der Herbsthimmel; es war eindrucksvoll, vor dem Hause zu stehen und das Wüten der kolossalen Stürme zu beobachten, wie sie »halbgroße Eichen entwurzeln und alle schweren Äpfel aus den Bäumen ins Gras streuen«.[6]

Er war sich der Unsicherheit seiner Zukunft bewußt und begann sich wieder nach irgendeiner regelmäßigen Arbeit umzusehen, die seinem Leben »eine etwas sicherere Lage schaffen« würde, wie er an Holitscher schrieb.[7] Freilich nicht als Angestellter, wie sein Vater immer drängte, mit einer »trostlosen Comptoirzukunft« vor sich, die er stets abgelehnt hatte, vielmehr etwa als Kunstkorrespondent oder »Vorleser oder Gesellschafter« beim Landgrafen von Hessen. Er hatte noch die Hoffnung, Übersetzungen aus dem Russischen könnten ein fruchtbarer Nebenerwerb sein, und setzte daher auch im Sommer seine Arbeit an Aleksandr Benois' Kunstgeschichte fort. In dem Auftrag, den er sich selbst gegeben hatte, blieb er jedoch unerschütterlich gegen jede Art von Kompromiß. Er würde schreiben, was er aus seinem Innern schreiben mußte. Wenn das Geschriebene dann veröffentlicht würde und Geld einbrachte, so war es um so besser; auf

Bestellung zu schreiben war ihm jedoch zuwider (Ende Mai schon hatte er einen Vorschlag des Fischer Verlags abgelehnt, die Gedichte Walthers von der Vogelweide herauszugeben, was er mit seiner Abneigung gegen das »Politische« in lyrischer Dichtung und mit dem Vorrang begründete, den seine Arbeit an der »großen Übersetzung aus dem Russischen« für ihn besaß).

Im Herbst, der stets eine fruchtbare Zeit für ihn war, kam er wieder zu eigenem Schaffen: eine weitere Novelle und eine Reihe von Gedichten, die in den zweiten Teil des *Stundenbuchs*, das *Buch von der Pilgerschaft*, eingehen sollten, eine Verdichtung dessen, was er aus der russischen Erfahrung gewonnen hatte, mit einer feinen Verschiebung des Akzents unter dem Eindruck des sich ihm neu eröffnenden Lebens:

> Ich bin derselbe noch, der kniete
> vor dir in mönchischem Gewand . . .
> bin ich nicht *Alles*, wenn ich weine,
> und du der Eine, der es hört? . . .
> Sind da noch Stimmen außer meiner?
> Ist da ein Sturm? Auch ich bin einer,
> und meine Wälder winken dir.[8]

Das Gedicht, das er in Wolfratshausen für Lou geschrieben hatte – »Lösch mir die Augen aus: ich kann dich sehn« – wurde diskret hineingewoben, doch war der Zyklus eine vielleicht noch unbewußte Vorahnung dessen, was sein Leben noch bereithielt: nicht die Beständigkeit von Heimat und Familie, sondern der rauhe Pfad des Pilgers.

> In diesem Dorfe steht das letzte Haus
> so einsam wie das letzte Haus der Welt.
>
> Die Straße, die das kleine Dorf nicht hält,
> geht langsam weiter in die Nacht hinaus.
>
> Das kleine Dorf ist nur ein Übergang
> zwischen zwei Weiten, ahnungsvoll und bang,
> ein Weg an Häusern hin statt eines Stegs.

Und die das Dorf verlassen, wandern lang,
und viele sterben vielleicht unterwegs . . .

In tiefen Nächten grab ich dich, du Schatz.
Denn alle Überflüsse, die ich sah,
sind Armut und armsäliger Ersatz
für deine Schönheit, die noch nie geschah.

Aber der Weg zu dir ist furchtbar weit
und, weil ihn lange keiner ging, verweht. . .⁹

Er stand nun mit zwei Verlegern in Verbindung: dem Insel
Verlag, von dessen Ausgabe der *Geschichten vom lieben Gott* er
sehr angetan war, und mit Axel Juncker in Berlin. Juncker,
der vom Buchhandel zunehmend zur Verlegertätigkeit überging und dessen Liste auch Moderne wie Else Lasker-Schüler
und Max Dauthendey enthalten sollte, war in Rilkes Berliner
Zeit zu einem Freund geworden – so freundschaftlich jedenfalls, daß er ihm die fünfzig Mark für die »Notreise« nach
Bremen im Februar vorgestreckt hatte. An ihn wandte sich
Rilke mit der Bitte um Bücher und Zeitschriften (auch dabei
kümmerte er sich wenig um die Kosten, wenn er sie für
unentbehrlich hielt), vor allem skandinavischer Literatur, für
die sich Juncker mit seiner dänischen Abstammung ebenso
begeisterte wie er. Gegen Ende September sagte der Verleger
zu, drei der Geschichten, die in diesem Jahr in verschiedenen
Zeitschriften veröffentlicht worden waren, unter dem Titel
der dritten, *Die Letzten*, als Buch zu veröffentlichen. Mit
erfreulicher Geschwindigkeit erschien der Band Ende November. Er war dem Prinzen Emil von Schönaich-Carolath
gewidmet, vor fünf Jahren in München einer der eventuellen
Beiträger zu der totgeborenen letzten Nummer der *Wegwarten*. Ende September waren Rainer und Clara von ihm zu
einem Aufenthalt auf seinem Gut in Holstein eingeladen
gewesen. Der Band fand gute Aufnahme, und Rainer faßte
genug Zutrauen, um Juncker anstelle der Insel als Verleger
für einen neuen Gedichtband, *Das Buch der Bilder*, ins Auge
zu fassen. Er hatte von ihm Worte der Ermunterung erhalten

und bei ihm eine Aufgeschlossenheit für seine Vorstellungen von Format und Typographie gefunden hatte, der er bei Verlegern bisher kaum begegnet war.

Am 12. Dezember 1901, als tiefer Schnee um das Westerweder Häuschen lag, kam eine Tochter zur Welt. »Ein ungewöhnlich großes und stämmiges Kind«, berichtete Rainer an Phia, »hat festes Fleisch, einen starken Kopf mit hoher ernster Stirne und dunkelblondem oder eigentlich noch dunklerem Haar darüber und trefflich ausgebildete Hände.« Man würde ihr den schönen biblischen Namen »Ruth« geben, ohne einen weiteren hinzuzufügen.[10] Ruths Ankunft brachte wohl Unruhe und Unordnung, doch war für ihn diese Weihnacht, alleine mit ihrem Kind, wie seine erste – »Jedenfalls ist das Leben ganz neu mit einem Schlag: um eine neue Zukunft, um ein ganzes Leben reicher!« schrieb er an Franziska zu Reventlow.[11] Als er einige Jahre später auf die nun folgenden Wochen der Fürsorge und Hingabe zurückblickte, spürte er wieder den Frieden, den er damals gefunden zu haben glaubte: »Wie eine Pflanze, die ein Baum werden soll, ward ich damals aus dem kleinen Gefäß herausgenommen, vorsichtig, während Erde abfloß und etwas Licht zu meinen Wurzeln kam, und wurde endgültig eingesetzt an meine Stelle, dort, wo ich stehen bleiben sollte bis in mein Alter, in die große, ganze, wirkliche Erde.«[12] Derart verpflanzt hatte er das Gefühl, nichts könne einem ungehemmten Wachstum mehr im Wege stehen. In Claras Exemplar von *Die Letzten* beschwor er das Glück, das ihr Heim bringen würde: Sie würden es als ihr Recht und nicht als ein Almosen des Schicksals empfangen und würden keine Schonung von Schmerz erbitten.[13] In einem Brief an Gerhart Hauptmann zusammen mit Übersendung der *Letzten* erinnerte er sich dankbar an die unvergeßliche Aufführung des *Michael Kramer*, der er mit Lou im vergangenen September beigewohnt hatte; er freue sich darauf, mit Clara bald an die Arbeit zurückkehren zu können, und frage an, ob er ihm das für das Frühjahr vorgesehene *Buch der Bilder* widmen dürfe. Hauptmanns Einwilligung kam zu Weihnachten »wie ein sanfter Segen«. In seiner einfachen Umgebung hatte Rainer nun das Gefühl, sich endlich das Geheimnis der russischen Bauern zu eigen gemacht zu haben, ihres

Leids und ihrer Freude, das »in einem gewissen Zusammenhange mit Gott, d. h. mit den höchsten Bedürfnissen und Entwicklungen ihres Lebens steht ...«, sie »könnten Künstler sein, oder sind Künstler durch ihr Leben nach Wichtigkeiten und durch die Beziehung aller Dinge des Alltags auf ein ewiges und letztes Ziel«.[14]

Bald jedoch sollte die Welt diese Aussicht jäh vernichten und seine Hoffnungen illusorisch machen. Am 6. Januar 1902 hörte er mit Bestürzung, daß seine Kusinen beschlossen hatten, die regelmäßige Zuwendung einzustellen, für die, wie sie wohl nicht zu Unrecht meinten, der ursprüngliche Beweggrund Onkel Jaroslaws nicht mehr galt, da Rainer nunmehr verheiratet und nicht mehr Student war. Die Zahlung, die zusammen mit einer kleinen Unterstützung der Westhoffs ausgereicht hatte, die bloßen Bedürfnisse ihrer Existenz zu decken, sollte im Sommer aufhören. Die Suche nach einem Einkommen, die er bisher etwas zögernd betrieben hatte, wurde nun auf einmal ungeheuer dringlich. Im ersten Anfall von Schwermut schien es ihm sogar, man werde das Haus aufgeben müssen, das er »auf Granit« gebaut geglaubt hatte, falls sich nicht irgendeine Art regelmäßiger Beschäftigung fände. In einer Flut von Briefen sandte er verzweifelte Appelle an jeden Freund, Herausgeber, Bekannten oder sogar Fremden, der ihm einfiel, legte seine Umstände dar und, was nicht verschwiegen werden darf, übertrieb häufig seine Schwierigkeiten. Er fürchtete sich »vor dem Übermorgen ... wie vor dem Feinde ... die Zukunft steigt wie Hochwasser um mich her und droht uns zu ertränken ...«, ein Wind blase hier um ihn, den er nicht mehr ertragen könne.[15] Und doch wollte er das hohe Ziel nicht aufgeben, das er sich gesetzt hatte, das anderen, auch seinem Vater, so schwer zu erklären war. Er konnte den Weg nicht aufgeben, den er seit seiner Jugend gegangen war, und vermochte nicht, »die behauenen Bausteine eines Lebens, die nur die Spuren meines Meißels tragen, auf dem alten Bauplatz liegen zu lassen, – um nebenan mit Fabrikziegeln an einem fremden gleichgültigen Hause herzlos mitzubauen, im Tagelohn eines kleinen Mannes«.[16] Seine Vorstellungen konzentrierten sich daher auf eine Stellung als Korrespondent, Rezensent oder Kunstkri-

tiker für eine Zeitschrift (in Wien etwa oder in Hamburg
oder Darmstadt); eine Stelle beim Kunstmuseum in Hamburg, oder dem Bremer Museum; einer Reihe öffentlicher
Vorlesungen über moderne Lyrik oder das Drama Maeterlincks; er dachte auch an Übersetzungen aus dem Russischen.
Sogar eine Übersiedlung nach Rußland wurde ernsthaft erwogen, sollte sich dort ein Journalistenposten finden. Pawel
Ettinger gegenüber erklärte er, er fühle sich Deutschland
wenig verwandt, wo er keine Möglichkeit sehe, seinen Unterhalt zu verdienen.[17] Das offene Eingeständnis seiner
Schwierigkeiten und bescheidenen Bedürfnisse trug ihm
zahlreiche teilnahmsvolle Antworten, doch wenige konkrete
Vorschläge ein.

Die größten Hoffnungen setzte er begreiflicherweise auf
Bremen oder Hamburg. Wenn es ihnen irgendwie gelang, in
dieser Gegend zu bleiben, würde Clara leichter Aufträge für
ihre eigene Arbeit erhalten und Stunden geben, vielleicht
sogar eine Kunstschule eröffnen können. Bei Gustav Pauli,
dem Direktor der Bremer Kunsthalle, mit dem er die Aufführung von Maeterlincks *Schwester Beatrix* zur offiziellen Eröffnung des neuen Museumsgebäudes im Februar vorbereitet
hatte, fand er ein geneigtes Ohr. Pauli war der Einzige von all
denen, an die er sich mit der Bitte um Hilfe gewandt hatte,
der zumindest eine vorübergehende Erleichterung verschaffen konnte. Es war freilich Arbeit auf Bestellung: der Auftrag einer Monographie über die Worpsweder Künstler im
Rahmen einer Reihe, die vom Verlag Velhagen & Klasing
herausgegeben wurde. Pauli hatte den Auftrag ursprünglich
selbst angenommen, war aber bei den Künstlern auf Widerstand gestoßen. Seine Fürsprache bei den Verlegern sicherte
den Auftrag nun Rilke, der mit seinen Worpsweder Verbindungen zweifelsohne größere Aussichten auf Erfolg haben
würde.

Der Gedanke gefiel ihm, und er hatte das Gefühl, annehmen zu müssen, obgleich ihn sowohl die Abneigung gegen
das, was er als Lohnschreiberei ansah, wie auch die Schwierigkeit des Themas zögern ließen. Die Worpsweder hatten
sich seit langem auseinandergelebt und konnten nicht mehr
als die Gruppe verwandter Geister behandelt werden, als die

sie bei ihrer ersten Ausstellung vor sieben Jahren erschienen waren. Er stellte sich eine Reihe von fünf Einzelmonographien vor (oder sechs, wenn er Carl Vinnen überreden konnte, der sich beständig gegen jede Art von Darstellung gewehrt hatte), die die individuelle Entwicklung eines jeden Künstlers verfolgen würde, die er selbst aus der Nähe hatte beobachten können. Dabei sollte die Landschaft und Atmosphäre von Worpswede die Verbindung bilden, die er in einer Einführung darstellen wollte. Es sollte keine abschließenden Urteile geben, da sich die Künstler immer noch weiter entwickelten. Als Motto wählte er die Worte Jacobsens in *Niels Lyhne*: »Du sollst nicht gerecht sein gegen ihn; denn wohin kämen die Besten von uns mit der Gerechtigkeit; nein; aber denke an ihn, wie er die Stunde war, da du ihn am tiefsten liebtest. . .«[18] Vogelers Werk kannte er natürlich am besten, er arbeitete im Augenblick tatsächlich an einem langen Essay über den Freund für eine Zeitschrift in Darmstadt. Das Werk Modersohns, Mackensens und Overbecks hatte ihm, wie er an Pauli schrieb, »manchen interessanten Gesichtspunkt« eröffnet, und er war wohl in der Lage, mehr über Hans am Ende und Vinnen herauszufinden.[19] Ende Januar hatten alle bis auf Vinnen zugestimmt, und er entwarf seine Einführung. Mit Sorgfalt widmete er sich der Aufgabe – »nur zur Hälfte Freude, zur Hälfte aber Fron«[20] – und hatte das Manuskript Ende Mai fertig. Er konnte nichts dafür, daß es sich, mit Ausnahme Vogelers, bei den dargestellten Künstlern lediglich um Mittelmaß handelte, und man kann es ihm kaum verübeln, obwohl dies geschehen ist, daß er Paula Modersohn-Becker nicht berücksichtigte, die später als die einzige Künstlerin von Rang aus der Kolonie von Worpswede gelten sollte.

Das Honorar würde gewiß eine große Hilfe sein, dazu war inzwischen auch, als Antwort auf einen unmittelbaren Appell, ein beachtliches Stipendium von der Prager Gesellschaft »Concordia« gekommen. Die ersten Monate des Jahres 1902 fehlte es in der Tat nicht an weiteren Möglichkeiten, Geld zu verdienen. Zeitungen in Bremen, Hamburg und Berlin boten Rezensionen an, in denen er sich als feinfühliger Kritiker erwies, vor allem als er die Begabung in Thomas Manns erstem Roman *Buddenbrooks* und die Bedeutung von Ellen Keys *Jahrhundert des Kindes* erkannte. Im Februar nahmen eine wohlbesuchte Vorlesung über Maeterlinck und die Aufführung der *Schwester Beatrix*, die er selbst inszenierte und zu der er als Gegenstück ein *Festspiel* schrieb, viel Zeit in Anspruch, brachten ihm aber lediglich die höfliche Achtung eines erlesenen Publikums und den Abdruck der Vorlesung ein. Junckers begeisterte Aufnahme des *Buchs der Bilder* war jedoch ermutigend gewesen, und auch wenn der Verleger seiner Bitte um regelmäßige Beschäftigung als Lektor nicht nachkommen konnte, bot er zumindest die Aussicht auf Honorare für Empfehlungen für seine Liste. Er sagte außerdem noch die Veröffentlichung eines Essaybandes des jungen Münchner Kritikers Wilhelm Michel zu, in dem ein Aufsatz über Rilke einen besonderen Platz einnahm. Objektiv gesehen bot Rilkes literarische Tätigkeit tatsächlich eine leidlich gute Aussicht, daß er nach der Einstellung seiner Zuwendung aus Prag am Ende des Sommers sich selbst und seine Familie erhalten konnte. Dies würde auch ohne eine regelmäßige Beschäftigung wie die des Feuilletonredakteurs des Bremer *Tageblatts* – ein weiterer Vorschlag von Pauli – möglich sein. Er scheint jedenfalls kaum an jenen Dingen gespart zu haben, die die meisten Leute in seiner Lage als Luxus betrachtet hätten. Der Plan für das Porträt mit Zwintscher zum Beispiel wurde Anfang März in Angriff genommen – auch ohne Honorar entstanden dabei wohl Kosten für Rilke – und die drohende Armut, die er in seinen früheren verzweifelten Briefen ausgemalt hatte, hielt ihn nicht davon ab, ein Dienstmädchen einzustellen.

In Wirklichkeit war der Weg, den er suchte, schwerlich in einem Leben häuslichen Friedens und einer Brotschriftstellerei zu finden, die doch kaum mehr als journalistisch war. Er hatte auf das Mäzenatentum eines Verlegers gehofft, der genug Vertrauen in ihn hätte, ihm »ein Jahr ruhiger Arbeit« zu finanzieren, und »die Möglichkeit zu jenen Fortschritten zu bieten, von denen ich weiß, daß ich sie jetzt machen könnte«.[21] Doch auch wenn ein derartiger Philanthrop erschienen wäre, der bereit gewesen wäre, die entsprechenden Mittel für einen höchst fraglichen Gewinn einzusetzen, so hätte sich Rilke in einer »normalen« Beziehung zu Clara gewiß nie selbst gefunden. Es war recht schön und gut, in der Ehe das Verhältnis zu sehen, das die gegenseitige Einsamkeit verbürgte. Doch er hatte schon in seinen ersten verzweifelten Hilfsappellen, als der finanzielle Schlag im Januar erfolgt war, die Notwendigkeit der Auflösung des gemeinsamen Haushalts und der Trennung vorausgesehen, damit jeder von ihnen seine eigene Einsamkeit finden konnte, die zur Vollendung ihres und seines Auftrags unerläßlich war. Nachdem sie geglaubt hatten, zusammen sinken zu müssen, als das Wasser um sie stieg, erkannten sie nun, daß sie nur einzeln das Land gewinnen konnten – eine Erkenntnis, die Menschen wie Pauli, der eifrig nach Rettungsringen suchte, befremdet haben muß. Rainers Kunst war, er wußte es selbst, eine einsame Kunst. Seine Bemühungen als »Literat« wurden Lügen gestraft durch ein tiefes Wissen, daß er abseits von jeder Gruppe oder Bewegung stand: »Bin mein eigener Kreis und eine Bewegung nach Innen.«[22] Die Auflösung seines Heims, die seine Briefpartner vermutlich als ziemlich übertriebene Befürchtung abgetan hatten, war tatsächlich der unbewußte Ausdruck einer instinktiven Einsicht, daß dieser für gewöhnliche Menschen undenkbare Schritt für ihn die rechte Lösung war. Die Ehe, die als »Notwendigkeit« erschienen war, hatte sehr bald ein Problem aufgedeckt, das ihn sein ganzes Leben in all seinen Beziehungen zu Frauen und zur Außenwelt begleiten sollte: den unversöhnlichen Widerspruch zwischen der »großen Arbeit« und einem normalen Leben.

Wie Clara wirklich darüber dachte, wissen wir nicht; sie war jedenfalls von seinen Ideen so durchdrungen, daß sie keinen Einwand erhob (»Fordert das denn die Liebe, daß man werde wie der andere?« hatte Paula der Freundin geschrieben[23], die nun für sie verloren schien); bereits im April, als er noch an der Worpsweder Monographie arbeitete, hatten sie ihre Entscheidung getroffen. Er würde im Juni einer neuerlichen Einladung der Schönaich-Caroloths auf das Haseldorfer Gut Folge leisten, dort die letzte Hand an *Worpswede* legen und die Fahnen des *Buchs der Bilder* korrigieren, während Clara mit dem Kleinkind Freunde in Amsterdam besuchen würde; den Rest des Sommers würde man darauf verwenden, die Angelegenheiten in Westerwede abzuwickeln; im Herbst würden sie sich zu getrennten »Arbeitsleben« in Paris aufmachen und Ruth vielleicht bei den Großeltern Westhoff zurücklassen.

Sie wollten beide, so teilte er Pauli in einem Brief aus Haseldorf mit, ihre frühere »Junggesellen«-Existenz wiederaufnehmen, wenn möglich an demselben Ort und derart, »daß jeder sein Leben nach seiner eigenen Arbeit und ihren Bedürfnissen lenkt und lebt ... Das wird die Sache sehr vereinfachen und uns weiterbringen, während dieses mühselige und ängstliche Zusammenleben ein gefährlicher und hoffnungsloser Stillstand ist. Ich glaube mit dem ganzen Herzen, daß Clara Westhoff als Künstler das Allergrößte erreichen kann und ich bin ja auch vor allem in dieser Überzeugung zu ihr getreten, nicht um sie zu stören und zur ›Hausfrau‹ zu machen, im Gegenteil, um ihr zu helfen, den allein und mutig begonnenen Weg sicher und still weiterzugehen.«[24] Gewiß ein aufrichtiges Ziel. Man kann sich jedoch des Eindrucks nicht erwehren, daß der Egoismus seines Verlangens nach dem einsamen Weg Vorrang hatte. In demselben Brief gestand er nämlich ein, er wisse nicht, »was Clara Westhoff für diesen Winter vor hat«. Pauli gegenüber, der sich Clara mehr als hilfreich erwiesen, ihre Büste Vogelers erworben und ihr Räumlichkeiten für eine Schule angeboten hatte, war es ja auch wichtig, die Sorge für ihre Zukunft zu betonen, darzulegen, warum der Plan einer Schule nicht die rechte Lösung sei und ihn weiterhin wegen eines Stipendiums für sie zu bemühen.

Wohin *er* gehen würde, war jedenfalls Paris, ganz gleich, was sich für Clara daraus ergeben mochte. Anfangs waren seine Vorstellungen darüber, was er dort tun würde, ebenso verschwommen wie seine Aussichten auf ein Einkommen. »Ich erhoffe dort viel Hilfe für meine russischen Arbeiten und für alles andere«, hatte er im Mai an Holitscher geschrieben. »Mir fehlen hier manchmal die nötigsten Hilfsmittel: Bibliotheken etc. ... Dort wird alles im Überfluß sein und Einsamkeit dazu.«[25] Während er sich in Haseldorf aufhielt, tauchte ein konkreteres Vorhaben auf. Richard Muther, der nach Vorlesungen in Bremen im vergangenen Herbst in Westerwede zu Gast gewesen war, gab eine Reihe von Kunstmonographien heraus, von denen eine Rodin behandeln sollte. Die Möglichkeit, in der Nähe des Meisters zu sein, hatte bei der Entscheidung für Paris eine bedeutende Rolle gespielt. Clara hatte bereits mit Photographien ihrer Arbeit an Rodin geschrieben, um seinen Rat für die Zukunft einzuholen. Nun kam im Juni von Muther ein offizieller Auftrag für Rilke, die Studie zu schreiben. Dies würde ihm zwar nicht unmittelbar finanzielle Erleichterung verschaffen, doch war es die Grundlage, die er für seine immer noch unsichere Zukunft brauchte. Er schrieb sofort an Rodin, betonte die große Ehre dieser Aufgabe, die Erfüllung einer seiner »brennendsten Wünsche«, bat den »verehrten Meister« um Rat hinsichtlich Lektüre und Quellen für Reproduktionen seiner Kunst und kündigte seine Absicht an, im Herbst nach Paris zu kommen, um ihn kennenzulernen und sich in die Werke, vor allem die Zeichnungen, zu vertiefen. Er erwähnte auch Claras Hoffnung auf Rat und war überglücklich, als er umgehend eine wohlwollende Antwort erhielt, die sie beide zum Kommen ermutigte.[26]

Das *Buch der Bilder*, dessentwegen er mit Juncker einen umfangreichen Briefwechsel geführt hatte, der die Wahl des Papiers, das Binden und den Schriftsatz betraf, erschien im Juli 1902. Es hätte schon früher sein können, wenn Rilke nicht auf durchgehenden Versalbuchstaben bestanden hätte, was dem Drucker große Schwierigkeiten bereitete. Kein einziges Wort sei ohne Bedeutung und Förmlichkeit, teilte er dem Verleger mit, auch das kleinste müsse »monumental werden«.[27] Er bestand überdies auf der äußersten Einfachheit der Ausstattung, wobei Vogelers Vignette mit dem Brunnenmotiv der einzige Schmuck sein dürfe. Junckers Vorschlag einer Subskription lehnte er ab, da er sie bei einem Buch, das Hauptmann gewidmet sei, als geschmacklos empfand; er gab jedoch sein Einverständnis zu einer Beschränkung der Ausgabe auf 500 Exemplare, ohne an ein größeres Publikum zu denken. Die Auswahl wurde mit großer Sorgfalt aus Gedichten getroffen, die über die vorhergegangenen drei Jahre in Meiningen, Schmargendorf und Worpswede entstanden waren: »Russische Dinge« (ein Zyklus über die Zaren), seine Mädchenlieder, das makabre Requiem für Claras Freundin, ein Gedicht für Paula. Der vorherrschende Eindruck ist trotz der Vielfalt von Bildern eher der einer Melancholie als der der Freude, die *Mir zur Feier* erfüllte – einer Melancholie der Kindheit, des »Letzten eines Stammes«, die tiefe Schwermut, die ihn am Ende des eben vergangenen Jahres überkommen hatte – und als Koda stehen die vielzitierten Zeilen über den Tod:

> Der Tod ist groß.
> Wir sind die Seinen
> lachenden Munds.
> Wenn wir uns mitten im Leben meinen,
> wagt er zu weinen
> mitten in uns.[28]

Der Band war in der Tat ein Abschied von einem Teil seines Lebens, der nun abgeschlossen wurde – auch wenn er es nicht so sah. Später sollte er die Sammlung, die ihm immer sehr teuer blieb, mit weiteren Gedichten aus Paris und Schweden für eine weitere Ausgabe ergänzen.

Der Rest des Sommers verging schnell, seine Stimmung wandelte sich in der gespannten Erwartung dessen, was ihm Paris bringen würde. Er würde endlich die Möglichkeit haben, von einem großen Künstler zu lernen, und er war ». . . ganz mit Rodin beschäftigt, der mir wächst und wächst, je mehr ich von seinem Werke höre und sehe«.[29] Er tat zwar alles, was in seiner Kraft stand, um Clara das benötigte Stipendium zu sichern, doch alle Anstrengungen waren vergeblich, und die Aussicht auf ihren Aufenthalt in Paris blieb fraglich; seine eigene Absicht aber blieb fest. Rodin würde im Oktober nicht in Paris sein, aber er war um jeden Preis entschlossen, ihn vor seiner Abreise zu treffen. Weitere Rezensionen und Artikel trugen zu einem Mindestkapital bei. »Ich weiß ja auch schon, daß meine Feder stark sein wird, mich zu tragen: nur darf ich sie nicht in zu früher Zeit mißbrauchen und muß ihr Zeit lassen auszuwachsen.«[30] Es war ein außerordentliches Zutrauen, das sich nur nach vielem Zögern rechtfertigen sollte. Am 26. August 1902 machte er sich nach Paris auf, allein.

III   Paris, Rom und Schweden
1902-1905

>»Il faut travailler toujours . . !«
>Werde ich es können?
>
>(An Clara Rilke, 18. 9. 1902)

> Paris ist eine schwere, schwere, bange Stadt . . .
> Zu alledem ist Rodin ein großer, ruhiger, mäch-
> tiger Widerspruch.
>
> (An Otto Modersohn, 1. 1. 1902)

»Je suis une seule attente: que deviendra?« schrieb er unmittelbar nach seiner Ankunft in Paris an Clara und teilte ihr mit, er
habe ein bescheidenes Zimmer bei freundlichen und hilfsbereiten Leuten gefunden, – »à la troisième ou quatrième étage
(je n'ose pas compter)« – in einem kleinen Hotel in der Nähe
der Sorbonne, wo er seine Abende damit verbringen könne,
zu lesen und Notizen zu machen. »Nachdenken, Ruhe, Einsamkeit: alles, wonach ich mich sehnte.«[1] Er besuchte zuerst
einmal die Orte, die er schon lange hatte sehen wollen, den
Louvre, Notre Dame, das Palais du Luxembourg. All dies sah
er zum ersten Mal, doch mit einem Gefühl der Vertrautheit.
Der bestimmende Eindruck dieser »fremden, fremden Stadt«
war aber einer der Krankheit und des Todes – die Stadt schien
voller Krankenhäuser zu sein. »Ich verstehe, warum sie bei
Verlaine, bei Baudelaire und Mallarmé immerfort vorkommen . . . Man fühlt auf einmal, daß es in dieser weiten Stadt
Heere von Kranken gibt, Armeen von Sterbenden, Völker
von Toten.«[2] Paris sollte größere Vitalität besitzen als jede andere Stadt – Vitalität bedeutete aber nicht unbedingt Leben,
hier war sie nichts als eine ziellose Hast. Rodin würde den Zugang bieten, den Mittelpunkt, um den sich alles drehte, das
fühlte er, und der Gedanke an ihre Begegnung in den nächsten
Tagen vertrieb sein Unbehagen.

Paris war aber auch, wie er sofort spürte, ein Ort, an dem
er und Clara würden *arbeiten* können. Sie zögerte zwar noch,
ihm nachzufolgen, doch er blieb fest und zuversichtlich. »Du
mußt herkommen . . . ein stilles Atelier haben, nichts sonst
und irgendwo eine nicht zu gemütliche Schlafkammer in der
Nähe . . . Wir müssen aufhören, schwach und weich zu sein
und das Leben von vorn beginnen . . . Wir haben ein Leben
um uns eingerichtet, große Umstände gemacht, und das
Resultat war, daß man müde von allen Einrichtungen in den

schönen Zimmern saß und nicht mehr wußte, was man wollte. Laß uns jetzt keine Vorbereitungen machen und gleich arbeiten.« Das vergangene gemeinsame Jahr dürften sie nicht bedauern, denn es sei ein wesentlicher Teil ihres Lebens gewesen, »wir haben die schönsten Schönheiten gesehen, die das Leben zu geben hat«; doch bliebe ihr erhabenes Ziel weiter gültig, »alles, alles an die Kunst zu geben, nichts an das Leben, das uns immer traurig und trübe macht«. Kunst ließe sich aus allem machen, sogar aus den Ängsten, die ihr Paris einflößte.[3]

Rodin empfing ihn zuerst in seinem Atelier in der Rue de l'Université. Er unterbrach seine Arbeit und sprach mit solchem Wohlwollen, daß Rilke trotz seines immer noch stockenden Französisch das Gefühl hatte, eine bereits seit langem bestehende Freundschaft zu erneuern. Rodin war ihm auf den ersten Blick sympathisch: die eindrucksvollen Züge, wie von einem Bildhauer geschaffen, der jugendliche Eindruck, den seine Worte machten, das Lachen, »dieses verlegene und zugleich fröhliche Lachen eines schön beschenkten Kindes«, und nicht zuletzt die Hände, deren Gesten unablässig zu bilden und zu formen schienen. Die Werke, die ihn umgaben, auch die kleinsten, bewirkten, »daß der Raum des Ateliers sich ins Unermessene zu dehnen« schien. Viel stärker noch war sein Eindruck, als er am folgenden Tag die Villa in Meudon besuchte. Rodins Pavillon, den Clara auf der Großen Ausstellung gesehen hatte, stand nun im Garten, den er nahezu völlig ausfüllte, »diese große helle Halle mit allen ihren weißen blendenden Figuren, die aus den vielen hohen Glastüren hinaussehen wie die Bevölkerung eines Aquariums«. Marmorstatuen, Gipsabdrucke, Schränke mit großartigen Fragmenten der »Porte de l'Enfer«, eine wahre Armee von Werken war hier versammelt. Reihe um Reihe von Studien, Armen, Beinen, Torsi, kaum etwas Abgeschlossenes, doch »jeder dieser Brocken ist von einer so eminenten ergreifenden Einheit . . . daß man vergißt, daß es nur *Teile* und oft *Teile* von *verschiedenen* Körpern sind . . . dieser Reichtum, diese unendliche, fortwährende Erfindung . . . diese Jugend . . ! das ist ohnegleichen in der Geschichte der Menschen«.[4] Während er herumwanderte, gesellte sich Rodin von

Zeit zu Zeit zu ihm, doch gelang es Rilke noch nicht recht, die Sprachschranke zu überwinden. Das anschließende Mittagessen im Freien war seltsam. Rilke wurde weder Madame Rodin, die müde und verstört schien, noch den anderen Gästen, die sich einfanden, vorgestellt. Zwischen seinen Gastgebern herrschte eine spürbare Spannung, die ihn an die Szenen bei den Tolstojs erinnerte, obwohl er hier wie dort wenig von den Umständen ahnte, die dahinterstanden. Madame war nach dem Mittagessen durchaus höflich und lud ihn zu den Mahlzeiten ein, wann immer ihn der Weg nach Meudon führe. Das hatte er unbedingt vor, da es so viel zu sehen gab, auch wenn er die Fülle der weißen Figuren und die Art, wie sie ihn blendeten, sehr anstrengend fand.

Während der Septembertage stattete er zahlreiche weitere Besuche ab, durchstreifte die Sammlung, machte sich Aufzeichnungen aus dem Material, das Rodin angesammelt hatte, und bereitete die Monographie vor. Der Meister verbrachte häufig eine oder zwei Stunden mit ihm, und ihre Gespräche hinterließen in Rilke den tiefsten Eindruck. Rodins Besessenheit von seiner Kunst, seine unermüdliche Beobachtung und Ansammlung kleiner Details, aus denen das große Werk erstand, bestätigten das Ziel, das Rilke instinktiv als sein eigenes erkannte. »Seit man die Stände, welche wirklich Arbeit tun . . . für geringer hält, hat man überhaupt den Begriff der Arbeit verloren«, sagte Rodin zu ihm. »Besonders die Künstler sind keine Arbeiter mehr. Ich weiß in ganz Paris fünf oder sechs Menschen, die arbeiten. Alle anderen amüsieren sich . . . Und alle haben keine Geduld. Das aber ist Alles: Geduld und Arbeit. Daran habe ich meine Jugend gegeben. Daran gebe ich jeden meiner Tage.«[1] Und das könne nur in der Einsamkeit erreicht werden – obgleich er einräumte, daß eine Frau eine Notwendigkeit sein könnte. Das abstoßende Schauspiel des Familienlebens Tolstojs, das offenbare Unbehagen, das Rodin in Meudon litt, bestätigten Rilke in der Entscheidung, die er für sich selbst bereits getroffen hatte: Familienglück und Kunst waren nicht zu vereinbaren, es mußte das eine sein oder das andere – und wenn man die Kunst wählte, so mußte man das Glück in ihr finden.

All das setzte er Clara in langen, beinahe täglichen Briefen auseinander, in denen er auch beschrieb, wie er seine Zeit verbrachte und versuchte, sie in demselben Weg zu bestärken. Die Schönheit um uns, so sagte er ihr, ist nur eine der Atmosphäre, nicht der Stärke, sie ist eine Rivalin der Schönheit, die wir in unsrer Kunst erschaffen müssen, »die ... sehnsüchtig auf unsere Hände wartet, wie das Wasser im Brunnen auf den Eimer, der es in die Sonne holt und es aus einem trägen Element zu einem schönen Spiegel des Himmels, des Lichtes und der Luft macht«.[6] Für Clara war es freilich nicht so leicht, einen solchen Bruch zu vollziehen, nicht nur wegen der finanziellen Schwierigkeiten, sondern auch wegen ihres kleinen Kindes, das sie nur sehr ungern den Großeltern anvertrauen wollte. Sie hatte vorgehabt, Ellen Key um Rat und Hilfe anzugehen, in der Hoffnung, die Autorin des *Jahrhunderts des Kindes* würde jemanden kennen, der, von ihren fortschrittlichen Ideen durchdrungen, nach Paris kommen und dort die Sorge für Ruth übernehmen würde. Rainer selbst hatte seine Zweifel, ob man das Kind der ungesunden Atmosphäre von Paris aussetzen dürfe, wo ihm die Kinder in ihren Kinderwagen zu den »Armeen« von Kranken und Sterbenden zu gehören schienen, die er überall sah; er griff jedoch Claras Idee in einem Brief auf, seinem ersten Brief an die schwedische Pädagogin, dem er eine Kopie seiner Besprechung ihres Buches beilegte.[7] Ellen Keys Mitgefühl wurde dadurch geweckt, denn sie war entschieden gegen die Trennung eines Kindes von seinen Eltern. Das schwedische Mädchen, das sich auf ihr Betreiben hin meldete, konnten die Rilkes sich aber nicht leisten. Er schrieb auch wieder an Pauli, drängte auf eine Entscheidung wegen des Stipendiums des Bremer Senats für Clara und auf die restliche Zahlung für ihre Vogeler-Büste. Ohne Rücksicht auf die Schwierigkeiten trieb Clara den Verkauf des Westerweder Heims voran, wobei sie über Vogelers Hilfe froh war, vor allem über seine rasche Bereitwilligkeit, die wertvolleren Gegenstände, die nicht unter den Hammer kommen sollten, für sie einzulagern. Schließlich gelang es ihr mit einer gewissen »privaten Unterstützung« (von Pauli, einer Gruppe von Bremer Kunstfreunden und von ihrem Vater, der ihr, was immer er von Rainers anscheinender Lebensunfähigkeit denken mochte, stets zu Hilfe kam und sich nun mit der Verantwortung für Ruth einverstanden erklärte), in den frühen Oktobertagen nach Paris zu kommen. Zu diesem Zeitpunkt hatte Rainer für sie eine passende Unterkunft mit einem Atelier in der Rue de l'Abbé de l'Epée zwischen dem Boulevard St. Michel und der Rue St. Jacques gefunden – getrennte Unterkünfte, wie sie es vereinbart hatten, wo sie arbeiten wollten, »wie wir noch nie gearbeitet haben«, und einander, außer an den Wochenenden, kaum zu Gesicht bekamen.[8] Am 10. Oktober besuchten sie in Rodins Abwesenheit zusammen Meudon.

Was der Meister über seinen bemerkenswerten Schüler dachte, läßt sich kaum ermitteln. Er sprach kein Deutsch, und so konnte er aus dem Exemplar des *Buchs der Bilder*, das ihm verehrt worden war, keine Vorstellung von Rilkes Begabung gewinnen; Rilkes stockendes Französisch andererseits konnte zu einem Verständnis kaum beitragen. Mit zweiundsechzig war Rodin doppelt so alt wie Rilke und unerbittlich darauf bedacht, daß seine eigene Arbeit nicht gestört wurde. Trotzdem aber scheint er nachsichtig und wohlwollend gewesen zu sein, stellte das Material zur Verfügung, das Rilke brauchte, und gab ihm eine Empfehlung an Eugène Carrière. Es mußte ihn aber überrascht haben, daß seine eigene Einstellung zu seiner Kunst – »il faut travailler toujours, rien que travailler« –, die für ihn etwas ganz Selbstverständliches war, auf den anderen einen solch tiefen Einfluß ausübte. An seiner Fähigkeit verzweifelnd, sich im gesprochenen Wort zulänglich auszudrücken, hatte Rilke ihm am 11. September einen langen Brief geschrieben, in »Dankbarkeit und Freude« über seine Offenbarung des Lebensgeheimnisses des Künstlers: »travailler, c'est vivre sans mourir«. Bis zu diesem Augenblick war die Arbeit, die er liebte, nur eine seltene Feier gewesen, das Harren auf die Eingebung der schöpferischen Stunde; nun erkannte er, daß auch stetiges Bemühen die Eingebung hervorrufen könne, ja, daß es die einzige Möglichkeit sei, sie zu bewahren. »Sie haben mir die Wiedergeburt meines Lebens und meiner Hoffnungen gegeben.« Er würde versuchen, weiter in Paris zu bleiben, nur dieses Ziel im Sinn, für sich wie für seine Frau.[9]

Würde er es aber je erreichen können? – hatte er an Clara geschrieben, würde er den Weg zu solchem Arbeiten finden? Der Bildhauer konnte gleichmäßig weiterschaffen und den Ton oder Marmor geduldig formen, bis er das Bild erreichte, das er sich vorgestellt hatte; wie aber konnte der Dichter auf solche Weise schaffen? Die Sorgfalt, die man für einen Auftrag brauchte, war eines, und er hatte lange Stunden im Louvre und in der Bibliothèque Nationale verbracht, um Vorbereitungen für die Prosa der Rodin-Monographie zu treffen. Aber am Gedicht *arbeiten*? Eingebung zu zwingen, sie einzuspannen? Dazu noch in einer Umgebung, die er als unerwartet rauh und unfreundlich empfand. Das Paris, in dem er »zu arbeiten, wie wir noch nie gearbeitet haben«, geträumt hatte, blieb »unendlich fremd und feindlich«, eine verlorene Stadt, die »wie ein bahnverirrter Stern auf irgendeinen schrecklichen Zusammenstoß zu«-raste.[10] Die stets gegenwärtige und dringliche Notwendigkeit, seine Finanzen aufzubessern, braucht hier gar nicht erst erwähnt zu werden. Die Tatsache aber, daß er auf einem Weg, der mit solchen Schwierigkeiten besetzt war, dennoch das Ideal vor Augen behielt, das ihm Rodin gezeigt hatte – als Dichter Erfahrung in ein objektiv dargestelltes »Ding« zu verwandeln, das als Kunstwerk dastehen konnte, unabhängig im Raum wie eine Skulptur – bewies einmal mehr die beinahe monomanische Hingabe, die ihn seit seinen frühesten Tagen ausgezeichnet hatte. Viele von den Versen, die in jenem Herbst entstanden, waren noch Stimmungsbilder: der Kontrast der Straßen in der Stadt, »Abgrund . . . tiefer als Meeresgrund«, zu der fernen Moorlandschaft, die er verlassen hatte; die fallenden Blätter »als welkten in den Himmeln ferne Gärten«; das Ende des Sommers mit dem Gefühl, »wer jetzt kein Haus hat, baut sich keines mehr. / Wer jetzt allein ist, wird es lange bleiben. . .«.[11] Diese Gedichte bewahrte er für den Ort auf, an den sie gehörten, eine spätere, erweiterte Ausgabe des *Buchs der Bilder*. Im November aber stellte sich die erste Frucht seines neuen Strebens ein, das erste der fein gemeißelten »Werke«, die er zu Recht »Neue Gedichte« nennen sollte: der Panther, der seinen Käfig im Jardin des Plantes durchschreitet, während an seinem müden Blick die Stäbe vorüberglei-

ten, bis er fühlt, daß ihrer tausend sind und jenseits keine
Welt.

Der weiche Gang geschmeidig starker Schritte,
der sich im allerkleinsten Kreise dreht,
ist wie ein Tanz von Kraft um eine Mitte,
in der betäubt ein großer Wille steht.

Nur manchmal schiebt der Vorhang der Pupille
sich lautlos auf –. Dann geht ein Bild hinein,
geht durch der Glieder angespannte Stille –
und hört im Herzen auf zu sein.[12]

Die großartige Wiedergabe des Beobachteten zählt mit Recht
zu den schönsten der *Dinggedichte*, die der Vorstellung vom
Dichter als »Hand-Werker« entstammte, die er von Rodin
übernahm.

In seiner Studie des Meisters, die er Anfang Januar vollendete und die mit einer Widmung an Clara im darauffolgenden
Frühjahr erschien, sah er Rodin als einen Künstler, der einmal mehr die uralte Sehnsucht der menschlichen Seele nach
einer Kunst erfüllte, »die mehr gibt als Wort und Bild, mehr
als Gleichnis und Schein: nach dieser schlichten Dingwerdung ihrer Sehnsüchte oder Ängste«[13], so wie in den Bild-
werken der Antike, des Mittelalters und der Renaissance. Er
zeigte Rodins Fortschritt von Aufträgen der Gebäudedeko-
ration (wie der Brüsseler Börse oder einem Denkmal im Park
von Loos) – in Parallele zu den Werken seiner Vorgänger an
den großen gotischen Kathedralen – zu der Verwirklichung
von Dingen, die allein stehen konnten, vollendet, sichtbar in
ihren drei Dimensionen; Rodins Verzicht auf die traditionellen Konzepte der Bildhauerkunst (gestellte Schönheit, Grup-
pierung, »Komposition«) zugunsten des alleinigen Ziels
einer Wiedergabe des Oberflächenreliefs, »le modelé«, seiner
Gegenstände in unendlich wechselnden Formen, die Rilke
als den wahren Stoff seiner Kunst erkannt hatte. Die Geduld,
die unermüdliche Hingabe eines Lebens, das »geht wie ein
einziger Arbeitstag«[14] – das Ideal, das Rilke für sich selbst
suchte – ist der Leitgedanke einer Studie, die gleichzeitig sein

feines Einfühlungsvermögen in die bildenden Künste zeigt. Sie bleibt jedoch dichterische Idealisierung, der ein wirklich tiefes Verständnis für den Kampf, den Rodin durchzustehen hatte, wie für die Kontroversen, die sein Werk hervorrief, abging.

Die Finanzen blieben nach wie vor ein beunruhigendes Problem. Die Monographie würde ihm ein lächerliches Honorar von 150 Mark einbringen – was sogar bei seiner vegetarischen und alkoholfreien Ernährung nur für etwa einen Monat reichen würde. Er schrieb weiter Besprechungen, für Zeitungen in Bremen und in Berlin; *Die Zeit* in Wien brachte im November einen weiteren Essay über die Strömungen in der modernen russischen Kunst. Gegen Jahresende bot ihm Juncker die Revision einer Übersetzung aus dem Dänischen an, andere Aufträge dieser Art, darunter Lektoratsarbeiten, folgten im neuen Jahr. Als er im Januar 1903 dagegen protestierte, daß man zehn seiner Gedichte, zum Teil mit willkürlich gewählten Titeln, in einer in Stuttgart erschienenen Ausgabe veröffentlicht hatte, unterließ er es nicht, das Mindesthonorar von 50 Pfennig pro Zeile zu fordern.[15] Mit solch kleinen Hilfen konnte er sich knapp über Wasser halten; obgleich ein langer Aufenthalt in Paris nicht in Frage zu kommen schien und die Zukunft noch ungewiß war, wollte er, wie er Juncker mitteilte, zumindest bis zum Frühjahr dort bleiben. Wenn er und Clara nicht nach Oberneuland fuhren, um Weihnachten mit Ruth zu verbringen, so war dies wohl ebenso seiner Abneigung gegen ein neuerliches Familienleben (vor allem mit seinen Schwiegereltern) wie dem Mangel an Geld zuzuschreiben. Es gelang ihnen aber doch, im Laufe des Januar ein paar Tage zusammen in der Bretagne zu verbringen. Wann immer er sich aber zu einer großzügigen Geste mit seinem Werk bewegt fühlte, kam es ihm nicht auf die Kosten an. Juncker wurde gebeten, ein Exemplar des *Buchs der Bilder* an das schwedische Mädchen zu schicken, das ihnen Ellen Key hatte vermitteln wollen und das sich nun auf dem Weg nach Amerika befand (»eine schwere Fahrt . . . auf der ich Sie gerne mit meinen Versen begleiten will«[16]). Ein weiteres Exemplar ging zusammen mit *Die Letzten* an Ellen Key selbst, die ihm begeistert über die *Geschichten vom lieben Gott* geschrieben hatte. Dabei mögen freilich materielle Absichten mitgespielt haben, da das Interesse, das sie für sein Werk bekundete, womöglich eine Unterstützung verhieß.

Trotz all seiner Entschlossenheit, zu arbeiten wie Rodin, konnte er sich nicht zum Schreiben zwingen. »Allein schon das Bewußtsein, daß zwischen meinem Schreiben und des Tages Nahrung und Notdurft eine Beziehung besteht, genügt, mir die Arbeit unmöglich zu machen. Ich muß auf das Klingen warten in der Stille, und ich weiß, wenn ich das Klingen *dränge*, dann kommt es erst recht nicht.«[17] Clara besaß wenigstens die Werkzeuge, die ihm fehlten, und arbeitete gleichmäßig, bisweilen sogar an einem Auftrag; doch auch ihre Freude wurde durch seine Niedergeschlagenheit getrübt, die sich im Februar bei einer schweren Grippe noch verschlimmerte und ihm Paris zunehmend unerträglich machte. Paula Modersohn konnte in ihrer naiven Vorfreude über die Möglichkeit, diese Stadt wiederzusehen, die »Freudlosigkeit« ihrer Freunde in solcher Umgebung nicht verstehen. Ein Jahr zuvor hatte sie ihnen nicht ihre Enttäuschung darüber verborgen, daß Rainer Clara seine Persönlichkeit aufgezwungen hatte, Clara hatte in ihren Augen ihr altes Selbst »als Mantel gebreitet, auf daß Ihr König darüber schreite«. Die folgende Entfremdung war für alle schmerzlich gewesen, und Rainer und Clara waren froh, als Paula, nachdem Rainer mit einem langen Brief der Rechtfertigung den Weg geebnet hatte, in Paris ankam und die Freundschaft wiederhergestellt werden konnte. Paula sah jedoch deutlich die bedrückenden Ängste, die die Stadt in den beiden hervorrief. Es herrsche über ihnen, so schrieb sie an ihren Mann, »immer dasselbe freudlose Verhängnis«.[18]

> Steht mir das noch zu tun bevor
> was das Leben von mir verlangt

lautet ein Vers, den Rainer zu dieser Zeit schrieb; und wiederum

O, ich möchte meine Stimme heben
aus der Welt, in der sie wirr verweht,
an Verlornes bindet sich mein Leben
und ich weiß, daß meine Zeit vergeht.

Aufgerichtet aus dem Ungewissen
fühl ich meinen letzten Richter nahn;
wehe, meine Hand wird ausgerissen,
denn sie lebte und hat nichts getan.[19]

Doch trotz seiner Depression hielt er eisern an seinem Ideal
fest. In einem langen und durchdachten Brief an Franz Kappus, einen jungen Kadetten an der Akademie in Wiener
Neustadt, der ihn um Rat für seine Gedichte gebeten hatte,
bestand er auf der Berufung, der einsamen Hingabe, die für
den wahren Dichter unumgänglich sei: »in sich zu gehen und
die Tiefen zu prüfen, in denen Ihr Leben entspringt; an seiner
Quelle werden Sie die Antwort auf die Frage finden, ob sie
schaffen *müssen*. Nehmen Sie sie, wie sie klingt, an, ohne
daran zu deuten. Vielleicht erweist es sich, daß Sie berufen
sind, Künstler zu sein. Dann nehmen Sie das Los auf sich,
und tragen Sie es, seine Last und seine Größe, ohne je nach
dem Lohne zu fragen, der von außen kommen könnte. Denn
der Schaffende muß eine Welt für sich sein und alles in sich
finden. . .«[20]
    Die Studie über Rodin war fertig, und er wollte dem
Druck von Paris zumindest auf eine Weile entrinnen, um
seine Gesundheit in einem wärmeren südlicheren Klima wiederherzustellen. Er dachte an Spanien und schrieb sogar an
den Künstler Ignacio Zuloaga, dessen Werke er in Bremen
und Paris bewundert hatte, mit der Bitte um Rat. Schließlich
begnügte er sich jedoch mit dem billigeren und vertrauteren
Italien. Clara arbeitete noch an einem Auftrag; so fuhr er
allein zuerst nach Genua, dann nach Santa Margherita, wo er
vergeblich der Flut deutscher Touristen zu entkommen versuchte. Endlich erreichte er Viareggio, das ihm fünf Jahre
zuvor eine so friedliche Einsamkeit geboten hatte. Seine
Befürchtungen, daß auch dieser Ort sich verändert haben
mochte, schwanden schnell im Sonnenschein eines Sonntag-

morgens: die gleichen Mädchen promenierten Arm in Arm, die Fischer sangen vor der Osteria, das Meer murmelte denselben beruhigenden Hintergrund zu Worten und Schweigen. Sein früheres Hotel de Florence hatte freilich einen neuen Standort bezogen, doch Signora Malfatti erkannte ihn und machte es ihm in dem neuen Haus, das näher zum Meer lag, angenehm. Anfangs hatte er zwar Schwierigkeiten mit aufdringlichen Schwätzern, diesmal englischer Herkunft, doch er konnte sich in eine Strandhütte retten, die er am Ende der Promenade gemietet hatte. Dort vermochte er endlich die ungestörte Ruhe zu genießen, deretwegen er gekommen war, er konnte seine bloßen Füße im weichen, sauberen Sand ausstrecken und sogar nackt baden, wenn niemand vorbeikam. Die Flucht aus der bedrückenden Atmosphäre der Stadt genügte, um ihn sogleich gesunden zu lassen. Der zweiwöchige Aufenthalt, den er ursprünglich geplant hatte, zog sich trotz veränderlichem und gelegentlich stürmischem Wetter weit über vier Wochen hin, und er scheute sich nicht, seinen Vater um Mittel zur Überbrückung zu bitten. Seine häufigen Briefe an Clara zeugen von einem leichteren Herzen und zuweilen von einem Humor, der lange gefehlt hatte. Er könne sich zwar seine nächste Arbeit noch nicht vorstellen – eine Studie über Carrière vielleicht, oder nach einem Besuch in Spanien über Zuloaga – doch fühle er, daß es immer noch die Einsamkeit von Paris sei, in der er zu dieser Arbeit finden würde, eine Einsamkeit inmitten der Stadt, so vollkommen wie die gegenwärtige, doch müsse diese Einsamkeit zuerst »wieder fest und sicher sein wie ein nie betretener Wald, der sich nicht vor Schritten fürchtet«.[21]

Vor seiner Reise in den Süden hatte er an Juncker einige der Manuskripte zurückgesandt, um deren Durchsicht ihn der Verleger gebeten hatte. In den ersten paar Tagen in Viareggio hatte er diesen Auftrag gewissenhaft abgeschlossen. Nach Erledigung dieser Pflicht fand er wieder die Inspiration zu seiner eigenen Arbeit. Innerhalb einer Woche im April hatte er weitere »Gebete« niedergeschrieben, das *Buch von der Armut und vom Tode*, welches den dritten Zyklus des *Stundenbuchs* bilden sollte. Mit dem Gefühl, tief unter der zerschmetternden Last von Bergen begraben zu sein (ein

Bild, das seiner Platzangst in den Eisenbahntunnels nach Genua entsprang), ruft er aus:

> Bin ich im Basalte
> wie ein noch ungefundes Metall?
> Ehrfürchtig füll ich deine Felsenfalte,
> und deine Härte fühl ich überall.

> Oder ist das die Angst, in der ich bin?
> die tiefe Angst der übergroßen Städte,
> in die du mich gestellt hast bis ans Kinn?

Die Gebete gelten der Erlösung von den Städten, wo alles falsch ist und wo das unnatürliche Leben dem Menschen einen unnatürlichen Tod einbringt:

> O Herr, gib jedem seinen eignen Tod.
> Das Sterben, das aus jenem Leben geht,
> darin er Liebe hatte, Sinn und Not.

> Denn wir sind nur die Schale und das Blatt.
> Der große Tod, den jeder in sich hat,
> das ist die Frucht, um die sich alles dreht.

Und sie setzen sich in einem Hymnus zum Preis der Armut fort, die ihm »ein großer Glanz aus Innen ist«, mit dem Lob »vom Haus des Armen wie ein Altarschrein« und der Huldigung an Franz von Assisi als »der Armut großer Abendstern«.[22]

Für manche Leser weisen diese Themen eine grundsätzliche Christlichkeit auf – in der Tat, in seiner Verherrlichung der Armut kommt Rilke dem orthodoxen Glauben, den er schon längst abgetan hatte, sehr nahe –, und als das *Stunden-Buch* schließlich im Jahr 1905 vollständig veröffentlicht wurde, schienen die drei Teile des Zyklus ein organisches Ganzes zu bilden. Und doch bleibt trotz der beschwörenden Kraft der Verse die Aussage zweideutig.

Er war nicht bereit, sich festzulegen, wie er an Ellen Key 1904 schrieb, die ihn nach seiner Einstellung zur Unsterblich-

keit befragt hatte, »weil in jeder solchen fertigen Auffassung etwas Abschließendes liegt, – ich aber nirgends mich abgeschlossen und fertig fühle, sondern lauter Verwandlung bin. Ich
möchte für alles das einmal *meinen eigensten* Ausdruck haben«.²³
Ein großer Teil seines späteren Werks sollte Variationen dieses
Versuchs gelten. Lou mag wohl recht haben mit ihrer Vermutung, daß die Vorstellung vom »eigenen Tod«, die aus Jacobsen
stammte (dessen Romane er, wie immer, in Viareggio bei sich
hatte), »eine Reaktion auf Todesfurcht« darstellte und »eine ab-
geblaßte Unsterblichkeitshoffnung« war. Doch er ließ nie nach
in der Suche nach dem Sinn von Leben und Tod, wobei er stets
an ihre wesentliche Einheit, wie die beiden Seiten einer Münze,
glaubte, auch wenn er schließlich – wiederum in den Worten
Lous – »trostlos« gestorben sein mag.²⁴

Wie die Bücher vom *Mönchischen Leben* und der *Pilgerschaft*
unter dem Eindruck der Erlebnisse von Rußland und Worps-
wede/Westerwede in einem Sturm zu ihm gekommen waren,
so entstand nun das *Buch von der Armut und vom Tode* aus dem
bitteren Geschmack von Paris, aus dem Schrecken seiner
Armut und seiner »Armeen von Sterbenden«. Das bedeutete
einen gewissen Rückschritt. Weit davon entfernt, nach dem
Beispiel Rodins ein »Kunstding«, beobachtetes und in Worten wiedergeschaffenes Leben, zu gestalten, war Rilke hier
noch das Werkzeug einer Eingebung, die in seinem Innern
entsprang und sich in einem Stil ergoß, dessen gefährliche
Leichtigkeit ihn, wie er später gestand, hätte verleiten können, endlos in dieser Art weiterzumachen. Sein Ideal stand
aber weiterhin vor seinem Auge; er würde zwar nach Paris
zurückkehren, das ihm inzwischen weniger schrecklich erschien, doch dachte er für den Herbst und Winter bereits
wieder an Italien, vielleicht kam sogar Rom in Betracht.
Außer Jacobsen und der Bibel las er nun noch Paters *Imagi-
nary Portraits* und ein Werk über Leonardo. Auch hatte, wie
er beim Erscheinen seiner Monographie an Rodin geschrieben hatte, das Werk des Meisters nie aufgehört, ihn zu beschäftigen – das Buch war »das kleine Tor« gewesen, »durch
das es in mein Leben getreten war, um von jenem Augenblick an in jeder Arbeit, jedem Buch zu sein, das mir zu
vollenden erlaubt sein mag«.²⁵

Ellen Keys Briefe waren ihm nach Viareggio gefolgt. Seit er sie zum erstenmal um Hilfe gebeten hatte, hatte sie lebhaftes Interesse an seinem Leben und seiner Arbeit genommen, und er hatte sich seinen eigenen Worten nach wie ein Sohn an sie als einen Menschen gewandt, von dessen Einfluß er sich Unterstützung versprach. Sie hatte um Exemplare seiner Bücher und um Angabe aller Einzelheiten seiner Herkunft und Pläne gebeten. Anfang April konnte er ihr den *Rodin* schicken, zusammen mit einem weiteren Exemplar, das sie an Georg Brandes in Kopenhagen weiterreichen sollte. Begleitet wurden diese Bücher von einem ungeheuer langen Brief, ganz in der Tradition des Briefes, den er vor beinahe einem Jahrzehnt an Vally geschrieben hatte, und des Briefes an Ganghofer. Er enthielt dieselbe Geschichte einer düsteren Kindheit und der fünf Jahre in der Strafanstalt von Militärschule und betonte seine Entschlossenheit, auf dem gewählten Weg weiterzugehen, auch wenn ihn das anscheinend dazu verdammte, von der Hand in den Mund zu leben. Welch konkrete Hilfe er sich von Ellen Key erwarten konnte, war ungewiß, die Selbsterforschung in diesem Brief unterstützte jedoch die Therapie einer Loslösung von Paris, und als er am Monatsende über Avignon und Dijon zurückkehrte, hatte er das Gefühl, einen neuen Frieden gefunden zu haben.

Die Stadt ließ sich jedoch nicht so leicht überwältigen. Innerhalb weniger Tage war das bedrückende Gefühl zurückgekehrt, daß er wieder »in einem weiten schreienden Gefängnis« steckte. Sogar der Frühling schien sich fast unmittelbar in »einen unnatürlichen, häßlichen Herbst« zu verwandeln.[26] Der Salon von 1903 wurde in seinen Augen nur durch das Werk Zuloagas vor Mittelmäßigkeit bewahrt, und die Anwesenheit des spanischen Malers in Paris war der einzige Lichtblick in seiner Niedergeschlagenheit. Im Juni beschlossen er und Clara, sofort nach dem Abschluß ihres gegenwärtigen Auftrags nach Deutschland zurückzukehren, konnten sich aber für keinen bestimmten Ort entscheiden. Die Familienverhältnisse waren, wie er an Gerhart Hauptmann schrieb, einer Rückkehr nach Oberneuland und zu Ruth nicht günstig. Abermals erschien ihnen das Sanatorium Weißer Hirsch in Dresden als heilsame Abwechslung. Für

Clara bestand wieder Aussicht auf ein Stipendium vom Bremer Senat, das ihr vielleicht einen Aufenthalt in Rom ermöglichte, und so bedrängte er Rodin, sie in ihrem Atelier zu besuchen und eine wohlwollende Empfehlung auszustellen. Gegen Ende Juni einigten sie sich auf Worpswede, wo Vogeler in seiner üblichen Gutmütigkeit bereit war, sie im Sommer vorübergehend bei sich aufzunehmen.

Die Schwere der Pariser Neurose läßt sich daran ermessen, daß er sich nach mehr als zwei Jahren des Schweigens getrieben fühlte, wieder an Lou zu schreiben und sie an das Versprechen in ihrem »letzten Zuruf« zu erinnern. Offensichtlich hatte er nun das Gefühl, daß die Krise nahe war, die Pineles vorhergesehen hatte. »Seit Wochen will ich diese Worte schreiben und wage es nicht aus Furcht, es könnte viel zu früh sein; wer weiß, ob ich in der schwersten Stunde kommen kann.« Dürfe er ihnen beiden nach seiner Rückkehr nach Deutschland einen Besuch abstatten? Wenn nicht, so bitte er um die Adresse von Pineles. Sie erwiderte kurz, doch tröstlich: er sei jederzeit, in guten wie in schweren Stunden, willkommen, doch schlage sie vor, einander erst einmal brieflich wieder zu begegnen. »Für zwei alte Schreiberiche wie wir bedeutet das ja nichts Künstliches; und wovon Du mir auch sagen willst, es wird zu mir gerade so kommen wie einst zu – Lou.« Am 30. Juni, am Vorabend seiner Abreise aus Paris, bekannte er ihr seine tiefste Not – ihr als dem einzigen Menschen, der verstehen, erklären konnte, was sie bedeutete, und der ihm sagen konnte, was er tun müsse. Es sei so viel zu berichten, sein Leben sei um vieles älter geworden als nur die beiden vergangenen Jahre – »doch bin ich nicht älter geworden, nicht geschickter zum Täglichen und nicht tüchtiger. Ich bin immer noch Lebens-Anfänger und habe es schwer.«[27]

Dieser und die folgenden Briefe, die in diesem Sommer aus Worpswede kamen, zählen zu den bemerkenswertesten, die er je schrieb. Lou gegenüber, die ihn so gut kannte, war die absichtliche Stilisierung nicht nötig, die seine »Bekenntnisse« vor anderen, wie Ellen Key, verhüllte. Erleichtert über ihre Bereitwilligkeit ihm zuzuhören, sandte er ihr seine ausführliche Anamnese eines ungewöhnlichen Falles, wobei er versuchte, das Zusammenwirken psychischer und physischer Spannungen darzustellen, das ihn in diesen Engpaß getrieben hatte. »Da habe ich ein Buch von Rodin geschrieben, das gut ist. Und dann habe ich still und strenge versucht, immer in Arbeit zu sein, und meine Bestürzung ist groß, wenn ich fühle, daß es mir nicht gelungen ist. Die Stadt war wider mich, aufgelehnt gegen mein Leben und wie eine Prüfung, die ich nicht bestand.« Er beschrieb die »endlosen Fiebernächte«, den Rückzug nach Viareggio und die langsame Genesung, der Symptome folgten, die er sich anfangs einzubilden glaubte, merkwürdige Zustände seines Körpers, die er eine Zeitlang durch Willensstärke meisterte. »Aber dann kam etwas so Banges, kam und kam wieder und verließ mich nicht mehr ganz«, wie die großen, unbeschreiblichen Ängste seiner Kindheitskrankheiten, nur kamen sie diesmal wieder und wieder, wenn er sich wohl fühlte, »und nahmen mein Herz und hielten es über das Nichts . . . alles verändert sich, fällt mir von den Sinnen ab und ich fühle mich hinausgedrängt aus der Welt . . . in eine andere ungewisse, namenlos bange Umgebung . . . Dann war mir, als würde ich keinen erkennen, der bei mir einträte, und als wäre auch ich allen fremd wie ein in fremden Landen Gestorbener, allein, überzählig, ein Bruchstück anderer Zusammenhänge.« Und er habe gefürchtet, die »schwerste Stunde«, von der sie gesprochen hatten, würde in jener anderen Welt über ihn kommen, aus der er niemals zurückkehren könnte.[28]

Kein Grund zur Furcht, erwiderte Lou, es sei vermutlich die Influenza gewesen, die zu solch intensiven Depressionszuständen geführt habe. Doch sie ermutigte ihn, weiter zu schreiben – das schon würde ihm eine gewisse Hilfe bieten, vor allem, wenn seine Briefe zu jemandem kämen, der »heimisch ist in der Freude. Denn andre Kraft, Rainer, hatte auch ich nie, als die eingeboren ist aller Freude«. Er würde versuchen, schrieb er ihr nach den ersten zwei Wochen in Worpswede, ihren Rat zu befolgen und seine Furcht zu überwinden; die physischen Symptome waren jedoch schlimmer gewesen als zuvor, mit Migräneanfällen, starken Zahnschmerzen, Augenschmerzen und schließlich Halsentzündung und Fiebrigkeit. Er hatte das Gefühl, irgendeine Unregelmäßigkeit des

Kreislaufs könne hinter der ungewöhnlichen körperlichen und geistigen Verfassung stecken. Obgleich ihm das ruhige Zimmer, das er für sich allein hatte, eine gewisse Erleichterung verschaffte, war der Barkenhoff nicht mehr der friedliche Hafen von früher. Vogelers Frau erwartete in Kürze ihr zweites Kind, und das erste, in Ruths Alter, »zwitscherte« im Garten. Sobald es ihm besser ging, wollte man eine Woche bei den Westhoffs verbringen, doch er fürchtete die Störung durch die unvermeidlichen Familienstreitigkeiten in Oberneuland, auch wenn er sich nach einer Möglichkeit sehnte, Ruth ein wenig kennenzulernen. »Ich möchte nicht wieder fortgehen ohne dieses Wiedersehen, selbst wenn es mit einem neuen Abschied fast zusammenfällt. Ich brauche eine Freude und dieses will ich als Freude leben und behalten; denn wo soll ich sonst eine Freude suchen, die mir gehört. . .«[29]

In der Zwischenzeit wollte er versuchen zu arbeiten und vielleicht die begonnene Übersetzung des altrussischen »Igor-Lieds« fortsetzen. In seinem nächsten Brief einige Tage danach wurde jedoch die wahre Quelle seiner Beschwerden deutlich: die übermächtigen Schrecken des Pariser Lebens, von denen er jede Einzelheit in sich aufgenommen hatte, und seine Unfähigkeit, Rodin in der »Dingwerdung« von »Sehnsüchten oder Ängsten«[30] zu folgen und in objektive Kunstwerke umzusetzen, was er beobachtet hatte – »Dinge machen aus Angst«. In lebhafter Genauigkeit beschrieb er Lou das »trostlose, mißfarbene Mimicry« der unmäßig großen Stadt, unter dem ihre Bewohner litten, Menschen, die »Trümmer von Karyatiden« waren, »das ganze Gebäude eines Leides, unter dem sie langsam wie Schildkröten lebten«; die Armeen der Kranken und Sterbenden, die alten Frauen mit schweren Körben oder jämmerlichem Schund zum Verkauf, »deren Augen wie Pfützen austrockneten«; das Volk, das sich in irgendeinem Zustand des Übergangs vorbeiwälzte, »vielleicht vom Wahnsinn zur Heilung, vielleicht auch auf den Irrsinn zu«, und sein Gefühl der völligen Vereinsamung unter ihnen; die Wagen, die mitten durch ihn hindurchfuhren, ihn überrollten, »wie über eine schlechte Stelle, in der altes Wasser sich gesammelt hat.« »O, Lou, ich habe mich so gequält, Tag für Tag. Denn ich verstand alle diese Menschen ... Es riß mich aus mir hinaus in ihr Leben hinein, durch alle ihre Leben durch.« Gebannt von den zwanghaften Bewegungen eines Mannes, der mit dem Veitstanz geschlagen war und dessen Weg die Straße entlang er einfach folgen mußte, fühlte er sich verbraucht, »als hätte die Angst eines anderen sich aus mir genährt und mich erschöpft«. »Hätte ich die Ängste, die ich so erlebte, *machen* können, hätte ich Dinge bilden können aus ihnen ... Aber diese Ängste, die mir aus jedem Tag zufielen, rührten hundert andere Ängste an.«[31]

Lou erkannte sogleich, daß ihn der bloße Akt des *Schreibens* bereits auf den Weg der Rettung geführt hatte, daß schon die Übermittlung dieser Eindrücke an einen anderen bedeutete, sie in die »Dinge« umzusetzen, nach denen er verlangte, ganz wie die Schöpfung eines Gedichts. Der Dichter, schrieb sie, hatte begonnen, aus den Ängsten des Menschen zu schaffen. Die Wirklichkeit, die er suchte, war bereits in ihm. Er sei »wie ein Stückchen Erde geworden, worin alles was da hineinfällt, und sei's auch das Zerbrochenste, Mißratene, Widerwärtigkeit und Abfall, sich einheitlich verarbeiten muß für den Samen, der gesäet ist. Und da schadet es nicht, wenn es zu Beginn aussieht wie ein über die Seele ausgestürzter Kehrichthaufen: es wird alles zu Erde, es wird Du. Nie warst Du der Gesundheit so nah wie jetzt!«[32] Auch er mußte dies unbewußt gefühlt haben, denn sein langer Brief mit den präzisen Eindrücken von Paris fand seinen Weg beinahe wörtlich in das »Ding«, das er schließlich aus dieser erschütternden Erfahrung machen würde – die *Aufzeichnungen des Malte Laurids Brigge*. Doch sollte es noch lange dauern, bevor er die Krise schließlich auf solche Art überwinden konnte.

»Was ich wirklich empfange«, so schien es ihm im Augenblick, »fällt zu tief in mich hinein, fällt, fällt jahrelang, und schließlich fehlt mir die Kraft, es aus mir aufzuheben, und ich gehe bang mit meinen beladenen Tiefen umher und erreiche sie nicht.«[33] Erwartungsgemäß verlief der Besuch in Oberneuland nicht angenehm, und die streitsüchtigen Ausbrüche seines Schwiegervaters zerstörten die Freude ihrer Wiedervereinigung mit Ruth. Die bevorstehende Geburt von Vogelers zweitem Kind trieb sie dennoch im August wieder dorthin zurück. Man mußte sparen, wenn der geplante Winteraufenthalt in Rom Wirklichkeit werden sollte; außerdem kam ihm nun die Landschaft von Worpswede, die einst weit und einladend gewesen war, klein und eng vor, der Barkenhoff schien tagtäglich tiefer in Selbstzufriedenheit zu sinken, während Vogeler in Häuslichkeit abglitt und seine Kunst an Schärfe verlor. Rainer erkannte nun, wie er Lou gestand, was für ein Fehler es gewesen sei, sich an Familie und Haus zu binden: »Was war mir mein Haus anderes als eine Fremde, für die ich arbeiten sollte, und was sind mir die nahen Menschen mehr als ein Besuch, der nicht gehen will . . . Wem kann ich was sein, da ich doch keinen Beruf habe zu den Menschen und kein Recht auf sie?« Nach Rodin konnte es für ihn, das wußte er, keine Wirklichkeit mehr außerhalb seiner Arbeit geben – sie war sein Haus, »dort sind die Gestalten, die mir wirklich nahe sind, dort sind die Frauen, die ich brauche und die Kinder, die aufwachsen und lange leben werden«. Doch wie sollte er den Weg dorthin finden? Wie seinen Strom in eine einzige Bahn lenken statt ihn in tausend getrennten Kanälen zu vergießen?[34]

Irgendwie mußte er das Arbeiten lernen, mußte das Werkzeug finden, das dem Werkzeug Rodins entsprach, »meinen Hammer, daß er Herr werde«. Lou erkannte nun nach der Lektüre seines *Rodin* ganz richtig, daß diese Begegnung im Verein mit Paris der Grund für seinen Zustand war, daß die Unmöglichkeit, seine Kunst die feste Form eines Rodinschen Werkes annehmen zu lassen, zur geistigen wie körperlichen Erkrankung geführt hatte. Es wurde ihm klar, »daß ich ihm, Rodin, folgen muß: nicht in einem bildhauerischen Umgestalten meines Schaffens, aber in der inneren Anordnung des künstlerischen Prozesses«, er mußte Geduld in der Beobachtung lernen und eine ständige, dauernde, tagtägliche Hingabe an ihre Umwandlung in Kunst.[35] Italien könnte vielleicht den Weg weisen – die alten Denkmäler zu sehen, Clara für den Winter dort zurückzulassen und eine stillere Zuflucht zu suchen, »ein Gefäß, in dem ich mich sammeln kann«.[36]

Was er suchte, lag immer noch außerhalb seiner Reichweite, und die praktischen Probleme seines Lebens blieben ungelöst. Lous aufrichtige und einfühlsame Analyse hatte aber die Angst verscheucht, daß sein Fall hoffnungslos sei.

Das wachsende Unbehagen in seinen Beziehungen zu den Westhoffs ließ ihn nun eifriger die Pläne zur Abreise betreiben, und er beschloß, früher abzufahren und eine ausgedehntere Route nach Italien zu nehmen. Seine Eltern machten, getrennt wie üblich, in westböhmischen Bädern Ferien. Nach einem Besuch bei ihnen würden er und Clara in München und Venedig haltmachen, wo Bilder Zuloagas ausgestellt waren, und dann über Florenz nach Rom weiterreisen. Vor ihrer Abreise am 21. August sandte Rainer an Lou das dritte Buch der *Gebete*, das sie zu den anderen legen sollte, die sie in Handschrift besaß: »meine Gedanken ruhen, jenseits von dieser Reise, bei einer Wiederkehr aus, da ich kommen und vor Dir aus meinen Gebeten lesen darf, die dann schon lange Dir gehören.«[37] Wie sie ihre Reise finanzierten und wovon sie in Rom zu leben hofften, ist keineswegs klar, obwohl Clara weiterhin von den Bremer Freunden und ihrem Vater unterstützt wurde, was zumindest den Winteraufenthalt in Italien sicherte. Josef Rilke schrieb mit gewisser Besorgnis aus Marienbad, sie möchten ausgefallene Kleidung vermeiden, wenn sie kämen, und bot notfalls die Bezahlung eines Schneiders in Prag für Rainer an. So mochte auch er wieder einmal geholfen haben. Am 10. September 1903 erreichten sie Rom.

2

So ganz Anfänger dessen, was ich werden muß.
(An Ellen Key, 14. 2. 1904)

Die ersten Wochen in Rom förderten seine Hoffnungen auf eine »Rettung durch Arbeit« in der neuen Umgebung kaum. Ihre Unterkunft lag zwar in der Via del Campidoglio mit Blick auf das Forum, doch betrübte es ihn, Roms glänzende Vergangenheit in scheinbar zusammenhanglosen Bruchstücken vorzufinden, in »der unlebendigen und trüben Museumsstimmung«,[1] trotz der Schönheiten der lebendigen Stadt um ihn, der Brunnen, Gärten, herrlichen Terrassen und kaskadenartigen Treppen. Nach langer Suche gelang es

Clara, in eine Wohnung in der Villa Strohl-Fern außerhalb der Porta del Popolo zu übersiedeln. Hier, in einem riesigen verwilderten Park, der einst zu den Borghese-Gärten gehört hatte, hatte der reiche elsässische Kunstfreund, Alfred Strohl-Fern, eine Reihe abgeschlossener Ateliers eingerichtet, die er gegen bescheidenes Entgelt an Künstler vermietete. Rainer hielt eines dieser Ateliers, ein alleinstehendes Sommerhaus, das über eine Brücke gebaut war, für den geeigneten Ort für sich selbst. Es besaß einen Raum mit einem hohen Fenster und ein flaches Dach, das weite Ausblicke über das Land bot. Bevor er es jedoch am 1. Dezember übernehmen konnte, verbrachte er »schlechte Tage«, wie er an Ellen Key schrieb. Es war die alte Geschichte: nicht Krankheit, sondern die hemmende Wirkung, die »seelische Niederlage«, die aus seinem Unvermögen entsprang, sich durchgehender Arbeit zu widmen.[2] Er hoffte, es würde nach seinem Rückzug in die »Einsiedelei« besser werden, wo er sich seine einfachen Mahlzeiten selbst zubereiten könne und »ganz allein sein mit meinen Händen«.[3] In stiller Geduld, abgeschlossen von der äußeren Welt, würde er versuchen, »einen Winter« der Einsamkeit »zu bauen«, sein Leben nach dem Muster der Schmargendorfer Tage neu zu erschaffen, nach »jener guten, erwartungsvollen, freudigen Zeit«, die er nun in seinen Briefen an Lou heraufbeschwor.[4]

Unterdessen kamen erfreuliche Nachrichten von Juncker, der sich in Stuttgart niedergelassen hatte. Er hatte bereits eine gute Nachfrage nach dem *Buch der Bilder* gemeldet, für das er einen »langsamen aber sicheren Erfolg« erhoffte[5], und von der wachsenden Begeisterung für Rilkes Werk in Skandinavien berichtet, die Ellen Key und Georg Brandes zu verdanken war. Nun bot er ihm ein monatliches Honorar von 50 Mark, wenn er seine Arbeit als Lektor für ihn auf regelmäßiger Basis fortführe, und sandte ihm sogleich weitere Manuskripte zur Beurteilung. Ein solches Angebot nahm Rainer gerne an, wobei er seine Pflichten mit bezeichnender Sorgfalt erledigte. Die Aufgabe half ihm in den folgenden Monaten auf dem Weg zu dem gesetzteren Dasein, das er suchte. Gleichzeitig verstärkte sich sein Interesse an der skandinavischen Literatur. Die Nachricht, daß einige

Gedichte von Jacobsen noch nicht übertragen seien, regten ihn auch zu dem Gedanken an, dänisch zu lernen.

Auch eine Mitteilung des Konkurrenzverlages ermutigte ihn. Die Insel hatte sich nun offiziell als Insel Verlag in Leipzig neu etabliert, und Rudolf von Poellnitz, der neue Leiter, schrieb ihm im neuen Jahr, daß eine zweite Ausgabe der *Geschichten vom lieben Gott* in neuem Format geplant sei. Das komme im rechten Augenblick, erwiderte Rilke, da dieses Buch Ellen Key, die eine schwedische Ausgabe vorbereite, unter seinen Werken am besten gefiele und sie es in dem Essay, den sie über ihn schrieb, besonders behandeln werde.[6]

In seiner Begeisterung für diese neue Ausgabe, für die er detaillierte Vorschläge schickte und einige Revisionen vornahm, erbat er Ellens Zustimmung zur Verwendung eines Teils ihres Essays als Vorwort. Später aber, als er ihn gelesen hatte, war er über die Enthüllungen seiner Hoffnungen und Pläne besorgt, die er ihr in vertraulichen Briefen mitgeteilt hatte, vor allem über das Lob seines frühen Werkes, da er sich selbst noch »als Anfänger dessen, was ich werden muß«, fühlte.[7] Nach einer taktvollen Ausflucht gelang es ihm, das Buch im Juni 1904 ohne das Vorwort erscheinen zu lassen, was durch eine schmeichelhafte Widmung wettgemacht wurde.

Das neue Jahr brachte endlich einigen Fortschritt. Zwischen den Altertümern Roms, die zwar ein »trübes Museum« sein mochten, gelang es ihm trotzdem, mit drei Gedichten Werke zu schaffen, die seinem Ideal näher kamen und die allein stehen konnten wie die Plastiken Rodins: »Orpheus. Eurydike. Hermes.«, »Geburt der Venus«, »Hetären-Gräber«. Sie sollten später in die *Neuen Gedichte* aufgenommen werden.[8] Auch eine Arbeit in Prosa wurde begonnen. Anfangs als »eine Art 2. Teil vom *Lieben-Gott Buch*« konzipiert, sollte sie tatsächlich ganz anders ausfallen und im Gegensatz zu ihren Vorgängern über viele Jahre hin entstehen: *Die Aufzeichnungen des Malte Laurids Brigge*. Diese »größere Arbeit« begann er im Februar nach dem Abschluß seiner Übersetzung des *Igor-Lieds* – »ohne zu wissen«, wie er an Lou schrieb, »ob es weiter geht, wann und wohin«.[9] Dabei erkannte er auch, daß sich seine Arbeitsweise im Vergleich zu früher, als er noch ein Buch in zehn Tagen niederschreiben konnte, geändert hatte. Eine Weile gaben ihm die Gedichte und die Abfassung »fester lückenloser Prosa« das Gefühl, einen ersten Schritt auf sein Ideal zu getan zu haben, doch die Furcht, daß ihm die Kraft zu einer ausdauernden Anstrengung fehlen könnte, hielt ihn noch zurück. »Acht oder zehn Tage alle äußere Störung fernzuhalten, das ist möglich –: aber für Wochen, für Monate?«[10]

Störungen gab es allerdings, trotz der Isoliertheit seines kleinen Hauses, genug. Strohl-Fern, der zwar sehr freundlich war, wurde von einer unersättlichen Neugier auf die Arbeit seiner Gäste geplagt und war nicht so leicht zu umgehen. Im April war der römische Frühling, dessen erste Anzeichen er bereits im Februar aus seinem Fenster begrüßt hatte, plötzlich zu hohem Sommer aufgeblüht, die Touristen begannen in die Stadt zu schwärmen, einige drangen sogar in seinen Park ein und zwangen ihn mit ihrem Geschnatter in »unsympathisch begeistertem Deutsch«, sich zu verstecken. »Rom schwoll an, wurde ganz dick und deutsch und begeistert durch und durch.« Nur schwer konnte er Besucher vermeiden, die mit Empfehlungsbriefen kamen. Die größte Beunruhigung war jedoch das Erscheinen seiner Mutter in Rom. »Ich sehe sie nur selten«, schrieb er an Lou, »aber – Du weißt es ja – jede Begegnung mit ihr ist eine Art Rückfall.«[11] Die Folge war, daß er in die alte Trägheit versank, kaum daß er begonnen hatte. Die Symptome, die er in Paris bemerkt hatte, stellten sich wieder ein, mit schweren Migränen und heftigen Zahnschmerzen, der Unregelmäßigkeit des Kreislaufs, die das Blut in täglicher und nächtlicher Folter auf den angegriffenen Körperteil zu konzentrieren schien. Einen Grund dafür erkannte er in seinem angestrengten Bemühen, die schrecklichen Eindrücke von Paris in Worte zu fassen, und in der unvermeidlichen Belastung, die diese Erinnerungen mit sich brachten.

Das kleine Haus war anfangs ideal erschienen, und er hatte es tatsächlich auf nahezu ein Jahr, bis Oktober, gemietet. Zunehmend stellte sich aber heraus, daß er das drückende Klima unmöglich so lange ertragen konnte. Dies war nicht das Italien der Toskana, »welches mit Botticelli und den Robbias, mit Marmorweiß und Himmelblau, mit Gärten, Villen, Rosen, Glocken und fremden Mädchen so nahe zu mir sprach«. Aber auch jenes Italien wäre nicht, wie er jetzt fühlte, der Einfluß, der ihn weiterbringen würde. Es hatte ihn gerufen, einmal, doch nun war es eine abgeschlossene Episode. Wie vorher war Lou die Vertraute seiner Zweifel und Ängste und die Quelle, die er im Mai befragte, wo er sich nun niederlassen solle. Clara würde, wie er schrieb, in die Gegend von Bremen zurückkehren, wo sie die besten Aussichten auf Aufträge und Studenten habe, Ruth würde vorläufig bei ihren Großeltern bleiben. Er selbst werde sich in seiner Wahl nicht durch den Broterwerb bestimmen lassen, auch wenn dieser wieder zur drängenden Sorge wurde. Stärker denn je sei seine Überzeugung, »daß aus meiner Arbeit heraus mir eines Tages mein Brot kommen muß ... und es muß möglich sein (oder möglich werden) sie zu tun und zu leben, wenn sie nur gut getan wird«.[12]

Eine ganze Reihe von Projekten schwebte ihm vor: eine Fortsetzung der *Gebete*; das neue Buch, das er begonnen hatte und das er für einen notwendigen Schritt vorwärts in der Vorbereitung für »alles andere« hielt, was er eines Tages schreiben würde (vielleicht sogar den »Militär-Roman« seiner Schulzeit); ein Drama; Monographien über Jacobsen und Zuloaga, die gelegentliche Reisen nach Dänemark und Spanien notwendig machen würden. Kopenhagen mochte in der Tat sein nächster Aufenthalt sein. Er war schon ins Studium der dänischen Sprache vertieft, und die Vorlesung, die Ellen Key über sein Werk nach ihren Vorträgen in Schweden dort gehalten hatte, schien großes Interesse hervorgerufen zu haben. Was ihm aber Sorge bereitete, war das Gefühl, daß er eine festere Grundlage in seiner eigenen Sprache und in der Kenntnis der Außenwelt brauche, daß ihm ein echtes Verständnis für das, was er beobachtete, sowie die Mittel fehlten, es auszudrücken, nicht nur mit dem »Zufallsvorrat«, sondern mit der vollen Breite der Sprache. Sterne, Blumen, die Tierwelt, »wie Leben entsteht, wie es wirkt in den geringen Wesen, wie es sich verzweigt und ausbreitet, wie Leben blüht, wie es trägt: alles das zu lernen verlangt mich ...

dazusein, nicht nur dem Gefühle, sondern auch dem Wissen nach«. Er wolle aufhören, »ein Ausgeschlossener zu sein, einer, der die tiefere Zeitung seiner Zeit... nicht lesen kann«. Nicht die Naturwissenschaften, oder Geschichte, oder Kunstgeschichte als solche wolle er studieren, sondern irgendwie »ein paar große und einfache Gewißheiten« erwerben und seine Fragen wie die eines Kindes beantwortet bekommen.[13] Das Werkzeug der Sprache könne er selbst schärfen, dazu pflegte er weiter eine Gewohnheit, die er in Paris begonnen hatte – das Stöbern im Grimmschen Wörterbuch. Doch wenn er sein wahres Wissen vertiefen wollte, brauchte er Führung und Hilfe. Vielleicht war nun eine der kleineren deutschen Universitäten oder Zürich die Lösung.

All dies ergoß sich in großer Ausführlichkeit vor Lou, in einem Brief, an dem er, in rührendem Vertrauen auf ihre menschliche und praktische Weisheit, zwei Tage schrieb. Sie hatte sich indessen in einem neuen »Loufried« in Göttingen niedergelassen, wo ihr Gatte einen Lehrstuhl an der Universität angenommen hatte, und er fühlte, daß sie und Andreas imstande sein müßten, eine Lösung für sein Problem vorzuschlagen. Sein Brief überschnitt sich mit einer Karte von ihr aus Venedig, wo sie mit keinem anderen als Pineles einen kurzen Urlaub verbrachte. »So nahe warst Du also«, schrieb er sofort. »Und mir war die ganze Zeit vorher, als ob Du nach Italien kommen würdest. ... dann eines Tages ... –: Deine Schrift und die italienische Marke, – da hoffte ich einen Augenblick viel, viel zu viel. . .«[14] Doch nun hatte er Neuigkeiten für sie, die alles Vorhergegangene weniger wichtig machten. Das Interesse an Ellen Keys Vorträgen hatte zu Einladungen aus Skandinavien geführt, und er hatte sofort für Skåne in Südschweden zugesagt, wo in einem Landhaus ein ruhiges Zimmer für ihn bereitstand. Man erwartete ihn vor dem 20. Juni, damit er seinen Gastgeber kennenlernen könne, danach sei sein Bleiben, von dem er sich die Ruhe zum Arbeiten erhoffe, glücklicherweise unbeschränkt. Lou war gewiß nicht unglücklich darüber, daß sie bei ihrer Rückkehr beide Briefe zusammen vorfand. Nun brauchte sie sich um genaue Ratschläge für ihn keine Sorgen mehr zu machen, zumal ihre nächste Rußlandreise bevorstand. Am besten sei es, so schrieb sie ihm, abzuwarten und zu sehen, was diese Änderung der Pläne und die neuen Eindrücke in Schweden bringen würden.

Es war eine außerordentlich günstige Wendung, eine von den vielen, die sich unerwartet, doch rechtzeitig, in seinem Leben einstellten. Ellen Key, die von seinem Genie überzeugt war, hatte sich ungeheuer bemüht, ihm nicht nur durch ihre Vorträge, sondern auch durch eine geeignete Bleibe für ihn und Clara in Dänemark wie in Schweden zu helfen. Sie war zwar über den Entschluß der beiden zu »getrennter Entwicklung« wegen der Folgen für das Kind nicht sehr glücklich, doch gewann ihre Sorge für die Arbeit der beiden Künstler die Oberhand über das pädagogische Interesse. Sie hatte eine Anzahl von Vorschlägen in der Annahme gemacht, es sei ihnen mehr um den rechten Ort zu tun als um unmittelbare Unterstützung. Rainers diskreten Hinweisen auf seine schwache Finanzlage folgte schließlich am 10. Mai eine direkte Bitte Claras: sie mache sich Sorgen wegen der Verschlechterung seiner Gesundheit und frage geradeheraus, ob ihm jemand in Skandinavien, vielleicht sogar Ellen selbst, einen »ruhigen Winkel« anzubieten vermöge, wo er seine unterbrochene Arbeit wieder aufnehmen könne.[15] Genau das brachte Ellen Key innerhalb einer Woche zustande. Der schwedische Lyriker Anders Österling, ein enger Freund des Künstlers und Schriftstellers Ernst Norlind, brachte sie mit Hanna Larsson, der Verlobten Norlinds, in Verbindung, der Herrin eines großen Landhauses in Borgeby Gård nördlich von Malmö, die Rilke sogleich willkommen hieß. Norlind, der ebenfalls in Borgeby lebte, ging am 1. Juli auf eine Rußlandreise. Rilke solle lange vorher kommen, könne aber auch den Juli bleiben, wenn er wolle. Sie und Norlind schrieben ihm verständnisvolle Briefe — auf französisch beziehungsweise auf deutsch, um ihm die Mühe zu ersparen, das Schwedische zu entziffern —, und Norlind schickte ihm Exemplare einer Zeitschrift, die er in Skåne herausgab, um ihn auf seine neue Umgebung vorzubereiten. Rilke war überwältigt, wie er Ellen sagte, alle seine Ängste und Sorgen wegen der unmittelbaren Zukunft wichen bei dem Gefühl, daß er zu Menschen ginge, die ihn verstehen würden: »Mir ist, als müßte das ein Wendepunkt sein . . . Wir wissen, daß niemand auf der Welt das hätte für uns tun können. Aber wir sind wie Kinder, welche nicht danken und nichts versprechen können, als daß sie wachsen und werden und gut und stark werden wollen.«[16]

Leichten Herzens traf er rasch seine Vorbereitungen. Er sandte einige der Manuskripte mit seinen sorgfältigen Bemerkungen an Juncker zurück, wobei er es taktvoll unterließ zu erwähnen, daß Schweden und nicht Dänemark sein Reiseziel sei; die übrigen Skripten folgten am 14. Juni aus Viareggio, wo er die heiße und ermüdende Reise auf ein paar Tage unterbrach. Mailand gab ihm die Möglichkeit, Leonardos »Letztes Abendmahl« zu sehen, »über alle Maßen herrlich, nur antiken Wandbildern nah, allem anderen unvergleichlich«.[17] Von Viareggio aus hatte er Norlind gewarnt, er werde als Hausgast eine ziemliche Last sein – vegetarische Kost, dazu ein Zimmer nicht im Erdgeschoß, seine Vorliebe für das Barfußgehen –, und war daher erleichtert, als er bei seiner Rückkehr in Düsseldorf einen Brief vorfand, der seine Sorgen beschwichtigte.[18] Man verbrachte vier Tage in Düsseldorf – Rodins Werke »wie ein Steinbruch wild«, Zuloagas Arbeiten »ein großer Garten« in der ordentlichen Umgebung[19] – und fuhr dann weiter bis Bremen, wo er sich von Clara trennte. In Kiel bestieg er seinen ersten Ozeandampfer, traf am 23. Juni in Kopenhagen ein, erforschte diese »seltsam unaussprechliche Stadt«, die wie die Sprache in »Nüancen« verging, und hatte dabei das Gefühl, sich unter den Gestalten Jacobsens zu bewegen.[20] Ein ganzer Nachmittag wurde der Ny-Carlsberg-Sammlung gewidmet, in der Rodins Calais-Gruppe stand, bevor er am 25. Juni 1904 den Öresund nach Malmö überquerte, wo ihn Norlind erwarten sollte.

3

Mir ist, als müßte das ein Wendepunkt sein und
ein neuer Anfang von vielem Guten.
(An Ellen Key, 30. 5. 1904)

Trotz starker Böen und dichtem Regen verbrachte er die
Überfahrt an Deck und kam so durchnäßt an, daß Norlind
ihn zum Kleiderwechsel in ein Hotel bringen mußte, bevor
sie den Nachmittagszug von Malmö nach Flädie, westlich
von Lund, bestiegen. Von dort legten sie die wenigen Kilometer nach Borgeby in einem alten Landauer zurück, der sie
am Bahnhof erwartet hatte – immer noch in einem solchen
Regen, »daß ich weder Pferd noch Kutscher sah, aber fühlte,
daß wir wohl fuhren«.[1] Die Fahrt ging durch flaches Weide-
land, auf dem fette Kühe grasten, vorbei an verstreuten
Bauernhöfen, bis die hohen Bäume von Borgeby Gård in
Sicht kamen. Unter einem Turm fuhren sie durch das Haupt-
tor des jahrhundertealten Schlosses. Rilke wurde zu einem
Raum geführt, den Norlind für ihn frei gemacht hatte und
der ihm mit seinem großen Fenster, das über Park und
Obstgarten schaute, sofort zusagte. Er lag entfernt von den
Haupträumen, die einzigen Geräusche kamen von den Hüh-
nern im Hof und den Vögeln auf den Bäumen. Hier mußte
Arbeit möglich sein, dachte er, und als er die Ausweichkam-
mer im halben Untergeschoß gesehen hatte, wohin sich Norlind vorübergehend selbst verbannt hatte, war er voller
Dankbarkeit. Das Essen entsprach ganz seinem Geschmack,
es gab reichlich Milch aus dem Meierhof, Obst und Gemüse
aus den Gärten, darunter sommerliche Köstlichkeiten wie
Spargel und Erdbeeren und hausgebackenes Brot. Bei solchem Überfluß konnte er sich leicht an die bevorzugte Kost
halten.

Schloß und Gut waren ausgedehnt. Hanna Larsson, einige
Jahre älter als ihr Verlobter, stammte aus einer Familie mit
Gutsbesitz und hatte Borgeby Gård erst kürzlich erworben;
sie widmete ihre Aufmerksamkeit hauptsächlich der Landwirtschaft, für die sie einen Verwalter und einige Hilfskräfte
hatte. Im Haus selbst war nur ein Diener. Rilke war daher vor

allem auf sich selbst angewiesen, abgesehen von langen Gesprächen mit Norlind, wenn er sich danach fühlte. Stille und Naturnähe, die er seit Westerwede entbehrt hatte, gehörten ihm wieder. Er konnte morgens wieder barfuß durch das Gras laufen, das stattliche Vieh, von dem es zweihundert Stück gab, bewundern, den Stier in seinem Stall – »ein Berg mit Donner in seinem Innern«[2] – und die vielen Pferde. Er atme auf und raste nach der langen Reise, schrieb er an Ellen Key in Antwort auf ihren Willkommensbrief, »in diesem stillen schönen Hause, das Sie mir aufgetan haben ... wie tut Ihr Land mir wohl ... Land und ... Himmel und die Sprache, die etwas aus dem Klang und Nachklang großer Glocken hat«.[3] Ellen Bojer, der Gattin des norwegischen Romanciers, dem Ellen Key ihn in Paris vorgestellt hatte, schrieb er mit ähnlicher Begeisterung: »meine Sehnsucht in diese nordischen Länder zu kommen, wird nachträglich durch tausend Erfahrungen und Gründe gestützt.«[4]

Clara erhielt objektive Berichte seines neuen Lebens in großer Genauigkeit. »Ich muß immer denken, wie viel Du hier sehen würdest und was Du alles sagen würdest, das fehlt mir ... Aber wir müssen es ja nun jeder für uns versuchen, wir wissen ja, daß das notwendig ist.«[5] Zu Norlind hatte er, wie er schrieb, sofort eine Verwandtschaft gespürt. Anfangs hatte dieser einen etwas mönchischen Eindruck bei ihm hervorgerufen, der sich jedoch rasch in der Lebendigkeit seines Sprechens verlor – seine Studien in München und Dachau hatten ihm gute Deutschkenntnisse vermittelt. Von dem Maler mit seinen weitreichenden literarischen und philosophischen Interessen, dessen Stil und Lebhaftigkeit ihn an die Worpsweder Freunde erinnerte, lernte Rilke nun viel mehr über das kulturelle Leben in Skandinavien, als ihm die Arbeit für Juncker bislang vermittelt hatte. Norlind fand seinerseits den Gast »entzückend«, obwohl er sofort bei der ersten Begegnung erkannt hatte, daß er seine Tonart »auf cis-Moll« umstimmen mußte, um sich dem Dichter des *Buchs der Bilder* anzupassen. Rilke erschien ihm in seiner Liebe zu Blumen und Natur beinahe wie ein Kind – doch verlegen beim Umgang mit Tieren, mit Pferden oder Hunden, die seine Unsicherheit ihnen gegenüber spürten. Des öfteren zog er allein für einen ganzen Tag los, in Richtung auf die Küste bei Bjärred oder ins Landesinnere, um dann spätabends zurückzukehren, »vom Wind durchweht, von der Sonne durchtränkt und voll von diesem einfachen Glück, wie es nur großen Seelen bestimmt ist«, vermerkte Norlind. »Er erzählte, daß er solche ›weißen‹ Tage brauche, während derer er seinen körperlichen Mechanismus vollständig ausruhen lasse. Er ißt nicht und trinkt nicht. Solche Tage verbringt er in Gedanken versunken ... Fasten- und Gebetstage. In seiner ganzen Lebensführung liegt etwas vom katholischen Mittelalter.« Während Norlind ihm zusah, wie er allein durch den Park wanderte, mit bloßem Kopf, traumverloren, schien er ihm einem mittelalterlichen Pagen zu gleichen, der seine Augen nur aufhob, wenn er stehenblieb, als folge er »einer unsichtbaren Prozession hinter einem Madonnenbild«.[6]

»Wir haben die selbe Einstellung«, sagte Norlind zu Ellen Key, »wir erkannten uns sogleich als Brüder.«[7] Dies traf auch noch in anderer Hinsicht zu. Gleich Rilke hatte auch er unter langen Abschnitten der Depression gelitten – in einem solchen Maße, daß Hanna Larsson im Zweifel gewesen war, ob die beiden zusammenpassen würden. Aus diesem Grunde hatte sie wohl anfangs die Dauer des Aufenthalts offengelassen, auch wenn sie Rilke herzlich willkommen hieß.

Die Verständigung mit ihr fiel Rilke schwerer. Als Sprache hatten sie nur Französisch gemeinsam. Sie war klein von Statur und energisch, aber doch auch etwas schüchtern, »einfach, wie eine Schaffnerin oder Wirtschafterin«[8], ihre immer noch spärliche Möblierung des Hauses zeugte von unsicherem Geschmack, während der Gast enttäuscht war, keine Stücke vorzufinden, die zu so einem stattlichen Heim gepaßt hätten. Beeindruckt war er aber von ihrer tüchtigen Verwaltung des Gutes, das, wie er erfuhr, beinahe immer von Frauen geleitet worden war, da es sich in der weiblichen Linie weitervererbte. Er fühlte sich bei ihr und Norlind wohl, diesen Menschen, die beide »einen soliden Untergrund alten Bauerntums« besaßen.[9]

Norlind brach am 8. Juli zu der geplanten Rußlandreise auf, und Rilkes Einsamkeit wurde noch ausgeprägter, was ihm durchaus angenehm war. Als sich herausstellte, daß er seinen Aufenthalt ohne Weiteres so lange ausdehnen konnte, wie es ihm gefiel, blieb er auch der abendlichen Mahlzeit fern, die ohnedies »eine zu viel« für ihn war und bei der die unvermeidlichen Anstrengungen geselliger Unterhaltung die Eindrücke des Tages zu zersplittern drohten. Alleine konnte er sie völlig in sich aufnehmen und auskosten, seine Spaziergänge durch den Park genießen, sogar an einem sehr heißen Tag in dem nahen, ziemlich schlammigen Bach baden, wobei ihm die grasenden Kälber vom anderen Ufer gebannt zusahen. Mitunter besuchte er Lund, die Stadt, »die respekt-voll um ihren Stolz herumsteht, um die Universität«. Er war keineswegs müßig, wie er Clara berichtete; auch wenn er nur Briefe schrieb oder für Juncker eine Kierkegaard-Übersetzung durchsah, hatte er das Gefühl, zu »bauen«, »daß ich . . . den Grund aushebe für etwas, was da einmal aufgerichtet werden soll«.[10] Es war eine Zeit der Erholung, ein neuer Anfang, »eine von mir selbst bestandene Prüfung«. Der Sommer war nie seine »Hoch-Zeit« gewesen, und er be-grüßte voll Freude und Erwartung den Herbst, den die starken Winde und der Regen im August ankündigten. »Ich . . . meide . . . alle meine sommerlichen Wege; denn ich will den Herbst! . . . das eigentlich Schaffende . . ., schaffen-der, wenn er kommt mit einem Willen zur Verwandlung und das viel zu fertige, viel zu befriedigte, schließlich fast bürger-lich-behagliche Bild des Sommers zerstört. . .«[11]

Derart »brachliegend« fand er in sich selbst keine Verse, obwohl er Anfang August einen zaghaften Beginn mit der Fortsetzung der *Gebete* machte und noch im selben Monat eine revidierte Fassung des *Cornet* für die Veröffentlichung in der Zeitschrift der Prager Gesellschaft vorbereitete, die ihm ein Stipendium gegeben hatte. Die Poesie seiner Umgebung fand ihren Ausdruck in den langen Briefen an Clara. Sie sind voll von zarten Vignetten, die gelegentlich an die Hokusai-Skizzen erinnern, die er in München gesehen hatte: das neugeborene Fohlen mit seiner Mutter, das er eines frühen Morgens auf der Wiese entdeckte; die jungen Störche, die schwerfällig ihre Flügel auf dem Strohdach erprobten; das herbstliche Unkraut auf einem ungepflegten Weg im Park.

Im Wiederaufleben der Hoffnung verging nun die Angst, die ihn in Paris überkommen hatte und ihm bis nach Worpswede und Rom gefolgt war. In einem langen Brief vom 12. August an den besorgten Kappus fand er beschwichtigende Worte aus der eigenen Erfahrung eines Lebens mit »viel Mühsal und Traurigkeit«. »Wir haben keinen Grund gegen unsere Welt Mißtrauen zu haben, denn sie ist nicht gegen uns. Hat sie Schrecken, so sind es *unsere* Schrecken, hat sie Abgründe, so gehören diese Abgründe uns, sind Gefahren da, so müssen wir versuchen, sie zu lieben«.[12] »Vivre et travailler selon votre grand exemple«, bleibe sein Ziel, schrieb er am selben Tag an Rodin.[13] Die Erfahrung Skandinaviens schien ihn diesem Ziel näher zu bringen.

Der Besuch Torsten Holmströms, eines Zoologiestudenten aus Lund, bereitete ihm besondere Freude. Der junge Mann war der Natur gegenüber – dem Flug eines wilden Schwanes oder einer Wildentenkette, dem Stoß eines Raubvogels über den Bäumen – so aufgeschlossen und kannte jede ihrer Einzelheiten so genau, hatte auch soviel für die Freude an Büchern und Gemälden übrig, daß er die Verkörperung der besonderen Anziehung zu sein schien, welche die nordischen Menschen auf Rilke ausübten. Der junge Mann war nur auf einen Tag zum Entenschießen gekommen, doch sein leichtes Gepäck enthielt ein Buch – ausgerechnet Jacobsens *Niels Lyhne*, in derselben dänischen Ausgabe, die Rilke vertraut war. Als er kurz darauf seine Schwester Tora, eine begabte Künstlerin mit ebenso weitreichenden Interessen, kennenlernte, bestärkte ihn dies in der Überzeugung, daß seine unmittelbare Zukunft mit Skandinavien verknüpft sein mußte.

Er hatte den Gedanken an ein Universitätsstudium in Deutschland zwar nicht aufgegeben, wie er an Lou schrieb, doch hatte er das Gefühl, erst einmal einen Winter in Kopenhagen versuchen zu müssen: »Denn ich möchte noch etwas getan haben, ehe der nächste Plan ... zur Ausführung kommt.«[14] Anfang Juli hörte er von der Verleihung eines Stipendiums aus Prag, das er vor allem Ellen Keys Essay zu verdanken hatte, was er ihr gegenüber auch anerkannte. Mit tausend österreichischen Kronen sahen seine Finanzen nun ein wenig gesünder aus, und er konnte an einen Aufenthalt in Kopenhagen denken, der ihm die Möglichkeit geben würde, die immer noch geplante Studie über Jacobsen zumindest vorzubereiten. Clara, die nach einem nur kurzen Aufenthalt bei ihren Eltern in Oberneuland wieder nach Worpswede übersiedelt war, begann nun ebenfalls an Dänemark zu denken, wo Entwürfe von Mustern für einen Porzellanfabrikanten ihre Einkünfte eher aufbessern könnten als die Lehrtätigkeit. Als Rilke hörte, daß Juncker im August Kopenhagen besuchen würde, erbot er sich, ihn zu treffen. Dabei könnte er sich dort selbst umsehen und die Möglichkeit nutzen, bei Persönlichkeiten, die wichtig für ihn waren, wie Brandes und die Romanciers Hermann Bang und Karin Michaëlis, eingeführt zu werden – solange er, wie er unterstrich, keinen größeren Ansammlungen beiwohnen müsse, was für einen, der an Einsamkeit und ein enthaltsames Dasein gewöhnt war, eine beklemmende Erfahrung sei. Wie es der Zufall wollte, traf Junckers Brief mit dem Vorschlag eines Treffens am 20. August gleichzeitig mit einer Karte Lous aus Kopenhagen ein, die den 17. August datiert war und ihr Hotel zeigte, jedoch keine Mitteilung enthielt (auf eine Begegnung hatte sie es zu diesem Zeitpunkt wohl nicht unbedingt abgesehen). Er nahm den nächsten Zug, traf sie jedoch bei seiner Ankunft am 19. August zu seiner schweren Enttäuschung nicht mehr an. Sie hatte, wie sich später herausstellte, ein russisches Schiff bestiegen und befand sich auf der Reise in ihre Heimat – wahrscheinlich mit Pineles, wie er düster argwohnte.

Als er am folgenden Abend nach Borgeby zurückkehrte, erwartete ihn ein Brief von Ellen Key mit der Ankündigung ihres langerwarteten Besuchs für den 26. August. Clara hatte mittlerweile ebenfalls eine Einladung erhalten. Ellen Key traf wie ein Wirbelsturm ein, umarmte jedermann, auch den Hund, lief durch alle Räume, um die Gemälde zu besichtigen, zog sich dann schnell zum Bad im Fluß um, in den sie »wie ein junges Mädchen« sprang und herumschwamm »wie eines der Böcklin'schen Meerungetüme«, während die anderen (und die Kälber) vom Ufer aus zusahen. Sowohl Norlind, der nunmehr zurückgekehrt war, wie Rilke fanden die Woche ihres Aufenthalts, in der sie sich lange Vorträge »über Leben, Liebe, Sünde und Tod, Ehe, Ökonomie und Goethe« anhören mußten, etwas anstrengend. »Es ist unmöglich, sie nicht lieb zu behalten, aber Angst überfällt einen, wenn man ihr mehrere Stunden zugehört hat«, schrieb Norlind später, »Rilke, der so sehr innere Ruhe braucht, gerade jetzt, ist nicht das richtige Objekt für ihre Fürsorglichkeit . . . Fast alles, was sie sagt, ist klug, oft ins Schwarze treffend und doch glaubt man nicht daran. Sie hat das nicht erlebt.« Rilke nahm ihn zur Seite und vertraute ihm seine Besorgnis bei dem Gedanken an, sie könnte Weiteres über ihn schreiben: »sie ist so gut, aber. . .«[15]

Den Gegensatz zwischen ihr und Clara fand Norlind auffallend. »Claras Erscheinung war vielleicht die schönste, die ich je gesehen habe – die eines arischen Typus mit einer geraden Nase und eindrucksvollen schwarzen Augen . . . Still, diskret, in jeder Hinsicht natürlich, gewann sie sofort unser aller Zuneigung.« Es gelang ihr sogar, Ellen zu beruhigen, deren Geschwätzigkeit sich verminderte, wenn Clara mit ernster Aufmerksamkeit allem zuhörte, was sie sagte.[16]

Als Ellen abreiste, nahm sie die Rilkes für ein paar Tage zu einem Aufenthalt bei Freunden in Jonsered, außerhalb Göteborgs, mit, zu James (Jimmy) Gibson und seiner Frau Lizzie. Gibson, ein Zivilingenieur, der eine Textilfabrik in Jonsered besaß, war ein Mann weitgespannter kultureller Interessen, und der Empfang für den Dichter und seine Frau war herzlich. Rilke hatte das Gefühl, wenn er in Ellen eine Mutter gefunden hatte – mit all den Nachteilen, die dies mit sich brachte –, so waren Jimmie und Lizzie wie Bruder und Schwester und Furuborg, ihr Heim, ein sicherer Hafen. Wie Ellen gaben auch sie ihm Ratschläge für Kopenhagen und Lizzies Brief folgte ihm, als er und Clara am 12. September dort eintrafen.

Kopenhagen brachte ihnen jedoch keine positiven Ergebnisse. Keiner der Kontakte, die Ellen empfohlen hatte, ließ sich auffinden; der Direktor der Porzellanfabrik, dem Clara Muster vorschlagen sollte, war verreist; ihre Suche nach geeigneter Unterkunft für den Winter erwies sich als erfolglos. »Die Stadt . . . und manche Zukunftssorge . . . hat uns müde gemacht«, schrieb er am 23. September an Lizzie; die

Erinnerungen an den Frieden von Furuborg und an die »lieben Menschen« dort weckten wiederum eine große Sehnsucht nach dem »Schutz Ihrer Liebe und Ihres Verstehens«. Er fragte geradeheraus, ob sie nach Furuborg zurückkehren dürften, nur für eine Woche oder zehn Tage. »Sie werden uns aufrichtig sagen, ob Sie uns nun brauchen können, und ob es nichts tut, wenn wir vielleicht ein wenig still und traurig sind; in Furuborg werden wir sicher wieder froh werden, so im Innersten froh wie wir es bei Ihnen waren und wie wir es sein möchten bei Beginn unserer Arbeit.«[17] Die Gibsons antworteten sofort auf diese Bitte, und noch vor Monatsende stellten sie sich wieder in Furuborg ein.

In Kopenhagen hatte es freilich auch einige gute Tage gegeben, vor allem mit Karin Michaëlis und ihrem Gatten Sophus, und auch Georg Brandes hatten sie kennenlernen können (»lieb und gut«, dachte Rilke, »aber alt und schließlich mehr ein Vergnügungsort . . . als ein Mensch.«[18]). Claras Zeichnungen fanden aber bei dem zurückgekehrten Porzellanfabrikanten wenig Gefallen, und nach zunehmend deprimierenden Ergebnissen ihrer unentwegten finanziellen Berechnungen war es nun klar geworden, daß sie nach Oberneuland zurückkehren mußte, während er in Kopenhagen seine Suche fortsetzte. Nach einem angenehmen kurzen Aufenthalt in Furuborg begleitete er sie deshalb in die Stadt zurück und verabschiedete sie am 6. Oktober mit schwerem Herzen und noch weniger Vertrauen, daß er selbst in Dänemark das finden würde, was er wünschte. Der Herbst, auf den er sich so gefreut hatte und der ihm stets die »besten Arbeitstage« brachte, verging rasch. Glücklicherweise hatten ihm die Gibsons wiederum ihre Rettungsleine zugeworfen: »Es ist mir, liebe Menschen, unendlich viel, daß ich jetzt vor der Hand zu Ihnen zurückkehren darf, um mich zu besinnen und zu sammeln. Daß ich Sie gefunden habe, scheint mir der größte Fortschritt, den ich machen konnte: alle Zukunft ist mir näher.«[19]

Was ihn wirklich aus den Geleisen geworfen hatte, waren weniger die Mißerfolge in Kopenhagen als das Wissen, daß Lou nahe gewesen war, ohne daß sie sich hatten treffen können. Weitere Postkarten von ihr waren aus Christiania und Bergen eingetroffen, und er hörte auch von einem Besuch in Stockholm. Schließlich schrieb sie ausführlicher aus St. Petersburg. Für seine Winterpläne hatte sie keine Vorschläge: Göttingen selbst war ihr noch nicht vertraut, und er konnte nicht bei ihnen in »Loufried« absteigen, »weil ich mutmaßlicherweise (wenn Zemek den Sieg behält) zwei Monate lang werde zu Bett liegen müssen«. Sie entschuldigte sich wegen ihrer »Dummheit von Kopenhagen«. Ihr Brief zeigt einen Mangel an Verständnis für seine Lage, der überraschen könnte, wenn er für ihre Rücksichtslosigkeit nicht so bezeichnend wäre. Sie hatte sehr wohl begriffen, daß seine allgemeinen Worte über irgendeine stille Universitätsstadt für seine Studien in Wirklichkeit Göttingen meinten, und sie war trotz ihrer einstigen Einladung für »jederzeit« nicht bereit, eine solche Störung in ihrer Nähe zu dulden. Als er sich schließlich überwand, ihr am 17. Oktober aus Furuborg zu schreiben, gestand er, daß er seit Wochen nur an ihre Nähe gedacht habe; all seine Entschlossenheit sei seit jenem verzweifelten Anruf aus Paris davon abhängig gewesen, mit ihr zu *reden* – und nun würde es unmöglich sein, zumindest für jetzt.[20]

Er erzählte ihr von seinen barfüßigen Wanderungen in den Wald bei Furuborg, auf Wegen wie denen in Schmargendorf, »ähnlich bis auf das Geräusch, mit dem die einzelnen Blätter fallen«. »Hier habe ich ein liebes Zimmer und ein großes Fenster in alle die brennenden, glühenden und lodernden Bäume und in Föhren. Aber ich kann nicht genug allein sein, kann nicht naturgemäß essen, und die Hausordnung nimmt mir meine Abende fort: man ißt um sieben Mittag und bleibt dann zusammen.« Er hatte noch nicht den Mut, das Buch wiederaufzunehmen, das er in Rom begonnen hatte. »Ich versuche in Arbeit zu kommen. Ach wäre es doch mein Zimmer im *Waldfrieden* mit seinen guten langen Abenden; käme doch einmal wieder so eine Zeit . . . Im übrigen denke ich noch immer daran, irgendwo zu studieren; da ich von innen heraus die Lösung zur Arbeit nicht finden kann, wird sie doch wohl von außen kommen müssen.« Und wieder bat er sie um ihren Rat – Göttingen oder Zürich? – nachdem sie seinen langen Brief aus Rom noch einmal gelesen habe. »Für die großen Weiten (für die Wolga-Welt – nach der ich mich oft sehne) bin ich jetzt wohl nicht stark genug . . . Und doch muß noch etwas aus meinem Leben gemacht werden. Liebe Lou, hilf mir dabei.«[21]

Ein Brief, den er zwei Tage später schrieb, enthielt jedoch weniger Klagen. Er habe nun eingesehen, daß das, was mit seinem Leben in den vergangenen Jahren nicht gestimmt habe, schlechtes Gewissen und ein Mangel an physischer Kraft gewesen seien: »alles was mir begegnet, ist nur eine Weile flott, fährt, aber plötzlich kreischt es auf den Grund und sitzt fest.« Die Kraft, die ihm fehlte, müsse auf eine Kur warten, doch er könne jetzt wenigstens etwas wegen seines schlechten Gewissens unternehmen, das aus seinem Versagen, das Arbeiten zu lernen, entspringe; er müsse ein paar einfache Mittel finden, um das zu bewältigen, was Erfahrung und Leben ihm brachten. Diese Situation sei umso schlimmer, als andere auf ihn vertrauten. Doch nun habe er endlich einen Plan gefaßt. Er würde vorerst noch einige Wochen länger diese Gastfreundschaft in Anspruch nehmen, dann auf einige Wochen wieder nach Kopenhagen gehen. Weihnachten, ein »langes Weihnachten« würde er »zuhause« in Oberneuland bei Ruth verbringen; darauf solle eine Kur folgen, in Skodsborg, oder wieder in Dresden, während des Februar und März, zu einer Zeit, da ihn für gewöhnlich die Influenza überfiel; anschließend würde er Lou besuchen, wo immer sie sich aufhielte; schließlich wolle er sich für das Sommersemester an einer Universität einschreiben, um Geschichte und Naturwissenschaften zu studieren – »Physiologie, Biologie, experimentelle Psychologie, etwas Anatomie u. s. w.« Dort müsse er einen Lehrer finden, der ihm die persönliche Aufmerksamkeit widmen würde, deren sein Mangel an Erfahrung und seine Hilflosigkeit bedurften – wie Georg Simmel in Berlin etwa oder zumindest jemanden, der durch Rat helfen könne wie Ricarda Huch in Zürich. Zürich schien ihm, wie schon früher, die beste Wahl, da dort ländliches Leben und vegetarische Kost möglich seien, vor allem aber würde er sich an der Universität »mit deutscher Vortragssprache ohne eigentlich deutsch zu sein«, unter verschiedenen Leuten (darunter Russen) und nicht nur unter Studenten befinden.[22]

»Wenn nicht alles mich täuscht«, schrieb er am selben Tag an Ellen Key, »werde ich in dieser gesegneten Zeit einen Fortschritt machen ... ein arbeitsameres und bewußteres Leben ... führen, als ich bisher getan habe, und werde als ein anderer von hier fortgehen. ... Ich fühle, wie hier viele freundliche Einflüsse in mich münden. Das wirkliche Gutsein und die tiefe Hilfsbereitschaft dieser Menschen hier, die Kraft und Klarheit ihrer hellen Seelen – das, zusammen mit der Hoheit und Schwermut und ernsten Seligkeit des Herbstes: das arbeitet jetzt an mir und verwandelt mich. Ich bin ein Eisen und werde bald glühen. Und dann wird Hammer um Hammer fallen.«[23] Er hatte ein Exemplar ihres Essays, der endlich in einer schwedischen Zeitschrift erschienen war, an seinen Vater geschickt, der sich um ihn Sorgen gemacht hatte, und war von dessen offenkundiger Freude darüber gerührt.

Die Gastfreundschaft von Furuborg brachte zwar Ablenkungen, aber auch manche Anregung. Die Abende, an denen keine einsame Arbeit möglich war, boten häufig Gelegenheit zu Lesungen, die von seinen Gastgebern veranstaltet wurden – ein neues Stück von Bjørnson oder der eben erschienene Roman *Karolinerna* von Verner von Heidenstam, den Rilke sofort Juncker zur Übersetzung und Veröffentlichung empfahl. Ganz besonders hatten ihn noch während Claras Anwesenheit Besuche in der »Samskola« interessiert, einer neuen Schule in Göteborg, deren Vorstand Jimmy Gibson angehörte. Eine »Gesamtschule« im besten Sinne, wurde sie nach den Prinzipien freier Entwicklung geführt, wobei Kinder, Lehrer und Eltern harmonisch zusammenarbeiteten und die drückende Atmosphäre fehlte, an die er sich aus seiner eigenen Schulzeit erinnerte. Er war von den »Wellen der Ermutigung«[24], die von diesem Experiment für die Zukunft ausgingen, so begeistert, daß er einen Aufsatz über die »Samskola« begann, den Jimmy voll Freude eines Tages auf seinem Schreibtisch liegen sah. Als Rainer ihn den beiden Gastgebern vorgelesen hatte, bestanden diese darauf, daß der Essay eine weitere Zuhörerschaft bekommen müsse, und versammelten eines Abends in Furuborg zu seinem Erstaunen mehr als vierzig Leute – Lehrer, Eltern und Freunde der

Schule – die den Vortrag hörten, dem er ein oder zwei Gedichte aus dem *Buch der Bilder* und den »Panther« folgen ließ. Man drängte ihn außerdem, auch in Göteborg aus seinen Werken zu lesen. Als Ort dafür schlug er die Schule vor, wo die beiden Oberklassen und geladene Gäste die Hörerschaft bilden sollten. Dieser Abend, der am 17. November stattfand, war für ihn eine ermutigende Erfahrung. Eine Versammlung von mehr als einhundertfünfzig Teilnehmern hörten voll Aufgeschlossenheit eine der *Geschichten vom lieben Gott*, »Orpheus. Eurydike. Hermes«, den »Panther«, sein »Herbst«-Gedicht, das er in Paris geschrieben hatte, einige Gedichte aus dem *Buch der Bilder* und *Mir zur Feier* und das eben erst entstandene »Abend in Skåne«. Am nächsten Tag erschienen in den Zeitungen mehrere positive Besprechungen, von denen eine, wie es auch Ellen Key getan hatte, diesen »Hohepriester der neuen Mystik« mit dem norwegischen Dichter Sigbjörn Obstfelder verglich[25], dem er sich tatsächlich nahe verwandt fühlte und dessen »Pilgerschaften« er eben erst rezensiert hatte.

Als Ellen Key früher einmal eine solche Lesung vorgeschlagen hatte, da sie aus eigener Erfahrung auf eine gute Aufnahme hoffte, hatte er gezögert. Er hatte immer noch das Gefühl, daß Werbung für den Menschen im Gegensatz zur Veröffentlichung des Werkes verfrüht, ja beinahe anmaßend sei, wenn ein Autor so unfertig war wie er und sich erst selbst finden mußte. Eine öffentliche Lesung vor einem begrenzten Publikum wie in Göteborg war vielleicht eine noch annehmbare Ausdehnung des gedruckten Wortes; doch er verwahrte sich heftig gegen eine Ausstattung ihres Essays mit dem ganzen Drum und Dran von Photos, Faksimiles seiner Handschriften, früheren Illustrationen Vogelers und dergleichen. Er fand es »fast quälend«, sich ein Bändchen »mit solchen Bloßstellungen« vorzustellen, das »jetzt, da ich gar nichts Neues, Gutes fertig habe ... weniger am Platze scheint als je ... freue mich so *sehr* auf die deutsche Ausgabe und weiß, was sie für mich sein wird, – aber wenn es *ohne* alle diese auffallenden und anspruchsvollen Beigaben möglich wäre, bekäme sie, scheint mir, das richtige Ansehen.«[26] Er bat sie, ihm die langen Briefe zurückzugeben, die er ihr aus Rom geschickt hatte, denn er habe die Anfänge des Malte-Buchs wieder durchgesehen und sei der Meinung, »jene sehr rasch geschriebenen und abgeschickten Briefe« würden bei der Gestaltung der Erfahrungen von Paris wertvolle Hilfe leisten. Dabei sagte er ihr nicht, daß er trotz seiner Dankbarkeit für all das Interesse, das sie zeigte, das Gefühl hatte, sie sei mit den Enthüllungen dieser Gefühle zu sorglos umgegangen.

Die wahre »Arbeit«, nach der er strebte, entzog sich ihm noch, doch er hatte diesen Monat genug mit dem zu tun, was erledigt werden mußte: »tägliche Arbeit; schlechte und gute, aber Arbeit um jeden Preis«. Zu dem bereits fertigen neuen *Cornet*, den Juncker gerne in Buchform neu auflegen wollte, revidierte er *Die weiße Fürstin* und machte aus dem Stück »etwas ganz Neues, viel Breiteres und viel mehr Gearbeitetes . . . etwas mit Modelé«.[27] Er schrieb eine Anzahl von Kritiken, machte seinen Aufsatz über die »Samskola« zur Veröffentlichung fertig, schickte Fischer die drei Romgedichte für die *Neue Rundschau* und setzte seine Arbeit für Juncker fort, indem er die Kierkegaard-Übersetzung abschloß und Gutachten über weitere Titel für den Verleger verfaßte. So vergingen die Tage in ruhigem Gleichlauf. Nur selten versäumte er seine barfüßigen Wanderungen im Park. Zuweilen ging er auch nackt, wie sich Johnny Gibson, der ältere Sohn, erinnert. Die angenehme Umgebung seiner »goldenen Stube« in Furuborg erschien ihm »immer mehr wie die Schale . . . in der ich die Frucht bin«, schrieb er an Clara.[28] Auch von Lou waren endlich ermutigende Worte über seine unmittelbare Zukunft eingetroffen. »Ja, und auf diesem Willen sitze ich nun«, schrieb er ihr, »und halte mich an seiner Mähne und hänge an seinem Halse und mache gewiß keinen ritterlichen Eindruck. Aber, was die Hauptsache ist: wir kommen vorwärts dabei. Und sollte ich doch wieder hinunterfallen (o alte Reitschulerinnerung) so habe ich mir vorgenommen, diesem Willen nachzulaufen, solange der Atem hält.« Ob ihn das Frühjahr in Göttingen oder in Zürich finden würde, könne später entschieden werden. Er sehne sich nach einem Wiedersehen – doch auch dies würde kommen. »Ich traue mir zu, ganz stille zu sein, irgendein

Mensch am Rande von Göttingen, der von *Loufried* nicht mehr zu wissen behauptet, als daß es dort eine Unmenge Äpfel gibt und einen weißen, neugierigen, ungemein sachverständigen Hund.«[29]

Einen Besuch bei Ellen Key in ihrem Heim in Oby, in Småland, südlich von Alvesta, hatte er schon lange vorgehabt; am letzten Wochenende im November 1904, als der erste Schnee gefallen war, konnte er die lange Reise endlich unternehmen. Sie lebte in einem Flügel des großen Landhauses, das ihrem Bruder gehörte, und dessen Haupttrakt, wie Rilke wußte, vor vielen Jahren abgebrannt war. Als ihn der Schlitten die tief verschneite Auffahrt entlangtrug, hatte er das unheimliche Gefühl, daß dieser Mittelteil noch unversehrt hinter der Treppe und Terrasse stand und »daß die Luft hinter jener Terrasse noch nicht eines geworden war mit der übrigen, daß sie noch eingeteilt war in Gänge, Zimmer und in der Mitte noch einen Saal bildete, einen leeren, hohen, verlassenen, dämmernden Saal«. Er sah die »altmodische Stube, wo sie, auf einem roten Kanapee ihrer Großmutter sitzend, den zweiten Teil ihrer Lebenslinien schreibt und ihre unzähligen Briefe beantwortet an lauter junge Mädchen und junge Frauen und junge Männer, die von ihr wissen wollten, wo das Leben anfängt«.[30] Der Sonntag, den er dort verbrachte, war seinen Worten nach »wie ein Buch eingebunden in zwei weiße Reisen, drinnen Bilder und Worte, Einfaches, Liebes, Wichtiges, Weites . . . wie wenn jemand aus weichem weißen Etui einen schönen alten Familienschmuck nimmt und ihn leise wieder in den Samt zurücklegt: so wurde dieser lange reiche Sommer aus dem Schnee gehoben und wieder vorsichtig hineingelegt in den Schnee. Dazwischen aber lagen die Stunden, da man den seltenen Schmuck in der Hand hielt und betrachtete, seine reine und köstliche Arbeit bewundernd und dessen gedenkend, wie er, beladen mit Gefühl und Festlichkeit, so unendlich vieles zusammenfaßt und, gleich einer großen mit edlen Tränen besetzten Spange, Vergangene, die ihn liebten verbindet mit Künftigen, die ihn an ihren großen Tagen tragen werden.«[31] Nur wenigen Gastgeberinnen wird ein so elegant geschriebener Dankesbrief zuteil geworden sein, dessen Absendung er tatsächlich noch hinauszögerte, um die Gibsons das Kunstwerk bewundern zu lassen. Die stärkste Erinnerung seines Besuchs war jedoch seine Ankunft in der Samstagdämmerung, die Fahrt auf ein Haus zu, das es nicht mehr gab und doch noch zu spüren war, mit dem Gefühl des Unheimlichen, das in den *Malte* eingehen würde. Ellen selbst fand ihr Vertrauen in ihn bestätigt und schrieb kurz darauf an Axel Juncker: »Unser Freund Rilke wird Sie erfreuen: Sein Stern steigt langsam aber sicher über Deutschland! In Schweden hat er schon viele Freunde.«[32]

Bald darauf verließ er die Zufluchtsstätte von Furuborg. Er stieg zuerst in Charlottenlund, am Rande Kopenhagens, ab und verbrachte seinen dreißigsten Geburtstag ungestört in Birkenwäldern an der See. Er hatte geplant, nach Material über Jacobsen zu suchen und den Maler Hammershøj kennenzulernen, über den er vielleicht schreiben wollte. Auch Freunde Ellen Keys sollten besucht werden. Er war aber zu unruhig und hatte zu sehr Heimweh nach Furuborg, wie er den Gibsons gestand, und der kurze Aufenthalt brachte ihm wenig ein. So reiste er weiter nach Hamburg und traf am 11. Dezember in Oberneuland ein, um Weihnachten mit Clara und Ruth zu verbringen.

4

Es ist ein fernes Geräusch in mir und eine Bewegung wie kommender Flut.
(An Gertrud Eysoldt, Juli 1905)

Clara war es kurz nach ihrer Rückkehr gelungen, unweit vom Haus ihrer Eltern eine unabhängige Unterkunft bei einer guten Freundin zu finden, deren Haus groß genug war, um ihr und Rainer getrennte Arbeitsräume zu bieten. Dazu kam noch die angenehme Tatsache, daß die Hausherrin eine Woche nach Rilkes Ankunft nach Ägypten verreiste. Für die kleine Ruth war der Reisende in Hut und Mantel und mit seiner Reisetasche ein Fremder, doch als man sie später von den Großeltern herüberbrachte, entdeckte sie den Vater in ihm wieder. Er fand die Wiedervereinigung schwierig, denn

die Dreijährige erschien ihm »schon wie eine recht komplizierte und eigene Persönlichkeit, zu der ich einen weiten Weg
in gespannter Aufmerksamkeit werde gehen müssen . . . Es
ist jetzt nicht das für mich, was man eine Freude nennt (es ist
zu schwer dazu) aber es ist das Leben, das mit ihrer kleinen
seltsam melodischen Stimme zu mir spricht und ich bin, wie
immer, Lernender und geduldig . . . Übrigens sieht sie ganz
so aus wie ich als Kind aussah. Alles das ist merkwürdig zu
erleben.«[1]

Mit dem Wechsel nach Deutschland, in eine Umgebung,
die er als unangenehm, ja »quälend« empfand[2], verlor er rasch
die Kontrolle über seine Willenskraft. Die erst später erwartete Influenza überfiel ihn bereits lange vor Weihnachten,
auch das Geld wurde wieder einmal knapp. Juncker hatte das
monatliche Honorar bis Dezember weitergezahlt, sah sich
aber außerstande, die Vereinbarung zu verlängern. Rilke
wandte sich sogleich an seinen »Bruder« Jimmy Gibson, der
anscheinend seine Hilfe für solchen Fall zugesagt hatte. Er
sei, wie er eingestand, auf der Reise »etwas unvorsichtig«
gewesen: in Kopenhagen habe er in Lizzies Auftrag für Clara
einige alte Spitzenkrägen eingekauft und sei dabei der Versuchung erlegen, ihr auch ein Spitzenjäckchen und Schuhe für
Ruth zu kaufen, dann in Hamburg eine Puppe und eine Kuh,
die muhen konnte. Dazu sei noch gekommen, »daß ich jenen
kleinen monatlichen Zuschuß von 50 Mark gerade jetzt verlor, da ich ihn sehr gebraucht hätte. Ich müßte eigentlich 200
Kronen von meinem Konto in Lund nehmen. Aber ich wäre
glücklich, wenn ich jenes Geld noch nicht angreifen müßte;
es gibt mir eine so gute Sicherheit, daß es da ist . . . Wenn Du
mir jetzt etwas geben kannst, so werde ich es dankbar nehmen und nicht an Sorgen denken.«[3] Gibson stand zu seinem
Versprechen, innerhalb weniger Tage war ein Betrag von 200
Mark auf Rainers Bank eingetroffen. Die Gibsons waren
wirklich gute Freunde, die obendrein noch Weihnachtsgeschenke schickten, wofür sie von Clara ein Bild und von
Rilke einen langen Brief in dem angemessenen lyrischen Stil
erhielten.

Ihnen und Ellen Key schrieb er offen über die Verschlechterung seiner Gesundheit und betonte am 6. Januar 1905 den

Unterschied zwischen den kleinlichen Sorgen, die sie nun in Oberneuland plagten, und dem Frieden von Furuborg, »daß weder ich noch Clara eine einzige Stunde Arbeitsstille haben konnten«. »Alle diese Dinge vermögen immer noch meine Kraft zu verzehren, so daß ich sie an das Allzutägliche in kleiner Scheidemünze fortgebe und mich weit, weit, weit von mir, von meiner Arbeit, von dem was ich *kann* entferne, um mich traurig und hilflos mit Dingen herumschlagen, denen ich doch nicht gewachsen bin.« Er schickte ihnen Kopien des »Samskola«-Aufsatzes, der im neuen Jahr erschienen war, sowie Abschriften einiger ermutigender Briefe von Lesern, die in Deutschland ein ähnlich fortschrittliches System einführen wollten.[4] Der eigentliche Grund seiner mißlichen Lage war aber nicht nur – und dies konnte er ihnen nicht sagen – die materielle Bedrängnis, sondern das Familienleben als solches, die Wiedervereinigung mit den Menschen, die, wie er vorher einmal bitter zu Lou bemerkt hatte, lediglich Besucher waren, die zu lange blieben. Er konnte mit deutlichem Vergnügen von den einfachen Freuden Ruths und einem neuen Porträtauftrag für Clara schreiben, wußte aber, daß Erlösung nur in der Entfernung von ihnen zu finden war. Es war bezeichnend, daß er bei der Durchsicht der deutschen Übersetzung von Ellen Keys Aufsatz darauf bestand, alle Verweise auf seine Ehe und die Zeit in Paris und Rom zu tilgen.[5]

Wie immer war es Lou, welche die Wahrheit erfuhr: »Weihnachten ist vorbei, und ein Jahr hat begonnen . . .; ich habe es kaum bemerkt, kaum etwas Festlichkeit gefühlt, und keine Ruhe. Es waren unfertige und provisorische äußere Zustände, in die ich hier kam. . . . In alledem war es schwer . . . zu lieben, alle jene Aufmerksamkeit, Kraft, Güte und Hingabe zu haben, aus der Liebe besteht. Ratlos, das war alles, was ich war, unfähig inmitten aller äußeren Unruhe, jemand zu sein, *der* zu sein, der ich werde . . . Wieder war es so: sobald das Leben mich mit einer seiner Wirklichkeiten anrührt . . . mich verlangt – bin ich nur gestört. Wo andere sich aufgenommen fühlen und aufgehoben, fühle ich mich vorzeitig hinausgezerrt aus irgend einem Versteck . . .« Er wollte sie unbedingt sehen, ihr von der »Samskola« und seiner neuen Fassung der *Weißen Fürstin* erzählen und ihr den ganzen Zyklus der *Gebete* vorlesen – »Und –: unzähliges ist für mich bei Dir zu tun. Was ich seit Jahren fühle: alle meine nächsten Fortschritte sind in Deinen Händen. . . . Du mußt mir schreiben, ob ich besser jetzt oder später komme . . . das Wiedersehen mit Dir ist die einzige Brücke zu allem Kommenden.«[6]

Lous Erwiderung auf diesen Brief ist nicht überliefert, doch scheint sie ihn auch diesmal von einem Besuch abgehalten zu haben. Seine Pläne zur Abreise, irgendwohin, »um allein zu sein«, wurden tatsächlich aufgegeben, vermutlich aus Mangel an Geld. Später im Januar schrieb er wieder an Jimmy Gibson mit der Bitte um Rat, wie er diesem Engpaß entfliehen könne. »Ich bekenne es nicht ohne Scham, daß ein gewisser Grad von aussichtsloser Armut, der . . . andere zur Tätigkeit drängt, mich vollkommen lähmt, mir gleichsam alles aus den Händen nimmt. Dann gehen meine Gedanken zwischen kleinen Zahlen hilflos hin und her; alles verwirrt sich in mir, wenn ich wählen muß zwischen dem Ankauf eines Buches und eines Paares Schuhe.« Er hatte das Gefühl, daß er und Clara einen Punkt erreicht hatten, wo jeder sich selbst bewähren könnte, wenn man ihm nur etwa ein Jahr ungestörten Lebens und Arbeitens sichern würde. Da aber lag das Problem. Er hatte die Verbindung zu Juncker verloren, seine Bücher brachten kein Geld ein, »zudem drückt mich die liebevolle Hilfe meines guten unvermögenden Vaters, der nur um meinetwillen, um mir helfen zu können, seine Pensionierung hinausschiebt, mit jedem Jahre mehr und mehr.« Wenn sie nicht Zeichenunterricht in der Samskola geben könnte, mußte Clara nach Worpswede zurückkehren, er aber mußte versuchen, seine unzureichende höhere Bildung an einer Universität zu vervollständigen. Wie ließe sich dies aber bewerkstelligen? Er war bereit, eine Anleihe aufzunehmen, hatte aber keine Ahnung, wie man so etwas anstellte. Gab es vielleicht eine andere Möglichkeit? Irgendeinen wohlhabenden Gönner vielleicht, der bereit wäre, die Handschrift der *Weißen Fürstin* und weiterer zukünftiger Werke zu erwerben. Sogar dazu würde er bereit sein – nur um ein Jahr ruhiger Arbeit gesichert zu bekommen. »In meiner Arbeit soll alles Schwere sein . . . Aber wie das Geld in die Welt gekommen ist und was es will, kann ich nicht verstehen und ich bin diesem Kampfe nicht gewachsen.«[7]

Gibson konnte ihn zwar nicht bei einem geeigneten Mäzen einführen, erwies sich aber wieder als eine starke Stütze und schickte ihm im Februar 300 Mark, was mehr als genug war, den dringendsten Bedürfnissen abzuhelfen. Die Kur im Sanatorium Weißer Hirsch, die er und Clara stets für den Weggang von Oberneuland geplant hatten, die aber zunehmend aus der Reichweite ihrer finanziellen Möglichkeiten gerückt war, wurde als erstes aus diesem neuen Reichtum finanziert. Auch Ellen Key konnte er so nach ihrem Vortrag Ende Februar in Dresden wiedersehen. Inzwischen dachte er auch über die Frage der Universität nach und wurde wieder an Georg Simmel, den Berliner Universitätsprofessor, erinnert. Simmel antwortete sehr positiv, als er ihm seine Wünsche brieflich darlegte, und so beschloß er, sich für das Sommersemester in Berlin völlig in seine Hände zu begeben. Abermals wurde der Rilkesche Haushalt aufgelöst, und am 1. März, als Clara nach Worpswede fuhr, um ihr Atelier wieder einzurichten, reiste er voraus nach Dresden, um Ellen Key noch vor dem Kurbeginn am 6. März zu sehen.

In ihrem Eifer, ihm zu helfen, hatte Ellen nicht nur für Dresden, sondern auch für Prag Vorträge vereinbart, um nach ihrem Aufsatz und den Vorträgen in Skandinavien das Interesse des deutschen Publikums für sein Werk zu wecken. Es überraschte ihn nicht, daß sie bei ihren Dresdner Hörern eine kühlere, sogar feindselige Aufnahme fand, ganz das Gegenteil zu den aufgeschlosseneren Skandinaviern. Trotz all seiner Dankbarkeit für ihre Anstrengungen war er jedoch, wie schon zuvor, tief über die Publizität beunruhigt, die für einen, der kaum begonnen hatte, seinem Gefühl nach zu früh kam. Am Abend des 1. März schrieb er in seinem Zimmer, das nur ein paar Schritte von ihrem Hotel entfernt war, einen langen Brief, in dem er ihr seine Bedenken auseinandersetzte. Es sei nicht nur seine Unfertigkeit, das Bedürfnis nach einer langen Zeit in der dunklen Erde, bevor der Same keimen könne; er fühle auch, daß seine Kunst die Menge nicht erreichen könne, daß sie nur für einige wenige bestimmt sei, die aus freiem Willen zu ihm kommen müßten. Sie einer Masse vorzuzeigen mußte zu Mißverständnissen führen. »Einen gewissen Grad von Unbekanntheit mir zu erhalten, das ist mir fast noch nötiger als das tägliche Brot . . . bin noch so weit von einem wirklichen Werke, muß erst noch arbeiten lernen . . . Freilich, ein Anfang ist da . . . das kann man getrost den Leuten hinhalten, aber . . . nicht aufdrängen wollen: die es nicht selig wie Dürstende nehmen, für die ist es nicht und nichts.« In Prag, so schrieb er ihr, könne sie offen über ihr »Kind« sprechen, doch sollte sie bei »den anderen« vorsichtig sein und ihnen nur geben, was wirklich erreicht worden sei. Ein solcher Mangel an Selbstvertrauen war für die gute Ellen freilich kaum zu begreifen, doch sie hatte wenigstens seinen Segen für Prag, wohin er sie gehen sah »wie ein großer, gebender Engel«, um seinem schwergeprüften Vater endlich die Botschaft der Anerkennung seines einzigen Sohnes zu bringen.[8]

Seinem Vater war es nicht möglich, dem Vortrag beizuwohnen, doch sie bestand darauf, ihn zu besuchen, und Rilke konnte seine Freude über den Besuch aus dessen Briefen erkennen. »Das woran ich so hoffnungslos und doch so gerne gearbeitet habe, – meinem Vater das Bewußtsein von der Notwendigkeit meines Weges zu geben . . ., das hast Du mit Deiner tiefen und großen Überzeugung von mir zustande gebracht.« Diese Erleichterung, das regelmäßige Leben in der gesicherten Unterkunft im Sanatorium und der angenehme Gedanke, genügend Geld für die unmittelbare Zukunft zu haben, erfüllte ihn mit einem Glücksgefühl, wie er es seit langem nicht gekannt hatte. Ein Brief von Eva Solmitz, einer jungen Verehrerin Ellens, kam »wie jetzt die Stimmen der Amseln sind, die mich am Morgen wecken«, schrieb er an Eva, ». . . Fernes, Kommendes lag darin: Tage und Nächte mit allen ihren Helligkeiten und Übergängen«. Er stellte sich Ellen auf ihrem Zug durch Wien und Deutschland vor wie einen »Wind, der Weite und den Duft unbekannter Gegenden trägt, und weckt Stimme um Stimme, hundert Anfänge von hundert Lebensliedern. . .«.[10] Die Großzügigkeit, mit der sie ihm die Nettoeinkünfte ihres

Prager Vortrags überließ, war freilich ein mehr praktischer Beitrag zu seinem Wohlergehen, für den er dementsprechend dankbar war.

Inzwischen begann er an die mögliche Veröffentlichung eines bereits fertigen Werks zu denken, der *Gebete*. Lou, in deren Hände sie »gelegt« worden waren, erklärte sich gleich bereit, sie für diesen Zweck zurückzugeben. Am 13. April schrieb er an den Insel Verlag und erinnerte an sein Versprechen vom vorigen Jahr, daß er ein neues Werk vorlegen werde. Die Prosafortsetzung der *Geschichten vom lieben Gott* habe er noch nicht vollendet, dagegen sei das andere, schon erwähnte Werk fertig: »Es handelt sich um einen großen, weithin gerundeten Gedichtkreis, in den fast alle Fortschritte und das Beste aller Arbeit, die ich seit meinem letzten, vor mehr als zwei Jahren veröffentlichten Gedichtbuche geleistet habe, eingegangen ist.« Er wollte ihn *Das Stunden-Buch* nennen, »Erstes, zweites und drittes Buch der Gebete«.[11] Von Poellnitz, der frühere Direktor, war eben verstorben, und so wurde der Vorschlag von Carl Poeschel angenommen, der nun mit Anton Kippenberg den Posten teilte. Rilke versprach das Manuskript druckfertig für Mai, nachdem er nach Berlin umgezogen sei.

Seine Zukunft begann nun im allgemeinen heller auszusehen. Ellen Key war in der Zwischenzeit in Wien gewesen und hatte in ihrer stets praktischen Art den Einfall, den Erziehungsminister um ein Stipendium für ihn anzugehen. Sie schlug vor, er solle einen Entwurf seiner Bewerbung an Marie Herzfeld in Wien schicken, die Übersetzerin von Jacobsen und anderen skandinavischen Schriftstellern, um ihn bei der korrekten Form zu beraten. Damit verbrachte er seine letzten Tage im Weißen Hirsch, so daß die Bewerbung vor seiner Abreise nach Berlin am 19. April abgeschickt werden konnte. Die Gelegenheit zu einer solchen Sicherung seiner geplanten Studien durfte nicht versäumt werden. Ein Wort der Ermunterung kam auch von August Sauer, seinem früheren Lehrer in Prag. Einen weiteren Ansporn für die Zukunft boten Einladungen, im Herbst in Dresden und Prag Vorträge zu halten, die er sofort annahm. Das Thema würde auf jeden Fall Rodin sein. Es ergab sich, daß Simmel ihm von einem bevorstehenden Besuch bei Rodin erzählte, dessen frühem Werk er einen Aufsatz gewidmet hatte, und Rilke ergriff die Gelegenheit, bei der brieflichen Ankündigung dieses Besuches dem Meister seine eigenen Pläne mitzuteilen.

Er und Clara hatten die Kur mit Sorgfalt durchgeführt, wobei es nur wenige Ablenkungen gegeben hatte. Unter ihren Mitpatienten waren manche, mit denen sie ruhige Stunden verbringen konnten: Anna Schewitz-Hellmann, eine Künstlerin aus Riga, die von Rilke eine eindrucksvolle Kohlezeichnung anfertigte, und ihre Freundin Alice Dimitrieva; dann noch eine ältere Dame, Luise Gräfin von Schwerin, geborene Nordeck zu Rabenau, die während ihrer kurzen Woche im Weißen Hirsch ein besonderes Interesse für das junge Paar zeigte. Rilke mag in ihr eine mögliche Gönnerin gewittert haben, gewiß aber sprach ihn ihre aristokratische Herkunft an, und mit seinem stets regen Interesse für die Geschichte alter Familien fand er alles über sie heraus. »Eine liebe Frau, die von uns gewußt hat und uns mit Güte umgibt«, schrieb er an Ellen Key. Er unterließ es nicht, der Gräfin einen Brief »mit Dank und Liebe. Nein, nur mit Liebe« zu ihrer Rückkehr nach Friedelhausen, dem Familienschloß bei Gießen, folgen zu lassen.[12]

Unmittelbar vor ihrer eigenen Abreise, Clara nach Worpswede und er nach Berlin, erhielt er zu seiner Überraschung eine Karte von Lou und Ellen, die zu Besuch bei Lou in Göttingen war. Vom Bahnhof aus schrieb er an Lou, er hoffe, es habe von ihr in dem »wahllos gütigen« Gefühl Ellens zu ihm »manches *korrigiert*« werden können. Einer Warnung Ellens zum Trotz befinde er sich bereits auf dem Weg nach Berlin, auch wenn Simmel noch einige Zeit in Paris bleiben würde. Er bat sie, das Manuskript der *Gebete* unverzüglich an ihn nach Berlin zu schicken, so daß man die Maschinenschrift herstellen könne.[13]

All diese Aufregungen waren sozusagen nicht programmgemäß, man konnte kaum erwarten, daß er bei seinem festen Entschluß bleiben und sich in das städtische Leben und einen akademischen Gleichlauf eingewöhnen würde, auch wenn Simmel bei seiner Ankunft dort gewesen wäre. Er fühlte sich nach der anstrengenden Kur außerordentlich erschöpft, so daß er mitten am Tage einschlief. Tatsächlich konnte er es nur wenige Tage am »ausgefransten Rand der großen Stadt« aushalten.[14] Einem plötzlichen Impuls folgend entschloß er sich, kurz vor Ostern wieder fortzugehen und als »unerwarteter Gast« bei Clara in Worpswede zu erscheinen, um dann wieder nach Berlin zurückzukehren, wenn es ihm besser ginge.

Der eigentliche Grund lag jedoch darin, daß erst ein Wiedersehen mit Lou die Bahn für ihn freimachen würde. Mehr als vier Jahre waren vergangen, seit er, getroffen von der Warnung ihres »letzten Zurufs«, ihre Welt verlassen hatte, und beinahe zwei Jahre waren es, seit er vergeblich um die Hilfe ihrer Gegenwart gefleht hatte. Als er nun in der »grauen Zelle« seines Zimmers in Worpswede wieder das alte schwarze Buch in Händen hielt, in das er die ersten »Gebete« eingetragen hatte, erlebte er die gemeinsame Zeit von neuem, in einem Gemisch von »Freude, Erkennen, Sehnsucht und Dank, Unterwerfung und Aufrichtung« – ein Vorgeschmack auf die Begegnung mit dem einzigen Menschen, »zu dem ich wirklich reden könnte«, den er nun nötiger hatte denn je. Bis dahin habe er nicht die Kraft, sein Selbstvertrauen zurückzugewinnen. Die Vorbereitung des Buches für die Veröffentlichung, mit der er die ersten Wochen in Worpswede zubrachte, schien wie eine Zeremonie des Vorgefühls, da die Gedichte »wie Weitererbtes Dir zugehören«.[15]

Am 19. Mai, nachdem die Abschriften mit seinen präzisen Vorstellungen über das Format des Buchs an die Insel abgegangen waren, konnte er ihr die Manuskripte zurückschicken. Sein Begleitbrief sprach wieder von seiner Verzweiflung: »Alle diese Versuche zu einem natürlicheren Leben, diese Bemühungen, eine gesundheitsmäßige Lebensweise einzurichten, die doch eigentlich nichts beabsichtigen, als das Leben leichter und arbeitsamer zu machen, sind mir im Laufe der Jahre, weiß Gott wie, selbst Arbeit geworden, Pflicht, Kraft- und Zeitverbrauch, Beruf … Es ist wie ein fortwährendes Kostümieren und Vorbereiten, während man doch schon auf der Bühne steht und der Vorhang aufgezogen ist. Bleibt da nicht nur eines übrig: zu spielen so wie man ist?« Sein »konfuser und dummer Brief« könne sie wohl kaum geneigter machen, ihn zu sich zu rufen. Als sie kurz antwortete, ob er nicht in der Pfingstwoche kommen wolle, konnte er sein Glück kaum fassen. Es würde nun doch noch ein Jahr des Segens sein, »voll von Gutem, *da es wirklich dieses Eine bringen soll*«. Alles andere war vergessen. Berlin wurde nun »in Klammern« gesetzt, er konnte an nichts anderes als Göttingen und Loufried denken. Er würde vielleicht ein paar Vorlesungen hören, um sich für den Herbst vorzubereiten, denn dann würde er ernstlich anfangen – zwei oder drei Tage mit ihr würden jedoch seine Gedanken klären und die rechte Entscheidung erbringen.[16] Der Aufenthalt in Göttingen würde seine Pläne »nach allen Seiten hin klären und festigen . . . Meine Freunde müssen viel Geduld mit mir haben, nicht wahr? Aber es soll besser werden.«[17]

Was immer Clara von seinem ungeduldigen Verlangen nach einem Wiedersehen mit Lou gedacht haben mochte, ihre Vorstellungen von der überragenden Wichtigkeit der »Arbeit« für den Künstler waren so sehr die seinen – ihre eigenen Briefe hätten von seiner Hand stammen können –, daß sie in der Trennung ihrer beider Leben nichts Unnatürliches sah. Bei seinem Aufenthalt in Worpswede hatte er sich woanders ein Zimmer zum Schreiben genommen, während er sonst die von ihr gemietete Unterkunft teilte. Es war jedoch, wie er an Lou geschrieben hatte, kein »Heim« für ihn, es gab kein Halten, nachdem sie ihn nun gerufen hatte.[18] Während seines Aufenthalts ging er zweimal für kurze Zeit nach Oberneuland, um Ruth zu sehen, doch auch wenn er sie später an ihr gemeinsames fröhliches Suchen nach den Eiern des Osterhasen erinnern sollte, bedeutete ihm die Freude der Vaterschaft wenig. Er war rücksichtsvoll und half Clara, wo er konnte – die Abfahrt nach Göttingen am 13. Juni verzögerte er jedoch nicht.

Mit Luise von Schwerin hatte er seit ihrer Rückkehr nach Friedelhausen häufig Briefe gewechselt. Ihre freundlichen Schreiben, denen sie häufig ein Buch beifügte oder auch eine Veröffentlichung über Rodin für Clara, hatten ihm das Gefühl gegeben, daß er allmählich zu einem Teil ihres Familienkreises wurde. Dazu gehörten ihre Tochter Gudrun, Gattin des Biologen Jacob van Uexküll, ihre Stiefmutter Julie von

Nordeck und deren Schwester Alice Faehndrich, die eine Villa auf Capri besaß, wo die Gräfin einen Teil des Sommers verbringen würde. Sie interessierte sich für alle seine Pläne und deutete an, daß er später als Besucher auf Friedelhausen willkommen sein werde. Er versprach ihr, sie nach seiner Beratung mit »einer erfahrenen lieben Freundin« in Göttingen auf dem laufenden zu halten. Über Berlin war er sich noch im Unklaren, doch nach all dem, was sie ihm mitgeteilt hatte, schien es, daß Uexküll der benötigte Ratgeber und Helfer sein könnte, wenn sie sich im Lauf des Sommers kennenlernten.[19]

Die Wiederbegegnung mit Lou gab ihm die Kraft und Ermutigung, die er erwartet hatte. Sie war keineswegs wohl und konnte das Haus nicht oft verlassen, so daß er allein lange Wanderungen hinter dem Haus auf dem über der Stadt gelegenen Hainberg unternahm. Die Veränderung der Umgebung und der Anreiz ihrer Gegenwart verwandelten ihn. »Oft wünschen wir, Du wärest hier bei uns«, schrieb er an Clara, »wenn wir im Garten sitzen und lesen oder über all die Dinge sprechen, mit denen ich Dich oft gequält habe und die nun um so vieles leichter werden oder wenigstens tragbarer in ihrer Schwere ... Wie gut ... war es, daß ich hierher gegangen bin. Es ist so viel schöner, als ich je ahnen konnte, weil es noch eine größere Notwendigkeit hatte, als ich meinte«.[20] Seine Niedergeschlagenheit und die Müdigkeit, die ihn seit seinem Weggang aus Dresden bedrückt hatte, waren bei seinem Aufbruch verschwunden. Was ihm Lou in praktischer Hinsicht geraten hatte, läßt sich nicht ausmachen. Auf jeden Fall fuhr er nun nach Berlin, fand sich endlich bei Simmel ein, mit dem er vermutlich die eigenen Pläne ebenso wie ihrer beider Eindrücke von Rodin besprach, und besuchte während der drei letzten Semesterwochen einige seiner Vorlesungen. Vor ihm lag ein Winter des Studierens, das fühlte er. Während der Ferien hatte er eine weitere Begegnung mit Lou vereinbart, die eine Freundin in Treseburg im Harzgebirge besuchte, und im August erwartete man ihn auf Friedelhausen. Er schien zu treiben, als erwartete er ein Zeichen, den Fingerzeig einer unbekannten Hand, der ihm die Richtung weisen würde.

Die Wendung kam in einem unverhofften Brief, der ihn am 19. Juli in Treseburg erreichte, als er sich eben zu fragen begann, wie er es nach Lous Abreise während der übervollen Touristensaison dort aushalten werde. Gertrud Eysoldt, eine Schauspielerin, die er gut kannte, hatte ihm Grüße von Rodin überbracht. Der Meister schrieb nun an seinen »bien cher ami« mit Ausdrücken der Bewunderung, die er für den Autor empfand, »der durch sein Werk und seine Begabung überall so viel Einfluß besitzt. Ich muß Ihnen einfach diese Worte der Freundschaft und der Unterstützung für ihren Geist der Arbeit senden.« Rainer und Clara gehörten zu den Erinnerungen, die er besonders schätzte. »Travail, courage, intelligence modérée, pour que ces biens ne se surmènent pas . . . A vous de cœur . . .«[21] An Rodin hatte Rilke häufig gedacht, nicht nur als er zahlreiche seiner Werke in Kopenhagen und Berlin wiedergesehen hatte, sondern auch, weil sein Arbeitsethos das Ideal blieb, nach dem er immer noch strebte. So läßt sich gerade zu diesem Zeitpunkt die Wirkung einer solch ermutigenden Botschaft wohl ermessen. Er faßte den Entschluß, im September kurz Paris zu besuchen, bevor er sich an seine Studien machte. »Sie endlich wiederzusehen«, hieß es an Rodin, »und die erhabene Luft und den schöpferischen Wind zu atmen, der von den Bergen Ihres Werkes weht.«[22]

Der restliche Sommer verging rasch in der Vorfreude auf diesen Besuch. Auf dem Weg nach Friedelhausen machte er Ende Juli kurz Station in Kassel, wo er außer den Rembrandts in der Gemäldegalerie nur wenig Interessantes entdeckte, dann in Marburg, wo er die großartige Gotik der Burg und der Elisabethkirche bewunderte. Clara schloß sich ihm für die zweite Augusthälfte auf Friedelhausen an, bevor sie der plötzliche Tod ihres Vaters nach Bremen zurückrief. Sie wurden auf dem Schloß herzlich empfangen, in jener Atmosphäre aristokratischen Gönnertums, die er stets genoß. Die Fahrt dorthin, im Anschluß an seine Begegnung mit Lou, war gleichsam die Abrundung der Kur, die er sich in Worpswede vergeblich erhofft hatte. »Mein Leben, alles, was ich bin«, schrieb er mit seinem Dank an Luise von Schwerin, »ist durch Friedelhausen durch gegangen, wie ein ganzer Fluß durch die Wärme einer besonnten Gegend geht, ausgebreiteter und breiter gleichsam und glänzend mit allen seinen Wellen.«[23] Während seines Aufenthalts führte er einen ausgedehnten Briefwechsels mit der Insel wegen des Formats und der Ausschmückung seines *Stunden-Buchs*. Man einigte sich für den Umschlag schließlich auf ein Motiv aus einem alten venetianischen Druck, einen dreifach fließenden Brunnen, der die drei Bücher des Zyklus darstellen sollte. Noch vor seiner Abreise hatte er die Korrektur der Fahnen durchgeführt.

Unter den Hausgästen befanden sich eine Zeitlang Karl von der Heydt – Bankier, Schriftsteller und Kunstliebhaber – und seine Gattin Elisabeth, die ihn einluden, auf seinem Weg nach Paris bei ihnen in Godesberg abzusteigen. Rodin, dem er nun einen Termin nannte, teilte ihm telegraphisch mit, er würde sich vom 7. September an über seinen Besuch freuen, worauf noch ein Brief seines Sekretärs mit der Einladung folgte, in Meudon zu wohnen: »M. Rodin tient à ce que vous restiez chez lui pour pouvoir parler.«[24] Dies war mehr, als er zu hoffen gewagt hatte, und er nahm unverzüglich, zumindest für einen Teil seines Aufenthalts, die Einladung an. »So meint er es ja, es ist sein Wille, und es wird gut sein«, schrieb er an Clara. »Zunächst, so schrieb ich, sagte ich nur für einige Tage zu, weil ich fürchtete, Madame Rodin zu viel Umstände zu machen; aber es wird sich ja auf die einfachste Weise zeigen, wie lange ich mich draußen bei ihm aufhalten kann, ohne daß jemand darunter leidet. An die große Nähe und Vertraulichkeit seines täglichen Lebens denke ich mit inniger Freude, ebenso gerne an die kleine Villa des Brillants und ihren weithin ausschauenden Garten.«[25] Nach einigen Tagen bei den Heydts, die ihn baten, für ihre ohnehin schon beträchtliche Sammlung ein Werk Rodins auszuwählen, traf er am 12. September 1905 in Paris ein.

IV Frankreich, Italien und Nordafrika
1905-1911

> ... der, welcher diesen beunruhigenden Gedan-
> ken gehabt hat, muß anfangen, etwas von dem
> Versäumten zu tun; ... wird sich ... hinsetzen
> müssen und schreiben, Tag und Nacht.
>
> *Malte Laurids Brigge*

I

Es ist eine Atmosphäre der Arbeit und des Arbei-
tenkönnens, . . . so daß ich hier vielleicht alles
lernen werde, was mir fehlt . . .
(An Lou Andreas-Salomé, 14. 11. 1905)

Rilke stieg, um sich wieder an Paris zu gewöhnen, zuerst in
einem Hotel ab, bevor er sich für den 15. September 1905 in
Meudon ansagte. Drei Jahre waren wie ein Tag vergangen:
Paris war dasselbe, »seiner so sicher wie je«[1] –, doch es barg
für ihn, in seiner neuen Zuversicht, nicht mehr die alten
Schrecken. Wenn er sein vegetarisches Restaurant wieder
besuchte, in den Luxembourg-Gärten saß oder von seinem
hohen Balkon das abendliche Grau über den Fluß sinken sah,
fühlte er sich an den Anfang seines ersten Aufenthalts zurückversetzt, diesmal jedoch in noch gespannterer Erwartung dessen, was Rodin ihm bedeuten würde. Er wurde nicht
enttäuscht. »Er hat mich empfangen, aber das bedeutet
nichts, wenn ich sage herzlich«, schrieb er am ersten Abend
in Meudon an Clara, »so: wie einen ein lieber Ort empfängt,
zu dem man auf dichter gewordenen Wegen wiederkehrt:
eine Quelle, die, während man fort war, gesungen hat und
gelebt und gespiegelt hat, Tag und Nacht . . .«. Rodin hatte
kurz zuvor eine Übersetzung von Rilkes Buch gesehen, »er
hat mir über mein Buch . . . das Größte gesagt, was man sagen
kann: hat es neben seine Dinge gestellt, ganz groß . . .«.[2]
Seit dem ersten Erwachen seiner Bewunderung für den
Meister hatten seine Briefe so manche Hymne an Rodin
enthalten, keine jedoch war vergleichbar mit den Dithyramben, die nun an Clara, Ellen Key, Gudrun Uexküll, Luise von
Schwerin und Karl von der Heydt aus seiner Feder strömten.
»Er geht wie ein Stern. Er ist über alle Maße . . . Sein Beispiel
ist so ohnegleichen, seine Größe steigt so vor einem an wie
ein ganz naher Turm und dabei ist seine Güte . . . wie ein
weißer Vogel, der einen schimmernd umkreist, bis er sich
zutraulich auf der Schulter niederläßt[3] . . . Man hat oft das
Gefühl: daß er der Einzige ist, für den Gott die Sonne
kommen und gehen läßt . . . Daß er der Einzige ist, von dem

Gott weiß, weil keiner so wie er, alles nimmt, alles liebt, sich hingibt an alles mit einer Demut, die ganz von selbst in Größe, in Erhabenheit, in Hoheit – d. h. in Einklang übergeht . . .«[4]

In Meudon hatte es Veränderungen gegeben. Rodin hatte unterhalb des Museums eine Reihe kleinerer Häuser errichten lassen, von denen Rilke eines ausschließlich für sich bestimmt fand – drei Räume, komfortabel eingerichtet, mit einem großartigen Ausblick über das Sèvres-Tal. Die Menge der »Dinge« war dichter als zuvor, Häuser, Gänge, Studios und Gärten waren neben Rodins eigenen Werken voll von Wundern der Antike, sie grüßten einander wie die Mitglieder einer Familie. Der alte Mann verbrachte lange Stunden im Gespräch mit ihm, erzählte von seinen früheren Tagen in Brüssel, und wie ihn das Zeichnen im Freien gelehrt habe, die Natur zu beobachten und mit der Landschaft eins zu werden. Er führte ihn nach Versailles und einmal zu einem Mittagessen mit Carrière und dem Schriftsteller Charles Morice in die Stadt. In diesen ersten Tagen war Rilke völlig in Anspruch genommen, »ich bin immer mit ihm oder mit seinen Dingen«. An den Abenden saßen sie nach Rodins Rückkehr aus der Rue de l'Université zusammen, sahen den Schwänen auf dem Gartenteich zu und sprachen »von allen ernsten und notwendigen Dingen, wie Freunde . . . von einer Ausgeglichenheit und Tiefe so eine Abendstunde, (durch die wie Adern eines schönen Erzes die sanften Bewegungen der Schwäne sich hinziehen) daß ich oft ein Gefühl von Jenseits habe, von Verklärung . . .«. Vor seinem Fenster sah er, wenn er in die blaue Sternennacht hinausschaute, einen Kiesweg zu einem kleinen Hügel, auf dem, »in fanatischer Schweigsamkeit« ein Buddha stand: »c'est le centre du monde«, rief er vor Rodin aus.[5]

Rodin hielt offensichtlich sehr viel von Rilkes Urteil und seiner kritischen Meinung. Eines Tages führte er ihn unter seinen Werken im Museum herum, fragte ihn nach seinen Eindrücken des einen oder anderen und schrieb die Namen, die sie für Rilke heraufbeschworen, auf ihre Sockel. Er sprach von seiner Einsamkeit und davon, daß ihm ein Sekretär fehle, der ihn nicht nur von der Bürde der Korrespondenz befreien, sondern ihm auch bei der Realisierung seines Werkes helfen könne. In Rilke sah er gerade die Person, die er brauchte, und gegen Ende September schlug er ihm vor, als sein Privatsekretär zu bleiben – er würde Unterkunft und Verpflegung erhalten wie zuvor, dazu aber noch ein Gehalt von 200 Francs im Monat. Eine großzügige Geste, die Rilke nach einigem Zögern (er sah voraus, wieviel Zeit die Briefentwürfe beanspruchen würden) mit Freuden annahm. Seine täglichen Sorgen wurden dadurch mit einem Schlag beseitigt, und es konnte für ihn keine bessere Möglichkeit geben, endlich das »Arbeiten zu lernen«. Die Pläne für seine Vorlesungen waren mittlerweile gediehen. Am 23. Oktober wurde er in Dresden, am 25. Oktober in Prag erwartet. Rodin erhob gegen seine Abwesenheit keine Einwände. Den Vortrag unter diesen neuen Bedingungen vorzubereiten war freilich ideal, und er begann den vorteilhaften Einfluß zu spüren, den Rodins Gegenwart auf seine Arbeit hatte.

Bei seiner Abreise nach Dresden war er mit seinem Entwurf zufrieden, der, seinem Gefühl nach, gegenüber dem Rodinbuch an Reife gewonnen hatte. Er durfte dann auch mit dem Erfolg seines dortigen Vortrags zufrieden sein, dem über sechshundert gebannte und aufmerksame Zuhörer beiwohnten, – wenn er von dem Umstand absah, daß es in der Hauptsache ältere Leute waren und nicht die jungen, denen er die Rodinsche Botschaft »von der Geduld, vom Immer-Arbeiten-Können« zugedacht hatte.[6] Das Prager Publikum war viel kleiner – vorwiegend alte Damen, die teilweise einnickten, wie er Rodin berichtete, teilweise ihre Augen nur aus Neugier offenhalten konnten; dazu einige wenige Angestellte, »fatigués de leurs journées sans fin, occupés de leur digestion tourmentée«. Doch er war überzeugt, gut gesprochen zu haben, und anschließend kamen zwei oder drei junge Menschen, um ihm schweigend die Hand zu drücken. »Je sens, j'ai bien travaillé, et un jour je trouverai . . . le public qui aura besoin de mes paroles; car je sais, plus fort que jamais, que tous ceux qui vivent ont besoin de vous et que la très bonne Nouvelle de votre existence, c'est l'Evangile, avec lequel nos jours touchent à l'éternité.«[7] Während der wenigen Tage in Prag verbrachte er die meiste Zeit natürlich mit seinem Vater. Josef Rilke, der von einer Krankheit immer noch geschwächt war, konnte dem Vortrag nicht beiwohnen, war aber über den materiellen Fortschritt und die neugewonnene Unabhängigkeit seines Sohnes sehr glücklich. Man konnte wirklich von einer Art triumphaler Rückkehr sprechen. Nach einem kurzen Besuch in Leipzig, wo mit der Insel das *Stunden-Buch* besprochen wurde, kehrte Rilke Anfang November wieder nach Meudon zurück.

Rodins Wohlwollen hatte sich unterdessen auch auf Clara übertragen. Sie hatte ihm vor einiger Zeit einige ihrer Arbeiten geschickt, und er war hinreichend beeindruckt gewesen, um ihr Glückwünsche zu telegraphieren und sie nach Meudon einzuladen. »Es gibt wenig Bildhauer, die so etwas machen können,«[8] sagte er zu Rilke. Sie blieb ungefähr einen Monat und durfte in einem seiner Ateliers arbeiten. Für sie und Rainer waren die Rollen nun vertauscht. Er hatte eine gewisse Sicherheit gefunden, während sie nach dem Tod ihres Vaters die finanzielle Unterstützung verloren hatte, die er ihr regelmäßig, wenn auch nicht immer bereitwillig, gewährt hatte und die für ihre Bedürfnisse ausreichte. Rainer machte sich ihretwegen Sorgen – freilich nicht so weit, daß er zu ihrem Einkommen selbst etwas beigesteuert hätte. »Nur kann ich leider die erste Zeit Clara noch nicht helfen . . .«, teilte er Ellen Key mit, »weil ich mich erst ganz rangieren und manches Dringende anschaffen muß und mich danach sehne, endlich ein paar hundert Mark zurückzulegen.«[9] Ellen und den Gibsons gegenüber, die in der Hoffnung auf seinen baldigen Besuch geschrieben hatten, erklärte er seine neue Lage und die damit verbundenen Erwartungen. Sein Platz sei an der Seite des Meisters, »dessen Freundschaft mir so kostbar ist wie die euere«, schrieb er an Lizzie. Wenn Clara jedoch statt seiner im »goldenen Zimmer« von Furuborg weilen dürfte, so würde ihr dies eine Zeit der Ruhe gewähren, in der sie arbeiten und auf den nächsten Sommer in Worpswede sparen könne. Vielleicht würde sie sogar etwas verdienen, falls Jimmy und Lizzie ihr einen Auftrag verschafften. Eine Portrait-Studie Ellen Keys würde sicher Unterstützung finden. Weihnachten würden sie zusammen mit Ruth verbringen, anschließend könnte er womöglich

Clara zurück nach Jonsered begleiten, wenn sie für ihn, wie er hoffte, in Göteborg den Vortrag über Rodin und eine Lesung aus eigenen Werken arrangieren könnten. Alles hinge jedoch davon ab, was Rodin von ihm verlange.[10] (Keine dieser Hilfsmaßnahmen für Clara ließ sich jedoch verwirklichen. Die Gibsons erwarben für sich selbst die Büste des lesenden Rilke, die Clara zu Friedelhausen modelliert hatte, doch war es ihnen aus verschiedenen Gründen nicht möglich, sie in Furuborg aufzunehmen; Ellen Key verabscheute, wie er erfuhr, den Gedanken, für Clara Modell zu sitzen.)

Gegen Ende des Jahres, nach der Vortragsreise und in der Sicherheit seiner neuen Position wuchs sein Selbstvertrauen beträchtlich; er schüttelte seine Scheu vor der Selbstanpreisung ab, die er noch vor kurzem Ellen gegenüber geäußert hatte. Die drei Rom-Gedichte, die im November in Fischers *Neuer Rundschau* erschienen, brachten ihm von Hofmannsthal, Wassermann und anderen, deren Urteil er schätzte, herzliche Anerkennung ein. Vorträge oder Lesungen in Skandinavien ließen sich zwar nicht verwirklichen, doch hatte ihn Herwarth Walden für Anfang März zu einer Lesung aus seinem eigenen Werk nach Berlin eingeladen; Harry Graf Kessler, dessen eigener kurzer Aufsatz über Rodin ihm manche neue Einsicht eröffnet hatte, wünschte von ihm einen Vortrag in Weimar; zudem hoffte er, die Reise über Elberfeld, Hamburg, Bremen, vielleicht sogar Wien auszudehnen. Sie würde in erster Linie der Verbreitung des Rodinschen Evangeliums dienen, auch in Berlin sollte das allmählich möglich sein. Das schlechte Gewissen, das ihn gequält hatte, schwand, und der Glaube an seine Sendung wurde gerechtfertigt. Er führte den Beweis, daß es möglich war, nichts zu sein als Dichter und trotzdem zu überleben. Von Rodin, in »seinem herrlichen Altsein« gingen »Glück und Größe und Arbeitsfähigkeit« aus, »die jeden Tag steigert und jede Stunde tröstlich macht«.[11] »Nur die ganz Großen *sind* Künstler in jenem strengen, aber einzig wahren Sinn, daß die Kunst eine Art zu leben für sie geworden ist –.«[12]

Seine Briefe an Lou im November lassen erkennen, wie weit diese Veränderung in ihm ging – es waren die ersten, die er seit dem Sommer an sie richtete. Verschwunden sind die quälende Selbstzergliederung, die Besessenheit von seiner körperlichen Verfassung, das verzweifelte Greifen nach Strohhalmen, die Vielzahl nicht erfüllbarer Pläne – an ihre Stelle tritt ein sachlicher, beinahe nüchterner Bericht der überraschenden Ereignisse seit August und seines Lebens in Meudon und Paris mit all den anregenden Begegnungen, vor allem mit dem belgischen Dichter Emile Verhaeren und mit Ignacio Zuloaga. Vielleicht würde er hier alles lernen, »was mir fehlt . . . Das Freude-Geschrei ist da; aber ich will es in ganz kleinen Stücken auf eine lange Zeit verteilen, so daß es nur ein Atemholen ist dann und wann. Und dann soll es umgesetzt sein, womöglich, in Wirkliches und Sichtbares statt sich so fortzugeben.«[13]

Endlich konnte er hoffen, das Ideal zu erreichen, das Rodin inspiriert hatte: zu arbeiten, gleichmäßig und ohne Ungeduld, an der Verwandlung in Dinge, die ein eigenes Sein besäßen – und dem bloßen Ausdruck subjektiver Stimmung oder unbestimmten Sehnens, je nach der Laune der Inspiration, den Rücken zu kehren. Seine Briefstellerei für Rodin in einem Französisch, für das es, wie er Lou sagte, irgendwo eine besondere Vorhölle geben müsse, beanspruchte wie vorhergesehen viel mehr Zeit als nur die paar Stunden, von denen der Meister gesprochen hatte. Und doch begann sich in diesen Wintermonaten seine Absicht zu erfüllen und einige »neue Gedichte«, wie sie »Der Panther« bereits angekündigt hatte, gewannen Gestalt. Es gab klassische und biblische Themen, doch der Buddha vor seiner Tür vermittelt vielleicht das anschaulichste Bild seines neuen Aufbruchs:

Buddha

Als ob er horchte. Stille: eine Ferne . . .
Wir halten ein und hören sie nicht mehr.
Und er ist Stern. Und andre große Sterne,
die wir nicht sehen, stehen um ihn her.

O er ist Alles. Wirklich, warten wir,
daß er uns sähe? Sollte er bedürfen?
Und wenn wir hier uns vor ihm niederwürfen,
er bliebe tief und träge wie ein Tier.

Denn das, was uns zu seinen Füßen reißt,
das kreist in ihm seit Millionen Jahren.
Er, der vergißt war wir erfahren
und der erfährt was uns verweist.[14]

Die Geltung, die er begierig, ja geradezu unverschämt in
Prag und in München gesucht hatte, begann sich einzustellen. Als Sekretär Rodins stand er in Verbindung mit einem
Kreis, der über das rein Literarische hinausging – sollte zum
Beispiel ein Brief an Eleanore Duse geschrieben werden, so
ermutigte ihn der Meister, ein eigenes Schreiben beizufügen,
in dem er ihr etwas von sich selbst und seiner Arbeit erzählte.
Auch breitere literarische Anerkennung erfuhr er, nicht nur
in Briefen wie denen von Hofmannsthal und in ernsthaften
Aufsätzen, die in Deutschland und Österreich zu erscheinen
begannen, sondern auch von Bewunderern, die ihm noch
nicht bekannt waren. Für Stefan Zweig war er der Dichter
schlechthin, durch das Wesen seiner Existenz selbst »dem
Unendlichen verkettet . . . ferne den Leuten – und doch die
größten Erscheinungen unserer Zeit, wie Rodin, Tolstoj
miterbend . . . ein fast neidenswertes Bild«.[15]
Eine neue Sicherheit zeigte sich auch in den Beziehungen
zu seinen Verlegern. Ellen Key hatte ihn schon lange gedrängt, auf angemessene Verträge zu achten, die ihm aus
seinen, von ihr mit Gewißheit erwarteten Erfolgen den entsprechenden Ertrag bringen sollten – daran erinnerte er nun
Juncker und die Insel geflissentlich. Juncker gegenüber hatte
er seine Vereinbarungen über die Insel-Neuausgabe der *Geschichten vom lieben Gott* und das *Stunden-Buch* ganz offen
erwähnt. An Poeschel schrieb er, alle seine künftigen Werke
sollten in demselben Verlag erscheinen: »Nur müßte es jener
sein, der mir . . . ein gewisses (nicht über normales) geld-
liches Entgegenkommen erwiese, auf das zu verzichten,

meine Verhältnisse mir leider verwehren.«[16] Er hoffte ganz offensichtlich, die Insel werde dieser Verlag sein, da er wenig später in einem Brief an Juncker nur von »alten« Werken sprach – einer Neuausgabe der *Letzten*, dem *Cornet* in Buchform und einer revidierten und erweiterten Ausgabe des *Buchs der Bilder*. Aber auch ihm gegenüber bestand er auf Verträgen. Er besäße, wie er beiden schrieb, wenig Geschäftssinn und sei ganz in ihren Händen. Doch er setzte sich durch, beide erfüllten seine Forderung.

Vom Verkauf seiner Bücher zu leben war, ehrlich gesagt, wie er an Juncker schrieb[17], nie sein eigentliches Ziel gewesen. Er wollte allein für seine Kunst dasein, und dazu sollten ihm, so fühlte er, die Bedingungen des Schaffens irgendwie zur Verfügung gestellt werden – die rechte Umgebung und ein bescheidenes, wenn auch nicht winziges Einkommen. »Man kann nicht Schönheit machen«, sagte er in seinem Vortrag über Rodin, »man kann nur freundliche Umstände schaffen.«[18] Das Geschaffene aber, die Bücher, konnte er, wenn sie einmal in der von ihm gewählten Form erschienen waren, nicht als Handelsware betrachten; auch wollte er weniger und weniger die Besprechungen zur Kenntnis nehmen, von denen ihr Verkauf abhing. »Kritiken muten mich immer mehr wie Briefe an andere an, deren Inhalt nicht für mich bestimmt ist.«[19] Im Gegenteil, seine Bücher wurden ein Teil seiner selbst, jenen dargeboten, die sie zu würdigen wußten und freizügig an Freunde und Kollegen gegeben, wie die »Gaben« seiner *Advent*-Gedichte. (Von Rilkes Werken existieren vermutlich mehr signierte und gewidmete Exemplare als von irgendeinem anderen vergleichbaren Autor.) Als das *Stunden-Buch* im Dezember erschien, bestellte er aus der ersten Auflage von 500 Stück etwa dreißig Exemplare auf seine eigene Rechnung, um sie an seine Freunde zu verteilen, und ließ noch weitere Bestellungen folgen – dies mußte in den halben Anteil des Nettoprofits, zu dem er sich anstelle eines Honorars bereiterklärt hatte, ein beträchtliches Loch gerissen haben.

Die Vereinbarung mit Rodin war das beste, was ihm bisher widerfahren war, doch ergab sich aus ihr auch die tägliche Plackerei im Dienst eines anderen, so sehr er diesen auch bewunderte. Er wußte, daß er eine weniger anstrengende Gönnerschaft brauchte, der es lediglich genügte, ihm das Schaffen zu ermöglichen, ohne unbedingt einen Gewinn daraus ziehen zu wollen. Ob diese von einem privaten Mäzen, vom Staat oder von einem Verleger stammte, war nicht wichtig. Es sollte Rilke schließlich gelingen, alle drei Instanzen zu verschiedenen Zeiten zu seiner Unterstützung zu bewegen – doch nur durch unnachgiebigen Druck, manchmal unmittelbar, häufiger noch durch eine bewundernswerte Diplomatie, deren Wirkung durch das Fehlen jeder gemeinen Berechnung noch verstärkt wurde.

Den Winter und Frühling 1905/1906 hindurch streckte er, bei all der Anregung durch den täglichen Umgang mit Rodin, doch unter ständig wachsendem Druck seiner Sekretärspflichten, seine Fühler in alle Richtungen aus, aus denen die rechte Art von Hilfe kommen mochte. Die frühere Bewerbung um ein Stipendium des Ministeriums in Wien war abgelehnt worden; ermuntert von Ellen Key und Marie Herzfeld versuchte er es jedoch noch einmal im Februar, führte seine Bücher auf, legte eine Kopie von Ellens Essay bei und verfertigte mit Sorgfalt ein Schreiben, das ihn »reichlich arm und erbarmenswert« aussehen lassen sollte.[20] In Beantwortung einer Anfrage von Juncker erklärte er sich bereit, seine Lektorentätigkeit zu den gleichen Bedingungen wie vorher wieder aufzunehmen, wenn der Verleger dies für wünschenswert halte. Mit Karl von der Heydt, dem er die Erwerbung von Rodins »Bruder und Schwester« ermöglicht hatte und der eine einfühlsame Besprechung des *Stunden-Buchs* verfaßt hatte, in der er Rilke zu »den Gipfeln der deutschen Lyrik« rechnete[21], wechselte er regelmäßig Briefe, in denen er in wohlgesetzten Worten seine Ansichten über Kunst und Leben und seine besonderen Bedürfnisse für beides zum Ausdruck brachte. Gegen Ende April bot ihm Heydt die Möglichkeit einer alternativen Zufluchtsstätte. Auch Luise von Schwerin hatte er nicht vergessen. Ihre Würdigung des *Cornet* war zum Teil Anlaß für sein Vorhaben, das Gedicht in Buchform zu veröffentlichen – in einer begrenzten Auflage freilich, ohne Rücksicht auf kommerziellen Erfolg, verziert mit dem Rilkeschen Wappen, auf das er so stolz war. Luise von

Schwerins »bloßes Dasein schien mir für die nächsten Jahre meines Lebens voll Schutz, voll Zuflucht, voll Hilfe«, schrieb er nach ihrem unerwarteten Tod im Januar.[22] Seine Aufmerksamkeit der Familie gegenüber hielt die Tür zu Friedelhausen auch weiterhin für ihn offen. Seine »Verwandten« in Skandinavien, die Gibsons und Ellen Key, erhielten regelmäßige Berichte seiner Hoffnungen und Pläne, so daß für den Notfall auch Furuborg eine Zufluchtsmöglichkeit bot; Ellen war zudem auch mit seinem Vorschlag einverstanden, das Honorar für die Veröffentlichung ihres Essays in einer Prager Zeitschrift an Clara gehen zu lassen.

Clara hatte nun endlich Ruth bei sich in Worpswede, arbeitete an der Büste eines Kinderkopfes nach ihrem Modell, als Rilke zu seinem Weihnachts- und Neujahrsaufenthalt eintraf. Dieser mußte kurz ausfallen, da ihn Rodin nicht lange entbehren konnte, doch das war für ihn vermutlich kein Opfer. »Im Grunde ist es nicht traurig, allein zu sein«, schrieb er von dort an seine Mutter, »wenn die Wege zu allen Lieben offen stehen.«[23] Worpswede erschien ihm »immer noch derselbe weitentlegene Ort mit seiner langsamen Postkalesche«, »ein seltsamer Gegensatz« zu dem, was an Meudon ländlich war. Den tiefsten Eindruck machte ihm das Werk Paula Modersohns, sie male »Dinge, die sehr worpswedisch sind und die doch noch nie einer sehen und malen konnte«, in einer Weise, die merkwürdig an Van Gogh erinnerte.[24] Nach seiner Rückkehr verblaßte dieser Eindruck zwar inmitten der Kunst Rodins, doch als er von Paulas neuerlichem Besuch in Paris hörte, bestand er darauf, sie kurz vor seiner Vortragsreise in ihrer Unterkunft in der Rue Cassette zu besuchen. Er war voller Freude, »daß Sie mich mitnehmen ins neue Leben«, das sie getrennt von Modersohn plante (ein weiterer Fall getrennter Entwicklung, die er offensichtlich billigte).[25]

In Meudon erwartete ihn unterdes eine Menge Arbeit. Zur Bewältigung des Berges von Neujahrskarten, die abgeschickt werden mußten, stand zu seiner Erleichterung eine Hilfskraft zur Verfügung; ihm selbst fielen die Briefe an die berühmten und die aristokratischen Briefpartner zu, sowie das schwierige Entwerfen und Revidieren von Rodins Rede und eines Briefes im Zusammenhang mit der bevorstehenden

Ausstellung in London. Was dann vom Tag noch übrig blieb, verwandte er auf seinen eigenen Briefwechsel, der durch die Vorbereitung seiner Vortragsreise ebenfalls umfangreich war. »Hundert Briefe jeden Tag«, erzählte er Clara, »gern möchte ich sagen . . . vormittag für den Meister und nachmittag für mich, und wenn da etwas übrig bleibt, was noch nicht Nacht ist, so horch ich über meinen Gedichten, die noch ins Buch der Bilder wollen« – die Gedichte der Zeit vor Rodin, die noch nicht in der neuen Richtung des »Panthers« lagen. Es fiel ihm nicht leicht, sie in das für ihn nun homogene Ganze einzufügen, das »voll innerer Fühlung« war. »Wenige werden bestehen . . . einige werden sich umgestalten, von manchen wird nur ein Stück übrig bleiben und warten, bis sich, eines Tages vielleicht, etwas ihm zugesellt . . .« Einige der früheren, die bereits in der Sammlung standen, mußten geändert werden, sorgfältig, um das Gemeinte deutlicher zum Ausdruck zu bringen, was ihm vor sieben Jahren nicht ganz gelungen war. Am *Cornet* blieb wenig zu revidieren, die wichtigsten Veränderungen betrafen die Vorbemerkung, die er auf das trockene Zitat des Originals zu beschränken gedachte, und natürlich den Namen des Helden. »Was schade ist, man hatte sich so an den Otto Rilke gewöhnt, der . . . eines späten und unbekannten Todes verstorben ist. Ich denke aber, man hat der Wahrheit nachzugeben und den Cornet beim rechten Namen zu nennen . . .«[26]

»Meine Zeit ist auf allen Seiten zu eng«, schrieb er Anfang Februar an Hugo Salus, »und die Nächte anzustücken verbietet mir meine Gesundheit.«[27] Rodin, ein *monstre paperassier*, wie ihn ein früherer Sekretär genannt hatte, war bei dem gewaltigen Archiv, das er ansammelte, ein anspruchsvoller Zuchtmeister; doch es gab auch Tage angenehmer Entspannung in seiner Gesellschaft. Der alte Mann pflegte ihn von seinem Schreibtisch in den Garten zu rufen, »pour me montrer le paysage«, oder ihn nach Versailles oder Chartres mitzunehmen. Die nachlässige Restaurierung der dortigen Kathedrale betrübte Rilke, doch er erinnerte sich stets an den ersten Eindruck, »wie das sich aufhebt, wie in einem großen Mantel, und dann das erste Detail, ein verwitterter schlanker Engel, der vor sich her eine Sonnenuhr trägt . . . das tiefe

Lächeln seines freudig dienenden Gesichts, wie Himmel, der sich spiegelt . . .«; um die Masse des Bauwerks der große Wind, in dem sie standen »wie Verdammte im Vergleich zu dem Engel, der so selig sein Zifferblatt einer Sonne hinhielt, die er immer sah . . .«. Auch bei Troubetzkoj, der nun in Boulogne-sur-Seine lebte und den er seit St. Petersburg nicht wieder gesehen hatte, wurden Besuche abgestattet; man ging in den Jardin d'Acclimatation im Bois de Boulogne mit seinen Affen und Flamingos und den kostbaren chinesischen Fasanen, »die wie aus Emaille waren« und so sorgfältig gebildet, daß man erstaunt war, unter ihnen einen anscheinend unvollendeten grauen Kopf zu erblicken.[28]

Rodin reiste am 20. Februar 1906 nach London ab, und Rilke hatte nur ein paar Tage für sich, ehe er seine eigene Reise antrat. Nach der Arbeit am neuen *Buch der Bilder* fühlte er sich endlich einem neuen Beginn nahe. Er sehnte sich nach der völligen Einsamkeit, die er in Rom genossen hatte und an die ihn der Garten zu Meudon zuweilen erinnerte. »Morgen, und Nachmittage mit der Bibel auf dem Lesepult, und Abende ohne Grenzen, und Nächte, wie aus dem eigenen Herzen hinaussteigend, – und alles mein.« »Brot müßte ich Dir mit diesem Briefe . . . bringen«, schrieb er an Clara, »aber meine Felder sind noch nicht wieder so weit. Da ist kaum ein Schimmer erst noch vom Nächsten, und die Sonne steckt hinter dem Grau meiner Beschäftigungen und kanns fast nie anscheinen, das kleine Grün . . . Praktisches . . . Alles, was bedacht und besorgt sein will, und all das andere, was an ein Meer möchte und singen möchte, tagelang, nächtelang . . .«[29] Solche Sorge war jedoch ganz offensichtlich weit von der Angst entfernt, die ihn in seinen frühen Pariser Tagen überfallen hatte. Sein Brief an Lou vom Tag vorher, in dem er ihr seine Reiseroute mitteilte und sich freute, sie, wenn auch nur ganz kurz, in Berlin wiedersehen zu können, war völlig ausgeglichen und sachlich.

Sein Plan sah vor, daß Clara sich für einen Teil seiner Reise, besonders für die Tage in Berlin, zu ihm gesellen sollte. Tatsächlich traf sie bereits einen Tag vor seiner Ankunft ein – nach seinem ersten Rodinvortrag in Elberfeld – und wohnte in derselben Pension wie Lou, die sie bei dieser ersten

Begegnung freundlich aufnahm. Für Berlin waren zwei Vorträge geplant, zuerst eine Lesung aus seinen eigenen Werken am 2. März vor dem »Verein für Kunst«, dann als zweites ein Vortrag über Rodin in der folgenden Woche, dazwischen Auftritte in Hamburg und Bremen. Wien hatte man aufgegeben, als die erhoffte Einladung durch die ›Secession‹ ausblieb und sich auch Stefan Zweigs Bemühungen um eine Alternativveranstaltung als fruchtlos erwiesen hatten. Für den späteren Teil seines Programms ergaben sich Verschiebungen, der Vortrag in Weimar wurde schließlich abgesagt, so daß er im Anschluß an Hamburg mit Clara auf ein paar Tage zur Erholung nach Worpswede fuhr. Von dort aus berichtete er Rodin das seiner Meinung nach erfolgreiche bisherige Ergebnis, insbesondere das lebhafte Interesse jüngerer Menschen für dessen Werk. Außerdem bat er um Nachsicht dafür, daß er etwas länger fortblieb als vorgesehen – nicht nur der Verschiebungen wegen, sondern auch, weil sein Vater in Prag schwer erkrankt war.

Am 14. März, einen Tag nach diesem Brief, starb sein Vater. Rilke verschob seinen zweiten Berliner Termin auf den 20. März und reiste unverzüglich mit Clara nach Prag, um die letzten Angelegenheiten für den Menschen abzuwickeln, »der für mich die Güte selbst, die treueste Hilfe, der rührendste Freund war, von Jahr zu Jahr immer mehr sich mir nähernd in hingebender Herzlichkeit«.[30] Phia, die zu ihrem alljährlichen Frühjahrsaufenthalt in Arco weilte, konnte sich nicht entschließen zu kommen. Es war bezeichnend, daß er die traurige Nachricht nicht nur an Rodin, sondern auch an seine Ersatz-Mutter Ellen Key telegraphierte. Für jemanden, der gewöhnlich in praktischen Dingen so hilflos war, erwies er sich in dieser Angelegenheit überraschend tüchtig. In wenigen Tagen waren die Wohnung des Vaters aufgelöst und die Dokumente gesichtet, hatte man ihn mit Veilchen an den Schläfen und einem Kranz aus Heidekraut von Ruth im Familiengrab zu Olšany zur Ruhe gelegt. Nach dieser »traurigsten Arbeit« schrieb er am 20. März aus Berlin an Phia: »hätte Clara mir nicht so treu und wahrhaft aufopfernd zur Seite gestanden, ich hätte nicht gewußt, wie ich sie hätte leisten können.« Ihr sei der Vater ja »vor einer Reihe von

Jahren ein Freund gewesen . . . ein herber Freund, der später in dem Drängen der Verhältnisse sich Dir entfernte, ein Bringer von tausend Schmerzen und Verzweiflungen: aber nicht dieses alles vermeiden oder nicht haben hieße ja leben, sondern alles das überstehen . . .«.[31]

Rodin war die Güte selbst, als Rilke schließlich am 31. März in Meudon eintraf, »müde und verwirrt von allen den raschen und unerbittlichen Eindrücken und Tagen«, die er durchgemacht hatte.[32] Er hatte auch Zeit zum Ausruhen, bevor er sich von neuem seinen Pflichten widmete. Doch nun war in ihm das Gefühl, daß er zu eigener Arbeit reif sei, stärker denn je, und er begann sich nach der dazu nötigen Freiheit zu sehnen. »Werden Sie verstehen, daß ich täglich dagegen mit aller Vernunft angehen muß, nicht in einen Zug zu steigen, um nach Viareggio zu fahren«, schrieb er an Karl von der Heydt, »abgelenkt von mir durch das fortwährende Qui vive meines Postens, durch dieses nie innerlich Alleinseinkönnen.« Als ihn dieser daraufhin fragte, wie er ihm helfen könne, erklärte er ihm, was er brauche: ein oder zwei Jahre unter Bedingungen wie damals in Rom, wo er – allein zwar, doch Clara in der Nähe, so daß sie einander helfen konnten – imstande gewesen war, das Malte-Buch zu beginnen, zu dem er »noch nicht wieder zurückgekehrt« sei. Die Aufenthalte in Schweden und in Friedelhausen, und nun auf andere Art in Meudon, gewährten trotz all der Güte seiner Freunde doch nicht »dieses unbegrenzte Alleinsein, dieses Jeden-Tag-wie-ein-Leben-Nehmen . . . den Raum, den man nicht absieht und in dem man mitten drinnen steht, von Unzähligem umkreist«.[33] Sein Gewissen erlaube ihm aber nicht, Rodin zu diesem Zeitpunkt zu verlassen. Seine Zeit würde kommen, bis dahin würde er geduldig sein und sich auf jeden Fall erleichtert fühlen, wenn er seine Sehnsucht einem teilnehmenden Ohr anvertrauen könne. Auch Clara erinnerte er, als sich das Frühjahr zum Sommer wandte, an die gemeinsame Zeit in Rom und sprach ihr Mut zu: »Sollte das liebe Leben, das ja nichts zweimal tut, aber vielleicht doch noch einmal darauf zurückkommt, uns nebeneinander arbeiten zu lassen, . . . so werden wir viel weiter und fähiger sein und eine ganze Menge Gutes machen.«[34]

So wappnete er seine Seele mit Geduld. Es gab in den Apriltagen vieles im Leben in Meudon, was ihn in Anspruch nahm. Rodin, der sich von einem schweren Grippeanfall erholt hatte, arbeitete hart an einer Büste Bernard Shaws. Rilke durfte bei den ersten Sitzungen zugegen sein und zusehen, wie der Meister, »Stunden in Minuten zusammenpressend«, den rohen Ton rasch in das volle Profil verwandelte.[35] Shaw, ein gewissenhaftes und unbewegliches Modell, schien sein ganzes Wesen in seinem Gesicht zusammenzufassen, »daß es beständig, Zug um Zug, wie eine Reihe elektrischer Entladungen aus ihm in die Büste hinein überspringt«.[36] Rilke, der *The Man of Destiny* in der Übersetzung von Trebitsch gelesen hatte, fand den Satiriker »nicht unsympathisch«.[37] Er erbat sich von Fischer, dem deutschen Verleger Shaws, weitere Werke, nicht nur, um vielleicht etwas über ihn zu schreiben, sondern auch, um Rodin etwas über sie zu erzählen, da es keine französische Übersetzung gab. Anläßlich eines Besuches des englischen Malers William Rothenstein sprach man viel über Gerhart Hauptmann, den Rothenstein überaus bewunderte. Rilke fühlte sich bewegt, an Hauptmann zu schreiben und ihn zu bitten, für Rodin Modell zu sitzen. Am 21. April nahm er an der Enthüllung des »Denkers« im Panthéon teil, wobei er mit Mrs. Shaw, Maillol und Paula Modersohn unter der Menge saß – »endlich einmal für ein Werk Rodins ein Platz in seiner Vaterstadt«.[38]

Unter den vielen Briefen, die er zu schreiben hatte, war einer an die Baronin Amalie Nádherný von Borutin mit der Absicht, für sie und ihre Tochter Sidonie einen Besuch in Meudon zu arrangieren. Die Familie hatte ihren Landsitz in Janowitz, nicht weit von Prag. 1806 hatte Johann Joseph Rilke das Gut Kamenitz von Amalies Großvater erworben. Nun betätigte sich der Urenkel Rainer Maria Rilke gerne als Führer der Damen durch die Sammlung Rodins. Der Brief, den er nach diesem Besuch an Sidonie schrieb, eröffnete eine Korrespondenz, die sein Leben hindurch anhielt.

Gegen Monatsende verbreitete sich in der Villa des Brillants ein leichtes Unbehagen. Rodin fühlte sich wiederum nicht wohl, das Haus schien plötzlich voller Besucher, Interviewer und Kunsthändler, die auf Vorsprache warteten, und

Rilke fand sich mitten in diesem Durcheinander. Gerade in diesem Augenblick traf ein Brief von Karl von der Heydt ein, der ihm eine Unterkunft auf seinem Gut anbot. Die Möglichkeit von ein oder zwei Jahren ruhigen Lebens für die Arbeit erschien Rilke als unerfüllbarer Traum, und er konnte die großzügige Geste nur mit Wehmut ablehnen. »Sollte ich wirklich in Volkardey eines Tages wohnen dürfen, so würde ich Clara daran teilnehmen lassen und zeitweise auch die kleine Ruth. (Wie herrlich das für sie wäre!) Aber ich träume schon. . .«[39]

Binnen weniger Tage sollte er jedoch in eine härtere Wirklichkeit gestoßen werden. Rodin war sehr verärgert über die Art, wie er zwei Briefe beantwortet hatte, ohne sie vorher mit ihm zu besprechen. In einem Ausbruch von Gereiztheit sagte er dem Dichter, er könne sofort seinen Abschied nehmen. Rilke war sich keiner Schuld bewußt – die eine Antwort war bereits nach Rodins Wünschen aufgesetzt gewesen, er hatte lediglich in Erwiderung eines folgenden Briefes desselben Adressaten eine Nachschrift angefügt, mit der er den Meister nicht hatte behelligen wollen; der zweite Brief war seine eigene Antwort auf einen Brief von Rothenstein, der an ihn mehr als Freund Rodins denn als seinen Sekretär gerichtet war. Er leistete der Aufforderung sofort Folge, obgleich man ihn fortschickte wie einen »diebischen Diener«.[40] Die ganze Sache war abscheulich, doch sie war das Ereignis, nach dem er sich gesehnt hatte und das für ihn nötig war. Er machte sich daran, »zu packen und aus meinem kleinen Hause auszuziehen in das alte Freisein hinaus mit all seinen Sorgen, mit all seinen Möglichkeiten«, schrieb er am 10. Mai an Clara. »Ich bin voll Erwartung und froh. Wie das kam, darüber ist nicht viel zu sagen, und was zu sagen ist, mag ich nicht schreiben. Es mußte wohl so kommen, und es kam so von selbst.« Er mietete ein Zimmer in dem kleinen Hotel in der Rue Cassette, wo Paula bereits wohnte – »ohne Verpflichtung . . . von Woche zu Woche«. Dort würde er über seine Zukunft nachdenken, »ein wenig mit dem, was in mir ist, allein bleiben«, und die Arbeiten am *Cornet* und am neuen *Buch der Bilder* abschließen. »Sei nicht bange um das Kommende, Wege sind da, und wir werden sie sicher finden . . .«[41]

2

Ich bin in der Arbeit wie der Kern in der Frucht.
(An Manon zu Solms-Laubach, 3. 8. 1907)

Es war beinahe eine Erleichterung, wieder in Paris zu sein. Sein Zimmer, nur ein paar Schritte vom Luxembourg, war klein, »nicht zu klein, – nicht sehr luftig, aber nicht dumpf, voll abgenutzter Dinge, die aber nicht aufdringlich sind in ihren Erinnerungen«; jenseits der Mauer, die dem Fenster gegenüber stand, und ringsumher, »Paris, das helle, das seidene . . . Paris im Mai . . . Ich denke an Malte Laurids Brigge, der das alles geliebt hätte wie ich, wenn er die Zeit seiner großen Bangnis hätte überstehen dürfen. . .«.[1] Als erstes schrieb er an Rodin. Ohne sich zu entschuldigen, gab er seiner tiefen Verletztheit über die Entlassung Ausdruck, nachdem er doch so viel von sich selbst gegeben habe. Er zeigte aber auch Verständnis für den »weisen Organismus« des Lebens des Meisters, der ihn alles abstoßen hieß, was schädlich sein konnte. »Ich bin überzeugt, daß es keinen Menschen meines Alters, weder in Frankreich noch anderswo, gibt, der seinem Temperament und seiner Arbeit nach so imstande ist, Sie zu verstehen, Ihr Werk zu verstehen und es mit solchem Bewußtsein zu würdigen.« Er bedaure nur, daß Clara, jeglichen Vergehens unschuldig, die Ungunst teilen müsse. »Ich werde Sie nicht mehr sehen – aber wie für die betrübten und verlassenen Apostel beginnt auch für mich ein neues Leben, ein Leben, das Ihr hohes Beispiel feiern und in Ihnen seinen Trost, sein Recht und seine Kraft finden wird. Wir waren derselben Meinung: daß dem Leben eine Gerechtigkeit innewohnt, die sich langsam aber unbeirrbar erfüllt. Auf diese Gerechtigkeit setze ich meine ganze Hoffnung: sie wird eines Tages das Unrecht gutmachen, das Sie einem anzutun geruhten, der nicht länger die Möglichkeit oder das Recht besitzt, Ihnen sein Herz zu zeigen.«[2]
Die erste Woche verging völlig in Muße, es entstand nichts, sogar der Briefwechsel wurde vernachlässigt; es genügte ihm, nur zu schauen und die Erleichterung des »Nichtgerufenwerdens, des Alleinseins« zu genießen. Wie die klei-

nen Konfirmandinnen in ihren weißen Kleidern fühlte er sich
an einem Wendepunkt, das ganze Leben vor sich.[3] Aus Wien
kamen gute Nachrichten: er sollte ein Stipendium von 600
Kronen erhalten, »nicht viel, aber es ist immerhin etwas und
sehr erwünscht«, schrieb er mit Dank für ihre Unterstützung
an Marie Herzfeld, »doppelt erwünscht als ich Rodin vor ein
paar Tagen verlassen habe ... um zu eigener Arbeit ganz
zurückzukehren ... ich hätte ... noch eine Weile ausgehalten, aber ich muß nun glauben, daß alles zum Guten ist und
muß sehen etwas Gutes zu machen«.[4]

An Ellen Key, die in Kürze nach Paris kommen sollte,
schrieb er, wie sehr er gewünscht hatte, sie Rodin vorzustellen, ihr die Werke und sein kleines Haus zu zeigen. »Nun ist
alles anders gekommen. Schließe aber bitte daraus nicht, daß
ich zu Rodin nicht alles fühle, was ich je an Bewunderung
und Liebe fühlte, meine innere Beziehung zu ihm ist unverändert, nur kann ich ihr augenblicklich keinen äußeren
Ausdruck geben.«[5] Verhaeren könne sie vielleicht zu Rodin
führen – der belgische Dichter, dessen Verse ihn nun auf
seinen Spaziergängen durch den Jardin du Luxembourg begleiteten, wie er ihm schrieb, und dessen *Rembrandt* er eben
gelesen und »in seiner Kraft und seinem Verständnis bewundernswert« gefunden hatte.[6]

Ellens Besuch war trotz seiner Achtung für sie eine Enttäuschung. Ein Leben mit vielen Einschränkungen hatte sie
bis zur Knausrigkeit sparsam gemacht. Rilke, der ihr während ihres dreiwöchigen Aufenthalts einen Großteil seiner
Zeit widmete, sah sich zu ganz »ungekannter Armut« reduziert, da sie darauf achtete, daß er ausnahmsweise einmal
nicht über seine Verhältnisse lebte. Er war gezwungen, sie
zum Louvre oder zu einem Besuch bei Verhaeren in Batignolles in ungewohnten Omnibussen zu begleiten. Beinahe
heimlichtuerisch aßen sie in billigen Massenlokalen, und er
bemerkte, wie sie jedem Francstück nachsah wie ein Kegel-
spieler seiner Kugel, in der Hoffnung, daß es »alle neune
macht«. Er bewunderte die Art, wie sie sich aus freudlosen
Anfängen ein glückliches Leben geschaffen hatte, doch er
konnte die schulmeisterlichen Grenzen ihres Kunstverständ-
nisses und ihre übertrieben ernsthafte Lebenseinstellung

nicht übersehen, die sie zu einer leicht komischen Allerwelts-
tante machten, die rundum Bonbons verteilte, doch keinen
einzigen Hunger stillen konnte. Stina Frisell, die Kusine
Lizzie Gibsons, die er in Göteborg kennengelernt hatte, war
zufällig in Paris. In ihrem einfachen Charme und ihrer An-
hänglichkeit bildete sie einen krassen Gegensatz zu Ellen, die
ihm wie »benagt und angefressen von all diesen Rattenseelen,
die an ihr hängen«, vorkam. Jemandem echte Hilfe zu leisten,
sei etwas Seltenes, das man nicht zu einem Beruf machen
könne, schrieb er an Clara, als er ihr von seinem gewandelten
Verhältnis Ellen gegenüber berichtete. Nur jemand wie sie,
der das »Menschenschicksal so wenig direkt« sah, konnte so
überzeugt dem Irrtum verfallen. Irgendwie hatte er die Beziehung zu ihr verloren, selbst Worte, die noch so aufrichtig
gesprochen wurden, schienen sich abzuwenden und zu vergehen, bevor sie das Gegenüber erreichten. Sie verstand es
auch nicht zuzuhören, ihre Unterhaltung war nichts als ein
Monolog, den jeder Versuch einer Einschaltung nur störte.[7]
Als er sich am 17. Juni in Fontainebleau von ihr verabschiedete, schien es symbolisch, daß sie auf getrennten Bahnstei-
gen auf Züge warteten, die sie in entgegengesetzte Richtungen entführten. Es war ein eigenartig distanziertes Urteil
über dieses »alte Mädchen«, das ihm so viel geholfen hatte,
gefällt von einem, der schließlich nicht das geringste ihrer
Sorgenkinder gewesen war.[8]

Solche Objektivität spiegelte freilich die Ausgeglichenheit
wider, die er durch seine Freiheit gewonnen hatte. Denn
selbst während Ellen soviel von seiner Zeit beanspruchte,
arbeitete er hart, gab dem *Cornet* den letzten Schliff und
schloß die Zusammenstellung der neuen Fassung des *Buchs
der Bilder* unter Einbeziehung einer großen Anzahl zusätzlicher Gedichte ab. Diese Aufgaben mußten erledigt werden,
bevor er den neuen Weg antreten konnte, den Weg zum *Malte*
und zu den *Neuen Gedichten*. Am 12. Juni schickte er beide
Manuskripte an Juncker und schrieb, er freue sich auf einen
»Arbeits-Winter«, wenn es seine Mittel erlaubten.[9] Er sei
»noch weit vom Malte«, hatte er im Mai an Clara geschrieben[10], doch nun setzte beinahe eine Flut Neuer Gedichte ein
– endlich kamen die Früchte des Rodin-Erlebnisses. Auch

für Paula Modersohn, die ihn und Ellen auf einem Besuch nach Chantilly begleitet und sein Porträt begonnen hatte, hatte er Zeit gefunden. Im Juni brach er in seiner Begierde, den neuen Strom auszuschöpfen, die Sitzungen jedoch ab.

Für ihn war Paris nun eine Stadt der Freude, nicht mehr des Schreckens. In der Gesellschaft Rodins hatte er mit der obersten Schicht der arrivierten Künstler verkehrt; nun war er frei und konnte jüngere Künstler treffen, die sich noch abmühten – Mathilde Vollmoeller, eine Malerin, die er aus seinen frühen Berliner Tagen kannte; Elisabeth Taubmann, ebenfalls Malerin; Augustus Johns Schwester Gwen, die Rodin häufig Modell gestanden hatte; die in England geborene Dora Herxheimer, eine Bildhauerin. Ihnen konnte er, Rodin immer noch treu, die Botschaft des Meisters bringen. Am 12. Juni arrangierte Dora Herxheimer eine kleine Zusammenkunft, bei der er seinen Rodinvortrag vorlas. Es war eine Freude für ihn, schrieb er, »man kann nicht wirklich Freude machen, ohne nicht selbst davon zu empfangen: so gerecht sorgt das Leben dafür«.[11] Er werde vorläufig bleiben, teilte er Clara mit, da sein Zimmer sogar an den heißeren Sommertagen angenehm sei und seine Ernährung genau das, was er verlangte – eine einzige vegetarische Mahlzeit zu Mittag, Obst abends und morgens, zwei Tassen Milch zu Abend waren eine ausgezeichnete Diät, das »nährt mich so leicht und selbstverständlich wie der Saft den Baum«. Später im Sommer gäbe es wohl Einladungen für sie beide, vielleicht mit Ruth, zu Besuchen bei den Familien von der Heydt in Elberfeld und Godesberg; »im Augenblick aber bin ich«, wie er an Paula schrieb, »in das Regelmäßige meiner Tage verliebt«.[12] Den Juli hindurch strömten die Neuen Gedichte weiter. Ein Tag folgte dem anderen mit neuen Eindrücken – in den Galerien, im Louvre, bei der Betrachtung der Gobelins der »Dame mit dem Einhorn« im Musée Cluny; er studierte die Tiere im Jardin des Plantes, für den er sich später eine »autorisation d'artiste« für die nicht-öffentlichen Besuchszeiten beschaffte – und lernte, nicht nur »warten, daß ... die starken Dinge ... so etwas aus einem machen«, sondern »ihnen zuvorkommen«.[13] Dora Herxheimer erinnerte sich an die Freude, mit der er ihr eines Abends die

Arbeit des Tages vorlas, versunken in die Worte, die Augen
wie zum Gebet geschlossen. »Gebet und Arbeit war für ihn
dasselbe.«[14]

Unter dem sanften Druck Claras machte er jedoch Pläne,
sie irgendwann im August an der See zu treffen – in der
Bretagne vielleicht, wohin Mathilde Vollmoeller bereits gefahren war, oder in Belgien, über das er soviel von Verhaeren
gehört hatte. Karl von der Heydt zeigte sich großzügig,
indem er nicht nur beide für die letzten zwei Augustwochen
nach Godesberg einlud, sondern ihm auch Geld für die
vorhergehende Reise überwies. Rilke entschied sich schließlich für Belgien und richtete es so ein, daß er in Furnes zur
jährlichen Bußtags-Prozession am letzten Julisonntag und
zum darauffolgenden Jahrmarkt eintraf. Während er dort auf
Clara wartete, schrieb er an Dora Herxheimer, daß Furnes
eigentlich nicht die stille kleine Stadt sei, die er erwartet
hatte; es sei vielmehr so, als sei er mitten in eines der Bilder
des flämischen Malers Teniers versetzt worden, »von denen
ich nun auch weiß, wie sie klingen«, mit dem unablässigen
Läuten der Glocken und dem Trubel des Jahrmarkts. Der
riesige Marktplatz sei angefüllt »mit Lärm und Buden . . . mit
dem Wiegen von Schaukeln und dem rasenden Drehen der
Karousselle, mit einer dichten, sich drängenden Menge, die,
heiß, in einem Geruch von Bier, Honigkuchen und Staub
sich müßig her und hinstößt bis in die Nacht hinein«.[15]

Clara freute sich auf die Unterbrechung. Sie hatte zwar
unerschütterlich dieselbe Philosophie vertreten wie Rainer
– ihre Arbeit bedürfe der Einsamkeit nicht weniger als die
seine –, doch in Wirklichkeit sehnte sie sich danach, wieder
bei ihm zu sein. Sie hege die Hoffnung, schrieb sie unmittelbar vor der Abreise an Georg Brandes, es werde nach
den Sommerferien irgendwie, irgendwo möglich sein, zu-
sammenzubleiben. »Worpswede ist zu fern von geistigen
Entwicklungen auf die Dauer und von mir, was Modelle
anbetrifft, so sehr ausgenutzt.«[16] Für Rainer war die Wiedervereinigung mit seiner Familie mehr Pflicht als Vergnügen.
In Oostduinkerke, das ihm als der ruhigste der Urlaubsorte
erschien, die er besichtigt hatte, bevor sich Clara und Ruth
am 1. Juli in Furnes bei ihm einfanden, verbrachten sie zehn

Tage. Dort bereitete es ihm ein gewisses Unbehagen, beim Leben eines Kindes gegenwärtig zu sein, das selbstversunken war, »so wie das nächste Leben . . . unseres fast schon leugnend im fortwährenden Aufbrauchen«. Zudem fand er die ganze Atmosphäre eines überfüllten Seebads abstoßend, wo alles auf Müßiggang und Langeweile angelegt war, wo »keine Spur wirklichen Lebens und Daseins sich findet, als ob man der erste wäre in einer unmöglichen Welt«.[17]

Es war in jedem Sinne eine Erleichterung, als sie auf dem Wege zur Familie von der Heydt nach Brügge und Gent fuhren. Brügge erschien ihm trotz des Touristengewimmels »unvergleichlich schön« mit seinen Kirchen und Museen.[18] Ruth begleitete sie überall hin, bat in den Kirchen um einen kleinen Betstuhl und fand es ganz natürlich, still zu knien oder mit ihren Muscheln auf dem Boden der Museen zu spielen, während sie die Bilder betrachteten. Es gab auch eine unverhoffte Begegnung. Als sie das Mittelschiff des Doms entlanggingen, flüsterte Rainer: »Dort ist Rodin«. Der Meister gab seiner Freude über die Begegnung deutlich Ausdruck, zog Ruth an sich und küßte ihr die Stirn. »Da haben Sie ja das schönste Modell, das Sie sich wünschen könnten«, sagte er zu Clara, »ein Modell, um einen Engel daraus zu machen.«[19] Der Augenblick währte nur kurz, ließ aber doch auf Versöhnung hoffen.

Unsicherheit wegen der Zukunft hing über dem Rest des Sommers. Obwohl Alice Faehndrich sie für September wieder nach Friedelhausen eingeladen hatte, konnten sie noch nicht weiter sehen. Trotz all der Großzügigkeit, die ihnen dort und im August in Godesberg gewährt worden war, trotz der Bequemlichkeit solcher Patrizierhäuser und der neuen Eindrücke Belgiens und Hessens, hatte Rilke später das Gefühl, er hätte sich besser nicht von der Routine der Arbeit ablenken lassen sollen, die in Paris allmählich gediehen war. Da ihm jegliche Sparsamkeit fremd war, überstiegen auch die Reisekosten seine Mittel. Die heißersehnte Rückkehr nach Paris schien nun finanziell unmöglich. Zwei Dinge waren ihm klar: er mußte allein sein, um seine Arbeit wiederzufinden; es kam gar nicht in Frage, irgendwo die Bedingungen wiederherzustellen, unter denen er und Clara in Rom gearbeitet hatten – und es mußte ein Ort außerhalb Deutschlands sein. Damit hatte sich Clara abzufinden, und so zogen sie während ihres Aufenthaltes in Friedelhausen eine Reihe verschiedener Möglichkeiten in Erwägung. Wie stets zögerte er lange – seine Freunde mußten mit ihm wirklich Geduld haben –, doch dieses Zögern entsprang nicht mehr einer inneren Unsicherheit. Er wußte nun, nach Paris, daß er nur die rechten Bedingungen finden mußte, und die Arbeit würde sich einstellen.

Sie blieben noch in Friedelhausen, genossen eine Bootsfahrt auf der Lahn oder einen Besuch in Marburg, wo Rilke besonders von einem Gobelin aus dem 15. Jahrhundert in der Elisabethkirche beeindruckt war, auf dem »mit so überzeugenden Ausdrücken« die Parabel vom Verlorenen Sohn dargestellt war.[20] Ruth spielte stundenlang zwischen den Schätzen der Puppensammlung der Familie und war entzückt über eine Puppe in hessischer Tracht, die ihr Alice Faehndrich schenkte. Gegen Mitte des Monats war man, zumindest was Clara betraf, zu einer Entscheidung gekommen. Sie würde es mit Berlin als Arbeitsstätte versuchen, während er, wie er Karl von der Heydt mitteilte, an Griechenland dachte. Das war tatsächlich mehr als nur ein flüchtiger Einfall, da er sich wegen Auskünften über Klima und Kosten an den Dramatiker Ernst Hardt wandte[21], der Griechenland gut kannte und, wie Mathilde Vollmoeller berichtete, den Winter in Athen verbringen wollte. Gegen Monatsende ergab sich die Lösung von selbst, als ihm Alice Faehndrich den willkommenen Vorschlag machte, die Wintermonate bei ihr in ihrer Villa auf Capri zu verbringen. Sie konnte ihm ein eigenes Häuschen am Ende des Gartens anbieten, wo er die Stille finden würde, derer er bedurfte. Anfangs spielte er noch eine Weile mit dem Gedanken an Griechenland, wo er einen zweiten Band für das *Rodin* Werk aufgrund seines Vortrags vorzubereiten gedachte, bevor er nach Capri ging. Jedenfalls war eine Bleibe für den Winter gesichert.

Am 3. Oktober verließen sie Friedelhausen. Clara brachte Ruth zur Großmutter nach Oberneuland zurück und fuhr dann weiter nach Berlin, während er sich zu einem kurzen

Besuch bei Prinzessin Madeleine de Broglie nach Wiesbaden aufmachte, einer Verehrerin aus Paris, mit der er regelmäßig korrespondiert hatte. Am 5. Oktober schloß er sich Clara in Berlin an, wo es ihr mit der Hilfe ihrer zahlreichen Freunde, nicht zuletzt auch Ellen Keys, bald gelang, ein provisorisches Atelier in Halensee einzurichten. Die Aussichten auf Aufträge wie Studenten schienen günstig. Er selbst blieb bis Ende November und hatte die Möglichkeit, alte Bekanntschaften aufzufrischen, mit den Fischers etwa, oder neue zu schließen, wie mit dem schwedischen Romancier Gustaf af Geijerstam oder Ellen Keys junger Freundin Eva Solmitz; auch konnte man Ibsen auf der Bühne sehen, die Duse in *Rosmersholm* und Moissi in den *Gespenstern*. Der Gedanke, der Duse persönlich ein Exemplar seiner *Weißen Fürstin* zu überreichen, die er ihr gewidmet hatte, mußte aufgegeben werden, da es zu keiner persönlichen Vorstellung kam.

Er war bestürzt, als er durch eine Bitte Samuel Fischers um passende Photos wieder an Ellen Keys Essay erinnert wurde (»leider nicht ihr Meisterstück«), der in der geplanten deutschen Ausgabe ihrer gesammelten Essays erscheinen sollte.[22] Er beschloß – nachdem er sie seit ihrem Abschied in Fontainebleau schändlich vernachlässigt hatte –, ihr endlich zu schreiben und sie zu beschwören, den Aufsatz nicht an diesen »sehr auffälligen und exponierten« Platz zu rücken. »Der Aufsatz, der so sehr auf Briefstellen aufgebaut ist, für die in meinen Büchern noch keine Belege sich vorfinden, *überholt* mich gewissermaßen, während er andererseits auch wieder meine religiösen Entwicklungen in einem Stadium festhält, über das sie teilweise schon wieder hinweg verschoben worden sind.« Er bat sie, die Veröffentlichung zumindest so lange aufzuschieben, bis er etwas geschaffen habe, was für sich selbst spräche.[23] Er hatte Erfolg, denn der Essayband, in dem der Aufsatz mit dem Untertitel »Ein Gottsucher« erschien, wurde von Fischer erst 1911 veröffentlicht. Das Ärgernis, das seine Bitte verursachen mochte, milderte die herzliche Einladung Alice Faehndrichs, sie beide auf Capri zu besuchen.

Es gelang ihm in Berlin auch, Axel Juncker zu treffen. In ihrem für ihn zu spärlichen Briefwechsel über die bevorstehenden Neuauflagen hatte er sich sehr kritisch über die Wahl des Schriftbildes geäußert, das seiner Meinung nach viel zu groß war und die Seiten wie ein Plakat für Augentests erscheinen ließ. Die Herstellung des *Cornet* wie des *Buchs der Bilder* nahm eine lange Zeit in Anspruch, und Juncker konnte ihm trotz seines Drängens erst zu Weihnachten Exemplare nach Capri schicken. Dagegen war das Interesse, das der Insel Verlag für seine künftigen Werke an den Tag legte, ermutigend. Das *Stunden-Buch*, das sich gut verkaufte, wurde dort hauptsächlich von Poeschel betreut. Anton Kippenberg aber, der nun die alleinige Leitung der Firma übernommen hatte, ließ es sich persönlich angelegen sein, den Umgang mit dem Dichter zu pflegen, der sich, wie er richtig vermutete, als wertvoller Posten erweisen würde. Rilke berichtigte die irrige Annahme, Juncker veröffentliche etwas Neues, und stellte klar, daß er auf jeden Fall der Insel jedes neue Werk anvertrauen werde. »Augenblicklich ist allerhand Wachsendes und Werdendes da, aber erst zu Anfang des nächsten Jahres wird, frühestens, wieder ein Ganzes druckfertig vorliegen.« Um weiteren Mißverständnissen vorzubeugen, fügte er hinzu, daß in der Zwischenzeit das einzige Buch für einen anderen Verleger der zweite Band des *Rodin* sein würde.[24] Kippenberg schrieb sofort und gab seiner Befriedigung Ausdruck, daß ihrer künftigen Zusammenarbeit nichts im Wege stünde. Der Insel-Almanach auf das Jahr 1907, der im November herauskam, brachte lange Auszüge aus dem *Stunden-Buch* und enthielt Walter Tiemanns Umschlagbild mit dem dreistrahligen Brunnen.

Endlich ging es nach Süden. Am 28. November 1906 traf Rilke in Neapel ein, wo er vor der Überfahrt nach Capri einige Tage verbrachte. Im Terrassengarten des Hotels Hassler – seine Ansprüche hinsichtlich Unterkunft waren auch trotz geringer Mittel nie bescheiden – fand er die Umgebung von erfrischender Fremdheit, »so gut fremd . . . bis zu dem Knallen der Steineichenfrüchte unter meinen Schritten in dem kleinen Garten«, und genoß das Gefühl einer wirklich fremden Atmosphäre nach der unangenehmen Vertraulichkeit des »wirren und aufdringlichen« Berlin.[25] In der Ferne konnte er die Umrisse Capris erkennen. Auf einer Bootsfahrt nach Sorrent sah er die Insel deutlicher, ihre »Kontur, wie einen Namenszug, den ich schon öfters gelesen habe«.[26] Endlich, am Tag vor seinem Geburtstag, machte er die Überfahrt – mit einigem Zaudern, wie er Clara gestand, da er eine Einsamkeit zurückließ, wie er sie seit Paris nicht gekannt hatte. Gastfreundlichkeit, so gut sie auch gemeint war, bedeutete für ihn stets die Bedrohung solcher Einsamkeit, da sich ein Mindestmaß an gesellschaftlicher Berührung nicht vermeiden ließ. Er sehnte sich immer noch nach der Anonymität seines Zimmers in der Rue Cassette.

Seine Befürchtungen waren jedoch grundlos. Alice Faehndrich hatte für ihn mit vollkommener Einfühlung das kleine »Rosenhäusl« am Ende des Gartens ihrer Villa Discopoli bereitgestellt. Es schien ihm seinem kleinen Haus in Rom nicht unähnlich: ein gelbgetünchtes Südwestzimmer mit gewölbter Decke, einigen einfachen dunkelbraunen Schränken, blaugrauen Sesseln, einem Diwan und einem Schreibtisch mit allem Notwendigen. Ein Stehpult, wie er es stets benützte, wurde sofort nach seinen Maßangaben in Auftrag gegeben. Eine eigene kleine Tür führte durch die Mauer an der einen Seite, an der anderen ging ein Pfad über eine schmale Gartenterrasse die etwa dreißig Schritte hinauf zur Villa. Hier konnte er völlig für sich sein, so lange er wollte, und sich den anderen anschließen, wenn ihm danach war. Im Augenblick war er der einzige Gast, doch sollten sich zu »Tante Alla« kurz vor Weihnachten noch ihre Stiefmutter Julie von Nordeck (»Frau Nonna«) und die junge Gräfin Manon zu Solms-Laubach gesellen.

Er trauere Paris immer noch nach, schrieb er an seine Mutter – »es war wie eine Schule für mich geworden, in der ich fühlbare Fortschritte machte und die nicht besuchen zu können für mich eine Art Hemmung bedeutet«.[27] Seine ersten Eindrücke von der Insel waren keineswegs günstig. Sie sei ein »Unding«, »das aus den Mißverständnissen deutscher Bewunderung gemacht scheint«, eine organisierte »Landschaftsausstellung«, ein »Schönheitskonzert, wo alles Programmnummer ist und erprobt und beabsichtigt und ausgewählt«.[28] Andere Fremde, die dort in selbstgewähltem Exil lebten, wurden mit etwas abschätzigen Bemerkungen be-

dacht. Den deutschen Maler Diefenbach konnte man »auftauchen sehn, Grau in Grau, von den Graus, die altes Holz an
Lattenzäunen unter dem Einfluß von Sonne und Regen
annimmt«, »alles hat sich an seine Eigensinnigkeiten gewöhnt, wie man eben dabei ist, sich an Gorki zu gewöhnen,
der sich als Anarchist feiern läßt, aber angenehmerweise
vorderhand statt Bomben Geld unter die Leute wirft, haufen-
weise«.[29] Im Laufe der Zeit aber lernte er mehr und mehr den
wohltuenden Einfluß der Umgebung zu schätzen und erkannte später, daß sie ihm Kraft für die kommenden Jahre
gegeben hatte.

Das vollkommene Alleinsein, das vollkommene Unsicht-
barsein, das er während der Tage in Neapel mit sich herum-
getragen hatte wie ein »Kleinod«, schien ihm wieder zu
gehören wie »eine Art seelischer Gipsverband . . . in dem
etwas heilt . . . Es gibt vielleicht nichts so Eifersüchtiges wie
meinen Beruf; und nicht ein Mönchsleben wäre meines in
eines Klosters Zusammenschluß und Abtrennung, wohl aber
muß ich sehen, nach und nach zu einem Kloster auszuwachsen und so dazustehn in der Welt, mit Mauern um mich, aber
mit Gott und den Heiligen in mir, mit sehr schönen Bildern
und Geräten in mir, mit Höfen, um die ein Tanz von Säulen
geht, mit Fruchtgärten, Weinbergen und Brunnen, deren
Grund gar nicht zu finden ist«.[30] Er hatte das Gefühl, den
alten Hokusai nachahmen, einen neuen Namen für neue
Arbeit annehmen zu müssen und damit »eine neue Existenz«
zu beginnen, »in der ich noch keine Bekannten habe, nichts,
nichts als diese Arbeit, die mit mir eines ist, meine Welt und
Heimat, über der alles andere in Vergessenheit gerät«.[31]

Seine Vorbereitung darauf – nun schon zu einer Gewohnheit geworden – bestand in einem ausgedehnten Briefwechsel. Er befreite seinen Schreibtisch von lange unbeantworte-
ten Briefen und klärte seine Gedanken und Hoffnungen für
sich selbst, indem er sie ausführlich nicht nur vor Clara und
Freunden wie Karl von der Heydt oder Dora Herxheimer
ausschüttete, sondern auch vor selteneren Adressaten – Leonid Pasternak, Hedwig Fischer, Sidie Nádherný – oder neuen
Bekannten wie Gräfin Mary Gneisenau oder Geijerstam. Das
war für ihn nicht nur keinerlei Zeitverschwendung, sondern

das wesentliche Vorspiel zur Destillierung von Erfahrung in lyrische oder erzählerische Form. Einige Briefe waren freilich mehr praktischer Art. Als Weihnachten näherrückte, drängte er Juncker, seine Exemplare des neuen *Cornet* und des *Buchs der Bilder* zu beschleunigen, bestellte bei Kippenberg weitere Exemplare des *Stunden-Buchs* und versäumte auch nicht, etwas verspätet, Ernst Hardt für seine genauen Ratschläge für Griechenland zu danken, obwohl ihn nun der Wind in eine andere Richtung geweht habe. Die meisten Briefe aber entsprangen dem unbedingten Bedürfnis, keinen von denen, die zu seinem Lebenskreis gehörten, darüber im Unklaren zu lassen, wie er ihr Vertrauen in ihn rechtfertigen und seine eigenen Erwartungen erfüllen wolle. Keiner schien denn auch vergessen worden zu sein, nicht einmal seine Kusinen in Prag oder die Gibsons, die von ihm fast ein Jahr lang nichts gehört hatten. Er gestand, daß ein Teil seines schaffenden Wesens in seinen Briefen liege, deren Flut stets in Zeiten wie dieser einsetzte, da er sich an der Schwelle des Schaffens fühlte und den Weg zum Handeln freimachen wollte.

Vor allem bei Lou mußte eine längere Lücke in der Korrespondenz geschlossen werden. Er unterrichtete sie zusammenfassend über alles Geschehene, wobei der ruhige Ton wiederum in starkem Gegensatz zu seinen früheren angstvollen Hilferufen stand. Er versprach ihr, er wolle nun »aushalten und arbeiten, . . . (noch bin ich aber nicht soweit) solange bis die nächste Welle mich nach Paris zurückhebt, wohin ich noch eine Weile ernstlich gehöre[32]«. Er vermutete sie in Göttingen und war überrascht, von Clara zu hören, daß sie in Berlin war und Clara besucht hatte. Er war womöglich noch überraschter, als er hörte, daß von allen Menschen ausgerechnet Lou in Gesprächen sich höchst mißbilligend über die Art äußerte, wie er – ihrer Meinung nach egoistisch – Frau und Kind vernachlässigte. Derartige Vorwürfe hätte er sich häufig selbst gemacht, schrieb er an Clara, die ihm all dies berichtete. Er wollte ausnahmslos alle Zurufe des Lebens erwidern, »aber ich will zugleich meinen gewagten, so oft unverantwortlichen Posten nicht eher aufgeben und mit einem erklärbaren, resignierenden Platz vertauschen, bevor nicht die letzte, die äußerste, endgültige Stimme zu mir gesprochen hat . . . Durch jedes vorzeitige Eingehen auf das, was als ›Pflicht‹ mich überwältigen und brauchbar machen will, schlösse ich wohl einige Unsicherheiten und den Anschein jenes beständigen Ausweichenwollens aus meinem Leben aus, aber ich fühle, daß damit auch die großen wunderbaren Hilfen, die in fast rhythmischer Folge in mich eingreifen, ausgeschlossen würden . . .Lou meint, man hat kein Recht, unter Pflichten zu wählen und sich den nächstliegenden und natürlichen zu entziehen; aber meine nächstliegenden und natürlichen sind immer, schon in meiner Knabenzeit, diese hier gewesen . . .« Eine höhere Verantwortung, die er nie gescheut hatte und deretwegen er den härteren, einsamen Weg gewählt hatte. Auch wenn er und Clara nicht mehr zusammen waren, viele Tagereisen weit entfernt lebten und versuchten, dem Auftrag ihrer Herzen zu gehorchen, war denn nicht ein wirkliches Haus um sie, das der äußeren Welt verborgen war? »Und bin ich, wenn ich da oben aushalte, wo ich nun den größten Teil meines reiferen Lebens verbracht habe, nicht im Wirklichen, im Schweren, nicht unter Pflichten?«[33]

Er hatte ihr erstes gemeinsames Weihnachten nicht vergessen. Als er ihr zwei Tage später wieder schrieb, ließ er die Erinnerung an ihr Heim in Westerwede wachwerden, die Diele, »die so groß und helldunkel war bis an den hellen großen Baum heran«, und sah sie wieder, wie sie mit der Unsicherheit eines jungen Mädchens hintrat, »das kleine Köpfchen an Dein schönes Gesicht haltend und mit ihm in den Glanz hinein, den Ihr beide nicht sehen konntet, jedes von seinem eigenen Leben erfüllt und von dem des anderen«.[34] Doch diese Empfindung gehörte entschieden der Vergangenheit an. »Die Meinen sind kein Zuhaus, *sollen* keins sein«, schrieb er später an Geijerstam: »selbst Ruth ist schon eine Welt für sich, eine einsame kleine Welt.« Für ihn könne es kein »Zuhaus« im üblichen Sinne geben: »das ist so bestimmt und gehört so zu mir, und ich muß etwas Gutes daraus machen.«[35] Sein langer Brief an Clara war ein deutliches Bekenntnis zu dem Glauben, in dem er sein ganzes Leben lebte – für den er von Lou, dem »ersten Menschen«, der ihm zu seiner Arbeit »verhalf«[36], das vollste Verständnis erwartet hätte. Erst später sah er allmählich ein, daß Clara, die seine übertriebene Haltung so voll und ganz zu teilen schien, in Wirklichkeit eine solch rücksichtslose Hingabe nicht durchhalten konnte.

Vorläufig aber teilte sie gewiß seine Einstellung. Sogar ohne einen Ehemann war die Tatsache, daß sie Ruth wieder bei der Großmutter ließ, während sie ihren Weg in Berlin verfolgte, der Verurteilung durch den Durchschnittsbürger ausgesetzt. Genau wie er glaubte sie an die vorrangige Bedeutung ihrer Kunst und war bereit, die Hilfe und Gastfreundschaft von Freunden und Gönnern als ihr Recht anzunehmen. So hatte sie nun vor, im Januar nach Ägypten zu reisen, auf Einladung ihrer engen Freundin May Knoop, die mit ihrem Mann im Winter das 200 Zimmer umfassende Al Hayat Hotel und das angeschlossene Sanatorium in Heluan führte. Ihr Schiff sollte von Neapel ablegen, und es wurde vereinbart, daß Rainer sie vor der Abfahrt zu einem kurzen Besuch nach Capri hinüberbringen würde.

Daß er, wie so oft zuvor, für seine Freunde »ein Weihnachten aufbauen« konnte, indem er ihnen seine Bücher schickte oder überreichte, bereitete ihm besondere Freude. Junckers Paket traf am 23. Dezember ein, und er fand, daß beide Bücher ein befriedigendes Ergebnis ihrer Bemühungen darstellten. Das *Buch der Bilder* vor allem war gegenüber der ersten Ausgabe merklich »überzeugender« ausgefallen, »es ist inhaltlich eine neue, sehr charakteristische Einheit entstanden, ein wirklich neues Buch und, wie ich mir ohne Überhebung sage, ein berechtigtes. . .«.[37] In den Dezembertagen, als seine Briefschulden abnahmen, war eine Anzahl neuer Gedichte zu ihm gekommen, von denen einige als Widmungen in den Büchern für seine Freunde in Capri dienen konnten:

> Wer könnte einsam leben und nicht dies
> bewundern lernen: daß zu ihm zuweilen
> die Engel treten um mit ihm zu teilen
> was sich den Anderen nicht geben ließ. . .[38]

Bei diesen »Improvisationen aus dem Capreser Winter«, wie
er sie später nannte, hatte er das Gefühl, daß »etwas wie ein
neues Stunden-Buch« einsetze:[39]

> Täglich stehst du mir steil vor dem Herzen,
> Gebirge, Gestein,
> Wildnis, Un-Weg: Gott, in dem ich allein
> steige und falle und irre . . ., täglich in mein
> gestern Gegangenes wieder hinein
> kreisend.[40]

Diese Gedichte konnten nicht zu den *Neuen Gedichten* gestellt
werden und wurden nicht veröffentlicht.

Nachdem er es am Silvesterabend auf der Piazza hatte
Mitternacht schlagen hören, wo der Mond, gerade abneh-
mend, doch immer noch voll, »eine Erde aus Mondschein,
aus Mondschatten« schuf, kehrte er zurück und stand auf
dem Dach seines kleinen Hauses, »um einen guten Anfang in
mir zu finden«, um zu »glauben an ein langes Jahr, das uns
gegeben ist, neu, unberührt, voll nie gewesener Dinge«.[41]
»Ich muß mich vom Briefschreiben zurückhalten,« schrieb er
an Eva Solmitz in Berlin, »was sonst Brief würde, in dauernde Zusammenhänge einzufügen, es denen fortzunehmen
an die es gerichtet wäre, um es ihnen anders, unerkannter und
offener zugleich, eines Tages hinzugeben, das wird nun immer mehr meine Aufgabe sein.«[42] Damit fing er den Januar
und Februar hindurch an. Weitere »Improvisationen«, einige
in Prosa, folgten nach dem Besuch Claras; über das Museum
und den Fischmarkt in Neapel, die Certosa und den Weg
hinunter durch die Weingärten zur Piccola Marina in Capri;
allem voran aber Gedichte, die den Strom fortsetzten, der in
Paris begonnen hatte – »Die Rosenschale«, »Alkestis«, »Lied
vom Meer«, und am 24. Januar, dem Todestag Luise von
Schwerins, das Gedicht »Todes-Erfahrung«, das er für ihre
Schwester eigens abschrieb.[43]

Kippenberg hatte ihm gute Nachrichten zukommen lassen: die erste Ausgabe des *Stunden-Buchs* war in etwas über
einem Jahr ausverkauft, was ihm etwa 300 Mark eintrug, eine
zweite Auflage von diesmal 1100 Exemplaren war in Vorbe-

reitung. Einen derartigen Erfolg hatte er bei keinem seiner früheren Bücher erlebt – durchaus willkommen auch deshalb, weil das ihm zustehende Geld sofort ausgezahlt wurde, was für seine Zukunft beim Insel Verlag höchst verheißungsvoll war. Kippenberg freute sich in der Tat schon auf sein nächstes Werk. Rilke wollte versuchen, die Gedichtsammlung im Verlauf des Sommers fertig zu machen. Seine Prosa (der *Malte*) schritt wesentlich langsamer fort.

Aus der Ferne verfolgte er Claras Reise und versuchte, sich den Nil vorzustellen. Auf dem Atlas war der Lauf des Flusses »ansteigend wie ein Rodinscher Kontur, eine Fülle abgewandelter Bewegtheit«, seine Schlingen und Wendungen glichen einer Schädelnaht. Zum erstenmal konnte er die Wirklichkeit eines Flusses fühlen, sein Wesen, »bis an den Rand der Personifikation heran wirklich, so als ob er ein Schicksal hätte, eine dunkle Geburt und einen großen ausgebreiteten Tod, und zwischen beiden ein Leben, ein langes, ungeheures, fürstliches Leben . . .«. Dazu der Gegensatz der Wüste, »ohne Ende und ohne Anfang«, und das Haupt der Sphinx, »als ob das Weltall ein Gesicht hätte, und dieses Gesicht warf Bilder darüber hinaus, bis über die äußersten Gestirne hinaus, dorthin, wo nie noch Bilder gewesen waren . . . Sag mir, . . ., ob es nicht so ist? Ich denke mir: es muß so sein, unendlicher Raum, Raum, der hinter den Sternen weitergeht, muß, glaub ich, um dieses Bild herum entstanden sein . . .« Seine Augen würden in den ihren sein, wenn sie all dies sah.⁴⁴

Voller Spannung erwartete er ihre Briefe, die er mit seinen »drei Damen« teilte. Vor allem aber drängte er sie, Eindrücke in sich aufzunehmen, auch die flüchtigsten, auch die scheinbar unwichtigen. »Das Anschauen ist eine so wunderbare Sache, von der wir so wenig wissen; wir sind mit ihm ganz nach außen gekehrt, aber gerade wenn wirs am meisten sind, scheinen in uns Dinge vor sich zu gehen, die auf das Unbeobachtetsein sehnsüchtig gewartet haben, und während sie sich, intakt und seltsam anonym, in uns vollziehen, ohne uns, – wächst in dem Gegenstand draußen ihre Bedeutung heran, ein überzeugender, starker , – ihr einzig möglicher Name, in dem wir das Geschehnis in unserem Innern selig und ehrerbietig erkennen . . .« Erfahrung durch Beobachtung war für ihn die eigentliche Wurzel aller Kunst – für den Maler und Bildhauer, doch ebenso, wie er es von Rodin zu lernen versucht hatte, für den Dichter. Clara müsse »sehen, sehen, sehen«, den Augenblick des Eindrucks aufzeichnen und skizzieren, statt ihn für den wohlüberlegten brieflichen Bericht aufzuheben, und müsse auf diese Weise so viel Material sammeln wie möglich, um es nach ihrer Rückkehr »aussschütten« zu können.[45] Die stellvertretende Erfahrung Ägyptens, die er durch Clara gewann, wurde zu einer soliden Grundlage, auf der er selbst bei seinem späteren Besuch bauen konnte.

Sein Entschluß, weniger Briefe zu schreiben, erwies sich als nur schwer durchführbar. Capri war Ziel oder Sprungbrett für Freunde, die begreiflicherweise seinen Rat und seine Hilfe suchten: Geijerstam auf der Suche nach einer wärmeren Arbeitsstätte als Schweden; Siegfried Trebitsch, der ihn zumindest sehen, wenn nicht gar mitnehmen wollte, auf der Durchreise nach Tunis in Neapel; schließlich Ellen Key, die Alice Faehndrichs Einladung wahrnahm und Capri auf ihrer Rückreise von Sizilien zu besuchen plante. Entferntere Bekannte konnten nicht vernachlässigt werden. An Gudrun Uexküll, die sich brieflich bei ihm für die Widmung des *Cornet* bedankt hatte, schrieb er nicht nur ausführlich, sondern gab den *Geschichten vom lieben Gott* für ihre kleine Tochter Damajanti noch eine reizende Nachschrift bei; an Stefan Zweig sandte er eine vorsichtig formulierte Würdigung von dessen Gedichtband *Die frühen Kränze,* verglich dabei dieses Frühwerk in seiner Unausgeglichenheit mit den eigenen Anfängen und bedankte sich gleichzeitig für die Veranlassung eines Leseabends in Wien, der später im Jahr stattfinden sollte. Lizzie Gibson bekam eine Empfehlung an seinen Arzt im Weißen Hirsch in Dresden, wo sie den jungen Bertil behandeln lassen wollte. All das mußte von der Arbeit ablenken, auf die er gehofft hatte. Auch wenn sein taktvoller Hinweis auf die Nachteile des Lebens in Capri Geijerstam in Rom umkehren ließ, mußte doch Trebitsch begrüßt und bewirtet werden; zudem war der Besuch Ellen Keys für einige Tage im März eine gewisse Heimsuchung, obgleich sie nicht in der Villa Discopoli abstieg (seine »drei Damen« waren, wie er Clara schrieb, nicht wenig überrascht, die

»neue Zeit« in der Gestalt einer solchen alten Jungfer über sich hereinbrechen zu sehen[46]).

Glücklich, wer allein sein dürfe, hatte er in einem Brief an Ellen in Syrakus geseufzt.[47] Denn das Leben im »Rosenhäusl« war doch nicht so ganz das, was er sich erträumt hatte. Die Stille des Abendwerdens, wenn er in seiner Tür stand, eine Stille, »die aus lauter kleinen Lauten sich zusammensetzt, aus lauter Versanfängen von kleinen Vogelliedern«, erinnerte ihn an die Villa Strohl-Fern in Rom, und es kam ihm vor, als sei er seit damals weitergekommen, »ein bißchen besser und reifer« geworden. Manche der Erlebnisse wollte er nicht entbehren: lange Spaziergänge mit der reizenden Manon zu Solms, das Erkunden Anacapris, der Aufstieg auf den Monte Solaro, oder der Besuch der Grotte von Migliera und der kleinen Kirche Santa Maria a Cetrella, erschlossen eine Landschaft wie die Griechenlands – »ohne die Kunstdinge der griechischen Welt, aber fast wie vor ihrem Entstehen«.[48] An den Abenden waren die Damen ein aufmerksames Publikum, wenn sie bei ihrer Handarbeit saßen oder für ihn einen Apfel schälten, bereit, seine Tagesarbeit zu hören, an Lesungen aus Ibsen, Hesse oder Geijerstam teilzunehmen oder Claras Briefe aus Ägypten mit ihm zu teilen. »Unser kleiner Kreis ist der reizendste, den man sich denken kann«, schrieb er an Ellen, »aber für mich ist das so furchtbar schwer, das noch so schöne Beisammensein mit Menschen mit wirklicher Arbeit zu vereinen . . . Unter Menschen . . . komm ich so leicht dazu, zu reden und alles mögliche fortzugeben im Gespräch, was dann wohl für die Arbeit fehlt.« Er schaffe »allerhand« und »einiges Gute«, berichtete er Elisabeth von der Heydt. »Aber ich habe wieder so recht viel Sehnsucht aufgespeichert nach dem ganz Alleinsein, dem Alleinsein in Paris.«[49] Anfang März plante er bereits seine Rückkehr dorthin und bat Paula Modersohn und Dora Herxheimer, nach einer geeigneten Unterkunft für ihn Ausschau zu halten – diesmal ein Atelier, möbliert, »denn es soll eine ernste Niederlassung werden zu all der Arbeit, die zu tun sein wird . . . in jener ungeheueren Einsamkeit, nach der ich mich sehne.«[50] Nur dort war es möglich, sein Versprechen Kippenberg gegenüber zu erfüllen, den Gedichtband für die Weihnachtsveröffentlichung abzuschließen, nur dort konnten sich seine Ideen für den *Malte* kristallisieren, in der Stadt, die so ungeheure Ansprüche an den Künstler stellte, die in sich selbst eine Arbeit darstellte, der er aber sein Bestes verdankte.

Auf Capri gedieh unterdessen jedoch beides, und sogar die Ablenkungen des geselligen Umgangs waren zuweilen fruchtbar. Mit der Hilfe Alice Faehndrichs, die eine englische Mutter hatte, nahm er den früher mit Dora Herxheimer in Paris begonnenen Versuch wieder auf[51], Elisabeth Barrett Brownings *Sonette aus dem Portugiesischen* zu übersetzen. Im Verlauf des März und April wurde der gesamte Zyklus übertragen. Er räumte ein, daß seine Versionen als Übersetzungen keineswegs vollkommen waren, meinte jedoch, daß diese »sehr persönlich erlebten Übertragungen« einen Platz innerhalb seines eigenen Werkes verdienten[52], und fand Kippenberg gleich zur Veröffentlichung bereit. Auch während dieser Zeit dachte er viel über ein Thema nach, das den *Malte* durchdringen und sein späteres Werk wie ein Faden durchziehen sollte – das Wesen der Liebe zwischen Mann und Frau, die Fähigkeit mancher außerordentlicher Frauen, sich über Erniedrigung und Betrug durch ihre Geliebten zu erheben, das Ideal einer »Liebe ohne Besitzen«. Der Fall der Marianna Alcoforado im 17. Jahrhundert, die von ihrem Liebhaber Graf Chamilly verlassen wurde und in ein Nonnenkloster eintrat, hatte ihn beschäftigt, seit er ihre Briefe gelesen hatte, die von der Insel ein oder zwei Jahre vorher herausgegeben worden waren. Die Nonne hatte zwar tatsächlich gelebt, doch das Eingeständnis ihrer Leidenschaft in Briefform war eine dichterische Erfindung. Rilke wollte dies nicht glauben, da die Briefe für ihn ein vollkommenes Beispiel einer Liebe boten, die ihre wahre Vollendung nur im Verzicht findet. Er schrieb eine kurze Notiz über das Buch als Beitrag zum Insel-Almanach auf das Jahr 1908 für Kippenberg, dem er außerdem drei der früher entstandenen »Neuen Gedichte« sandte, – »Das Karussell«, »Abisag« und »Der Panther«.

Claras Schiff sollte am 19. April in Neapel eintreffen. Er beabsichtigte, sie für eine gewisse Zeit nach Capri zu bringen, bevor sie beide im Mai nach Norden gingen, auf getrennten Wegen nach Berlin und Paris. In den Wochen vor ihrer Ankunft nahm die Zahl der Besucher in der Villa Discopoli zu, die gesellschaftlichen Verpflichtungen wurden häufiger. Rilke stattete einen Besuch bei Gorki ab, der ihn als Mensch wie auch durch seine Schätzung Verhaerens und Hofmannsthals beeindruckte, dessen revolutionäre Einstellung ihm aber nicht zu einem Russen und Künstler zu passen schien, »weil bei beiden nichts so wichtig ist wie die Geduld und nichts so natürlich für den einen wie den anderen«.[53] Ein Besuch einige Tage später bei Axel Munthe in San Michele war für ihn um vieles sympathischer, denn er fand in ihm einen Menschen von großer Lebensweisheit und »seltsam mitlebender Güte«, von schönen Kunstwerken umgeben, die sein Haus jedoch nicht zu einem Museum machten, sondern ein Heim bleiben ließen.[54]

Rilke hielt hartnäckig an dem Plan fest, seinen Weg in Paris allein zu gehen, war aber auch wegen Claras Zukunft besorgt. Er schrieb an Geijerstam und erkundigte sich, ob Clara mit Ruth für den Sommer zu ihnen kommen dürfe – das sei nur möglich, betonte er, wenn sie dort Aufträge finden könne. Der Vorschlag hatte eine herzliche Einladung Geijerstams zur Folge, er freue sich sehr, wenn Clara das Sommerhaus der Familie beziehen und von ihm eine Büste machen würde, was sich jedoch als unmöglich erweisen sollte.[55] Clara traf erschöpft in Neapel ein, da sie sich in der Hitze von Heluan überanstrengt hatte. Es war für sie auch eine bittere Enttäuschung, als ein ungeschickter Arbeiter in Neapel den Guß einer Studie verdarb, die sie dort vollendet hatte, einer Gruppe afrikanischer Gazellen, wofür sie von Londoner Freunden der Knoops den Auftrag erhalten hatte. Ein neuer Guß mußte in Berlin angefertigt werden, wo auch noch andere Arbeit auf sie wartete. Um sich zu erholen, blieb sie bis zum 16. Mai bei Rainer. Darauf verbrachten sie weitere zehn Tage in Neapel, wo sich ihnen Alice Faehndrich und Manon zu Solms für eine Weile anschlossen. Gegen Ende des Monats war sie wieder in Berlin und Rainer in Paris.

Die ersten Tage wohnte er in einem Hotel. Die sogenannten »möblierten« Ateliers, die Dora Herxheimer für ihn besichtigt hatte, waren nicht sehr ansprechend und erforderten außerdem zu große Ausgaben, wenn er wirklich so untergebracht sein wollte, wie er es wünschte. Es schien keine andere Möglichkeit zu geben, als wieder in die Rue Cassette zurückzukehren, auch wenn die Räume »von so betonter Heimatlosigkeit« niederdrückend waren.[56] Nach einigem Feilschen um die Miete konnte er am 6. Juni 1907 in eine Wohnung im zweiten Stock ziehen, gerade über den Räumen, die Paula eben verlassen hatte. Sein Stehpult traf ein, die Hortensie, in seiner Abwesenheit von Dora betreut, trug verheißungsvolle Knospen. Die lang ersehnte Einsamkeit war wieder sein. Freunde waren da, wenn er sie brauchte – Tora Holmström, Madeleine de Broglie, Mathilde Vollmoeller, Dora – aber es war herrlich, in Ruhe gelassen zu werden. In dem vegetarischen Restaurant oder in dem Milchgeschäft, wo er seine abendliche Milch holte, war es, als sei er nie fort gewesen.

In diesen ersten Tagen folgte er dem Rat, den er Tora Holmström gegeben hatte, als sie zum erstenmal nach Paris gekommen war, die Stadt wirken zu lassen »mehr wie ein Bad . . . ohne zuviel dabei tun zu wollen, als zu fühlen und es sich geschehen zu lassen«.[57] Die Eingewöhnung fiel jedoch nicht leicht, »denn Paris, das ich so sehr bewundere und von dem ich weiß, daß ich es durchmachen muß, wie man eine Schule durchmacht, – ist immer wieder ein Neues, und wenn es einem seine Größe zu fühlen gibt, seine beinahe Grenzenlosigkeit, so fängt es erst recht rücksichtslos an und macht einen so völlig zu nichts, daß man ganz bescheiden wieder von vorn anfangen muß mit einem inständigen Lebensversuch«. Die Angst, die ihm diese Stadt einst eingeflößt hatte, war, wie er Clara schrieb, allerdings immer noch da, es war immer noch das Paris, »das Malte Laurids aufgezehrt hat«. Nachts in seinem Zimmer kam von seinem Nachbarn ein unablässiger Lärm, als werde immer wieder ein Blechdeckel auf den Boden geworfen, der hin und herrollte. Dieser Lärm schien an ihm zu nagen, denn er konnte, bevor er noch den Grund entdeckte, instinktiv das Leiden und die Verzweiflung spüren, denen dieses sinnlose Tun entsprang, den Rhythmus in diesem Wahnsinn. Der Student im Nachbarzimmer, dessen lang vorbereitetes Examen näherrückte, hatte eine Liderschlaffung bekommen, die operiert werden mußte, damit das Auge offenbliebe, er war daher in schrecklicher Unruhe. »Seine Mutter kam in der ärgsten Zeit«, schrieb Rainer an Clara. »Ihren Schritt draußen zu hören, ach, sie ahnte nicht, wie sehr dieser Schritt auch mir beistehen mußte . . . Man hörte: eine Mutter hat einen kranken Sohn – hörte es, als sähe man's auf zehn Reliefs in verschiedenen Vorgängen dargestellt . . .« Diese Folter sollte eine von denen werden, die Malte Laurids Brigge erlitt, als die Aufzeichnungen Gestalt annahmen. Artur Holitscher, der die Prosa des *Cornet* als »versinfiziert« kritisiert hatte, machte er darauf aufmerksam, daß sie von 1898 datiere: »Die, an der ich jetzt arbeite, sieht sehr anders aus.«[58]

Zunächst wartete jedoch Kippenberg auf den Gedichtband. Ende Juni konnte Rilke melden, daß er so gut wie fertig sei, doch er behielt ihn noch und nahm im Juli noch einige Erweiterungen vor. Er hätte sich ganz einfach »Gedichte« als Titel gewünscht, da er immer weniger geneigt war, phantasievolle Namen für seine Werke zu erfinden. Nachdem Clara (deren Meinung er schätzte) das Manuskript gesehen hatte, ging es Anfang August an den Verleger. Rilke war über den Vorschlag, den Band schließlich »Neue Gedichte« zu nennen, erfreut, da dieser Titel den Wandel ausdrückte, den das Buch bezeichnete, die Lehre nämlich, die er von Rodin empfangen hatte. Sie einigten sich auf ein größeres Format als das des *Stunden-Buchs*, in einfarbigem Umschlag, die Gedichtüberschriften in Grün. Kippenberg könne bereits mit einem zweiten Band rechnen, sagte er, da er während der kommenden Monate wieder »in der Arbeit« sei.

Es waren in der Tat »Neue Gedichte«, wenn man sie mit dem *Stunden-Buch* verglich. Geschaffen im Geist Rodins, waren sie nicht länger der Ausdruck einer inneren Stimmung, sondern ihre Spiegelung in »Dingen«, die so angeschaut waren, wie er es Clara so eindringlich für Ägypten empfohlen hatte; Dinge, die zu einem Symbol wurden, einem »überzeugenderen, stärkeren Namen« für das »Geschehnis« in der Seele des Dichters. Neben dem »Panther« ist vermutlich »Das Karussell« das bekannteste dieser Gedichte. Angeregt von einem Karussell für kleine Kinder, das er im Jardin du

Luxembourg oft angeschaut hatte, wurde es zu einer großartigen Beschwörung der Kindheit mit ihren Träumereien,
denen bald die Dämmerung des geschlechtlichen Erwachens
bevorstand:

> Mit einem Dach und seinem Schatten dreht
> sich eine kleine Weile der Bestand
> von bunten Pferden, alle aus dem Land,
> das lange zögert, eh es untergeht.
> Zwar manche sind an Wagen angespannt,
> doch alle haben Mut in ihren Mienen;
> ein böser roter Löwe geht mit ihnen
> und dann und wann ein weißer Elefant.
>
> Sogar ein Hirsch ist da, ganz wie im Wald,
> nur daß er einen Sattel trägt und drüber
> ein kleines blaues Mädchen aufgeschnallt.
>
> Und auf dem Löwen reitet weiß ein Junge
> und hält sich mit der kleinen heißen Hand,
> dieweil der Löwe Zähne zeigt und Zunge.
>
> Und dann und wann ein weißer Elefant.
>
> Und auf den Pferden kommen sie vorüber,
> auch Mädchen, helle, diesem Pferdesprunge
> fast schon entwachsen; mitten in dem Schwunge
> schauen sie auf, irgendwohin, herüber –
>
> Und dann und wann ein weißer Elefant.
>
> Und das geht hin und eilt sich, daß es endet,
> und kreist und dreht sich nur und hat kein Ziel.
> Ein Rot, ein Grün, ein Grau vorbeigesendet,
> ein kleines kaum begonnenes Profil –.
>
> Und manchesmal ein Lächeln, hergewendet,
> ein seliges, das blendet und verschwendet
> an dieses atemlose blinde Spiel . . .[59]

Manche der anderen Gedichte entsprangen solch direktem Anschauen – einer Gazelle oder der Flamingos, die er im Jardin des Plantes sah, der Parks von Paris, einer Fensterrose, eines Bettlers, Inseln aus der Erinnerung der Nordsee. Viele entstammten auch einem Anschauen, das nicht unmittelbar war, wie Christus im Garten von Gethsemane, in derselben Verzweiflung des Verlassenseins wie in den früheren »Visionen«; der Auszug des Verlorenen Sohnes in Erinnerung der eigenen Gefühle Rilkes bei seinem Fortgang aus Prag; weitere biblische sowie klassische Themen erschienen in einem neuen Licht. Alle waren geprägt von seinem Streben, wie Rodin ein »Kunstding« zu schaffen, das bestimmter war als das Modell, es »der Zeit zu entheben« und »fähig zur Ewigkeit« zu machen.[60] Was damit gemeint war, brachte er deutlich in einem Brief zum Ausdruck, den er kurz vor der Vollendung des ersten Bandes an Clara schrieb: »Kunstdinge sind ja immer Ergebnisse des In-Gefahr-gewesen-Seins, des in einer Entfernung Bis-ans-Ende-gegangen-Seins, bis wo kein Mensch mehr weiter kann. Je weiter man geht, desto eigener, desto persönlicher, desto einziger wird ja ein Erlebnis, und das Kunstding endlich ist die notwendige, ununterdrückbare, möglichst endgültige Aussprache dieser Einzigkeit . . . Darin liegt die ungeheure Hilfe des Kunstdings für das Leben dessen, der es machen muß, –: daß es seine Zusammenfassung ist; der Knoten im Rosenkranz, bei dem sein Leben ein Gebet spricht, der immer wiederkehrende, für ihn selbst gegebene Beweis seiner Einheit und Wahrhaftigkeit. . .«[61]

Er war dankbar, daß trotz der Schwierigkeit der Anfangszeit seine Entschlossenheit nicht gewichen war. Im Juli schrieb er Clara, daß er May Knoops Einladung zu einem Englandbesuch ausgeschlagen habe. Paris sei zwar etwas bedrückend, und jeder Wagen auf der Fahrt zum Bahnhof wecke eine gewisse Reiselust, doch sei er fest davon überzeugt, daß dieses Alleinsein ihm jetzt »absolut wichtig« sei, nachdem er »den ganzen Winter gesprochen habe«.[62] Wochenlang, den Juli hindurch bis in den August, wechselte er nun kaum ein Wort mit jemandem, Arbeitstag folgte auf Arbeitstag, »in eintöniger Regelmäßigkeit«. Er blieb bei seinem Handwerk, machte hie und da einen Fortschritt, »einen kleinen lautlosen ... an meinem Stehpult, von dem ich mich die ganze Woche nicht weggerührt habe«, »um einer gewissen Arbeitshygiene willen«.[63] »Ich fühle, wie gut es mir war, dieses Steh- und Schreibenmüssen, Tag für Tag«, berichtete er am 14. Juli nach der Vollendung der *Neuen Gedichte* und der Buchfassung des *Rodin* an Dora Herxheimer. »Das ist schließlich doch mein Handwerk, das Schreiben, und man muß nicht nur die Arbeit lieben, die geistige, großartige, sondern das Handwerk, das dazu gehört, mit allem Unscheinbaren und Unbelohnten und Mühseligen.«[64] Sogar eine Einladung von Karl von der Heydt nach Reims und dann nach Godesberg, schlug er aus – das »Kleinste herausgeschnitten« aus seiner »Bahn von Tagen« würde »was übrigbleibt, schon wieder zu Resten« machen »(und die sind meine Gefahr und Not)«.[65] Er freute sich aber, den Freund auf der Durchreise durch Paris zu treffen und entschloß sich, ihm die *Neuen Gedichte* zu widmen.

Angeregt durch Stefan Zweigs früheren Vorschlag eines Leseabends in Wien und ermutigt von Hofmannsthal, der ihm versicherte, daß ihn dort ein empfängliches Publikum erwarte, plante er für den November eine weitere Vortragsreise, diesmal in der Hauptsache für Lesungen aus seinen eigenen Werken. Was dann folgen sollte, war noch ungewiß. Er haßte den Gedanken, aus Paris fortzugehen, hatte aber doch nicht den Mut, einen Winter dort zu verbringen, da er einen Rückfall in seine frühere Unpäßlichkeit befürchtete. So begann er trotz allem, was er gesagt hatte, mit dem Gedanken an eine Rückkehr nach Capri zu spielen, als er hörte, daß Alice Faehndrich und Julie von Nordeck mit ihm rechneten. Einstweilen überließ er aber die Zukunft wie immer sich selbst.

Die Gegenwart war mittlerweile tatsächlich sehr fruchtbar. Allein im August vollendete er nicht weniger als vierzig weitere »Neue Gedichte« – gut über ein Drittel des späteren zweiten Bandes –, und auch der *Malte* machte Fortschritte. Da kam der fünfte Jahrestag seines Einzugs in der Rue Toullier und erinnerte ihn an den bestürzenden Eindruck, den diese Stadt der Krankenhäuser und schwärenden anonymen Armut damals auf ihn gemacht hatte. Trotz der Leistungen des Sommers überfiel ihn etwas von der alten Verzweiflung, das Gefühl, daß er im Gegensatz zu Rodin oder Van Gogh von seinem Ideal, »immer in der Arbeit« zu sein, noch weit entfernt sei. Er entdeckte plötzlich die »richtigen Augen« für Cézannes Werk im Salon d'automne, gerade weil er nun die besessene Hingabe kannte, die dahinter stand, die brennende Aufopferung eines Mannes, der sein tägliches Pensum »sur le motif« nicht einmal für das Begräbnis seiner Mutter aufgeben konnte, der seine »Heiligen« aus Weinflaschen und Äpfeln macht und sie »zwingt, *zwingt sie*, schön zu sein, die ganze Welt zu bedeuten«.[66] Im Bann des Salon, den er wiederholt besuchte, schrieb er eine Anzahl langer Briefe an Clara, die in sich selbst, wenn auch ungeformt, eine Monographie über Cézanne bilden, die sich mit der Monographie über Rodin vergleichen läßt.

Clara war es, die für ihn in Worte faßte, was er gefühlsmäßig erkannt hatte, ohne es sich anfangs bewußt zu machen – daß gerade hier ein Wendepunkt in der Malerei war, der dem glich, den er selbst in seinem eigenen Werk, in den *Neuen Gedichten* eben erreicht oder beinahe erreicht hatte. Aus diesem Grund mußte er, wie er ihr schrieb, der Versuchung widerstehen, über Cézanne zu schreiben – keiner, der Bilder »aus so privatem Gesichtspunkte« begreift, sei berechtigt, über sie zu schreiben – doch er wußte, daß »diese unerwartete Berührung« ein Teil seines Lebens geworden war, »voller Bestätigung und Bezug«.[67]

3

Je suis descendu dans mon travail plus loin que jamais.

(An Rodin, 29. 11. 1908)

Ende Oktober 1907, als die Zeit für seine Reise kam, hatte Rainer immer noch keine bestimmte Vorstellung, wohin er anschließend gehen würde. Clara war nun bei ihrer Mutter und Ruth zurück in Oberneuland, die wenigen Aufträge, die sie bekommen hatte, hatten nicht ausgereicht, das Berliner Atelier aufrechtzuerhalten. Während des Sommers hatte sie immer noch gehofft, nach Schweden gehen zu können. Er hatte die Gibsons gebeten, für sie einen Posten als Zeichenlehrerin an der Samskola zu beschaffen. Das hätte ihr eine gewisse Sicherheit geboten, so daß ihre Mutter zu ihr ziehen und Ruth auf die Schule hätte gehen können, die sie beide so bewunderten. Er betrieb dieses Vorhaben sogar trotz der heftigen Einwände Ellen Keys, die sagte, Göteborgs Winterklima sei unwirtlich und auch die Samskola ihrer Meinung nach nicht mehr dieselbe. Jimmys Antrag bei dem Direktor hatte keinen Erfolg, und eine feste Basis mußte für Clara vorläufig ein Traum bleiben. Rainer konnte daher einen Besuch in Oberneuland, vielleicht über Weihnachten, nicht gut vermeiden. Er war geneigt, danach die Einladung nach Capri anzunehmen. Über den Verlust an Einsamkeit, den das bedeuten würde, hegte er, wie er Clara sagte, keine Illusionen. Er werde aber unter allen Umständen im »Rosenhäusl« etwas schaffen, bevor er sich in die »langen und zunehmenden Gespräche« in der Villa Discopoli ziehen lasse.[1] Diesmal wolle er auch früher nach Paris zurückkehren, zu einem weiteren Arbeitssommer.

Seine Reise sollte ihn zuerst nach Prag, dann nach Breslau und schließlich nach Wien führen. Sogar die höchst bescheidene Lebensweise in Paris hatte ihn so gut wie mittellos gelassen; ein Honorar für einen Auszug aus seinem Rodinbuch, mit dem er gerechnet hatte, erwies sich als nur halb so hoch wie erwartet. Nach dem Besuch in Prag freilich würden die Kosten der Reise mehr oder weniger gedeckt sein, und er könnte nach ihrem Abschluß vielleicht sogar Venedig wieder besuchen. »Niemals habe ich so deutlich gefühlt, wie sehr es unserer Natur widerstrebt, über das Gegenwärtige hinaus zu denken«, hatte er im Oktober geschrieben.[2] Er würde sich darauf verlassen, daß zu gegebener Zeit etwas auftauchte, weitere Einladungen würden gewiß erfolgen – Sidie Nádherný wollte ihn schon während seines Aufenthalts in Prag auf Schloß Janowitz begrüßen. Seine Sachen in der Rue Cassette wurden gepackt und verwahrt, Mathilde Vollmoeller kümmerte sich um Schreibtisch und Bücher; vor der

Abreise gelang es ihm noch, die durchgesehenen Fahnen der *Neuen Gedichte* zusammen mit seiner endgültigen Revision der Auswahl an Kippenberg abzusenden.

Als er am 1. November in Prag eintraf, war er vom Anblick »dieser eigensinnigen alten Stadt« seiner Kindheit unendlich deprimiert. Die Gebäude, in ihrer Masse einst so überwältigend, schienen ihm auch jetzt noch, auf die normale Größe reduziert, »ebenso unmöglich zu bewältigen«, er fühlte »mehr als je . . die Gegenwart dieser Stadt als Unbegreiflichkeit und Verwirrung . . . Meine Ablehnung war nie so groß wie diesmal, – (wohl weil inzwischen meine Verfassung, alles Angeschaute in Hinsicht auf die Arbeit zu sehen und zu nehmen, sich sehr entwickelt hat).«[3]

Seiner Mutter gegenüber hatte er dasselbe Schuldgefühl eines falschen Verhaltens, doch er spürte, daß ihr Bild von ihm so unrichtig war, daß er auch nicht den geringsten Teil dessen, was für ihn wirklich war, zu ihr bringen konnte. Sie war wie ein Puppenhaus, dessen bunte Türen und Fenster man nicht öffnen konnte. Zu Allerseelen gelang es ihm, das väterliche Grab ohne sie zu besuchen. Auf dem Stein war die Inschrift so verwittert, »als läge er für sich in einem alten Park seit einem ungestörten Jahrhundert«. Seine Mutter und all die alten Bekannten machten viel Wesens um ihn, »alle wollten mich haben, als ob ich eßbar wäre, – hatten sie mich aber, so fand ich sie nicht hungrig und als müßten sie Diät halten«.[4]

Einige Lichtblicke gab es, bevor er am 3. November in der Concordia-Gesellschaft auftrat, wie etwa den Besuch zum Tee bei Sidie Nádherný und ihren Brüdern auf Janowitz, und, am erfreulichsten von allen, einen Brief von Rodin. Er war dem neuen Sekretär diktiert und nichts mehr als eine höfliche Anfrage über die Zuverlässigkeit von Hugo Heller, dessen Buchhandlung in Wien für eine Ausstellung einiger Zeichnungen Rodins vorgeschlagen worden war, in der Rilke selbst demnächst lesen würde. Der Brief erwähnte aber auch, daß sich Rodin den Auszug aus Rilkes Vortragsband, der eben erst erschienen war, hatte übersetzen lassen. Rilke war glücklich, daß so das Eis gebrochen war; er antwortete sofort, gleichfalls sachlich, doch drückte er seine Freude darüber aus, daß er die Verbindung wieder aufnehmen durfte, wie auch seine Begeisterung für eine Ausstellung in Wien, für die man in der Tat keine bessere Räumlichkeit als die Hellers finden könne.

Das Publikum bei seiner Lesung war voll Bewunderung, doch ohne Resonanz. Es waren dieselben alten Damen, dieselbe Handvoll selbstzufriedener Literaten. Rilke bot ihnen einige Gedichte aus dem *Buch der Bilder*, einen Auszug aus seinem Entwurf des *Malte* und einige wenige von den neuen Gedichten – mit Ausnahme des »Karussells« aber fielen seine Worte auf unfruchtbaren Boden. Er hatte das Gefühl eines unglücklichen Anfangs. Anschließend gab es jedoch Ermunterung von August Sauer und seiner Frau sowie von Rosa Schobloch, der Frau eines Industriellen, die ihrer Bewunderung anscheinend greifbareren Ausdruck verlieh. »Mein Weg ist lang und weit«, schrieb er voll Dank aus Breslau an sie, »und ich weiß jede Hilfe zu schätzen, die ihn mir möglicher . . . macht . . . Viele meinen ja, man könne eine dichterische Entwicklung im Nebenamt, neben einer Brotarbeit, bestreiten; ich aber erfahre, immer mehr, je mehr ich fortschreite, was für eine ungeheure Arbeit diese Kunst verlangt, wie sogar eine ungeteilte, inständig zusammengefaßte und nur (Tag und Nacht) auf dies *Eine* gerichtete Kraft manchmal nicht auszureichen scheint. . .«[5] Die Lesung in Breslau verlief besser als erwartet und entschädigte für Prag, ein zahlreiches Publikum war anwesend, das etwas für sein Geld haben wollte und seinem Gefühl nach auch erhielt. Sie »saßen . . . still, husteten in vernünftigen Zwischenräumen und benahmen sich, wie es die besseren unter ihnen gelernt hatten«.[6]

Der eigentliche Erfolg dieser Reise blieb Wien vorbehalten, wo er am 7. November eintraf. Zwei Abende waren angesetzt worden, der eine für eine Lesung aus seinem eigenen Werk (am 8. November bei Heller), der zweite ein paar Tage später an anderem Ort für den Rodinvortrag. Hier fand er das von Hofmannsthal versprochene Publikum, das er brauchte. Die Musik der *Neuen Gedichte* und etwas von der Prosa des *Malte* schlugen in einer geschickten Inszenierung von verdunkeltem Raum und grünlichem Vortragslicht die

Zuhörer in ihren Bann. Der Wiener Dichter Felix Braun, zehn Jahre jünger und glühender Bewunderer des *Stunden-Buchs*, entsann sich noch lange des Augenblicks, als dieser schlanke, jugendliche, elegante Herr in einer Seitentür erschien, einen Augenblick innehielt, seinen Kopf zurückwarf, um in einen wahrhaftigen Gesang von Versen auszubrechen.[7] Es war das erste Mal, daß ein solcher Anlaß Rilke das Gefühl einer echten Verbundenheit mit den Menschen vermittelte, denen sein Werk zugedacht war, vor allem den Angehörigen der jüngeren Generation wie Felix Braun oder Herbert Steiner, der noch ein Schuljunge war und mit der Menge vorwärtsdrängte, um ihm die Hand zu drücken. Sein Hotelzimmer fand er an diesem Abend voller Blumen. In den folgenden Tagen konnte er neue Freundschaften schließen – mit dem Kulturphilosophen Rudolf Kassner, Franz Servaes, dem Feuilletonchef der *Neuen Freien Presse,* und der Schauspielerin Lia Rosen – und mit zahlreichen Menschen sprechen, zu denen er bereits eine Verwandtschaft fühlte. Darunter waren vor allem Richard Beer-Hofmann, der Lyriker und Prosaist, dessen Werk er lange bewundert hatte, und natürlich Hofmannsthal, mit dem er in Rodaun zu Mittag aß. Allein das herzliche und spontane Willkommen all dieser Menschen war schon ein Erlebnis. »Mir war ein bißchen, als hätte ich für sie alle gearbeitet in den letzten Jahren: so nötig haben sie das Vorhandene, das ich brachte.«[8]

Am erfreulichsten aber war ein weiterer Brief von Rodin, der so abgefaßt war, als habe es nie eine Verstimmung gegeben. Er erzählte von seiner Arbeit und seinen Ideen, lobte den Auszug aus dem Rilkevortrag, den er gesehen hatte, und machte am Ende ganz deutlich, daß zwischen ihnen alles wieder im Reinen war: »Kommen Sie mich besuchen, wenn Sie in Paris sind ... Wir haben beide ein Bedürfnis nach Wahrheit und nach Dichtung, ein Bedürfnis nach Freundschaft.«[9] Diese Botschaft gab ihm für den Rodin-Vortrag am 13. November neue Kraft. Der Besuch war gut und es gab Beifall, doch Rilke war im Zweifel, ob es ihm gelungen sei, das ganze Publikum mit seiner eigenen Begeisterung für den Meister zu erfüllen. Es erschien ihm jedoch als ein Wink des Schicksals, daß dessen Worte der lang ersehnten Versöhnung mit der eben in Berlin erfolgten Veröffentlichung des Vortrags (im zweiten Rodinband) und mit Hellers Vorbereitung für die Ausstellung der Zeichnungen, bei der er beraten konnte, zusammentrafen – alles in allem eine jener Fügungen der Vorsehung, die er in seiner eigentlich planlosen Existenz zu erkennen meinte. »Ich habe ein unendliches Bedürfnis nach Ihnen und Ihrer Freundschaft«, hatte er Rodin erwidert, »und ich bin stolz, daß ich in meiner Arbeit so weit fortgeschritten bin, um ihr herrliches und einfaches Verlangen nach Wahrheit teilen zu können.«[10]

Das Gefeiertwerden in Wien war ermüdend für einen, der so an Einsamkeit gewöhnt war. Er beschloß, sich vor dem Besuch bei Clara in Oberneuland nun doch eine kurze Erholung in Venedig zu gönnen, wo man ihm schon früher eine ruhige Pension empfohlen hatte, die von den Schwestern des Pariser Kunsthändlers Pietro Romanelli geführt wurde. Zehn Tage lang konnte er dort Stille genießen, eine »vibrierende Stille« wie die eines Glasschranks. Die Stadt war von der grauen, kalten Blässe des Herbstes überhangen, »blaß, aber wie jemand blaß wird in der Erregung«, »herrlich aber schwer«, nicht ein Venedig für Anfänger, ein Venedig neu zu erlernen.[11] In einem privaten Palazzo, der einst den Dogen gehörte, bewunderte er das Spiel des nachmittäglichen Lichtes auf den flämischen Gobelins und den riesigen Spiegeln, die langen Galerien mit den hohen Bildern »von violetten Kardinälen, purpurnen Prokuratoren und steifen eisernen Generalen, unter denen ein schweres weißes Pferd seinen Schritt aufhebt.«[12] Er erzählte Clara von den Bellinis und Carpaccios, die er gesehen hatte, und von der »Kreuzabnahme«, dem letzten Gemälde Tizians, das von fremder Hand vollendet werden mußte, »groß und unvergeßlich und tragisch ... als hätte auch er am Äußersten das Nächste gefühlt, den Anfang von noch viel mehr und hätte hineingerissen, was noch zu greifen: so ist Bewegung und Farbe...«.[13]

Die Schwestern Romanelli hatten vor seiner Ankunft nichts von ihm gewußt und hatten eigentlich eine Frau erwartet. Adelmine (Mimi genannt), eine schöne und begabte Pianistin, wartete, als er aus der Gondel stieg, und war fasziniert von den Augen dieses Fremden, der magische Kräfte zu besitzen schien. Den ersten Abend saß er beim Essen an ihrer Seite und flüsterte: »Sie müssen mir so viel zu sagen haben und ich weiß, Sie werden mir eines Tages alles sagen.« Er bat sie um eine Photographie und gestand ihr, er habe, kaum daß er sein Zimmer betreten hatte, schon vor einer Madonna an der Wand gekniet und ausgerufen: »C'est elle, c'est Mimi, que je devais rencontrer un jour.«[14] Es war kein Wunder, daß sie sich rückhaltlos in ihn verliebte und daß die drei Wochen seines Aufenthalts für sie wie im Traum verflogen. Sie konnte nur schwer verstehen, daß er, wenn er in dem verklärten Stil, für den sich das Französische so vorzüglich eignet, von Liebe sprach und schrieb, rein platonisch dachte. »Belle et admirable«, sagte er während seines Aufenthalts zu ihr, »il est bien naturel que je vous aime . . . ce mot . . . je le prononce: de loin, parce que j'ai pris sur moi toute ma solitude; de près, parce que ceux que j'aime m'aident infiniment à la supporter.«[15] Sie wußte, daß er verheiratet war, und als er abreiste, gab sie ihm Geschenke für Clara und Ruth mit; auch wenn sie später behauptete, ihr Verhältnis sei rein geistig gewesen, so scheint sie zu jener Zeit doch gehofft zu haben, daß es in seinem Leben einen Platz für sie gebe, so sehr er auch auf dem Vorrang seiner Arbeit beharrte.

Wie nahe er daran war, einer solchen Versuchung zu erliegen, läßt sich aus einem wenig späteren Brief an Sidie Nádherný entnehmen, in dem er von »soviel merkwürdiger Fügung« in Venedig spricht, die ihn zu Glück, aber auch zu »so seltsam wirklichem Erleiden« geführt habe. Diese wenigen Tage, schrieb er, seien zu einem Ausdruck der Einheit einer Existenz geworden, die hätte »dauern mögen«, doch »als ein Menschliches von Geburt und Tod eingegrenzt und abgeschnitten war und mir, wie eine gemalte Handlung bei Michel-Angelo, in gewaltiger und verwirrender Verkürzung erscheint, wenn ich danach zurücksehe«.[16] Doch konnte er es nicht unterlassen, auch Mimi auf die Liste der Briefpartner zu setzen, denen er seine Hoffnungen und Ängste, seine Sorgen und Freuden ausschütten mußte. Kaum war er Anfang Dezember wieder bei Clara, schrieb er an seine »chère, infiniment chère« Mimi von seiner Verzweiflung über dieses bedrückende Land und »all das andere Leben, das nicht mein ist«, das schwierig und beängstigend war, »weil es nicht meine Arbeit ist, die mich hier hält«.[17] In weiteren Briefen hieß es, er sei inmitten seiner Niedergeschlagenheit glücklich, daß ihm das Wissen vergönnt war, daß ihre Schönheit existiere; dabei erläuterte er ihr seine Vorstellung, daß der Tod ein wesentlicher Bestandteil des Lebens sei, den man intensiv als dessen abschließendes Meisterwerk vorbereiten müsse; er empfahl ihr, bei Verhaeren und der Bibel Trost zu suchen. Solche Ergüsse mußten für sie ein schwacher Trost gewesen sein. Mimi brauchte mehr als schöne Worte; es ist nicht verwunderlich, daß sie im folgenden Jahr einem Zusammenbruch nahe war. Ihr Bruder, der von Rilke irgendeine Art von Eingreifen erbat, fand bei ihm keine Hilfe. »Sie überschätzen mich . . . ich bin keine Unterstützung, es tut mir leid«, schrieb er an ihn im Januar 1909. »Ich bin nur eine Stimme. Und diese Stimme muß ich unablässig meiner Arbeit widmen.«[18] Mimi Romanelli sollte nicht die letzte Frau sein, die darunter litt, daß er in sich selbst nicht die völlige Rücksichtslosigkeit, die äußerste Hingabe des Künstlers zu finden vermochte, die er bei Rodin und Cezanne gesehen hatte. Wieder und wieder sollte er nach einer neuen Verbindung greifen, nur um zu erkennen, daß sie sich niemals mit seiner Arbeit vereinen ließ und er allein bleiben mußte.

Die Familie war wohl ein stärkeres Band, doch rieb er sich auch daran, sobald die üblichen Weihnachtsvorbereitungen begannen. Als er die Briefe noch einmal las, die er an Clara über Cézanne geschrieben hatte, stellte sich sogar das Gefühl ein, daß er Paris zur Vortragsreise nicht hätte verlassen dürfen, und er bedauerte die Unterbrechungen von Wien und Venedig. »Es bewies sich wieder meine alte Unbeholfenheit, daß ich nur eine Kraft habe, die sich nicht teilen läßt.«[19] Er erwog jedoch die Annahme weiterer Einladungen zu Vorträgen, in Oldenburg und Hannover, vor seiner Rückkehr nach Paris, oder vielleicht später im Winter nach Capri. Eine Nachricht von Kippenberg im Dezember enthielt allen Grund zur Ermunterung. Die in diesem Moment erscheinende Auflage der *Neuen Gedichte* würde noch höher ausfallen als vorgesehen, sie sollte 2000 Exemplare betragen; die

Honorare aus diesem und den früheren Büchern, die sich nun auf beträchtlichere Summen beliefen, trafen pünktlich vor Jahresende ein. An seine Freunde und Kollegen Widmungsexemplare zu senden, war wie stets die größte Freude der Weihnachts- und Neujahrszeit. Sie gingen an Hofmannsthal, Lia Rosen, Richard Beer-Hofmann, Manon zu Solms, die Sauers in Prag und, nach langem Schweigen, an Lou in Göttingen. Sidie Nádherný hatte einen kleinen Christbaum und eine Puppe geschickt, von der Ruth entzückt war. Es gelang ihm, von ihrer Freude über die Geschenke reizend zu berichten, er gestand jedoch ein, daß es ihm zunehmend schwerfiel, diese »äußeren Feste zu feiern ... so sehr möchte ich, daß alles Feiern ganz aus Innen käme«.[20]

Selbstverständlich erhielt auch Rodin ein Exemplar der *Neuen Gedichte*. »Ich hoffe, man wird in ihnen erkennen, wie sehr Ihr Werk und Ihr Beispiel mich zu ausdrücklichem Fortschritt angetrieben haben – sollte ich eines Tages zu denen gezählt werden, die der Natur würdig gefolgt sind, so wird es dem Umstand zu verdanken sein, daß ich rückhaltlos Ihr treuer und entschlossener Schüler war.«[21] An Emile Verhaeren ging ein Exemplar »in Freundschaft und Bewunderung«, mit der Bitte um ein paar Zeilen von seiner Hand für Hugo von Hofmannsthal, der den belgischen Dichter ebenfalls glühend verehrte. Fern von Paris, so sagte er, fühle er sich wie verbannt von der Einsamkeit, die ihm so teuer sei.[22]

Trotz seiner großen Sehnsucht nach der Rückkehr ließ ihn die Erinnerung an die winterliche Kälte und Nässe der Stadt schließlich die Entscheidung für Capri treffen. Mittlerweile waren die Fahnen der *Portugiesischen Sonette* abgeschickt und der Vertrag für das Buch geschlossen worden. Am 19. Februar 1908 trat er den ersten Abschnitt seiner Reise an – nach Berlin. Samuel und Hedwig Fischer hatten herzliche Zeilen über die *Neuen Gedichte* geschrieben, und der Verleger hatte weitere Beiträge Rilkes für seine *Neue Rundschau* angeregt (ihm fehlte zwar ein besonderer Sinn für lyrische Dichtung, doch sein kommerzieller Instinkt war nicht weniger scharf als der Kippenbergs; er besaß dazu auch noch ein aufrichtiges Gefühl der Verantwortlichkeit für die Unterstützung mühselig strebender Dichter). Rilke hatte ihm für die nächste Zeit keine Hoffnungen gemacht, er entschuldigte sich mit der Langsamkeit seines Schaffens und der Notwendigkeit, erst den zweiten Band der *Neuen Gedichte* zu vollenden. Der Vorschlag an sich gefiel ihm aber sehr, da seine Verpflichtungen Kippenberg gegenüber dadurch nicht verletzt würden, und er freute sich über die Möglichkeit, die Sache persönlich mit Fischer zu besprechen.

Ein herzliches Willkommen erwartete ihn während der wenigen Tage in Berlin. Insbesondere Hedwig Fischer hatte allmählich begonnen, das Genie des bescheidenen Poeten, den Lou Andreas-Salomé vor zehn Jahren in ihr Haus gebracht hatte, zu würdigen. Bei Samuel fand er volles Verständnis für seine Lage und seine Verpflichtung der Insel gegenüber. Fischer war es nicht nur zufrieden, jedes einzelne Gedicht oder Prosastück anzunehmen, das Rilke für seine Zeitschrift geeignet hielt, er war abgesehen davon sogar bereit, eine Art finanzieller Unterstützung für ihn zu erwägen. Unmittelbar nach seiner Ankunft am 29. Februar auf Capri sprach ihm Rilke seinen Dank aus und seine Hoffnung, diese Hilfe würde ihm ein »ruhiges Arbeitsjahr in Paris« ermöglichen.[23] Daß er immer noch so ziemlich von der Hand in den Mund lebte, hatte ihn während seines Aufenthalts in Oberneuland zunehmend beschäftigt, nicht zuletzt wegen seiner finanziellen Verpflichtungen gegenüber Clara und Ruth. Die Erziehung der Sechsjährigen wurde zu einem dringlichen Problem für die unsteten Eltern. Fischers Angebot war großzügig, konnte aber nur vorübergehende Erleichterung schaffen. Rilke brauchte, wo nicht langfristige Sicherheit, so doch zumindest eine Zusicherung, daß er die nächsten Jahre mit der Arbeit, für die er sich nun reif fühlte, verbringen konnte, ohne sich auf zeitweilige Gastfreundschaft von Freunden verlassen zu müssen. In der Villa Discopoli beschloß er, obwohl ihm wiederum das Rosenhäusl zur Verfügung stand, seinen Aufenthalt wesentlich kürzer zu halten als zuvor. Den Großteil seiner Zeit verbrachte er über der Korrespondenz, das meiste davon auf der Suche nach einer Lösung seines Problems.

Seine Reise durch Deutschland war ursprünglich als ein

Versuch in dieser Richtung gedacht gewesen, doch waren, abgesehen von der Begegnung mit Fischer, die Umstände gegen ihn. Eva Solmitz, nun Lehrerin in Berlin, war verreist, er hatte sie nicht, wie vorgesehen, wegen Ruths Erziehung zu Rate ziehen können. Auch mit Kippenberg hatte sich kein Treffen vereinbaren lassen. An sie beide schrieb er nun in der Art seiner Hilferufe aus Westerwede vor sechs Jahren. Eva erklärte sich sofort bereit, zu Clara nach Oberneuland zu ziehen und Ruth persönlich zu betreuen. Diese selbstlose Geste ließ sich zwar im Augenblick nicht verwirklichen, doch erwies sich Eva in den kommenden Jahren als eine Quelle der Kraft bei der Suche nach Unterstützung. Kippenberg fragte er geradeheraus, ob er sich entschließen könne, ihm einen regelmäßigen Vorschuß auf künftige Bücher zu gewähren, auf den zweiten Band der *Neuen Gedichte*, dem eine Auswahl aus den früheren Gedichtsammlungen folgen sollte, und das Prosawerk, dessen Titel *Die Aufzeichnungen des Malte Laurids Brigge* lauten würde. Dazu möglicherweise eine Studie über Cézanne; dann noch eine durchgesehene, endgültige Fassung der *Weißen Fürstin*. Er erläuterte die Schwierigkeiten, die mit seinen früheren Verlegern entstehen könnten, und legte die bestehenden Verträge bei. Dabei erwähnte er besonders das bedauerliche Versprechen Bonz gegenüber, ihm die erste Option auf jedes zukünftige Prosawerk von größerem Umfang einzuräumen, und die Notwendigkeit, Junckers Einwilligung für jedes Neuerscheinen der frühen Gedichte einzuholen. Während er die Reaktion Kippenbergs abwartete und zunehmend in Sorge geriet, ob er nicht etwa zuviel gefordert habe, erhielt er eine freundliche Nachricht von S. Fischer. Lange schon sei es sein Wunsch gewesen, schrieb dieser, ihm in seiner Arbeit zu helfen, und nun könne er einen konkreten Vorschlag machen. Er stelle ihm für das Jahr die Summe von 3000 Mark zur Verfügung, von der er nach Belieben abheben könne. »Es soll mich freuen, wenn ich Ihnen damit eine kleine Erleichterung verschaffe.«[24]

Die Situation war heikel. Fischer knüpfte an sein großherziges Angebot zwar keine Bedingungen, doch war wohl zu erwarten, daß er als Gegenleistung etwas mehr erhoffte als nur ein paar Beiträge zur *Rundschau*. Rilke fühlte sich trotz seiner tiefen Dankbarkeit verpflichtet, ganz aufrichtig darzulegen, was er von der Insel erwarte und wie dies sein Versprechen an Fischer unvermeidlich einschränken müsse. Er handelte richtig, denn kurz darauf sandte Kippenberg seinen eigenen Vorschlag: vierteljährliche Vorschüsse auf die zu erwartenden Bücher, dazu die Bereitschaft, wenn möglich, nicht nur die Rechte Junckers an den früheren Gedichtbänden abzulösen, sondern gegebenenfalls auch von Bonz die Option auf das Prosawerk zu erwerben, damit der *Malte* auf jeden Fall zur Insel käme. Diese Vereinbarung wäre jährlich dem Fortschritt entsprechend zu erneuern. Das war die Sicherheit, die er wollte, und er nahm mit Freuden an. Fischer gegenüber machte er seine Handlungsweise ganz klar, im Vertrauen auf sein Verständnis und in der Erwartung, daß sich dieser sein Angebot nochmals überlegen werde – wenngleich die Tatsache der jährlichen Erneuerung der Insel-Vereinbarung es eines Tages möglich machen könne, ein Buch bei ihm zu verlegen. Fischer gestand, daß er auf eine der Vereinbarung mit Hofmannsthal ähnliche Übereinkunft gehofft habe, dessen Bücher sowohl bei ihm wie bei der Insel erschienen, sprach aber doch seine große Freude aus, daß Rilke nun seine wirtschaftliche Grundlage gesichert habe, und bestätigte seine frühere Offerte.

»Das Leben formt sich«, hatte Rainer an Clara geschrieben, als er seinen ersten Brief an Kippenberg abschickte.[26] Nun war er überglücklich: Paris lag so lange vor ihm, als er es zu der Arbeit, die er vorhatte, brauchte – die einzige Stadt, »die den Frühling nicht unterdrückt, sondern ihn wie in lauter lichten Spiegeln aufhängt und vertausendfältigt«[27]; Capri war nun nur noch ein kurzes Zwischenspiel, eine höchst notwendige Ruhepause: »bei mir wird es früh dunkel; ich muß viel schlafen, überhaupt viel hinter verschlossenen Augen sein.« Er lehnte alle Einladungen ab, und wenn er sich gezwungen sah, mit den Freunden in der Villa zu sprechen, so versuchte er sich zu merken, was er sagte, »damit es nicht ganz nur Kurmusik ist, bei der die Herrschaften innerlich promenieren«.[28]

Anfang April begann er sich um eine Unterkunft in Paris zu kümmern. Rodin hatte ihn für den Anfang herzlich nach

Meudon eingeladen, doch er wollte etwas Einsameres und Dauerndes finden. Glücklicherweise machte ihm Mathilde Vollmoeller, die vor der Abreise zu ihrem Sommeraufenthalt in Florenz stand, den Vorschlag, bis Ende August ihr Atelier in der Rue Campagne-Première zu übernehmen, wo ja ohnehin sein Schreibtisch und seine Bücher auf ihn warteten. Bereitwillig sagte er zu und setzte die Abfahrt auf den 15. April fest. Lizzie Gibson, die sich nach einer Erkrankung in Sizilien erholte und ihn auf Capri besuchen wollte, erhielt eine diskrete Bitte um Aufschub, bis alles geregelt sei. Der verhältnismäßige Wirbel der Villa Discopoli (alles ein wenig zu viel, wie er Clara gestand) nahm für ihn am 14. April ein Ende, als Lizzie und ihre Schwester Florence Waern, eine ausgezeichnete Pianistin, an seinem letzten Tag zu Besuch kamen.[29] Er war ungeduldig, nach Paris zu gelangen, und nahm nicht einmal die Einladung Rodins an: »Ich muß mich mit meiner Arbeit einschließen, ganz allein«, schrieb er ihm nach seiner Ankunft in der Rue Campagne-Première.[30]

Kippenbergs ersten Vorschuß für das Vierteljahr von April bis Juni hatte er schon vor seiner Abreise aus Capri erhalten. In seiner neu gewonnenen Sicherheit vergaß er seine Familienverpflichtungen nicht. Nun war es für Clara möglich, nach Paris zu kommen und Ruth bei einem geeigneten Mädchen in Oberneuland zurückzulassen, das die ersten Unterrichtsstunden überwachte. Durch die Vermittlung von Edith von Bonin, einer Malerin und Stiefschwester von Karl von der Heydt, machte man gegen Ende Mai ein ideales Atelier ausfindig. Das Hôtel Biron, einst die Residenz der Duchesse de Maine, dann Birons, des Marschalls von Louis XIV, bis vor kurzem ein Nonnenkloster, befand sich in einem fortgeschrittenen Zustand des Verfalls und wurde, wo möglich, in Einzelwohnungen vermietet. Es diente einer Anzahl von Künstlern und Schriftstellern als vorübergehende Bleibe (Isadora Duncan und Jean Cocteau waren später unter ihnen). Die Räume besaßen hohe Decken und führten auf eine Terrasse und einen vernachlässigten Garten. An der Ecke Rue de Varenne und Boulevard des Invalides gelegen, war es nicht weit von Rodins Atelier in der Rue de l'Université, wo Clara dem Meister willkommen war, wenn sie dort arbeiten wollte. Es war aber (wie in Rom) weit genug von Rainers Unterkunft entfernt, um ihm das Alleinsein, nach dem er so verlangte, zu gestatten. Einige Tage später hob er die Hälfte der Zuwendung S. Fischers ab und legte von den 1500 Mark den Betrag von 300 für Clara zur Seite. Unterdessen verbrachte er auch viel Zeit damit, für ihren jüngeren Bruder Helmuth einen Sommeraufenthalt bei den Gibsons in Furuborg zu organisieren.

Bei all dem entwickelte sich der »Sommer der Arbeit« nur zögernd. Wie gewöhnlich mußte er damit beginnen, seinen Schreibtisch vom Briefwechsel zu befreien und dabei seine Gedanken zu klären, »die Fülle der Einsichten« wie einen Strom durchbrechen zu lassen »in das *eine* Bett«.[31] Auf die eine oder andere Weise bekamen alle seine Freunde zu hören, wie er von nun an zu arbeiten gedenke – »an derselben Stelle, wie ein Baum arbeitet, der sich nicht rühren kann und nur unten in die Tiefe hineingehen kann, ins dunkelste Dunkel«.[32] Als die *Portugiesischen Sonette* im Mai erschienen, wurde seine Freude darüber bald von der Nachricht überschattet, daß Alice Faehndrich, der er sie verdankte, unerwartet in Capri gestorben war. Die ursprüngliche Widmung an sie mußte nun in ein »In Memoriam« umgewandelt werden.

Er betonte gerne die »schwere Last«, die seine Berufung ihm auferlegte – so beschrieb er nun seiner Mutter, wie »völlig einsam« er sei und daß er jede wohlmeinende Hand abweisen müsse; »dieses Schwere« gehöre zu seinem Leben und seinem Beruf »und man darf es nicht vermeiden oder verleugnen wollen«.[33] Doch war ihm der Frühsommer in Paris, in dem er sich für die auferlegte Arbeit vorbereitete, ein ungetrübtes Vergnügen. Der Wind von Paris, »der einem das Herz abnimmt«, wie er an Sidie Nádherný schrieb, hatte etwas vom 18. Jahrhundert an sich, »etwas watteauhaftes«, wie im Rahmen eines Bildes.[34] S. Fischer und Anton Kippenberg versorgten ihn mit den Büchern, die er sich erbat. Er konnte es sich nun leisten, selbst ausgefallenere Käufe zu tätigen. Der Verlockung einer 17bändigen Enzyklopädie vermochte er nicht zu widerstehen; er mußte sie dann mit dem Concierge abwechselnd die Treppen hinaufschleppen,

»wie die ägyptischen Menschen die Tempel auftrugen. Ich
mußte mich ganz abwaschen hernach, aber wie schön ist
doch jede Arbeit. Zuerst trägt man ungeschickt, von Mal zu
Mal wird man erfahrener und schließlich, wenn es zu Ende
ist, war man beinah im Begriff, etwas zu werden.«[35]

Anfang Juli war er soweit, sich seiner eigenen Arbeit
zuzuwenden. Bis zum August schrieb er in einem noch
reicheren Strom als im vergangenen Sommer den Rest der
Neuen Gedichte für den zweiten Band, den er Kippenberg
versprochen hatte; es waren Wochen der Arbeit »wie unter
Wasser . . . und so aufmerksamen Herzens, daß Äußeres und
Inneres kaum zu unterscheiden war«.[36] Er ordnete und revidierte das Ganze, das wesentlich umfangreicher war als der
erste Band, und schickte es dann am 17. August an den
Verleger in dem Gefühl, daß es eine angemessene Fortsetzung sei und größere Tiefe habe. Sollte es eines Tages eine
dritte Fortsetzung geben, schrieb er, »so wird noch eine
ähnliche Steigerung im immer sachlicheren Bewältigen der
Realität zu vollbringen sein, woraus ganz von selbst die
weitere Bedeutung und klarere Gültigkeit aller Dinge sich
einstellt. Vielleicht aber werde ich vorher imstande sein, das
an diesen Gedichten Gelernte an meine Prosa zu wenden; es
sind ja gerade diese Fortschritte, die auch sie sich zunutze machen muß.«[37] Die Julitage waren glücklicherweise kühl und
regnerisch gewesen, da er ja gewissermaßen auf einen Stichtag
zu arbeitete, auf Ende August, wenn er das Atelier Mathilde
Vollmoellers räumen mußte. Nirgendwo habe er sich so wohl
und passend untergebracht gefühlt, schrieb er ihr. Seine Leistung zeigte, wie gut er Rodins Lektion des unablässigen
Sich-Bemühens gelernt hatte. Kurz vor Vollendung der *Neuen
Gedichte* fühlte er sich endlich imstande, der erneuten und
herzlichen Einladung des Meisters nach Meudon zu folgen,
immer noch mit Ehrfurcht, nun aber als »guter Freund«.

Bei der anschließenden Suche nach einer neuen Unterkunft spielte Geld keine Rolle mehr. Nicht nur war Kippenbergs nächste Vierteljahreszahlung pünktlich eingetroffen,
er erhielt darüber hinaus Ende Juli von Juncker die Tantiemen für den *Cornet* und hob im August die zweite Hälfte des
S. Fischerschen Zuschusses ab. »Sie können gar nicht wissen,

was es für mich bedeutet«, schrieb er dankbar an ihn, »jetzt einen ruhigen Herbst und Winter, mehr, ein ganzes ruhiges Jahr vor mir zu haben. Ich brauche es, und so werde ich es nicht verlieren.«[38] Die Unterkunft, die Clara im Hôtel Biron gefunden hatte, hatte großen Eindruck auf ihn gemacht. Es ergab sich nun, daß sie gegen Ende August nach Hannover gehen wollte, um einen dort bereits begonnenen Auftrag fertigzustellen. So übernahm er ihren Raum in der Hoffnung, daß vor ihrer Rückkehr im September ein anderer für ihn frei werde. In dem Louis XIV-Palast herrschte eine bezaubernde Atmosphäre der Vergangenheit, auch wenn der Glanz ziemlich verblichen war. Es würde eine Erleichterung sein, nicht in die Rue Cassette, ja nicht einmal in die Atelierwelt der Rue Campagne-Première zurückkehren zu müssen. Sobald er am 31. August eingezogen war, beschrieb er Rodin begeistert die Schönheit des Gebäudes und den Ausblick, den man von den drei Erkerfenstern Claras auf den verschlungenen und verwilderten Garten hatte, »wo hie und da Kaninchen unschuldig durch die Spaliere hüpfen, wie auf einem alten Gobelin«.[39]

Es bereitete ihm Genugtuung, Rodin hier auf eigener Schwelle empfangen zu können, als der alte Herr zwei Tage darauf zu Besuch kam. Der frühere Bruch war nun völlig vergessen, sie konnten sich als nahezu Gleichgestellte unterhalten. Dazu kam noch, daß Rodin die Begeisterung Rilkes für den Ort teilte, die so weit ging, daß er sich innerhalb von vierundzwanzig Stunden entschloß, einen großen Teil des Erdgeschosses zu mieten. Die hohen Räume waren ihm sofort als das ideale Heim für seine Skulpturen erschienen, das er in Meudon vergeblich zu schaffen versucht hatte. Außerdem fand er hier noch eine Abgeschiedenheit, die er von Zeit zu Zeit als willkommene Zuflucht vor dem Wirbel der Villa des Brillants aufsuchen konnte. (77, rue de Varenne sollte dann eines Tages das Musée Rodin werden.) Rilke war von dieser Nachricht so angetan, daß er sich sofort beeilte, für ihn eine kleine Schnitzfigur des 16. Jahrhunderts zu erstehen, einen Heiligen Christophorus, der ein Kind mit einer Weltkugel in der Hand trug – sie sollte ein gutes Omen sein, denn das sei Rodin selbst, der sein immer schwereres

Werk trage, ein Werk jedoch, das die Welt enthalte. Mit der Aussicht auf einen solchen Nachbarn zögerte er nicht, sich für eine teurere Wohnung zu entschließen als die ursprünglich angebotene, ebenfalls im Erdgeschoß, mit einem runden Eckzimmer, das unmittelbar auf die Terrasse führte. Sie war viel zu teuer für seine Verhältnisse, wie er Clara schrieb, doch werde er auf alle Fälle dableiben und den Winter hindurch arbeiten; irgendwie müsse es schon möglich sein, die hohe Ausgabe wieder auszugleichen.

Die Versöhnung mit Rodin bedeutete ihm viel. Es schien ihm, als habe sein Weg, auf dem er sich allein in Verwirrung hätte verlieren können, nun Gestalt angenommen und sich zum Kreis geschlossen, da der Meister ihn brauchte, auch wenn es nur ein Tausendstel dessen war, wie er den Meister brauchte. Seine eigene Einstellung zu Rodin hatte seit den Tagen in Meudon an Abstand gewonnen, er war nicht mehr blind für die tönernen Füße dieses Gottes. Frauen waren für Rodin Sexualobjekte, die nur Befriedigung verlangten, waren Nahrung für einen Mann »wie ein Getränk, das ihn durchströmt von Zeit zu Zeit: Wein«.[40] Darin hätte der Unterschied zwischen ihnen nicht größer sein können. Und doch, schrieb ihm Rilke, könne jeder in der ihm zugeteilten Sphäre recht haben, wenn er dort eine »Strahlung« finden könne wie die Rodins. »Sie sind als Eroberer geboren, denn Sie besitzen tausendundeine Stärke. Ich habe nur eine, mit der ich mich einschließen muß (wie der Kern in der Frucht).«[41] Der zweite Band der *Neuen Gedichte* sollte die Widmung tragen: »À mon grand ami Auguste Rodin.«

Clara würde erst in ein paar Wochen zurückkommen, so daß er unbesorgt warten konnte, bis seine neuen Räume fertig waren – eine Aufgabe, die, zusammen mit den Arbeiten für Rodin, für den Verwalter des so heruntergekommenen Hôtel Biron keineswegs einfach war. Rilke genoß das Bewußtsein, daß nunmehr zum erstenmal das Jahr der Sicherheit, das er sich so gewünscht hatte, vor ihm lag. »Ich freue mich sehr meiner Installation«, schrieb er an Hedwig Fischer, »und daß ich diesmal ein wenig ruhig sein darf und die Zeit groß, aus einem Stück vor mir habe!«[42] Seine Bedürfnisse waren bescheiden, denn schon allein die Miete würde einen

größeren Teil seiner Mittel verschlingen als vorher. Für
weitere Möbel war nicht viel übrig, er war froh, als ihm
Rodin einen Tisch lieh. Solche Einschränkungen gehörten
aber zu seiner Hingabe an seine Arbeit und zu seiner gleichsam nomadischen Haltung, die er nie verlor. An Dora Herxheimer, die aus Rom über ihre Fortschritte berichtet und ihm
eine ihrer Plastiken angeboten hatte, schrieb er, er halte sich
für ein zu unsicheres Heim für Besitztümer, »bei jedem
Umzug sag ich mir (und nicht nur aus Bequemlichkeit), daß
ich von rechtswegen nie, mein ganzes Leben lang, mehr
besitzen dürfte, als das Stehpult, das Du kennst. Selbst die
Bücher werd ich eines Tages fortgeben, oder an einer Stelle
aufstellen, wo sie mehreren zugute kommen und solchen, die
sie besser ausnutzen, als ichs tue. . .«[43]

S. Fischers Zuwendung reichte für seine Miete aus, das
eigentliche Einkommen für den Unterhalt mußte aber von
der Insel kommen. Dafür hatte er nun eine feste Verpflichtung zu erfüllen – das langgehegte, seit Rom keimende
Vorhaben des Werks in Prosa, ein Buch, das sich nicht nur auf
die Erfahrungen und Erinnerungen von Kindheit und Jugend, sondern auch auf die Zeit der Reife gründete; Ausdruck der Vorstellungen, die er sich über Leben und Tod,
über das Sein des Menschen, über die Liebe gebildet hatte.
Unter dem Einfluß seiner skandinavischen Lektüre hatte er
in seiner Vorstellung einen jungen dänischen Dichter geschaffen, Malte Laurids Brigge, den letzten Sproß einer
Adelsfamilie, der – wie vormals er selbst – in elenden Umständen in Paris lebte und – anders als er selbst – an den
grausamen Schrecken der Stadt zugrundeging. Er hatte das
Buch jedoch nicht als eine durchgehende Erzählung im herkömmlichen Romanstil zu entwerfen begonnen, sondern als
eine Reihe scheinbar willkürlicher Entragungen in Maltes
Notizbuch, die nur flüchtige Blicke auf sein äußeres Leben,
doch eine tiefe Einsicht in seine Seele gewährten.

Im November 1904 hatte er bei den Gibsons in Jonsered
eine Ausgabe der posthumen Schriften des norwegischen
Lyrikers Sigbjörn Obstfelder rezensiert. Auch Obstfelder
hatte auf seinem Wanderleben eine Zeit in Paris zugebracht.
In dem einzigen abgeschlossenen Manuskript, das er bei

seinem Tode hinterlassen hatte, *Das Tagebuch eines Priesters*, fand Rilke vieles von dem, was er selbst und Malte in dieser Stadt erfahren hatten. Am meisten verblüffte ihn, daß die übrigen Schriften Obstfelders nur ein Durcheinander undatierten, ungeordneten, korrigierten und neu geschriebenen Materials waren, lediglich Notizen, »nicht Bücher, sondern Buchanfänge . . . Werdendes . . . eine Wirrnis, die im Grunde Bewegung war, und diese Welt von Stimmungen und Stimmen zitterte und kreise um die eigentümliche Stille, die ein Toter zurückläßt«. Der Herausgeber mußte diese kreisende Bewegung sozusagen zum Stehen bringen, »als ob jemand in einen Saal träte und den Tanzenden halt geböte . . . Wir aber müssen glauben, daß das das Ende des Tanzes war; daß es ein Tanz war . . . der eben an dieser Stelle aufhören mußte. Denn wir müssen es oft sagen hören: daß jedes Leben ein *ganzes* Leben ist«.[44] Von daher mochte auch, als er den in Rom gemachten Anfang durcharbeitete, der Einfall stammen, Maltes ganzes Leben in solch einem bruchstückhaften und formlosen Stil anzudeuten. Von einem künstlerischen Gesichtspunkt aus konnte das, wie er später sagte, zu einem Mangel an Einheit im herkömmlichen Sinn führen, »aber menschlich ist es möglich, und was dahinter aufsteht, ist immerhin ein Daseinsentwurf und ein Schattenzusammenhang sich rührender Kräfte«.[45]

Diese Vorstellung entsprach der Art, wie er arbeitete. Das Tagebuch, das er einst für Lou geführt hatte, war bereits in den letzten Schmargendorfer Tagen zu einem Gefäß willkürlicher Gedanken geworden, und seitdem hatte er sogar diesen halb formalen Rahmen aufgegeben. Nunmehr führte er stets ein kleines Notizbuch bei sich, in das er die Dinge eintrug, die ihm auf seinen Spaziergängen in Vers oder in Prosa einfielen. Zuhause dann, an seinem Stehpult, brachte er zu Papier, was ihm in seiner Lektüre, auf der Straße, in der Natur, in Museen oder Kunstgalerien aufgefallen war, seine Gedanken über das menschliche Dasein. Diese Niederschriften wurden so zu einer ähnlichen Wirrnis wie die Eintragungen Obstfelders, doch sie wurden sorgfältiger aufbewahrt und im allgemeinen datiert. Insofern war Rilke in der Tat Malte, und viele Stellen, die in den Aufzeichnungen Maltes erscheinen, bestanden bereits in Notizen oder Entwürfen, in Kopien von Briefen oder in seinem Gedächtnis in den Erinnerungen an seine eigenen Kindheitsängste und -hoffnungen. Einige waren ja bereits in Lesungen an die Öffentlichkeit gelangt.

Die imaginäre Gestalt war für ihn zunehmend wirklich geworden, seit er in Rom einen Anfang gemacht und in Schweden weitergearbeitet hatte. Dies verstärkte sich noch, als er wieder allein in Paris war. Freunde hatten in Briefen von Malte gehört, er hatte häufig, besonders Clara gegenüber, seine eigenen Gefühle und Erfahrungen durch die Gestalt des jungen Dänen ausgedrückt. Der Aufenthalt in Schweden, seine Lektüre Jacobsens, Kierkegaards und moderner skandinavischer Autoren, die Besuche in Kopenhagen hatten bei der Schaffung eines Hintergrunds für Brigge mitgewirkt. Nun, vier Jahre später, hatte Rilke das Gefühl, es sei höchste Zeit, den *Malte* künstlerisch zu bewältigen, da er sich selbst sonst nicht weiterentwickeln könne. »Ich kann nur durch ihn durch weiter, er liegt mir im Weg.« Er hatte überlebt, wo Malte gescheitert war; sein eigenes Überleben war jedoch erst gesichert, wenn er die schwere Existenzkrise, die sie beide teilten, gestaltet hatte. »Eigentlich hätt ich ihn voriges Jahr schreiben müssen«, berichtete er Clara, »nach den Cézanne-Briefen, die so nah und hart sich mit ihm berührten ... denn Cézanne ist nichts anderes als das erste primitive und dürre Gelingen dessen, was in M. L. noch nicht gelang. Der Tod Brigges: das war Cézannes Leben, das Leben seiner dreißig letzten Jahre. ... Helft mir, so weit Ihr könnt, zu ruhiger Zeit, daß ich meinen Malte Laurids mache ... Ich will mich nicht rühren und Wurzeln schlagen und die verjährte Arbeit tun diesen Winter bis in das Frühjahr hinein; ich denk mir: ich muß gesund bleiben über ihr, für sie; *durch* sie, nicht zuletzt. ..«[46]

Ende August 1908, unmittelbar bevor er ins Hôtel Biron gezogen war, hatte Rilke an Mimi Romanelli geschrieben: »Du weißt, ich habe lange an ein Buch mit einigen Darstellungen von Frauen gedacht, die nach unglücklichen Liebesverhältnissen die Vollendung, die Erfüllung ihrer inneren Sendung jenseits der überwältigenden Leidenschaft des

Anfangs fanden, indem sie ihre Herzen zu Gott erhoben – Erfüllung allem zum Trotz und glorreicher noch als es irgendein irdischer Geliebter hätte gewähren können« – Frauen wie Marianna Alcoforado, aber auch Frauen, die diese höchste Erfüllung in der Kunst gefunden hatten: Sappho, Eleanore Duse, Anna de Noailles und im sechzehnten Jahrhundert die Dichterin Gaspara Stampa. Mit einem Mangel an Taktgefühl, vielleicht aber in der merkwürdigen Hoffnung, Mimi werde sich an das glänzende Vorbild halten, schlug er vor, eines Tages die Werke der Gaspara Stampa gemeinsam zu studieren.[47] Solche Frauen waren seinem Gefühl nach »große Liebende«, denn sie hatten sich über das Verlangen nach Erwiderung ihrer Liebe erhoben. Bei seinen Vorbereitungen für den *Malte*, in dem dies ein wichtiges, wenn nicht ein beherrschendes Thema sein sollte, entdeckte er noch eine weitere Gestalt dieser Art für seine Galerie. In der jungen Bettina von Arnim, deren Briefwechsel mit dem viel älteren Goethe er las, meinte er jene unsagbare »sensualité de l'âme« zu entdecken, »die seit Sappho eine von den großen Verwandlungen war, durch die die Welt langsam wirklicher wird«.[48] Goethes unbeholfene und konventionelle Reaktion auf ihre Liebe stieß ihn ab. Bettina dagegen, wie die anderen »großen Liebenden« unter den Frauen, hatte seinem Gefühl nach unbewußt das Verlangen nach Erwiderung ihrer Liebe transzendiert und, wie sie, die Botschaft, »die Leidens- und Seligkeitsüberlieferung dieser einsamen Liebe weitergegeben, die die einzige ist, die ihren Namen verdient«. Briefe reichten nicht aus, schrieb er an Sidie Nádherný, »das muß Arbeit werden, innerste klare Verwirklichung für immer. (Denken Sie gut an mich, daß ich's leisten kann.)« Als er nun beinahe besessen an Bettina, an Héloise, an die portugiesische Nonne und an Gaspara Stampa dachte, fühlte er mehr und mehr »der Liebe unendliche Herrlichkeit . . . der unabhängigen geraden Liebe immerzu steigende Großheit«.[49]

»Schlecht leben die Geliebten und in Gefahr«, schrieb er schließlich als Malte: »Ach, daß sie sich überstünden und Liebende würden.« Und an den Rand dieses fiktiven Notizbuchs: »Geliebtsein heißt aufbrennen. Lieben ist: Leuchten mit unerschöpflichem Öle. Geliebtwerden ist vergehen, Lie ben ist dauern.« Für Malte beschloß der Verlorene Sohn, »niemals zu lieben, um keinen in die entsetzliche Lage zu bringen, geliebt zu sein«, und gab alles fort, was er besaß, um dieser Erfahrung für sich selbst zu entgehen, kränkte die Frauen »mit seiner groben Bezahlung, von Tag zu Tag bang, sie könnten versuchen, auf seine Liebe einzugehen«. Bei seiner Rückkehr war er dann unbeschreiblich erleichtert, daß seine Familie ihn nicht verstand, nichts von ihm wußte und nicht erkannte, daß er »jetzt furchtbar schwer zu lieben« war.[50]

Diese eigenartige Philosophie spiegelte Rilkes Verfassung wider. Sie war eine Rationalisierung seines ständigen Sich-Zurückziehens von dem herkömmlichen Verhältnis zwischen Mann und Frau, in dem zwei zu eins werden. Er hatte Frau und Kind für seine Einsamkeit und Kunst so gut wie aufgegeben, das glich zwar kaum der unglücklichen Erfahrung seiner »großen Liebenden« unter den Frauen, doch er konnte sich immer noch vorstellen, daß sein einsamer Weg dieselbe Richtung nähme wie der ihre: auf einen transzendenten Zustand hin, den man Gott nennen könnte. Zwei sollten nicht zu eins gemacht werden, sondern bestenfalls die »Wächter der gegenseitigen Einsamkeit« sein. Bei diesen Überlegungen dachte er an das traurige Schicksal Paula Modersohns. Auch sie war diesen Weg gegangen, hatte ihren Gatten verlassen, wie Rilke Clara verlassen hatte, um sich allein in Paris ihrer Kunst zu widmen. In seinen Augen war sie jedoch schwach geworden, »eine Frau, die aus den großen Anfängen eigener künstlerischer Arbeit zurückglitt in die Familie zunächst und von da ins Verhängnis und in den unpersönlichen, nicht selbst vorbereiteten Tod,« – denn im November 1907 war sie nach der Rückkehr zu ihrem Mann bei der Geburt einer Tochter mit nur einunddreißig Jahren gestorben. Beim Nahen dieses melancholischen Jahrestags schrieb er »in einer unerwarteten starken Strömung von Arbeit«[51] ein langes »Requiem für eine Freundin«, in dem noch stärker als in Maltes Aufzeichnungen zum Ausdruck kam, für wie unverzeihlich er den Druck des »normalen« Lebens auf die volle Entwicklung des Einzelmenschen hielt, »das wirre Leiden von der falschen Liebe«:

Denn *das* ist Schuld, wenn irgendeines Schuld ist:
die Freiheit eines Lieben nicht vermehren
um alle Freiheit, die man in sich aufbringt.
Wir haben, wo wir lieben, ja nur dies:
einander lassen; denn daß wir uns halten,
das fällt uns leicht und ist nicht erst zu lernen.[52]

»Ich habe Tote,« so hatte er dieses Requiem für Paula begonnen. Im Strom des langen Gedichts gedachte er eines anderen, der kürzlich gestorben war, Wolf von Kalckreuths, eines höchst verheißungsvollen Dichters, der unter der Last der Kunst zusammengebrochen war und sich mit nur neunzehn Jahren das Leben genommen hatte. Rilke hatte ihn nicht persönlich gekannt, war aber betroffen von diesem weiteren Beispiel eines Todes, der nicht angemessen und vorbereitet war. Nur wenige Tage nach der Vollendung des Gedichts für Paula schrieb er eines für Kalckreuth, in dem er dessen Entscheidung beklagte, die Tür für immer in dem Augenblick zugeschlagen zu haben, da sie sich ihm vielleicht weit geöffnet hatte, ohne zu warten auf jenen »eignen Tod«,

der uns so nötig hat, weil wir ihn leben.
. . . .
O alter Fluch der Dichter,
die sich beklagen, wo sie sagen sollten,
die immer urteiln über ihr Gefühl
statt es zu bilden . . .
Wie die Kranken
gebrauchen sie die Sprache voller Wehleid,
um zu beschreiben, wo es ihnen wehtut,
statt hart sich in die Worte zu verwandeln,
wie sich der Steinmetz einer Kathedrale
verbissen umsetzt in des Steines Gleichmut.
Dies war die Rettung .. .

Und doch tadelt er ihn nicht:

Die großen Worte aus den Zeiten, da
Geschehn noch sichtbar war, sind nicht für uns.
Wer spricht von Siegen? Überstehn ist alles.⁵³

Mit dem Gedicht wollte er, wie er der Mutter Kalckreuths
später mitteilte, »die größte und reichste Todeserfahrung
bezeichnen, die ich in meinem innersten Erleben heranwach-
sen weiß«.⁵⁴

In den letzten Monaten des Jahres 1908 steckte er tatsächlich »tief in der Arbeit«, unangefochten von äußeren Verpflichtungen, die er zu anderen Zeiten und in anderer Umgebung als störend empfunden hätte. Im Oktober war Clara
wieder in ihrem Raum, während er den seinen bezogen hatte
und dort mehr als zufrieden war; Edith von Bonin, ebenfalls
Nachbarin im Hôtel Biron, besuchte ihn, und sie sprachen
von Rudolf Kassner, den Rilke als »seltenen Schriftsteller
und lieben Freund« ansah.⁵⁵ Mimi Romanelli kam nach Paris,
um bei ihrem Bruder den Winter zu verbringen, wurde aber
trotz häufiger Besuche sorgfältig im richtigen Abstand gehalten. Er versäumte nicht den Herbstsalon, wo El Grecos
»Toledo« einen tiefen Eindruck auf ihn machte. Mit Jessie
Lemont, einer amerikanischen Schriftstellerin, die Vorlesungen über Rodin vorbereitete und später Rilkes Werke ins
Englische übertragen sollte, wurden Briefe gewechselt. Rodin kam öfter vorbei, wenn er im Hôtel Biron war, ihr
Verhältnis war entspannt und befriedigend; zuweilen aßen sie
zusammen zu Mittag, »lassen einander dabei sehr in Ruhe
und haben lauter Freude aneinander«.⁵⁶ Kippenberg hörte
häufig von ihm und zeigte besonderes Interesse an seinem
Vorschlag, dem Schicksal des seit langem vergriffenen Bandes *Mir zur Feier* nachzugehen. Rilke war daran erinnert
worden, als er unter seinen Schriften einige Gedichtmanu-
skripte von 1899 fand. Der Gedanke an eine revidierte Ausgabe dieser frühen Gedichte sagte dem Verleger zu, er ging
auch sofort auf den Vorschlag ein, die beiden Requien als
gesonderten Band zu veröffentlichen.

Während der mühevollen Arbeit am *Malte* erzürnte Rilke
ein Brief von Ellen Key, die bei Lou zu Besuch war, in dem
die *Neuen Gedichte* ziemlich kritisch beurteilt wurden. Ihren

Worten nach hatten beide das Gefühl, diese Gedichte hätten zu viel von Werkstatt an sich und seien nicht immer die Früchte »von starken Erlebnissen«, sie sängen nicht so spontan in ihm, wie sie sollten. »Auch deine Freunde zwischen die Kritiker [sic] . . . sagen dasselbe!. . . Wir wünschen dir eine große (am liebsten unglückliche!) Liebe und Tausend andere, schöne Dinge!«⁵⁷ Er antwortete sofort, daß sie sein übernächstes Buch (*Malte* nach dem zweiten Band der *Neuen Gedichte*) vollauf beruhigen würde. Sein Gewissen sei rein, die *Neuen Gedichte* seien eine Schule für ihn gewesen. »Ich muß wissen, daß ich die Welt fassen kann, in welcher Verwandlung immer . . . mir die Fähigkeit erwerben, *immer* zu arbeiten: d. h. in allem, was mir begegnet, Anforderung, Aufgabe, Anspruch an künstlerische Verwandlung zu sehen . . . Und nun tu ich sie ehrlich jeden täglichen Tag, und Ihr werdet merken, daß es nicht vergeblich war, wenn es mir gelingt, sie ganz zu erfüllen . . . Was die Liebe angeht, so fehlt es nicht daran, weder an glücklicher noch an unglücklicher . . .«

Er nehme ihre Kritik ernst, sagte er ihnen, sei aber ebenso ernst in seiner Erwiderung und in seiner Entschlossenheit, das Buch zu vollenden, »um eine Entwicklung zu rechtfertigen, die Recht haben muß, wenn ich nicht mein ganzes Leben lang in allem Unrecht gehabt habe«.⁵⁸ Dies war nicht der erste Tadel dieser Art gewesen, wie er Sidie Nádherný gestand, »aber ich kann Ihnen gar nicht sagen, wie getrost ich bin, mitten im Schweren der Arbeit getrost, das *mein* Schweres ist. . .«.⁵⁹

Er versenkte sich immer tiefer in sein Schweres, wie »auf den Grund des Meeres«, den »Druck aller Wasser und Himmel« auf sich spürend, doch immer wieder erleichtert durch das Vorübergleiten »phosphoreszierender Ideen«.⁶⁰ Es bedurfte all der Geduld, die er von Rodin gelernt hatte, denn Verse, so sagte er zu ihm, würden vom Rhythmus äußerer Dinge getragen, von der lyrischen Kadenz der Natur, während die Prosa ihren Rhythmus im Innern suchen müsse, »den namenlosen und vielfältigen Rhythmus des Blutes«; sie müßte erbaut werden wie eine Kathedrale, und man sei bei der Arbeit allein auf dem Gerüst. »Und stellen Sie sich nur vor, nun vermag ich Männer und Frauen, Kinder und Greise zu schaffen. Vor allem Frauen habe ich gezeichnet, indem ich alles um sie sorgfältig einzeichne und einen freien Raum lasse, der leer sein würde ohne den zarten und genauen Umriß, in dem er lebendig und leuchtend wird wie einer Ihrer Marmore.«[61] Clara ging nach Oberneuland, um Weihnachten mit Ruth zu verbringen; er blieb allein zurück. Seine Mutter betrübte es, daß er sogar am Weihnachtsabend arbeiten wollte, doch er hatte ihr eilends versichert, daß seine Arbeit mehr und mehr zu seinem »einzigen unbedingten Fest« geworden sei, das nicht besser verbracht werden könnte als in stiller und ernster Konzentration.[62]

Er habe erfolgreichen und soliden Fortschritt zu berichten, schrieb er am Jahresende an Kippenberg, und auch wenn die Vollendung des *Malte* noch nicht genau abzusehen sei, so sei sie doch für das Ende des Sommers zu erwarten. Mitte Januar werde er ihm die revidierte Fassung von *Mir zur Feier* zusenden, wobei er vorschlage, das Buch *Frühe Gedichte* zu nennen, damit man später einmal noch frühere Gedichtsammlungen als *Erste Gedichte* herausbringen könne. In der Konzentration auf seine Arbeit hatte er freilich seine Abrechnungen vernachlässigt, zu seinem Erschrecken stellte er fest, daß er für seinen Einzug ins Hôtel Biron mehr als tausend Francs zuviel ausgegeben hatte und daß mehr noch ausständig war. Wieder also bat er Kippenberg um Hilfe. Die Erneuerung der finanziellen Vereinbarung war Anfang des neuen Jahres fällig; jetzt schien kaum der rechte Moment für eine Steigerung seiner Forderungen, vielleicht könne die Insel aber zusätzliche Arbeit finden, eine Übersetzung zum Beispiel, damit sie gerechtfertigt sei. Er würde nur äußerst widerwillig die idealen Umstände aufgeben, unter denen seine Arbeit nun so gut voranging. Noch bevor die Antwort da war, betonte er in einem weiteren Brief, wie ungeheuer wichtig für ihn die Sicherheit sei, um diese Arbeit vollenden zu können, die »massive dauerhafte Prosa«, zu deren Schaffung er sich nun erzog, die »Fülle«, die er erreicht habe und die sich einer solchen Endgültigkeit zu nähern schien, daß er zuweilen das Gefühl hätte, nach ihrer Vollendung sterben zu können.[63] Kippenberg mußte nicht weiter gedrängt werden, sein Brief mit einem Scheck für das Defizit von tausend

Francs war bereits unterwegs und enthielt die Bestätigung der Vereinbarung für ein weiteres Jahr, diesmal mit vierteljährlichen Zahlungen von fünfhundert Mark.

Rilke hatte allen Grund, für eine Beziehung dankbar zu sein, die »so unbeschreiblich zeitfällig eingetreten« war und die er aus seinem Leben nicht mehr wegdenken konnte.[64] In Kippenberg hatte er nicht nur die Quelle der Sicherheit gefunden, die er stets gesucht hatte, und einen Geschäftsmann, dem er die Anfragen vorlegen konnte, die sich mit wachsendem Ruhm immer häufiger einstellten – Vorschläge für Übersetzungen seines Werks oder den Abdruck seiner Gedichte in Anthologien –, er hatte in ihm auch einen Freund und Beichtvater gefunden, der sich in Zukunft als aufrichtiger Berater und weit mehr als ein nur interessierter Helfer erweisen sollte. Die Großzügigkeit des Verlegers bedachte dabei sicher auch den Gewinn, den seine Investition erbringen sollte. Der bisherige Verkauf des *Stunden-Buchs* und der *Neuen Gedichte* hatte dafür gute Aussichten verheißen. Es sprach jedoch auch sehr für ihn, daß er jederzeit bereit war, mehr für Rilke zu tun, als rein kommerzielle Erwägungen es erforderten. Eine Gesamtbilanz des Kontos Rilke zu Lebzeiten des Dichters würde wohl kaum einen hohen Nettogewinn für den Insel Verlag aufweisen, so günstig die Ergebnisse später auch ausfielen.

Das Jahr 1909 hindurch bemühte Kippenberg sich unermüdlich um die Rechte an den früheren Werken Rilkes, bereits mit dem Ziel einer Herausgabe des Gesamtwerks. Juncker hatte zwar die Remittenden von *Advent* und *Traumgekrönt* aufgekauft, als auch er an eine Neuauflage dachte, doch stellte sich Ende Januar heraus, daß er nichts gegen eine Übertragung der Rechte an die Insel einwenden konnte. Die Prosageschichten *Die Letzten* waren ähnlich verfügbar. Der *Cornet* war eben vergriffen, und Juncker schlug eine Neuausgabe vor. Rilke konnte sich hier aber auf die Vertragsbedingung einer einzigen Ausgabe berufen und so konnte auch dieses Werk an die Insel gehen. Vor Ende Februar hatte Kippenberg von Bonz die Rechte für die *Zwei Prager Geschichten* und *Das tägliche Leben* erworben und damit die Option annulliert, die dieser auf *Malte* hatte. Andererseits war Juncker höchst ungeneigt, das *Buch der Bilder* freizugeben, das eines der erfolgreichsten Bücher auf seiner Liste war und für das er eine dritte Ausgabe später im Jahr vorgeschlagen hatte. Kippenberg mußte also warten, bis sich eine günstigere Gelegenheit für ein Angebot ergab. Er machte trotzdem wesentliche Fortschritte auf sein Ziel zu und hielt während der Zeit des Wartens auf den *Malte* seinen Autor mit den *Frühen Gedichten* (denen Rilke nun noch *Die weiße Fürstin* in der revidierten Form von 1904 in Schweden anfügte) und den *Requiem,* die beide im Mai 1909 erschienen, im Rampenlicht. Lesungen von Rilkes Gedichten durch den bekannten Schauspieler Josef Kainz in Berlin würden die Nachfrage anregen, auch eine dritte Auflage des *Stunden-Buchs* war geplant.

Paradoxerweise hatte jedoch die Sicherheit, die er seinem Dichter garantiert hatte, nicht den ersehnten Erfolg. Bereits im Januar ging Rilkes Arbeit langsamer voran als gewünscht, im Februar wurde er wieder das Opfer der Influenza, für die er während der Wintermonate im nordeuropäischen Klima stets anfällig war. Ablenkungen, die er bisher gelassen hatte hinnehmen können, wurden zuviel für ihn. Clara war zurück, und eine gewisse Spannung scheint zwischen ihnen entstanden zu sein. Mathilde Vollmoeller war auch wieder da, der Frühling brachte noch manchen weiteren Besucher – Karl von der Heydt, der Rodin treffen wollte; die Fischers mit dem österreichischen Schriftsteller Felix Salten; schließlich im Mai Lou und Ellen Key. Dazu hieß es, das Hôtel Biron solle verkauft werden. Es mußte jedoch seine eigene innere Unsicherheit gewesen sein, die ihm diese »fast ganz bösen Monate«[65] einbrachte. Die Störung seiner Gesundheit war – wie früher schon häufig – eher Folge als Ursache. Lou erinnerte sich, wie sie zusammen im Hôtel Biron saßen und er vom »Rausch der Gestaltung« sprach, der ihn bis hin zur Identifikation mit Malte und einer unentwirrbaren Mischung von Vorstellung und Wirklichkeit in den Episoden seines Lebens in Bann halte, und von dem unerträglichen Druck berichtete, den dies alles aufgestaut habe und der ihm das Gefühl gebe, ein Werk der Imagination für das einzusetzen, was Selbstbiographie hätte sein sollen.[66]

Er war in der Tat seit Januar mit dem *Malte* nicht weitergekommen. In seiner Mutlosigkeit schrieb er Kippenberg im Mai, daß er die Wiederaufnahme des Buchs nicht absehen könne; er würde bestimmt nicht, wie er gehofft hatte, vor August fertigwerden. Zuerst müsse er seine Gesundheit wiedererlangen; auf jeden Fall aber habe er wohl eine gewisse Zeit in der Disziplin der Verse zu verbringen und der Beobachtung der Natur zu erlauben, »die innere Welt, aus der ich jenes Buch gewinne«, wiederherzustellen.[67] Mimi Romanelli gegenüber verglich er seinen Zustand mit dem eines abgebrochenen Zweiges, der noch von einem Stückchen Rinde am Stamm festgehalten würde, doch nicht mehr auf den Saft anspreche, der freudig durch alle übrigen Äste ströme.[68] Er sah ein, daß er sich allein auf sich selbst stützen müsse, auf seine eigenen Anstrengungen und nicht auf die der Ärzte, um »diese komplizierte Wechselwirkung körperlicher und seelischer Depressionen aufzuheben«, da nur er »ihren Anlaß und die Gesetzmäßigkeit ihrer Konfusion kenne«. Er müsse dem Beispiel Münchhausens folgen und sich am eigenen Zopf aus dem Sumpf ziehen.[69]

Ein guter Anfang dazu war eine Woche, die er Ende Mai im Süden verbrachte – in Saintes-Maries-de-la-Mer, wo er die Wallfahrt und die lange Nachtwache in der kleinen Kirche »voller Pilger, Hunde und Zigeuner« mitmachte.[70] Dann kamen Arles und Aix-en-Provence. Es war nur Reisen, kein eigentliches »Schauen«, wie er aus Aix an Clara schrieb, doch es war wenigstens ein erster Schritt auf dem Weg zu sich zurück. Clara kehrte Anfang Juni nach Deutschland zurück, nachdem sie beträchtlichen Fortschritt in ihrer Arbeit erzielt hatte und Aussicht auf weitere Aufträge bestand. Es stellte sich heraus, daß der Verkauf des Hôtel Biron noch nicht spruchreif war, so daß er die Sommermonate über dort bleiben konnte. Er arbeitete an seinem Stehpult, doch wie vorgesehen nur an gelegentlichen Gedichten, wenn er nicht damit beschäftigt war, Briefe zu schreiben oder Exemplare der *Requiem* an ausgewählte Freunde zuschicken. Zur Wiederaufnahme des *Malte* war er noch nicht bereit. Im August hörte er aus Wien, daß ihm der Bauernfeld-Preis für lyrische Dichtung verliehen worden war. Die Auszeichnung als solche machte wenig Eindruck auf einen, der öffentlicher Anerkennung gegenüber stets Gleichgültigkeit behauptete; jetzt aber kam sie gelegen, da er (seiner Fähigkeit, sich ohne Hilfe wiederherzustellen, schließlich mißtrauend) doch ärztlichen Rat eingeholt hatte. Die Dotierung des Preises machte es ihm möglich, sich der empfohlenen Kur zu unterziehen. Unverzüglich reiste er am 1. September nach Straßburg und von dort weiter nach Bad Rippoldsau im Schwarzwald.

Paris war »wie eine lange Belagerung« gewesen, schrieb er an Mathilde Vollmoeller, »am Ende hatte meine Seele nur noch Ratten zur Nahrung . . . Was für eine Capitulation. Ich schäme mich; aber vielleicht habe ich lang genug ausgehalten, um ein gewisses Recht auf freien Abzug zu haben mit allen Waffen«.[71] An Tora Holmström in Schweden hieß es, er habe einen Augenblick mit dem wilden Gedanken gespielt, nach Norrland zu gehen, Trost bei dessen Wasserfällen zu suchen und vielleicht einen echten Bären zu sehen »statt des *inneren* Bären, mit dem ich mich eingelassen habe, ohne ihn zu bewältigen und der nun dasteht und droht, so daß meiner Kraft nichts übrig bleibt, als sich totzustellen«.[72]

Er hatte gehofft, zwei Wochen in Rippoldsau würden für seine Gesundung genügen. Einmal in der Hand des Arztes stellte er freilich fest, daß sogar ein so kurzer Aufenthalt teurer sein würde als erwartet. Seine Bitte an Kippenberg um einen Vorschuß, der ihm aushelfen sollte, überschnitt sich mit einem diesbezüglichen Vorschlag des aufmerksamen Verlegers. Kippenberg hatte, als er von dem Aufenthalt hörte, sofort erkannt, daß er dem Dichter über diese Hürde helfen mußte, wenn der *Malte* je Wirklichkeit werden sollte. Rilke war für die zusätzliche Hilfe außerordentlich dankbar und plante sogleich seinen nächsten Schritt, eine Fahrt nach Avignon. Es war nicht der Ort für einen langen Aufenthalt oder Arbeit, wie er schnell genug feststellte; die Reise wurde jedoch zu einer »seiner merkwürdigsten«, wie er später an Lou schrieb. Zwei Wochen hindurch sah er beinahe täglich »diese hermetisch verschlossene Burg, in der die Papstschaft, da sie sich am Rande anfaulen fühlte, sich zu konservieren gedachte . . . Sooft man dieses verzweifelte Haus auch wiedersieht, es steht auf einem Felsen von Unwahrscheinlichkeit, und man kommt nur hinein mit einem Sprung über alles Bisherige und Glaubhafte.«[73] Er war beeindruckt von dem »unerhörten Mysterium« dieses *chateau-fort* mit seinen »bewundernswerten Fresken« und war sicher, man würde eines Tages irgendwo in den zahllosen verfallenen Räumen das »unmöglichste Einhorn« entdecken, das je gemalt wurde.[74] Auch Orange mit seinem römischen Triumphbogen und seinem Amphitheater, Carpentras, Beaucaire wurden besucht. All diese Orte sollten Szenen für Maltes Betrachtungen liefern.

Den denkwürdigsten Tag von allen verbrachte er freilich in Les Baux. »Man kommt von Saint Remi, wo die Provence-Erde lauter Felder von Blumen trägt, und auf einmal schlägt alles in Stein um. Ein völlig unverkleidetes Tal geht auf und, kaum der harte Weg drin ist, schließt es sich hinter ihm zu; schiebt drei Berge vor, schräg hintereinander aufgestemmte Berge, drei Sprungbretter sozusagen, von denen drei letzte Engel mit entsetztem Anlauf abgesprungen sind. Und gegenüber, fern in die Himmel eingelegt wie Stein in Stein, heben sich die Ränder der seltsamsten Ansiedlung hinauf, und der Weg hin ist so von den immensen Trümmern, (man weiß nicht, ob Berg- oder Turmstücken) verlegt und verstürzt, daß man meint, selber auffliegen zu müssen.« Er studierte die Geschichte der Familie Les Baux, die der Legende nach vom Magus Balthasar abstammte, und die Geschichte von der Verbannung der Protestanten aus Les Baux im Jahr 1621, unter denen sich, wie er ganz aufgeregt an Lou berichtete, eine Familie von Salomés befunden habe. Statt mit dem Führer zu gehen wanderte er lieber in Begleitung eines schweigsamen Hirten herum. »Wir standen nur nebeneinander und schauten beide immerzu auf den Ort. Die Schafe weideten auseinander auf dem raren Boden. Zuweilen aber, wenn sie die festen Kräuter streiften, kam Duft vom Thymian auf und blieb eine Weile um uns.«[75] In der Provence stellte er sich später den Verlorenen Sohn im *Malte* als einen Hirten vor, der »die versteinerte Zeit das hohe Geschlecht [der Les Baux] überstehen« sah, sich an den Triumphbogen von Orange lehnte oder »im seelengewohnten Schatten der Alyscamps weilte«.[76]

Auch wenn er sein Tal der Verzweiflung noch nicht durchschritten hatte, so hatte die Erfahrung der Provence doch mehr als die Kur dazu beigetragen, ihm den so nötigen Mut zurückzugeben. Nach seiner Rückkehr nach Paris am 8. Oktober teilte er Kippenberg mit, er habe den Gedanken, weiter südlich zu gehen, aufgegeben und sei nunmehr entschlossen, aus den Umständen das Beste zu machen. Er werde die Rue Varenne ohnehin am 1. Januar verlassen müssen, damit sei der Zeitpunkt für einen neuen Plan gekommen. Er mußte gestehen, daß das *Malte*-Manuskript weniger als zur Hälfte gediehen war und dies in einer Rohform, zu deren Reinschrift ihm die Kraft fehle. Kurz darauf bot ihm Kippenberg einen Stenographen zum Diktat an, wenn er im Januar mit seinem Entwurf nach Leipzig komme. Das spornte ihn an, und er entschloß sich zu dieser Reise als nächsten Schritt, bevor er sich wieder auf die Suche nach einem Heim machte. Der derart festgesetzte Termin scheint ebenso als Katalysator gewirkt zu haben wie derjenige des vergangenen Jahres, als er Mathilde Vollmoellers Atelier abgeben mußte; Anfang Dezember konnte er berichten, daß er einige Zeit wieder »aufs offene Feuer gestellt sei« und »vor Arbeit siede«.[77] Nicht nur das, er hatte sogar wegen Lesungen in Elberfeld und Jena verhandelt, um seine Reise mitzufinanzieren.

Sein Briefwechsel wuchs von neuem an und wurde, da er nun wieder arbeitete, auch unbeschwerter. Stets hatte er Zeit gefunden, auf die Briefe von Bewunderern zu antworten. Nun aber ging er so weit, eine junge Krankenschwester in der Berliner Charité zu ermutigen, die Eindrücke ihres Lebens aufzuschreiben, in der Hoffnung, mit ihrer Hilfe eines Tages ein Thema wiederaufnehmen zu können, für das er sich einst Notizen gemacht hatte: das Leben und die Erfahrung einer Nachtschwester. Die Bilder nahmen in seiner Vorstellung bereits Gestalt an, »das Knarren der Korbdeckel unten im Keller, das Auf-dem-Tisch-Liegen und wach, überwach, notwach in die Lampe aufzuschauen...«.[78] Der Plan wurde nie verwirklicht, doch der Briefwechsel dauerte einige Jahre an.

Er freute sich sehr über eine Photographie, die ihm Hedwig Fischer von der Büste ihrer kleinen Tochter Brigitte (Tutti) schickte, die Clara nun vollendet hatte. Auch die Nachricht, daß Gerhart Hauptmann die Büste so bewundert hatte, daß er eine von sich selbst bei ihr und nicht bei Rodin in Auftrag gegeben habe, bereitete ihm Freude. (»Rodin macht lauter Bildnisse von lauter sterbenden amerikanischen Geldmännern«, hatte Rilke an Clara geschrieben, »die nicht einmal mehr die Kraft haben, ihre Schnurrbärte zu pflegen und deshalb alle wie Nietzsche aussehen.«[79]) Geburtstage wurden ebenfalls nicht vergessen. Clara erhielt einen amüsanten Bericht über Paris, wie sie es in Erinnerung hatte, Ruth ein entzückendes Bilderbuch, das sie nun zu lesen imstande sein müßte. Auch zu einer Festschrift zum sechzigsten Geburtstag von Ellen Key im Dezember lieferte er einen Beitrag, in dem er »nicht ihre Güte und Hülfsfertigkeit, aber die lautere Stärke ihres Daseins; nicht ihre Wirkungen, aber ihr unsichtbares inneres Heldentum« pries, denn »dieses wird ihre ewige Schönheit werden«.[80]

Es war ein hartes Jahr geworden, dachte er bei Jahresende zurück, »wie eine beständige Prüfung«, ein dauerndes Ringen mit der Gesundheit, mit dem *Malte*-Buch, mit sichtbaren und unsichtbaren Gegnern. »Es hat nie so viel Widerstand um mich gegeben. Wollte Gott, es wäre ein Drache, aber es sind Gespenster; es ist ein Heuschreckenheer.«[81] Als Lizzie Gibson schrieb, sein »goldenes Zimmer« in Furuborg sei stets für ihn bereit, erklärte er, daß die völlige Einsamkeit, die er für seine Arbeit brauche, nur in Paris möglich sei.[82] Sidie Nádherný gestand er, daß ihm die Arbeit am *Malte* »seltsame Einsichten« schaffe, »einerseits macht sie meine Einsamkeit irgendwie definitiv; andererseits seh ich gar nicht ab, wie ich alles, was nun immerzu zu leisten sein wird, ohne eines nahen Menschen Ruhe, Schutz und Wärme soll vollbringen können.«[83]

Als sich sein Termin im Dezember näherte, gab es in der einsamen Routine eine willkommene Unterbrechung. Er erhielt eine Einladung der Fürstin Marie von Thurn und Taxis-Hohenlohe, die in Paris weilte, sie in ihrem Hotel am 13. Dezember zu besuchen. Sie wollte unbedingt seine Bekanntschaft machen, wie sie sagte, denn sie habe seit langem seine Lyrik bewundert und von Rudolf Kassner viel über ihn gehört. Gräfin Matthieu de Noailles würde ebenfalls zugegen sein und freue sich auch auf die Begegnung. Kassner mochte ihm vom Interesse der Fürstin erzählt haben, auf jeden Fall aber war dies die Art Ablenkung, der er nie widerstehen konnte, so sehr ihn auch seine Arbeit in Anspruch nahm. Er sagte sogleich zu. Die Gedichte Anna de Noailles' kannte er bereits, und während seines zweiten Capri-Aufenthaltes hatte er ihr seine *Neuen Gedichte* und den *Rodin* mit einem Brief voll übertriebener Bewunderung geschickt. Die ungezügelte Leidenschaft, die aus ihren Gedichten sprach, ließen sie als Anwärterin für seine Sammlung der »großen Liebenden« erscheinen, und noch auf Capri hatte er einen Essay, »Bücher einer Liebenden«, ihrem Werk gewidmet. Später hatten sie in Paris miteinander korrespondiert, doch er hatte es nicht gewagt, sich ihr persönlich zu nähern. Die Einladung war daher doppelt reizvoll.

Ihrer Herkunft und Bildung nach war Fürstin Marie ein typischer Sproß der übernationalen Aristokratie Mitteleuropas in der Vorkriegszeit, in ihrem Geschmack und ästhetischen Feingefühl eine Vertreterin all dessen, was an jener nun verschwundenen Gesellschaft das Beste war. Sie war nahezu zwanzig Jahre älter als Rilke, in Venedig geboren, wo ihr Vater, Prinz Egon Hohenlohe-Waldenburg-Schillingsfürst, Sproß einer deutschen regierenden Familie, in der österreichischen Armee diente; ihre Mutter, Gräfin Therese Thurn-Hofer-Valassina, stammte aus der alten italienischen Familie der Torriani. Marie hatte einen Großteil ihrer Kindheit in Venedig verbracht, im Palazzo Contarini-Fasan, bekannt als das Haus Desdemonas, wo ihr Vater starb, als sie erst neun Jahre alt war; dazu kamen lange Aufenthalte auf dem prächtigen Landsitz der Familie in Sagrado und im Schloß von Duino bei Triest, das ihrer Mutter gehörte. 1875 hatte sie einen entfernten Vetter, Fürst Alexander von Thurn und Taxis, aus einer Familie ebenfalls italienischer Herkunft geheiratet, Fürsten des Heiligen Römischen Reichs, darunter die ersten Postminister im achtzehnten Jahrhundert, und Herren des Schlosses Lautschin in Böhmen. Sie hatte drei Söhne zur Welt gebracht, von denen der zweite 1903 an Lungenentzündung gestorben war; Erich, der älteste, war im Alter Rilkes, Alexander, genannt »Pascha«, war ein paar Jahre jünger. Sie sprach Deutsch und Französisch ebenso fließend wie Italienisch, las begierig, schrieb selbst Romane und Gedichte und hatte Begabung für Musik und Malerei. Sie führte ein aktives und volles Leben mit ausgedehnten Logierbesuchen in Lautschin und Duino, viel Unterhaltung in der Thurn und Taxis-Wohnung in der Victorgasse in Wien und unentwegten Reisen im großen Stil durch Deutschland, Frankreich, England oder Italien. Die Fürstin war eine Kunstliebhaberin im besten Sinn des Wortes. Ihre Begeisterung für die Künste war nicht der oberflächliche Enthusiasmus einer Gastgeberin der Gesellschaft, und die Schriftsteller, Dichter und Musiker, die sie um sich sammelte, fanden eine aufrichtige Schätzung, die das bloß Gesellschaftliche überschritt. Rilke mochte bei ihrer Einladung anfangs zwar gefühlt haben, daß die Aussicht auf Begegnung mit Anna de Noailles sogar den Tee mit einer Fürstin übertraf; doch sollte er bald feststellen, um wieviel bedeutsamer der Eintritt dieser Gestalt, in der sich so weitreichende Kultur mit einem gesunden Menschenverstand verband, in sein Leben war.

Pünktlich wie immer erschien er als erster. Die Fürstin war überrascht, den Autor der *Neuen Gedichte* viel jünger zu finden als erwartet, mit beinahe kindlichem Aussehen, »sehr häßlich, zugleich aber sehr sympathisch. Äußerst schüchtern, aber von ausgezeichneten Umgangsformen und einer seltenen Vornehmheit«. Sie verstanden sich unmittelbar und unterhielten sich sogleich, als seien sie alte Freunde. Er war von seinem *Malte* erfüllt, von dem er wie von einer echten Person und nicht wie von einem Buch sprach, und gestand ihr niedergeschlagen, er habe das Gefühl, alles gesagt zu haben, was er zu sagen habe, nichts mehr sei übrig – ein Geständnis, das sie etwas verblüffte, da sie noch nicht verstehen konnte, was die Arbeit für ihn bedeutete.[84]

Als Anna de Noailles die stille Szene betrat – mit wirkungsvoller Verspätung –, verschlug es dem scheuen Poeten die Sprache. »Es war die Zeit der riesigen Hüte«, entsann sich die Fürstin in ihren Erinnerungen, »und der langen, sehr engen Kleider. Der große dunkle, federnbeladene Hut konnte kaum durch die Tür. Geschnürt von oben bis unten, glich die Comtesse fast einer ägyptischen Statuette. Aber ich glaube, unser Dichter sah nur die großen schwarzen, gebieterischen Augen. Sie kam einen Schritt näher, blieb von neuem stehen und rief: ›Herr Rilke, was halten Sie von der Liebe, was denken Sie über den Tod?‹ Nur mit Mühe gelang es mir, ernsthaft zu bleiben; Rilke seinerseits war zunächst sprach- und fassungslos.«[85] Als sie sich aber dann beim Tee vor dem Kamin entspannten, gab die Gräfin ihren prätentiösen Ton auf, und Fürstin Marie folgte mit wachsendem Interesse dem Gespräch der beiden Dichter.

Rilke geriet zweifelsohne in den Bann der gebieterischen Erscheinung der Comtesse; mit klugem Instinkt aber vermied er weitere Verstrickung. Er berief sich auf die Wochen der Arbeit, die noch vor ihm lagen, und auch wenn er sie in einem Schreiben am folgenden Tag bat, sie nach Abschluß der Arbeit besuchen zu dürfen, fand keine weitere Begegnung statt. Seine »großen Liebenden« waren am besten von ferne und vorzugsweise aus dem Abstand von Jahrhunderten zu betrachten. In den Garnen des Noaillesschen Salons hätte ihn dieser »Raubvogel«, wie Cocteau sie nannte, einfach verschlungen. In Fürstin Marie dagegen konnte er die mütterliche Unterstützung erkennen, die er stets zu brauchen schien. Am 8. Januar 1910, als er sich zur Abreise nach Deutschland anschickte, schrieb er an sie, er fühle, ihre Begegnung sei »eines von den Dingen«, die »kommen mußten«. Sie hatte ihn selbstverständlich für den Frühling nach Duino eingeladen, er konnte sich bereits die Gespräche in ihrem »Schloß am Meere« vorstellen, wie er ihr sagen würde, was für eine wundervolle Verknüpfung dies gewesen sei. »Ich werde es immer besser verstehen, welchen großen und weiten Schutz ich plötzlich an jenem Abend empfand . . . aus meinem bedrängten Alleinsein war – kaum begreife ich wie – wieder die Einsamkeit geworden, die ich von Kindheit auf geliebt habe, die immer über mich hinausgeht, aber nie gegen mich ist.«[86] Ihre Korrespondenz und ihre Beziehung sollten bis zum Ende seines Lebens andauern.

4

Nun kann eigentlich alles erst recht beginnen
(An Anton Kippenberg, 25. 3. 1910)

Schon bei der Abreise aus Paris begann Rilke an der Richtig-
keit seines Entschlusses zu zweifeln. An Mathilde Vollmoeller schrieb er aus Elberfeld, der ersten Station seiner Reise,
wo er am 9. Januar 1910 eine erfolgreiche Lesung aus seinen
Werken hielt, daß er seine Abreise bis zum letzten Augenblick aufgeschoben habe, um nicht die Cézanne-Ausstellung
zu versäumen, die ihm viel Neues gezeigt habe. Rodin schien
aufrichtig bedauert zu haben, daß er fortging, und hatte ihm
eine seiner Zeichnungen einer kambodschanischen Tänzerin
verehrt, die er außerordentlich schätzte. »Was für ein Unsinn,
von Paris wegzugehen . . . es scheint mir, wenn die Dinge in
Leipzig . . . erst geordnet sind, so geh ich gleich wieder nach
Paris zurück.«[1]

Zu gegebener Zeit würde er dies auf jeden Fall tun. Er
hatte seine Sachen im Hôtel Biron, dessen Zukunft immer
noch nicht entschieden war, einlagern können. Den Mietern
war gekündigt worden, zum Teil wegen des unziemlichen,
um nicht zu sagen rüpelhaften Benehmens einiger von ihnen
(vor allem Cocteaus und des Schauspielers De Max, dessen
nächtliche Gartenfeste Rilke gelegentlich gestört hatten), in
der Hauptsache aber, um den Weg für eine vorgesehene
Neubebauung des Grundstücks frei zu machen. Dieser Plan
hatte bei den Denkmalschützern heftigen Widerstand ausgelöst, und Rodin weigerte sich auszuziehen. Er setzte seine
Kampagne gegen die Verwaltung fort, die schließlich mit
ihm einen Kompromiß schloß, demzufolge er das Haus für
den Rest seines Lebens bewohnen durfte, dafür aber all seine
Werke dem Staat hinterlassen mußte. Aus Elberfeld schrieb
Rilke mit der Bitte, ihm den geliehenen Tisch vorläufig noch
zu belassen, wenn ihn der Meister selbst nicht brauche, da er
für ihn zu einer Inspiration geworden sei: »Nirgendwo habe
ich mit solcher Ausdauer und Glauben gearbeitet.«[2]

Rilke hatte Kippenberg nicht genau mitgeteilt, wann er in
Leipzig eintreffen würde, und so stieg er am 11. Januar zuerst

in einem Hotel ab, um ihn nicht zu behelligen. Der Verleger holte ihn freilich sofort ab, da er ungeheuer erpicht war, seinen Autor persönlich kennenzulernen und den *Malte* nach dem langen Entstehungsprozeß in Form gebracht zu sehen. Sein Haus in der Richterstraße hatte an einer Seite einen Turm, in dem man für Rilke ein Zimmer eingerichtet hatte. Kippenberg und seine Frau waren gleichaltrig mit Rilke, dessen angeborene Bescheidenheit und dessen Takt ihn zu einem idealen Gast machten. Katharina Kippenberg, die von den Gedichten bereits begeistert war, entwickelte nunmehr eine dauernde Zuneigung zu dem Dichter, die ihm ebenso wie die Freundschaft von Marie Taxis in den künftigen Jahren viel Kraft geben sollte. Sie war glücklich verheiratet, hatte eine Tochter von vier Jahren, und ihre Bewunderung, die nah an Vergötzung grenzte, verlangte von ihm nicht mehr als Freundschaft. Es war eine starke Ergänzung der unerschütterlichen Hilfe, die ihm ihr Gatte gewährte.

Das Turmzimmer war der ideale Ort für das Diktieren, das sofort begann und während Rilkes zweiwöchigem Aufenthalt auch abgeschlossen wurde, unterbrochen nur von seiner zweiten Lesung, in Jena. Das Ergebnis war in jeder Hinsicht bemerkenswert. Der Gegensatz zu den *Neuen Gedichten* hätte nicht ausgeprägter sein können und überraschte und verblüffte viele seiner Bewunderer. In den *Neuen Gedichten* war Rilke bestrebt gewesen, Kunstwerke zu schaffen, die wie Plastiken oder Gemälde betrachtet und verstanden werden konnten. Aber schon das war einigen im Vergleich zum *Stunden-Buch* als Einbuße an dichterischer Wirkung erschienen. Mit dem *Malte Laurids Brigge* war er nun durch die von ihm gewählte Form unterschiedlicher und unzusammenhängender Tagebucheintragungen ins andere Extrem verfallen, in eine esoterische Schöpfung, deren Verschlüsselungen der Leser ebenso schwer nachvollziehen konnte wie später bei James Joyce – ein verfrühter Anti-Roman.

Vieles war Autobiographie. Malte überschreibt seinen ersten Eintrag mit der Adresse Rilkes von 1902 in Paris, der Rue Toullier; er ist so alt wie Rilke damals; seine Beschreibungen der Schrecken des täglichen Lebens in den Pariser Straßen, die Kranken, die Armeen der Sterbenden, die Armen, sind diejenigen Rilkes, oftmals im genauen Wortlaut seiner damaligen Briefe; die Überempfindlichkeit seinen Zimmernachbarn gegenüber, die Furcht, die ihn überfällt, die Erinnerungen an seine Kindheitsängste, die spielerische Behandlung als Mädchen durch die Mutter, – lauter Erfahrungen Rilkes. Sogar manches von dem Erdachten ist Rilke, wie er hätte sein wollen; vor allem Malte als der Letzte eines vornehmen Stammes; seine Mutter voll der Liebe und des Verstehens (das die eigene Mutter nie aufbrachte); Malte liest und grübelt über den Büchern und Episoden aus der französischen und russischen Geschichte, die Rilke verschlungen hatte. In den Hauptthemen seiner Aufzeichnungen – über Leben, Tod, Armut, über besitzlose Liebe und schließlich über den verlorenen Sohn, »der nicht geliebt werden wollte« und dessen Geste bei der Rückkehr nicht Reue war, sondern eine flehentliche Bitte an die Familie, »daß sie nicht liebten«[3] – drückt Malte genau die Gedanken seines Schöpfers aus. In Wahrheit aber war diese so stark persönliche Darstellung der Krise, die er selbst durchgemacht hatte und die Malte »zum Teil aus meinen Gefahren« schuf, für Rilke nicht Autobiographie, sondern Autotherapie. Malte mußte sterben, damit Rilke leben konnte. Er mußte »ein Ding machen aus seinen Ängsten«, um sie endlich überwinden zu können und vorwärts zu kommen. Später überraschte es ihn, daß man das, was er gemacht hatte, als Evangelium des Nihilismus, der nackten Verzweiflung interpretieren konnte. Es müsse »gegen den Strom« gelesen werden, wie er stets betonte.

Wesentlich war für ihn die kathartische Wirkung der Arbeit an diesem Werk, die Reinigung, von der jeder weitere Fortschritt abhängen mußte. Es kümmerte ihn nicht, ob das, was er geschaffen hatte, als Kunstwerk gültig oder gar als Buch verkäuflich war. Zum Glück stand hinter ihm ein Verleger, der bereit war, auch angesichts eines solchen Werks in seine Zukunft zu investieren. Über den ästhetischen Rang des *Malte* gingen die Meinungen stark auseinander. »Nicht große Kunst«, sagt eine kritische Stimme, »erkünstelte Ironie, manierierte Prosa und kitschige Stellen«, ein mißglückter Versuch, »den Leser von Maltes besonderer Wirklichkeit zu überzeugen«[4]; ein anderer Kritiker stellt dagegen fest:

»Der seelische Organismus, der durch die furchtbare Vivisektion an Malte bloßgelegt wird, ist so erstaunlich und ergreifend schön, die Intensität des Ausdrucks durchstrahlt so gewaltig auch die abstoßendsten Gegenstände, daß ein heimlich-paradoxes Jubeln trotz allem von dem Werk in seiner Gesamtheit ausgeht.«⁵ Viele Leser aber, die heute diese Seiten zum erstenmal durchblättern, werden in einem beunruhigenden Gefühl der Identifizierung mit dem gequälten Malte stutzen, in dem Gefühl, »res mea agitur«.

Es war für Rilke eine ungeheure Erleichterung, das Werk endlich zum Ende gebracht zu haben. Das »Jahr der Arbeit«, durch Fischers Großzügigkeit ermöglicht, hatte sich auf ein weiteres ausgedehnt, durch das ihm Kippenberg geholfen hatte; das *Finis* stand endlich unter dem Manuskript – »fertig, abgelöst von mir«⁶ –, und die Fahnen in etwa einem Monat erwartend, konnte er sich nun entspannen. Von einer sofortigen Rückkehr nach Paris war nicht mehr die Rede. Er würde zuerst nach Berlin gehen, um einige Zeit mit Clara zu verbringen, die bereits an der Büste Hauptmanns arbeitete, und mit Ruth; er würde die Fischers besuchen, der Premiere von Hofmannsthals neuer Komödie *Christinas Heimreise* beiwohnen und dazwischen noch einmal bei den Kippenbergs in Leipzig sein. Nachher wieder nach Süden gehen, nach Rom, in »Alleinsein und Sonne«⁷, und nach Duino, wo ihn Marie Taxis im April zu begrüßen hoffte, bevor er sich auf den Weg zurück nach Paris machte. Das alles konnte er sich leisten oder glaubte es zumindest (Kippenberg mußte ihm auch weiter häufig zu Hilfe kommen). Obwohl er Berlin wie schon zuvor als »heftige, aggressive Stadt«⁸ empfand und unter ihren unaufhörlichen gesellschaftlichen Zwängen litt, vermochte er seinen Aufenthalt in dem Gefühl von Ruhe und Sicherheit zu genießen, das ihm die Gastfreundschaft der Kippenbergs vermittelt hatte, wie auch in der Befriedigung über den gelungenen Abschluß einer Arbeit.

Berlin war trotzdem ein plötzlicher Kontrast zu Paris, wo er seine Gesellschaft in ruhiger Umgebung wählen und planen konnte, ein Ort, wo man »die, die man sucht, entbehren muß und von denen gefunden wird, die man eigentlich nicht suchen würde«.⁹ Es erwies sich zum Beispiel als unmöglich,

Hofmannsthal vor der Premiere am 11. Februar zu treffen; und obwohl er Eintrittskarten für ihn und Clara für die Aufführung sandte – zu der auch die Kippenbergs nach Berlin kamen, wobei sie auch Clara kennenlernten –, vermochten die Rilkes die anschließende Zusammenkunft im Hotel de Rome nicht auf sich zu nehmen. Die Fischers luden sie zu einem abendlichen Beisammensein zwei Tage später ein, das sie ebenfalls zuerst abschlugen. Er sei so unbeholfen in größerer Gesellschaft, schrieb er an Hedwig Fischer, auch hätten weder er noch Clara Abendgarderobe mit. Sie ließen sich aber trotzdem überreden. Nach dem Abendessen waren sie dann in einem der hinteren Räume der großen Villa im Grunewald zu finden, weitab von der Tanzerei, in ihre eigenen Gedanken versunken. Hertha Koenig, Enkelin eines reichen deutschen Zuckerrübenanbauers in der Ukraine und selbst begabte Schriftstellerin und Dichterin, erinnerte sich noch lange nachher an die stille Oase dieses Raumes, in den sie Hedwig Fischer führte, um sie vorzustellen. Rilke hob bei ihrem Eintreten langsam den Blick, – hinter ihm stand Clara, groß, »die schauenden, sehr dunklen Augen, wie in eines edlen Pferdes kantigem Kopf«.[10] Er sollte Hertha Koenig nicht vergessen, auch wenn sie sich erst drei Jahre später wieder begegneten.

Weitere neue Freundschaften boten sich an. Nach seiner Lesung in Jena hatte er einen Dankesbrief von Helene von Nostitz erhalten, die eigens von Weimar herübergekommen war. Sie war eine schöne Frau, teils russischer Herkunft, und eine überzeugte Bewunderin von Rodin. Rilke hatte bereits von Kessler und Hofmannsthal ein Loblied ihrer künstlerischen Begabungen vernommen. Sie konnte zwar nach dem Tod ihres ältesten Sohnes nicht zu Hofmannsthals Premiere nach Berlin kommen, wie sie gehofft hatte, drängte Rilke jedoch, sie und ihren Gatten in Weimar zu besuchen, wo er dann Hofmannsthal aus dem ersten Entwurf des *Rosenkavaliers* lesen hörte.

Bei seinem ersten Aufenthalt in Berlin hatte er bereits mehr ausgegeben, als er sich leisten konnte. Kippenberg aber stand mit »prachtvoller Präzision« bereit, um ihm mit zusätzlichen Mitteln auszuhelfen, bevor er noch richtig darum bitten konnte, und war gleich damit einverstanden, daß er die Tantiemen der dritten Ausgabe von *Worpswede* für sich behielt. Der erste Teil des *Malte*-Buchs, das in zwei Bänden erscheinen sollte, war bereits in Fahnen gedruckt, die er korrigieren sollte, wenn er für die ersten zwei Maiwochen nach Berlin zurückkehrte; der Rest würde ihm dann nach Rom folgen. Er bestätigte Marie Taxis, daß er um den 20. April nach Duino kommen werde, und schrieb, daß er sich auf die Fahnenkorrektur seines Buches in Rom freue und hoffe, sie werde es im Mai in der Hand halten: »Es ist mir lieb, ich glaube, ich werde selber lange nichts anderes lesen.«[11]

Der Monat, den er in Rom verbrachte, war für ihn erholsamer als Berlin, mehr wie die Einsamkeit von Paris, mit Gesellschaft, die er sich aussuchen konnte, wenn er nicht »menschenfeindlich« gestimmt war. Die Fischers mit ihrer kleinen Tochter waren drei Wochen lang ebenfalls Gäste in seinem Hotel de Russie an der Piazza del Popolo. Mit ihnen konnte er gelegentliche Museumsbesuche oder Gespräche auf der Terrasse genießen, ohne an ein Abendessen gebunden zu sein, das er sich gewöhnlich allein auf seinem Zimmer aus Milch zubereitete. Er war enttäuscht, daß Sidie Nádherný, die er vorzufinden hoffte, mit einem gebrochenen Arm nach Wien hatte zurückkehren müssen, sie kam aber doch später auf einige Tage nach Rom zurück. Eva Solmitz, die seit vergangenem Oktober mit Kurt Cassirer verheiratet war und nun in Rom wohnte, konnte er häufig treffen. Mit Leopold von Schlözer, dem Schriftsteller und Maeterlinck-Übersetzer, der einer der Gäste in der Villa Discopoli gewesen war, besuchte er die alternde Nadejda Helbig, geborene Prinzessin Schachowskoj, die zu den »Charakteren« Roms zählte; dies war aber wohl sein einziger wirklich gesellschaftlicher Abend. Er verbrachte viel Zeit über den Fahnen des *Malte*. Die Lektüre der Bürstenabzüge hatte ihn etwas deprimiert, doch die Umbruchfahnen, die er nun abschloß, erneuerten seine Freude an dem Buch. »Vieles wird sich nun in mir weiter vorstellen, denk ich«, schrieb er an Kippenberg, »denn diese Aufzeichnungen sind etwas wie eine Unterlage, alles reicht weiter hinauf, hat mehr Raum um sich ... Nun kann eigentlich alles erst recht beginnen ... nach [Malte] sind nun nahezu alle Lieder möglich.« Doch war das Beginnen noch nicht da, und nur einige wenige Verse fanden ihren Weg in das Notizbuch. Paris war seinem Gefühl nach der einzige Ort, an dem er sein und arbeiten konnte – oder sonst eine Stadt oder ein Land, irgendwo, weit entfernt, unter völlig fremden Dingen, nicht länger gezwungen, dieselben Dinge auf dieselbe Weise zu sagen, sondern konfrontiert mit »der fortwährenden Aufgabe, der aktiven Beunruhigung, sich durch das auszudrücken, was vollends anders ist«.[12]

Nach dem angestrengten Ringen um den *Malte* fühlte er sich in einem Zustand des Übergangs; es ging ihm »ein wenig wie dem Raskolnikow nach der Tat, ich weiß gar nicht, was nun kommen soll«.[13] Und wieder erwachte der Drang, aus seiner Einsamkeit nach menschlicher Verbindung zu greifen. Was immer er auch über die Schönheit einsamer Liebe gesagt hatte, »die einzige . . . die ihren Namen verdient«,[14] er konnte sein eigenes Bedürfnis nach etwas mehr, nach einer mehr konventionellen Beziehung doch nicht leugnen. Bei Frau und Familie hatte er sie nicht gefunden, ja, er wollte sich Clara nicht aufdrängen, um nicht die künstlerische Meisterschaft, deren er sie für fähig hielt, zu beeinträchtigen. Doch gab es niemanden, der dem nahekam, was er suchte. Frauen lagen ihm genug zu Füßen oder waren bereit, sich hinzuwerfen, wenn er das Zeichen gab. Man darf wohl annehmen, daß viele von den Empfängerinnen seiner Briefe, die voll waren von der Philosophie, wenn auch nicht der Wirklichkeit der Liebe, sich einigermaßen ermutigt fühlten. Da waren Hertha Koenig und die Künstlerinnen Mathilde Vollmoeller, Dora Herxheimer und Edith von Bonin; Sidie Nádherný, schön und immer noch ungebunden, war durch seine regelmäßigen Briefe eine nahe Vertraute geworden; Helene von Nostitz, zwar verheiratet, wurde zu einer weiteren; unterdessen verzehrte sich – nicht weit von Duino – immer noch Mimi Romanelli, an die er immer noch schrieb. Er zeigte eine bemerkenswerte Gabe, sie alle, mit der Ausnahme Mimis, in selbstlose und anspruchslose Freundinnen zu verwandeln, wie Katharina Kippenberg und Lizzie Gibson, die zur Hilfe bereit waren, wenn sie benötigt wurde.

300

Seine Sehnsucht aber nach jemandem, »der für mich dasein würde«, die Sehnsucht, »mein Alleinsein bei einem
Menschen unterzubringen, es in seinen Schutz zu stellen«,
blieb ungestillt.[15]

In dieser Stimmung fand er den Gedanken an Duino etwas
einschüchternd, mit dem »ausführlichen Haus« der Fürstin
Marie, »Geschwister, Söhne, Schwiegertöchter (darunter
eine sehr difficile französische geb. Prinzessin von Ligne),
Enkel usf., Menschen, Gäste«. Auf Marie Taxis selbst konnte
er sich freilich freuen – »viel Schutz, lebensfreudig alternd,
voller Erfahrung in der Freundschaft« – und fühlte instinktiv, was ihre Freundschaft und ihr Gönnertum für ihn bedeuten sollte. Für den Augenblick aber war dies nicht die Art
von »Schutz«, die er suchte.[16] Es war so, wie er es befürchtet
hatte, und er blieb nur eine Woche. Er wurde freilich mit
Freundlichkeit empfangen, doch Fürstin Marie konnte ihm
nicht viel Zeit widmen, und er fühlte sich in einer Hausgesellschaft dieser Größe unbehaglich. Kassner war nur für die
ersten paar Tage dort. Rilke fand ihn etwas abschreckend,
»wie eine Prüfung, und für mich wars nicht die Zeit, zu
bestehen«, doch hatte er an sich »etwas Sicheres, Wahres, im
Grunde überaus Ernstes«, und Rilke freute sich auf ein
Wiedersehen mit ihm in Paris.[17]

Er habe bei seiner Ankunft unter seltsamem Druck gestanden, schrieb er in seinem Dankesbrief an die Fürstin, »ich
weiß nicht, Fürstin, wie Sie es gemacht haben mich zu ertragen. Hoffentlich haben Sie gefühlt, wie Sie mich langsam
wieder brauchbarer gemacht haben . . . Ich muß von der
Arbeit herkommen, in ihr stehen, um wirklich ich selbst zu
sein: diesmal hatte ich so viel zerstreute Zeit hinter mir.«[18]
Der Brief kam aus Venedig, wohin Rilke für einen kurzen
Aufenthalt von Duino aus gefahren war, um in der Bibliothek dem Lebensweg Carlo Zenos, des venezianischen Ad-
mirals des vierzehnten Jahrhunderts, nachzuspüren. Die Geschichte Venedigs besaß für ihn eine Faszination, und er hatte
den unbestimmten Plan einer Biographie dieses Mannes, der
die Republik in der Schlacht gegen die Genueser bei Chiog-
gia gerettet hatte. Empfehlungen von Marie Taxis öffneten
ihm alle Türen; bald aber mußte er sich, wie schon in frühe-

ren Jahren, geschlagen geben und eingestehen, daß er mit Buchwissen nicht umgehen konnte. »Man kommt mir entgegen, als wäre ich ein Gelehrter, legt mir alles hin, aber ich sitze auf den Folianten nicht anders als eine Katze, die mit ihrem Dasein nur verdeckt, was darinnen steht, und höchstens die Neuheit ihrer Situation angenehm wahrnimmt. Und wenn die Lagune unten an die alten marmornen Fundamente schlägt und wieder schlägt, so geht meine Aufmerksamkeit ganz auf dieses Geräusch zu, als wäre daraus mehr zu erfahren als aus den alten Drucken.«[19] Die Zeno-Geschichte war mehr als nur ein flüchtiger Einfall, denn bei einem späteren Besuch nahm er sie wieder auf, auch wenn er im Augenblick nicht weiterkam.

Diesmal wohnte er zwar in einem Hotel (Kippenberg war wiederum finanziell eingesprungen), nicht in der Pension Romanelli, doch konnte er der Versuchung nicht widerstehen, Mimi wiederzusehen. Dem Brief nach zu schließen, den er am 11. Mai, dem Tag seiner Abreise, an sie schrieb, scheint die Begegnung qualvoll gewesen zu sein: »Zum erstenmal denke ich an Sie nur in Bitterkeit . . . statt aus meiner Stärke zu gewinnen, verlassen Sie sich auf meine Schwäche und zerstören selbst, was ich Ihnen geben würde, indem Sie mir Gewalt antun. Das eine tödliche Unrecht, das wir einander antun können, ist, uns einander zu verbinden und sei es nur für einen Augenblick . . . Wie anders wäre mein Leben diese letzten Tage gewesen, wenn Sie meine Einsamkeit beschützt hätten, ein Schutz, den ich so nötig hatte. Ich gehe abgelenkt und müde. Vergessen Sie nie, daß Einsamkeit mein Los ist, daß ich kein Bedürfnis nach anderen haben darf, daß alle meine Stärke in der Tat von dieser Absonderung stammt. . . . Ich *flehe* die an, die mich lieben, meine Einsamkeit zu lieben . . .« »Verbrennen Sie diese Zeilen«, beschwor er sie in einer Nachschrift: »in der Bewahrung verlieren sie an Wahrheit.«[20] Sie tat es freilich nicht, auch wenn sie ihr unverständlich erscheinen mußten – wie konnte sie ihn denn wahrhaft lieben und doch allein lassen? Sie war keine Gaspara Stampa und noch keine Marianna Alcoforado.

Sein Reisen habe ihm nur »dünnes Erleben« eingebracht, hatte er aus Venedig an Clara geschrieben, um seine länger als üblichen Briefpausen zu entschuldigen. Doch hoffte er, nach seiner Rückkehr nach Paris zu entdecken, daß etwas in ihm an der Arbeit gewesen sei, ohne daß er es gewußt hatte.[21] Das erste Problem nach seiner Ankunft war die Suche nach einem neuen Heim. Es vergingen beinahe zwei Wochen, bevor er erfuhr, daß er trotz allem in die Rue de Varenne zurückkehren konnte. Am 24. Mai übernahm er dort eine Wohnung mit drei Räumen – einfach, zum Arbeiten geeignet, wie es schien, für die Hälfte der Miete seiner vorherigen Unterkunft. Die Wohnung lag im dritten Stock an einem Seitenhof des Hôtel Biron, und das raumhohe Fenster des Arbeitszimmers schaute auf die Linden im Garten. Wer immer diesen Raum sehe, müsse ihm allein die Schuld daran geben, wenn er dort keine gute Arbeit leiste, schrieb er an Kippenberg; er sei fest entschlossen, sich nach seinen unbefriedigenden Reisen daran zu machen: »endlich allein sein und zu guter Mühsal kommen«.[22]

Nach außen hin bestand aller Grund zu Hoffnung. Finanzielle Sorgen gehörten der Vergangenheit an. Sein regelmäßiges Einkommen von der Insel war gesichert, dazu hatte er eben die Nachricht von einer Sonderzuwendung von 600 Kronen aus Wien erhalten, einer »Ehrengabe für hervorragende dichterische Leistungen« vom Ministerium für Kultus und Unterricht, das Ergebnis eines Antrags, den sein guter Freund August Sauer in Prag für ihn gestellt hatte.[23] Der *Malte* sollte Ende des Monats mit nicht weniger als fünf Auflagen zu je 1100 Exemplaren erscheinen, und seinem Konto würden die Tantiemen der ersten drei unmittelbar zufließen. Kippenberg war sich des Erfolges so sicher, daß er nicht einmal die Rückzahlung der besonderen Vorschüsse verlangte, die er ihm für die Reise nach Italien gezahlt hatte. Sie könnten beide auf das Ergebnis stolz sein, schrieb Rilke, der sich besonders über die Mitteilung freute, daß funfzig Exemplare eigens in Leder gebunden werden sollten. Alles in allem hätten die Umstände nicht günstiger sein können. Doch immer noch nicht verließ ihn das Gefühl des Übergangs, und der erstrebte Neubeginn wollte sich nicht einstellen. Anfang Juli war seine Ungeduld mit sich selbst so gewachsen, er war, wenn auch nicht krank, so doch körperlich so erschöpft, daß er das Gefühl hatte, fortgehen zu müssen, ohne klare Vorstellung von seinen weiteren Schritten. »Alles, was dieser Sommer mir zu bringen hatte«, habe er preisgegeben, schrieb er später an Kippenberg, »Paris war wider mich«.[24] Er hatte mit wachsender Klarheit eingesehen, was für eine entscheidende Trennlinie der *Malte* darstellte. Danach konnte man nicht einfach weiterschreiben, ein völlig neuer Beginn war nötig – vielleicht sollte er, hieß es an Marie Taxis, das Schreiben ganz und gar aufgeben, ein neues Leben anfangen, Arzt werden, irgendetwas.

Überraschenderweise machte er sich zuerst nach Oberneuland auf, wo er schließlich mit Clara und Ruth einen ganzen Monat verbrachte. In einem Brief an Marie Taxis, die den Sommer in Lautschin verbrachte, gestand er seine Beschämung über das Mißlingen seiner guten Vorsätze in den leeren Wochen von Paris. Er sehne sich nun nach dem Lande, irgendwo, doch glaube er für den Augenblick ihre Einladung nach Lautschin noch nicht annehmen zu können. Eine Untersuchung bei einem Hamburger Arzt ergab keine akute Krankheit und bestätigte ihn einmal mehr in seiner Überzeugung, daß er sein eigener Heiler sein müsse. Endlich faßte er einen Entschluß und kam, nach einem kurzen Treffen mit Kippenberg in Leipzig, am 11. August in Böhmen an, wo er zwei Tage bei seiner Mutter in dem kleinen Franzensbad verbrachte, bevor er nach Lautschin weiterreiste. Er konnte nur auf eine Woche bleiben, da seine Gastgeber am 20. August nach München und Duino fahren mußten. Glücklicherweise lud ihn Sidie Nádherný auf seinen Beileidsbrief zum Tod ihrer Mutter hin zu einem Aufenthalt bei sich und ihren Brüdern auf Schloß Janowitz ein. »Lautschin hat mir . . . gesundheitlich aufgeholfen mit seinem vielen Waldinneren«, berichtete er von Prag aus, wo er die Zwischenzeit verbrachte, an Katharina Kippenberg. »Wenn der ländliche Ort, den ich von hier aus aufsuchen werde, nur halb so herrlich ist . . . so – mein ich – werden die böhmischen Schlösser Recht behalten an mir und alles überwiegen.« »Ich hatte gleich im ersten Lesen das Gefühl, bei Ihnen würd ich arbeiten«, schrieb er an Sidie.[25]

Zum erstenmal seit Rom erschienen tatsächlich einige

Gedichtentwürfe in seinem Notizbuch, während er sich in der milderen, beinahe sentimentalen Landschaft um Janowitz entspannte, auf »rarbegangnen Pfaden« wanderte und »ein wenig menschlich werden« lernte:

> Die starke Stille schwingender Insekten
> macht um dein Dasein keinen Unterschied.
> Wo sind die Forderungen die dich schreckten?
> Dein Herz versammelt sich im Unentdeckten
> Und in der Zukunft liegt das Lied.[26]

Auch das Schloß, das noch in Trauer war, war ruhiger als Lautschin, doch nicht minder eindrucksvoll. Seiner Mutter berichtete er von dem »echten Silber, schönem Porzellan«, das die Diners in der großen Halle zierte. Den älteren Bruder (Sidie und der jüngere waren Zwillinge) mochte er besonders leiden, »viel bereist und sehr belesen«[27], und die neuerliche Begegnung mit Sidie besaß zweifelsohne eine große Anziehung. Er las ihr in der Kapelle aus dem *Stunden-Buch* vor, sie spielte für ihn Klavier, es gab lange gemeinsame Ausfahrten oder Spaziergänge im Park, zusammen lasen sie Kleist oder Jacobsen. Ob sie ihn liebe, fragte sie sich in ihrem Tagebuch – mußte aber trotz aller Zuneigung zu ihm gestehen, daß es nicht so war.

Er verbrachte drei Wochen dort. Die einfache Freundlichkeit und Anspruchslosigkeit der böhmischen Landschaft erschien echt, gutherzig, »wie das Herz eines Haustiers«.[28] Doch er war noch nicht weitergekommen; seine Unentschlossenheit läßt sich daraus ersehen, daß er nun nach Riva fuhr, um sich wieder seiner Mutter anzuschließen. Unterwegs schrieb er aus Innsbruck an Sidie und dankte ihr für die »schönen reichen glücklichen Tage«, die er in Janowitz verbracht habe. »Ihrer dreier Leben ist mir nun wohl befreundet, meines ist mir manchen Augenblick fremd und sehr unaufklärbar.«[29] Ende September zog er weiter nach München, wo ihn die Ankündigung einer Ausstellung orientalischer Handschriften und islamischer Kunst lockte.

Von allen deutschen Städten kam München in seiner Schätzung Paris am nächsten, und kurze Zeit war er versucht, sich dort niederzulassen. Hofmannsthal, der zufällig im gleichen Hotel wohnte, sandte ihm eine Karte für die Premiere seiner Bearbeitung des *Oedipus Rex* von Sophokles am 29. September; er sah Moissi im *Hamlet*. Es war auch ein Vergnügen, Freunde vergangener Tage wiederzusehen wie Elsa Bruckmann, deren Gatte der Verleger der Kunstzeitschrift war, die nun eine Rodin gewidmete Nummer vorbereitete, wofür man ihn um Rat bat. Der Höhepunkt seines Aufenthalts war wohl die islamische Ausstellung, vor allem die Stoffe und Teppiche, die er »ganz unvergleichlich« fand. Dies seien »wahre Kleinodien« gewesen, schrieb er an Rodin, die Wochen des Wanderlebens näherten sich jedoch ihrem Ende, und er werde in Kürze wieder in Paris sein.[30]

Immer noch trieb er und war in Gefahr unterzugehen, wenn er nicht den notwendigen Neubeginn fand. So klammerte er sich an einen Strohhalm, der Hoffnung versprach. In München begegnete er zufällig der Gattin eines reichen Pelzhändlers, Jenny Oltersdorf, die, von ihrem Gatten vernachlässigt, für den Winter eine Reise mit Freunden nach Nordafrika plante. Sie schlug dem melancholischen Dichter, den sie anziehend fand, vor, sie zu begleiten – nicht ohne eine gewisse Erwartung offenbar, daß sich ein intimeres Verhältnis entwickeln würde. Der Vorgeschmack der östlichen Welt, den Rilke aus der Ausstellung gewonnen hatte, machte den Gedanken für ihn noch verlockender, da er sich an Claras Ägyptenreise erinnerte und sich vorstellte, was neue Eindrücke in einer so exotischen Umgebung für ihn tun würden. Er fing sofort an auszurechnen, ob er es sich leisten konnte. Seine neue Freundin schien gern bereit, ihn als Gast mitzunehmen, doch wollte er sich nicht derart verpflichten und hielt es für wichtig, seinen eigenen Anteil zu bezahlen. Von Köln aus, wo er die Rückreise nach Paris für ein paar Tage unterbrach, wandte er sich also wieder an Kippenberg mit der Bitte um einen besonderen Vorschuß der Insel für das kommende Jahr. Eine schnelle Entscheidung mußte getroffen werden, wenn er diese einmalige Gelegenheit nicht versäumen sollte. Obwohl er vorhatte, seine Wohnung in der Rue de Varenne aufzugeben und so viel Bargeld aufzutreiben, wie er konnte, würde dies doch nicht ausreichen, eine solche Reise zu finanzieren, die sich über mehrere Monate erstrecken konnte. Er wußte, daß dies viel verlangt war, doch die Aussicht schien so wunderbar zu seiner gegenwärtigen Lage zu passen, daß er sich gezwungen fühlte, »diese Frage an das Schicksal zu tun«. Auch Kippenbergs Großzügigkeit kannte jedoch Grenzen. Er könne nicht mehr tun, antwortete der Verleger, als ihm bereits jetzt die Vierteljahressumme für Januar auszuzahlen. Er bedaure sehr, zum erstenmal seine Hoffnungen enttäuschen zu müssen, und hoffe, die Reise, die so viel verspreche, werde trotzdem möglich sein.[31]

Rilke hatte in der Tat nicht mehr erwartet und betrieb seine Pläne in der Zuversicht weiter, daß er wenigstens einen Teil der Reise werde finanzieren können. An André Gide, dessen *Porte étroite* er seit langem bewunderte und dem er früher in Paris begegnet war, hatte er bereits von Köln aus geschrieben, um ihn um Rat für die Reise durch Algerien und Tunesien zu bitten. Er fühlte sich an der Schwelle eines wahrhaft neuen Anfangs, und das Gefühl des Abenteuers wurde vielleicht noch durch die Gewißheit verstärkt, daß er eine neue und anziehende Begleiterin haben würde. Es war bezeichnend, daß er bei der Annahme des Kippenbergschen Angebots mitteilte, er fühle sich außerstande, eine Aufgabe auszuführen, die der Verleger früher vorgeschlagen hatte, eine Arbeit, die er zu andrer Zeit nur zu freudig begrüßt hätte und die ihm auch weitere finanzielle Hilfe eingebracht hätte – die Revision einer Übersetzung der Werke Jacobsens. Er habe eine Art Krise durchgemacht, schrieb er an Marie Taxis; die Umstände hätten ihm nun aber einen Weg hinaus in die Welt gewiesen und er hoffe, während ihr schützender Einfluß immer noch über ihm sei, mit einem Ergebnis zurückzukehren.[32]

Jenny Oltersdorf fand sich im November bei ihm in Paris ein. Man hatte vor, sich am 19. von Marseille nach Algier einzuschiffen, sechs Wochen in Algerien und Tunesien zu verbringen und gegen Jahresende nach Neapel zurückzukehren; danach vielleicht Ägypten, was aber noch nicht sicher war. Kassner, der sich eben für einige Zeit in Paris aufhielt und mit dem Rilke nun ungezwungener verkehrte, war einmal in Biskra gewesen. Von ihm und Gide erhielt er Hinweise, die für einen Europäer in Nordafrika nützlich waren. Am Tag vor der Abreise schrieb er an Clara über das Vorhaben – erwähnte Jenny allerdings nicht – und gestand, daß ihm der Weggang aus Paris nicht leicht fiele, »und doch fühl ich deutlich, daß ich diesmal reisen muß, so weit als irgend möglich«.[33] Er hatte sich nun doch entschlossen, seine Wohnung zu behalten, und es war ihm ein tröstlicher Gedanke, daß sie bei seiner Rückkehr für ihn bereit stünde. Am Tag vorher hatte er Jenny zu einem Besuch bei Rodin mitgenommen und dort etwas gehört, was seine angenehmen Erwartungen von der Reise überschattete, die Nachricht – verfrüht, doch kurz darauf bestätigt – vom Tode Tolstojs. »Es wird immer schwerer, für das, was die Seele tut, die äußere Handlung zu finden, Ibsen hat es aus Eigensinn innerhalb der Kunst durchgesetzt, Tolstoj, ehrgeizig der Wahrheit gegenüber und namenlos allein, zwang das Leben immer wieder, die Gradzahl zu sein für den Stand seiner Seele. Aber der ungeheure Druck, unter dem dieses Letzte geschah, trieb die flüssige Säule der Handlung weit hinaus über die Skala des Gewissens ins Nichtmehrablesbare, nun vollendete er sich doch als Dichter . . .«[34]

Vom Verlauf dieser Reise, der ausgedehntesten, die er nach der russischen unternahm, sind nur wenige Zeugnisse erhalten geblieben – oder zumindest zugänglich gemacht worden. Für einen, der so unablässig Briefe schrieb, scheint er verhältnismäßig selten zur Feder gegriffen zu haben. Mit wenigen Ausnahmen gingen alle Schreiben an Clara und die Mutter. Die Reisegruppe verbrachte etwa eine Woche in Algier, bevor man sich nach Biskra ins Landesinnere aufmachte. Er empfand das Klima als belebend und war verblüfft darüber, wie plötzlich die Sonne so »glatt und fertig« über dem Atlasgebirge aufging, ein denkwürdiges Erlebnis. Das Einheimischenviertel stammte unmittelbar aus »Tausendundeiner Nacht«, »Bettler und Lastträger gehen wie in Schicksalen umher, Allah ist groß, und es ist keine Macht außer seiner Macht in der Luft. . .«.[35] Vom Balkon seines Zimmers konnte er auf eine Einfriedung hinunterschauen, in der die Karawanen die Nacht verbrachten. »Der Ort klein, die Landschaft

immens, Palmenwälder, Berge . . . Markt, Kaffeehäuser, Do-
minospieler auf Matten hockend, zwei Gassen voll Tänzerin-
nen, dann und wann der Klang einer Rohrflöte . . .«[36] Auch
an einem Ausflug zur Schlucht von El Kantara, dem eindrucksvollen Tor zur Wüste, nahm er teil.

Mitte Dezember hatte die Reisegesellschaft Tunis erreicht,
wo die Souks zu dieser Jahreszeit einen beinahe weihnachtlichen Eindruck machten, mit ihren buntfarbigen Stoffen
und aufgehängten Dingen und glänzendem Gold, wo im
Licht der abendlichen Laternen die Tausendundeine Nacht
sich in alles verwandelte, »was in einem je Erwartung,
Wunsch und Spannung war«. Sogar bei Tag überraschte ihn
dort das Spiel der Sonnenstrahlen, die durch Lücken in den
Gewölben auf die bunten Farben fielen. »In dem Souk der
Parfümeure haben wir schon einen Freund . . . Ich verlangte
Geraniumessenz bei ihm (die oft für Rosenwasser verkauft
wird); daß ich *die* verlangte und nicht Rosenöl, gefiel ihm, er
weihte mich ein, und so kam es zu unserer Freundschaft.«[37]
Am Weihnachtsabend wollte die Gesellschaft an einer Messe
teilnehmen, die in einer früheren Moschee stattfand. Die
Moscheen selbst waren, wie er an Phia schrieb, »Gotteshäu-
ser eines anderen Glaubens aber desselben Gottes, das fühlt
man an der Innigkeit, mit der das Leben religiös sich zusam-
mennimmt, es ist ein Land großen und leidenschaftlichen
Glaubens, und man muß sich nur erinnern, wie gerade auf
diesem Boden das erste Christentum starke Wurzeln ansetzte,
Karthago oder die Gegend um Karthago ist die Heimat des
heiligen Augustinus«.[38] Ein Besuch in Kairouan, »nächst
Mekka der große Pilgerort des Islam«, vermittelte ihm »die
Einfachheit und Lebendigkeit dieser Religion, der Prophet
ist wie gestern, und die Stadt ist sein wie ein Reich« – oder
»wie eine Vision . . . mit nichts als Ebene und Gräbern um
sich, wie belagert von ihren Toten . . .« Zum erstenmal sah er
Säulen, einsam, »überlebende Säulen inmitten von wirklicher
Verlassenheit und Landschaft, so vor sich hin stehend vor
dem Raum entlegener Horizonte«.[39] Am 29. Dezember legte
man ab in Richtung Neapel, mit kurzen Unterbrechungen in
Trapani und Palermo. Dort sollte dann die Entscheidung
fallen, ob man nach Ägypten weiterreiste.

Für heutige Verhältnisse verlief die Reise gemächlich, doch er schrieb an Clara aus Algier, daß er lange Zeit brauchen würde, diese neuen Eindrücke in Worte zu fassen. Er hatte nicht mit dem Auge des Künstlers, sondern mit dem des Anfängers geschaut, »der sich am unendlich Überlegenen und weise Daseienden oft zaghaft und linkisch genug versucht«.[40] Viel später sah er ein, daß er damals mehr gewonnen hatte, als er dachte, »Trotz der ›Fremde‹, war mir das arabische Wesen, nach dem Russischen, das nächste«.[41] Er fing sogar an, Arabisch zu lernen, und entschloß sich in Neapel, die Gesellschaft weiter nach Ägypten zu begleiten. Er tat dies freilich mit einigem Zögern, vor allem aus finanziellen Gründen, denn die Reise hatte sich bisher als sehr kostspielig erwiesen, da man in Algier und Tunis in den besten Hotels abgestiegen war; in Neapel war es wieder das »Hassler«, und in Kairo sollte es das »Shepheards« sein. Kippenberg wurde bedrängt, noch eine weitere Vierteljahreszahlung als Vorschuß zu senden.

Beinahe ein Jahr sei seit seiner Arbeit im Turmzimmer in der Richterstraße vergangen, schrieb Rilke am selben Tag an Katharina. Seither habe er die Fähigkeit zu schreiben verloren; nach dem *Malte* sei eine Art von Krise eingetreten, in der alte Gewohnheiten abgestorben seien, neue sich jedoch nicht eingestellt hätten; sein Leben sei infolge irgendeines unergründlichen Gesetzes zu einem Dasein geworden, »das sich eingepuppt hat«. Sogar die lange Reise verschaffe ihm keine neue Aussicht, sondern forme nur eine weitere Hülle um sein »versponnenes Ich«; er sei aber entschlossen, dem neuen Horizont zuzustreben, der sich vor ihm auftat. Die Welt des Orients erschließe sich ihm nun, und seine Erwartungen seien bisher nicht enttäuscht worden.[42]

Am 8. Januar 1911 lief die Reisegesellschaft in Alexandria ein, machte sich sofort nach Kairo auf und trat am 10. Januar auf der »Ramses der Große« eine Nilfahrt an. Der erste Halt war gegenüber Heluan, von wo man nach Sakkhara in der Nähe des alten Memphis ritt, zu dem Palmenhain, in dem der Koloß Ramses II. lag, »wie nur Welt, allein mit sich, unter der Fülle des Raumes liegen kann«. Am folgenden Tag segelte man weiter, vorbei an den Minaretts von Bêni Souef, an den

Dörfern unter Palmenkronen, kleinen koptischen Klöstern, Steinbrüchen; »alles Uferleben wird uns sichtbar, vom Vogeldasein an bis zu dem einfachen Verlauf der Dörfer, die sich braun und einfarbig ans große gesegnete Wasser herunterstufen. Gruppen von Hirten und Händlern, Leichenzüge in raschem Gedränge und, einzeln, die langsam und senkrecht herausbewegten Figuren der Wasserträgerinnen . . .« Wenn die Wolken zunahmen, veränderten sich die Farben zu »Abwandlungen des einen Brauns, das das Geheimnis hat, sich für Rosa auszugeben . . . und man wird immer fähiger, das Schwarz oder Blau der Gestalten auszukosten und ein seltenes kleines Stück reinen Rots wie einen Edelstein zu behandeln«.[43] So ging es weiter, bis man Luxor erreichte. Von Zeit zu Zeit legte man an, ritt durch die Wüste oder zu »jenen ungeheuren in die Felsenberge gehöhlten Grüften . . . in denen . . . Malereien und Säulen enthalten sind«. Manchmal weigerte er sich, wie ein Schaf durch die touristischen Sehenswürdigkeiten getrieben zu werden, und blieb allein an Bord mit seiner arabischen Grammatik und dem Wörterbuch, um die wunderbaren Abende auszukosten, »Nächte, wo einen der ganze Raum behandelt, als wäre man ein Rosenblatt«. In mancher Hinsicht wurde er, wie er Phia schrieb, an die herrliche Reise die Wolga hinauf erinnert.[44]

Seine wenigen Briefe bestanden aus Notizen unmittelbarer Eindrücke, ganz so, wie er es von Clara erwartet hatte, als sie in Ägypten war, aufgezeichnet, wie sie sich einstellten, um später sortiert und verarbeitet zu werden. Zu den eindrucksvollsten und gewaltigsten Erlebnissen zählten Luxor und Karnak, wo sie sich leider nur drei Tage aufhalten konnten. »Diese unbegreifliche Tempelwelt von Karnak, die ich gleich den ersten Abend und gestern wieder im eben erst abnehmenden Monde sah, sah, sah, – mein Gott, man nimmt sich zusammen, sieht mit allem Glaubenwollen beider eingestellter Augen – und doch beginnts über ihnen, reicht überall über sie fort (nur ein Gott kann ein solches Sehfeld bestellen) – da steht eine Kelchsäule, einzeln, eine überlebende, und man umfaßt sie nicht, so steht sie einem über das Leben hinaus . . .« Sie überquerten den Nil und ritten durch das große Tal, wo die Könige lagen, »jeder unter der Schwere eines ganzen Berges, auf den sich auch noch die Sonne stemmt, als wärs über die Kraft, Könige zu verhalten«.[45] Die Fahrt ging weiter nilaufwärts bis Assuan, wo die Insel Philae und die Dammbauten besucht wurden.

Am Monatsende waren sie wieder in Kairo, von dem er sich viel erwartete, vor allem von dem Museum, wie er noch vom Schiff aus an Clara schrieb.[46] Schließlich fand er diese »dreifache Welt« jedoch zu überwältigend: die ungeheure Großstadt, die wimmelnden Menschenmengen, die monumentalen Kunstwerke. Nach zehn Tagen in Kairo schrieb er an Kippenberg, er könne sich nicht vorstellen, wie er mit all dem zurechtkäme. Er deutete auch an, daß die Reise nicht ohne Zwischenfälle verlaufen sei – »zum Glück sah ich die meisten voraus und nahm sie mit Fassung«.[47] Was immer er mit dieser unklaren Anspielung gemeint haben mochte – wir kennen nur die Tatsache, daß er im Februar in Kairo den Entschluß faßte, sich aus Krankheitsgründen von seinen Begleitern zu trennen und am 24. Februar in Heluan bei Claras ehemaligen Gastgebern, den Knoops, im Hotel Hayat Zuflucht suchte. Jenny Oltersdorf war eine der wenigen Frauen in seinem Leben, die nie schriftlich festhielten, was zwischen ihnen vorgegangen war, und aus dem Klatsch anderer wissen wir nur wenig Zuverlässiges. Rilke selbst gab sich einige Mühe mit einem Geschenk zu ihrem Geburtstag im Mai nach ihrer Trennung, indem er Kippenberg bat, ein Exemplar von Dostojewskis *Idiot* eigens in Leder binden und mit den Initialen »J. O.« versehen zu lassen.[48] Nur noch einmal, viele Jahre später, erwähnte er diese, wie er sie nannte, »rätselhafte Freundin«, als er nämlich wieder auf ihre Briefe stieß, »noch ganz und gar in Flammen stehende Briefe«[49], die er mit einer für ihn ungewöhnlichen Diskretion vernichtet haben muß.

Alles deutet darauf hin, daß sie ihn zu einer engeren Beziehung gedrängt und er sich geweigert hatte. So unbekümmert er auch in geldlichen Dingen war, er hätte eine solch kostspielige Reise wohl kaum unternommen und sie sogar bis nach Ägypten fortgesetzt, wenn nicht eine stärkere Anziehung als nur die Ortsveränderung bestanden hätte. Doch als das Verhältnis an ihn Forderungen zu stellen drohte, zog er sich zurück und brach es ab. Jenny taugte gewiß nicht zum »Wächter seiner Einsamkeit«. Nur einer seiner Briefe dazu ist erhalten, – er unterstützt diese Deutung. Im Sommer 1911 hatte Jenny Oltersdorf von Luzern aus anscheinend eine radikale Wende in ihrem Leben angekündigt – vielleicht die Absicht, ihren Gatten zu verlassen. In seiner Antwort aus Lautschin, wo er wiederum zu Gast war, plauderte er über seine Beschäftigungen, seine Reisen und den Gegensatz zwischen Böhmen und den Bergen, die Jenny umgaben, »ihre Nähe und ihr steiler Anstieg entwickelt gewiß noch besser und rascher die Vogelgefühle in ihnen, die Sie bald brauchen werden. Mich überrascht's nicht, Liebe, diese Vernehmung steht in einem ehrlichen Verhältnis zu der Menge Kühnheit in ihnen, Ihr Herz hat ja schon in Heliopolis mitgeflogen, nein, nicht ›mit‹, ganz für sich war es oben und beschrieb seine Kurven in dem großen offenen Himmel, in dem so viel Raum war.«[50] Er hätte wohl gerne einen Briefwechsel auf der herzlichen, doch zurückhaltenden Ebene der Korrespondenz mit Mimi Romanelli weitergeführt; ihre Verbindung brach aber anscheinend kurz darauf ab, denn im September des folgenden Jahres mußte er gestehen, daß er nicht einmal wußte, ob sie noch am Leben sei.[51]

Die Knoopsche Gastfreundschaft in Heluan war ein Glücksfall, da seine Mittel rasch dahinschwanden. Mehr bedrückte ihn aber der Gedanke, daß er, auch wenn er sich die Rückreise nach Paris gerade noch leisten konnte, dort so gut wie keine Basis haben würde, um das bescheidene Leben von neuem zu beginnen. Also wurden an alle, die womöglich helfen konnten, jetzt oder später, Alarmzeichen ausgesandt – an Kippenberg, die Fürstin und ihren Gemahl, Sauer in Prag und wahrscheinlich noch andere. Die »Unbillen« der Reise wurden zu »allerhand Mißgeschicke«[52]; seine Krankheit (die kaum mehr als ein starker Schnupfen und eine natürliche Müdigkeit nach der Reise gewesen zu sein scheint) wurde gebührend hervorgehoben; er könne keine Zukunft sehen, wenn er nicht irgendwie zu seinem »brachen Schreibtisch« zurückgelangen würde. Kippenberg freilich war seine größte Hoffnung. Er dürfe sich nicht beklagen, so schrieb er Ende Februar, denn er habe erreicht, was er wollte, einen endgültigen Bruch zwischen »gestern und heute«. Es sei jedoch so, daß er sich, weitgehend durch seine eigene Torheit, in eine wirklich mißliche Lage gebracht habe. Seine Bücher schienen sich gut zu verkaufen, doch wisse er nicht, was dies tatsächlich für seine Finanzen bedeute. Er befürchte, daß er ohne die regelmäßigen Weiterzahlungen seines Freundes und noch eine weitere zusätzliche Summe nie mehr zu dem unabhängigen Leben in Paris werde zurückkehren können, das wirklich das seine war, zu *seiner* Welt, »die wieder ganz wird zu erwollen und zu leisten sein«; andernfalls werde er auf die Gastfreundschaft von Freunden angewiesen sein, die schließlich trotz allen guten Willens nur einengen könne. Marie Taxis und dem Fürsten gegenüber, die in Wien weilten, hatte er behutsam angedeutet, daß Duino auf seiner Reise nach Paris eine angenehme Unterbrechung bieten könnte, wenn sie sich Ende März dort aufhielten. Er wolle sich auf jeden Fall mit der Rückreise Zeit lassen, schrieb er an Kippenberg, damit er ohne seinen Katarrh und bei wärmerem Wetter eintreffe. Sollte dies aber nicht möglich sein, würde er direkt fahren, »schließlich ist mir jetzt doch nur das eine wichtig: dort zu sein«.[53]

Nicht ohne einige Bedenken gab Kippenberg einmal mehr den Bitten seines Sorgenkindes nach. Am 4. März telegraphierte er seine Zusage, für die Monate März und April zusätzlich 500 Mark bereitzustellen. »Hoffentlich genügt das«, schrieb er in dem anschließenden Brief, »um Sie einigermaßen aus Ihren Sorgen herauszureißen.«[54] Rilke war sofort erleichtert und bat darum, das Geld direkt nach Paris zu überweisen. Als er am 29. März in Venedig eintraf, stellte sich heraus, daß sich Fürstin Marie für einige Tage dort und nicht in Duino aufhielt. Er mußte also in einem Hotel absteigen und den schwergeplagten Kippenberg noch um eine weitere Überweisung (diesmal als Anleihe) angehen. Am 6. April 1911 war er endlich wieder in der Rue de Varenne – in jeder Hinsicht hatte sich der Kreis geschlossen, denn er war einem Neubeginn nicht nähergekommen.

V Duino und Spanien
1911-1913

A man's own observation, what he findes good
of, and what he findes hurt of, is the best physicke
to preserve health.

Francis Bacon

Noch immer nicht die Wende geleistet, die mein
Leben machen muß.
(An Rudolf Kassner, 16. 6. 1911)

»Ach, was ist man trotz alledem doch nördlich im Herzen«,
hatte Rilke von Venedig aus an Clara geschrieben, »ich hätte
so vorn auf dem Schiff stehend einen Wasserriß in Europa
hineinfahren mögen und darauf geradeaus bis Norwegen.«[1]
Paris, wo ihn bei seiner Ankunft Schneegestöber erwarteten,
kam diesem Bild am nächsten, und als er dort die alten Fäden
im Vorgefühl des Frühlings wieder anknüpfte, durfte er auf
einen Neubeginn hoffen. Beinahe hätte er die Chance einer
Rückkehr nach Paris vertan, doch dank der Hilfe Kippenbergs hatte sich alles zum besten gewandt. Als er seine
vernachlässigte Korrespondenz wieder aufnahm und seine
Freunde die Gründe für sein langes Schweigen hörten,
wurde die nordafrikanische Reise zu einem Unternehmen, in
das man ihn beinahe gegen seinen Willen hineingezogen
hatte. Man konnte kaum vermuten, wie sehr er es gewünscht
hatte. »Ich ließ mich von Bekannten, die grade reisen wollten, mitnehmen, fast nur, um eine unfreundliche und trübe
Zeit grob abzuschließen und von außen her den Wechsel
herbeizuführen, der sich innen nicht einstellen wollte. . .«[2] In
Wirklichkeit hatte er gehofft, ein neues und erregendes Verhältnis würde ihn über seine Hindernisse tragen, irgendeine
anregende Episode, nach der er erfrischt und zu einem neuen
Anfang bereit in seine Einsamkeit zurückkehren könnte. Im
Mondschein von Karnak mochte eine solche Beziehung noch
möglich erschienen sein – sobald sie aber zu einer Bedrohung
für seine Einsamkeit geworden war, hatte er sie sofort abgebrochen. Er mußte ja »Hermit in meiner Theorie« bleiben.[3]
Nun erschien ihm das Ganze lediglich als »eine Ausrede«.
Nach dem Überqueren der »Wasserscheide« des *Malte* hatte
er auf der anderen Seite nur unfruchtbares Land vorgefun-
den, ein trockenes Flußbett sozusagen, von dem man nicht
wußte, ob die Flut zurückkehrt oder nicht. Was sei hochmü-
tiger, fragte er, »die Arbeit aufzugeben, wegzutreten, als ob

schon etwas geleistet wäre, oder, über alle Dürre hin, auf ihr zu bestehn, weil doch alles Verwirklichte kaum noch der Anfang dessen war, an das man sich grenzenlos verpflichtet hielt?«[4]

Er blieb fest, denn er hatte keine Wahl. Paris war ein harter Posten. »Der Anfang hier ist immer ein Gericht«;[5] als aber dann der Flieder und die Kastanien anfingen zu blühen und die Frühjahrsausstellung eröffnet wurde, war es für ihn ein gutes Gefühl, wieder dort zu sein, auch wenn er noch brachlag. »Paris nahrhafter als je«, schrieb er an Clara, nachdem er im Fenster eines Kunsthändlers einen großartigen El Greco gesehen hatte. Doch selbst die vertraute Umgebung des Hôtel Biron schien seine Eingewöhnung nicht zu begünstigen. Seine Zimmer gaben ihm nicht das Gefühl eines echten Heims, »dieser Monsieur Rilke, 77 rue de Varenne, ist mir zu eindeutig, zu bestimmt aufgefaßt«.[6] Erinnerungen von der Reise lagen »in Bündeln . . . innen herum«. Statt sie zu ordnen, verspürte er Sehnsucht nach den Luxembourg-Gärten »wie ein sentimentaler Hund nach seinem früheren ersten Herrn«[7] und wandte sich immer wieder der Pracht der Rot- und Weißdornblüten zu, die dort über die Balustraden hingen.

In einer bewußten Anstrengung, sich wieder an die Arbeit zu gewöhnen, begann er einige Übersetzungen, *Der Kentauer*, ein Prosawerk des romantischen Dichters Maurice de Guérin, 1840 posthum veröffentlicht, dazu einen anonymen Sermon, den man erst vor kurzem in St. Petersburg entdeckt hatte, mit dem Titel *De l'amour de Madeleine*. Er hatte außerdem die Sonette der Louize Labé entdeckt, einer Dichterin des 16. Jahrhunderts in Lyon, »la belle cordière«, von denen er im Mai eines in seiner Übertragung an eine Zeitschrift in Wien sandte. Die Besessenheit mit »intransitiver Liebe«, die für den *Malte* so wichtig gewesen war, fand hier und in der *Maria Magdalena* ihren Widerhall. All dies sei eine Art Beginn, ließ er Fürstin Marie wissen, als er ihr das Original des Sermons und eine Abschrift seiner Übertragung des *Kentauer* schickte, doch treibe ihn »diese lange Trockenheit« tatsächlich an den Rand des Verhungerns. »Es ist, als hätte ich völlig die Fähigkeit verloren, die Umstände herbeizuführen, die mir helfen können.« Er mußte irgendwie einen Wendepunkt erreichen, den er noch immer vergeblich suchte; ob man sich nicht, so fragte er sich, eine groteske Figur ausdenken solle, nur um schließlich den Satz anzubringen, »er brachte die letzten sechs sieben Jahre damit zu, einen Rockknopf zu schließen, der immer wieder aufging«?[8]

In dieser Stimmung kamen ihm die vielen Ablenkungen, die Paris zu bieten hatte, wie auch die unvermeidliche Frühlingswoge der Besucher nicht ungelegen. Gerhart Hauptmanns Sohn Ivo, der sich als Maler weiterbildete, war mit Erica von Scheel, seiner späteren Gattin, zurück. Sie hatten Ateliers im Hôtel Biron gemietet, so daß Rilke das junge Paar häufig sah, bevor es nach Süden reiste. Fast jeden Tag pflegte er sich nun bei Erica zum Tee einzufinden; er teilte mit ihr seine Schwärmereien, lieh ihr Bücher und besuchte mit ihr und dem Bildhauer Hans Arp die Aristide Maillol-Ausstellung in Marly-le-roi. Mitte Mai wurden die Kippenbergs zu ihrem ersten Besuch in Paris erwartet. Rilke gab sich große Mühe, ein geeignetes Hotel ausfindig zu machen und sie während ihres dreiwöchigen Aufenthalts in der Stadt, auf die sie bisher nur durch die Seiten des *Malte* einen flüchtigen Blick hatten werfen können, zu beraten und zu führen. In seinem Arbeitszimmer hörten sie die Übertragung des *Kentauer*; am 1. Juni begrüßte er sie dann zu Katharinas Geburtstag mit einem Kuchen und las ihnen die eben vollendete *Maria Magdalena* vor. (Für den Verleger waren dies zumindest einige Anzeichen von Produktivität, und unmittelbar nach seiner Rückkehr gab er den *Kentauer* in Auftrag. Mit einer Widmung an May Knoop erschien das Buch schon im Juli.) Katharina fand in Rilke den idealen Cicerone. Er »ließ einen immer lange allein mit dem Kunstwerk, und gerade in dem Augenblick, da man das Bedürfnis hatte, sich bewußt zu machen, was man sah, fing er aus seiner tiefen Vertrautheit mit ihm an, darüber zu reden«.[9] Er nahm sie auch zu Maillol mit, bei dem sie herzliche Aufnahme fanden und, wie er nachher an Erica von Scheel schrieb, in dem Gefühl weggingen, mit einer Schöpferkraft in Berührung gewesen zu sein, die sich ständig, wie das Wasser in einer Quelle, selbst erneuerte. »Die Arbeit gibt sich ihm ganz als Freude, wenn er in ihr ist.«[10]

Rilke ließ sich kaum eine Kunstausstellung entgehen und besuchte mit Harry Graf Kessler den letzten Abend der russischen Ballettsaison, an dem Nijinski in »Scheherezade« und in der faszinierenden Neuinszenierung des »Spectre de la Rose« auftrat, »Tanz in allen Adern«.[11] Kippenberg sandte ihm ein Vorausexemplar von Kassners neuem Buch *Die Elemente der menschlichen Größe*, kaum daß es aus der Druckerei gekommen war. Er verschlang es erst gierig über Nacht und las es dann wieder mit Muße im Jardin du Luxembourg, »Ich vergrabe mir dort, nach wie vor, die guten Knochen . . . es ist schön, stark, hülfreich . . . ein einziges, das über die Betrübungen hinaus ist, in denen wir leben und zurückspricht von der nächsten oder übernächsten Wendung«.[12] »Ist dieser Mensch . . . nicht vielleicht der Wichtigste von uns allen Schreibenden und Aussprechenden?«[13] Er schrieb Kassner nach Rußland, drückte seine Anerkennung aus und gestand, er habe den eigenen Wendepunkt noch nicht erreicht; auf seiner Ägyptenreise habe er aber aus dem Gedächtnis einen von Kassners Aphorismen niedergeschrieben – »Der Weg von der Innigkeit zur Größe geht durch das Opfer«. Dieser Satz sei, wie er später sagte, irgendwie für und gegen ihn.[14]

Noch während Kippenbergs Aufenthalt in Paris schrieb Rilke an Gide und schlug einen Besuch vor, falls dieser den Verleger kennenlernen wolle. »Fast während dieser ganzen langen und vielfältigen Reise bin ich von jener dichten Apathie der Seele und der Tatkraft umfangen geblieben, in der Sie mich abreisen sahen.« Gide, einer der wenigen französischen Autoren, die Deutsch beherrschten, war von *Malte* höchst beeindruckt gewesen und hatte ohne Rilkes Wissen soeben die Übertragung zweier Auszüge vollendet, darunter die eindrucksvolle Beschreibung der nackten Wand eines demolierten Hauses, die immer noch die Spuren »zähen Lebens« trug. Rilke, der diese Übertragungen im Juli in der *Nouvelle Revue Française* las, schrieb, er sei tief bewegt gewesen »von dieser inspirierten Übertragung, die mir zwei Hauptstücke meines Buches, sozusagen endgültiger wieder gibt, als ich sie erträumt habe . . . ich hätte niemals geglaubt, daß man sich meiner ein wenig schwer faßbaren Prosa so dicht nähern könnte«.[15]

So gab es trotz seiner Unentschlossenheit und inneren Unsicherheit manches, was ihn beschäftigte – wie es ja stets bei Menschen der Fall ist, die sich nicht an ihre Arbeit machen können. Sein Briefwechsel war rührig und mannigfaltig, der Stoß der eintreffenden Briefe wuchs zuweilen ins Unübersichtliche. Das gleichmäßige Abtragen eines solchen Berges bildete für gewöhnlich eine Art Vorbereitung auf künftige Arbeit, doch diesmal war davon wenig zu erkennen. Die *Magdalena*-Übersetzung war fertig, wie er Mathilde Vollmoeller berichtete: »Ich hoffe, der liebe Gott hat bald wieder Arbeit für mich, sonst bau ich mir doch noch eine Bude verquer vor ein einspringendes Eck und tu Flickschusterei, das scheint furchtbar kontinuierlich zu sein und von fortwährender Inspiration.« Die alte Sehnsucht nach echter Einsamkeit stellte sich häufig wieder ein, wie er Erica von Scheel gestand, die einen Aufenthalt bei ihnen in St. Tropez vorschlug; er müsse jeglichen Gedanken an erneutes Reisen vergessen und fühle ein »unbeschreibliches Bedürfnis«, an seinem Schreibtisch auszuharren.[16] Zum Unglück zeigten sich gegen Ende Juli unmittelbar über seinem Schreibtisch alarmierende Sprünge in der Zimmerdecke, und der Plafond »drohte . . . über mir niederzugehen wie ein Gewitter«. Die Reparaturen verdrängten ihn und erfüllten alles mit Staub und Gips. Offenbar wich vor diesem Angriff die eben einsetzende Entschlossenheit, denn er entfloh, wie es scheint, auf ein paar Tage nach Mont St. Michel. Auch neuerliches Reisen stand bevor, da ihn Fürstin Marie wiederum für den Juli nach Lautschin eingeladen hatte, worauf er sich nun freilich mehr als Rettungsleine denn als Abwechslung freute.

Ideen und Impulse hatten ihn jedoch nicht völlig verlassen. Seine Begeisterung für Nijinski war so groß, daß er für ihn unbedingt »etwas . . . machen« mußte, wie er der Fürstin mitteilte, »ein Gedicht, das sich sozusagen verschlucken läßt und dann tanzen«,[17] das jedoch nur zu einem Fragment »Figurines pour un ballet« gedieh, die unveröffentlicht blieben. Übertragungen aus Petrarca und der *Confessiones* Augustins wurden ernsthaft in Erwägung gezogen. Er fühlte auch einen plötzlichen Drang, das Werk Shakespeares kennenzulernen. Katharina Kippenberg schickte ihm die eben erst bei der Insel erschienene Neuausgabe der Schlegel–Tieck-Übertragung, wobei sie ihm gerne Rat erteilte, wo er die Fahrt auf diesen weiten Ozean beginnen sollte. All das war aber kaum mehr als ein Zeitvertreib. Er vermochte sich weder in die gleichmäßige Hingabe an die Arbeit zu fügen, die er von Rodin gelernt zu haben glaubte, noch eine neue Richtung zu finden. Seine äußerlichen Umstände ließen nichts zu wünschen übrig; es war das innere Bedürfnis, das unbefriedigt blieb, das Bedürfnis nach jenem anderen Menschen, der seine Einsamkeit ergänzen würde.

> So wie eine Türe, die nicht zubleibt,
> geht im Schlaf mir immer wieder stöhnend
> die Umarmung auf. Oh wehe Nächte.[18]

Drei Jahre zuvor hatte er in einem Brief an Sidie Nádherný darüber nachgegrübelt, wie wenig er von seiner Tochter wußte, da er unter dem Zwang seiner einsamen Berufung stand, und wie sehr er hoffte, Ruth würde eines Tages verstehen, was er zu tun versuchte. Dabei hatte er sich vorgestellt, daß sie als Heranwachsende zu seiner Hilfe kommen würde. »Das stell ich mir oft vor, daß sie vielleicht der Mensch ist, den ich immer dringender in meiner Arbeit brauche . . . Eine Hand zu meiner hinzu, zwei neue Augen mehr und ein Herz, an dem ich wie an einer Glocke hören kann, was mir im Geräusch meines Bluts entgeht . . .«[19] In Paris fand er nun einen Menschen, der vielleicht ein solch »neues Herz« in sein Leben bringen konnte. Eines Tages begegnete er auf der Straße zufällig einem jungen Mädchen, das blaß und teilnahmslos aussah und so offensichtlich am Rand ihrer Kräfte stand, daß er einfach etwas für sie tun mußte. Marthe Hennebert, eben erst achtzehn, stammte aus einer sehr armen Familie und hatte schon mit acht Jahren ihr Brot selbst verdienen müssen – nun war sie arbeitslos und hungrig. Als sie sich unterhielten und Rilke von ihren Verhältnissen erfuhr – sie war ein schönes und unschuldiges Wesen, das die Not nur äußerlich hart gemacht hatte –, war er mehr denn je davon überzeugt, daß sie »gerettet« werden müsse. Im Lauf des Juni traf er sie öfter, wobei sein Erstaunen darüber wuchs, wie aufgeweckt und lernbegierig sie trotz der dunklen und unzähmbaren Seite ihres Charakters war. Er schrieb Gedichte an sie, an die »Seele . . . die an mir erstandene«, er sah sich als denjenigen, der die schlummernde Glut ihres Lebens zu Flammen erweckte, als einen Engel sogar, der sie an die Pforten eines unbekannten Paradieses führte:

> Dir eine Rose zeigen, diese, drüben,
> zu weit für uns und doch schon großgeblüht,
> und hunderte Verlorene zu üben
> in deinem aufgefundenen Gemüt.[20]

Wie weit er selbst unmittelbar für sie sorgen konnte, bleibt ungewiß; später aber überredete er eine ihm bekannte Künstlerin, Hedwig Woermann, die mit ihrem Gatten, dem Bildhauer Johann Jaenichen, in Paris lebte, sich des Mädchens anzunehmen und mit seiner Erziehung zu beginnen. Auch Sidie Nádherný bat er um etwas finanzielle Hilfe, um dem Kind »einen Augenblick Aufatmens« zu geben; er wolle »Freunde für sie gewinnen und mit denen im Einklang ihr Leben auf die Höhe ihrer Natur stellen, sie etwas lernen lassen, was sie befriedigt und woran sie sich selbst fühlen und verwenden kann«. Es sei sein Traum gewesen, sagte er später, daß Marthe sich zu der Ergänzung und dem schützenden Einfluß entwickeln würde, den er in seinem Leben brauchte.[21] Dieser Traum ließ sich dann freilich nicht verwirklichen. Es ist auch schwer zu verstehen, wie er sich eigentlich vorstellte, daß sich ein solches Wesen, dem er halb Geliebter, halb Vater war, an ein Dasein in seinem Schatten gewöhnen sollte. Über Jahre hin, durch viele Wechselfälle und Enttäuschungen, tat er jedoch alles, um ihr zu helfen.

Das Ganze nahm seine Finanzen ebenso in Anspruch wie seine Zeit. »Das Leben ist hier augenblicklich recht dicht um mich geworden«, hatte er Ende Juni an Kippenberg geschrieben, um sich für die Verspätung des versprochenen Vorworts zur Guérin-Übertragung zu entschuldigen. Finanziell sei er für den Sommer ausreichend versorgt, würde für den kommenden Herbst und Winter aber wahrscheinlich noch weitere Unterstützung brauchen. Als einzige mögliche Quelle dafür kämen, wie er schrieb, nur Gott oder die Schiller-Stiftung (bei der er sich um ein Stipendium bewerben wollte) in Betracht – wobei er allerdings die erstere Instanz für würdiger und reicher halte, nur sei ihr weniger einfach beizukommen.[22] Kippenberg konnte seine Sorgen beschwichtigen: »Sie ... vergessen, daß es eine sehr wichtige Zwischeninstanz gibt, nämlich der Menschen ...«.[23] Dabei dachte er in der Tat nicht nur an sich selbst. Die Botschaft in Rilkes verzweifelnden Briefen aus Kairo, als er Paris für sich verloren glaubte, war an viele Ohren gedrungen. Ende März hatte auch Hofmannsthal von Kassner über seine Not gehört – *Malte* hatte wahrscheinlich zu dem Bild eines im Verlies schmachtenden Dichters beigetragen – und hatte an Helene von Nostitz geschrieben: »Rilke ... ist durch irgendwelche Umstände in eine arge gêne geraten, so daß er, wenn er nun aus Algier [*sic*] nach Paris zurückkehrt, tatsächlich für Sommer und Herbst nicht wüßte, wovon er leben sollte ... wir wollen nun ... uns an ein paar Menschen wenden, die, wie Sie, wie Marie Taxis, wie Harry Kessler auch wirklich sehr viel menschliche Sympathie für ihn haben und diese kleine Hilfe auch mit netten freundlichen Gefühlen ausüben. Es handelt sich natürlich für den Einzelnen gar nicht um eine *große* Summe, das wollen wir gar nicht, da ja die ganze Summe, die man anstrebt, nicht mehr als 2000 bis 3000 francs ist ...«[24] Helene von Nostitz und zweifellos auch die anderen waren nur zu bereitwillig eingesprungen. Was immer zusammenkam, fand seinen Weg vermutlich anonym durch Kippenberg in Rilkes Hände, da Rilke von dieser großzügigen Geste seiner Freunde nie erfahren zu haben scheint.

Mit Erleichterung hörte er jedenfalls von seinem getreuen Verleger, daß er nicht auf die ungewisse Vorsehung angewiesen sei und auch nicht mit dem Hut in der Hand zur Schiller-Stiftung gehen müsse. »Gerade zurecht«, schrieb er, »ich saß vor meinem Bank-Conto, und es sah aus, als ob wieder einmal Ende August alles vermauert sei. Wenn wir nur die Mittel aufbringen zu einer Bresche, durch die das Herz eben durchgeht –, schlimmsten Falls, leb ich nur, werf ichs über die Mauer: es falle, wie es falle . . .«.²⁵ »Zögerer von Beruf«,²⁶ der er war, hatte er ohnehin lange bei seinen Plänen für den Sommer gezaudert. Lautschin mit Fürstin Marie lockte, Kippenberg wollte ihn wieder in Leipzig sehen, Helene von Nostitz in Auerbach im sächsischen Vogtland, wohin ihr Gatte vor kurzem versetzt worden war. Irgendwann mußte er auch nach München fahren, wo Clara sich nach einer geeigneten Ausbildung für Ruth umsehen wollte.

Am 19. Juli machte er sich endlich nach Prag auf und sprach unterwegs kurz bei den Kippenbergs vor. In Prag traf er überraschenderweise seine Mutter an, die sich nicht in Franzensbad aufhielt, und hörte, daß seine Kusine Irene von Kutschera soeben gestorben war. Am 22. Juli erreichte er Lautschin – bereit, wie er der Fürstin sagte, sich in den »Dottor Serafico«, wie sie ihn nun nannte, verwandeln zu lassen, »oder sonst wozu im äußersten Sinne Brauchbarem«. (Sie hatte einen besonderen Namen, ihre eigene private Anrede für ihn finden wollen – »Rainer Maria Rilke« kam ihr zu lang vor, »Rilke« zu kurz, »Rainer Maria« besaß nicht genug Würde. Er war von dem Einfall begeistert gewesen: »Vielleicht ist es wirklich mein Name – der geheimnisvolle Name, der mir gehört«.²⁷ »Doctor Seraphicus« war eine plötzliche Eingebung gewesen. Ob sie von jenem Heiligen Bonaventura wußte, der sich den Spitznamen als Reformator des Franziskanerordens im 13. Jahrhundert und als furchtloser Verteidiger menschlicher und göttlicher Wahrheit verdient hatte oder nicht – die Andeutung erhabener Weisheit schien ihr jedenfalls ideal für den Dichter des *Stunden-Buchs* und, wie sie später dachte, der *Elegien*.)

Rilke war Fürstin Marie nur dreimal begegnet, doch hatte ihr Briefwechsel schon ein so inniges Verhältnis geschaffen, daß die Reise nach Lautschin wie eine Heimkehr war, eine Heimkehr zu »alten, lieben Verhältnissen«.²⁸ Die dort versammelte Gesellschaft war angenehmer als in Duino, er konnte ein stilles ländliches Leben führen, indem er durch den Park und die Wälder wanderte oder, wenn es zu heiß war, in den buchgefüllten Räumen des Schlosses Zuflucht suchte. Unter den Gästen befand sich ein italienischer Schriftsteller namens Carlo Placci, der um einiges älter war als er, einer der wenigen Männer, in deren Gegenwart er sich entspannen konnte. Es waren »lange, langsame Tage«, in ihrer Hitze für den Bauern beinahe ein Fluch, ihm aber vermittelten sie das freundliche Gefühl, endlich den echten Sommer gefunden zu haben, »singend von Insekten und flimmernd von Schmetterlingen«[29] (Empfindungen, die Jenny Oltersdorf als Erwiderungen auf ihre Briefe wohl kaum interessierten).

Seine Ruhe war jedoch nur von kurzer Dauer. In den ersten Augusttagen bekam der vierjährige Raymond, der Enkel Fürstin Maries, ein beunruhigendes Fieber, in dem der Arzt Scharlach oder Diphtherie vermutete, und die Gesellschaft zerstreute sich rasch aus Angst vor einer Ansteckung. Rilke kehrte zurück in das »unerträgliche« Prag, um in der Hoffnung auf eine Rückkehr nach Lautschin auf das Ergebnis der ärztlichen Untersuchung zu warten. Er kränkelte selbst und mußte Furunkel pflegen, die ihn, völlig unerklärlich, befallen hatten, so daß er nicht einmal imstande war, »das Buch Hiob zu lesen«.[30] Raymonds Krankheit erwies sich glücklicherweise als unbedeutend. Rilke hielt sich kurz bei Sidie Nádhernýs Bruder in Janowitz auf, traf sie anschließend, nach ihrer Rückkehr aus England, in Prag und konnte daraufhin einige weitere Tage in Lautschin verbringen. Leipzig und die Kippenbergs sollte seine nächste Station sein. Fürstin Marie machte den verlockenden Vorschlag, mit ihr im Automobil dorthin zu fahren und auf dem Wege gemeinsam Weimar zu besuchen.

Am 20. August reiste man ab. Rilke genoß in vollem Maß dieses erste Erlebnis einer langen Autofahrt, »wie ein Generalstäbler den ganzen Tag die Karte in der Hand, ißt wie im Kriege irgendwo, schläft wie im Feldzug irgendwie«[31] (allerdings in komfortablen Hotels in Leipzig und Weimar). »Man fährt, sozusagen, auf der Landkarte selbst wie ein vergnügter Zeigefinger, die Dörfer kommen nicht so zufällig vorbei, wie unvermittelte Einfälle, eines ergibt sich aus dem anderen und man faßt es ohne Mühe zum Ganzen zusammen und hört gar nicht auf, zu leben und zu gelten, – während in der Eisenbahn doch immer neutrale Stunden entstehen, die man einfach abwartet . . .«[32] Der Fürst sollte sie erst in Leipzig treffen, so hatte Fürstin Marie ihren Dichter für sich allein. Der rezitierte aus seinen Gedichten, als sie unter den Eichen des sächsischen Waldes haltmachten, und entzückte sie unentwegt mit seiner Aufgeschlossenheit für neue Eindrücke und mit humorvollen Gedankenblitzen. In Weimar konnten sie nur einen Tag zusammen verbringen, da die Taxis nach London weiterreisen mußten, während Rilke nach ihrer Abreise noch eine Weile zurückblieb.

Gegen Goethe hatte er in früheren Jahren eine starke Antipathie empfunden, die so weit ging, daß er sich weigerte, ihn zu lesen – vielleicht eine instinktive Reaktion gegen einen Dichter, der das Streben nach weltlichem Erfolg nicht verschmähte. Diese Reaktion verstärkte sich noch, als er Goethes seiner Meinung nach nahezu ungeheuerliches Verhalten gegenüber Bettina von Arnim betrachtete. Kippenberg aber, der als glühender Verehrer des Dichters eine schon umfangreiche Goethe-Sammlung besaß, hatte in Rilke eine größere Aufgeschlossenheit, ja Begeisterung geweckt. Nun war er bereit für Weimar. In Goethes Haus vertiefte er sich stundenlang in die greifbaren Überreste eines früheren Daseins, die ihn stets faszinierten, »die kleinen Gegenstände, die, ohne es zu wollen, Zeugnis geben«,[33] und in die Manuskripte und Porträts. Während seines Aufenthalts bei den Kippenbergs in Leipzig, wo er am 23. August eintraf, fand er zum erstenmal einen Zugang zu den Kostbarkeiten der Goetheschen Lyrik und machte unter der kundigen Führung des Sammlers einen weiteren Besuch in Weimar, um das Archiv zu sehen. »Goethe war gnädig zum ersten Mal«, erzählte er Hedda Sauer später. »Sie wissen, er hatte bei mir keinen Altar, aber über die Briefe an Gustchen Stolberg gewann ich in einem Neigung und Lust und Mühe zu ihm –: und dann kam Weimar und verkündigte ihm ganz, offenbarte, verhieß.«[34]

Aber auch eine mehr praktische Angelegenheit beschäftigte den Verleger. Er hatte seine Absicht, von Juncker die Rechte am *Buch der Bilder* zu erwerben, nicht aufgegeben, nun einigte man sich darauf, daß Rilke auf ein paar Tage nach Berlin fahren sollte, um den Weg dafür zu ebnen. Es gelang Rilke jedoch nicht, mit Juncker zu sprechen, und er mußte am 12. September unverrichteter Dinge nach München abreisen, wo ihn Clara erwartete.

Clara hatte bereits einige Zeit dort verbracht, ihre Arbeit gedieh, eine Büste Dehmels war fertig, auch für einen Wettbewerb, für den ein ansehnlicher Preis ausgesetzt war, hatte sie eine Plastik geschaffen. Sie hatte vor zu bleiben und wollte Ruth aus Oberneuland nachkommen lassen, damit sie, die nun fast zehn Jahre alt war, eine beständigere Ausbildung erhalte. Das würde freilich die Anmietung einer Wohnung bedeuten, wozu Geld nötig war, um das sich Clara an ihren Gatten wenden mußte. Das Schuljahr hatte begonnen, und so drängte die Entscheidung. Glücklicherweise hatte sich eben eine unerwartete Entlastung für seinen Geldbeutel ergeben, durch die den unmittelbaren Ansprüchen abgeholfen werden konnte. Seine Kusine Irene von Kutschera hatte ihm in ihrem Testament eine beträchtliche Summe hinterlassen. Das Geld würde zwar erst in einigen Monaten verfügbar sein, doch er war dadurch imstande, Irenes Schwester Paula um eine Anleihe zu bitten, die Ruths Übersiedlung und die ersten Schulkosten decken würde. Nach einiger Korrespondenz mit Josef Stark, dem Rechtsanwalt und Nachfolger in Onkel Jaroslavs Praxis in Prag, gelang es ihm schließlich, dank der Zustimmung ihres Sohnes Oswald, den benötigten Vorschuß aus Irenes Vermögen zu erhalten. Die Überweisungen gingen dann unmittelbar im Oktober und Januar an Clara.

Es ist kaum anzunehmen, daß Rilke ohne den Druck Claras in der Erledigung seiner Pflichten gegenüber der Familie so weit gegangen wäre, auch wenn er sich ihrer bewußt war. Seine Gedanken waren woanders – er sehnte sich danach, allein zu sein, nach Paris zurückzukehren, wieder »tief unten auf dem Grund einer Arbeit« zu sein, obgleich er immer noch keine klare Vorstellung davon besaß, wie das in einem »von den Musen nun gemiedenen Leben« zu finden sei. Er war noch immer unschlüssig.[31] Fürstin Marie hatte das erkannt, als sie ihn in Weimar verließ, und hatte sich überlegt, wie zu helfen sei. In London kam ihr der Gedanke, daß Duino nach der üblichen herbstlichen Hausgesellschaft, abgesehen von ihrer englischen Wirtschafterin Miss Greenham und dem treuen alten Butler Carlo, leerstünde und vielleicht gerade das war, was –

er brauchte. Sie schrieb gleich und schlug vor, sich in Paris zu treffen und gemeinsam durch die Provence und Norditalien dorthin zu reisen. Er ergriff die Gelegenheit sofort, fürchtete aber, in seiner gegenwärtigen Verfassung einen schlechten Reisebegleiter abzugeben: »Ich kann Ihnen nicht genug sagen, was für Bedürfnis nach Alleinsein . . . täglich . . . in mir hinzukommt . . . Welcher Segen, daß Sie mich in Duino verbergen wollen: als ein Flüchtling, wie unter fremdem Namen, will ich mich dort aufhalten, nur *Sie* sollen wissen, daß ichs bin.« Er würde sobald wie möglich nach Paris zurückkehren und dort bis zur Abreise Anfang Oktober warten. Vielleicht könnten sie, solange die Fürstin noch auf Duino war, zusammen eine Übertragung von Dantes *Vita Nuova* beginnen – er wußte, daß sie seit ihrer Kindheit die *Divina Commedia* nahezu auswendig konnte.

Sie erfuhr auch, daß er Hofmannsthal in München wiedergesehen hatte, und hörte von den Briefen, die Marthe Hennebert ihm schrieb. »Der Brand ihrer zur Freiheit entzündeten Natur wird wohl nicht mehr aufzuhalten sein, eine Shakespear'sche Welt.« Er konnte sehen, daß Hedwig Woermann den Zauberlehrling gespielt hatte, daß das Mädchen in eine herrliche Unabhängigkeit entlassen sei und das Zauberwort, das sie wieder zähmte, nur schwer zu finden sein würde, »armer *Dottor serafico*, nie, ach nie, war er weniger Meister . . .«[36] Seine Sorgen um Marthe konnte er Fürstin Marie zwar anvertrauen, aber er unterschlug ihr einen weiteren Umstand, der eben eingetreten und äußerlich gesehen wichtiger war – den Wunsch nach der Bestätigung ihres getrennten Lebens durch eine formelle Scheidung von Clara.

Der Anstoß dazu, der die Räder des Gesetzes in Bewegung setzen sollte, sei von Clara selbst gekommen, wie er aus Paris an Stark schrieb. Sie hatte es wohl nur sehr ungern zugeben wollen, konnte aber kaum mehr hoffen, Rainer werde eine Wiederherstellung des gemeinsamen Lebens versuchen, nicht einmal als »Wächter der Einsamkeit des anderen«. Seit dem Frühjahr war sie in psychoanalytischer Behandlung, was ihre Entscheidung vermutlich befördert hatte. Die Übersiedlung mit Ruth nach München verschaffte ihr die Möglichkeit eines neuen Anfangs, der ohnehin eines Tages gemacht werden mußte und den sie besser nun mit dreiunddreißig Jahren als später unternahm. Ihm selbst war es schon lange deutlich gewesen, daß eine Trennung vorzuziehen war. Seine Anwesenheit war, wie er später an Sidie Nádherný schrieb, weder der Künstlerin in Clara noch ihrem Leben als Frau zuträglich. »Je weiter, je vollständiger ich mich aus ihrem Leben zurückziehe, je besser dürfte es für sie sein; ich verstand es vollkommen, daß sie . . . die Scheidung vorschlug«. Er verstand aber auch, um wieviel schwerer es für sie war als für ihn. »Daß Kunst-Arbeit und Leben irgendwo ein Entweder-Oder ist, entdeckt ja jeder zu seiner Zeit, – aber für die Frau mag diese Wahl freilich einen Schmerz und Abschied ohnegleichen bedeuten.«[37] Für sich hatte er dieses Problem noch nicht gelöst. Er war immer noch auf der Suche nach dem Wesen, das ihm helfen konnte, diese widerstreitenden Ansprüche zu versöhnen, und so war für ihn in der gegenwärtigen Unsicherheit die Aussicht auf die offizielle Befreiung durch die Scheidung wohl durchaus willkommen.

Von beider Standpunkt aus gesehen war diese Lösung sinnvoll, doch war es leichter gesagt als getan. Er war zwar in Prag als amtlich als aus der katholischen Kirche ausgetreten registriert, doch er hatte es unbegreiflicherweise versäumt, dies auf der Heiratsurkunde eintragen zu lassen. Außerdem war, nach der Auskunft von Claras Bremer Rechtsanwalt, seine österreichische Staatsbürgerschaft ein weiteres Hindernis für eine Scheidung in Deutschland. Sie mußte zuvor abgelegt werden – ein Schritt, den er trotz all seiner Kritik an Österreich nur ungern tun wollte. Für zwei solche Nomaden war es überdies schwierig, die von der Bürokratie verlangte volle Dokumentierung beizubringen. Rilke, der sich von der ganzen Angelegenheit keineswegs in seinen Reiseplänen stören ließ, fand den Briefwechsel mit den Rechtsanwälten, der sich über die folgenden beiden Jahren hinzog, zunehmend beschwerlich. Keines dieser Hindernisse war unüberwindlich, doch wie Clara begann er sich die Sache zu überlegen, vor allem, wenn sie an den Kummer dachten, den diese Handlung den beiden Müttern bereiten würde (der Schock für Phia Rilke, die den Sohn immer noch für einen Katholiken hielt, würde gewaltig sein). Schließlich wurde der entscheidende Schritt nie vollzogen, auch wenn man später mitunter auf den Gedanken zurückkam.

Die Musen mochten ihn zwar vorübergehend verlassen haben, doch Rilke war deshalb nicht weniger zielstrebig in seiner Suche nach den rechten Bedingungen für ihre Rückkehr. Dieses Ziel mußte den unbedingten Vorrang in allen Abmachungen erhalten, die er mit Clara treffen würde. Er schrieb daher freimütig an seinen Rechtsanwalt, sein Beruf gehöre zu »jenen, die nicht ohne tiefen Schaden nutzbar zu machen sind, und er hat, wie jede künstlerische Tätigkeit, die Eigenheit, alle Aufmerksamkeit und Sammlung, alle Kraft des Geistes wie des Gefühls für sich zu verlangen, so daß ich darin von Anfang an nur weitergekommen bin, indem ich, mit einer mir eigentlich fremden Rücksichtslosigkeit, von allem anderen absah«.[38] Für Clara war es jedoch unbedingt notwendig, ganz gleich, ob die Scheidung durchging oder nicht, Klarheit über den Umfang seiner Unterstützung zu erhalten, wenn nicht für sie selbst, so doch für die Ausbildung Ruths. Das vergangene Jahr über hatte er für Ruth einen kleinen monatlichen Betrag überweisen lassen, den er aus der Pension seiner Mutter bezog. Davon abgesehen waren seine Zuwendungen aber sporadisch und von der Hand in den Mund gewesen. So blieb es im wesentlichen auch weiterhin. Einen Glücksfall wie das Legat von Irene teilte er gerne, er gab Clara mehr als die Hälfte davon, bis im Lauf des folgenden Jahres alles aufgezehrt war. Eine Dauerüberweisung aus seinem Einkommen von der Insel aber kam für ihn nicht in Betracht. Auch als er nach seiner Rückkehr nach Paris Ende September erfuhr, daß dieser Betrag von nun an auf 500 Mark monatlich erhöht werden sollte, brachte er es fertig, seinem Anwalt zu versichern, daß er mit »voller Gewißheit nur auf 200 Frcs. monatliches Einkommen« rechnen (Franc und Mark standen zu der Zeit ungefähr gleich) und im Augenblick für Ruth nicht mehr tun könne, als es ohnehin der Fall war. (Solche Armut, die es ihm unmöglich mache, für Frau und Kind aufzukommen, müsse doch wohl ein Scheidungsgrund sein, schrieb er an Stark.)[39]

Er wußte zu der Zeit nicht, daß das neuerliche Zeichen von Kippenbergs »treuem und starkem Beistand«[40] durch

Bürgschaften anderer Freunde ermöglicht worden war. Kassner, Karl von der Heydt und Harry Graf Kessler hatten versprochen, sich mit Kippenberg in der Aufstockung des Insel-Einkommens auf die neue Summe drei Jahre lang zu teilen, wonach der Verkauf seiner Bücher nach Meinung des Verlegers ausreichen müßte. Doch auch wenn Rilke davon gewußt hätte, wäre ihm die Großzügigkeit der Freunde nur als gebührender Tribut an seine »Sendung« erschienen. Was wie Rücksichtslosigkeit aussehen mag, entsprang für ihn lediglich aus dem absoluten Vorrang, den er den Bedingungen einräumte, unter denen er seinen Auftrag erfüllen konnte und für die er selbst in seiner gegenwärtigen Unfruchtbarkeit unbedingt planen mußte. Auf seinen einsamen Aufenthalt in Duino setzte er große Hoffnungen. Er träumte aber auch von Spanien, von Toledo, nachdem er in München El Grecos »Laokoon« gesehen hatte – wer konnte sagen, woher die neue Eingebung strömen würde? –, und er wußte nur zu gut, wie schlecht er mit seinen Mitteln hauszuhalten vermochte. Ein weiteres Problem, das ihn nach seiner Rückkehr in Paris erwartete, machte ihn noch vorsichtiger. Alle Bewohner des Hôtel Biron, darunter auch Rodin, hatten für Jahresende ihre Kündigung erhalten, was bedeutete, daß er im Anschluß an Duino von neuem nach einem Heim suchen mußte. Er dachte vage an eine Rückkehr nach München, um an der Universität vielleicht einige Vorlesungen über Ägyptologie und Medizin zu hören, auf jeden Fall aber wollte er sein Leben ein wenig planen, bis seine »Arbeit« zurückkehrte. Für den Augenblick war er es zufrieden, sich auf Duino zu freuen und die Zukunft sich selbst zu überlassen.

Als die Fürstin am 10. Oktober aus England eintraf, stellte sich heraus, daß sie doch nach Wien fahren mußte, bevor sie nach Duino kommen konnte. Sie wollte Rilkes Vorfreude auf die Reise jedoch keinesfalls enttäuschen und überließ ihm daher ihren Wagen mit dem Fahrer Piero, damit er die Reise nach seinem Gutdünken antreten könne. Zwei Tage später fuhr er ab und reiste in gemächlichen Abschnitten über Avallon und Lyon nach Avignon, wo er sich einen Tag im Hôtel d'Europe »ausruhte«. Dann ging es weiter an die Küste bei Juan-les-Pins, über Ventimiglia nach Piacenza und

Bologna und schließlich nach Duino, wo er am 21. Oktober eintraf. »Mir wars nicht ganz leicht, da und dort ankommend, mich aus dem Tempo auszuschalten und jedesmal erst wieder da zu sein«, schrieb er an Kippenberg. »Die Maschine überwiegt, man gehört zur Maschine, abends liegt man gewissermaßen als Bestandteil im Bett und hat Träume und Vorstellungen einer Schraube. Aber trotzdem wars nicht wenig. – Eindrücke in Bündeln, das ganze Gesicht noch eingerieben mit den Umgebungen so-und-so vieler Landschaften . . . Ob ich hier in Duino bleibe, wird sich nach und nach in diesen Tagen entscheiden.«[41]

2

> Nun ist wieder Einsamkeit, hoffentlich recht lange. Ich habe nichts anderes nötig, für mich ists der Ur-Stoff.
> (An Katharina Kippenberg, 13. 1. 1912)

Nach der Rastlosigkeit der vergangenen beiden Jahre hoffte er in Duino Ruhe zu finden – »will heißen, äußeren Stillstand und innere Bewegung«. Er konnte sich kaum eine günstigere Umgebung wünschen als dieses »immens ans Meer hingetürmte Schloß, das wie ein Vorgebirg menschlichen Daseins mit manchen seiner Fenster (darunter mit einem meinigen) in den offensten Meerraum hinaussieht, unmittelbar ins All möcht man sagen . . .«.[1] Fürstin Marie wollte, daß er genau das tun konnte, was ihm gefiel, und hatte sich daher mit den Einladungen für andere Gäste mehr als gewöhnlich zurückgehalten. Bei seiner Ankunft fand er ihren älteren Sohn Erich mit Familie vor; Kassner kam am 5. November unmittelbar von seiner ausgedehnten Rußlandreise auf eine Woche; kurz darauf stellte sich der schottische Gutsbesitzer Horatio Brown ein, Freund und literarischer Nachlaßverwalter von John Addington Symonds, eine Autorität in der Geschichte Venedigs, wo er lange Jahre gelebt hatte. Eine Gastfreundschaft dieser Art freilich, die von einer so rührigen Gastgeberin ausgeübt wurde – Ausflüge nach Aquileia, Taubenschießen, Terrassenkonzerte des Triestiner Quartetts –, konnte dem Gast kaum die völlige Einsamkeit gewähren, die Rilke stets brauchte. Noch war er nicht reif für diese Einsamkeit, aber das Wissen, daß er gegen Jahresende nach dem Weggang aller anderen bleiben würde, ließ ihn deren Gesellschaft voll genießen.

»Rilke war besonders glücklich über Kassners Anwesenheit«, erinnerte sich die Fürstin in ihren Memoiren. »Frühmorgens machten sie große Spaziergänge . . . und da sah ich oft von der Schloßterrasse aus die beiden ganz vertieft in ihr Gespräch zurückkommen. Kassner mit seinen glänzenden beherrschenden Augen, mit heftigen Gesten, laut sprechend, daneben der zarte Serafico, etwas vorgebeugt, Kassner zugewandt, ihm ernsthaft zuhörend, zuweilen lächelnd, dann wieder Schrecken in den Augen, wenn Kassner die ganze Welt in Grund und Boden verdammt hatte.«[2] Kassner war acht Monate in Rußland gewesen, weit herumgekommen, bis Tiflis, Taschkent und Buchara, und sein lebhafter Bericht machte Rilke bewußt, wie lange seine eigenen Erinnerungen an dieses weite Land zurücklagen. »Bald wird es mir damit gehen wie dem kleinen Jungen, der nur noch die Schnur mitzieht, das daran gebundene Ziehpferd liegt längst irgendwo zurück auf der linken Seite.«[3]

Trotz Fürstin Maries anfänglicher Skepsis war es ihm mit dem Plan einer gemeinsamen Danteübertragung recht ernst gewesen. Vor vielen Jahren, vor seinem ersten Besuch in Florenz, hatte er, tief in das Studium des Quattrocento vergraben, die *Vita Nuova* als »das modernste und innigste Buch der Renaissance« empfunden – »was ist ›moderner‹ als dieses unermüdliche und erbarmungslose Sich-selbst-suchen?« – und sich schon damals an der Übertragung eines der Sonette, das dem Tod Beatrices galt, versucht.[4] Die Wiederaufnahme der *Vita Nuova* mochte für ihn ein Schritt auf dem Weg zurück zur verlorenen eigenen Schöpferkraft sein, während dieses Vorhaben in der Fürstin die Dilettantin ansprach. Im Lauf des November begann man mit regelmäßigen abendlichen Sitzungen. Pünktlich um sechs Uhr pflegte er sich bei ihr in ihrem niedrigen Salon einzufinden, in der Hand die eigene Öllampe, um mehr Licht zur Verfügung zu haben, und sich in seinem Lieblingssessel niederzulassen. Jeder von

ihnen hatte ein Exemplar des Werks. Die Fürstin las ein
Sonett mit Kommentar vor, dann besprach man es gemeinsam, worauf Rilke das Gedicht Wort für Wort in einfache
deutsche Prosa übersetzte. Diese Version wurde wieder genau durchgesprochen, worauf er dann schließlich den Versuch einer Übertragung in Versform machte. Dabei setzte sie
seine Virtuosität häufig in Erstaunen, auch wenn er seine
Versuche nur als vorläufige Entwürfe gelten lassen wollte.
Bedauerlicherweise ist keine dieser Versionen erhalten geblieben.

Auch dies war eine Art von Arbeit, die ihm wieder eine gewisse Übung verschaffte. Sein früherer Plan eines Buches
über Admiral Zeno stand immer noch zur Debatte, gleichzeitig aber erläuterte er der Fürstin ausführlich sein Lieblings-
thema von den großen »unglücklich Liebenden« der Vergangenheit, das er eines Tages umfassender behandeln müsse. Als
sie durch Zufall in einer Schublade auf ein Tagebuch stieß, ein
winziges Büchlein, das von Thérésine Rayson, einer engen
Freundin ihrer Mutter, stammte, die als Mitglied der Familie
gelebt und die Bürde einer den Kindern nie offenbarten tragischen Liebe getragen hatte, war er von der Entdeckung dieser
Spur einer bescheidenen Schwester seiner »großen Liebenden« stark bewegt. Seine Besessenheit von solchen Schicksalen und von der Macht verschmähter oder unerwiderter
Liebe, die er für positiv hielt, fand in seinen späteren Gedichten häufigen Widerhall, wurde aber nie zu der philosophischen Prosa ausgearbeitet, von der er zu Marie Taxis sprach.
Es schien statt dessen, als müsse er die Geltung dieser These an
seinem eigenen Leben beweisen, indem er selbst die Rolle des
Verschmähenden übernahm. Ende November, als er dann mit
Marie und Erich Taxis, die dort Bilder Pietro Romanellis erwerben wollten, einige Tage in Venedig verbrachte, war er
nicht abgeneigt, Mimi wiederum aufzusuchen – ihre Liebe
abermals anzufachen, nur um sie wieder zu verlassen und sie
dann für die ihr zugedachte Rolle zu schulen, indem er ihr sein
Exemplar des Sermons über »L'amour de Madeleine« im Originaltext überließ, »ein Werk, das ich beneide, denn ich hätte
es selbst schreiben können, ja, schreiben sollen . . . doch blieb
mir nur die Übertragung übrig«.[5]

Nach der Rückkehr aus Venedig reisten Erich und seine Familie endlich ab, auch die Fürstin wollte Mitte Dezember fortgehen. Rilke zögerte aber plötzlich, sich der völligen Einsamkeit zu verpflichten, die vor ihm lag; der Verlust seiner Wohnung in der Rue de Varenne durch eine juristische Entscheidung, die im neuen Jahr bevorstand, ließ ihm jedoch keine andere Wahl. Er hatte bei einer Spedition in Paris einstweilen Anweisungen für die Abholung und Einstellung seiner Möbel, Bücher und Papiere hinterlassen und schrieb nun an Erica von Scheel, der er einen Schlüssel für die Überwachung der Arbeiten gegeben hatte. Sie sollte ihm zwei Exemplare des *Buchs der Bilder* schicken, bevor sie eingepackt würden, und selbstverständlich die Bücher nehmen oder entleihen, die sie haben wollte – »Bücher sind nicht gerne in Kisten«. Er bat sie außerdem, ihm die Abmessungen seines Stehpults mitzuteilen; »ich denke daran, mir hier ein solches tischlern zu lassen, wenn es wirklich dazu kommt, daß ich es hier länger aushalte«. Sie möge nicht überrascht sein, Marthe in seinen Räumen anzutreffen, obwohl das Mädchen kaum häufig dort sein würde, da Hedwig Woermann ihre Tage mit einem Kochkurs ziemlich ausfülle. (Als Erica von Scheel die Wohnung betrat, fand sie tatsächlich Marthe dort vor, die von ihrer Intervention nicht sehr angetan schien und behauptete, Rilke habe ihr seinen Spiegel versprochen. Auf ihren Bericht hin versicherte er Erica, er würde Marthe lieber alles geben »als ihr das geringste wieder fortzunehmen, da es doch in ihrem Leben so schwer ist, sich die Dinge zu schaffen, mit denen wir gleichsam natürlich auf die Welt kommen«.[6])

Als er sich schließlich entschlossen hatte, in Duino zu bleiben, erschreckte er die Fürstin und ihre Miss Greenham mit dem Vorschlag, sich noch weiter zu isolieren, indem er sich nicht in der Burg selbst, sondern in einem verfallenen Pavillon niederlassen wollte, der in einiger Entfernung im Wald des sogenannten »Tiergartens« stand. Es war gewiß ein heiliger Hain, doch ohne Wasser und ohne die Möglichkeit, seine täglichen Bedürfnisse zu erfüllen, auch wenn er diese für einfach erklärte. Er begann sogar, das Schloß nach einzelnen Möbelstücken zu durchstöbern, die er dort gebrauchen könnte. Schließlich mußte er aber doch das Unmögliche dieses Vorhabens zugeben, und die Fürstin war bei ihrer Abreise am 12. Dezember erleichtert, ihn in Erichs Eckzimmer untergebracht zu haben, das ostwärts nach Triest und südwestlich nach Grado schaute. »Aller Wahrscheinlichkeit nach, werd ich es schon hier versuchen müssen, über den Jahresgrat . . . hinüberzuklettern . . . in dem alten Gemäuer; . . . draußen das Meer, draußen der Karst, draußen der Regen, vielleicht morgen der Sturm –: nun soll sichs zeigen, was innen ist als Gegengewicht so großer und gründlicher Dinge. Also, wenn nicht ganz Unerwartetes kommt, bleiben, aushalten, stillhalten, mit einer Art Neugier nach sich selbst . . . schließlich steht auf den Herzen, wie auf gewissen Medizinen: vor dem Einnehmen schütteln, ich bin die letzten Jahre immerzu geschüttelt worden, aber nie eingenommen, darum ists besser, ich bring es in der Stille zu Klarheit und Niederschlag. . . . Das alte . . . Schloß hat eine ganz starke Schale, aber innen verhältnismäßig viel Fruchtfleisch, in dem sich ziemlich saftig wohnt, wenngleich nicht ohne einige Anpassung und Müh.«[7]

Seine Einsamkeit scheine im Anfang leer, schrieb er an Marie Taxis nach Wien. »Aber ich werde schon nach und nach auf den Geschmack kommen; es gibt ja, strenggenommen, nichts auf der Welt, was mir jetzt nötiger wäre.« Er bestellte das neue Stehpult, greifbares Zeichen seiner Entschlossenheit; bei günstigem Wetter ging er im Garten spazieren; davon abgesehen verbrachte er aber viel Zeit in seinem Zimmer, in der angenehmen Obhut von Miss Greenham, die den Haushaltsbetrieb von ihm fernhielt. Carlo war damit einverstanden, ihm die Mahlzeiten im Nebenzimmer zu servieren, »mit dem unendlichen Wohlwollen eines großen alten Hundes, der irgend einen kleinen aus seiner Schüssel fressen läßt. Die Köchin war den ersten Tag fassungslos meinen vegetarischen Prätentionen gegenüber, nun kamen wir uns ein wenig entgegen, sie erholt sich schon und kommt wieder zu Künsten, heute war sie direkt erfinderisch . . . Ich esse um 7 das kindlichste Abendbrot, etwas nach 9 bin ich schon beim Schlafengehn, Gott erhalte mir meine Einfalt.«[8]

Es müsse möglich sein, hatte er früher an Sidie Nádherný

geschrieben, die alten Mauern wie eine eiserne Maske zu benützen, bei der nur sehr wenige wüßten, was sich darunter verbarg.[9] Tatsächlich wußte die Außenwelt sehr wohl, wo er sich aufhielt, denn seit seiner Ankunft hatte ihm die geschäftliche Korrespondenz nur wenig Ruhe gelassen. Kippenberg war in seinem Interesse rührig wie eh und je, er plante weitere Ausgaben der *Neuen Gedichte* und schickte ihm einen Vertrag für den *Cornet*, dessen Rechte er Juncker endlich abgerungen hatte, obwohl die am *Buch der Bilder* noch ausstanden. Die *Magdalena* war im letzten Fahnenabzug fertig, den Rilke im Dezember mit dem dringenden Wunsch zurücksandte, sie in einer möglichst billigen Ausgabe herzustellen: »wie vielen Frauen tut das Not, wie viele wird es aufrichten . . . hier ist die Stelle, wo Frauenleid sich umkehrt in Größe . . . richten wirs so ein, daß dieses Vademecum in viele, viele Hände (Frauenhände, Mädchenhände, dem Mann geht's nichts an, cet animal . . .) kommen kann.«[10] Kippenberg machte auch den Vorschlag einer Übertragung von Verhaerens Monographie über Rembrandt, die er gerne verlegen wollte. Rilke sah mit Freuden dieses »leidenschaftlich aufgefaßte Zeugnis« wieder, fühlte sich aber außerstande, den richtigen Ton für eine deutsche Fassung zu finden, da er mit den Werken Rembrandts nicht hinreichend vertraut sei. Stefan Zweig sei Verhaeren viel nähergekommen, schrieb er scharfsichtig, und eigne sich besser für die Aufgabe.[11]

Der Verleger hatte klugerweise erkannt, daß er seinen Autor zunehmend von der Bürde der wachsenden Korrespondenz befreien mußte, die sein Ruf mit sich brachte, damit er seinen Weg zu neuem Schaffen zurückfinden könnte. Für Rilke wurde es nun zur Gewohnheit, ihn als seinen Geschäftsführer anzusehen, ihm Briefe zur Erledigung zuzusenden und gleichzeitig alle Arten von Aufträgen zu erteilen, die ihm in den Sinn kamen – die Suche nach einem Bibliothekar für die Sammlung der Taxis' etwa, die Erwägung einer Herausgabe der Memoiren des Großvaters des Fürsten oder das Auffinden antiquarischer Bücher.

Ein Geschäft freilich, bei dem ihm sein Freund nicht beistehen konnte, war die Durchführung der Scheidung. Im Augenblick belästigten ihn die Anwälte nicht mit zu vielen

Fragen. Aber Claras Vorschlag lastete offensichtlich doch auf ihm, ganz gleich, wie gering er sich auf seine tatsächliche Lage auswirken sollte. Die Tatsache, daß er zu einer Zeit kam, da die Eingebung sich ihm immer noch versagte, bestärkte sein Gefühl einer unüberwindlichen Hemmung, die in seinem Gefühlsleben der Sackgasse entsprach, in die er in seiner Arbeit geraten zu sein schien. Auch wenn die Trennung von Clara offiziell gemacht wurde, war er damit noch nicht weitergekommen, auf der Suche nach einer idealen Gefährtin, die sie ersetzen sollte, nach jemandem, der seine Einsamkeit so unterstützen konnte, wie es für ihn nötig war.

Als er noch in München war und das Angebot der Fürstin, sich nach Duino zurückzuziehen, rasch ergriffen hatte, hatte er etwas von Lou gehört, was seine Gedanken wieder auf sie lenkte. Victor Erich von Gebsattel, der später ein medizinisches Examen ablegte, sich zur Zeit aber sehr für die Lehre Freuds interessierte und sich bereits als Psychoanalytiker versuchte (er hatte Clara behandelt), war aus Weimar zurückgekehrt, wo er und Lou als Laien dem Dritten Internationalen Psychoanalytischen Kongreß beigewohnt hatten. Rilke war ihm zum erstenmal in Paris begegnet, im Winter 1908/1909, während jener »trüben und mühsamen Zeit«[12] der Trächtigkeit mit dem *Malte*, und hatte damals mit ihm häufig jene neuen Theorien und sogar die Frage diskutiert, ob ihm die Psychoanalyse aus dem Problem helfen könnte, von dem er geplagt wurde – die geistige wie körperliche Gebrechlichkeit, über die er mit Lou gesprochen hatte, als sie kurz darauf, im Mai 1909, in die Rue de Varenne gekommen war. Der Weimarer Kongreß war nun ein wichtiger Meilenstein auf dem Weg zur praktischen Anwendung der psychoanalytischen Theorie. So war es verständlich, daß Gebsattel und Lou die Methode als Therapie für die Depression in Betracht zogen, unter der der Freund nun sogar noch schwerer litt, nachdem er den *Malte* hinter sich gelassen hatte. Gleichwohl hatten beide Bedenken, ob sich die Methode in seinem Fall eignete.[13] Als sich Rilke im einsamen Schlupfwinkel von Duino diesen Gedanken von neuem durch den Kopf gehen ließ, hatte er das instinktive Gefühl – wie es bei seinen körperlichem Gebrechen, tatsächlichen oder eingebildeten, stets der Fall war –, daß er sein eigener Heiler sein mußte. Andererseits aber brauchte er unbedingt die Hilfe eines anderen Menschen, damit er seinen Weg fand. Die Nachricht, daß sich auch Lou sozusagen auf diesem Gebiet versuchte, legte es nahe, daß er sich an sie wandte.

Das bittere Gefühl, das bei ihrer Trennung unmittelbar vor seiner Heirat zurückgeblieben war – daß sie ihn geformt und dann fallengelassen habe, »Du warst das Hohe, das mich gesegnet –/und wurdest der Abgrund, der mich verschlang« –, war längst abgeklungen. In Gedichten, die nun an sie gerichtet wurden – den einzigen Versen, die er in den letzten Monaten von 1912 zustandebrachte, von einem »Abendlied« zu Ruths Geburtstag abgesehen – blickte er auf eine Beziehung zurück, die ihnen beiden Erfüllung geboten hatte.

> Wie man ein Tuch vor angehäuften Atem,
> nein: wie man es an eine Wunde preßt,
> aus der das Leben ganz, in einem Zug,
> hinauswill, hielt ich dich an mich: ich sah,
> du wurdest rot von mir. Wer spricht es aus,
> was uns geschah? Wir holten jedes nach,
> wozu die Zeit nie war. Ich reifte seltsam
> in jedem Antrieb übersprungner Jugend,
> und du, Geliebte, hattest irgendeine
> wildeste Kindheit über meinem Herzen.«[14]

Lou war »die Tür«, durch die er zuerst »ins Freie kam«,[15] durch sie hatte er Reife gefunden »in jedem Antrieb übersprungner Jugend«, während sie durch ihn ihre eigene Jugend entdeckt hatte und in sie hineingewachsen war (der Widerhall des »Letzten Zurufs« ist nicht zu verkennen). »Entsinnen ist da nicht genug«, schrieb er,

> es muß
> von jenen Augenblicken pures Dasein
> auf meinem Grunde sein, ein Niederschlag
> der unermeßlich überfüllten Lösung.
> Denn ich *gedenke* nicht, das, was ich *bin*
> rührt mich um deinetwillen. Ich erfinde

dich nicht an traurig ausgekühlten Stellen,
von wo du wegkamst; selbst, daß du nicht da bist,
ist warm von dir und wirklicher und mehr
als ein Entbehren . . .[16]

Die Analyse würde, wie er es aus dem wenigen, das er gehört
hatte, verstand, eine Wendung seines Wesens von innen nach
außen, eine völlige Entleerung, bedeuten – eine Aussicht, die
er »haarsträubend« fand und die ihn durchaus noch zielloser
zurücklassen mochte als vorher.[17] Was für eine Notwendigkeit dazu habe es für ihn gegeben, als Lou da war?

Warum soll ich mich
auswerfen, während mir vielleicht dein Einfluß
leicht ist, wie Mondschein einem Platz am Fenster.[18]

Er zeigte ihr diese Gedichte erst viele Jahre später. Nach
seinem einsamen Weihnachten aber richtete er nach mehr als
einem Jahr seinen ersten Brief an sie, »wieder eine meiner
Beichten«, wobei er als selbstverständlich voraussetzte, daß
sie am »Thema Rilke« immer noch Interesse hatte und bereit
war, ihn anzuhören. Er beschrieb ihr ausführlich seinen
Zustand nach der Vollendung des *Malte*: »Vielleicht mußte
dieses Buch geschrieben sein, wie man eine Mine anzündet;
vielleicht hätt ich ganz weit wegspringen müssen davon im
Moment, da es fertig war . . . Ich habe den Ehrgeiz gehabt,
mein ganzes Kapital in eine verlorene Sache zu stecken,
andererseits aber konnten seine Werte nur in diesem Verlust
sichtbar werden.« Nahezu zwei vertane und elende Jahre
seien seit damals vergangen; Geduld sei vonnöten, habe er
sich selbst vorgesagt, doch sei die Geduld, die er zu besitzen
glaubte, zunehmend dahingeschwunden, da alles, was er sah
und berührte, zu Asche zu werden schien. Er hatte gesehen,
wie Rodin mit siebzig Jahren unter der Bürde einer lächerlichen Affäre getaumelt sei. Wenn nicht einmal der Hochmei-
ster der Arbeit sich durchsetzen könne, wie könne er von den
eigenen ärmlichen Anstrengungen etwas erhoffen?
»Was in aller Welt *ist* diese Arbeit wenn man in ihr nicht
alles durchmachen und erlernen kann, wenn man außerhalb

ihrer herumsteht und sich schieben und stoßen, ergreifen und loslassen läßt, verwickelt wird in Glück und Unrecht und nie nichts versteht. — Liebe Lou es steht schlecht mit mir wenn ich auf Menschen warte, Menschen brauche, mich nach Menschen umsehe: das treibt mich nur noch weiter ins Trübere und bringt mich in Schuld; sie können ja nicht wissen, wie wenig Müh, im Grunde, ich mir mit ihnen gebe und welcher Rücksichtslosigkeit ich fähig bin. Es ist also ein schlechtes Zeichen, daß ich seit dem *Malte* oft auf irgendjemanden gehofft habe, der für mich dasein würde, wie kommts? Ich hatte eine unaufhörliche Sehnsucht danach, mein Alleinsein bei einem Menschen unterzubringen, es in seinen Schutz zu stellen ... Mit einer Art Beschämung denk ich an meine beste pariser Zeit, die der *Neuen Gedichte*, da ich nichts und niemanden erwartete und die ganze Welt mir immer mehr nur noch als Aufgabe entgegenströmte und ich klar und sicher, mit purer Leistung antwortete ... Ich wache jeden Morgen mit einer kalten Schulter auf, dort wo die Hand anfassen müßte die mich rüttelt. Wie ist es möglich, daß ich jetzt, vorbereitet und zum Ausdruck erzogen, eigentlich ohne Berufung bleibe, überzählig?«

Was tun, fragte er sie. Ein Arzt könne nicht helfen, noch weniger ein Psychoanalytiker, dessen Behandlung eine Säuberung für alle Zeiten bedeuten würde, die ihn wahrscheinlich hoffnungsloser zurücklasse, als er es in seinem gegenwärtigen Zustand sei. War all dies nur das Symptom »der langen Rekonvaleszenz«, die sein Leben war? Oder waren es »die Zeichen einer neuen Krankheit«? Vielleicht war es gut, daß er zur Zeit in Sicherheit verborgen, ja beinahe eingekerkert war in dem immensen Gemäuer von Duino.[19]

Lou war keineswegs abgeneigt, das Thema Rilke wieder aufzunehmen. Sein »Fall«, den sie so genau kannte, war tatsächlich einer der wichtigsten Gründe für ihren Entschluß, sich einem ernsthaften Studium der Freudschen Theorien zu widmen, und blieb für ihre spätere Arbeit in der Psychoanalyse nach der Unterrichtung durch den Meister eines der wichtigsten Beispiele für sie. Sie antwortete sofort, weitere Briefe zwischen ihnen folgten nach den ersten Monaten des Jahres 1912 in schnellen Abständen. Die Briefe Lous sind bedauerlicherweise nicht erhalten, doch aus den seinen wird deutlich, daß ihm die Möglichkeit, sich vor ihr auszusprechen, ungeheuer wohl tat. Im Lauf des Januar verbrachte er ganze Tage damit, alle seine Gefühle und Ängste auszuschütten und seine Gedanken und Bedenken zu analysieren – wie ein Maulwurf, gestand er, der dunkle Erde über ihre Wege warf.

Am 14. Januar schrieb er auch an Gebsattel mit der Frage, ob er die Psychoanalyse für die rechte Lösung hielte, bestand aber ihm wie Lou gegenüber auf seinen ernsten Bedenken. Er haßte die Vorstellung, sich einer »Korrektur«, so künstlich wie die rote Tinte auf dem Blatt eines Schulheftes, zu unterwerfen.[20] Gebsattels Erwiderung scheint nicht ermutigend gewesen zu sein, auch wenn er dem Freund gerne zur Verfügung stehen wollte. Rilke sandte seinen Brief an Lou und wiederholte seine eigenen Zweifel, immer noch unentschlossen, zumal er sich körperlich ständig weniger wohl fühlte, was ihm zuweilen kaum erträglich schien. »Die Überempfindlichkeit z. B. der Muskeln ist so groß, daß etwas Gymnastik ... gleich Schwellungen, Beschwerden u.s.w. zur Folge hat, Erscheinungen, an die sich dann wieder, als ob sie nur gewartet hätten, Ängste, Auslegungen, Quälereien aller Art anschließen: ich schäme mich einzugestehen, wie sehr mich oft wochenlang dieser verhängnisvolle Cirkel umtanzt, in dem ein Elend dem andern jeden Gefallen tut.« Die ungeheure Anstrengung der Kunst bedürfe der Stütze eines Körpers, der ihre Ausschweifungen nicht nachahmte; in seinem Fall sei der Körper in Gefahr, zur Karikatur seiner Geistigkeit zu werden. »Liebe Lou, wenns Dir nicht zu viel wird, hilf mir mit ein paar Worten überlegen ... Du siehst wie's auf und ab geht mit mir und hin und her: was tun?«[21]

Wären wir ausschließlich auf diese langen Episteln angewiesen, so wäre das Bild Rilkes in Duino in der Tat düster, das eines Zustandes fast pathologischer Innenschau und übertriebener Hypochondrie. Doch wissen wir, daß er Weihnachten und Neujahr nicht viel anders verbrachte als sonst, wenn er allein war. Er war glücklich, einigen wenigen seiner Freunde Exemplare der Übertragung des *Kentauren* schicken zu können und viele andere an seine Existenz in Briefen zu erinnern, die zwar von Beschwerden über seine Unfähigkeit zur Arbeit nicht frei waren, doch immer noch den alten Ton anschlugen und sich auf den jeweiligen Korrespondenten einstellten. Mathilde Vollmoeller hörte von seiner Begeisterung für den »Laokoon« El Grecos und wurde zu ihrer Vermählung beglückwünscht; Julie von Nordeck und Manon zu Solms gestand er sein Heimweh nach Capri; Erica von Scheel erzählte er von seinem Besuch der Kathedrale von Chartres mit Rodin und diesem gegenüber drückte er seine Hoffnung aus, der Meister werde eine Alternative zum Hôtel Biron finden, das er ja ebenfalls verlassen mußte. Er verwendete viel Zeit auf die Verhandlungen mit den Romanellis wegen der Bilder, die Marie Taxis wünschte, und freute sich, ihr am Weihnachtstag berichten zu können, daß Pietro Romanelli schließlich ihr Angebot angenommen habe. »Ich bin sehr stolz auf dieses mein *début* als *intermédiaire*.«[22] Ilse Sadee, eine junge Verehrerin in Krefeld, erhielt einen langen und durchdachten Kommentar zu den Gedichten ihres Verlobten, die sie ihm geschickt hatte; Gide hörte von ihm mit der Bitte um einen Abguß der Totenmaske Pascals für einen befreundeten Arzt in München; den Fischers übersandte er verspätete Wünsche zum Jubiläum ihres Hauses, zusammen mit seiner Beurteilung von Hofmannsthals *Jedermann* und einem Ersuchen um ein besonderes Exemplar der *Neuen Rundschau*. Wie immer las er begierig: Augustinus, Ribadaneiras *Heiligenlegenden*, Balzacs Briefe an Madame Hanska und das Werk des Dänen Johannes Jensen.

Kurzum, zusammen mit seiner bewußten Gewissenserforschung in den Briefen an Lou war er bereits »in der Arbeit«, auf dem Weg, sein eigener Heiler zu sein. Das Schreiben an Freunde und Freundinnen war für ihn nicht nur die gewissenhafte Erledigung einer Verpflichtung, das Abhaken einer Antwort in seinem sorgfältig geführten Briefbuch. Es bildete auch die Grundlage jener Selbstanalyse, die ihn schließlich von seinen Ängsten befreien würde. Vor Lou konnte er seine vollen »Beichten« ablegen. Seine Briefe an andere waren, jeder auf seine Art, Teil desselben Vorgangs. Es war an sich ein Schritt vorwärts, wenn er an Tora Holmström ganz plötzlich nur schrieb: »Bin ein erschöpfter Acker und finde es müßte doch wenigstens ein Unkraut geben, das auf mir gedeiht, wenn ich mich so durchaus öde sehe«,²³ oder an Marie Taxis: »Ich krieche den ganzen Tag in den Dickichten meines Lebens herum und schreie wie ein Wilder und klatsche in die Hände –: Sie glauben nicht, was für ein haarsträubendes Getier da auffliegt«. Hinter den Beschwerden stand ein wachsendes Vertrauen auf die Wirksamkeit seiner eigenen Therapie. »Ich werde täglich ein wenig schärfer, wenn jetzt jemand käme, es wäre nicht ohne Gefahr für ihn, vielleicht beiße ich nächstens.«²⁴ Auch als er zögerte, den Sprung in die Psychoanalyse zu tun, hatte die unterbewußte Entscheidung bereits stattgefunden, denn zumindest von seinem Mangel an Schaffenskraft heilte er sich selbst.

Während der Weihnachtstage hatte Heinrich Vogeler Kippenberg vorgeschlagen, Rilkes Gedichte über die Jungfrau Maria mit seinen Illustrationen zu veröffentlichen – ein Vorhaben, das sie vor langer Zeit in Worpswede erwogen hatten und das Rilke für aufgegeben hielt, um so mehr, als sich ihre Wege inzwischen getrennt hatten. Rilke konnte sich eigentlich nicht entsinnen, genügend für ein ganzes »Marienleben« geschrieben zu haben, und hatte Bedenken; seine unverminderte Freundschaft und Achtung für Vogeler ließen ihn jedoch den Gedanken ernsthaft aufgreifen. Noch im Lauf des Januar, während seines so verzweifelten Briefwechsels mit Lou und Gebsattel, schuf er dreizehn Gedichte, die das *Marien-Leben* bilden sollten – unzulängliche Entwürfe, wie er später urteilte, denn sie waren »oft zweiter und dritter Hand« und »übernehmend statt erfindend« zusammengestellt. Doch sollte sich das Werk als »kleine Mühle« erweisen, die von der Flut eines größeren Stromes getrieben wurde; während er es schrieb, wurde er von der Vorstellung der *Elegien* ergriffen, »der vielleicht größesten und reinsten Arbeit meines Herzens«.²⁵

Der Fürstin gegenüber behauptete er später, der Keim der Ersten Elegie sei einem göttlichen Anhauch entsprungen, einer ungesuchten Eingebung. Eines Morgens, so erzählte er ihr, habe er einen lästigen Geschäftsbrief erhalten, der sofortige Erledigung verlangte. Draußen blies eine starke Bora,

doch die Sonne schien, und das Meer war von einem leuch-
tenden, silberbeglänzten Blau. Er sei den engen Pfad hinun-
tergestiegen, der die beiden Bastionen östlich und westlich
am Fuß des Schlosses verband, von wo aus der Felsen etwa
200 Fuß zum Meer abstürzte. Als er hin und her gewandert
sei, beschäftigt mit seiner Antwort auf den Brief, sei er jäh
erstarrt – denn er habe durch das Brausen des Windes eine
Stimme rufen hören:

Wer, wenn ich schriee, hörte mich denn aus der Engel
Ordnungen?

Marie Taxis berichtete: »Lauschend blieb er stehen. ›Was ist
das?‹ flüsterte er halblaut . . . ›was ist es, was kommt?‹ Er
nahm sein Notizbuch, das er stets mit sich führte, und schrieb
diese Worte nieder und gleich dazu noch einige Verse, die
sich ohne sein Dazutun formten. Wer kam? . . . Er wußte es
jetzt: der Gott . . . Sehr ruhig stieg er wieder in sein Zimmer
hinauf, legte sein Notizbuch beiseite und erledigte den Geschäftsbrief.« Doch am selben Abend war die ganze Erste
Elegie niedergeschrieben.[26] Mehr noch, innerhalb der folgenden paar Wochen hatte er eine zweite geschaffen und sich
in seiner Vorstellung ein klares Bild der Struktur des ganzen
Werkes gemacht. Er zeichnete Fragmente von weiteren drei
Elegien auf und hielt mit größerer Bestimmtheit die ersten
fünfzehn Zeilen des Gedichts fest, das er schon als Schluß des
Zyklus ansah.
»Es ist das Furchtbare an der Kunst, daß sie, je weiter man
in ihr kommt, desto mehr zum Äußersten, fast Unmöglichen
verpflichtet«, hatte er an Lou geschrieben, als er sich noch
nicht sicher war, ob er die Prüfung werde bestehen können.[27]
Die Elegien sollten seine Verpflichtung an seine Kunst sein,
die Feier der Sendung, die er in all ihrem Schrecken auf sich
genommen hatte –

Denn das Schöne ist nichts
als des Schrecklichen Anfang, den wir noch grade ertragen,
und wir bewundern es so, weil es gelassen verschmäht,
uns zu zerstören. Ein jeder Engel ist schrecklich –

und sie sollten, wenn er durchhielte, in dem jubelnden Preis-
gesang gipfeln:

Daß ich dereinst, an dem Ausgang der grimmigen Einsicht,
Jubel und Ruhm aufsinge zustimmenden Engeln.
Daß von den klar geschlagenen Hämmern des Herzens
keiner versage an weichen, zweifelnden oder
reißenden Saiten. Daß mich mein strömendes Antlitz
glänzender mache; daß das unscheinbare Weinen
blühe. O wie werdet ihr dann, Nächte, mir lieb sein,
gehärmte.[28]

Den Schluß konnte er bereits sehen, nicht aber das, was dahin
führen mußte. Es war der Anfang, der rasch kam, die ersten
beiden Elegien, die in ihren Andeutungen dichte und ellipti-
sche Destillierung seiner Erfahrung des Streits zwischen der
Sendung des Dichters und den Anforderungen des Lebens.

Das alles war Auftrag.
Aber bewältigtest du's? Warst du nicht immer
noch von Erwartung zerstreut, als kündigte alles
eine Geliebte dir an?

Trotz seiner Sehnsucht nach einer solch anderen, einer »künftigen Geliebten«, nach einem Menschen, der für ihn in seiner
Einsamkeit da wäre, fühlte er, daß dies nicht sein sollte:

Ist es nicht Zeit, daß wir liebend
uns vom Geliebten befrein und es bebend bestehn:
wie der Pfeil die Sehne besteht, um gesammelt im Absprung
mehr zu sein als er selbst. Denn Bleiben ist nirgends.[29]

Indem er zu den Engeln, den »fast tödlichen Vögeln der
Seele« sang, pries er die Vollendung, nach der der Dichter zu
streben hat:

Räume aus Wesen, Schilde aus Wonne, Tumulte
stürmisch entzückten Gefühls und plözlich, einzeln,
Spiegel: die die entströmte eigene Schönheit
wiederschöpfen zurück in das eigene Antlitz –

die Vollendung von Geben und Nehmen in erhabener Unabhängigkeit, ohne Verlust; im menschlichen Bereich offenbar nur von denen zu erlangen, die jung sterben, oder den großen Liebenden wie Marianna Alcoforado oder Gaspara Stampa, deren Liebe nicht länger an ihrem Gegenstand hängt; immer noch aber ein Ziel, das er lebenslang zu erreichen versuchte.

Denn wir, wo wir fühlen, verflüchtigen; ach wir
atmen uns aus und dahin; von Holzglut zu Holzglut
geben wir schwächern Geruch.
....
                Wie Tau von dem Frühgras
hebt sich das Unsre von uns, wie die Hitze von einem
heißen Gericht.
....
Erstaunte euch nicht auf attischen Stelen die Vorsicht
menschlicher Geste? war nicht Liebe und Abschied
so leicht auf die Schultern gelegt, als wär es aus anderm
Stoffe gemacht als bei uns? Gedenkt euch der Hände,
wie sie drucklos beruhen, obwohl in den Torsen die Kraft
                                                    steht.
Diese Beherrschten wußten damit: so weit sind wirs,
dieses ist unser, uns *so* zu berühren; stärker
stemmen die Götter uns an. Doch dies ist Sache der Götter.

Fänden auch wir ein reines, verhaltenes, schmales
Menschliches, einen unseren Streifen Fruchtlands
zwischen Strom und Gestein. Denn das eigene Herz über-
                                                    steigt uns
noch immer wie jene. Und wir können ihm nicht mehr
nachschaun in Bilder, die es besänftigen, noch in
göttliche Körper, in denen es größer sich mäßigt.[30]

Die Erste Elegie sandte er unmittelbar an Marie Taxis, aufgezeichnet in einem alten ledergebundenen Buch, das sie
gemeinsam in Weimar gekauft hatten, »vollgeschrieben mit
der ersten duineser Arbeit (und der ersten seit lange!)«, für
die es ihm bestimmt zu sein schien.[31]
    Die Monologe kamen zu ihm ganz natürlich in den reim-

losen Versen und dem vorwiegend daktylischen Rhythmus der klassischen Elegie, die seit Klopstock zur literarischen Tradition geworden war und an die ihn die Lektüre von Goethes »Euphrosyne« erinnert hatte. Sie wurden ihm, wie er stets behauptete, gleichsam »diktiert«. Von den Worten eines Gottes zu sprechen, ist eine Weise, diesen Vorgang zu beschreiben; realistischer gesehen können wir diese plötzliche Eingebung als das Ergebnis seiner instinktiven Entschlossenheit betrachten, sich nach der langen Beschäftigung mit seinen Sorgen selbst zu heilen. Die »Stimme«, die nun gekommen war, hatte einen getroffen, der vorbereitet war. Ein Dichter mochte von der neuen Methode der Psychoanalyse auch noch so angetan sein, schrieb Hermann Hesse später, er könne doch nichts anderes tun als »weiter zu träumen und den Rufen seines Unbewußten zu folgen«.[32] Die Elegien waren, wie Simenauer bemerkte, ein erstaunliches Beispiel des elementaren Durchbruchs des Unbewußten im Dichter,[33] die Worte wallten auf, wie Worte aufgetaucht wären – freilich in anderer Weise –, wenn Rilke sich auf die Couch Gebsattels gelegt hätte. Der Tag dieses Ereignisses scheint mit ziemlicher Sicherheit der 20. Januar 1912 gewesen zu sein. Wir wissen, daß Rilke an diesem Tag einen Geschäftsbrief von seinem Anwalt über den Scheidungsverlauf erhielt. Bedeutsamer ist aber noch, daß es der Tag war, an dem Gebsattels Antwort auf seine Frage wegen psychoanalytischer Behandlung eintraf, die er an Lou weiterschickte.

Für Lou, die durch seine Lage sehr gefordert war, war diese Entscheidung eine der schwierigsten ihres Lebens, wie sie sich später erinnerte.[34] »Liebe Lou, *Gute*«, schrieb er am 24. Januar, »Du *sprichst* zu mir, indem Du schreibst . . . und überdies bin ich auf das, was Du da sagst, so vorbereitet durch mein eigenes Gefühl, jenes erste, immer aufs Neue stärkste Gefühl, dem Du Recht gibst, daß es mir nicht an Überzeugtsein fehlt . . . Ich weiß jetzt, daß die Analyse für mich nur Sinn hätte, wenn der merkwürdige Hintergedanke, *nicht mehr zu schreiben*, den ich mir während der Beendigung des *Malte* öfters als eine Art Erleichterung vor die Nase hängte, mir wirklich ernst wäre. Dann dürfte man sich die Teufel austreiben lassen, da sie ja im Bürgerlichen wirklich

nur störend und peinlich sind, und gehen die Engel möglicherweise mit aus, so müßte man auch das als Vereinfachung
auffassen und sich sagen, daß sie ja in jenem neuen nächsten
Beruf (welchem?) sicher nicht in Verwendung kämen.«[35]

Er sandte ihr zwei der Gedichte des *Marien-Lebens*, verriet
ihr aber noch nichts von der eben vollendeten Elegie. Später,
im selben Monat, erhielt sie einen »Juchzer-Brief« mit den
guten Nachrichten. »Дай богъ жизнь!« (»Gott gebe Leben!«) antwortete sie und war erleichtert, daß die Krise
vorübergegangen war. Für ihn aber war es, wie er wußte, erst
ein Anfang. »Das Schlimme ist nur«, schrieb er am 7. Februar, »daß mich jetzt, rein körperlich, das Empfangen fast
ebenso angreift wie das Nicht-empfangen-können. Ach ich
alte Kalesche, früher war ich so fein gefedert, und jetzt –
wenn das Wunder mal eine halbe Stunde in mir fährt, ich
wunder mich, daß es nicht aussteigt: ich stoße und rüttle wie
die ärmste Teljega* und geh darüber beinah selbst aus den
Fugen.«[36] Mehr als zwei Jahre hatte er auf diesen Augenblick
gewartet und sich bewußt in der Einsamkeit von Duino
darauf vorbereitet; doch wie der Patient auf der Couch des
Psychiaters keine Heilung in einer einzigen Sitzung erwarten
kann, so würde auch der Weg zum endgültigen Ausdruck
dessen, was in ihm war, lang und schwer sein, auch wenn er
bereits die endgültige Gestalt seiner elegischen Symphonie
vor sich sah.

Während der Strom der Dichtung floß, machte er seine
Tage zu einer regelmäßigen Routine, die er nicht zu unterbrechen gewillt war. Statt für den Geburtstag Marthes in Triest
selbst nach einem Geschenk zu suchen, erbat er Marie Taxis'
Hilfe in Wien und war entzückt, als sie einen antiken Silber-
anhänger fand, der genaustens der Beschreibung entsprach,
die er ihr geschickt hatte. Er ringe mit der Einsamkeit immer
noch wie Jakob mit dem Engel, schrieb er an Sidie Nádherný,
»sie ist natürlich die Stärkere, und doch wirds mein Schaden
nicht sein«.[37] Die Fürstin hatte ihn bereits ihre Begeisterung
über die Erste Elegie wissen lassen, deren Macht sie sehr bewegt hatte – und die sie Hofmannsthal und Kassner gezeigt

* ein russischer Bauernkarren

hatte. »Nun . . . geb ich herzlich zu, daß die Nachtigall ein Wundervogel ist«, schrieb er ihr, »wollte Gott, ich wäre mit all meinem Dörnicht das rechte Gebüsch für sie.« Rechtens solle ihr jede Bewunderung für die Elegie gelten, fügte er hinzu, »wär sie denn geworden ohne Sie, ohne unsere Gespräche, ohne Theresine, ohne Duino, ohne diese meine Retraite hier, zu der ich von Tag zu Tag mehr Mut fasse?«[38]

Tatsächlich aber war sein Mut bereits im Schwinden, und das wechselhafte Wetter forderte seinen Tribut, obgleich er tapfer barfuß durch den nun fallenden Schnee stapfte. Im Lauf des Februar begann er an einen Umzug nach Venedig zu denken und bat Kippenberg um vorzeitige Auszahlung der ihm zustehenden Gelder; er sehnte sich, die Hände wieder auf »eine warme alte Mauer« in Italien legen zu können. Er entsann sich seines ersten Venedigbesuchs mit Nathan Sulzberger vor sechzehn Jahren, schlug wieder bei Goethe nach und las bald die ganze *Italienische Reise*, voller Bewunderung für die ernsthafte, häufig pedantische Aufnahme neuer Eindrücke auf einer Reise, die in Goethes Leben einen Wendepunkt zu bezeichnen schien. »Ich wunder mich, wie alles kommt, zu seiner Zeit, und nicht zu zwingen, dann aber auch nicht abzuhalten ist«, schrieb er an Lou.[39] Seine Pläne für die Zeit nach Duino bestanden im Augenblick nur aus groben Skizzen, wie er Kippenberg im Januar mitgeteilt hatte – lose Blätter, noch ohne Seitenzahlen, deren Ordnung sich in der Rundung der Zeit werde von selbst ergeben müssen – es sei jedoch undenkbar, daß man so lange unmittelbar vor dem Tor zu Italien lebe und nicht hineintrete.[40] Seine Stimmungen wechselten freilich so häufig wie das Wetter, und er unternahm nichts, bis »Pascha« Taxis zurückkam und ihn während der letzten Märztage zu einem kurzen Aufenthalt nach Venedig entführte.

Zu dieser Zeit war May Knoop auf der Durchreise von Heluan kurz in Venedig, in Begleitung von Algernon Blackwood, dem sie Rilke vorstellte und mit dem er einmal mehrere Stunden Gondel fuhr. Blackwood, der in Deutschland zur Schule gegangen war, konnte der Unterhaltung unschwer folgen, vermochte selbst aber wenig beizusteuern und erinnerte sich in späteren Jahren vor allem viel mehr an

Rilkes eigenartige Kleidung – schwarzer Gehrock und flacher Filzhut.[41] Rilke aber hatte, wie er an Marie Taxis schrieb, das Gefühl eines raschen Kontakts, »wir haben uns, in der Kürze, sehr gut berührt, das heißt aufrichtig angestaunt gegenseitig.«[42] Außer Shaw war Blackwood der einzige englische Autor, dem Rilke je begegnete.

Während dieser immer noch schwierigen Wochen schrieb er weiter an Lou, dankbar für die Unterstützung durch ihre Briefe und mit dem aufrichtigen Bedauern, daß er sich nicht früher, unmittelbar nach der Vollendung des *Malte*, an sie gewandt hatte. Er wußte, daß sie durch Gebsattel von Claras Verlangen nach einer Scheidung erfahren hatte, und sprach sich selbst in einer sachlichen Analyse über seine Beziehung zu seiner Frau aus. Clara war ihm völlig untergeordnet gewesen, hatte seinen eigenen Charakter angenommen, Briefe geschrieben, die aus seiner Feder hätten stammen können; doch hatte sie ihm eine tiefe Abneigung entgegengebracht, wenn sie sich von Zeit zu Zeit klar wurde, wie sehr sie dadurch etwas ihrem Wesen Fremdes akzeptiert hatte. »Sucht man dahinter nach *ihr*, nach dem, was sie seit der Mädchenzeit geworden ist, so findet sich (von der Mütterlichkeit und der Beziehung zu Ruth abgesehen) nichts Greifbares, nichts als diese abwechselnde Funktion des Mich-einnehmens und Mich-ausscheidens.« Wenn es, wie er hoffte, der psychoanalytischen Behandlung gelänge, ihn völlig aus ihr auszutreiben, so würde sie wahrscheinlich wieder dort anfangen müssen, wo er ihr Leben unterbrochen habe. Er verstehe nun, warum nichts Wirkliches aus ihrer Verbindung werden könne, »weil sie entweder Ich war mit allen Kräften und dann zuviel für mich, oder mein Contre-Ich und dann natürlich ein Advocatus Diaboli...«. Sogar ihre Arbeit sei für ihn ein Rätsel, da er sich nicht vorstellen könne, wie echte Kunst ohne inneren Zwang entstehen könne. Arbeit sei für sie einfach da, würde sorgsam erledigt und ständig verbessert – »etwa wie eine gut gehaltene Dépendance, für die im Haupthaus gekocht wird« –, er könne kein Zeichen jener inneren Bestimmung entdecken, sich Hals über Kopf und um jeden Preis in echtes Schaffen zu stürzen. Er gestand, daß er sich Sorgen um ihre Zukunft mache – vielleicht brächte ihr Leben mit Ruth für sie mehr Gewinn als das Ausüben ihrer Kunst.

Nur indirekt gab er eine gewisse Verantwortung seinerseits zu. »Als Frau hätte sie natürlich geliebt sein müssen, denn im Geliebtsein bringt es das Weibliche zu seiner Realisierung, und es ist wahr, in gewissen Jahren ging sie mit einem Zug im Gesicht herum, der mich wie ein Vorwurf traf und an Madame Rodin's Ausdruck erinnerte, von dem einmal ein junges Mädchen mir, ganz erschrocken, sagte: ›Mein Gott, war es denn nötig, daß sie dazu kam, so ungeliebt auszusehen?‹«[43] An dieser Klippe war in der Tat ihr Schiff gekentert. Wie immer auch der erste sorglose Überschwang gewesen war, er hatte sich rasch in seine Erkenntnis aufgelöst, daß eine konventionelle Verbindung für ihn nicht in Frage kam. Während sie noch eine Zeitlang versucht hatte, der erhabenen Vorstellung vom »Wächter der Einsamkeit des anderen« anzuhängen, konnte es nicht in ihrem Wesen liegen, diese Rolle für immer auf sich zu nehmen. Ihm freilich war es Ernst, und er war nun weniger denn je im Zweifel über die Gefährtin, die er brauchte: keine Ehefrau, sondern eine schweigende Gefährtin, die keine Ansprüche stellte, sondern nur da war, um über seine Einsamkeit zu wachen.

Er scheint das Gefühl gehabt zu haben, Clara müsse für sich selbst einstehen. Ruth bereitete ihm größere Sorgen, da ihre Ausbildung noch nicht geplant war und ihr gegenüber seine Verantwortung konkreter war. Es war ein Problem, das er mit vielen anderen Freunden besprechen konnte, die von den Scheidungsplänen noch nichts wußten, – was er dann auch tat. An Ratschlägen von mütterlichen und schwesterlichen Anhängerinnen, die ihren Dichter von solch irdischen Sorgen befreien wollten, fehlte es wie immer keineswegs. Fürstin Maries Vorschlag einer katholischen Nonnenschule fand wenig Gefallen, wenn er an die bedrückenden Umstände seiner eigenen Jugend dachte, seine Hoffnungen für Ruth lagen mehr auf der fortschrittlichen Linie der schwedischen »Samskola«. In diesem Sinne war der Vorschlag, den Eva Cassirer machte, viel attraktiver. Sie war nun aus Rom zurückgekehrt, ihr Gatte war einer der leitenden Angestellten der Odenwaldschule, eines neuen Internats mit fortschrittlichen Zielen, und, was noch wichtiger war, sie waren beide bereit, 10 000 Mark für Ruths Ausbildung in dieser Schule aufzubringen. Das erschien ihm die ideale Lösung, und in optimistischer Stimmung begann er sich auszurechnen, um wieviel er diesen Betrag aus seinen eigenen Mitteln aufstocken konnte. Clara bestand jedoch eisern darauf, daß Ruth bei ihr in München bliebe. Die Cassirers hielten trotzdem ihr Angebot der Finanzierung aufrecht (was eine Tradition unter Rilkes Gönnern zu werden schien), unabhängig davon, wo Ruth zur Schule ging. »Ein Wunder«, schrieb er dankbar im April an Eva, in der Hoffnung, sie werde irgendein geeignetes diplomatisches System finanzieller Kontrolle ersinnen (seine Frau habe »genau dieselbe Ungeschicklichkeit in Geldausgaben«, deren er sich selbst »so oft anklage«), und schlug ihr vor, Clara so rasch wie möglich zur Überbringung der guten Nachricht zu besuchen.[44] »Das kleine Mädchen hat es nicht leicht mit seinen Eltern, ich staune über die Großmut und Geduld, die es für uns aufbringt . . . zehn Jahre durfte man sie so hinwachsen lassen, das ist nicht die schlechteste Grundlage, aber umso geordneter und überlegter müssen die nächsten zehn Jahre sein.«[45]

Sein kurzer Besuch Ende März in Venedig hatte ihm sehr wohl getan, nicht nur wegen des milderen Wetters, sondern auch wegen der Unterbrechung seiner Einsamkeit, – die, was immer er sagen mochte, stets willkommen war. Nun, da Ruths Zukunft einigermaßen geordnet war, entschloß er sich, dorthin zurückzugehen. Die Fürstin war im April wieder in Duino, auch Kassner kam auf eine Weile, beide durften die Zweite Elegie hören. Die Flut der Gäste, ohne die die Fürstin nie auszukommen schien, setzte aber nun ein. Am 9. Mai war Rilke schließlich froh, das Getriebe dieser Gesellschaft gegen ein bescheidenes Zimmer in Venedig einzutauschen, wo er nach Belieben allein sein konnte.

3

Wird mir nichts Nächstes?
Soll ich nur noch verweilen?
Ronda, Februar 1913

Er habe noch keine festen Pläne gemacht, ließ er Kippenberg kurz nach seiner Ankunft wissen, doch werde er wenigstens eine Weile bleiben, um zu sehen, was Venedig ihm zu bieten habe, »denn wir werden nicht fertig miteinander von einem zum andern Mal, und es wär gut zu wissen, was wir uns wollen, eines vom andern«. Während dieser letzten Monate hatte er eine Reihe guter Nachrichten von dem Verleger erhalten, der ihm die bevorstehende Ausgabe des *Cornet* als erste Nummer der neuen Reihe billiger, doch elegant ausgestatteter Bände der Insel-Bücherei ankündigte. Auch das Erscheinen der *Maria-Magdalena*-Übertragung teilte er ihm mit, die endlich, genau nach seinem Wunsch, als Pappband in einem »grauen Bußkleid« herausgekommen war.[1] Der erste Brief, der ihn nun in Venedig erreichte, enthielt die Nachricht, daß Kippenberg die Rechte an der *Rodin*-Monographie erworben habe, außerdem den Vorschlag einer neuen Ausgabe mit Illustrationen, die von Kessler ausgewählt würden. Bei einem kürzlichen Besuch Kippenbergs in Wien hatte Fürstin Marie ihm die Erste Elegie gezeigt. Dem Verleger war begreiflicherweise sehr daran gelegen, Rilke im Bewußtsein der Öffentlichkeit zu halten, und so veröffentlichte er ein Stück daraus im nächsten Insel-Almanach. Rilke freute sich, daß Kippenberg nun davon wußte, und teilte ihm mit, daß es auch eine Zweite Elegie gäbe, die von der Fürstin und Kassner noch höher geschätzt würde, doch sei er gegen jede verfrühte Entdeckung des Werks. Es würde, wie er wußte, eine lange Zeit zur Entwicklung brauchen, wie das *Stunden-Buch*, dessen erster Teil »Jahre und Jahre in Freundeshänden gelegen« hatte, »ehe er mit den späteren Abschnitten zu dem Buch zusammen- und herauskam ... ähnlich möcht ich es mit den Elegien halten ... und Sie werden mich, weiß ich, gewähren lassen, und mirs nicht zur Laune anschreiben«.[2]
Er hatte ein Zimmer an den Zattere genommen, doch

hatte ihm die Fürstin ihr eigenes Pied-à-terre angeboten, eine kleine, doch elegant ausgestattete Mezzaninwohnung im Palazzo Valmarana in unmittelbarer Nähe des Canale Grande, die er während ihrer Reise nach Bosnien gerne bewohnen könne. Anfangs war er geneigt, sich den damit verbundenen gesellschaftlichen Verpflichtungen zu entziehen, indem er in seiner bescheideneren Unterkunft blieb. Als er aber bei den Valmaranas einen Besuch abgestattet hatte und sein eigenes Zimmer, das zwar billig, doch heiß war, einige Wochen bewohnt hatte, entschloß er sich, ihr Angebot anzunehmen. (Mit dieser Meinungsänderung hatte wohl auch der Umstand zu tun, daß sich Agapia, die Tochter der Gräfin Valmarana, in dem Palazzo aufhielt: eine schöne Frau von dreißig Jahren, immer noch ledig, bereits eine Verehrerin seines Werks und eine jener Zuhörerinnen, wie er sie so gerne um sich hatte.) »Was ich hier an Miete zahle, ist sehr wenig im Grunde«, schrieb er an Fürstin Marie, »aber dort würd ichs verwenden, um immer überall viele Rosen zu haben.« Prinz Wolkoff-Muromzoff, ein Freund der Fürstin, hatte ebenfalls sein Haus angeboten, das viel prachtvoller war, doch er zog es trotz dieser Versuchung zur Protzerei vor, sich im Mezzanino niederzulassen: »Ich komm mir vor wie ein Hund, der wie wütend den schönen Teller frißt, der schon die ganze Zeit vor ihm steht, aus Furcht vor der großen neuen Schüssel, gegen die man ihn vertauschen will.«[3]

Die Wohnung war ideal für ihn. Als er am 1. Juni einzog, gab er sich einige Mühe, sie seinen Bedürfnissen anzupassen. Ein kleiner Schreibtisch, den er im Ghetto fand, wurde aufgestellt, dazu ein weiteres Stehpult, von einem örtlichen Schreiner gezimmert (»das schönste übrigens von allen meinen europäischen Stehpulten«). Auf dem Balkon pflanzte er Hortensien und kletternden Efeu und verteilte überall Vasen voll Rosen. Sogar der Lärm der spielenden Kinder auf dem Campo San Vio und das Zwitschern der Tausende von Sperlingen störten ihn allmählich weniger und wurden schließlich zu einem Hintergrund von einer »Art übertriebener Stille«.[4] Trotz all dieser Vorbereitungen auf die Arbeit wurde jedoch, abgesehen von einigen wenigen Begleitzeilen zu den Elegien, nur wenig erreicht. Der Aufenthalt, der bis September dau-

erte, vermittelte ihm mehr als sonst ein Gefühl der Vorläufig-
keit: »Wie lange sich die Zukunft Zeit läßt – und dann, wenn
sie da ist, werde ich ihr gewachsen sein? Ich verliere, warte,
bereite mich auf nichts vor.«[5] Es war tatsächlich nicht leicht,
die Auswirkungen des merkwürdigen Duineser Winters abzuschütteln, anfangs war es ihm zuweilen, als müsse er wieder in die »hermetische Einsamkeit« des Schlosses zurückkehren.[6]

Im Lauf des Juni verstärkte sich der Eindruck, daß ihm
Venedig eigentlich doch nur wenig zu bieten habe. Er erwog
eine Rückkehr nach Deutschland, als ihn ein unerwarteter
Glücksfall wieder aufleben ließ. Carlo Placci kam auf einige
Wochen nach Venedig und brachte es fertig, ihm eine Einführung bei Eleonore Duse zu ermöglichen. Seit langem hatte
Rilke der großen Schauspielerin begegnen wollen und sogar
davon geträumt, sie eines Tages in dem dramatischen Gedicht
Die weiße Fürstin zu sehen, das er ihr gewidmet hatte. Man
hätte schon früher deshalb Schritte unternehmen können,
doch hatte er sich selbst nicht vorgedrängt und sie weiterhin
aus der Ferne bewundert, nicht zuletzt auf Grund der wohlbekannten Geschichte ihrer Affäre mit D'Annunzio: sie war eine
weitere »große Liebende« in seiner *Malte*-Galerie. Nun, am
1. Juli, durfte er in ihrer Wohnung an den Zattere vorspre-
chen. »Was kann ich Ihnen sagen?« schrieb er an Placci. »Es
wäre immer schön gewesen – was ich jedoch nie hätte vorher-
sehen können war die unvergleichliche Sanftheit unserer Begegnung . . . Wie richtig es doch war, so viele Jahre hindurch
nichts für mein großes Verlangen zu tun. Es sollte keine Anstrengung des Willens sein, einander aufzuspüren, man muß
dem Lauf des Weltalls folgen, wie die Sterne, dann geschieht
alles im Zusammenhang mit dem ewigen Gesetz, in der Fülle
des Universums.«[7] Ihr zu begegnen sei wohl der brennendste
Wunsch seines Lebens gewesen, gestand er Marie Taxis. Er
habe zwar für einige Zeit die Präzision für ein erfolgreiches
Wünschen verloren (»Wünschen ist Scheibenschießen und
ich steh im großen Feuer gegen einen unsichtbaren Feind«),
doch die Erfüllung dieses Wunsches ohne Anstrengung seinerseits erscheine ihm als ein weiteres Zeichen dafür, daß er
sich trotz allem auf dem rechten Weg befinde.[8]

Zahlreiche Nachmittage folgten, an denen man einander besuchte oder gemeinsame Ausflüge zu den Inseln unternahm. Eine Weile ergab er sich völlig in ihren Charme, stand ihr jeden Tag zur Verfügung und schreckte nicht wie in der Begegnung mit Anna de Noailles zurück, obgleich er nach seiner Erfahrung mit Rodin immer noch die Gefahr erkannte, die solche überwältigenden Persönlichkeiten für sein Werk und für ihn selbst bildeten. Die Duse, nun einundfünfzig Jahre alt, hatte drei Jahre zuvor aus Gesundheitsgründen die Bühne verlassen. In ihrer unbefriedigten Sehnsucht nach einer Rückkehr auf die Bühne war sie ein launisches Geschöpf geworden und für die wenigen Freunde in ihrer Zurückgezogenheit ein schwieriger Umgang. Dies galt vor allem auch für Signora Poletti, eine ergebene junge Gefährtin, die mit übertriebenem Ehrgeiz das Stück zur Wiederherstellung ihres Ruhms schreiben wollte; daß sie dabei wohl kaum Erfolg haben würde, sah Rilke sofort. Aber auch trotz der Vorbereitungen auf eine Trennung fühlte sich die Schauspielerin noch verantwortlich für sie. »Welche Herrlichkeit und welche Vergeudung. Kein Dichter in der ganzen Welt, und sie geht vorüber.«[9] Er wollte unbedingt helfen, diskutierte Ideen mit ihnen getrennt oder gemeinsam, konnte jedoch nie die rechten Worte finden und wußte, daß er in einer solchen Krise nur ein schwacher Halm war. *Die weiße Fürstin*, die er vor so vielen Jahren für sie geschrieben hatte, war zu unreif, beinahe ein Anachronismus. Auch wenn die Duse von dem Gedanken sehr angetan war und ihn um eine Übertragung bat, mußte er doch Marie Taxis, welche die alternde Schauspielerin gut kannte, zustimmen, daß diese träumerische Phantasie nicht das war, was sie brauchte. »Ich fürchte, daß Sie sich wieder ganz ausgeben«, warnte ihn die Fürstin, »Sie wollen helfen. Aber ist da Hilfe möglich?«[10] Es kam als Erleichterung, als Anfang August die Duse und Signora Poletti endlich Venedig verließen und getrennte Wege einschlugen. Doch auch später kam ihm zuweilen noch der Gedanke, ihr irgendwie die Rückkehr auf die Bühne zu ermöglichen.

Der Antrieb, etwas für sie zu tun, war seinem Gefühl entsprungen, daß auch er einen kritischen Punkt in seinem Leben erreicht hatte. Die Zukunft von Frau und Kind ohne ihn war einigermaßen gesichert, er war frei, seinen eigenen Weg zu gehen, den Weg zu einer Leistung, auf die ihn die ersten Elegien einen kurzen Blick gestattet hatten. Doch dazu war noch etwas anderes nötig, die Liebe eines Menschen, der selbstlos bereit war, ihn in seiner Anstrengung zu unterstützen. In den wenigen Gedichten und Fragmenten, die trotz der launischen Ausbrüche der Duse nun in Venedig entstanden, war diese Sehnsucht ein wiederkehrendes Thema, eine Sehnsucht, die sich im Bogen durch das All schwang »durch die einst gewesne Zukunft«,[11] die Erwartung einer »künftigen Geliebten«, die bestimmt zu ihm kommen mußte:

Perlen entrollen. Weh, riß eine der Schnüre?
Aber was hülf es, reih ich sie wieder: du fehlst mir,
starke Schließe, die sie verhielte, Geliebte.

War es nicht Zeit? Wie der Vormorgen den Aufgang,
wart ich dich an, blaß von geleisteter Nacht . . .
        . . . wie ein Flußbett der Wüste
daß es vom reinen Gebirg bestürze, noch himmlisch, der
                                            Regen –
wie einer die warmen   . . .
Krücken sich wegreißt, daß man sie hin an den Altar
hänge, und daliegt und ohne Wunder nicht aufkann:
siehe, so wälz ich, wenn du nicht kommst, mich zu Ende.
Dich nur begehr ich. Muß nicht die Spalte im Pflaster,
wenn sie, armsälig, Grasdrang verspürt: muß sie den ganzen
Frühling nicht wollen? Siehe, den Frühling der Erde.
                . . .
                                        Wie kann
das Geringste geschehn, wenn nicht die Fülle der Zukunft,
alle vollzählige Zeit, sich uns entgegenbewegt?
Bist du nicht endlich in ihr, Unsägliche? Noch eine Weile,
und ich besteh dich nicht mehr. Ich altere oder dahin
bin ich von Kindern verdrängt . . .[12]

Zufall – oder, wie er es lieber nannte, Schicksal – würde ihn gewiß so zu ihr führen wie zur Duse, in »einer von jenen

Fügungen, die unendlich im Recht sind und alles für einen tun, weil man sie von Anfang an für zu groß hielt, um das Geringste für sie tun zu können«.[13] Ungewiß wie stets blieb aber der Ort, an dem er diese Offenbarung erwarten sollte, zumal er nun auch keine finanzielle Sorgen mehr hatte, da das Einkommen von der Insel immer noch durch Abhebungen aus dem Prager Legat aufgebessert werden konnte. In den Händen Kippenbergs nahm sein früheres Werk nun neues Leben an, insbesondere der *Cornet* wurde in einer Weise »beritten« gemacht, wie es bei Axel Juncker nie der Fall gewesen war. Im August kam dann die Nachricht, daß Juncker endlich nicht nur die Rechte auf *Die Letzten*, sondern auch am *Buch der Bilder* aufgegeben habe. Dies sei für ihn eine echte Freude, wie er an Kippenberg schrieb, ein Scheideweg auf seiner Fahrt, es sei »vielleicht sogar eines Tages aufs neue nötig dorthin zurück und von dort noch einmal auszugehn in der entgegengesetzten Richtung oder ohne, dem Einhorn, dem ewigen Einhorn nach.«[14]

Seine Entschlußlosigkeit verlieh ihm ein melancholisches Wesen, wie Pia Valmarana bemerkte. »Ich habe Venedig so benützt wie alle meine Aufenthaltsorte in diesen letzten paar Jahren«, sagte er zu ihr, »indem ich mehr von ihnen erwartete als sie zu geben vermögen . . . und ich versuchte, die Dinge in Schrecken zu versetzen, indem ich ihnen diese Pistole auf die Brust setzte, die mit Erwartung geladen war«.[15] Er habe Venedig für sich schwierig gemacht, hieß es an Sidie Nádherný, es sei viel mehr die Stadt Maltes als die seine gewesen, er müsse es nun hinter sich lassen und weiterziehn – irgendwohin. Von neuem begann er an Spanien zu denken. Toledo mit El Greco schien mehr denn je zu locken, ein Spätherbst dort, nicht als Besucher, sondern »so toledanisch wie möglich« lebend, würde ihm vielleicht visuelle und geistige Entspannung verschaffen.[16] Als die Fürstin ihre Rückkehr nach Duino meldete, schloß er sich ihr am 11. September wieder für nahezu einen Monat an, genoß Ausflüge nach Grado, nach Saonara bei Padua, zu Petrarcas Grabmal in Arqua und nach Verona. Spanien nahm jedoch als sein nächstes Ziel zunehmend Gestalt an, und die Versenkung in El Greco wurde ihm beinahe zur Pflicht.

Vielleicht hatte er die Entscheidung im Unterbewußtsein bereits gefaßt, weshalb eine eigenartige Erfahrung in Duino tiefere Bedeutung annahm. »Pascha« Taxis experimentierte besonders gerne mit der Planchette, und Rilke nahm an drei Seancen teil, saß abseits von den anderen und schrieb schweigend seine Fragen nieder, auf die die Geister durch Vermittlung des Brettchens antworten sollten. Er hatte zwar selbst, wie er später sagte, keine Anlagen zum Medium, war sich jedoch nicht im Zweifel, daß er auf seine eigene Art den Einflüssen von Kräften offenstand, die jenseits menschlicher Wahrnehmung existieren mochten. Die Antworten, die sich bei diesen Gelegenheiten ergaben, waren gelinde gesagt delphisch; diejenigen aber, die von einer Frau gegeben wurden, die sich »die Unbekannte« nennen ließ und deren Grab einer anderen »Stimme« zufolge in Bayonne lag, schienen zu bestätigen, daß er nach Spanien gehen mußte. »Die Brücke, die Brücke mit Türmen am Anfang und Ende ... wenn du hinkommst, so gehe unter die Brücke, dort, wo die großen Felsen sind, und dann singe, singe ...« Es war Toledo, davon war er überzeugt, und er säumte nicht länger. »Vielleicht übertreibe ich«, schrieb er an Kippenberg, als er ihm seine Pläne mitteilte, »aber mir will scheinen, als ob diese Reise von ähnlicher Bedeutung für meinen Fortschritt sein würde, wie es einst die russische war ... der immer noch abwartende Zustand, in dem ich mich seit Abschluß der letzten großen Arbeit finde, mag auch dazu beitragen, daß ich mich aufmerksam an diesem Neuen versuchen möchte, darin die verschiedenen Richtungen meiner Arbeit, wie ich vermute, zusammenkommen.«[17]

Er hatte vor, zuerst einen kurzen Besuch in München abzustatten, um Clara und Ruth zu sehen, und dann sobald wie möglich weiterzureisen. Doch es fügte sich, daß er viel länger bleiben mußte. Viele Freunde, alte und neue, erwarteten ihn da – Annette Kolb, Elsa Bruckmann, Placci wiederum, Sidie Nádherný, die auf ein paar Tage kam, Jakob Wassermann, den er jahrelang nicht gesehen hatte, Hofmannsthal, sogar Fürstin Marie auf der Durchreise zur Stuttgarter Première der Straußschen *Ariadne auf Naxos*. Seine Mutter traf unerwartet ein und dehnte ihren Aufenthalt aus;

es gab einen umfangreichen Briefwechsel mit Kippenberg, insbesondere über eine Ausgabe des *Marienlebens* in der Insel-Bücherei und Fahnenkorrekturen für eine Neuausgabe des *Buchs der Bilder*. Nachrichten von Marthe beunruhigten ihn für eine Weile – sie hatte anscheinend plötzlich Paris verlassen, die Sicherheit, die er für sie zu finden versucht hatte, aufgegeben, und befand sich vielleicht auf der Suche nach ihm, doch sollten ihr seine Pläne besser verborgen bleiben. Er verbrachte viel Zeit mit Ruth und veranlaßte, daß ihr und Clara gemeinsam die erste Jahresrate von Cassirers großzügiger Finanzierung überwiesen wurde.[18] Clara fand am Münchner Leben offensichtlich Gefallen und hatte nach dem Erfolg ihrer Büsten Dehmels und Hauptmanns keinen Mangel an Aufträgen. Das Geld würde jedoch ihre Lage sicherer machen.

Erst Ende Oktober konnte er schließlich aufbrechen. Die Versenkung in die Literatur über El Greco und der wiederholte Besuch des »Laokoon«, den er unermüdlich betrachtete und seinen Freunden zeigte, hatten dazu beigetragen, seine Ungeduld zu stillen. Auch die häufig geäußerten Warnungen vor einer Spanienreise, die ihm von allen Seiten zukamen, hatten ihn von seiner Absicht nicht abbringen können. Ursprünglich hatte er die Reise sogar noch weiter nach Süden ausdehnen wollen, vielleicht nach Sizilien, doch er fühlte, daß er die Suche nach einer eigenen unabhängigen Arbeitsstätte nicht mehr länger aufschieben durfte. Als er kurz vor der Abreise hörte, daß in Paris ein Atelier verfügbar sei, beschloß er, es für das neue Jahr reservieren zu lassen. Es lag in der Rue Campagne-Première, und er konnte sich keine bessere Lösung vorstellen, als zu den Erinnerungen des »guten arbeitsamen Sommers« dorthin zurückzukehren.[19]

Er schlug den schnellsten Weg nach Toledo ein und machte nur für einen Tag in Bayonne halt. In Madrid, das er für ebenso abstoßend hielt wie Triest, stieg er um und fuhr rasch weiter, bis er um zehn Uhr morgens am Allerseelentag in der Stadt am Tajo ankam, die ihn sofort in Begeisterung versetzte. Um die Stadt zu beschreiben, bräuchte er, wie er am selben Abend an die Fürstin schrieb, die Zungen von Engeln; er könne nun die Legende begreifen, daß Gott, als

Er die Sonne schuf, sie unmittelbar über Toledo setzte. »Ich
bin schon überall herumgekommen, hab mir alles einge-
prägt, als sollt ichs morgen für immer wissen, die Brücken,
beide Brücken, diesen Fluß und, über ihn hinüberverlegt,
diese offene Menge der Landschaft, übersehbar wie etwas,
woran noch gearbeitet wird.«[20] Er wanderte durch die engen
Straßen, ging in alle Kirchen, mit einem unerhörten Gefühl
der Sicherheit, als habe ihn ein unsichtbarer Führer an die
Hand genommen, den ganzen Tag über, der so lang war wie
»ein Tag aus der Genesis«. Alle seine bisherigen Reisen
erschienen nun als bloßer Vorgeschmack auf dieses Erlebnis,
Avignon, Les Baux, Kairo, ja sogar die Wüste waren nur »die
Luftbilder meiner Sehnsucht, Toledo zu sehen«. »Wieviele
Dinge hab ich lieb gehabt, weil sie etwas von diesem da zu
sein versuchten, weil ein Tropfen dieses Blutes in ihrem
Herzen war, und nun solls das Ganze sein.«[21]

Es sei merkwürdig, schrieb er an Pia Valmarana, daß man
auf Spanisch einen Spaziergang nicht mache, sondern »gebe«
– »dar un paseo«; »das trifft keineswegs auf mich zu, da ich
nichts gegeben, sondern nur empfangen habe, beide Augen
gefüllt«.[22] Am Abend pflegte er häufig zu dem öden Gegenbild außerhalb der Stadt hinauszuwandern, wo die felsige
Landschaft »wie ein Löwe vor jedem Tor« stand, »geh dort
auf und ab, wo Propheten gehen könnten, und wend mich
eine Weile weg von dem aufgerichteten Anblick und drück
die Augen zu und sag: So, nun will ich mirs innen vorstellen,
und wirklich, ich stell mirs unbeschreiblich vor, aber, wenn
ich dann wieder hinseh: so ist es um so vieles mehr, so ganz
drüber hinaus, daß ich daran verzweifle, es je als Gleichnis in
mir mitzunehmen.« Die Stadt war nicht Geschichte, sondern
nur Legende. »Ein Heiliger und ein Löwe« müßten hier
»gemeinsam am Werk gewesen sein, damit dies entstehen
konnte.«[23]

Er wohne praktisch in der Kathedrale, ließ er seine Mutter
wissen[24]; etwas Elementares schien in den Äußerungen der
christlichen Religion in diesem Land zu liegen, wo sogar
Hunde in den Kirchen erlaubt waren – die ja vielleicht die
christlichsten Wesen waren, auch wenn ihr Glaube nur den
menschlichen Herren galt.[25] Hier, wo sich die christlichen,

jüdischen und arabischen Kulturen so eng vermischten, könne er sich vorstellen, daß die mutmaßliche Reise Leonardos da Vinci nach Arabien den Künstler in der Tat auch nach Toledo geführt habe, um die arabische Schrift und die »verschlungene Vegetation ihrer alten Geheimnisse« zu durchforschen. Für ihn sei das Alte Testament die einzig mögliche Lektüre hier, die Bibel aufzuschlagen und sie in der Landschaft weiterzulesen, die in sich selbst eine Offenbarung sei.[26]

Er war gekommen, darauf vorbereitet, den El Greco von Toledo zu finden, und hatte statt dessen das Toledo El Grecos entdeckt, ein Toledo, in das sich der Künstler einfügte wie »ein großer Edelstein in dieses schreckliche und erhabene Reliquar eingeschlossen«,[27] wobei die Werke, vor allem die »Himmelfahrt Mariens« in der Kirche San Vincente, in dieser Umgebung an Stärke gewannen. Hoffnung war für ihn das Motto des ersten Tages gewesen – die Hoffnung, daß die biblische Umgebung dieser Stadt den Quell zurückbringen würde, der in Duino versiegt war. Doch das sollte noch nicht geschehen; das Erlebnis war zu überwältigend, um, von den Briefen abgesehen, irgendeinen unmittelbaren Ausdruck finden zu können. Er spürte, daß es eines der größten seines Lebens war, »es gehört . . . zu den größesten Dingen, die mir widerfahren sind«,[28] er war aber weder körperlich noch geistig bereit, es zu meistern. Zum einen machte die zunehmende Kälte den ursprünglichen Gedanken an einen Winteraufenthalt in Toledo zunichte; gegen Ende November sah er ein, daß er auf der Suche nach Wärme weiter nach Süden gehen mußte. Zum anderen war er immer noch von der Sehnsucht nach jener künftigen Geliebten besessen, einer Sehnsucht, die in einem Gedichtfragment, dem einzigen Ertrag dieser Wochen, Ausdruck fand:

...
komm wann du sollst. Dies alles wird durch mich
hindurchgegangen sein zu deinem Atem.
Ich habs, um deinetwillen, namenlos
lang angesehen mit dem Blick der Armut
und so geliebt als tränkst du es schon ein.[29]

Auf dem Weg nach Süden, ohne klare Vorstellung eines Ziels, machte er für zwei Tage in Cordoba halt, blieb dann, vom 3. Dezember an, beinahe eine Woche in Sevilla. Von dieser Stadt hatte er, wie er der Fürstin schrieb, nichts außer Sonne erwartet und wurde nicht enttäuscht. Cordoba freilich enthielt etwas von dem elementaren Spanien, das er in Toledo gesehen hatte, trotz der schändlichen Weise, in der man die große Moschee für christliche Zwecke umgebaut hatte, »diese in das strähnige Innere hineinverfilzten Kirchen, man möchte sie auskämmen wie Knoten aus schönem Haar ... Noch jetzt wars rein unerträglich, die Orgel und das Respondieren der Chorherren in diesem Raum zu hören (*qui est comme le moule d'une montagne de Silence*), das Christentum, dachte man unwillkürlich, schneidet Gott beständig an wie eine schöne Torte, Allah aber ist ganz, Allah ist heil«.[30] Aus Sevilla brachte ihn ein zufälliger Hinweis nach Ronda, das in den Bergen zwischen Gibraltar und Malaga lag. Bereits am 9. Dezember hatte er sich in dem von Engländern errichteten Hotel Reina Victoria niedergelassen – das seinen Worten nach dem Schauspiel dieser »heroischen« Landschaft nicht ganz angemessen war, wie er an »Pascha« Taxis schrieb, dessen gut geführter Komfort um diese Jahreszeit ihm jedoch besonders willkommen war.[31]

Er hatte sich die letzte Zeit über gar nicht wohl gefühlt. An manchen Tagen fühlte er sich »krank und verdorben wie eine Schulheftseite mit zu Löchern durchradierten Klecksen: und ich kann nicht einmal ergründen, obs eigentlich im Physischen sitzt oder in der Seele oder im Zwischenraum zwischen beidem: denn ich fürchte, ich habe wirklich ein Loch dort wo die beiden Seiten Dasein sich genau-genau berühren müßten.«[32] Ronda, das wußte er sofort, hatte ihm viel zu geben. Toledo blieb ein unvergleichliches Erlebnis, doch hier erneuerte sich sein Staunen über Spanien, wenn er sah, wie die alte Stadt beinahe »hinaufgehäuft« auf den beiden Felserhebungen lag, die von einer traumhaften Brücke über der tiefen Schlucht des Guadalevin verbunden waren, als opfere sie sich auf einem ungeheuren Altar; die Häuser mit weißem Kalk überkrustet, jedes mit einem bunten Portal, darüber einige rötliche Kirchen; das Ganze hoch aufragend in die klare Luft und »ausgesetzt dem jüngsten Gericht einer riesigen Runde von Bergen, einer älter als der andere«, Berge, die offenstanden wie ein Psalter vor dem Gottesdienst.[33] Noch stärker als in Toledo war hier das Gefühl der Vertrautheit, vertraut nicht nur aus einem Traum, von dem Pascha Taxis kurz vor seiner Abreise aus Duino erzählt hatte, sondern noch genauer, es war das Original einer namenlosen Skizze, die er einmal in Rußland, in den Aufzeichnungen einer längst vergangenen Europareise eines jungen Adligen, gesehen hatte. Ein solches Schließen des Kreises befriedigte ihn stets über alle Maßen. Mehr denn je fühlte er, daß El Greco *in* dieser Landschaft war, in der »ich weiß nicht welche Wahrheit der menschlichen Seele ... zur Endgültigkeit gekommen ist, zur Existenz, zu einer Sichtbarkeit, von der man meint, sie müßte, so wie sie da ist, für den Hirten irgendeiner Ziegenherde und für Gottes Engel, die gleiche sein.«[34]

Hier wäre ein Ort zum Bleiben – wenn es nicht Winter wäre. Frühling war nötig, vor allem aber die Fähigkeit zu absorbieren, sich anzupassen, aber er konnte seine Unruhe noch nicht überwinden. Das Gefühl, daß der Kreis im Anblick von Ronda sich runde, war gleichzeitig das Gefühl einer Ziellosigkeit, daß er eine neue Richtung noch nicht finden konnte. Zufällig schlug er in den »Instructions« der seligen Angela de Foligno eine Stelle auf, die er sich vorher angemerkt hatte, in der seine Lage genau beschrieben war: all die Segen der Weisen, der Heiligen, Gottes selbst würden nichts nützen, wenn sie im Innern nicht »une nouvelle opération«, einen Sinneswechsel bewirkten; geschähe das nicht, »würden die Weisen, die Heiligen, und Gott, statt gut zu tun, meine Verzweiflung, meine Wut, meine Trauer und meine Blindheit unbeschreiblich verschärfen«. Als Weihnachten nahte, wandte er sich an Lou – sie hatte seit der Krise des vergangenen Jahres nicht von ihm gehört – und schilderte ihr, wie das verheißungsvolle Duino und auch Venedig ihm die erhoffte Hilfe versagt habe; wie Toledo, das die Anregung zu jener »nouvelle opération« hätte sein können, unerträglich gewesen sei in seiner Kälte und nur die alten Körperbeschwerden zurückgebracht habe; wie selbst die »hohe reine Luft« von Ronda und die Herrlichkeit seiner Umgebung die

Freude nicht erneuern könnten, die er früher an dem empfunden hatte, was er sah. »Vor vier, fünf Jahren noch konnte
ein Sonnenaufgang . . . mich von Kopf bis Fuß in lauter
Freude verwandeln . . . und jetzt sitz ich da und schau bis mir
die Augen wehtun, und zeig mirs und sag mirs vor als sollt
ichs auswendig lernen und habs doch nicht und bin so recht
einer, dems nicht gedeiht.« Zuweilen hatte er das Gefühl,
sich zu sehr bemüht zu haben: »au lieu de me pénétrer, les
impressions me percent.«[35]

Er bekam einen »wirklichen Lesedurst«, fühlte »eine gewisse Trockenheit dort, wo die Augen schlucken«, und verschlang gierig die vielen Bücher, mit denen ihn Kippenberg
versorgte – Ricarda Huch, Jacobsen, vor allem aber Stifter.[36]
Er sehnte sich, so hieß es an Lou, nach einer Umgebung wie
einst in Schmargendorf, »lange Gänge im Wald, barfuß gehen . . . eine Lampe haben am Abend, ein warmes Zimmer,
und den Mond, so oft es ihm paßt, und die Sterne wenn sie da
sind, und sonst sitzen und den Regen hören oder den Sturm,
als wärs Gott selbst«. Vielleicht wäre der Schwarzwald das
richtige, vielleicht ein Ort wie das Haus Ellen Keys in Schweden (doch am besten nicht »bei« jemandem) oder eine kleine
deutsche Universitätsstadt, wo er lesen und etwas lernen
könnte. Er vertiefte sich nun häufig in den Koran, denn das
Arabische zog ihn an. Vielleicht könne ihm Andreas in
Göttingen dabei helfen? »Ich fable, siehst Du, und da gibts
keine Grenzen.«[37]

Lous Antwort, voller Mitgefühl, seine Klagen aber, wie
sie sagte, nicht ganz verstehend, traf erst Anfang Januar ein.
Sie hielt sich nun in Wien auf, hatte bereits mit dem Kreis um
Freud zu tun und wollte mehrere Monate dort bleiben. So
sah sie keine Möglichkeit zu einem Treffen vor dem Sommer
und hoffte, er werde bis dahin seine Gedanken etwas geklärt
haben. Einfühlsam verglich sie seinen Zustand mit einem
Stoppelfeld nach der Ernte, da doch schließlich die beiden
Elegien, die Kassner so hoch pries, geschaffen worden waren. Sie war sicher, daß mehr folgen würde. Wie schon früher
war es ihm genug, seine Ängste und Sorgen an sie zu Papier
gebracht zu haben. Als der Brief eintraf, erwiesen sie sich
bereits als grundlos, denn Verse begannen zu fließen, die

zeigten, daß die Eindrücke Spaniens, die er geglaubt hatte nicht meistern zu können, tatsächlich in ihm wirkten – die blühenden Mandelbäume, die Himmelfahrt Mariens auf El Grecos Gemälde, die Hirten, bei denen er auf seinen langen Wanderungen oft schweigend gestanden hatte, das alles fand seine Gestaltung. Die Elegien waren nur »ein kleines und wie scharf abgebrochenes Stück ... von dem, was damals in meine Macht gegeben war.«[38] Was er nun aber hervorbrachte, war, wie er erkannte, noch nicht die Fortsetzung, die er erhofft hatte:

Aus dieser Wolke, siehe: die den Stern
so wild verdeckt, der eben war – (und mir),
aus diesem Bergland drüben, das jetzt Nacht,
Nachtwinde hat für eine Zeit – (und mir),
aus diesem Fluß im Talgrund, der den Schein
zerrissner Himmels-Lichtung fängt – (und mir);
aus mir und alledem ein einzig Ding
zu machen, Herr ...
     . . . .
Daß mir doch, wenn ich wieder der Städte Gedräng
und verwickelten Lärmknäul und die
Wirrsal des Fahrzeugs um mich habe, einzeln,
daß mir doch über das dichte Getrieb
Himmel erinnerte und der erdige Bergrand,
den von drüben heimwärts die Herde betrat.
Steinig sei mir zu Mut
und das Tagwerk des Hirten scheine mir möglich,
wie er einhergeht und bräunt und mit messendem Steinwurf
seine Herde besäumt, wo sie sich ausfranst.
Langsamen Schrittes, nicht leicht, nachdenklichen Körpers,
aber im Stehn ist er herrlich ...[39]

Die »spanische Trilogie« war mehr der Ausdruck seines Verlangens nach Schaffen als das Schaffen selbst, aber auch ein Schritt aus der Ziellosigkeit, der er zum Opfer gefallen war. Die »Himmelfahrt Mariae«, die Gedichte »Die Auferwekkung des Lazarus« und »Der Geist Ariel (nach der Lesung von Shakespeares *Sturm*)« standen immer noch in der Tradition der *Neuen Gedichte*, waren unmittelbare Umsetzung des Erlebten und Beobachteten.

Seine Vorstellung von der Schöpfung, vom Universum, gliederte sich in drei Ebenen: die der unbelebten Dinge und der niederen Ordnungen von Pflanzen und Tieren, die des Menschen und, jenseits und darüber, die des unsichtbaren und geheimnisvollen Ganzen, dessen, was er das Reich der Engel nannte, wo Leben und Tod in eins verschmolzen. Die Aufgabe des Künstlers und des Dichters sei es, jenes höhere Reich zu deuten – mit Milton hätte er sagen können »to justify the ways of God to Man«. Er durfte sich nicht, wie in den *Neuen Gedichten*, damit zufrieden geben, das Diesseitige zu beobachten und sachlich zu beschreiben, sondern mußte darüber hinausgehen, wie er es in den Elegien zu tun begonnen hatte, und das Unsichtbare ausdrücken, den Bereich, in dem alles zusammengefaßt war, was hier existierte, für dessen Wirklichkeit der Engel ebenso stand wie für die Eingebung, die der Dichter zu ihrer Vermittlung brauchte. So schrieb er in sein Notizbuch: »Ich, der ich so recht an den *Dingen* mich ans Hiesige gewöhnt habe, ich muß gewiß (und das ist es, was mir so schwer fällt in diesen Jahren) die Menschen überschlagen und gleich zu den Engeln (lernend) übergehn.«[40] Was ihn jedoch, vom Engel noch nicht erhört, an die Erde band, war die unerfüllte Sehnsucht nach einer Gefährtin, der andauernde Widerstreit zwischen dem Leben diesseits und der »großen Arbeit«.

In Ronda gab es freilich Augenblicke, da er sich diesem Ziel näher fühlte. In Spanien hatte er das Land der Propheten entdeckt, eine alttestamentliche und koranische Wüste; Toledo war eine Stadt, die jenseits des Menschen zu den Sternen reichte, »durch alle Dimensionen der Sichtbarkeit ... Erscheinung vom Blick des Tiers bis zum Anschaun des Engels«, Ronda eine »heroische« Landschaft in unmittelbarer Verbindung mit dem Ganzen.[41] Er dachte daran, wie er früher das Gefühl einer solchen Verbindung gespürt hatte, im Garten zu Duino, und einmal auf Capri, das Gefühl, »auf die andere Seite der Natur geraten« zu sein und sie, während er sich seiner Umgebung immer noch völlig und sanft bewußt war, wie über die Schulter anzusehen. Diese »Erlebnisse« zeichnete er auch in seinem Notizbuch auf, in der dritten Person: »Auch fiel ihm wieder ein, wie viel er darauf gab, . . . des gestirnten Himmels durch das milde Gezweig eines Ölbaums hindurch gewahr zu werden, wie gesichthaft in dieser Maske der Weltraum ihm gegenüber war, oder wie, wenn er Solches lange genug ertrug, alles in der klaren Lösung seines Herzens so vollkommen aufging, daß der Geschmack der Schöpfung in seinem Wesen war.«[42]

So begann er, wenn auch nur für kurze Zeit, die »Innerlichkeit« der Elegien wiederzuentdecken, die Gegenwart des Engels zu spüren, »starker, stiller, an den Rand gestellter Leuchter«,[43] des Engels der Eingebung. Er nahm die Zeilen wieder auf, die er in Duino über ein undeutlich wahrgenommenes Thema entworfen hatte, und brachte sie in endgültige Form als Teil dessen, was die Sechste Elegie werden sollte: die Feier des Helden, dessen Tod wie der Tod derer, die jung sterben, nicht so ist wie wir ihn uns vorstellen, das Gegenteil des Lebens, sondern die eigentliche Frucht des Lebens, die dunkle, ungeschaute Seite eines einzigen Ganzen.

                                        Dauern
ficht ihn nicht an. Sein Aufgang ist Dasein . . .
. . . Wir aber verweilen,
ach, uns rühmt es zu blühn, und ins verspätete Innre
unserer endlichen Frucht gehn wir verraten hinein.
Wenigen steigt so stark der Andrang des Handelns,
daß sie schon anstehn und glühn in der Fülle des Herzens,
wenn die Verführung zum Blühn wie gelinderte Nachtluft
ihnen die Jugend des Munds, ihnen die Lider berührt:
Helden vielleicht und den frühe Hinüberbestimmten,
denen der gärtnernde Tod anders die Adern verbiegt.
Diese stürzen dahin: dem eigenen Lächeln
sind sie voran, wie das Rossegespann in den milden
muldigen Bildern von Karnak dem siegenden König.[44]

Diese vorsichtigen Anzeichen eines Fortschritts ließen eine weitere Verlängerung seines Aufenthalts in Ronda vor der Rückkehr nach Paris berechtigt erscheinen. In ihm gehe noch

ein »Prozeß des Umgrabens im ganzen Erdreich« seines
Wesens vor sich, hatte er Anfang Januar Kippenberg mitgeteilt: »Das Auftreten der Elegien voriges Jahr hat mich ein
wenig ins Vertrauen dessen einbezogen, was sich unsäglich
langsam, unter dem Vorwand so großer Verheerung, ordnen
mag.«[45] Dieser Prozeß sei etwas, was er durchzumachen
habe, schrieb er Placci. »Ich habe das Gefühl, daß dies nur
unendliche Peripetien einer großen Verwandlung sind, die
sich in mir vollzieht, wobei Körper und Seele sich völlig
verändern, Molekül für Molekül . . . wenn es mir gelingt, es
zu ertragen, dann wird nachher die Ewigkeit kommen, ganz
gleich wo ich mich finde.«[46] Er ahnte jedoch, daß er zu wenig
auf seine Finanzen geachtet hatte. Für den Aufenthalt in
Spanien hatte er das restliche Legat abgehoben und daraus
die Vorauszahlung einer ersten Vierteljahresmiete für das
Atelier in Paris geleistet; der verhältnismäßig kostspielige
Aufenthalt in der Reina Victoria und die Kosten seiner
Rückreise würden ihm nichts für die unvermeidlichen finanziellen Aufwendungen beim Einzug in der Rue Campagne-
Première zurücklassen. Wieder kam ihm Kippenberg zu
Hilfe, verdoppelte seine Januarbezüge von 500 Mark und
versprach ihm dieselbe Summe für März.[47]

Von unmittelbarem wirtschaftlichen Druck befreit, hatte
er nun keine Eile, nach Paris zu kommen. Erst am 19.
Februar verließ er Ronda, um auf der Reise eine Woche in
Madrid zu verbringen – eine immer noch wenig anziehende
Stadt, »wie ein Mund, in dem der Zahnarzt arbeitet, offen
und voller Unbehagen«,[48] die ihm jedoch die El Grecos und
Goyas im Prado zu bieten hatte. Er habe einige schlechte
Wochen hinter sich, schrieb er an Sidie Nádherný aus dem
Palasthotel: »eine kurze Aussicht auf Arbeit vorher, die ansetzte, mich innen in Bewegung brachte und mich dann
wieder gleich im Stich ließ, seither nur Schlechtes, seelisch
wie körperlich . . . recht unzufrieden mit . . . diesem Ausgang meiner Reise, die mir (ich weiß nicht warum) nicht
vollzählig scheint . . . ich sehne mich nach Arbeit und Ruhe,
ein Glück, daß ich ein Atelier in Paris finde, aber es steht leer
und ist erst noch ganz einzurichten, leider (wovor mir
graut).«[49]

VI Eine Welt im Krieg
1913-1919

I have paid my price to live with myself on the terms that I willed.

Rudyard Kipling

> Au moment où un très fort courant intérieur
> commençait à surgir en moi ... j'avais le tort de
> partir et de m'exposer.
> (An Pia Valmarana, 15. 6. 1914)

Am 25. Februar 1913 traf er in Paris ein und stieg für ein paar Tage im Hotel Lutetia am Boulevard Raspail ab, bis seine Möbel aus dem Lager geholt waren und das Atelier bewohnbar gemacht werden konnte. Paris bedeutete wie so häufig eine Wiederherstellung seiner Ausgeglichenheit und gab ihm »Momente unbeschreiblicher Hoffnung«. Trotz des unbestimmten Gefühls, in Spanien etwas Wesentliches versäumt zu haben, schien die achtzehnmonatige Abwesenheit nicht mehr als eine Patina auf einer unveränderten Oberfläche, so genau fügte sich dieser Neuanfang dort an, wo er abgebrochen hatte, so mächtig überdeckte der Einfluß dieser Stadt sogar die Erlebnisse von Duino und Toledo.[1] Nach dem fremden Land, das ihm Spanien gewesen war, fühlte er sich nun, wie er seiner Mutter schrieb, wieder »unendlich heimatlich«.[2] Es war »ein Wiedersehen ohnegleichen«, er streifte durch die Straßen, begegnete vertrauten Gestalten, die vielleicht ein wenig gealtert, im übrigen jedoch unverändert waren, sogar die Bettler standen auf denselben Posten. »Welche Freude, jemanden wieder zu sehen, der jahrelang an mir vorbeigegangen ist, bedrückt von seinen täglichen Sorgen, ihn von ferne zu erkennen und zu bemerken, daß er an Gewicht zugenommen hat, einen sauberen Überzieher trägt, womöglich sogar eine Blume kaufen könnte – schließlich, daß er überlebt hat.«[3]

Der nächste Tag war *Mi-Carême*, so daß wegen seiner Unterkunft nichts erledigt werden konnte; er entschloß sich, Marthe in Sceaux aufzusuchen, wo sie, wie er wußte, nun mit einem russischen Bildhauer lebte. In einem völlig chaotischen Atelier erschien sie hinter einem Vorhang, mit groß aufgerissenen Augen wie ein aufgescheuchtes Reh, um die Stirn ein goldenes Band, ganz in Weiß gewandet, wie eine Tanagra-Figur. Sie hatte den Tag damit zugebracht, sich für das Tanzen in Paris herzurichten, doch mit einer gewissen Vorahnung von etwas Größerem – nun gab es nur eines, Rilke mußte sie begleiten. Er konnte nicht widerstehen, da er alles über ihr Leben erfahren wollte, doch es wurde ein deprimierender Abend für ihn. Sie versäumten den letzten Zug zurück nach Sceaux, er mußte mit ihr bis zum Morgen durch die Straßen wandern, sich von einem Kabarett zum anderen durch das Getümmel der Spaßmacher treiben lassen, ein merkwürdiges Pärchen. In ihrer Tunika, an den Füßen Sandalen, sah sie unter den leichten Mädchen aus »wie eine kleine Sterbende, die nach ein paar Jahren heiliggesprochen wird«. Daß sie nur wenig tanzten, schien sie nicht zu kümmern, solange sie nur reden und essen konnte, da sie ausgehungert war und alles mit verzweifelter Gier hinunterschlang, »wie ein Geist, der sich wieder verkörperlicht«.[4]

Es bereitete ihm unsägliche Trauer, sie in einer solch schmutzigen Bohèmeexistenz zu finden statt in der Sicherheit, die er ihr zu schaffen gehofft hatte. Mit Erzia, dem Bildhauer, lebe sie zusammen »wie eine Schwester«, so versicherte sie Rilke, und sie sei froh, daß sie ihn nicht liebe, da dieser gutherzige mordwinische Riese zu jeder Geliebten so brutal wie ein Höhlenmensch gewesen wäre. Das wenige Geld, das er verdiente, zerrann in seinen Händen, es gab in ihrem unordentlichen und unregelmäßigen Leben kaum etwas zu essen, und Rilke sah ein, daß sie ihren Weg durch »den Schlamm der Freiheit« schwierig fand. Erzia sprach davon, nach Italien zu gehen, wohin sie aber nicht mitgehen wollte. Das alles berichtete Rilke Fürstin Marie mit dem Eingeständnis, daß er sich machtlos fühle und die Dinge ihren Lauf nehmen lassen müsse. »Ich bin weder der Erfahrene, der mit Fassung hilfreich sein kann, noch der Liebende, über den die Inspiration seines Herzens kommt. Ich bin gar kein Liebender, mich ergreift's nur von außen, vielleicht, weil mich nie jemand ganz und gar erschüttert hat, vielleicht weil ich meine Mutter nicht liebe. . . . Alle Liebe ist Anstrengung für mich, Leistung, *surmenage*, nur Gott gegenüber hab ich einige Leichtigkeit, denn Gott lieben heißt eintreten, gehen, stehen, ausruhen und überall in der Liebe Gottes sein.«[5] Einige Wochen darauf verließ Marthe Erzia in einem plötzlichen

Impuls, und Rilke konnte sich nicht vorstellen, was sie nun tun würde. »Vielleicht haben wir beide, Marthe und ich, Ihren Beistand nötig«, schrieb er an Sidie Nádherný, die nach einer Reise in Nordafrika nach Paris kommen wollte.[6]

Marthe war eine Last, die während dieser ersten Tage der Rückkunft schwer auf ihm lag. Die andere war – wie üblich – der Mangel an Geld. Die Auslösung seiner Möbel, der Umzug und der Einkauf des Notwendigsten für ein einsames Dasein ließen das, was er in Händen hatte, rasch dahinschmelzen. Er sah sich gezwungen, Kippenbergs Geduld einmal mehr auf die Probe zu stellen, diesmal mit einem Telegramm, »wie die Schiffssirene durch den Nebel«.[7] Zum Glück kam sofort eine Überweisung; Mitte März hatte er sich eingerichtet und sah der Wiederherstellung der »sehr geschlossenen Regel meiner Tage«[8] entgegen, die er einst in eben diesem Haus in der Rue Campagne-Première genossen hatte. Es war großartig, wieder in diesem Viertel zu leben, nur wenige Schritte von den Luxembourg-Gärten, in denen sich schon der Frühling regte: »Ich merke erst recht, was für ein großer Fremdkörper die rue de Varenne in meinen Gewohnheiten war.«[9] Er mache einen neuen Anfang in Paris, wie er Dora Herxheimer mitteilte. Der Übergang von der Prosa des *Malte* hatte sich länger hingezogen, als sogar er es vorausgesehen hatte, und die einzige Lösung schien darin zu bestehen, »meinem Herzen wieder einen solchen einfachen offenen Anfang zu schenken, wie sie hier, mehr als anderswo, möglich sind [sic], und zu sehen, ob der steigende Frühling mich nicht doch mit in seine Strömung reißt«.[10]

Noch aus Spanien hatte er Kippenberg versprochen, er werde sich nach seiner Rückkehr nach Paris ernsthaft an die Übersetzung der Briefe der Maria Alcoforado machen, und so benützte er die erste Gelegenheit, an Gide zu schreiben, von dessen Rat in der Sache sich sehr viel erhoffte. Dieses Unternehmen war nicht nur eine Anzahlung auf die Schulden bei seinem Verleger, sondern eine Arbeit, die ihm selbst sehr wichtig war. Sie sollte in der Nachfolge des *Kentauer* und der *Maria Magdalena* den Boden für jedes eigene Werk legen, das sich einstellen mochte. Von Spanien aus war er auch mit Rodin in Verbindung gestanden, im Zusammenhang mit einem früheren Vorschlag des Museums in Mannheim, eine von Rodins Arbeiten zu erwerben, und er hatte insbesondere auch seinen Dank dafür ausgesprochen, daß der Meister eingewilligt hatte, Clara zu einer Büste für dieses Museum zu sitzen. Rodin stand also auch auf seiner Besuchsliste, obgleich dessen Gesundheit erst Ende März eine Begegnung in der Rue de Varenne zuließ, wo er nun wieder wohnte. (Claras Hoffnungen wurden aber enttäuscht. Rodin empfing sie sehr herzlich, als sie im Mai nach Paris kam, stellte ihr sein Atelier in der Rue de l'Université zur Verfügung, wo sie eines ihrer bezauberndsten Werke, eine Büste von Sidie Nádherný schuf. Er selbst aber war schließlich doch nicht bereit, sie ein Abbild von ihm für ein deutsches Museum machen zu lassen, solange es noch keines in Frankreich gab.)

Von Gide und Rodin abgesehen, beabsichtigte Rilke, diesmal nur noch Emile Verhaeren zu besuchen. Er wollte unbedingt zu der einsamen Routine und dem einfachen Gang früherer Zeiten zurückkehren, an seinem Schreibtisch bleiben und so wenig wie möglich ausgehen, »comme un jeune étudiant qui commence«, schrieb er an Rodin.[11] Doch kaum hatte sich die Routine eingespielt, kaum waren Rodins Schreibtisch und das Stehpult aufgestellt, als er seine guten Vorsätze schon brechen mußte. Stefan Zweig, der ebenfalls gerade in Paris eingetroffen war, brachte am 15. März die Nachricht, daß Verhaeren in ein paar Tagen abreisen würde. Rilke begab sich sofort hinaus nach Saint-Cloud und verbrachte einen Nachmittag und Abend mit Verhaeren, dessen Güte sowie ihre trotz der seltenen Begegnungen andauernde geistige Verbundenheit ihm auch diesmal Kraft gaben. Gerne nahm er Zweigs Einladung zu einem Mittagessen am 17. März zusammen mit Verhaeren, Romain Rolland und Léon Bazalgette, dem Übersetzer Walt Whitmans, an und tauschte die bescheidene Umgebung seines vegetarischen Stammlokals gegen das elegante »Bœuf à la mode« ein. Der Gedanke an Verhaerens Abreise bereite ihm Kummer, gestand er Zweig. »Auf ihn, den Großen und unwillkürlich Hilfreichen, hab ich still gerechnet bei meiner endlichen Wiederkehr, im Gedanken, ihn manchmal sehen zu dürfen.«[12]

Er hatte diesen Ausbruch aus seiner Routine nicht zu bedauern. Verhaeren war großartig wie immer; den stärksten Eindruck aber machte ihm Rolland, seit langem ein naher Nachbar am Boulevard Montparnasse, den er aber noch nie getroffen hatte. Er hatte *Jean Christophe* noch nicht gelesen (und fand später, als er sich durch die Seiten dieses Denkmals französisch-deutscher Verständigung mühte, die Länge des Buches beschwerlich), der Autor aber war ihm sofort sympathisch, seine feinen, hageren Züge waren die eines unermüdlichen Gelehrten, blaß vom Widerschein aufgeschlagener Bücher vor ihm, doch die müden Augen unablässig durch irgendeine göttliche Gnade »neu mit dem pursten Blau seiner Kindheit« erfrischt. »Das Sichere, Erfahrungsvolle und im Reifen Bescheidene seines Wesens, die Güte, . . . die immense Reinheit aller Absichten geht von ihm aus wie der Körpergeruch von einem Säugling mit so intensiver ahnungsloser Natur«.[13] Kein Künstler, kein Dichter – doch wieviel mehr war es, dachte er später, etwas so Festes, so von einem bewußten Akt des Willens Entwickeltes zu sein, als die plötzlichen Überfälle des Daimons oder Engels des Künstlers leiden zu müssen.

Zweig, der sehr zufrieden war, daß er die drei Persönlichkeiten, die er am meisten bewunderte, hatte zusammenbringen können, fand ein beinahe sinnliches Vergnügen an dem Kontrast, den sie boten, als sich das angeregte Gespräch über den Nachmittag in seinem Hotelzimmer über den Gärten des Palais Royal hinzog. Rolland, blaß, erinnerte ihn an ein Porträt von Jens Peter Jacobsen, sein Französisch war frei von Geziertheit; Rilke, braungebrannt von der Sonne des Südens, schlank und knabenhaft, der jede Gestalt in seinem Bericht von den Begegnungen mit Tolstoj anschaulich lebendig werden ließ; Verhaeren vierschrötig und energisch, voll lebhafter Anekdoten und beredter Ausführungen über die Entwicklung der französischen Malerei. Alle teilten Rilkes Begeisterung für Spanien und Rollands Einsatz für eine moralische und intellektuelle Vereinigung Europas, auch wenn Rilke und Zweig der Meinung waren, Frankreich bedürfe für dieses Ziel mehr der Erziehung als Deutschland. Für Zweig waren dies »unvergeßliche Stunden, die überall das Leben antasten«.[14]

Auch für Rilke war es, wie er an Fürstin Marie schrieb, eine wohl genutzte Zeit, die er gerne mit einem Austausch von Büchern und Besuchen bei Rolland fortsetzte. Sein enges Atelier mit den Bücherregalen, hoch über dem Boulevard Montparnasse, fand er etwas altjüngferlich, wenn er es mit der hellen Luftigkeit des eigenen Ateliers verglich, und Rollands enggeknöpfte pedantische Kleidung erschien ihm »wie eine Allegorie des Winters in der Provinz wenn er hereinkommt, so voller Überrock«, doch sie verstanden sich unmittelbar.[15] Auf Rolland machte Rilke keineswegs den Eindruck des verschlossenen Einsiedlers, den er aus Zweigs Beschreibung erwartet hatte, wenn er ihn ausführlich über seine unglückliche Jugend, über Gide und die Übersetzung des *Malte*, Rodin und die Kathedralen und ihre entgegengesetzten Ansichten über El Greco reden hörte oder ihn beobachtete, wie er still seine eigenen Klavierfassungen gregorianischer oder altgriechischer Melodien genoß. Auch wenn sie sich später nur selten trafen, hatte Rilke doch das Gefühl, einen großzügigen und nachsichtigen Freund gewonnen zu haben.

Während der wenigen Wochen, die Zweig noch in Paris blieb, widmete ihm Rilke mehr Zeit, als er es bei anderen derartigen Besuchern zu tun pflegte. Er revanchierte sich für die Einladung zum Mittagessen, wanderte mit ihm durch die Stadt, die sie beide liebten, zeigte ihm sogar einige seiner neuesten Gedichte und verehrte ihm für seine Autographensammlung das Manuskript der zweiten Fassung des *Cornet* (1904). Zweig selbst fühlte sich wirklich privilegiert, daß er solche Einblicke in die Werkstatt eines Dichters hatte tun dürfen, der in seinen Augen noch weit über George und Hofmannsthal stand. Er hörte, wie das Dichten für Rilke einem »religiösen Akt wie Beten« glich, wobei die rechte Andacht jedoch zuweilen fehlte: »ganz große Werke« seien in Duino begonnen worden, doch ringe er nun nach einer Erneuerung, die sich nicht einstellen wolle.[16]

In ihren vielseitigen Gesprächen ließen Rilkes ruhige Höflichkeit und unaufdringliche Art Zweig nie ahnen, wie tief diese Sorge ging. In einem Brief an Sidie Nádherný hatte Rilke am 30. März sein inneres Leben mit einem verwickelten Garnknäuel verglichen – einem Knäuel, von dem hie und da etwas Überraschendes abgewickelt werden konnte, der in ihm aber die Sehnsucht nach »strähnenden Fäden und täglicher Arbeit am feststehenden Web-Stuhl« weckte. »Menschen bekommen mir schlecht . . . ich finde, alle meinen es erstaunlich gut mit mir, aber mir gedeihts nicht, im Gegenteil (das klingt anmaßend) was dabei herauskommt am Ende, ist, daß ich gebe, gebe, gebe ohne zu besitzen, so recht als ein Betrüger des Gefühls . . . ich sage das alles nur, weil Sie mich sehen werden und sonst nicht verstehen, was mich grenzenlos traurig und bestürzt und fürchtend macht. Sehen Sie, Marthe, die sollte (träumte ich vor zwei Jahren) zur Geschlossenheit, zur Vollzähligkeit, zum Schutze meines Lebens sich ausbilden und nun ists eine so blinde Sorge und lenkt mich ab und hilft ihr keinen Schritt im tiefen Sande ihres Lebens weiter . . . Aber ich stecke wieder einmal so im Gedräng meines neuen Anfangs, den ich *gut gut* machen will, (verdorben ists so leicht), ich möchte ein reines geistiges Leben, täglich dasselbe, ohne Zerstreuung, ohne Ansprüche, *alle Erwartung nach Innen gekehrt* auf die Stelle des Herzens, wo die nächste Aufgabe auftreten soll.«[17] »Ganz gleich, wie sehr ich versuche, mich zu verbergen, die Menschen finden mich, gefunden, werde ich verschlungen wie ein warmes Brioche«, beklagte er sich am selben Tag bei Rodin.[18]

Jedoch nicht nur die Ansprüche der »Menschen« und die Zersplitterung dessen, was er für seine Arbeit bewahren wollte, in Geselligkeit, waren die Wurzel seines Kummers. Besuche bei Rolland, Einladungen an Zweig, Marthe durch ein Buch abzulenken, wenn sie unerwartet erschien, sogar die Ankunft Mimi Romanellis in Paris – all das hielt ihn eigentlich nicht ungebührlich von seinem Schreibtisch fern. Trotz seiner Worte Zweig gegenüber wurde einige Arbeit geleistet, es entstanden sogar etliche Entwürfe über die Themen der Elegien, und während des April fühlte er zumindest noch, daß die Wendung nach innen bevorstand. Was ihn beunruhigte, war die wachsende Erkenntnis, daß in seinem ganzen Leben die Ansprüche anderer nicht so sehr seiner Zeit gegolten hatten als seinen inneren Schätzen an Rücksicht und Liebe. Wollte er endlich die »große Arbeit« leisten, so mußte er jemanden finden, den er lieben konnte, *ohne wiedergeliebt zu werden*, jene Verklärung der Liebe erreichen, in der die portugiesische Nonne oder sein Verlorener Sohn im *Malte* ihr Glück gefunden hatten. Er hatte diese Erfahrung seiner »großen Liebenden« in der Verweigerung bereits zu einer Philosophie erhoben, die er nunmehr auf die Liebe Gottes selbst ausdehnte, und er argumentierte in einem Vortragsentwurf, daß die wahre Liebe zu Gott nicht der Erwiderung bedürfen solle. Als er jedoch die Übertragung der Alcoforado-Briefe fortsetzte und dann die Sonette der Louize Labé in Angriff nahm, wurde ihm zunehmend deutlich, daß er diese Philosophie auf sein eigenes Leben anwenden mußte.

Einer Begegnung mit Mimi Romanelli während ihres Aufenthalts scheint er erfolgreich aus dem Weg gegangen zu sein. Die bloße Gegenwart eines Menschen aber, der so nach seiner Liebe verlangte, muß einen bemerkenswerten Tagebucheintrag jener Zeit beeinflußt haben. Wie jenes »Erlebnis« in Duino in der dritten Person geschrieben, analysierte die Aufzeichnung seinen »ältesten verhängnisvollsten Fehler«, die allzu rasche Erwiderung der Liebe anderer. »Hatte er alle Jahre seines Lebens verbracht, ohne hart zu sein? Er entschloß sich, es zu werden in seinem achtunddreißigsten Jahr. Ändern, sagte er, ändern. In der Zeit, da seine ganze Natur unermeßlich danach begehrte zu lieben, sah er schmerzlich ein, daß er den Gegenstand seiner Liebe nicht finden würde, solange er gegen die, die ihn zu lieben meinten, empfänglich und nachgiebig war. Diese Gesichter, die sich zu ihm drängten, aufgeschlagen, verstellten ihm den Ausblick auf das scheue, gesenkte Gesicht der fremden Geliebten. Die Ahnung ihrer Züge erlosch in ihm über die Deutlichkeit derer, die gekommen waren, ihn zu lieben.«[19]

Die Vision der anspruchslosen »künftigen Geliebten« schwebte immer noch wie ein Luftbild vor ihm. Bis er sie fand, würde die Wende ausbleiben; vorläufig dauerte seine Niedergeschlagenheit an. »Wieviele Erscheinungen gehen in mich ein und glauben, sie sind zuhause . . . mein Engel stand auf, doch ich fiel zurück und bleibe schon längst hinter ihm zurück . . . Jeder andere hat an seinem Leben gearbeitet, ich allein, so scheint es, habe die Zeit vertan, indem ich an dem meinen mit meinen Fähigkeiten selbst genagt habe . . . Wenn

ich den braven Verhaeren sehe, in der Sicherheit seines einfachen Herzens, dann schäme ich mich dort zu sein, wo ich
bin.«[20]

Von April zu Mai verstärkte sich der Druck der Besucher,
und sein Entschluß, ihnen den Eintritt zu verwehren, ließ
sich nicht ausführen. »Es war so viel an Menschen, Begegnungen, Anforderungen, Fragen, Eindrücken, Einflüssen,
innigen und feindlichen ... immer wieder sprechend ... einunddreißig Tage sprechend, Gott verzeih mir.«[21] Wir wissen nicht, ob Clara bei ihm wohnte, als sie eintraf, doch sie
sahen sich gewiß häufig, besuchten Rodin zusammen in
Meudon und machten Ende Mai einen Ausflug nach Senlis
und Fleurines. Siegfried Trebitsch, dessen Aufenthalt von
erfreulicher Kürze war, wurde in einiger Entfernung gehalten; andere jedoch waren keineswegs unwillkommen. Eine
Menge Zeit verbrachte er mit Sidie Nádherný, die er nach
ihrer Tunisreise ungeduldig erwartet hatte. Er freute sich
auch, den Dichter Otto von Taube und seinen Vetter Rolf
von Ungern-Sternberg, den er schon lange hatte kennenlernen wollen, zu verschiedenen Anlässen als Gäste bei sich zu
begrüßen. Kippenberg, der im März auf ein paar Tage kam,
hauptsächlich, um von Rodin die Zusage einiger neuer Illustrationen für eine Neuausgabe der Monographie zu erhalten, war ebenfalls willkommen. Bei seiner Abreise konnte er
die Übertragungen der Alcoforado und der Louize Labé
mitnehmen; kurz darauf bekam Rilke seine Exemplare der
Liebe der Magdalena in der Insel-Bücherei, die Vogeler gewidmet war, und die erste Insel-Veröffentlichung des *Buchs der
Bilder* in einer beschränkten Sonderausgabe.

Angesichts dieser Bücher, der Übertragungen, des neuen
Rodin sowie der Vorbereitung einer Wiederauflage einer Auswahl *Erster Gedichte* hatte Kippenberg allen Grund, mit
seinem Autor zufrieden zu sein. Der Ankauf der Rechte für
das frühe Drama *Das tägliche Leben* schloß endlich die Vereinigung aller Werke unter dem Signet der Insel ab. Daß
Rilke sich in Paris niedergelassen hatte, schien mit seinem
Einkommen vom Verlag, der Zuwendung von Freunden
und der Möglichkeit eines zusätzlichen Stipendiums aus Prag
für die Zukunft viel zu versprechen. Kippenberg hatte Paris

mit dem Eindruck verlassen, Rilke sei guten Mutes, er hatte keine Vorstellung, wie schwer ihm der Neuanfang fiel und wie störend für ihn das dauernde Kommen und Gehen war. Er war daher überrascht, als er bei seiner Rückkehr nach Leipzig hörte, daß eine Art Krise eingetreten sei. Als die Besucherflut nachließ, schrieb Rilke am 3. Juni, habe er sich körperlich und geistig so erschöpft gefühlt, daß er einem Zusammenbruch nahe gewesen sei. Eine plötzliche Hitzewelle hatte Paris ebenso unerträglich gemacht wie im August; das Klavierspiel eines Nachbarn fiel ihm zunehmend auf die Nerven; Rodins Stimmung war jäh umgeschlagen, so unerwartet wie bei ihrem Bruch vor acht Jahren, wobei er nicht nur die Einwilligung zurückzog, die mit Kippenberg vereinbarten Photographien zu benützen, sondern offenbar ihre Beziehung um jeden Preis abbrechen wollte. Als dazu noch die Nachricht vom Selbstmord Johannes Nádhernýs, des älteren Bruders von Sidie, eintraf, dem er sich sehr verbunden gefühlt hatte, schien dies alles seine Kräfte zu übersteigen. Um wieder zu genesen, müsse er sich alleine an einen ruhigen Ort zurückziehen. Er dachte daran, wiederum auf ein paar Wochen zur Kur in das waldige Bad Rippoldsau zu gehen – wenn, wie er hoffte, Kippenberg etwas zu den Kosten beisteuern könne.

Kippenberg sandte ihm ein beruhigendes Telegramm, und am 6. Juni war Rilke in Rippoldsau, wo er sich ganz dem Frieden hingab, nach dem er sich gesehnt hatte. Nach der geistigen Anspannung von Paris genoß er voll die körperliche Müdigkeit, die sich aus der Kur und der Luftveränderung ergab, wanderte durch die Fichtenwälder und las Goethe oder Martin Buber. »Ich muß nachgeben und mich eine Weile benehmen wie ein Baum, der schreibt ja nicht, aber denken kann er sicher, hindenken durch den ganzen Raum und bis an zum lieben Gott, ungestört.« Das war alles recht und gut, doch vergingen die Wochen, ohne ihm die innere Unsicherheit zu nehmen. »Me voilà, me dictant le repos, l'insouciance chaque jour, mais ayant je ne sais quelle incertitude d'esprit.«[22]

Unter den verhältnismäßig wenigen Gästen des Hotels befand sich Hedwig Bernhard, eine junge Schauspielerin, die ihm als Vertraute willkommen war. Er freundete sich sehr mit ihr an, sie verbrachten viele Stunden auf der Terrasse oder auf Spaziergängen. Seine Erzählungen von den Reisen nach Rußland, Spanien, Venedig, Capri und Duino fesselten sie, seine sanfte Stimme sprach »die Worte wie Melodien«, und die italienischen Namen erhielten auf seinen Lippen »einen Zauber ohnegleichen«.[23] »Wie fehlst Du mir«, schrieb er am Tag nach ihrer Abreise Anfang Juli: *»gingen* wir denn? War's nicht Fliegen, Stürmen, Strömen? . . . Daß meine Lust zum Größten größer werde um Deine Lust zu mir . . . Heute will ich nichts mehr tun, als an Dich denken und so die Arbeit beginnen, die darin besteht, daß ich Dich meiner lieben Einsamkeit zuwende, Dich, Liebe, alles Schöne und Weite, mit dem Du mir unendlich hinzugekommen bist.«[24]

Trotz dieser zuversichtlichen Worte war das kurze Aufblühen der Liebe nicht genug, ihn »in die Arbeit« zu führen, seine Unsicherheit blieb. Auf Rippoldsau war seine Wahl gefallen, da es nicht allzu weit von Paris entfernt war, dennoch konnte er sich noch nicht dazu überwinden, an seinen Schreibtisch zurückzukehren. Er hatte das Gefühl, daß er weitere Luftveränderung brauchte. Als er sich nach anderen vorübergehenden Zufluchtsorten in Deutschland umschaute – Friedelhausen, wenn »Frau Nonna« ihn beherbergen könne, oder bei den Kippenbergs in Leipzig – fiel sein Blick, wie zu erwarten, wieder auf Göttingen und Lou Salomé. Für einen Besuch bei ihr bestand auch ein praktischer Grund, da Kippenberg gerne mit ihm die endgültige Auswahl für die *Ersten Gedichte* getroffen hätte, für die sie die beste Beraterin war. Rilke aber hoffte vor allem auf Erleichterung durch den weisen Rat, den ihm Lou stets hatte erteilen können. Sobald seine Julirate eingetroffen war, befand er sich auf dem Weg nach Göttingen, um dort in Lous Nähe beinahe zwei Wochen zu verbringen.

Hedwig Bernhard hatte er erzählt, er werde in Göttingen »alte Freunde« besuchen. Als er am 21. Juli abreiste, schrieb er ihr, es sei fast wie eine Heimkehr gewesen. Die Zeit sei »wie ein einziger Tag« vergangen, in der Gesellschaft von Freunden, die ihn am besten kannten, da sie ihn in seinen Anfängen gekannt hatten, »zuerst, da man über sich selbst noch durchaus im Dunkel war . . . fast . . . als hätten sie einen ein wenig mit vorausgenommen und als hätte man nur hinzuzutreten, wo sie den Platz . . . für den Wiederkommenden offen halten . . . so lebt ichs, ließ mich währen von allem Herrlichen, das bei ihnen einfach und gedeihlich angesammelt war, wie die Frucht, die man ins Haus bringt.«[25] Wieder schien ihm die Gegenwart Lous, wenn auch nur unbestimmt, den Weg gezeigt zu haben. »Manchen Moment ist mir zu Mut als fing ich mit allem, was Du weißt und bist, langsam ein neues Leben an«, schrieb er am Tag nach seiner Abreise an sie: obgleich er all das, was sie ihm gesagt habe, nicht wiederholen könne und auch nicht erklären, wie richtig es scheine, so freue er sich doch darüber, daß es »Tag und Nacht« in seinem Blut kreise.[26]

Für Lou, die eben von ihrem Studium bei Freud gekommen war, bedeuteten die gemeinsamen Gespräche die Untersuchung eines Krankheitsfalls, aber auch die Wiederaufnahme einer alten und lieben Verbindung. Seit ihrer letzten Begegnung, als ihn sein Ringen mit *Malte* zutiefst deprimiert hatte, waren vier Jahre vergangen. Nun sah sie, wie sie ihrem Tagebuch anvertraute, wieder den wahren Rainer, nicht mehr den Schizophrenen, der einst durch »den Anderen« in sich ständig beunruhigt wurde.[27] Welche Gefahr seine andauernde Beschäftigung mit sich selbst bedeutete, mochte ihr das Gedicht »Narziss« gezeigt haben, das kurz zuvor in Paris entstanden war und das er nun für sie abschrieb:

> Denn, wie ich mich in meinem Blick verliere:
> ich könnte denken, daß ich tödlich sei.[28]

Doch sie spürte, daß dahinter irgendwo ein leiser Fortschritt auf seine Erfüllung zu vor sich ging, »während der, dem es geschieht, fast restlos leidet und zweifeln muß. Mich hat es täglich beglückt und um Rainer so sorgenfrei gemacht, wie ich es kaum je war.« Was er durchmachte, entsprang ihrer Meinung nach jener Wiedervereinigung der Persönlichkeit, für die sich der Körper zu rächen schien, »nicht mehr nur, wie früher, anfallsweise oder in einzelnen, besonderen Zügen, vielmehr als Ganzes; es ist jetzt weit mehr ein Körper, in

dem man Krankes voraussetzt, und fast ein Körper ohne
Altern, als sei die Reifung der Jahre ersetzt durch kränkliches
Zögern und Nicht-mitkönnen mit dem wahrhaften Geschehen
der Zeit . . . Der Leib selber ist ihm nun der ›Andere‹
geworden.«[29]

Das war eine scharfsinnige Beobachtung. Es ist ungewiß,
ob sie ihm diese Erkenntnis in dieser Form mitteilte, doch es
gab, wie er später an Fürstin Marie schrieb, niemanden mit
solcher Einsicht, niemanden, »der so das Leben auf seiner
Seite hätte«. In den acht Jahren, die seit seinem letzten
Aufenthalt in Göttingen vergangen waren, schien sich nichts
verändert, ja alles eher verstärkt zu haben, hörte Ellen Key,
»wie viele Gespräche und wieviel Neues und Frohes stellt
sich immer darüber hinaus, wenn es Lou ist, mit der man
spricht«.[30]

In Göttingen hatte er ernsthaft erwogen, Lous Rat zu
befolgen und den guten Ansatz zu seiner Gesundung in
Rippoldsau durch eine weitere Kur in einem wohlbekannten
Sanatorium in Krummhübel im Riesengebirge weiter zu
verfolgen. Bei den Kippenbergs in Leipzig konnte er ohnedies
nicht bleiben, da Katharina verreist war. Es gab freilich
eine verlockende Alternative. Helene von Nostitz hatte aus
Heiligendamm von der stärkenden Luft des stillen Ferienortes
geschrieben, der inmitten von Birkenwäldern an der
baltischen Küste lag, wo sie mit ihrem Gatten den Juli
verbrachte. Kaum hatte er Leipzig erreicht, als er sich entschloß,
ihnen dorthin zu folgen. Das Sanatorium konnte
später kommen; nun fühlte er ein plötzliches Verlangen nach
der See. Er blieb also nur wenige Tage in Leipzig, doch sie
waren voll interessanter Dinge – ein weiterer Besuch mit
Kippenberg in Weimar, eine Begegnung im Insel-Verlag mit
Professor Steindorff, einem Ägyptologen, mit dem er über
den Nil und Assiut sprechen konnte, und die Entdeckung
des Werks seines jungen Landsmanns Franz Werfel, »ich
kann nicht weniger sagen: großer Dichter«.[31] Als Überraschung
kam die Eröffnung Kippenbergs über den Beitrag,
den die anderen Freunde zu seinem monatlichen Einkommen
leisteten. Er spürte einige Reue wegen des geringen Ertrags,
den er für solche Großzügigkeit einzubringen schien, indem

er alles »wie ein Papagei mit dem Schnabel nach rechts und links« vergeudete. (Kippenberg mochte bei seiner Eröffnung gedacht haben, seinen unproduktiven Dichter anzuspornen, und in der Tat hatte Rilke Lou in einem Brief gebeten, das Manuskript der *Christus-Visionen* durchzusehen, das er bei ihr zurückgelassen hatte, vielleicht mit dem Gedanken, daß für diesen lang vergessenen Zyklus nun die Zeit gekommen sei. Sie hatte den Eindruck, daß die Gedichte im Ton von den Elegien weit entfernt waren, war jedoch überrascht über den grundsätzlich einheitlichen Fortschritt in allem, was er »zwischen diesen vergangenen Christusvisionen und den kommenden Engelvisionen« geschaffen hatte.[32])

Am 28. Juli war er dann in Heiligendamm – um zu sehen, wie er Fürstin Marie mitteilte, ob sein Instinkt richtig gewesen sei. Er wollte feststellen, ob ihm die Seeluft das brächte, was er nötig hatte, ob er tatsächlich den Gedanken an eine Kur in Krummhübel ganz aufgeben oder sie zumindest verkürzen könne, »da die Ärzte doch nur die andere Hälfte der Ratlosigkeit haben, dont on a la belle moitié«.[33] Als er bei Helene von Nostitz vorsprach, erschien er ihr grau, »ausgelöscht«, als habe er sich zum Schutz gegen eine nicht gemäße Umgebung eine Tarnkappe aufgesetzt.[34] Trotz anfänglicher Zurückhaltung nahm ihn die Stille der Wälder rasch gefangen, er freute sich auch über die zufällige Begegnung mit einer Gräfin Ross, die er zuletzt auf Capri getroffen hatte und mit der er seine Erinnerungen an Alice Faehndrich und die anderen Freunde jener fernen Tage erneuern konnte. Als Helene von Nostitz mit ihrem Gatten abgereist war, blieb er noch bis Mitte August. Seine geistige Niedergeschlagenheit ließ zweifelsohne allmählich nach, er war weniger mit sich selbst beschäftigt, aus seinen Briefen sprachen ein leichteres Herz und neuer Eifer. »Wie denn das Unerwartete so recht das Gesetz meines Lebens scheint, so hab ich mich, völlig unvorbereitet, hier gefunden«, ließ er Hedwig Bernhard wissen.[35] An Pia Valmarana hieß es: »Ich habe vielleicht begonnen, ein neues Leben anzunehmen, in vieler Hinsicht, zum Teil weil ich auf den Grund des Gebrechens gedrungen bin, das die vergangenen paar Jahre so schwer auf meinem Geist lastete, oder dies zumindest glaube; zum anderen dank gewisser überraschender Erkenntnisse über die Psychoanalyse, die ich einer kundigen Freundin verdanke . . . ein Wunder, Pia, Hoffnung, Freude, ich habe ein völlig neues Heilmittel erspäht, die Kunst von Leben und Tod, die uns zu . . . Besitzern der echten Werte . . . machen wird . . .«[36]

Zum erstenmal seit seiner Abreise aus Paris im Mai vermochte er Verse zu Papier zu bringen – sie waren zwar noch nicht in der Erneuerung des »göttlichen Anhauchs« der Elegien gehalten, aber doch schon in dem neuen Ton, den diese angeschlagen hatten – dem Streben nach dem Ausdruck am Rand des Sagbaren:

> Hinter den schuld-losen Bäumen
> langsam bildet die alte Verhängnis
> ihr stummes Gesicht aus.
> Falten ziehen dorthin . . .
> Was ein Vogel hier aufkreischt,
> springt dort als Weh-Zug
> ab an dem harten Wahrsagermund.
>
> O und die bald Liebenden
> lächeln sich an, noch abschiedslos,
> unter und auf über ihnen geht
> sternbildhaft ihr Schicksal,
> nächtig begeistert.
> Noch zu erleben nicht reicht es sich ihnen,
> noch wohnt es
> schwebend im himmlischen Gang,
> eine leichte Figur.[37]

Er las nun beinahe ausschließlich Werfel, dessen Werk er grenzenlos bewunderte. »Noch eines wird mir klar: daß ich ja die Erscheinung des Dichters noch nie so gewahren und anschauen durfte«, schrieb er an ihn, »die Älteren und Gleichzeitigen waren schon wie seit immer da, und selber drängte man so im Gewölk heran, verworren in den Gott, der's mit einem versuchte –, nun ist's dem längst Erwachsenen herrlich, wie Sie so rein heraufkommen und mit allen Strahlen Ihres Aufgangs gleich auf Welt stoßen und Welt an den Tag bringen«.[38] Seine Begeisterung veranlaßte ihn kurz darauf zum Entwurf eines Essays »Über den jungen Dichter«, denn durch Werfel hatte er das Vertrauen auf seine eigene Sendung wiedergewonnen, das er verloren hatte, als der Fluß der Elegien versiegt zu sein schien. »Was kann schließlich die Lage desjenigen verändern, der von früh auf bestimmt ist, in seinem Herzen das Äußerste aufzuregen, das die anderen in den ihren hinhalten und beschwichtigen?«[39]

Ein weiteres Zeichen der Erneuerung war sein wiedererwachtes Interesse an ägyptischen Dingen. In Leipzig hatte ihm Steindorff aus seiner Sammlung einen Abdruck des neuentdeckten Kopfes von Amenophis IV. gezeigt, in Berlin hatte er auf der Durchreise das Original sehen können und den Eindruck, den er von dessen Größe empfing, in seinem Notizbuch unmittelbar festgehalten: »Wie die Eichel in ihrem Becher, so ruhte diesem becherig fassenden Haupte von oben die Krone ein: es war ein Teil von ihr, sie bildeten zusammen ein einziges Stück Herrschaft, die Frucht König die der Himmel zur Süße brachte. (Ein so leicht auf seinen Kern gelegtes Gesicht, kaum mehr als die Einteilung des Gnomons auf schwerem schrägen Stein. Gesicht, lautlos abfließend, oh Weinberg, von der Schräge des Skeletts . . . Der Bacchos eines inneren Weines. Gesicht, dessen konstruktive Bedingungen mit seiner Verwendung übereinstimmten, so daß sie aus sich selbst, ohne Zutat, zum reinsten Ausdruck wurden . . .)«

Die Destillierung dieser Eindrücke in das kleine Gedicht, das dem Erlebnis kurz darauf entsprang, ließ erkennen, daß sein Fortschritt nicht unwiderruflich gestockt war:

> Wie junge Wiesen, blumig, einen Abhang
> durch einen leichten Überzug von Wachstum
> teilnehmend machen am Gefühl des Jahres,
> windwissend, fühlend, milde, beinah glücklich
> über des Bergs gefährlich-schräger Bildung:
> so ruht Gesicht, hinblühend , mildvergänglich
> auf dieses Schädels Vorderflächen, die,
> absteigend, wie mit eines Weinbergs Neigung,
> zum All sich halten, Strahlendem gegenüber.[40]

Amenophis und Werfel waren, wie er an Marie Taxis schrieb, »die beiden *Zentren* meiner etwas wehmütig langgezogenen geistigen Ellipse«.[41]

Heiligendamm bot vorläufig Erholung und Vergnügen. Die Kur in Krummhübel blieb ein vager Plan. Er pries seinen Instinkt, der ihn an die See geführt hatte. Sein Selbstvertrauen kehrte allmählich wieder, war aber noch nicht fest genug, um eine Rückkehr nach Paris zu wagen; mehr und mehr Gründe für einen längeren Aufenthalt in Deutschland begannen sich einzustellen. Am 7. September sollte in München der 4. Psychoanalytische Kongreß stattfinden, an dem Lou teilnehmen wollte, und Clara war dabei, zusammen mit Ruth dort eine neue Wohnung zu beziehen – aus beiden Gründen hatte er das Gefühl, er müsse in München sein. Später im Herbst sollte in Hellerau bei Dresden die Erstaufführung von Claudels *L'Annonce faite à Marie* stattfinden, schließlich könnte sich noch die Gelegenheit ergeben, Werfel dort oder in Leipzig kennenzulernen.

Es war freilich klar, daß all das und womöglich noch Krummhübel mehr kosten würde, als es ihm die Großzügigkeit der Freunde gestattete. Kurz bevor er die Küste verließ, schrieb er daher mit einer gewissen Besorgnis an Kippenberg, erläuterte ausführlich seine Pläne und fragte, ob er sich um zusätzliche Mittel an irgendeine andere Quelle, wie die Schiller-Stiftung, wenden solle. Diesem Brief ließ er noch am selben Tag einen weiteren folgen, in dem er sich für seinen offensichtlichen Leichtsinn entschuldigte: »das viele Unregelmäßige der letzten Jahre tritt eben noch von allen Seiten ins Spiel und wirkt nach –, und wie ich versuche, vom Monatsgeld solche Schäden gutzumachen, führts immer wieder zu Unzulänglichkeiten, Ausfällen und Löchern und nimmt kein Ende. Sollten Sie mir bei alledem eines Tages sagen müssen, daß ich mein Budget gefährlich übermüdet habe, so würde ich eine Arbeit tun müssen, die unmittelbar als Abzahlung sich verwenden ließe, oder (wenn keine solche sich ergibt) winters irgendwo zu Gast gehen, und auf den größeren Teil des Monatsgeldes zugunsten meines Kontos verzichten . . .«[42]

Kippenberg erwiderte, im vergangenen Jahr sei es zu

beträchtlichen Mehrausgaben gekommen, so daß er sich allmählich selbst Sorgen um die Zukunft mache. Es bestehe kein unmittelbarer Grund zur Beunruhigung, doch würde der Zuschuß der Freunde Ende 1914 aufhören, und Rilke würde wieder auf 250 Mark monatlich angewiesen sein, was trotz der voraussichtlichen Einnahmen aus dem *Rodin* und den Alcoforado-Briefen ein sparsameres Haushalten unumgänglich mache. Er gab der sanften Erpressung freilich nach, da er schließlich wußte, wie verhängnisvoll es wäre, den Dichter zum Ausgleich seines Kontos zu reiner Brotarbeit zu verdammen. Nach erteilter Warnung versprach er ihm, daß er ihm im September zusätzlich 750 Mark überweisen werde.[43] Seine Ermahnung hatte, wie zu erwarten, nur geringe Wirkung. Rilke konnte seinen Lebensstil einfach nicht so ändern, daß die »Ausfälle und Löcher«, die unvermeidlich in seinen Finanzen erschienen, vermieden wurden. Innerhalb weniger Wochen, noch während dieser großzügige Bonus ausbezahlt wurde, bat er Eva Cassirer um einen Vorschuß von 2000 Mark für sich selbst − als Anleihe selbstverständlich, doch mit geringer Aussicht auf Rückzahlung − aus dem Fundus, der ursprünglich für die Ausbildung Ruths eingerichtet worden war (tatsächlich aber in vierteljährlichen Raten als allgemeine Unterstützung an Clara ging).[44]

Wie verderblich ein reges Gesellschaftsleben sein konnte, hatte er erst vor sechs Monaten in Paris drastisch erfahren und sich nach einer täglichen Arbeitsroutine in völliger Einsamkeit gesehnt. Doch schien er nun in Berlin, wo er beinahe drei Wochen verbrachte, dann in München, absichtlich seine Rückkehr an den einen Ort zu verzögern, wo die Möglichkeit dazu gegeben war und − dem äußeren Anschein nach − die geplanten wie die ungeplanten Begegnungen, die sich häuften, zu genießen. »Die Zeit vergeht und überholt mich jeden Tag . . . Ich reise − meine Umgebung ändert sich ständig und ich ändere mich mit ihr, Menschen, die ich jahrelang nicht gesehen habe, tauchen unvermutet auf und zeigen mir die Vergangenheit, die nicht verblaßt . . .«[45]

Sein Weg hatte ihn von Heiligendamm über Hamburg geführt, von wo aus er die Woermanns besuchte, bei denen sich Clara und Ruth einige Tage aufhielten, dann zu Ivo und

Erica Hauptmann, die nun in Blankenese wohnten. Berlin brachte ein willkommenes Wiedersehen mit Hedwig Bernhard und Fürstin Marie, die er natürlich sofort zu einer Besichtigung des Amenophis-Kopfes führte; Nachmittage wurden mit der Schauspielerin Lia Rosen zugebracht, Abende im Theater. In München traf er gerade rechtzeitig ein, um gemeinsam mit Lou einige der Sitzungen des Kongresses zu besuchen. Lou bemühte sich eifrig, ihn prominenten Teilnehmern vorzustellen, unter denen sich Freud, mit dem er einen Abend verbrachte, und der schwedische Arzt Poul Bjerre befanden – Männer, die ihm »wichtig und merkwürdig« waren, »ihre ganze Richtung und Anwendung gehört sicher zu den wesentlichsten Bewegungen der ärztlichen, ja jener *menschlichen* Wissenschaft, die es eigentlich noch gar nicht gibt«.[46] Auch Gebsattel trafen sie wieder, dazu noch den holländischen Schriftsteller Frederik Van Eeden.

Rilke half Clara beim Umzug und blieb einige Zeit bei ihr und Ruth, die entzückt war, endlich ihr eigenes Zimmer zu besitzen. Doch es waren so viele andere Leute zu besuchen – »wie in einer Parade erschienen beinahe alle Menschen, die ich kenne«.[47] Seine Tage waren so ausgefüllt, wie er an Sidie Nádherný schrieb, daß er nach einer Woche immer noch nicht El Grecos Laokoon besucht hatte. Wie im vergangenen Jahr wohnte Hofmannsthal im selben Hotel, sie trafen sich gelegentlich und verglichen ihre Eindrücke von Werfel, den Hofmannsthal bereits in Prag kennengelernt hatte, aber wesentlich vorsichtiger beurteilte als Rilke. Eine Begegnung, auf die er sich besonders gefreut hatte, war die mit Regina Ullmann. Sie hatte ihm 1909 das Manuskript ihres ersten Werkes, eine dramatische Prosadichtung, geschickt, die er Kippenberg ans Herz gelegt hatte, da er ungewöhnliches Talent darin erkannte. Später hatte er dann eine Einführung zu einer weiteren Dichtung geschrieben, für die sie in ihrer Schweizer Heimat einen Verleger gefunden hatte. Als sie einander nun zum erstenmal trafen, konnte er ihr Hoffnungen machen, daß die Insel ihr erstes Werk herausgeben würde. In ihrem eigenartigen, verschlossenen Wesen wie in den ersten lyrischen Versuchen, die sie ihm zeigte, spürte er eine beinahe okkulte Kraft, die ihn, wie Lou notierte, wiederum beschäftigte (so sehr, daß er sogar eine Wahrsagerin befragte und wieder mit der Planchette experimentierte – zwei Versuche, deren Sinnlosigkeit er rasch einsah. »Et pourtant je voudrais bien que l'Inconnue me parle«[48]). In seiner jetzigen Verfassung konnte er sogar die etwas makabren Wachsfiguren schön finden, die er in Lotte Pritzels Münchner Ausstellung sah – »erwachsene« Puppen, die anders als die gewöhnlichen Kinderpuppen eine ganz bestimmte eigene Seele besaßen.[49]

Die Claudel-Erstaufführung war auf den 5. Oktober angesetzt, er wollte zu diesem Ereignis zusammen mit Lou nach Dresden fahren. Bei der Lektüre gefiel ihm das Stück nicht, doch der Anlaß versprach ein Wiedersehen mit so vielen Freunden – Sidie Nádherný, Helene von Nostitz, Annette Kolb, Lous Protektionskind, die junge Schauspielerin Ellen Delp, auch die Kippenbergs, von der ungeduldig erwarteten Begegnung mit Werfel abgesehen –, daß er nicht versäumt werden durfte. Das Ganze wurde dann tatsächlich mehr ein geselliges denn ästhetisches Vergnügen, wobei es ihm nach der Premiere peinlich war, Claudels Komplimente über sein eigenes Werk nicht aufrichtig erwidern zu können.

Auch Werfel war eine Enttäuschung. »Ich war voll bereit, diesen jungen Mann mit offenen Armen zu empfangen – statt es aber zu tun, behielt ich sie auf dem Rücken wie ein gleichgültiger Passant.« Er sagte sich dauernd vor, daß dies der Autor der Kostbarkeiten sei, die er so bewundert hatte, doch die persönliche Begegnung war ihm unangenehm. Der allzu jüdisch aussehende junge Mann war ihm durchaus nicht unsympathisch; er schien jedoch für seine Poesie zu intelligent zu sein, man konnte sie für gekünstelt halten, »réfléchie finement, rusément par un esprit juif qui connaît par trop la marchandise«.[50] Hofmannsthal teilte diesen Eindruck, wie er erfahren hatte. Als Rilke jedoch weitere Gedichte Werfels las, die im Januar veröffentlicht wurden, räumte er rasch ein, sein Urteil über die Person sei angesichts der Wärme seiner Bewunderung für sein Werk ungerecht gewesen, und er erwarte auch weiterhin von ihm die höchsten Leistungen. Auch für Werfel war, wie er sich viele Jahre später erinnerte, diese erste

Begegnung mit dem Idol seiner Generation, dem Mann, der in seinen Augen *der* große Dichter war, etwas enttäuschend verlaufen. Seine Worte der Bewunderung für das *Marien-Leben* und das *Stunden-Buch* erweckten nur Mißbilligung, der *Cornet* wurde als unreifes Erzeugnis abgetan. Er hatte das Gefühl, Rilke nicht näher zu kommen; es schien »eine Spannung zwischen Rilkes innerem und äußerem Menschen« zu bestehen, er hatte »die faltenlose, unbewegte Äußerlichkeit eines Blinden«, wobei die elegante Kleidung nicht gut auf einem »unmateriellen« Körper saß, der sich wie eine Kleiderpuppe ausnahm, die andere angezogen hatten. »Ich habe niemanden kennengelernt, bei dem die Unverbundenheit seelischer und alltäglicher Existenz rührender gewesen wäre.« Später erst, als er als Gast Rilkes in Dresden ein wenig ansprechendes vegetarisches Mahl über sich ergehen lassen mußte und das Gespräch auf ihren Geburtsort kam, hatte er das Gefühl, daß er anfing, ihn zu verstehen.[51]

Rilke blieb noch einige weitere Tage in Dresden und fuhr dann am 10. Oktober mit Lou ins Riesengebirge, wo sie nahezu eine Woche verbrachten. Er schaffte es bis in die Praxis des Arztes im Krummhübler Sanatorium, konnte dann aber, wie Lou berichtete, dem Arzt seine eigentlichen Beschwerden nicht erklären und wehrte sich eisern gegen einen Behandlungsaufenthalt. Die Hilfe, die er brauchte, fand er in Lou. Auf ihrer Rückreise nach Dresden versuchte sie sich in einer Analyse seiner gegenwärtigen wie erinnerten Träume und setzte damit zu ihrem eigenen Nutzen das Studium eines Falles fort, mit dem sie so eng vertraut war. Die ziemlich esoterischen Deutungen, die den Weg in ihr Tagebuch fanden, brauchen uns hier nicht zu beschäftigen, doch war diese »Behandlung« für Rilke zweifelsohne ein bedeutsamer Schritt vorwärts. Er beschloß, den Besuch bei Kippenbergs aufzugeben und unmittelbar nach Paris zurückzukehren, um sofort dort zu beginnen, wo er aufgehört hatte. Am 18. Oktober war er wieder in der Rue Campagne-Première. »Du hast mir gezeigt, daß ich noch irgendwie derselbe bin,« schrieb er, »ja derselbe auf eine befestigtere Art, daß eigentlich keine meiner alten Avantagen verwüstet oder verloren sei, vielleicht sind sie wirklich alle da, nur daß ich sie für eine

Weile nicht zu gebrauchen weiß . . . Irgendwie hast Du mir ja unendlich geholfen, das Andere [sic] ist nun für mich und für den Engel da, wenn wir nur zusammenhalten: er und ich, und Du von ferne«.[52]

Es war höchste Zeit, den gesellschaftlichen Trubel wieder gegen Einsamkeit einzutauschen. »Ich hatte so viele Etappen, Ankünfte, Aufbrüche, Begegnungen, Trennungen, Gefühle, Gesinnungen, Hände, Herzlichkeiten, Zimmer und *Corridore,* Hôtelportiers und Stubenmädchen hinter mir, daß ich auf einmal nicht mehr konnte und nur auf den Ort zustürzte, dessen Tür ich *brusquement* hinter mir zuschließen kann; diesen Ort . . . der für mich mehr Vorwurf als Wohltun hat, aber immerhin noch *der* ist, wo ich mir vorrechnen darf, irgendwie zuhause zu sein.« »Wenns mir nur wieder ganz zum Versteck werden wollte, wie es das jahrelang war – so wär ich mit Paris immer noch rein einverstanden, und wüßte auf jeden Fall, wozu ichs hier treibe.«[53]

Wieder ein neuer Anfang, wieder war er schwer. Sein Raum, »voll des vergangenen Juni«, kam ihm in seiner Erwartung fast drohend vor, so daß seine erste Regung war, ihn auf ein paar Tage zu verlassen, um einen erholsamen Blick auf das französische Leben in der Provinz zu werfen –, in Rouen, wo er eine »ganze Kathedrale« hatte, um seine Bedenken zu überwinden, und in Beauvais. Unter der mächtigen Wirkung von Paris fühlte er sich wie eine überbelichtete Photographie, und dieser Prüfung konnte man nur entgegentreten, wenn man vorgab, es sei nur ein flüchtiger Besuch ohne Verantwortung.[54]

Der Drang, wieder hier unter seinen Dingen zu sein, sei in sich selbst eine Art Therapie gewesen, schrieb er Eva Cassirer kurz nach seinem Eintreffen: »wie weit ich mich nun wirklich hier werde gebrauchen können, wie lang in den Winter hinein, darum werde ich mich fürs erste nicht plagen, sondern mir einiges Tägliche schaffen, das täglich zu leisten ist und so langsam ins Künftige hineinstrebt«. Ihr gegenüber war dieser Brief etwas mehr als der allgemeine Lagebericht, den seine Freunde gewöhnlich erhielten, zumal es notwendig war, die heikle Frage des »Ruth-Fundus« wieder anzuschneiden. Er hatte für sich selbst bereits daraus geborgt – doch

dränge sich nun, wie er sagte, ein »seit einigen Wochen ...
etwas zurückgetretene, Clara und mich nahe betreffende Angelegenheit« vor. Nachdem er München verlassen hatte,
hatte ihn Clara wiederum brieflich zum Abschluß des Schei-
dungsverfahrens aufgefordert; er hatte zufällig zur gleichen
Zeit die Rechnung des Wiener Rechtsanwalts mit der Bitte
um weitere Instruktionen erhalten. Da er Clara und Ruth nun
in ihrem neuen Heim erlebt hatte, schien es ihm der rechte
Zeitpunkt, das Verfahren voranzutreiben, das allein Clara zu
einer wirklich unabhängigen Existenz anspornen würde. Die
Schwierigkeit bestand freilich in der Deckung der Gerichtskosten, wozu er den Cassirerschen Fundus benutzen zu können hoffte. Eva, die ihm nun anbot, er solle die Anleihe als
Geschenk betrachten, erhielt nach diesem Warnsignal am
29. Oktober einen Brief, der ihr den beiderseitigen Wunsch
nach Scheidung mitteilte. Dabei erläuterte er mit großer
Ausführlichkeit seine Beziehung zu Clara, ganz in der Art,
wie er es vorher Lou gegenüber getan hatte. Er sprach von
dem Paradox ihrer früheren gemeinsamen Jahre, in denen
eine Ehefrau, die von ihrem Gatten völlig verschieden war
und doch danach strebte, ihm so ähnlich wie möglich zu sein,
in tiefstem Konflikt mit ihrem wahren Wesen stand und ihre
Stärke in der Hingabe einer schwachen Schülerin vergeudete.[55]
Die Scheidung, davon war er überzeugt, würde sie zum
Aufbau eines eigenen Lebens anspornen. Eva gegenüber
schlug er vor, Clara das Jahr 1914 hindurch die Vierteljahres-
rate auszuzahlen – 3600 Mark im Ganzen –, den Rest aber zur
Deckung der Gerichtskosten an ihn gehen zu lassen. Gemäß
dem Scheidungsabkommen würde er dann die Unterstützung für sie aus seinem erhofften Einkommen von der Insel
bestreiten, doch nur für 1915; danach mußte sie gelernt
haben, alleine für sich selbst und Ruth zu sorgen. Der Vorschlag hätte ihm, wenn die 2000 Mark Anleihe geblieben
wären, worauf er bestand, nur 500 Mark für die Rechtsan-
wälte belassen. Evas Zuneigung zu den beiden und ihr Eifer,
alles in ihrer Macht Stehende für sie und Ruth zu tun, waren
so groß, daß sie es sich nicht nehmen ließ, ihm die ganzen
2500 Mark zur Verfügung zu stellen. Auch als man schließ-

lich die Scheidung aufgab und das Geld einfach in Rilkes eigenes Einkommen floß, fühlte sie sich wie Kippenberg und die anderen Freunde mehr als entlohnt durch die Befriedigung, einem Genie beim Überleben geholfen zu haben. Dies sollte denn auch nicht der letzte Beweis der Cassirerschen Großzügigkeit bleiben. Er war gewiß dankbar, fühlte sich jedoch nie schuldbewußt wegen des, wie sich herausstellen sollte, eigentlichen Mißbrauchs des Geldes. Für ihn war es lediglich ein weiteres Beispiel für das, was ihm und seiner Sendung gebührte. Trotzdem aber zeigte er sich stets bereit, Clara soweit zu unterstützen, wie er konnte, und wie es der absolute Vorrang dieser Sendung zuließ.

Über die Scheidungskosten brauchte er sich keine Gedanken mehr zu machen, denn seine Finanzen waren gesund wie schon lange nicht mehr. Er konnte nun versuchen, sich »einzuspinnen«, wobei er so gut wie niemanden außer Gide sah, dessen *Enfant prodigue* er zu übertragen hoffte. Marie Taxis gegenüber, die ihn einlud, sie und den Fürsten auf einer weiteren Nilfahrt zu begleiten, blieb er standhaft. Solch »große Unternehmungen« hatten ihm so wenig eingebracht, hatten einen so bitteren Nachgeschmack wegen der Vergeudung unwiederbringlicher Gelegenheiten hinterlassen, daß er dieses Risiko nicht noch einmal eingehen wollte.[57] Die Wintermonate waren frei von zeitraubenden Besuchern, abgesehen von Kippenberg, der Ende November auf ein paar Tage kam – und auch ihm wurde bedeutet, daß er sich dem einsiedlerischen Tageslauf anpassen müsse. Es gab gelegentliche Abende im neugegründeten Théâtre du Vieux-Colombier, wo er einige der neuen französischen Autoren hören und sehen konnte, darunter Jacques Rivière, Valéry Larbaud und Jules Romains. Doch war es eigenartigerweise die Musik, die ihn am meisten zu erfrischen schien, indem sie »einige der verdichteten Bruchstücke meines zersplitterten Wesens wieder einfügte« – Mozarts Requiem etwa oder das sonntägliche Hochamt in Notre Dame.[58]

Er ahmte, »so gut das sich hier in diesem Unbeschütztsein machen läßt, die Tage von Duino« nach und fand so allmählich den Weg zu einer Verfassung zurück, die der alten Schaffenskraft nahekam. Eine Anzahl von Gedichten und

Fragmenten ließ noch das vorsichtige Suchen nach einer neuen Form und Tonlage erkennen. Es war jedoch bedeutsam, daß er die dort begonnene Dritte Elegie wieder aufnahm und zur Vollendung brachte. Wie in Duino hatte er nämlich beschlossen, »noch einmal mein ernstester Arzt zu sein; allein, in der Stille«.[19] Lou hatte ihn in der Vorstellung bestätigt, daß seine Rettung in der Selbstanalyse der Arbeit und nicht in ärztlicher Behandlung oder auf der Couch des Psychiaters (nicht einmal ihrer eigenen) lag. Nach ihren fast ausschließlich sexuellen Deutungen seiner Träume, vor allem der in den Ängsten der Kindheit, und mit der genaueren Kenntnis, die er von den Freudschen Theorien erworben hatte, drängten sich ihm nun die Themen der Dritten Elegie, die ihm schon vorgeschwebt hatten, ganz von selbst auf:

Eines ist, die Geliebte zu singen. Ein anderes, wehe,
jenen verborgenen schuldigen Fluß-Gott des Bluts.
Den sie von weitem erkennt, ihren Jüngling, was weiß er
selbst von dem Herren der Lust, der aus dem Einsamen oft,
ehe das Mädchen noch linderte, oft auch als wäre sie nicht,
ach, von welchem Unkenntlichen triefend, das Gotthaupt
aufhob, aufrufend die Nacht zu unendlichem Aufruhr.
O des Blutes Neptun, o sein furchtbarer Dreizack.
. . . .
Und er selbst, wie er lag, der Erleichterte, unter
schläfernden Lidern deiner leichten Gestaltung
Süße lösend in den gekosteten Vorschlaf –:
schien ein Gehüteter . . . Aber *innen:* wer wehrte,
hinderte innen in ihm die Fluten der Herkunft?
. . . .
Siehe, wir lieben nicht, wie die Blumen, aus einem
einzigen Jahr; uns steigt, wo wir lieben,
unvordenklicher Saft in die Arme. O Mädchen,
dies: daß wir liebten *in* uns, nicht Eines, ein Künftiges, sondern
das zahllos Brauende; nicht ein einzelnes Kind,
sondern die Väter, die wie Trümmer Gebirgs
uns im Grunde beruhn; sondern das trockene Flußbett
einstiger Mütter –; sondern die ganze

lautlose Landschaft unter dem wolkigen oder
reinen Verhängnis –: *dies* kam dir, Mädchen, zuvor.[60]

Auch die letzten Zeilen der Sechsten Elegie, die den Helden
zum Thema hat, kamen zu ihm –

Denn hinstürmte der Held durch Aufenthalte der Liebe,
jeder hob ihn hinaus, jeder ihn meinende Herzschlag,
abgewendet schon, stand er am Ende der Lächeln, – anders.[61]

Im Dezember schuf er eine Fassung der letzten, der Zehnten,
die sich an den Anfang anschloß, den er in Duino gemacht
hatte (eine Version, die radikal verändert werden sollte, als
das Ganze Gestalt annahm).

   Nach außen hin führte er ein normales literarisches Leben.
Er las viel auf eine unsystematische Art, begeisterte sich für
Kleist und Rabindranath Tagores Gedichte in den Übertragungen Gides. Es entstanden einige ganze Gedichte, eine
wesentlich größere Anzahl Fragmente, auch einige Seiten
Übertragung; an Sidie schickte er seinen Essay über den
jungen Dichter mit der Anregung zu einer Veröffentlichung
durch Karl Kraus in der *Fackel*, an Rolland ein Widmungsexemplar der *Rodin*-Neuausgabe. Die Alcoforado-Briefe erschienen im November; im Dezember kamen dann die *Ersten
Gedichte*. Doch gegen Jahresende mußte er zugeben, daß die
so verordnete Selbstbehandlung die erhoffte Wirkung nicht
gebracht hatte. Er wünschte sich fast »eine Art Blindheit, um
völlig nach Innen zu gehen«, »ein zusammengerollter Igel«
zu sein, »der sich nur am Abend im Straßengraben aufmacht
und vorsichtig heraufkommt und seine graue Schnauze in die
Sterne hält« –, doch dieser glückliche Zustand wollte sich
nicht einstellen.

   »An Arbeit denk ich gar nicht, nur daran, an gleichmäßigen einsamen Beschäftigungen, am Lesen, Wiederlesen,
Nachdenken allmählich gesund zu werden . . . Nichts war
mir so schädlich, als immer wieder vor Menschen zu sein
diesen Sommer, für die man sich dann ja soweit zusammen-
nimmt und anrichtet und würzt, da man ihnen nun einmal
soll vorgesetzt werden. Ach, ich bin kein Gericht, gar nicht

fertig, aufgetragen zu werden, ich bin wie ein Stilleben von Cézanne –, ein paar uneßbare Äpfel und eine Flasche, auf eine alte Decke vom Zufall hingestellt, und das Ganze fortwährend in Gefahr, vom Tisch zu fallen. – Hier müh ich mich, da niemand fragt und zusieht, wie eine Ameise mit einem viel zu langen Strohhalm, verliere ihn, finde ihn unerwartet wieder, hab ihn schon wieder verloren, laufe entsetzt herum und wundere mich, daß bei all der Unordnung nicht noch jemand auf mich tritt. Und doch, ist nicht dies das Leben?«[62]

Der Gedanke, dieses ziellose Leben mit der Disziplin einer Universität zu vertauschen, vielleicht in Leipzig, tauchte wieder auf, wurde aber – wie so häufig – verworfen. Er war in seiner Puppe, schrieb er der Fürstin Marie, sie mußte auf den ausschlüpfenden Schmetterling warten. »Sie haben im Herbst gesehen, in Berlin, wie trist und abscheulich die Raupe war, ein Greuel.«[63] Seine Unzufriedenheit mit Paris wuchs, als trage die Stadt und nicht er die Schuld daran, daß er seinen Weg nicht finden konnte – den Weg nicht nur zum Engel, sondern auch zu der Gefährtin, die er in seinem Leben so brauchte.

Du im Voraus
verlorne Geliebte, Nimmergekommene,
nicht weiß ich, welche Töne dir lieb sind.
Nicht mehr versuch ich, dich, wenn das Kommende wogt,
zu erkennen. Alle die großen
Bilder in mir, im Fernen erfahrene Landschaft,
Städte und Türme und Brücken und un-
vermutete Wendung der Wege
und das Gewaltige jener von Göttern
einst durchwachsenen Ländern:
steigt zur Bedeutung in mir
deiner, Entgehende, an.

Ach, die Gärten bist du,
ach, ich sah sie mit solcher
Hoffnung. Ein offenes Fenster
im Landhaus –, und du tratest beinahe
mir nachdenklich heran. Gassen fand ich, –

du warst sie gerade gegangen,
und die Spiegel manchmal der Läden der Händler
waren noch schwindlich von dir und gaben erschrocken
mein zu plötzliches Bild. – Wer weiß, ob derselbe
Vogel nicht hinklang durch uns
gestern, einzeln, im Abend?[64]

»Wenn Gott Einsehen hat, so läßt er mich bald ein paar Räume auf dem Land finden, wo ich ganz nach meiner Art wüten kann und wo die Elegien aus mir den Mond anheulen dürfen von allen Seiten, wie's ihnen zu Mut ist. Dazu gehört dann die Möglichkeit, weite einsame Wege zu machen und eben der Mensch, der schwesterliche!!! (ach ach) der dann das Haus besorgt und gar keine Liebe hat oder so viel, daß er nichts verlangt, als, wirkend und verhütend, an der Grenze des Unsichtbaren dazusein. Hier der Inbegriff meiner Wünsche für 1914, 15, 16, 17 u.s.f.«[65] Bis sich eine solche Fügung der Vorsehung einstelle, müsse er in Paris bleiben, sich tief in seine Einsamkeit vergraben, »die mir doch seit den grenzenlos fruchtbaren Schmerzen der Kindheit alles Größeste, alles immer *Zu-Große* gegeben hat«. Es war ihm, als müsse er »das ganze Herz umgraben«, »alles, was schon gewachsen ist«, nach unten kehren und nicht länger nach Liebe suchen, denn diese in ihrem verbürgten Sinn stehe jenseits seiner Fähigkeit, stelle Forderungen, die seine wahre Aufgabe unterbrächen. Ein seltsames Gefühl überkam ihn, daß er die Liebe, die er wollte und brauchte, vielleicht niemals werde erfahren können, die Liebe, die *hinter* seiner Arbeit stehen, sie »reiner, klarer, durchsichtiger« machen könnte, und die keiner Anstrengung seinerseits bedürfe.[66]

Kaum hatte er im Januar 1914 diese Gedanken seinem Notizbuch anvertraut, als er ein Schreiben erhielt, das dem Herz, das »umzugraben« war, einen plötzlichen Aufschwung gab. Der Brief kam von einer gewissen Magda von Hattingberg in Wien, die sich getrieben fühlte, dem »lieben Freund« zu schreiben, den sie erst vor kurzem durch ein Exemplar der *Geschichten vom lieben Gott* kennengelernt hatte, und ihm ihren Dank dafür auszusprechen, was er ihrer Musik geschenkt habe. Hätte sie nur Ellen Key sein dürfen, nur für einen kurzen Augenblick, wäre ihr das Buch gewidmet worden, dann würde er erkennen, daß auch sie diese Geschichten liebte »wie niemand vorher«. Ein Brief wie dieser könne ihre Dankbarkeit nicht annähernd ausdrücken; doch »vielleicht, wenn mir das Leben wohl will und mich Sie irgendwo und wann in der Welt finden läßt«, könnte sie ihm durch das Medium Beethovens oder etwas »ganz großes unseres Sebastian Bach« ihren Dank übermitteln – denn sie sei sicher, daß er Musik liebe.[67]

Er griff sofort nach dem karierten Schreibblock, den er für die Arbeit verwendete, da sein übliches Briefpapier ausgegangen war, und antwortete, indem er in seiner Freude den Ton ihres Briefs aufnahm. Er sei dankbar, daß sie *nicht* in Ellen Key verwandelt worden sei, deren Weg sich seit den *Geschichten vom lieben Gott* so weit von dem seinen entfernt habe, und daß sie ihre Worte für ihn und nicht für den unreifen Autor jener Fabeln aufbewahrt habe. »Das habe ich in jedem Fall vor ihm voraus . . . daß er Ihre Musik nie hören wird, daß *ich* sie hören werde, ja das hoff ich.« Wäre sie nur nach Spanien gekommen, nach Ronda, als er sich dort aufhielt – welche Erfüllung hätte ihm ihre Musik gewähren können, als er die Grenze des bloß Sichtbaren erreicht habe. »Da saß ich und war wie am Ende meiner Augen, als müßte man jetzt blind werden um die eingenommenen Bilder herum« – nur der ganz andere Sinn des Gehörs hätte ihn weiter führen können. Dort im Hotel habe er jemanden spielen hören und dabei erlebt, »wie in jenes wunderbare Element (ich kenne es kaum, auch war es immer zu stark für mich) die Welt gelöster übergeht, und es gab mir ein überfülltes, fast müheloses Glück, sie von dorther hereinzufühlen, denn mein Gehör ist nun wie eines Tragkindes Fußsohle . . . Ihre Musik ist wie irgendeine einmal kommende Jahreszeit vor mir . . . Leben Sie wohl, gute Freundin . . . lassen Sie das neue liebe Feuer nicht ausgehen, auch wenn ich jetzt nur selten einmal ein kleines Körnchen Herzharz hineinwerfen kann, daß es Ihnen dufte . . . Ich bin Ihnen zugetan und dankbar.«[68]

Annäherungen dieser Art hatte er stets erwidert, war in die Hoffnungen und Probleme seiner ungekannten Briefpartner eingedrungen, stets aber aus der Entfernung des Dichter-Philosophen. Magdas Brief als solcher war kaum anders, doch er traf ihn in einem Augenblick besonderer Niedergeschlagenheit an. Erst am Tag zuvor hatte er Carlo Placci von der Finsternis und den »tristesses infinies« geschrieben, die sich immer noch vor ihm hinzudehnen schienen: »Ich hatte schon viele solche Berge auf meinem Weg vorher, doch habe ich sie stets erstiegen, ... und zuweilen ... hat der Blick in die Ferne vor mir eine klare Vision der Zukunft aufleuchten lassen. Diesmal ist es mir eher, als stieße ich durch den Felsen selbst«.[69] Magdas Worte gaben ihm nun plötzliche Hoffnung; er fühlte instinktiv, daß die Musik, von der sie sprach, jenen Ausblick auf eine klare, neue Welt eröffnete, und daß sie selbst jenes schwesterliche Wesen sein würde, an dessen Kommen er zu zweifeln begonnen hatte.

Magda Richling, geborene Wienerin, acht Jahre jünger als er, war Konzertpianistin, Schülerin Ferruccio Busonis und besaß bereits einen beachtlichen Ruf. Ihre frühe Heirat mit von Hattingberg hatte in Scheidung geendet, so daß sie wie Rilke allein war und nach jemandem suchte, der ihrem Leben die ersehnte Erfüllung bringen würde. Daß der Brief, den sie aufs Geratewohl losgeschickt hatte, nicht nur eine Antwort, sondern eine Antwort dieser Art finden würde, bereitete ihr unbeschreibliche Freude. Sie teilte ihm sofort ihren Plan mit, auf einige Wochen nach Berlin und anschließend nach München zu gehen; sie hoffe, sie würden sich irgendwo in Deutschland oder sogar in Paris, das sie schon lange besuchen wollte, kennenlernen.

Für Rilke schienen die Schleusen geöffnet. In einer Flut von Briefen, die er beinahe täglich schrieb und deren Antwort er kaum abwartete, begann er ihr sein Herz auszuschütten wie vor ihr nur Lou. Gierig griff er nach der Idee jener »wunderbaren Zukunft«, die sie ihm bot, einer Zukunft, »die mächtig ist, Stürme, Gewitter und Klärungen, die reinsten Erschütterungen des Alls über mich zu bringen, so wie sie nur will«. »Freundin, Schwester«, »Seelige, Frohe, Helle« — er verlangte nach ihrem Kommen, zögerte aber wegen seines Mangels an Verstehen, an Begabung für Musik, auch deshalb, weil sie nicht wissen konnte, wie anders er nun war als der junge Autor der *Geschichten vom lieben Gott*. Den *Malte* schreiben sei wie das Eindringen in einen Berg gewesen, so tief, daß er selbst zum puren Felsen zu werden schien. Er hatte damals nach jemandem gerufen, der kommen und ihn befreien, »freimeißeln« würde, doch jeder Versuch war fehlgeschlagen. »Ich habe keine Übung mit Menschen . . . da übersprang mein Gefühl [die Menschen] und ich wollte bleiben oder höchstens von dem Engel gerettet sein, mit *dem* getraute ich mir schon den richtigen Umgang zu haben.«[70]

»Ich müßte Ihnen Tag und Nacht schreiben, um nur alles auszudrücken, was da steigt und auf und ab wogt zwischen den Widersprüchen, und Gott weiß, ja selbst dann, ob ich mich verständlich machte, da ich noch selber das Ganze nicht verstehe.« Monatelang habe er Verstecken gespielt, nun aber, da ihn ihre helle Freude endlich getroffen habe, sei er wie der kleine Junge, der »Noch nicht!« ruft und nach einem besseren Versteck sucht, um den Augenblick des Schreckens und Vergnügens hinauszuschieben, wenn man ihn entdeckt – oder wie eine Landschaft, welche die Sonne bittet, noch nicht aufzugehen. »Wer sind Sie denn, liebe Freundin, dieser Garten fürchtet sich vor der Sonne . . . weil er so aufgegraben und umgeworfen ist und jetzt gar nicht wie ein Garten aussieht . . . gar nicht daß er Sie empfangen dürfte, Strahlende, und den Gott oder Halbgott, der mit ihnen ist.« Nicht in Paris, »in dieser meinem Gefühl verzweifelt abgelebten und abgelittenen Stadt«, sollte ihre Musik zu ihm kommen – sie »sollte (so laß ich mich zu träumen gehen) nicht nur die Innenwelt mir neu ordnen, sondern auch mit lauter neuen äußeren Beziehungen zusammenhängen«.[71]

Nach dem Empfang solcher Briefe – »leichte, schöne, die mir stürzend von Herzen gingen«, wie er sich später entsann, »ich kann mich kaum erinnern, je solche geschrieben zu haben«[72] – fühlte sich Magda begreiflicherweise als vom Schicksal dazu ausersehen, die von ihm ersehnte Geliebte zu werden, der Mensch, der ihn aus dem Felsen freimeißeln würde. Sie versicherte ihm, daß sie den *Malte* tatsächlich kenne und wisse, wie sein Autor geworden sei; er dürfe die neue Welt, die sie ihm bieten könne, nicht fürchten, sondern müsse auf die helle Zukunft vertrauen, die vor ihnen liege. Ihm schien dieses »unerschöpfliche Mitteilen« sein eigentliches Wesen wiederherzustellen, er war sicher, hier endlich die Seelenfreundin gefunden zu haben, nach der er verlangt hatte. Früher hatte er stets das Gefühl gehabt, willenlos in Beziehungen gerissen zu werden, die sich nur als fruchtlose Verstrickungen erwiesen, diesmal mußte es anders sein. Sie war »Benvenuta«, die ihm Willkommene, »liebes Herz«, »liebevolle Schwester«, zu der er sprechen könne wie »zum Gewölk und zu den Tiefen« seines Himmels.[73]

Er schickte ihr die einzigen Photographien von sich, die er besaß (die ironischerweise Hedwig Bernhard in Rippoldsau aufgenommen hatte), und flehte um ein Bild von ihr, als er versuchte, sich die »liebe ferne, ferne Figur« vorzustellen. Andere hatten ihn allmählich durch sein Werk lieben gelernt, doch waren ihnen seine Bücher wie Fernrohre, durch die sie alle möglichen Dinge sehen könnten, ein Kaleidoskop, das sie schön finden mochten; sie allein könne in sein Herz blicken. »Sieh gut hinein in das gerichtete Rohr, dort ein kleiner kleiner lichter Punkt – hast Du ihn? – Das ist mein Herz, man kanns nicht erkennen. Ach meine Schwester, ist es ein Haus? Ist es nur eine helle starre Stelle im Gestein, blind hinüberblickend aus dem glücklichen Grün einer ringsum beschäftigten Natur?«[74] In einer Art Tagebuch, wie es ein glücklicher Malte hätte schreiben können, erging er sich – oft tagelang, bevor er die engbeschriebenen Blätter abschickte – weitschweifig über sein ganzes Leben: die Kindheit Renés, die so lieblos geschienen hatte, die Militärschule; über den *Cornet*, Paris, Rom, Capri, Venedig, die Duse; über die Ehe, die »hätte nie geschehen dürfen«,[75] Ruth, die Scheidung, die nun im Gange war; alles aber nun an sein »teures Mädchen« gerichtet, »dieses unbegreifliche Journal meines Lebenwollens an Dein Herz«. »Mir ist, als wärs mein *Werk*, mein endgültiges, mich Dir wahr zu machen . . . als könnt ich zum ersten Mal in Deinem Herzen mich Gott deutlich machen, daß er mich kenne.«[76]

Die Februarwochen hindurch bedeuteten diese außerordentlichen Ergüsse in der Tat Arbeit, ein Strömen poetischer Prosa, wie er es seit der Nacht des *Cornet* in Schmargendorf nicht mehr erfahren hatte. Beinahe ein innerer Monolog, waren sie doch schöpferisch, eine Komposition, die sich mit dem überschnitt und vermischte, was in Versen oder im Notizbuch seinen Niederschlag fand, wo er manche der Stellen zuweilen sogar zu entwerfen oder abzuschreiben pflegte. Es war kein Zufall, daß er, selbst als sein Briefpapier wieder vorrätig war, die Blätter des Schreibblocks weiterhin vorzog. In dem wachsenden Hochgefühl schien sein Leben eine neue Wendung genommen zu haben. Er spürte in der intensiven Selbstanalyse dieser Briefe das Heilmittel, das er für seine Gebrechen gesucht hatte, mit dessen Hilfe alle früheren Fehlschläge der richtigen Beziehung zu einem geliebten Menschen in diesem »reinen und durchsichtigen« Akt der Verständigung vergessen wurden. Lou bemerkte eine Veränderung in seiner Handschrift, deren Grund sie noch nicht kannte; der Buchstabe »s« war plötzlich »leichtsinnig« und hatte etwas »Fahnenschwingendes oder gen Himmel Steigendes«.[77] Neues Leben erfüllte die bisherige Arbeit, als er die Übertragung von Gides *Enfant prodigué* vollendete und an Kippenberg schickte, seinen Essay über Lotte Pritzels Puppen schrieb und Übertragungen der Sonette Michelangelos begann. Die Augenblicke der Begeisterung, die mit dem alten Jahr geschwunden waren, kehrten wieder zurück – Werfels neueste Gedichte, Prousts *Du côté de chez Swann* –, und eine Fülle neuer Interessen begann zu strömen. Seine Lektüre wurde ausgedehnter, er regte die Insel eifrig zu Neuveröffentlichungen an, hörte mit Freude von Kippenberg die Nachricht, daß Übertragungen des *Cornet* in andere Sprachen in Arbeit waren, begrüßte Gides Angebot einer französischen Version, riet einem möglichen Gönner mit leidenschaftlichen Argumenten zu einer Rückkehr der Duse auf die Bühne.

Benvenuta schrieb ihm beinahe ebenso oft und antwortete als die schwesterliche Geliebte, die er in ihr sah. Man tauschte Pläne für die langersehnte Begegnung aus – Wien, München oder Würzburg, Genf – irgendwo, rief er aus, am besten aber in einer Stadt, die er noch nicht kannte, »ich möchte zuerst mit Dir nur in lauter Orten sein, die ganz neu sind für mich, so strahlend neu wie alles dies, bis auch die alten, nach und nach, wie auferstehende, unrückblickend in *unsere unsere* Herrlichkeit übergehen«.[78] Paris wurde immer unerträglicher, er begann an Perugia oder Assisi zu denken und bat Pia Valmarana, ihm einen Ort vorzuschlagen, kein Hotel, vielleicht ein kleines möbliertes Haus — wobei er im Vertrauen anfügte, es sei nicht nur für ihn selbst, sondern auch für die Freundin, »die sich ihm widmen« wolle und die er vielleicht bewegen könne, zu ihm zu kommen und für ihn Klavier zu spielen.[79] Sogar Paris verwandelte sich in seinen Augen, als Magda von der Möglichkeit späterer Auftritte dort sprach. Er erkundigte sich sogleich bei Gide, wo für seine »teuerste Freundin« eine passende Unterkunft zu finden sei. »Da schickst Du mir wieder so ein paar fertige Daten, ganz blank vor lauter Neusein, liebes Herz, alle die rotgedruckten Feiertage und Ostern und Pfingsten und wie sie heißen, dagegen kommen sie nicht auf . . . einen herrlichen Kalender, viel schöner als der Papst Gregor, ein Herzjahr . . .« Doch sie konnten nicht warten, und als sie ihn drängte, nach Berlin zu kommen, tat sein Herz einen ungeduldigen Sprung auf sie zu. In den wenigen Tagen vor seiner Abfahrt schrieb und schrieb er immer noch, »Brief auf Brief, keiner hätte auch nur eine Stunde in der Lade warten können, Liebste, sie stürzten alle zu Dir«. Im Zug führte er sie mit Versen fort, die an sie gerichtet waren:

> Kannst Du Dir denn denken, daß ich Jahre
> so: ein Fremder unter Fremden fahre?
> Und nun endlich nimmst Du mich nach Haus —

ja er schrieb noch, als sie an seine Tür klopfte.[80]

Für einige wenige kurze Wochen schienen all seine Hoffnungen erfüllt. Am Tag nach seiner Ankunft nahm er sich ein Zimmer in ihrer Nähe, im Grunewald, wohin sie sofort ein Klavier liefern ließ, um ihn in die Welt der Musik einzuführen — eine sanfte Einführung, die seine Bedenken überwinden sollte, mit Händel, einer Arie von Bach, einem Pastorale von Scarlatti. Grunewald war genau so wie früher, »als wär ich doch noch jung,« schrieb er am 9. März begeistert an Lou, »und die seltsamsten Fügungen und Musik —, herrliche durch

Busoni. Und das Ägyptische Museum. – Allerhand Unerwartetes, Gutes zog mich hierher . . .«.[81] Er besuchte ein Konzert Busonis, der die beiden später zu sich einlud, dazu gab es noch viele andere gesellige Anlässe. Magdas Verpflichtungen aber – Üben, Proben, Auftritte – überließen ihn viel sich selbst, und das war genau das, was er gesucht hatte. Nun hatte er die Freiheit zu träumen, zu arbeiten, spazierenzugehen, zu schreiben, abwechselnd mit Nachmittagen oder Abenden mit seiner Benvenuta; endlich die anspruchslose Liebe, die er erträumt hatte, die Liebe, die schützend hinter seiner Arbeit stehen konnte.

Oh wie schälst du mein Herz aus den Schalen des Elends.
Was verriet dir im schlechten Gehäus den erhaltenen Kern?
Der süß wie Gestirn, weltsüß, mir im Innern ansteht.
Ach, da ich litt, befiel ihn ein schläferndes Wachstum,
da mir das Leiden schweigend die Glieder zerbrach
schlief mir im Herzen ein Herz, ein künftiges, schuldlos.
Eines, oh sieh: noch weiß ich nicht welches, noch rat ichs,
dieses vermutete Herz. Ihm galten die Sterne
die ich dem trüberen gab. Oh sei ihm hinüber
durch meine bange Natur. Sei ihm verständigt. Erkenns.
Rufs. Du Erstaunende, rufs. Stell ihm ein kleines
Lächeln zunächst, daß es sich rührt von dem Schein;
neig ihm dein schönes Gesicht: den Raum des Erwachens
daß es sich wundert in Dir und sich des Morgens gewöhnt.[82]

Eine ungetrübte Zukunft, in der sie bei ihm sein würde, schien sich vor ihm aufzutun. Für eine Weile würden sie zusammen reisen und das Idyll ausdehnen, das sie sich in ihren Briefen so glühend ausgemalt hatten – zuerst nach München, dann durch ihre Heimat Tirol nach Zürich, Basel, in die Städte, die er noch nicht kannte, und schließlich nach Paris, wo er mit ihrer Hilfe neue Hoffnung für seine Arbeit sehen konnte.

Pia Valmarana hatte als einzige von dieser neuen Beziehung gehört. Sogar Lou hatte er nur von einer »schönen, irgendwie hoffnungsvollen« Korrespondenz berichtet, die ihn beschäftigt gehalten habe[83], und Kippenberg gegenüber war das ägyptische Museum hinreichender Grund für seine plötzliche Abreise nach Berlin. Marie Taxis aber mußte er sich einfach anvertrauen. Er bat sie von München aus, ob er ihr nach Duino »einen lieben Menschen« bringen dürfe, »eine Freundin, Frau von Hattingberg, ich weiß sie wird Ihnen sympathisch sein, und die Musik lebt in ihr auf eine so große und wunderbare Art, wie ichs nie für möglich hielt: ich glaube, durch sie kann ich mich so an der Musik entwickeln und aufrichten wie einst an Rodin's Skulptur«. Er hatte gehofft, vielleicht sogar noch vor der Reise nach Paris Duino besuchen zu können, doch kam von der Fürstin keine Antwort, und so trafen sie nach dem »kleinen Umweg« durch die Schweiz, wie er sich Kippenberg gegenüber ausdrückte, am 26. März in Paris ein.[84]

Magda hatte – wie es nach derartigen Briefen verständlich war – erkannt, daß sie einem Dichter begegnen würde, der anders war als andere Männer. Die scheue Zurückhaltung, die sie in dem Liebhaber antraf, der auf dem Papier so geglüht hatte, muß sie dennoch überrascht haben. In den ersten Tagen in Berlin erschien er ihr in der Tat wie »ein Wesen aus anderen Welten«. Daß er verheiratet sein und ein Kind haben sollte, war ebensowenig glaubhaft wie ein Erzengel, der menschlichem Schicksal unterworfen wäre.[85] Während ihrer Woche in München, wo Claras Anwesenheit Diskretion verlangte, wohnte sie bei ihrer Schwester in Nymphenburg, er wie üblich im Hotel Marienbad, so daß sie sich nur gelegentlich sahen. Während der restlichen Reise auf Umwegen nach Paris reisten sie mehr wie Bruder und Schwester denn als Geliebte – einmal sogar als Krankenschwester und Patient, als ihm der Föhn in Innsbruck starke Beschwerden verursachte und sie ihn pflegen mußte. Auf diese Rolle hatten sie seine Briefe eigentlich vorbereitet, aus ihrer Verehrung für ihn war sie gewillt, sie anzunehmen. In Paris aber, wo er sie an die Orte führte, die er so gut kannte, und sie für ihn jeden Nachmittag in seinem Zimmer im Hôtel du Quai Voltaire einen privaten Klaviervortrag gab, wurde deutlich, daß er etwas mehr brauchte als nur schwesterliche Hingabe. Er fragte sie, ob sie bereit sei, sein Leben »für immer« zu teilen – bestand aber darauf, daß sie nicht sofort Antwort gebe. Sie sollte den Befehlen ihres eigenen Wesens gehorchen; wenn sie das Gefühl habe, daß es ihre Kräfte übersteige, ein Leben wie das seine zu ertragen und zu teilen, so müsse sie »einfach und herzhaft« zu ihrem eigenen zurückkehren, ohne Versprechungen und ohne an ihn zu denken.

Magda überlegte in einem Brief an ihre Schwester, ob sie ihn so liebte, wie eine Frau einen Mann liebt, »*den* einen, dem sie ihr Leben lang angehören will – liebe ich ihn so, daß ich die Mutter seiner Kinder sein möchte? Und da muß ich mir sagen, nein. Er ist für mich die Gottesstimme, die unsterbliche Seele, Fra Angelico, alles überirdisch Gute, Hohe und Heilige – aber kein Mensch!« Sie konnte nicht umhin, an die Frau und das Kind zu denken, die er verlassen hatte. So sehr er diese Bande auch gelockert hatte, sie mußten doch berücksichtigt werden.[86]

Sie gab ihm noch nicht Bescheid, doch er fühlte bereits, wie die Antwort ausfallen würde, und sein Befinden verschlechterte sich infolge seines Pessimismus. Als er ihr einen Zyklus von sieben Gedichten vorlas, die anscheinend eben erst entstanden waren, konnte sie zuerst nicht glauben, daß er sie geschrieben hatte, da sie im Ton so anders waren[87]; ihre Reaktion deprimierte ihn wiederum durch den Gedanken, daß er alle Fähigkeit zu erneuter Leistung eingebüßt habe. Er stimmte ihrem Vorschlag zu, daß sie beide für eine Weile zur eigenen Arbeit zurückkehren sollten. Aber das war ein Entschluß, den er nicht einhalten konnte, so pflegte er wieder aufzutauchen und ihr stundenlang beim Üben zuzuhören. Fürstin Maries Brief mit der Nachricht, daß sie beide nach dem 18. April in Duino willkommen seien, war für beide eine Erlösung und bot Rilke einen Schimmer von Hoffnung, der sich freilich als illusorisch erweisen sollte.

Die Hausgesellschaft, zu deren Gästen Kassner, Horatio Brown und »Pascha« mit seiner Familie zählten, nahm ihren gewohnten Verlauf. Für Magda war alles neu und aufregend, zumal ihre Gastgeberin im Rahmen des Schlosses wie eine echte Renaissancefürstin wirkte, ihrem Spiel begeistert zuhörte und für sie sogar einmal das Triest-Quartett kommen ließ (Marie Taxis' Verlangen nach Musik war »unersättlich«, wie Kassner später bemerkte.[88]) Rilke kam allmählich wieder zu Kräften, doch seine Schwermut verstärkte sich. In einer Aussprache mit der Fürstin erkannte er, daß alles ein hoffnungsloser Traum gewesen war. Sie mußte es ihm eigentlich nicht erst sagen, daß die »Wächterin seiner Einsamkeit«, sollte sie je erscheinen, Magda ebensowenig sein konnte wie Clara. Magda selbst wußte in ihrem Inneren, daß sie ihm doch nie das geben konnte, was er brauchte. Sie hatte ihn nicht umsonst den Kassnerschen Aphorismus zitieren hören: »der Weg von der Innigkeit zur Größe geht durch das Opfer.« Sein Ziel, darüber war sie sich im klaren, verlangte das Opfer des gemeinsamen Traumes, sie aber mußte jemanden suchen, der stark genug war, sie »in die behütende Sicherheit einer *ungeteilten* Welt« zu führen – nicht einen ätherischen Fra Angelico, der nicht mehr sein konnte als eine ferne Stimme des Trostes.[89] Es war vereinbart worden, die Fürstin Anfang Mai nach Venedig zu begleiten, doch schon ehe sie Duino verließen, waren die Würfel gefallen. In Venedig würden sich ihre Wege für immer trennen.

Schwere Zeiten lägen hinter ihm und vor ihm, schrieb er am 27. April von »dem denkwürdigen Strand der Duineser Elegien« an Kippenberg und gestand, daß er wieder einmal die Hilfe des Freundes in Anspruch nehmen müsse (von der er freilich schon die letzten Monate hindurch gezehrt hatte). »Habe eine ganze Folge unerwarteter Auslagen gehabt während März und April . . . ob ich jetzt nach Paris zurückkehre oder hier irgendwo eine Weile auf dem Land bleibe (. . . denke daran, nach Assisi zugehen, das ich immer noch nicht kenne), ich kann weder das Eine noch das Andere ohne ein wenig Hilfe, denn ich bin ganz ausgegeben.«[90] Er bat um nahezu das Doppelte seiner Monatszuweisung, und Kippenberg, der sich damit abgefunden hatte, daß seine Hoffnungen auf eine sorgsame Haushaltsführung unentwegt enttäuscht wurden, reagierte mit seiner üblichen Großzügigkeit. Die Trennung von Magda in Venedig war schmerzlich, doch sie blieben beide ihrem Entschluß treu. Fürstin Marie war voller Verständnis, da sie überzeugt war, daß dies für beide das Beste sei. Sie bot Rilke den freien Gebrauch ihres Mezzanins im Palazzo Valmarana an, falls er nach ihrer Rückkehr nach

Duino und Magdas Abreise zu ihrer Schwester nach Tirol noch bleiben wolle. Er aber entschloß sich, in einem »*ungeheuren* Verlangen nach Einsamkeit« nach Assisi auszuweichen, um den Trost eines völlig unbekannten Ortes aufzusuchen, der »wie ein unbeschriebenes Blatt nicht die geringste Erinnerung bringen wird«.[91]

»Du im Voraus verlorne Geliebte . . .« – vielleicht hatte er immer gewußt, daß er seine selbstlose Geliebte nicht in Benvenuta finden würde. Selbst als er jene Briefe an sie schrieb, die ihm »stürzend vom Herzen gingen«, hatte er es als seine Pflicht angesehen, Sidie Nádherný, die ihm vom stürmischen Werben Karl Kraus' erzählt hatte, vor einer zu engen Beziehung zu ihm zu warnen. »[Es] steigt mir unversehens eine schmerzliche Erfahrung auf, die ich mehrmals im Leben habe machen müssen, immer von Neuem, obwohl ich mich allmählich hätte vor ihr hüten können; es kommt vor, und ist mir dreiviermal geschehen, daß ich über geistige Wege (Umwege, wenn man so will) einen Menschen, ohne es zu merken, näher in mein Leben einbezog, als ich eigentlich meinte, als ob man vergäße, daß man mit der geistigen Existenz des Anderen auch sein anderes, möglicherweise sehr fremdes Dasein fortwährend einsaugt –, es kann da zu einem Punkt kommen, wo man, gleichsam erwachend, ihn wie einen Fremdkörper in allen Gliedern fühlt.«[92] Die Einsicht, daß er denselben Fehler wieder begangen hatte, wenn auch nicht ganz in diesem Maß, half ihm bei der Überwindung des dumpfen Gefühls der Leere, das der Abschied von Magda hinterlassen hatte. Nach zwei Wochen in Assisi war er wieder zurück in Paris, entschlossen, unter diese Erfahrung einen festen Strich zu ziehen.

»Das soll nicht als ein neuer Umsturz verstanden sein«, schrieb er von dort am 26. Mai an Kippenberg, »im Gegenteil, ich hoffe, es kommt damit alles wieder in sein eigenstes Element, . . . die unruhigen, unvermuteten letzten Monate, die hätten unbeschreiblich viel Gutes bringen können – unter Umständen –, nun wird, daß sie's nicht gebracht haben, ehrlich zu verstehen und zu verwerten sein, und am Ende kommt daraus noch reinerer Nutzen, als aus allem töricht Erhofften hätte ausgehen dürfen.« Er hatte echtes Heimweh nach Paris verspürt, hoffte aber, nach Leipzig zu kommen, wann immer es den Freunden gelegen sei, denn es war Zeit, etwas Ordnung in seine Angelegenheiten zu bringen. »Zurückzuschauen ist arg, vorwärtsschauen nicht heiter«, schrieb er an die Fürstin. »On reste cloué sur place et on voudrait fermer les yeux par une centaine de paupières l'une sur l'autre.«[93] Magda erhielt Anfang Juni einen Brief, – er »sagt Dir auch gleich, ...wo ich wieder bin, bleibe« – mit Neuigkeiten über gemeinsame Freunde, in einem Ton, der für ihn normaler war – bezeichnenderweise auch auf seinem üblichen Briefpapier. Er schickte ihr Gedichte von Francis Jammes – ihr Motto müsse nun aber lauten, »schweigen und die Zeit gewähren lassen«.[94]

Für Lou verfaßte er einen unsentimentalen Rechenschaftsbericht über diese Monate, in denen wieder einmal »eine Art Zukunft« vorübergegangen war. Seine früheren Fehlschläge hatte er dem Mangel an Verständnis anderer zuschreiben können; diesmal aber habe er eingesehen, daß ihm niemand, aber auch niemand helfen könne, und sei er noch so verständnisvoll. »Man wird am Ende dabei gelernt haben, – vor der Hand freilich merk ich immer wieder nur dieses: daß ich wiederum einer reinen und frohen Aufgabe nicht gewachsen war, in der das Leben noch einmal, arglos, verzeihungsvoll . . . zu mir herübertrat. Nun ist klar, daß ich auch diesmal durch die Prüfung gefallen bin und nicht aufsteige und noch ein Jahr in derselben Schmerz-Classe sitzen bleibe und auf die schwarze Tafel täglich, von vorne, jene Worte geschrieben bekomme, die gleichen, deren trüben Umlaut ich schon bis auf den Grund meinte ausgelernt zu haben . . . Du begreifst, daß das, was ich da beschreibe, längst vorüber ist und für mich verloren; drei (nichtgekonnte) Monate Wirklichkeit haben etwas wie ein starkes kaltes Glas darüber gelegt, unter dem es unbesitzbar wird, wie in einer Museumsvitrine. Das Glas spiegelt, und ich sehe darin nichts, als mein Gesicht, das alte, frühere, vorvorige –, das Du so genau kennst.« Er sei aus Italien mit der Hoffnung zurückgekommen, sich in die Arbeit stürzen zu können, fühle sich aber so erstarrt, daß er nichts tun könne als schlafen. Für die Zukunft sei nur irgendeine andere Art von Arbeit vorstellbar, etwas von außen

Diszipliniertes und von Produktivität soweit entfernt als möglich. »Denn daran zweifele ich nun nicht mehr, daß ich krank bin, und meine Krankheit hat sehr um sich gegriffen und steckt auch in dem, was ich bisher meine Arbeit nannte, so daß dort vor der Hand keine Zuflucht ist . . .«

Lou antwortete, sein Brief habe sie zu Tränen gerührt, da sie im Februar im lyrischen Blühen seiner Handschrift die Zeichen erneuter Schaffenskraft unter dem Ansporn einer neuen Beziehung zu erkennen geglaubt habe. Und doch, das »Unbesitzbare« in der gläsernen Vitrine sei »ein Beweis der Größe Deiner Besitztümer« und müsse ihm noch einmal Seiten zukehren, »die Du heute nicht einmal ahnen magst, und von deren Überblick Du vielleicht durch eine noch dünnere Scheidewand getrennt bist als durch Glas«. Diesmal aber fehlten ihr die Worte: »jetzt wirst Du nur das Eine fühlen, daß etwas, dünn oder massiv, Dich vom Leben *trennt*, und jedes, jedes Wort dawider ist dumm, ist albern, machtlos«.[95]

Dennoch war er für ihren Trost aufrichtig dankbar. Trotz seiner Überzeugung, daß seine »Krankheit« ärztlicher Hilfe bedürfe – weshalb er daran dachte, in München seinen Arztfreund Wilhelm von Stauffenberg aufzusuchen, wenn die Zeit für seinen Besuch bei Kippenberg gekommen war –, begann er aus der dichterischen Gestaltung des Problems seines Lebens Mut zu schöpfen. Helene von Nostitz hatte ihm von ihrem Vorhaben geschrieben, im Juni wieder Heiligendamm zu besuchen, und die Erinnerung an den Waldteich, zu dem sie vor einem Jahr gewandert waren, ließ ein plötzliches Bild für seine Lage erstehen – der scharfe Gegensatz jener unbeweglichen Ruhe und der Aufregung des wogenden Meeres jenseits des Waldes, zwei Welten:

Dann: im teilnahmslosen Zimmer sein,
einer sein, der beides weiß . . .
Daß mich Eines ganz ergreifen möge.
Schauernd berg ich meine Stirn;
denn ich weiß: die Liebe überwöge.

Wo ist einer, der sie kann? . . .

Hab ich das Errungene gekränkt,
nichts bedenkend, als wie ich mirs finge,
und die großgewohnten Dinge
im gedrängten Herzen eingeschränkt?
Faßt ich sie wie dieses Zimmer mich,
dieses fremde Zimmer mich und meine
Seele faßt?
            O hab ich keine Haine
in der Brust? kein Wehen? keine
Stille, atemleicht und frühlinglich?

Bilder, Zeichen, dringend aufgelesen,
hat es euch, in mir zu sein, gereut? –
. . . .
Oh, ich habe zu der Welt kein Wesen,
wenn sich nicht da draußen die Erscheinung,
wie in leichter vorgefaßter Meinung,
weither heiter in mich freut.[96]

Er fühlte sich an dem Wendepunkt, den er Kassner gegenüber früher erwähnt hatte. Er hatte zur Außenwelt keine
Beziehung gefunden, am wenigsten in der Liebe, alle seine
Versuche, sie zu fassen, all jenes »Aus mir hinausschaun«,
hatte ihn »leergezehrt« und müsse abgelöst werden »durch
ein liebevolles Bemühtsein um die innere Fülle«.[97] Am Tag
nach dem Gedicht über den Waldteich, am 20. Juni, sandte
er an Lou »ein wunderliches Gedicht, heute morgen geschrieben«, das er »unwillkürlich ›Wendung‹ nannte, weil's
die Wendung darstellt, die wohl auch kommen muß, wenn
ich leben soll, und Du wirst sie verstehen, wie sie gemeint
ist«:

Lange errang ers im Anschaun.
Sterne brachen ins Knie
unter dem ringenden Aufblick.
Oder er anschaute knieend,
und seines Instands Duft
machte ein Göttliches müd,
daß es ihm lächelte schlafend.

Türme schaute er so,
daß sie erschraken:
wieder sie bauend, hinan, plötzlich, in Einem!
Aber wie oft, die vom Tag
überladene Landschaft
ruhete hin in sein stilles Gewahren, abends . . .

Und das Gerücht, daß ein Schauender sei,
rührte die minder,
fraglicher Sichtbaren,
rührte die Frauen.

Schauend wie lang?
Seit wie lange schon innig entbehrend,
flehend im Grunde des Blicks?

Wenn er, ein Wartender, saß in der Fremde; des
                                        Gasthofs
zerstreutes, abgewendetes Zimmer
mürrisch um sich, und im vermiedenen Spiegel
wieder das Zimmer
und später vom quälenden Bett aus
wieder:
da beriets in der Luft,
unfaßbar beriet es
über sein fühlbares Herz,
über sein durch den schmerzhaft verschütteten Körper
dennoch fühlbares Herz
beriet es und richtete:
daß es der Liebe nicht habe.

(Und verwehrte ihm weitere Weihen.)

Denn des Anschauns, siehe, ist eine Grenze.
Und die geschautere Welt
will in der Liebe gedeihn.

Werk des Gesichts ist getan,
tue nun Herz-Werk

417

an den Bildern in dir, jenen gefangenen; denn du
überwältigtest sie: aber nun kennst du sie nicht.
Siehe, innerer Mann, dein inneres Mädchen,
dieses errungene aus
tausend Naturen, dieses
erst nur errungene, nie
noch geliebte Geschöpf.[98]

Ohne von dem viel drastischeren Wendepunkt Kenntnis zu
nehmen, der Europa bevorstand, blieb Rilke weiterhin intensiv mit seinem persönlichen Problem beschäftigt. Lou gestand er einige Tage später (nur zwei Tage vor dem Attentat
von Sarajewo), er sei noch weit hinter der Wende zurück, die
dieses Gedicht ankündige, Gott allein wisse, ob er sie tatsächlich erreichen könne. »Darum erhoffte ich mir so unbeschreiblich viel von der endlich richtigen liebevollen Einstellung zu
einem Menschen, weil damit alle Distanzen richtiggestellt worden wären: die zur Welt wäre wieder gleich unendlich geworden, die zum eigenen Körper gleich Null und dazwischen alle
Zahlen in argloser Abstufung.« Seine Reisen, all die Ortswechsel seien nichts anderes gewesen als eine »krampfhaft inständige
Hinhaltung meines Gesichts und Körpers, die ihn erschöpft
und gleichsam überlädt, während die Seele abgewendet, an-
dersbeschäftigt, in-sich-gezogen, mir meine Spannungen nicht
abnimmt«. »Meine Seele . . . ist die Glockenspeise, und Gott
setzt sie immer wieder in Weißglut und bereitet die gewaltige
Stunde des Gusses: aber ich bin noch die alte Form, die Form
der vorigen Glocke, die eigensinnige Form, die das Ihre
getan hat und sich nicht mag ersetzen lassen −, und so bleibts
ungegossen. − Kann man soviel einsehn und sich doch nicht
helfen?! Und seit Jahren.«
    Seine Tür blieb unterdes verschlossen, er brauchte unge-
wöhnlich viel Schlaf, doch die »Arbeit« wollte sich nicht
einstellen; einem Blatt Papier oder einem Buch gegenüber
fühlte er sich so unfrei wie eine angepflockte Ziege. Er
brauchte unbedingt das Gespräch mit Lou, und als Kippenberg schrieb, er sei gegen Ende Juli in Leipzig willkommen,
beschloß er, den Versuch zu unternehmen, sie vorher in
Göttingen zu treffen. Nach Leipzig jedoch müsse er einen

Arzt konsultieren, wenn er jemals den lähmenden Konflikt zwischen Körper und Geist lösen wolle. »Nicht einen Psychoanalytiker, der von der Erbsünde ausgeht, (– denn dieser Erb-Sünde den Gegenzauber vorzuhalten, ist ja ganz eigentlich mein innerster Beruf und der Anlaß aller künstlerischen Lebens-Einstellung) – aber einen Arzt, der vom Körperlichen her weit ins Geistige zu folgen vermöchte –.« Stauffenberg teilte mit, er werde ihm im August in München zur Verfügung stehen.[99] Nach weiterem Zögern – das mit dem Gang der Ereignisse in Europa, die ihm nicht ins Bewußtsein drangen, keineswegs etwas zu tun hatte – reiste er am 19. Juli 1914 von Paris nach Göttingen ab.

2

> Jetzt ist mir längst der Krieg unsichtbar geworden,
> ein Geist der Heimsuchung.
> (An Karl und Elisabeth von der Heydt, 6. 11. 1914)

Seine Hoffnungen auf eine lange Beratung mit Lou wurden enttäuscht, da sie Göttingen wenige Tage nach seiner Ankunft verlassen mußte, um eine Verabredung mit Gebsattel in München einzuhalten. Er war ohnedies darauf bedacht, ohne Verzug nach Leipzig zu gelangen, denn in einem Brief Kippenbergs hatte ihn die Andeutung einer Angelegenheit »peinlichster Überraschung«[1] beunruhigt. Damit konnte nur Geld gemeint sein. Es war außerdem höchste Zeit, seine finanzielle Lage zu klären (wenn ihm Kippenberg nicht eine weitere Überweisung zur Bezahlung seiner Miete in Paris geschickt hätte, wäre die Reise überhaupt nicht möglich gewesen).

Eigentlich ahnte er bereits, was dem Verleger Sorgen bereitete. Fürstin Mechtilde Lichnowsky, die Gattin des deutschen Botschafters in London, Autorin eines Ägyptenbuches, das bei seinem Erscheinen 1912 von Rilke begeistert aufgenommen worden war, hatte seither mit ihm in gelegentlichem Briefwechsel gestanden und nicht nur von seinen ägyptologischen Gesprächen mit Steindorff und seinem Entzücken über den Kopf des Amenophis, sondern auch von den geistigen wie materiellen Problemen seines Lebens gehört. Im Juni kam ihr der großherzige Gedanke, zu seiner Unterstützung mit einem Rundbrief aufzurufen, um dessen Verbreitung in Deutschland sie ihren Verleger Kurt Wolff gebeten hatte. Sie hatte Rilke über ihr Vorhaben unterrichtet. Er konnte sich nun nur zu gut vorstellen, daß diese gutgemeinte Aktion für Kippenberg als »peinlichste Überraschung« kommen mußte, wie ein Eindringen in sein eigenes Revier. Handelte es sich doch um einen rivalisierenden Verleger, dessen Förderung der progressiven und expressionistischen Avantgarde, darunter Werfel und Kafka, bei dem eher konservativen Direktor der Insel wenig Gefallen fand (Kippenberg war mit Rilke bereits streng ins Gericht gegangen nach der Veröffentlichung seines »Puppen«-Essays in der Märzausgabe der *Weißen Blätter*, einer Zeitschrift, die bei Kurt Wolff herauskam[2]). Bei Rilkes Ankunft am 23. Juli in Leipzig stellte sich heraus, daß Kippenberg in der Tat verärgert war. Seine Verstimmung wurde aber etwas besänftigt, als die Fürstin auf die dringende Bitte Rilkes hin ihren Aufruf mit der ähnlichen Unterstützungsaktion Kippenbergs zusammenschließen wollte, von deren jahrelanger Dauer sie nunmehr erfuhr. Der kurz darauf erfolgende Kriegsausbruch machte weitere Aktion außerordentlich schwierig, doch Kippenberg konnte später für das Konto Rilkes einen gewissen Zufluß aus diesen neuen Quellen berichten, auch wenn die seiner Meinung nach »taktlose Aktion« schließlich im Sande verlief.[3]

Vom heutigen Standpunkt aus überrascht es sehr, bei diesen Menschen unmittelbar am Vorabend des Ersten Weltkriegs kein erkennbares Zeichen zu finden, daß man sich des bevorstehenden Ausbruchs der Feindseligkeiten bewußt war. Die Gattin Fürst Lichnowskys, an dessen vergebliche Friedensbemühungen während seiner Londoner Zeit sich der britische Außenminister später dankbar erinnern sollte, mußte doch von der Krise gewußt haben. In ihren Briefen an Rilke erscheint jedoch kein Zeichen von Betroffenheit, ebensowenig wie in den Briefen der beiden Verleger. Rilke selbst war immer noch mit seinen eigenen Problemen beschäftigt und hielt sich wie stets an seinen Grundsatz, die Tageszeitungen, abgesehen von einem kurzen Blick auf das Feuilleton, nicht zu lesen. Es ist daher weniger überraschend, daß er erst am 1. August, drei Tage nach der Kriegserklärung Österreich-Ungarns an Serbien, der russischen und deutschen Mobilmachung und am Tag des deutschen Ultimatums an Belgien die Lage erfassen konnte. Er unterbrach daraufhin seine ruhigen Gespräche über seine Zukunft mit Kippenberg, eilte am selben Tag nach München in der Hoffnung, Lou dort zu finden, die sich aber in diesem Augenblick auf dem Rückweg nach Göttingen befand, da sie annahm, er werde nun wohl nicht reisen können.

Er mietete sich in seinem Stammhotel ein und hielt sich an seinen ursprünglichen Plan, Stauffenberg zu konsultieren. Was danach kommen würde, war in dem ganzen Wirbel unsicherer denn je. Er war nun von dem einzigen Ort abgeschnitten, den er während der vielen Jahre des Wanderns als Heimat hätte bezeichnen können, und außer dem kärglichen Gepäck, das er für die Reise nach Deutschland für notwendig gehalten hatte, waren alle seine Besitztümer in Paris zurückgeblieben. Zum erstenmal war er tatsächlich heimatlos. Deutschland und Österreich, für die er nie auch nur das geringste patriotische Gefühl empfunden hatte, standen im Krieg mit Rußland und Frankreich, das eine sein geistiges Mutterland, das andre seine Wahlheimat. So hätte er durchaus in die tiefste aller Depressionen verfallen oder gegenüber den Rufen des glühenden Chauvinismus, die um ihn erschallten, taub bleiben können. Dem war aber nicht so. In den ersten Augusttagen fühlte sich sogar sein Geist, der »unsäglich einzelne«, eins mit der Herde.[4] Im grellen Licht dieser furchteinflößenden Ereignisse schienen die eigenen Probleme plötzlich unbedeutend; er hielt es für seine Pflicht, der gemeinsamen Sache zu dienen, in der Schreibstube vielleicht oder als Sanitäter. In einer Aufwallung von Begeisterung war er erfüllt von Hölderlins visionären Anrufen an die Götter Griechenlands, die er eben erst »mit besonderer Bewegung und Hingabe« gelesen hatte[5], und begann »Fünf Gesänge« an den »hörengesagten fernsten unglaublichen« Kriegs-Gott, dessen

schreckliche Gestalt so plötzlich auferstanden war, »endlich
ein Gott«.

Seit drei Tagen, was ists? Sing ich wirklich das Schrecknis,
wirklich den Gott, den ich als einen der frühern
nur noch erinnernden Götter ferne bewundernd geglaubt?
Wie ein vulkanischer Berg lag er im Weiten. Manchmal
flammend. Manchmal im Rauch. Traurig und göttlich.
Nur eine nahe vielleicht, ihm anliegende Ortschaft
bebte. Wir aber hoben die heile
Leyer anderen zu: welchen kommenden Göttern?
Und nun aufstand er: steht: höher
als stehende Türme, höher
als die geatmete Luft unseres sonstigen Tags.
Steht. Übersteht. Und wir? Glühen in Eines zusammen,
in ein neues Geschöpf, das er tödlich belebt.
So auch *bin* ich nicht mehr; aus dem gemeinsamen Herzen
schlägt das meine den Schlag, und der gemeinsame Mund
bricht den meinigen auf . . .
Andere sind wir, ins Gleiche Geänderte: jedem
sprang in die plötzlich
nicht mehr seinige Brust meteorisch ein Herz.
Heiß, ein eisernes Herz aus eisernem Weltall . . .

Er fühlte sich als Teil eines erhabenen Schauspiels. Zum
erstenmal brachten die Verse dieses so individuellen Dichters
eine tiefe gemeinsame Empfindung zum Ausdruck, – jedoch
ohne eine Spur des rein nationalistischen Tons, der die
»Kriegsdichtung« so vieler seiner Zeitgenossen kennzeich-
nete. Seine Ekstase erwies sich aber als nur vorübergehend.
Schon beim Schaffen dieser Gesänge schien die Eingebung
zu schwinden, der fünfte Gesang schlug einen weniger rhap-
sodischen Ton an.

Auf, und schreckt den schrecklichen Gott! . . .

Nun seid ihr aufs Eigne wieder beschränkt. Doch größer
ist es geworden. Wenns auch nicht Welt ist, bei weitem, –

nehmt es wie Welt! Und gebrauchts wie den Spiegel,
welcher die Sonne umfaßt und in sich die Sonne
wider die Irrenden kehrt. (Euer eigenes Irrn
brenne im schmerzhaften auf, im schrecklichen Herzen.)[6]

Er wußte, daß sein eigenes Herz nicht dazu gemacht war, mit
der Allgemeinheit im Gleichtakt zu schlagen, daß es sich
nicht in die Hingabe an die mächtige Gewalt fügen konnte,
welche die Menschheit erfaßt hatte. Beinahe beneidete er
diejenigen, denen die Einberufung ein Ruf war, der alles
andere zum Schweigen brachte. Noch während des ersten
Kriegsmonats, als er von den vielen Freunden hörte, die
bereits im Feld standen, und wartete, was »die unkenntliche
Zukunft« für ihn bereithielt, wich sein Jubel dem Schrecken.
Er begann, sich gegen die ungeheure Macht von außen, die
anfangs so herrlich erschienen war, »zu verkapseln«.

Stauffenberg verbrachte trotz der neuen Anforderungen an
seine Zeit viele Stunden mit der Untersuchung. Er erkannte
richtig die psychosomatischen Wurzeln des Leidens, doch
Rilke widersetzte sich entschlossen jedem Versuch einer Untersuchung, die das bloß Körperliche überschritt, da ihm der
Gedanke an irgend etwas auch nur entfernt Psychoanalyti-
sches »eine Art von geistigem Brechreiz« einflößte. »Es wäre
furchtbar, die Kindheit so in Brocken von sich zu geben,
furchtbar für einen, der nicht darauf angewiesen ist, ihr Unbe-
wältigtes *in sich* aufzulösen, sondern ganz eigentlich dazu da,
es in Erfundenem und Gefühltem verwandelt aufzubrauchen
in Dingen, Tieren – worin nicht? –, wenn es sein muß in Ungeheuern.«[8] Als Stauffenberg schließlich einen leichten Lun-
genschaden festgestellt hatte, der zwar schon lange verheilt
und so gut wie harmlos war, klammerte er sich fast mit Erleichterung an dieses unbedeutende, doch zumindest konkrete Symptom. Ende August folgte er gerne dem Rat des
Arztes, sich für eine Weile aus München in die klare Luft von
Irschenhausen am Fuß der bayrischen Alpen zurückzuziehen.

Es fiel ihm aber nicht leicht, die Spätsommertage in dieser
friedlichen Umgebung zu genießen, »da die Menschenwelt in
furchtbaren Feldern gegen einander anwächst«. Er versuchte,

sich in Hölderlins »nächtliche Landschaft« zu flüchten, las
wieder die letzten Oden und dachte an jenen »Wendepunkt«,
den die äußeren Ereignisse nun zu einem Wahnbild gemacht
zu haben schienen:

> O Haus, o Wiesenhang, o Abendlicht,
> auf einmal bringst du's beinah zum Gesicht
> und stehst an uns, umarmend und umarmt.
>
> Durch alle Wesen reicht der *eine* Raum:
> Weltinnenraum. Die Vögel fliegen still
> durch uns hindurch. O, der ich wachsen will,
> ich seh hinaus, und *in* mir wächst der Baum.
>
> Ich sorge mich, und in mir steht das Haus.
> Ich hüte mich, und in mir ist die Hut.
> Geliebter, der ich wurde: an mir ruht
> der schönen Schöpfung Bild und weint sich aus.[9]

Er war unentschlossen und bereitete sich schon nach ein oder
zwei Wochen zur Rückkehr nach München vor, als in der
Pension, in der er wohnte, ein neuer Gast eintraf – plötzlich
stand der Sucher nach Erlösung im eigenen Inneren wieder
vor einer Versuchung von außen, sah die Hoffnung, die er
mit Benvenuta für immer abgetan glaubte, wieder aufleben.
Ihm gegenüber am Mittagstisch saß nämlich eine Gestalt, die
er bereits in Paris von weitem bewundert hatte, eine auffallend schöne junge Frau, die zu den Künstlerfreunden Ediths
von Bonin gehört hatte. Sie hatten einander nie kennengelernt, doch es schien ihm eine Fügung der Vorsehung, daß
sich gerade jetzt sein Weg mit dem eines Menschen aus Paris
kreuzen sollte, und er beschloß sofort, zu bleiben.

Loulou Lazard, 1891 in Lothringen geboren, der Provinz,
um die sich Frankreich und Deutschland seit langem stritten,
war vier Jahre mit Eugen Albert, dem wesentlich älteren
Chemieforscher und Mitbesitzer einer Chemiefirma in München, verheiratet gewesen und hatte eine dreijährige Tochter.
Der Gatte war bei all seiner Güte so tief in seine Arbeit
vergraben, daß er für sie wenig Zeit fand; so war sie erleich-

tert gewesen, als er ein Jahr vor dem Krieg ihrer Übersiedlung nach Paris zugestimmt hatte. Dort wollte sie weiter als Malerin tätig sein, als die sie sich bereits in Metz und München einen Namen geschaffen hatte. Im Juli war es ihr in der Bretagne gelungen, einen der letzten Eisenbahnzüge nach Deutschland zu erreichen. Das Kriegsfieber in Paris, wie der verklärte Ausdruck der Hingabe auf den Gesichtern der deutschen Truppen, die durch Belgien vorrückten, hatten sie mit Entsetzen erfüllt. Ein sinnloser Krieg zwischen den beiden Ländern, die sie gleichermaßen als Heimat ansah, ein Krieg, in dem es für die Kunst keinen Platz geben konnte, war für sie eine echte Qual, und sie hatte in Irschenhausen Zuflucht gesucht, um sich von diesem zerschmetternden Schlag für ihre Zukunft zu erholen. Sie kannte und liebte das Werk Rilkes, hatte Edith von Bonin von ihm in Paris erzählen hören, hatte sich aber nie vorgestellt, ihm auf diese Weise zu begegnen, zu einer Zeit, da Einsamkeit ihr einziger Wunsch war.

Verständnisvoll fragte er, ob er trotzdem an ihrer Seite sitzen dürfe – ohne zu sprechen –, als sie sich auf dem Rasen ausruhte. In den folgenden Tagen schwand ihre Zurückhaltung unter seinem Einfluß, und sie unterhielten sich bald wie langjährige Freunde. Auf Spaziergängen erfuhr sie – wie vor ihr Benvenuta – seine Geschichte, den ewigen Konflikt zwischen den Forderungen von Leben und Liebe und denen der Arbeit, einem Konflikt, der ihr selbst so vertraut war. Ihre Begegnung war, wie er ihr versicherte, Bestimmung – »bin ich nicht von jeher auf dich zugegangen?«[10] Im Lauf des September setzte er seine Werbung – denn eine solche war es trotz aller früheren Enttäuschungen – mit einem Strom von Versen fort, manche als Widmungen in Exemplaren seiner Bücher, andere eingetragen in ein kleines Buch, das er eigens für diesen Zweck erwarb, alle aber Ausdruck der zwiespältigen Lage, in der sie sich beide befanden, der gegenseitigen Anziehung und doch gleichzeitig des Bedürfnisses nach Einsamkeit:

Laß mich nicht an deinen Lippen trinken,
denn an Munden trank ich mir Verzicht.
Laß mich nicht in deine Arme sinken,
denn mich fassen Arme nicht.[11]

Wie sie ersehnte, doch fürchtete er zugleich das »Ausgesetzt-
sein auf den Bergen des Herzens«, zu dem ihre Beziehung
lockte:

Siehe, wie klein dort,
siehe: die letzte Ortschaft der Worte, und höher,
aber wie klein auch, noch ein letztes
Gehöft von Gefühl. Erkennst du's?
Ausgesetzt auf den Bergen des Herzens. Steingrund
unter den Händen. Hier blüht wohl
einiges auf; aus stummem Absturz
blüht ein unwissendes Kraut singend hervor.
Aber der Wissende? Ach, der zu wissen begann
und schweigt nun, ausgesetzt auf den Bergen des Herzens.
Da geht wohl, heilen Bewußtseins,
manches umher, manches gesicherte Bergtier,
wechselt und weilt. Und der große geborgene Vogel
kreist um der Gipfel reine Verweigerung. – Aber
ungeborgen, hier auf den Bergen des Herzens . . .[12]

Bei seiner Rückkehr nach München in der letzten September-
woche dachte er jedoch in erster Linie daran, wie er Loulou
in sein Leben einführen könne, und schlug vor, sie solle sich
neben ihm in der Pension in der Finkenstraße einmieten, wo
er sich schließlich niedergelassen hatte.

Dort entdeckten sie, daß sie beinahe ein ganzes Stockwerk
für sich hatten, ein Zimmermädchen sich um ihre persönliche
Bequemlichkeit kümmerte und ein benachbartes Restaurant
für die Mahlzeiten sorgte. Ihr Gatte hatte keinen Einwand
erhoben. Durch den Krieg wurde er mehr denn je von seiner
eigenen Arbeit festgehalten und sah ein, daß dieses unkonven-
tionelle Arrangement ihr die Entfaltungsmöglichkeit bot, die
sie brauchte, dazu noch die Freiheit, ihre eigene Arbeit in
Ruhe wieder aufzunehmen. Er bewunderte Rilke sehr und
schien in ihm keinen Rivalen um ihre Zuneigung zu befürch-
ten – obgleich ihm kaum entging, was ihre Wahl der Unterkunft zu bedeuten hatte, da es sich um dieselbe Pension handelte, in der sie vor ihrer Heirat gewohnt hatte. Für Loulou
war dies einer der geheimnisvollen Kreise des Lebens, von

denen Rilke immer sprach, das wahre Symbol eines neuen Anfangs. Hier schien das Leben – trotz der Nähe zur Stadtmitte war es außerordentlich ruhig – plötzlich »frei von aller irdischen Schwere« und der graue Hintergrund des Krieges in weiter Ferne.[13] Sie malte wieder und entdeckte die enge Verwandtschaft zwischen ihrem eigenen Farbensinn und der Art, wie Rilke die Farben in den *Neuen Gedichten* eingesetzt hatte. Sie hörte ihn von seinen Freunden erzählen – der Fürstin, Kassner, den Kippenbergs, Gide, Rolland –, und das so lebhaft, daß sie das Gefühl alter Bekanntschaft hatte. Die Oktobertage vergingen für sie wie ein wolkenloses Idyll.

Rilke fühlte offensichtlich, daß sein Suchen zu Ende war, daß er die schwer zu fassende »künftige Geliebte« gefunden hatte. Hier war vollkommenes Verstehen, eine Geliebte, die keine Fessel war, die ihm aber trotzdem das Gefühl der »Geborgenheit« für seine Arbeit gewähren konnte, das er bisher vergeblich gesucht hatte. Er konnte ihre Räume mit Blumen füllen, ihr eigene oder die Gedichte anderer vorlesen, seine Gedanken mit ihr teilen – doch stets in die Einsamkeit zurückkehren, wenn er wollte. Aus seinem Tagebuch schrieb er ihr die früheren Worte der Verzweiflung darüber ab, ob er sein »unermeßliches Begehren zu lieben« je befriedigen könne, »so lange er gegen sie, die ihn zu lieben meinten, empfänglich und nachgiebig war«; »so stand es um mich, ehe ich dich gefunden hatte, aber nun, da du gekommen bist, soll alles anders werden, und neu«.[14] Daß diese Worte bereits achtzehn Monate vorher geschrieben waren, verschwieg er lieber; sie wußte von Magda von Hattingberg, hörte aber nie von ihr als seiner Benvenuta. »Fühlst du nicht, daß ein Wunder wie das unsere, eine Freude wie die unsere, nur einmal im Leben geschehen können, nur ein einziges Mal?«[15]

Er schenkte gerne und verstand es, zu schenken. Von seinem täglichen Spaziergang kehrte er stets mit irgendeiner Überraschung für sie zurück: einer Vase oder Statuette, einem alten Schmuckstück, das er in einem Antiquitätengeschäft ausgegraben hatte, Büchern – Montaigne, Flaubert, Dostojewski – oder, was sie am meisten entzückte, einem Gedicht, das zu ihm gekommen war.

Wie die Vögel, welche an den großen
Glocken wohnen in den Glockenstühlen,
plötzlich von erdröhnenden Gefühlen
in die Morgenluft gestoßen
und verdrängt in ihre Flüge
Namenszüge
ihrer schönen
Schrecken um die Türme schreiben:

können wir bei diesem Tönen
nicht in unsern Herzen bleiben . . .[16]

Kurz nach seinem Einzug hatte er an Kippenberg, der nun in
der Armee diente, geschrieben und ihm versichert, er wohne
bescheiden und halte mit seinen Mitteln haus; seither aber
hatte sich noch ein unerwarteter Glücksfall ergeben, der ihn
sein Geld noch sorgloser ausgeben ließ. Ende September
wurde ihm in einem Brief von Ludwig von Ficker, dem Herausgeber der früh-expressionistischen Zeitschrift *Der Brenner*
in Innsbruck, mitgeteilt, ein anonymer Spender habe ihm unmittelbar vor der Einberufung 20 000 österreichische Kronen
vermacht. Rilke konnte diese unverlangte Großzügigkeit
kaum begreifen, bis Kippenberg bei einem Besuch in Leipzig
die Bestätigung sandte und vorschlug, die Summe für ihn in
mündelsicheren Papieren anzulegen und ihm lediglich das
Zinseinkommen zu belassen. Auf diese vorsichtige Anlage
ging er ein, doch mit der Klausel, daß er einen Teil des Kapitals – 2000 oder 3000 Kronen – als kleine Notreserve behalten
dürfe, die es ihm ermöglichen würde, seine laufenden Schulden zu begleichen und dem Mangel in seiner Garderobe abzuhelfen, von der so viel in Paris zurückgeblieben war.

Der Wohltäter, von dessen Identität weder Rilke noch
Kippenberg je erfuhren, war kein anderer als Ludwig Wittgenstein. Im Juli hatte der österreichische Philosoph von
einem Dorf im südlichen Norwegen aus, wo er an seinem
Tractatus logico-philosophicus arbeitete, an Ficker geschrieben,
von dem er durch Karl Kraus gehört hatte. Er bat den
Herausgeber, ihm bedürftige Schriftsteller und Künstler zu

nennen, die einer Zuwendung aus einer großen Summe Geldes würdig seien, die er soeben geerbt habe und deren Verwendung für wohltätige Zwecke er als seine Pflicht ansehe. Fickers Vorschläge, unter denen auch die Namen Rilkes und Georg Trakls waren, fanden seine begeisterte Zustimmung; da er eben einberufen werden sollte, überließ er die administrativen Einzelheiten dem Herausgeber des *Brenner*. Er fühlte sich mehr als belohnt, als er im Februar 1915 während seines Garnisondienstes in Krakau durch Ficker Rilkes Dankesbrief mit den Abschriften einiger unveröffentlichter Gedichte erhielt. In seiner Antwort an Ficker schrieb er: »Die Zuneigung jedes edlen Menschen ist ein Halt in dem labilen Gleichgewicht meines Lebens. Ganz unwürdig bin ich des herrlichen Geschenkes, das ich als Zeichen und Andenken dieser Zuneigung am Herzen trage.«[17]

Der Glücksfall – so unfaßbar wie die Existenz des Einhorns, schrieb Rilke an Kippenberg – kam auch aus einem anderen Grund gelegen. Clara, die mit Ruth einen Urlaub in Norddeutschland verbracht hatte, befand sich ebenfalls in einiger Verlegenheit, da die Bezahlung ihrer Arbeit für die Knoops in England natürlich unterbrochen war und weitere Honorare noch ausstanden. Sidie Nádherný bezahlte auf seine Bitte hin sofort für die Marmorfassung ihrer Porträtbüste, doch von nun an mußte er einen Teil seines Einkommens an Clara überweisen, um das Stipendium der Cassirers aufzubessern, das auch von ihnen anscheinend nur mit Mühe aufrechterhalten wurde und in jedem Fall mit Jahresende aufhören würde. Trotzdem versprachen ihm nun seine verhältnismäßige Wohlhabenheit und die Gesellschaft Loulous die Stabilität, die er brauchte, während er die Entwicklungen in der zunehmend bedrückenderen Atmosphäre des Krieges abwartete. Die Entspannung sollte freilich nicht lange dauern. »Alles schien sich zu einer seltsam glücklichen Ruhe zu gestalten«, schrieb er später an Marie Taxis, »so daß ich verkapselt gewesen wäre wider die unbeschreibliche Zeit, zwei gute, mir sehr wohnliche Stuben in München, eine liebe Beziehung und Nachbarschaft, die diesem Provisorium etwas Warmes Heimatliches verlieh, im letzten Augenblick, als das Ganze über Abwarten und allerhand Schwierigkeiten wollte in Gebrauch genommen werden, – brachs an äußeren Hindernissen und Komplikationen zusammen.«[18]

Der Euphemismus stand für Einwände von Loulous Gatten. Rilke hatte auf der gemeinsamen Etage einen weiteren Raum entdeckt, der seiner Meinung nach ein ideales Atelier für sie abgeben würde, und sie hatte Albert um Erlaubnis gebeten, ihn zu mieten. Während dieser noch überlegte, traf ein Brief von Rilke ein, der unterstrich, wie ungeheuer wichtig es für sie beide sei, zusammen zu arbeiten: »Ich weiß, daß meine Bitte ungewöhnlich ist, aber ich weiß auch von Loulou, daß sie sich an jemanden Ungewöhnlichen wendet; wenn auch ihre Liebe zu Ihnen eine kindliche ist, so ist sie doch so beschaffen, als ob man Gott zum Vater nähme. Wir legen darum voller Vertrauen alle Entscheidung in Ihre Hände«.[19] Von Albert konnte man kaum erwarten, daß er eine solche Unschuld ohne weiteres hinnahm. Sogar ihm war nun klar, daß die Beziehung zu Rilke tiefer ging, als er anfangs gedacht hatte, und seine eigene »Ungewöhnlichkeit« war nicht so groß, als daß er in dieser Sache den Zuschauer gespielt hätte. Im November kündigte er seine Absicht an, sich von ihr scheiden zu lassen. Sogar Rilke mußte einsehen, daß eine zumindest zeitweilige Trennung für sie besser sei, auch wenn er immer noch hoffte, daß sich ein *modus vivendi* finden ließe.

Am 16. November brach er auf, ohne klare Vorstellung, wo er Zuflucht finden würde. In Frankfurt, der ersten Station, besuchte er Philipp von Schey-Rothschild, einen österreichischen Offizier, der gerade von Galizien ins deutsche Hauptquartier im Westen wechselte. Mit diesem Freund der Künste hatte er früher schon bei seinem Versuch korrespondiert, Unterstützung für die Rückkehr der Duse zur Bühne zu gewinnen. Von ihm und anderen Offizieren, die er dort traf, hörte er mehr über die äußeren Ereignisse, als in die Isolierung seiner Münchener Pension gedrungen war. Er nutzte die Gelegenheit auch, um Loulous Vater, den Bankier Leopold Lazard, in Wiesbaden aufzusuchen, und reiste dann weiter nach Würzburg, wo er den Dichter Maximilian Dauthendey anzutreffen hoffte, der jedoch bei Kriegsausbruch auf Sumatra steckengeblieben war. Schey teilte ihm mit, daß Heymel von der Kavallerie an der Westfront heimgeschickt worden war und in Berlin mit Tuberkulose im Sterben lag. Das veranlaßte Rilke, nach der Hauptstadt zu fahren, um von diesem bewunderten Dichter und Freund aus den frühen Tagen der Insel Abschied zu nehmen. Heymels unzeitiger Tod und der Selbstmord Trakls an der Ostfront, beide zwar nicht eigentlich Kriegsopfer, verstärkten sein Entsetzen über diese »unbeschreibliche Zeit«, Freunden erschien er »ganz vernichtet von den Ereignissen«.[20] »Wer wüßte zu sagen, *was* uns eigentlich da widerfährt«, hatte er früher an Helene von Nostitz geschrieben, »und als *welche* Menschen die Überlebenden dieses Jahres sich später erweisen werden. Mir ists ein unsäglicher Schmerz, und ich habe wochenlang *die* begriffen und beneidet, die vorher gestorben sind, daß sie *das* nicht mehr von hier aus erfahren mußten«; und an Pia Valmarana, »on a écrit tant de paroles, moi je me tais . . . je ne sais rien, je ne prévois rien, je crois en Dieu qui a survécu tant de batailles«. Der Kriegs-Gott, den er besungen hatte, war längst zu einem »Geist der Heimsuchung« geworden, »nicht mehr ein Gott, sondern eines Gottes Entfesselung über den Völkern«.[21]

An Angeboten einer Zuflucht fehlte es nicht. Marie Taxis in Lautschin und Sidie Nádherný in Janowitz hatten ihn beide eingeladen, auch die Kippenbergs, die zu Heymels Bestattung nach Berlin kamen, erneuerten die Einladung in ihr Leipziger Heim. Er aber blieb lieber allein, wenn er schon nicht bei Loulou sein konnte. Berlin schien für den Augenblick weder schlechter noch besser als andere Orte; als er sich nach etwas Passenderem als seinem Zimmer im Hotel Esplanade umsah, griff wieder einmal die Vorsehung mit einer jener »glücklichen Fügungen« ein, die ihm so oft zu Hilfe kamen. Daß es wieder die Vermittlung einer schönen jungen Frau war, ist kaum verwunderlich. »Stell Dir vor«, schrieb er am 8. Dezember an Loulou, »ich bekomme eine schöne Wohnung . . . in der Bendlerstraße . . . eine liebe Freundin (Frau Mitford, die Tochter von Friedländer-Fuld) [bot] mir jene Möglichkeit an, bestand darauf, ließ sich sie nicht mehr ausreden. Damit sind die Würfel für Berlin gefallen, wenigstens zu einem Versuch.«[22]

Wenn der Name Mitford für Loulou neu war, so mußte ihr doch der Name des Vaters dieser Frau vertraut sein. Friedländer-Fuld war ein bekannter Kohlenmagnat, einer der wenigen jüdischen Unternehmer, die zu den Begründern der deutschen Schwerindustrie gezählt werden konnten. Seine palastartige Residenz am Pariser Platz war einer der Mittelpunkte des geselligen Lebens in Berlin. Rilke war seiner Gattin und der zweiundzwanzigjährigen Tochter erstmals bei der Trauerfeier für Heymel begegnet; eine Einladung zum Tee war gefolgt, bald war er regelmäßiger Besucher in dem Haus, wo viele von seinen Bekannten, wie Harry Graf Kessler und Annette Kolb, bereits häufig zu Gast gewesen waren. Marianne, von ihren Freunden gerne auch »Baby Friedländer« genannt, war damals wirklich Frau Mitford. Ihre Heirat Anfang 1914 mit dem Honourable John Freeman-Mitford, dem vierten Sohn des ersten Baron Redesdale, hatte (aus immer noch ungeklärten Gründen) nur wenige Monate gedauert, sie lebte nun wieder bei den Eltern, während Mitford, Reserveoffizier der 1st Life Guards, bereits in Frankreich diente. (Die Ehe scheint 1915 annulliert worden zu sein[23]). Das kleine Haus in der Bendlerstraße, das für das Paar gedacht war, hatte man Flüchtlingen aus Ostpreußen zur Verfügung gestellt. Als Marianne aber von Rilkes mißlicher Lage hörte, bot sie ihm sofort Unterkunft dort an, Mitte Dezember war er eingezogen. »Sie ist ein wunderschönes Geschöpf«, schrieb er etwas später an Marie Taxis, »aus dem Kindsein, von dem sie noch ganz dunkel ist, plötzlich durch einen Tropfen Schicksal selbständig klar geworden, durchsichtig bis auf den Grund, alles in sich lösend . . .«[24] Er war überrascht von der Vorliebe dieser so verwöhnten jungen Frau für moderne Kunst, vor allem für Picasso, von dem er eben einige Werke in München gesehen hatte. Auch sie sollte die Kriegsjahre hindurch zu einer seiner Vertrauten werden, der er seine Ideen in langen Briefen ausschütten konnte, die immer Entzücken hervorriefen, wenngleich die schwache Andeutung des Erotischen stets von seiner Didaktik und Selbstschau, im Fall Mariannes noch von seiner zunehmenden Abscheu vor dem andauernden Gemetzel, überlagert war.

Die neue Unterkunft fand er höchst angenehm, das nötige Schreibpapier war vorhanden, Marianne hatte sogar ein neues Stehpult anfertigen lassen. Die Trennung von Loulou ließ ihn aber trotzdem nicht zur Ruhe kommen. Immer noch klammerte er sich an die Hoffnung, sein Glück bei ihr zu finden. Finanziell wenigstens brauchte er sich keine Sorgen zu machen, in dem angenehmen Gefühl, daß er stets aus dem wundersamen »Vermächtnis« schöpfen konnte, so bedacht Kippenberg auch darauf war, den Hauptteil des Kapitals zu erhalten. Und so wurde der Verleger, den der Militärdienst nicht völlig den Geschäften entzogen hatte, ersucht, vor Weihnachten eine ansehnliche Summe überweisen zu lassen. Ein Telegramm brachte »Lal«, wie er Loulou nannte, am 23. Dezember nach Berlin, die wenigen gemeinsamen Tage waren für sie das schönste Weihnachten ihres Lebens, vor allem auch wegen der Geschenke, mit denen er sie überhäufte: eine blaue Glasvase mit eigenartigem Muster, eine lederne Handtasche mit einer goldenen Spange, auf der in seinen Zügen »Weihnachten 1914« eingraviert war, eine Sonderausgabe des *Cornet* und ein weiterer ledergebundener Band, in dem er für sie den Essay »Über den jungen Dichter« abgeschrieben hatte. Im ägyptischen Museum wurde der Kustos überredet, den Kopf des Amenophis aus dem Glaskasten zu nehmen, damit sie ihn für Rilke zeichnen konnte. Ihr Geschenk für ihn war das eben vollendete Porträt Regina Ullmanns, die zu ihren ersten Besuchern in München gezählt hatte und zu einer guten Freundin geworden war.

Die Wiedervereinigung konnte nicht lange dauern. Sie müßten vorläufig getrennt leben, meinte sie, wenn ihm Unannehmlichkeit erspart bleiben und ihr Traum eines Tages wiederhergestellt werden sollten. »Immer wieder«, schrieb er, während sie bei ihm war,

ob wir der Liebe Landschaft auch kennen
und den kleinen Kirchhof mit seinen klagenden Namen
und die furchtbar verschweigende Schlucht, in welcher die
   andern
enden: immer wieder gehn wir zu zweien hinaus

unter die alten Bäume, lagern uns immer wieder
zwischen die Blumen, gegenüber dem Himmel.[25]

Als sie vor Jahreswechsel nach München zurückkehrte, war
er deprimierter denn je. Seine äußeren Umstände ließen zwar
nichts zu wünschen übrig, wie er zu Marie Taxis bemerkte,
doch sein Herz sei so schwer, daß er völlige Einsamkeit
suchen müsse, um sich wieder zu fassen. »Duino-Tage, das
täte mir not.«[26]
    Um seine Sachen in Paris hatte er sich ebenfalls Sorgen
gemacht. Bei der Abreise hatte er die Miete bis Ende September bezahlt. Als er nun hörte, daß der Besitz »feindlicher
Ausländer« bisher noch nicht angetastet worden war, lag ihm
sehr daran, die eigene Habe durch Bezahlung der Miete für
den Rest des Jahres und das erste Viertel von 1915 zu schützen, was angeblich durch Mittelsmänner in Holland geschehen konnte. Kippenberg war beunruhigt, als er um die Jahreswende ein weiteres Ansuchen erhielt, diesmal um 2000
Mark – zum Teil zur Deckung der Miete, das Übrige aber
als »den Notpfennig . . . der mir eine gewisse Bewegungsfreiheit für alle unerwarteten Fälle zusichert«.[27] Das investierte
Kapital war bereits auf 10 000 Mark gesunken, und der
Verleger war in seinem umsichtigen Geschäftssinn getroffen,
als die Summe weiter angegriffen werden sollte, die Rilke die
schwierigen Kriegsjahre hindurch zweifelsohne nötig haben
würde. Von den anderen Freunden und Förderern war nichts
mehr zu erwarten, Tantiemen waren in solchen Zeiten unsicher. Er bat den Freund dringlich, abgesehen von der
Miete, mit einem Betrag von 800 Mark monatlich für sich
und Clara auszukommen, was für die erwünschte »Bewegungsfreiheit« durchaus genug sein sollte. Rilke aber bestand
telegraphisch wie brieflich darauf, daß er die vollen 2000
Mark jetzt haben müsse – aus »so und soviel persönlichen
Gründen« –, versprach aber, sich später streng an sein Budget zu halten und nur auszugeben, »was ich vor meinem
prüfendsten Gewissen verantworten kann«. Er selbst könne
kein Risiko sehen, da die 10 000 Mark zur vorgeschlagenen
Monatsrate dieses Jahr, das schwierigste, mehr als decken
würden.[28] (Aus Verzweiflung über diese verwirrte Einstel-

434

lung muß Kippenberg ihm seinen Willen gelassen haben, da im November 1915 nichts mehr von dem »Vermächtnis« übrig war – freilich mit einer entsprechenden Ersparnis auf dem Insel-Konto.)

Die »persönlichen Gründe« betrafen natürlich Loulou, da er immer noch, wenn auch mit schwindender Zuversicht, an eine Wiedervereinigung glaubte. Einem plötzlichen Impuls gehorchend, kehrte er am 7. Januar nach München mit der Absicht zurück, nur einige Tage zu bleiben. Loulou war zu diesem Zeitpunkt in Irschenhausen, ihre kleine Tochter samt Kinderschwester war in der Wohnung in der Finkenstraße zurückgeblieben, die sie nach der Auflösung der Pension hatte behalten können. Er konnte kurz darauf ohne Aufsehen wieder einziehen. Nachdem er Berlin einmal den Rücken gekehrt hatte, gewann ihn München bald wieder, obwohl er die meisten seiner Sachen in Berlin gelassen hatte und häufig von Rückkehr sprach. Die wenigen Tage dehnten sich beinahe bis zum Jahresende aus.

Er fühlte sich hier nicht nur freier, von gesellschaftlichen Zwängen weniger gehemmt; auch die Stimmen, die sich in München allmählich gegen den Krieg erhoben – Annette Kolb, Wilhelm Herzog, der Herausgeber der pazifistischen Zeitschrift *Forum* und andere – entsprachen seiner eigenen Einstellung. Die Friedenstaube sei in die Wolken entschwunden, hatte er von Berlin aus geschrieben. »Ich brings nicht mehr über mich, die hinhaltenden Zeitungen zu lesen und leide unter allem was man erzählt, in welchem Ton es auch sei.«[29] Es freute ihn besonders, von Annette Kolb persönlich von einer Zeitschrift für internationale Verständigung zu erfahren, für die Rolland, Shaw und Van Eeden bereits ihre Unterstützung zugesagt hatten und die ab Mai in Zürich erscheinen sollte. Gleich René Schickele, der Herausgeber der *Weißen Blätter*, war Annette Kolb französisch-deutscher Herkunft; wie Rilke an Marianne schrieb, stand sie »organisch zwischen den Völkern, wie wirs doch alle, unserem seelischen Organismus nach, tun . . . diese nicht mehr rückgängig zu machende Verfassung muß die Raserei des Krieges überwiegen, überleben«.[30]

Einer seiner ersten Besuche galt dem Haus Hertha Koenigs in der Widenmayerstraße. Dort hing nämlich Picassos »La famille des Saltimbanques«, ein Bild, das ihm »mit einem Schlage« das Wesen des Künstlers offenbart hatte. Er hatte Hertha Koenig seit der Soirée bei Fischers 1910 in Berlin zum erstenmal wieder im September in München getroffen, doch erst später erfahren, daß sie einen Picasso besaß. Als er im November die »Saltimbanques« in einer Münchner Galerie entdeckte, hatte er sofort an sie geschrieben: »dieses Bild ist gewiß eines der entscheidenden Bilder unserer Malerei: können Sie's nicht retten und erhalten?«[31] Nun, da es zugänglich war, kam er wieder und wieder. Hertha erinnerte sich, wie er Regina Ullmann mitbrachte, sie wie ein Kind zu dem Bild hinführte, wie für ihn jedesmal eine neue Köstlichkeit zu entdecken war: »das kleine schwarze Samtjäckchen des Kindes zu dem verwaschenen Rosa, das zarte Händchen auf dem Henkel des Blumenkorbes, das unvergleichlich einsame und doch dabei farbige Grau der spanischen Wüste hinter den großen Gestalten, der Tonkrug neben der sitzenden jungen Frau«.[32] »Sie müssen ihn einmal sehen«, schrieb er an Marianne, »für Ihre Räume wäre er nicht gewesen, denn er ist unwirtlich und ganz eine Welt, die keine Umgebung duldet.«[33]

Den Januar hindurch blieb er allein, mied Einladungen, las viel – Strindberg, Dostojewskij –, doch eher wie ein Trinker, der den Alkohol sucht, um sich abzulenken, und sank zunehmend in eine Stimmung von »gedrücktem Abwarten des Nächsten und Übernächsten«.[34] Er versprach Ficker einen Beitrag zu seiner Zeitschrift, konnte aber nichts Neues produzieren und schickte ihm Gedichte, die früher in Paris entstanden waren. Die Situation mit »Lal« war einer der Hauptgründe seiner Niedergeschlagenheit. Ihr Gatte wollte das Scheidungsverfahren bis Kriegsende aufschieben; Rilke verbrachte im Februar wohl viel Zeit mit ihr in Irschenhausen, und auch in München waren sie häufig zusammen (unter anderem bei einem patriotischen Vortrag Thomas Manns), doch schienen sie vor einem dauernden Zusammenleben zurückzuschrecken. Er hatte eingesehen, wie er Marie Taxis gestand, daß dieser neuerliche Versuch, mit jemandem anderen zusammenzuleben, nicht besser ausgefallen sei als die früheren. »Gott weiß, was nun wird, – . . . ich werde mich noch einmal retten müssen, aber ich möchte nicht Zerstörung und Unheil hinter mir lassen.«[35]

Das brachte einen wahren Sturm mütterlichen Tadels auf das Haupt ihres »Dottor Serafico« – wohlverdient, wie er zugab. »*Jeder* Mensch ist einsam, und *muß* es bleiben und *muß* es aushalten und *darf* nicht nachgeben . . . Und was brauchen Sie immerfort dumme Gänse zu retten wollen, die sich selbst retten sollen – oder der Teufel soll die Gänse holen, – er wird sie ganz bestimmt wieder zurückbringen (Sie brauchen sich nicht zu ärgern, denn ich kenne Niemanden und weiß von Niemandem). Es kommt mir vor, D. S., daß der selige Don Juan ein Waisenknabe neben Ihnen war – Und Sie tun sich immer solche Trauerweiden aussuchen, die aber gar nicht so traurig sind in Wirklichkeit, glauben Sie mir – *Sie, Sie selbst* spiegeln sich in allen diesen Augen . . .«. »Was soll ich sagen«, erwiderte Rilke, »ich Unverbesserlicher, als daß ich Ihnen recht gebe . . . Wenn alles Jetzige erst durchgemacht ist, dann soll es keinen solchen Versuch mehr geben«, versprach er ihr, »dann will ich mein Herz für mich allein haben ein für alle Mal und, falls es gerade trostlos ist, mich freuen, daß soviel Trostlosigkeit hineingeht –, und aushalten.«[36]

Für den Augenblick mußte er in München bleiben. Es hieß, Österreich würde alle Männer unter Zweiundvierzig einziehen, und so hatte es keinen Sinn, irgendwelche Pläne zu machen, bevor ihn der Ruf erreichte. Diese Aussicht, die nach seiner frühen Erfahrung mit dem Militär kaum einladend war, konnte aber (wie ihm sicher eingefallen sein mußte) den Anlaß zu einem gelegenen und ehrenhaften Ausweg aus dem Verhältnis mit »Lal« bieten. In der Zwischenzeit bestand eine mehr unmittelbare Aussicht auf Hilfe und Rat von einer Seite, die ihn auch in der Vergangenheit nie im Stich gelassen hatte, von Lou Salomé. Lou hatte sich nun für einige Zeit in Berlin aufgehalten; Ende Januar hatte er ihr in einem Brief von seinem Dilemma berichtet und ihr gesagt, wie sehr er ein persönliches Gespräch mit ihr darüber wünsche. Als sie Anfang März erwähnte, sie wolle ihren lang aufgeschobenen Besuch in München machen, telegraphierte er ihr sofort und bot ihr eines der Zimmer in der Finkenstraße an. Ihre Ankunft verzögerte sich, doch er schrieb ihr, wie sehr er und Loulou sich auf ihren Besuch freuten: »Wenn es möglich wäre, daß Du sie liebgewännst, so würde ihr Leben noch einmal eine gute Jahreszeit haben. *Ich* habe ihr im Ganzen nichts Gutes gebracht, nach ersten freudigen Wochen Gebens und Hoffens (wie ich so bin) das meiste zurückgenommen ... nun ist's klar zwischen uns, daß ich nicht helfen kann und daß mir nicht zu helfen ist. Trotzdem braucht sie mich noch eine Weile, siehst Du sie, so wirst Du das gleich verstehen ... an meinen Jahrgang kommt die Reihe zwischen dem 6. April und 6. May –, und da die Tendenz besteht, alles zu nehmen, so ists immerhin denkbar, daß man irgendwohin verschleppt wird. Da müßten wir uns freilich vorher sehen!«[37]

Man darf sich nun nicht vorstellen, Rilke sei während dieser Monate des Wartens von seinen persönlichen Problemen überwältigt worden und habe schweigende Absonderung von einer Welt gesucht, die für ein so feinfühliges Wesen immer abstoßender wurde. Der Maler und Schriftsteller Hermann Burte, der ihn nun zum erstenmal traf, erinnerte sich, um wieviel nüchterner, vernünftiger und ordentlicher der Dichter war, als man ihn häufig dargestellt hat.[38] Seine Arbeit freilich war unterbrochen worden. Von einem »Auftragsstück« für Sidie Nádhernýs Hochzeit in Florenz abgesehen, wollten sich keine Verse einstellen, nicht einmal »das Geräusch, mit dem ein Stück Schweigens abbröckelt von der großen Masse Stummseins in mir«;[39] sein Briefwechsel, stets ein wesentlicher Teil seines Selbstausdrucks, war notwendigerweise beschränkter und ließ die Verzweiflung darüber erkennen, daß er gezwungen war, die »schreckliche Schlaflosigkeit« dieser »Nacht des Brennens und Gemetzels«[40] zu ertragen. Er zog sich keineswegs von der Welt zurück und genoß die Gesellschaft nicht nur Loulous, sondern auch der zahlreichen anderen Freunde, die hier versammelt waren – Regina Ullmann, der Kunsthistoriker Wilhelm Hausenstein, die Tänzerin Clotilde von Derp, der Arzt und Dichter Hans Carossa, Hertha Koenig, die Bruckmanns, der Astronom Erwein von Aretin, Paul Klee. Man konnte ihn bei einigen der Veranstaltungen sehen, die das kulturelle Leben des

München der Kriegszeit zu bieten hatte, darunter Norbert von Hellingraths Vorlesungen über Hölderlin, Schulers phantastische Darstellungen des alten Rom; er warb weiterhin bei seinen Freunden für die *Internationale Rundschau* (obwohl er erkannte, daß sie für den Augenblick nicht mehr bedeuten konnte als ein Untersuchen der »riesigen Wunde Europa von einem Wundrand zum andern und ihrer Tiefe nach«[41]). Als Lou Salomé am 19. März eintraf, wurde er noch aktiver in das gesellige und kulturelle Leben der Stadt hineingezogen. »Unsere Tage waren ausgefüllt von ihren Programmen«, schrieb Loulou später. »Des Morgens eine spiritistische Sitzung, nachmittags Historiker oder Astronomen, abends schließlich Psychoanalytiker, Schriftsteller oder Ärzte.« Jeder von ihnen war an sich durchaus interessant, doch ein derartiger Trubel machte sie ganz benommen, und sie mußte einfach in den Frieden Irschenhausens entfliehen. Lou erschien ihr als eine Frau von tiefer Einsicht und kraftvollem Wesen, doch sie war ihr trotz ihrer starken Sinnlichkeit zu ausschließlich intellektuell.[42]

Rilke schien merkwürdigerweise diesen Trubel beinahe zu begrüßen. Daß die Freundin endlich zugegen war, die seine Wechselfälle nahezu zwanzig Jahre lang begleitet hatte, sei »eigentümlich tröstlich« für ihn, schrieb er an Fürstin Marie nach Duino; der Musterung für seine Einberufung sehe er mit Gleichmut entgegen, sie solle am 6. Mai in München stattfinden (doch bat er auch den Fürsten um Rat, wie er es im Falle der Tauglichkeit anstellen solle, einen Posten vorzugsweise in Wien zu finden, der sich mit seiner schwachen Gesundheit und seinem unmilitärischen Temperament vertrage[43]). Es stellte sich jedoch heraus, daß Österreichs Mangel an Soldaten noch nicht so hoffnungslos war, daß man ihn einziehen mußte, und sein Fall wurde vertagt.

Lou blieb bis beinahe Ende Mai. Sie sorgte dafür, daß unter den vielen Leuten, die sie traf, auch Clara war. Von Gebsattel hatte sie etwas über Claras kürzliche Analyse bei ihm erfahren und sich Gedanken über die Wirkung gemacht, die die Anwesenheit seiner Frau auf Rainer hatte, der mitten in seiner Affäre mit Loulou steckte. Er hatte ihr aber versichert, daß Clara infolge einer rein ärztlichen Behandlung die Gelassenheit und Freundlichkeit selbst und »ganz verändert« sei.[44] Das fand sie nun bestätigt, wobei sie das deutliche Gefühl hatte, daß es für alle Parteien, insbesondere für Rainer, der aus seiner schwierigen Lage befreit werden sollte, das Beste sei, wenn sie auf eine offene und ehrliche Weise zusammengebracht werden könnten. Ohne den starken Einfluß Lous hätte er wohl kaum daran gedacht, zusammen mit Clara, Ruth und »Lal« einen Pfingstausflug an den Chiemsee zu unternehmen – ein glücklicher Tag, dessen klarste Erinnerung für die dreizehnjährige Ruth ausgerechnet ein Gespräch über Erziehung war, veranlaßt durch Lous jungen Foxterrier »Druschok«, der unaufhörlich alle Vorübergehenden anbellte. Ihr Vater behauptete, daß Kinder wie Hunde von gelegentlicher Strafe profitierten, eine Ansicht, der Ruth frühreif zustimmte, die aber weder Lou noch »Lal« teilten.[45]

Bei ihrer Abreise aus München hatte Lou die Zuneigung der jüngeren Frau gewonnen und sie davon überzeugt, daß Rainers Weg ein einsamer bleiben müsse. »Es ist ein sinnloses Unterfangen, liebe Lou, mich an den Schreibtisch zu setzen zu einer Zeit wo schon jedes gesprochene Wort mir im Munde zerbricht«, schrieb ihr Loulou am 9. Juni. »Ich tue es nur, um Dir zu sagen, daß mir Deine guten Worte wohlgetan haben, um Dir zu danken. Ich wünsche sehr einmal im Leben nicht ganz so arm, mit nicht nur negativer Wirkung vor Dir zu stehen.« In einem kurzen Nachsatz fügte Rainer hinzu, daß er bald mehr schreiben werde, »sobald ich irgendwo zur Ruhe komme und das Alleinsein zu mir. Wär's!«[46]

Das einzige Gedicht dieses Sommers hatte Loulou gegolten, in zartem Erinnern an »Liebesanfang«:

O Lächeln, erstes Lächeln, unser Lächeln.
Wie war das Eines: Duft der Linden atmen,
Parkstille hören –, plötzlich in einander
aufschaun und staunen bis heran ans Lächeln.

In diesem Lächeln war Erinnerung
an einen Hasen, der da eben drüben
im Rasen spielte; dieses war die Kindheit

des Lächelns . . .
Und der Wipfel Ränder
gegen den reinen, freien, ganz schon künftig
nächtigen Himmel hatten diesem Lächeln
Ränder gezogen gegen die entzückte
Zukunft im Antlitz.[47]

Die Erinnerung an jene ersten Tage in Irschenhausen machte ihr das Herz schwer, doch zeigte Loulou nicht weniger Willensstärke als Magda von Hattingberg; gleich ihr hatte sie ihre Kunst, auf die sie sich wieder stützen konnte, und war entschlossen, sich ein eigenes Leben zu bauen. Sie trennte sich endgültig von ihrem Gatten und gab für die Wohnung in der Finkenstraße Änderungen in Auftrag, um ihr restliches Mobiliar unterzubringen. Man kam überein, daß Rilke ausziehen würde, sobald sich etwas Anderes finden ließe. Eine Möglichkeit, die sie für ihn auskundschaftete, war eine Villa am Ammersee, unweit Münchens, doch der Vorschlag erwies sich als undurchführbar. Rilke wandte sich schließlich an Hertha Koenig, die vor der Abreise auf ihr Familiengut in Westfalen stand, mit der Bitte – »ein wahrscheinlich ganz absurder Gedanke« –, ob er in ihrer Abwesenheit in der Wohnung in der Widenmayerstraße wohnen dürfe. Er brauche nur wenige Räume für sich und eine Haushälterin, und die Erlaubnis, ihren Schreibtisch benützen und von Zeit zu Zeit vor dem »großen Picasso« sitzen zu dürfen.[48] »Wenn er keine Unterkunft hat, warum denn nicht?« dachte Herthas Mutter, und so geschah es dann auch. Am 14. Juni zog er ein und konnte tatsächlich bis Oktober in dieser ruhigen Wohnung im dritten Stock bleiben, von der aus man auf die Isar sah.

»Die Stille um mich ist perfekt«, schrieb er an Hertha, »es vergeht kein Tag, da ich Ihnen nicht im Geiste Segen und Dank versichere für diese schöne Zuflucht.« Bei ihm lag das Manuskript einer Folge von Sonetten, die sie geschrieben hatte, von denen er höchst beeindruckt war und die er nun aus Dankbarkeit Katharina Kippenberg, die nun den Großteil des Geschäfts für ihren Gatten erledigte, zur Veröffentlichung bei der Insel empfahl. Das war die Art von Gastfreundschaft, die er stets vorzog, seit Duino aber nicht genossen hatte: Gast zu sein ohne Gastgeber, die Verpflegung in eleganter Umgebung sichergestellt, dazu die Freiheit, seine Einsamkeit so zu gestalten, wie er wollte, in dem Bewußtsein, daß er zumindest für den Augenblick nicht weiter zu suchen brauchte. Rosa Arnold, die Haushälterin, meisterte freilich nie die Kunst, seinen vegetarischen Gaumen zufriedenzustellen. In den ersten Tagen sah das, was sie auftrug, »sehr gespenstisch aus«, der Spargel erweckte den Eindruck, als habe er »eben geseufzt« und sei »in Ohnmacht« gefallen (»und schmeckte nach Verzicht«), so daß er schließlich die meisten Mahlzeiten in einem nahegelegenen vegetarischen Restaurant einnahm.[49]

Clara und Ruth waren unter den ersten, die zum Genuß von Rosas frühen Experimenten eingeladen waren, auch in den folgenden Monaten war sein Leben durchaus nicht das eines Einsiedlers. Was er nämlich suchte, war nicht so sehr das Allein-*Sein*, als das Allein-*Leben*, bei dem er seine Gesellschaft auswählen konnte, statt sie aufgezwungen zu bekommen. Menschliche Beziehungen, waren sie auch noch so zufällig, »höhlten« ihn buchstäblich aus, da er sie nie leicht nehmen konnte. »Erst monatelanges Nicht-Ausgeben im Persönlichen bringt in mir jene Spannung hervor, die zum Nichtanderskönnen der Arbeit führt.«[50] Seine ganze Lebensweise war, wie Hermann Burte richtig bemerkte, darauf ausgerichtet, für seine poetische Sendung stark zu sein, seine Kraft für den Augenblick aufzuheben, da der entscheidende Moment kam.[51] Nun war er mehr als zufrieden, daß die überwiegende Zahl seiner Bekannten so lang wie möglich über sein Versteck im unklaren gelassen wurde, während er sich die Menschen zur Gesellschaft aussuchen konnte, von deren Gegenwart er sich etwas für seine Arbeit erhoffte. Dazu gehörten Norbert von Hellingrath, Thankmar von Münchhausen, der Krankheitsurlaub von der Front hatte, und Regina Ullmann; Clotilde von Derp wurde eingeladen, die »Saltimbanques« zu sehen; Stauffenberg, Aretin, Lotte Pritzel; Karl von der Heydt und Katharina Kippenberg, wenn sie München besuchten; und gar nicht selten »Lal«, Clara und Ruth. Paradoxerweise nahm ihn diese gesellige Runde mehr in Anspruch, als es je während der Zeit mit

Loulou der Fall gewesen war, ganz abgesehen von Abend-
veranstaltungen wie Heinrich Manns Vortrag über Zola,
ein Konzert mit Liedern von Bellmann, gesungen von
Inga Junghanns, oder im Theater Büchners *Woyzeck* und
Strindbergs *Gespenstersonate* und *Totentanz*. Sein Tagebuch
verzeichnet zwischen Juli und Oktober nur einen Tag »al-
lein – Briefe«.[52] Solch verschwenderisches »Ausgeben im
Persönlichen« mußte jegliche Arbeit unmöglich machen. Er
schlug sich sogar selbst als Nachfolger Hellingraths und
Schulers für das Vortragspult an einem von Elsa Bruckmanns
Wohltätigkeitsabenden vor, – zu einer Lesung des *Stunden-*
Buchs –, überlegte sich die Sache aber, als er einsah, daß seine
Einführungsworte, so wirklichkeitsfern sie auch sein moch-
ten, unvermeidbar gegen die Zensur verstoßen würden.

Der Eintritt Italiens in den Krieg gegen die Zentralmächte
Ende Mai hatte sein Gefühl verstärkt, von der Welt, die er
gekannt hatte, abgeschlossen zu sein. »Die noch nicht, vorher, Welt gesehen haben, werden nur *ein* Zimmer kennen,
Gott verzeih mir, die deutsche gute Stube, und wir Weltläu-
fige gehen unbeschreiblichen Entbehrungen entgegen.«[53]
Ein Brief von Ellen Key, der vor Ostern auch Grüße von den
Gibsons brachte, hatte in ihm solche Sehnsucht nach der
Freiheit Skandinaviens geweckt, daß er es monatelang nicht
fertigbrachte, zu antworten.[54] Einmal hatte er sogar erwogen, sich Rollands Arbeit für das Rote Kreuz in Genf
anzuschließen, um der allgemeinen eher als der patriotischen
Sache dienen zu können. Pflichtbewußt trug er durch Marie
Taxis zu einer Anthologie bei, die in Wien zu Wohltätigkeits-
zwecken für den Krieg veröffentlicht wurde – ein vor Jahren
entstandenes Gedicht über den Schutzheiligen Englands.
(Daß dieser Beitrag nicht so recht paßte, muß ihm wohl
entgangen sein.) Seine wahren Empfindungen konnten jedoch nie »deutsch« sein. »Ob ich gleich dem deutschen
Wesen nicht fremd sein kann, da ich in seiner Sprache bis an
die Wurzeln ausgebreitet bin, so hat mir doch seine gegenwärtige Anwendung und sein jetziges aufbegehrliches Bewußtsein, soweit ich denken kann, nur Befremdung und Kränkung
bereitet; und vollends . . . im Österreichischen ein Zuhause zu
haben, ist mir rein unausdenkbar . . . Wie soll ich da, ich, dem

Rußland, Frankreich, Italien, Spanien, die Wüste und die Bibel das Herz ausgebildet haben, wie soll ich einen Anklang haben zu denen, die hier um mich großsprechen!«[55]

Die Presse erfüllte ihn mit wachsender Abscheu, auch die französischen und dänischen Publikationen, die er gelegentlich zu Gesicht bekam; »voreilige Zeitungslügen haben lebende junge Tatsachen zur Welt gebracht, man hat den Eindruck, seit es eine bis zum Äußersten getriebene Presse gibt, kann ein Krieg, der einmal da ist, überhaupt nicht mehr aufhören, denn die infamen Blätter kommen seinem eigenen Verlauf ohne Ende zuvor«.[56]

Als sich Anfang Juli die Gelegenheit ergab, über die Schweiz mit Frankreich in Verbindung zu treten, war sein erster Gedanke, an Marthe zu schreiben. »Ein Jahr lang habe ich mich nun Schritt für Schritt in einer Wüste von Verwirrung und Leiden fortbewegt ... der geringste Trost des Handelns ist mir versagt, denn ich könnte nur *für* alle und *gegen* keinen kämpfen.«[57] Der Picasso schien Paris zu verkörpern, und für Augenblicke konnte er die Gegenwart vergessen, wieder spüren, wie damals bei seiner Rückkehr aus Spanien die Stadt »eine Einheit des Lebens« vermittelt hatte.[58] Andere mochten an diesen ereignisreichen Zeiten Erhebung finden, für ihn war alles, was am größten und erregendsten war, in jener anderen Welt des Gestern begraben und verloren. Er blickte auf ein Paris zurück, das ihm (anders als nun München) eine »Lebensgegenwart« geboten hatte, »die jeden Atemzug gleichsam überfüllte, ohne mich selbst in die mindeste körperliche Teilnehmung an diesem Leben hineinzuziehen. Ich konnte mich für einen fast Unsichtbaren halten, oder meine Sichtbarkeit überwog in nichts die eines Dinges, das durch die Mit-Sichtbarkeit so vieler Erscheinungen beruhigt und erhalten ist.«[59]

Dann, Anfang September, kam ein Schlag, der das Maß voll zu machen schien. Er erfuhr, daß sein Pariser Atelier beschlagnahmt und alles dort Zurückgelassene unter dem Vorwand der Begleichung der restlichen Miete im April versteigert worden war. Seine Bücher, seine Aufzeichnungen, viele von seinen Manuskripten und von den Briefen, die er erhalten hatte, darunter diejenigen Rodins und der Duse, die wenigen Familienerinnerungen, die er besaß, alles war verloren. Er hatte diese Besitztümer bereits verlorengegeben, hatte sich eingeredet, das alles sei nur der Nachlaß des Malte Laurids Brigge, und versuchte nun, dessen Verschwinden als die Auslöschung einer Besessenheit anzusehen, die er schon lange hatte loswerden wollen. Und doch, da nun tatsächlich nichts mehr vorhanden war, spürte er ein scharfes Gefühl des Verlusts; irgend etwas davon, ein Stückchen Papier oder ein Brief, könnte plötzlich ganz unersetzlich erscheinen, etwas, das mit seinem Leben durch einen zarten Faden verbunden war, den man nun abgerissen hatte. Er fühlte sich beraubt, »der Wind dieser letzten herbstlichen Tage geht mir eigens durchs Gemüt. Ja, für einen, der ein wenig tüchtiger wäre, wärs ein schöner Grund, ganz von vorn anzufangen, mit Mut, mit Übermut – je vieux bien, mais est ce que j'aurai – quoi? la force, la jeunesse, l'obstination?« »Seit sich der *Malte Laurids* hinter mir geschlossen hat, steh ich als ein Anfänger da, freilich als einer, der nicht anfängt . . .«[60]

Ob ihm sein früheres Vorhaben, die Miete zumindest bis zum April zu entrichten, gelungen war, läßt sich nicht sagen. Er schrieb jedenfalls Kippenberg im Oktober von dem Unglück, wobei er zum erstenmal ein Wort des Tadels für den Freund fand, der mit dem »Vermächtnis« so übertrieben vorsichtig umgegangen sei, und machte sich selbst Vorwürfe, daß er diese Vorsicht gebilligt habe. Hätte man ihm erlaubt, mit dem Geld freizügig umzugehen, so behauptete er, hätte er gewiß eine Möglichkeit der Bezahlung der Miete und der Sicherung seines Besitzes gefunden, vielleicht wären dann auch andere Entscheidungen in seinem Leben dieses vergangenen Jahres anders ausgefallen. Er habe einen schweren Irrtum begangen, sich der Autorität seines Gönners und Freundes unterzuordnen und zuzulassen, daß er »eine außerordentliche Fügung, ein Wunder, das mich so rein betraf wie ein Traum in der Nacht, in eine Geschäftserwägung und bürgerliche Berechnung ausgehen ließ . . . Das war falsch, lieber Freund, falsch in jenem inneren, wenn Sie wollen waghalsigen, wenn Sie wollen phantastischem Sinne, in dem ich zeitlebens das Unvorsehliche und Unbegreifliche genommen habe, glauben Sie mir, es will nicht überlegt und mit

Geschäftsverstand eingeordnet sein.« Diese Fügung hätte ihn wie so viele andere in seinem Leben vielleicht aufgemuntert, erfrischt und erneuert, wenn er sie nach seinem Gutdünken hätte verwenden können, statt sie nur als einen Beitrag zu seinem monatlichen Einkommen anzusehen. Nach all dem, was er über den Erfolg seiner Bücher gehört hatte – vor allem des *Cornet*, von dem über 85 000 Exemplare verkauft worden waren –, fand er es kaum glaubhaft, daß die Insel ohne diesen zusätzlichen Glücksfall seine gewöhnliche Unterstützung nicht hätte weiter bezahlen können.[61]

Von Rilkes Standpunkt aus war dieser Tadel nicht unberechtigt, da Kippenberg angesichts der zunehmenden Forderungen des Dichters offensichtlich beschlossen hatte, das neue Kapital für sein regelmäßiges Einkommen zu benutzen und den Insel-Beitrag für die später unvermeidlich zu erwartenden Bedürfnisse aufzuheben. Diese Entscheidung kann jedoch kaum verworfen werden, wenn man bedenkt, wie gut Kippenberg den Dichter kannte und wie unsicher die Kriegsjahre waren, zumal keine Aussicht bestand, daß ein neues Buch sein Einkommen durch Tantiemen auffüllen würde. Rilke völlig freie Hand mit dem Kapital zu lassen, hätte nur bedeutet, daß beide Quellen umso früher versiegt wären. Der Ton des Briefs, der Kippenberg in Belgien erreichte, wo er als Herausgeber einer Armeezeitung tätig war und andere Probleme hatte, kränkte ihn offensichtlich, und er antwortete nicht sofort. Erst im November, als sich Rilke mit der Lage abgefunden hatte und seine *Naïveté* mit eleganten Worten entschuldigt hatte, konnte das alte gute Verhältnis wiederhergestellt werden – womit freilich auch die üblichen Bitten um Geld wieder anfingen.

Ein Jahr war in München vergangen, und er hatte nichts vorzuzeigen. Der Versuch eines einsamen Lebens in dieser Stadt erwies sich als nicht erfolgreicher als das Leben mit Loulou. Er wäre gerne weitergezogen, wenn ihm ein besserer Ort eingefallen wäre und nicht der Schatten der Einberufung wieder gedroht hätte. Ein Besuch von seiner Mutter – es war ihre letzte Begegnung – trug kaum zu seiner Aufheiterung bei. Hertha Koenig, die kurz nach München zurückkehrte und von ihm zu einem gemeinsamen Mittagessen eingeladen

wurde, fand einen Rilke, der ihr neben der etwas abschrek-
kenden Gestalt Phias verändert vorkam. Es war nicht der
Mann, dessen bescheidener Charme so fesselte, »sondern
ausschließlich der Sohn dieser dunklen Mutter«, mit dem
traurigen, mutlosen Ausdruck eines Jungen, der eben geta-
delt worden ist.[62] Am 11. Oktober mußte er die Wohnung der
Koenigs freimachen und zog vorläufig wieder in die Finkenstraße. Loulou war abwesend, und er schrieb währenddessen
ein bemerkenswertes Gedicht für sie, in dem Bewußtsein,
daß sich ihre Beziehung zu ihrem eigenen Vater nicht so sehr
von der seinen zu Phia unterschied:

Ach wehe, meine Mutter reißt mich ein.
Da hab ich Stein auf Stein zu mir gelegt,
und stand schon wie ein kleines Haus, um das sich groß der
                                          Tag bewegt,
sogar allein.
Nun kommt die Mutter, kommt und reißt mich ein.

Sie reißt mich ein, indem sie kommt und schaut
Sie sieht es nicht, daß einer baut. . . .

Die Vögel fliegen leichter um mich her.
Die fremden Hunde wissen: das ist *der*.
Nur einzig meine Mutter kennt es nicht . . .

Von ihr zu mir war nie ein warmer Wind.
Sie lebt nicht dorten, wo die Lüfte sind.
Sie liegt in einem hohen Herz-Verschlag
und Christus kommt und wäscht sie jeden Tag.[63]

Seine Verzweiflung über den Krieg wurde immer bitterer.
Der ungeheure Gott, den er in jenen ersten Augusttagen
von 1914 geglaubt hatte erstehen zu sehen, war bald zu einem
bloßen »Monstrum« geworden, »es hatte Köpfe, es hatte
Tatzen, es hatte einen alles verschlingenden Leib«, und war
jetzt nichts als »die böse Ausdünstung aus dem Menschen-
sumpf«.[64] »Warum gibt es nicht ein paar«, rief er aus, »drei,

fünf, zehn, die zusammenstehn und auf den Plätzen schreien: Genug! und erschossen werden und wenigstens ihr Leben dafür gegeben haben, daß es genug sei, während die draußen jetzt nur noch untergehen, damit das Entsetzliche währe . . .«[65] Im Münchner Leben stand immer nur ein Thema im Mittelpunkt der Gespräche, unerschöpflich und zwangsläufig unbestimmt, doch ebenso zwangsläufig durchsetzt von Stimmen der Gewalt: »gibt es denn für einen, der sich in der Disziplin künstlerischer Arbeit geübt hat, eine größere Folter als die Verbindung des Unbestimmten und Gewaltsamen?«[66]

Es dauerte nicht lange, bis er eine neue Unterkunft fand, diesmal in der Keferstraße am Rand des Englischen Gartens, in einem Haus, das beinahe ein Landhaus war. Die Gattin des Besitzers, eines Diplomaten, der zur Zeit im Haag stationiert war, vermietete ihm eine bequeme Dreizimmerwohnung im ersten Stock und erwies sich als reizende Gastgeberin. Hier versuchte er nun ernsthaft, die Einsamkeit zu finden, die sich ihm entzogen hatte. Er ersuchte Elsa Bruckmann um Geheimhaltung seiner Adresse und vor allem darum, niemandem mitzuteilen, daß er einen Telefonanschluß hatte (»diese Anschließung ist mir, sogar in meinem Versteck bei Frau Koenig, nach und nach fatal geworden«[67]). Er würde die äußere Welt lang genug meiden, um die Worte zu fühlen und zu finden, die alle seine Erfahrungen »von Moskau bis Toledo«, durch seine Arbeit ausdrücken konnten, »alles und das Maß von Allem . . . ins innerste Wesen zu begreifen«.[68]

Der gute Vorsatz war nicht so leicht einzuhalten. Doch gleichsam gegen den Stichtag seiner nächsten ärztlichen Musterung am 24. November fand er endlich seinen Weg. Die Gedanken über Gott, Liebe und Tod, die er lange in sich getragen hatte, kristallisierten sich in Briefen und Gedichten und machten diese wenigen Wochen erstaunlicherweise zu seinen produktivsten. Die Natur, so schrieb er, weiß nichts vom Drang des Menschen, sich abstrakte Vorstellungen von Gott und Tod, als vom Leben getrennt, zu machen; in der Natur ist der Tod überall gegenwärtig, »überall um uns zu Haus, und aus den Ritzen der Dinge sieht er uns zu, und ein rostiger Nagel, der irgendwo aus einer Planke steht, tut Tag und Nacht nichts, als sich freuen über ihn«. Liebende träfen keine solche

Unterscheidung; »Von ihnen kann man sagen, daß ihnen Gott wahrhaft wird und daß der Tod ihnen nicht schadet: *denn sie sind voller Tod, indem sie voller Leben sind*«. Tolstoj kannte diese Einheit – wie die Furcht vor dem »puren Tod«; doch diese Furcht baute sich selbst zu einem wahren Turm auf, und die Stärke, mit der er sie erfuhr, verwandelte den Turm plötzlich in »sicheren Boden, Landschaft und Himmel . . . und der Wind und ein Flug Vögel um ihn . . .«[69]

Die Erinnerung an eine Sternschnuppe, die er von der Brücke in Toledo aus gesehen hatte, schien Rilke diese Vorstellung vom Tod als einem Teil des Lebens zu versinnbildlichen:

Da steht der Tod, ein bläulicher Absud
in einer Tasse ohne Untersatz.
Ein wunderlicher Platz für eine Tasse:
steht auf dem Rücken einer Hand. Ganz gut
erkennt man noch an dem glasierten Schwung
den Bruch des Henkels. Staubig. Und: ›*Hoff-nung*‹
an ihrem Bug in aufgebrauchter Schrift.

Das hat der Trinker, den der Trank betrifft,
bei einem fernen Frühstück ab-gelesen.

Was sind denn das für Wesen,
die man zuletzt wegschrecken muß mit Gift?

Blieben sie sonst? Sind sie denn hier vernarrt
in dieses Essen voller Hindernis?
Man muß ihnen die harte Gegenwart
ausnehmen, wie ein künstliches Gebiß.
Dann lallen sie. Gelall, Gelall . . . .
 . . . .
O Sternenfall,
von einer Brücke einmal eingesehn –:
Dich nicht vergessen. Stehn![70]

»So wenig die Ruhe ein Abnehmen von Bewegung ist . . . so wenig ist der Tod eine Lebensverminderung oder ein Verlust an Leben; es scheint mir sicher, daß wir unter diesem seltsamen Namen das völlige Leben meinen, die Vollzähligkeit des Lebens, alles Leben in einem.«⁷¹

Keine Entsagung jedenfalls und keine Ablehnung des Lebens auf Erden. Die Forderung, die der Tod uns stellt, lautet im Gegenteil, »das Hiersein als eine Seite des Seins überhaupt zu verstehen und leidenschaftlich zu erschöpfen«.⁷² Unterbrochen von dem Gedicht über den Tod, Auszügen aus seinen eigenen Briefen, die er für bemerkenswert hielt, und anderen Gedichtfragmenten, erschien in seinem Notizbuch nun ein Zyklus offen erotischer Gedichte, die noch vor seinem Umzug im Entstehen waren, in denen der Phallus als Gott und der Geschlechtsakt als eine Wiedergeburt gefeiert wurden: Liebe, Zeugung, Gott und Tod in einem.

(I)
Auf einmal faßt die Rosenpflückerin
die volle Knospe seines Lebensgliedes,
und an dem Schreck des Unterschieds
schwinden die [linden] Gärten in ihr hin
       . . . .

(IV)
Schwindende, du kennst die Türme nicht.
Doch nun sollst du einen Turm gewahren
mit dem wunderbaren
Raum in dir. Verschließ dein Angesicht.
Aufgerichtet hast du ihn
ahnungslos mit Blick und Wink und Wendung.
Plötzlich starrt er von Vollendung,
und ich, Seliger, darf ihn beziehn . . .

(VI)
Wem sind wir nah? Dem Tode oder dem,
was noch nicht ist? Was wäre Lehm an Lehm,
formte der Gott nicht fühlend die Figur,
die zwischen uns erwächst. Begreife nur:
das ist mein Körper, welcher aufersteht.
Nun hilf ihm leise aus dem heißen Grabe
in jenen Himmel, den ich in dir habe . . .⁷³

Das Konzept dieser Gedichte ging zurück auf den Oktober 1913 und seine Gespräche mit Lou Salomé. Sie kam damals frisch von ihrem Studium bei Freud, war versessen darauf, Rainers Träume sexuell zu interpretieren, und da sie in ihm eine grundlegende Bisexualität diagnostizierte, erschien ihr sein Gedanke an »phallische Hymnen« als »wunderschön«. »Er versucht allerdings, dadurch zu erheben, was ihm zu wenig in der erotischen Objektbeziehung gelingt«, vermerkte sie damals in ihr Tagebuch, bevor noch die Gedichte geschrieben waren, und fügte hinzu, »wie immer ist hier die Poesie seine Selbstverklärung« – ein Urteil über den Dichter Rilke, das etwas danebentraf, insbesondere in diesem Fall.[74] Die »Sieben Gedichte« waren, wie Jacob Steiner bemerkt hat, nichts weniger als die Fortsetzung und Intensivierung von Rilkes Gedicht an »jenen verborgenen schuldigen Fluß-Gott des Bluts« in seiner Dritten Elegie, wodurch das Mythische unmittelbar in den Bereich des Körperlichen gebracht wurde, der »furchtbare Dreizack« von »des Blutes Neptun«, »aufrufend die Nacht zu unendlichem Aufruhr«, nun in präzisen anatomischen Begriffen ausgedrückt wurde.[75] Nicht Selbstverklärung, eher Sublimierung, in jener fortwährenden Selbstanalyse durch die Arbeit, in der, wie er wußte, seine Rettung liegen mußte.

Bedeutend sind auch, wie Siegfried Unseld notiert, die fünf Verse, die im Taschenbuch zwischen den »Sieben Gedichten« erscheinen:

Reden will ich, nicht mehr wie ein banger
Schüler, der sich in die Prüfung stimmt.
Sagen will ich: Himmel, sagen: Anger
und der Geist, der mirs vom Munde nimmt,
wende es dem Ewigen zugut.[76]

Er hatte eine neue Freiheit im dichterischen Ausdruck des Menschseins gewonnen, indem er die Symbole von Himmel, Feld, Brücke, Baum, Turm, Puppe, Vogel und Tier »dem Ewigen zugut« wandte; endlich konnte er nun im Zug dieser »guten starken strömenden Arbeit« den großen Zyklus der Elegien wiederaufnehmen.[77] Es überrascht nicht, wenn vor dem Hintergrund des Krieges und einer Welt, »die in die Hände der Menschen gefallen« war, sein Thema in der Vierten Elegie nun bitter und negativ wurde. Hier geht es um die geistige Spaltung des Menschen und das Wissen um seine Vergänglichkeit, die ihn daran hindern, sich den unsichtbaren Kräften zu ergeben, deren Instrument er ist und deren Absichten allein seinem Leben Sinn verleihen können:

> O Bäume Lebens, o wann winterlich?
> Wir sind nicht einig. Sind nicht wie die Zug-
> vögel verständigt. Überholt und spät,
> so drängen wir uns plötzlich Winden auf
> und fallen ein auf teilnahmslosen Teich.
> Blühn und verdorrn ist uns zugleich bewußt.
> . . . . . .
> Feindschaft
> ist uns das Nächste. Treten Liebende
> nicht immerfort an Ränder, eins im andern,
> die sich versprachen Weite, Jagd und Heimat . . .
> Wir kennen den Kontur
> des Fühlens nicht: nur, was ihn formt von außen.

Eine Puppe ist besser als die »halbgefüllten Masken« der Menschen, denn »die ist voll«.

> Ich will
> den Balg aushalten und den Draht und ihr
> Gesicht aus Aussehn. Hier. Ich bin davor.
> Wenn auch die Lampen ausgehn. . . .
> Ich bleibe dennoch. Es gibt immer Zuschaun.
> Hab ich nicht recht? Du, der um mich so bitter
> das Leben schmeckte, meines kostend, Vater,
> den ersten trüben Aufguß meines Müssens,
> da ich heranwuchs, immer wieder kostend
> und, mit dem Nachgeschmack so fremder Zukunft
> beschäftigt, prüftest mein beschlagnes Aufschaun . . .
> . . . Und ihr, hab ich nicht recht,
> die ihr mich liebtet für den kleinen Anfang
> Liebe zu euch, von dem ich immer abkam.

> ... wenn mir zumut ist,
> zu warten vor der Puppenbühne, nein,
> so völlig hinzuschaun, daß, um mein Schauen
> am Ende aufzuwiegen, dort als Spieler
> ein Engel hinmuß, der die Bälge hochreißt.
> Engel und Puppe: dann ist endlich Schauspiel.
> Dann kommt zusammen, was wir immerfort
> entzwein, indem wir da sind. Dann entsteht
> aus unsern Jahreszeiten erst der Umkreis
> des ganzen Wandelns ...

Das Ende aber ist ein Preis der Kindheit – wenn wir das offene und ungeteilte Bewußtsein des Kindes wiedererlangen könnten, dann wären wir imstande, unsere Rolle zu spielen,

> im Zwischenraume zwischen Welt und Spielzeug
>   . . . . . .
>   Mörder sind
> leicht einzusehen. Aber dies: den Tod,
> den ganzen Tod, noch *vor* dem Leben so
> sanft zu enthalten und nicht bös zu sein,
> ist unbeschreiblich.[78]

Aus diesen Höhenflügen in die »herrliche Arbeit«, in denen er auch seine Übertragungen Michelangelos weitergeführt hatte, sollte er jäh auf den Boden gerissen werden. Die ärztliche Untersuchung am 24. November befand ihn als tauglich für den Dienst mit der Waffe. Er wurde, dasselbe Ergebnis einer Untersuchung zwei Tage später vorausgesetzt, für den 4. Januar 1916 nach Turnau in Nordböhmen zum Dienst im Landsturm einberufen. Er hatte gehofft, Stauffenbergs Brief mit der Bestätigung einer durch den früheren Lungenriß verschärften Nervenschwäche würde ihm, wenn nicht eine völlige Freistellung, so doch irgendeine Form eines entsprechenden nicht-aktiven Dienstes sichern. Der Brief wurde bei der zweiten Untersuchung nicht einmal geöffnet, die Einberufung blieb bestehen. Er wandte sich sofort an Freunde, die seine Postierung beeinflussen konnten – Philipp Schey, der nun in Berlin war, und Alexander Taxis in Wien –, und verbrachte selbst die ersten zehn Tage im Dezember in Berlin, um mit Schey die verschiedenen Möglichkeiten eines Eingriffs in den Gang der Militärmaschine zu erkunden.

Eine Möglichkeit war die Berufung auf das Abkommen, demzufolge in Deutschland ansässige österreichische Staatsbürger um Freistellung nachkommen konnten, was er sowohl durch Karl von der Heydt wie durch den Adjutanten des Prinzen Ludwig Ferdinand von Bayern versuchte; sollte dies fehlschlagen, so gab es die weitere Möglichkeit, daß er gleich anderen Schriftstellern wie Stefan Zweig, Wildgans und Rudolf Hans Bartsch ans Kriegsarchiv in Wien versetzt wurde. Am 12. Dezember kehrte er zu Ruths Geburtstag nach München zurück – für den er sogar das von ihr gewünschte Buch bestellt hatte – und fuhr von da unmittelbar weiter nach Wien, wo er mit der Unterstützung Alexander Taxis' seinen Fall auf Ministerialebene vorbrachte. Es wurde jedoch nur erreicht, daß der Einberufungsort nun Wien war und nicht Turnau. Am 4. Januar meldete sich Rilke wie befohlen in einer Kaserne bei Hütteldorf. Die Vorstellung dieser bevorstehenden »neuen Militärzeit« erfüllte ihn mit Verzweiflung, sie war für ihn »nicht weniger unbegreiflich und fürchterlich als jene erste in der Kindheit«.[79]

3

Ruhe und Arbeit sind noch nicht wieder in mir,
seit der Wiener Bresche.
(An Lou Andreas-Salomé, 5. 1. 1917)

Die »älteren Herren«, zu denen er sich in seinem Zug rechnen mußte, wurden, wie er später im Januar 1916 seiner Mutter berichtete, von den Kameraden mit »größter Rücksicht« behandelt, »es war rührend, wie man mir in meiner Ungeschicklichkeit beistand. Ein guter Geist der Hilfe war von einem zum andern da – viel Fremdes natürlich brach über einen herein, aber mitten drin gab es vertraute und herzliche Erfahrungen.«[1]

Die Beschwichtigung von Phias Sorgen beschönigte freilich eine Episode, die in der Tat für ihn höchst schmerzvoll war. »Schon einmal hat das mein Leben zerstört, ich habe geglaubt, mich davon erholt zu haben, und jetzt faßt es mich von neuem«, sagte er zu Stefan Zweig, als er ihn eines Sonntags aufsuchte. Durch die geistig wie körperlich verlangten Anstrengungen, denen er nicht gewachsen war, schien er Zweig »ganz vernichtet«[2] zu sein (bei einer Übung brach er in der Tat zusammen). Man wußte, daß er die Protektion hoher Stellen genoß und auch auszunutzen versuchte, was wiederum auf Kompagnie- und Bataillonsebene ungern gesehen wurde und einer nachsichtigen Behandlung nicht nur im Wege stand, sondern sie geradezu verhinderte. In seiner schlechtsitzenden Uniform, die vom Frontdienst schon ganz schäbig war, machte er einen erbärmlichen Eindruck. Die vielen Freunde, die seine Not kannten, waren entschlossen, ihn auf irgendeine Weise zu retten. Ihre Anstrengungen hatten schließlich den Erfolg, daß er nach nur drei Wochen der »Qual« bei der Infanterie an das Kriegsarchiv versetzt wurde.

Was den Militärdienst eines Schriftstellers oder Dichters anging, so ließ sich kein angenehmeres Plätzchen finden. Die Literatur genoß in der österreichisch-ungarischen Monarchie ein hohes Ansehen, und was immer man den Behörden bei der Kriegsführung auch vorwerfen mochte, sie hatten sich zumindest bemüht, ihre Literaten in dem Bereich zu verwenden, wo sie die besten Dienste leisten konnten – in der Propaganda zur Aufrechterhaltung der Moral. Rilke fand sich in einer Abteilung, deren Aufgabe es war, aus Feldberichten eine Reihe von Anekdoten des Muts und Heldentums zusammenzustellen oder längere Artikel über verschiedene Aspekte des Soldatenlebens zu verfassen, die dann zu Büchern für die Erbauung und Aufmunterung der Heimatfront vereinigt wurden. »Der Form halber,« bemerkte lächelnd Oberst Veltzé, der Leiter, »müssen wir ihm wohl eine Arbeit geben, aber – sie wird nicht dringlich sein«. Sein unmittelbarer Vorgesetzter, Franz Ginzkey, Dichter und aktiver Leut-

nant, führte ihn in einen Raum, wo er zwischen den ledergebundenen Akten aus der Zeit Maria Theresias und der
napoleonischen Kriege mehr oder weniger sich selbst überlassen blieb.[3] Bei den angenehmen Bürostunden von 9 bis 3
und einem nahezu zivilen Leben hatten die meisten seiner
Kollegen ihre Abscheu vor der Lohnschreiberei überwunden; Rilke aber fand dies ganz unmöglich, und wurde bald
mit der einfachen Routine beauftragt, Register zu linieren
und Berichte einzuordnen. Schlimmer aber war die Tatsache,
daß schon das Gefühl, gezwungenermaßen den seit je gehaß-
ten Dienst auszuüben, und der niederdrückende Hintergrund des Kriegs genügten, ihn völlig von jeder eigenen
schöpferischen Anstrengung abzuhalten. Dabei spielte es
keine Rolle, ob er in seinem Büro war oder in seinem Hotelzimmer draußen in Hietzing bei Schönbrunn, das er sich
nach einem kurzen Aufenthalt in der Taxis-Wohnung in der
Victorgasse genommen hatte.

Nicht einmal die Mitteilung Stefan Zweigs, daß Aussicht
bestünde, wenigstens die Schriften aus seinem Pariser Besitz
zu retten, schien seine gedrückte Stimmung zu lindern.
Zweig, der gleich nach Rilkes Ankunft in Wien von der
Angelegenheit erfahren hatte, hatte sich unmittelbar an Rolland in der neutralen Schweiz gewandt, in der Hoffnung,
dieser könne seine Pariser Freunde bitten, etwas aus dem
Wrack zu bergen. Im Verlauf des Januar hatten sich infolge
von Rollands dringendem Appell an die Freundschaft wie an
die »Ehre Frankreichs«[4] Gide und Jacques Copeau sofort
eingeschaltet. Die Beschlagnahme erwies sich als völlig rechtens, war aber doch anrüchig gewesen, und die »Versteige-
rung« war eigentlich nichts als die bloße Veräußerung der
Gegenstände an einige verdächtige und lichtscheue Händler
um die lächerliche Summe von 583 Francs. Die Concierge,
die mit Tränen in den Augen davon berichtete, hatte jedoch
zwei Kisten Schriften beiseite schaffen können, die Gide an
einen sicheren Ort zu bringen hoffte. Das gelang ihm schließlich nach größeren Anstrengungen. Sie wurden bei dem
Verleger Gallimard eingelagert. Rilke konnte sie zwar lang
nach dem Krieg abholen, doch ist es zweifelhaft, ob diese
Kisten all die zurückgelassenen Dokumente und Briefe ent-

hielten. Vorläufig aber war er so deprimiert, daß er nicht mehr tun konnte, als Rolland ein melancholisches Dankestelegramm zu dessen fünfzigsten Geburtstag Ende Januar zu senden.

Wien war ihm »eine Qual, muß es jedem präzis eingestellten Menschen sein, es ist die Ungenauigkeit selbst, und das saloppe Vergnügen aller an dieser heillosen Ungenauigkeit gibt ihm sein eigenes trüb blühendes Gemüt«.[5] Er fühlte, daß er um jeden Preis seine Freiheit wiedergewinnen mußte, und bewerkstelligte nach kaum vierzehn Tagen in seiner neuen Aufgabe einen »dienstlichen« Kurzbesuch in München. Von dort aus wollte er die Wiedervorlage seines früheren Antrags veranlassen, auf den hin seine Berechtigung einer Freistellung bestätigt worden war. Dieser Antrag war aber in Wien zu spät eingetroffen, um seine ursprüngliche Einberufung zu beeinflussen. Er würde nun soviel prominente Unterstützung wie möglich brauchen und wandte sich deshalb an Kippenberg, den er auf Heimaturlaub wußte. Zuverlässig wie stets hatte der energische Verleger innerhalb einer Woche einen Rundbrief an alle Leute verschickt, die auf irgendeine erdenkliche Weise den Neuantrag fördern konnten: »Wird diese Eingabe von den Trägern der besten Namen des geistigen Deutschlands und Österreich-Ungarns unterstützt, so eröffnet sich die Möglichkeit, den körperlich wenig leistungsfähigen Dichter vom Militärdienst zu befreien.« Es wurde dargelegt, daß er unter den Bedingungen des Militärdiensts keine Hoffnung habe, seine verheißungsvollen Werke zu vollenden, daß er und seine Familie außerdem von seinen Büchern leben mußten, wozu in der Bittschrift selbst noch bemerkt wurde: »wir brauchen nicht zu sagen, welche Werte der Menschheit entzogen würden, wenn diese Werke durch die Ungunst der Zeiten erstickt würden«.[6]

Rilke war sich völlig im klaren, daß diese Aktion bei der »gedankenlosen und vor allem vergeßlichen und namennamenlos langsamen« österreichischen Art monatelang brauchen würde, um ein Ergebnis zu zeitigen.[7] So war es denn auch. Bezeichnenderweise versuchte er noch nach seiner Rückkehr aus München, am 17. Februar, alle in Frage kommenden Leute für seinen Fall zu interessieren – den Indu-

striellen Richard Weininger und seine Frau Marianne
(»Mieze«), mit denen er eine feste Freundschaft schloß, Hofmannsthal, Sidie Nádherný und Karl Kraus, wobei es glücklicherweise zu keinem größeren Durcheinander in den ohnehin verwickelten Vorgängen kam. Oberst Veltzé war die
Nachsicht selbst und versprach ihm die Entlassung, sobald
die richtigen Unterlagen an die richtige Stelle gelangten. Der
Entlassungsbefehl (»auf unbestimmte Zeit«) wurde schließlich am 9. Juni ausgestellt, sein letzter Tag im Kriegsarchiv
war der 27. Juni.

Was jede Art eigener Arbeit betraf, waren ihm die Monate
des Wartens auf diesen Tag vergangen, als sei er bei lebendigem Leibe verschüttet. Nach dem Dienst, einem frühen
Abendessen in der Stadt und der Straßenbahnfahrt hinaus
nach Hietzing konnte er nur noch lesen; seine Müdigkeit war
so groß, daß nach acht Uhr nicht einmal das mehr möglich
war. »Ein Glück, daß ich zeitlebens ein geübter und über-
zeugter Schläfer war.«[8] Der kurze Aufenthalt in München
hatte ihm, als er von seinem Schreibtisch dort zu den knos-
penden Bäumen hinaussah, die Unmöglichkeit seiner gegenwärtigen Lage vor Augen geführt und ihn ungeduldiger
denn je gemacht, ihr zu entrinnen. »Paris wars nicht, aber
relativ zum hiesigen Irrsinn wars viel«, schrieb er an Marie
Taxis, die noch in Wien war, und erzählte ihr von der Freude
Ruths über das Armband, das sie ihr zum Geschenk gemacht
hatte. »Mitgebracht habe ich *nichts*, keine Elegien, hier soll
mir nichts herein, ›il faut séparer les pleurs et les ris‹ schreibt
Lionardo . . .«[9]

Gesellschaftlich war er keineswegs bei lebendigem Leibe
verschüttet, auch wenn sich seine Arbeit »in gleichgültigster
Schwebe« hielt.[10] Wien, für dessen Wesen er bedauerte so
wenig Gefühl zu haben, hatte immerhin viel zu bieten, und es
gab viele Freunde zu besuchen. Er genoß ein Schönberg-
Konzert, wohnte einer Lesung von Karl Kraus bei, fand
besonderen Gefallen an Kokoschka, den er während dieser
Zeit häufig traf und dessen Werk, von dem er bisher so wenig
gesehen hatte, ihn sehr anzog. Er brachte es sogar über sich,
eines Abends vor Kokoschka und einigen jungen Freunden
aus den *Neuen Gedichten* vorzulesen, einem Buch, das er lange

nicht aufgeschlagen hatte. Nun erschien es ihm wie das Werk eines anderen, etwas mit einem eigenen Leben, und es entzückte ihn ebensosehr wie seine Zuhörer.[11]

Während des April konnte er sich wieder in die Gastfreundschaft Fürstin Maries begeben, doch im Mai sollte die Wohnung in der Victorgasse umgestaltet werden; sie selbst plante einen Besuch in Triest, wo »Pascha« nach seinem Dienst an der serbischen Front stationiert war. Loulou war eben in Wien eingetroffen und wohnte in Stelzers Hotel in Rodaun in der Nähe der Hofmannsthals, wo sich auch Rilke am 22. Mai einmietete. Ihre Gesellschaft regte ihn zu einer noch eifrigeren Geselligkeit an, wenn auch mehr mit Besuchern in Rodaun als mit Leuten in der Stadt. Er saß ihr auch für ein Porträt, wofür Hofmannsthal einen Pavillon seinem Haus gegenüber zur Verfügung stellte und seine Frau Gerty einige gelbe und mauve Vorhänge als Hintergrund besorgte. Der Garten des Pavillons und die Gesellschaft der Hofmannsthals erleichterten das unbequeme Stillsitzen, das seine Erschöpfung und Schläfrigkeit noch verstärkte, welche die Luftveränderung mit sich brachte. »Wenn ich nur frischer wäre«, schrieb er an Helene von Nostitz, die daran war, Wien zu besuchen. »Ich fürchte mein Ausdruck ist etwa der eines vorjährigen Apfels, wenn nicht die Erinnerung an meine lebendigeren und innigeren Zeiten in Loulou Albert aufschlägt, so wird's ein Stilleben, einer *nature demi-morte* wenigstens, so wie ich da sitze ...«[12] Das Ergebnis mißfiel ihm dann doch nicht völlig, auch wenn es ihm »mehr eine Frage nach mir und etwas Auskunft« schien, und er es später geringschätzig nur »eine Art Improvisation« nannte.[13] Als er eines Abends den Dichter Felix Braun und Franz Theodor Csokor, einen Kollegen aus dem Archiv, zur Besichtigung einlud, stellte er es in eine Mauernische des Stelzerschen Gartens, von Kerzen flankiert, und die beiden waren überrascht über die Freude, die ihm ihr Lob bereitete. Kokoschka sagte zu Loulou, er sei nicht sehr angetan von der Tatsache, daß Rilke für sie gesessen sei, nachdem er es ihm abgeschlagen hatte, doch könne er ihr nun, nachdem er das Ergebnis gesehen habe, nicht mehr länger böse sein.[14]

Als das Porträt fertig war, war auch seine endgültige

Entlassung genehmigt worden. Loulou reiste Anfang Juli nach München ab, während er noch weitere zwei Wochen in Wien blieb, bevor auch er den Zug nach München bestieg. Seine Finanzen befanden sich natürlich wieder in beklagenswertem Zustand. Kippenberg hatte seine monatlichen Zahlungen fortgesetzt, mußte aber um einen zusätzlichen Vorschuß angegangen werden, um die Reisekosten zu decken, zu denen auch noch die Weiningers beizutragen hatten. Es war auch nur Sidie Nádherný zu verdanken, die seine Vermieterin Renée Alberti kannte, daß er seine Wohnung in der Keferstraße hatte behalten können. »Daß ich mich nun wirklich am verhältnismäßig eigenen Schreibtisch finde und in den vor sieben Monaten so dringend verlassenen Umgebungen −: wie *sehr* dank ich das Ihnen«, schrieb er ihr am 20. Juli. Auch wenn in seinem »Inneren« immer noch »alles verschüttet« sei, hoffte er nun, in der vertrauten Umgebung ein gewisses Gleichgewicht wiederzugewinnen, »nach und nach zu den Stellen [zu] kommen, wo die bloße Leistung in die innere Fühlung umschlägt, nach der mich unbeschreiblich verlangt«.[15]

Jegliche Spur von Wien, die er noch an sich entdecken konnte, abzustreifen und wieder in Freiheit zu atmen, fiel ihm nicht schwer; der Weg zurück zu seinem inneren Ich aber war lang, »besonders bei mir, der ich in allem Wesentlichen immer langsamer werde«.[16] München war leer, keiner der Freunde, die er wiederzusehen gehofft hatte, war zugegen. Als Renée Alberti nach Schweden abgereist war, um sich ihrem Gatten auf seinem neuen Posten anzuschließen, hatte er das Haus für sich, und auch wenn er an Reisen dachte, so erlaubten es doch seine Mittel nicht. »Ich steige wie ein Käfer alle Grashalme meiner verlassenen Wiese hinauf und falle vorläufig von jedem wieder herunter auf den Rükken.«[17] Im August hinderte ihn einige Wochen lang eine hartnäckige Entzündung an der linken Hand, gleichsam ein Reflex seiner geistigen Verfassung, fast völlig am Schreiben − doch ein Berg von Briefen wollte erledigt werden, wie es schon bei seinem vorangegangenen Besuch der Fall gewesen war. Fortschritt war erst möglich, wenn der Schreibtisch leer war.

Der Ruhm, der diese Briefflut veranlaßt hatte, war der eines Rilke, den er selbst größtenteils vergessen wollte. Da war eine Anfrage wegen seiner frühen Dramen, Worte der Begeisterung über die *Geschichten vom lieben Gott* (kamen diese freilich von einem Prinzen, dann war er zu dem Geständnis bereit, daß er sich freue, daß diese Sammlung »ihre Vergangenheit und Jugend nicht aufgegeben hat«, auch wenn er selbst darüber hinausgewachsen war).[18] Er hörte auch nicht ungern, daß der *Cornet* in der »Feldausgabe« der Insel im Tornister eines jeden Soldaten steckte – »wie zufällig und oberflächlich ist sein Anklang an einen heutigen Krieg«[19] –, wenn auch nur deshalb, weil dadurch sein Einkommen aufgebessert und sein Verleger bei Laune gehalten wurde. Sehr verärgert hatten ihn allerdings Lesungen des Gedichts mit der musikalischen Umrahmung Paszthorys, die ausgerechnet Magda von Hattingberg während der ersten Kriegsjahre in München, Leipzig und Wien vorgetragen hatte. Diese sollten nun, wie er mit einiger Bitterkeit auf Wiener Plakaten gesehen hatte, »auf allgemeines Verlangen« als eine Art Varietéaufführung fortgesetzt werden. Katharina Kippenberg hatte mit Bedauern berichtet, weder er noch die Insel besäßen rechtliche Handhaben, dies zu unterbinden (oder dem Komponisten die Tantiemen zu entziehen). Als er im Oktober hörte, daß die Insel nicht nur eine illustrierte Ausgabe vorbereitete, sondern auch nichts gegen eine eigene Veröffentlichung Paszthorys von Text und Musik einzuwenden hatte, wollte er anfangs seine Einwilligung verweigern, gab dann aber schließlich nach. »In den Cornet sind die Motten gekommen, die Mal-Motten, die Musik-Motten: man muß das liebe alte Pelzwerk aufgeben ... *Eine* einzige Versuchsaufführung hatte ich seinerzeit, als eine Courtoisie, Frau v. Hattingberg zugestanden, durch diese Ritze drang das Mottenvolk ein, und nun bin ich eben bestraft. C'est plus fort que nous.«[20] Für ihn enthielt Dichtung ihre eigene Musik, die des Komponisten nicht bedürfen sollte.

Nach ihrer Trennung in Venedig hatte er eine gelegentliche freundliche Korrespondenz mit Magda weitergeführt; dankbar für ihre Aufmerksamkeit Regina Ullmann gegenüber hatte er ihr aus Irschenhausen ein Exemplar seiner

»Gesänge« an den Kriegs-Gott geschickt und mit ihr die Verzweiflung geteilt, die ihn so bald nach der Entstehung dieser Gedichte überfallen hatte. Auch ihre Wege hatten sich seitdem häufig gekreuzt, in München, Berlin und Wien. Von seiner Beziehung zu Loulou war sie unterrichtet gewesen; doch war es ihm vor seiner Einberufung in München trotz der Anwesenheit beider, Clara nicht zu vergessen, gelungen, Unstimmigkeiten zu vermeiden, um nicht, wenn er sein einsames Leben wiedergewann, »Zerstörung und Unheil« hinter sich zu lassen. Das besagt viel für den Charme, den er ausstrahlen konnte, und für die Sympathie, die er in jenen zu erwecken vermochte, für die seine »kleinen Anfänge« der Liebe so rasch wieder geschwunden waren. Nach ihrer hartnäckigen Fortsetzung der *Cornet*-Aufführungen war er freilich nicht mehr geneigt, sich weiter mit ihr abzugeben, und die Verbindung scheint abgebrochen zu sein.

Kippenberg, der im September wieder auf Heimaturlaub war, mußte sich von seinem Protegé einmal mehr die altvertraute Litanei anhören. Diesmal aber entsprach seine Antwort nicht dem gewohnten Muster. Rilke forderte nicht nur eine weitere größere Summe als die »Reserve«, die er bisher nicht hatte aufrechterhalten können (mit den üblichen Beteuerungen einer Suche nach billigerer Unterkunft), er stellte auch die Frage, ob der Verleger, nun da die Insel seine Freistellung erwirkt habe und dadurch in gewissem Sinne für ihn verantwortlich geworden war, nicht einen Auslandsaufenthalt in Schweden oder in der Schweiz veranlassen oder ihn andernfalls in Leipzig anstellen könne.[21] Das überschritt die Geduld des Verlegers. Rilke, so erwiderte er ziemlich kurz, habe über die vergangenen beiden Jahre mehr als 25 000 Mark erhalten, und sein Konto bei der Insel sei mit weiteren 2000 weit überzogen. Es komme keineswegs in Frage, daß ein deutscher Verlag ihm, einem Österreicher, in Kriegszeiten zu einer Reise ins Ausland verhelfen könne. Nach Kriegsende wolle er versuchen, wieder eine kleine Gemeinde von Gönnern zusammenzubringen wie in der Vorkriegszeit, das verspreche er, doch für den Augenblick werde sich Rilke mit seiner üblichen Zuwendung begnügen müssen.[22] Ungerührt und so unbedenklich wie immer in der zielstrebigen Verfolgung dessen, was er als Tribut an seine Kunst ansah, begann Rilke nach anderen Hilfsquellen zu suchen. Er bat Philipp Schey unmittelbar in einem Brief um eine Anleihe, die er »langsam« nach dem Krieg zurückzahlen würde, und erzählte Kessler und anderen Freunden wie Sidie Nádherný von seiner mißlichen Lage. Gegen Jahresende hatte er durch Schey insgesamt 5500 Mark als Geschenk und nicht als Darlehen erhalten. Es war das Ergebnis einer Sammlung unter einer Anzahl ihm unbekannter Freunde in Wien, zu der auch Sidie zusätzlich zu ihrem weiteren Beitrag zu seiner Miete beigesteuert hatte.[23]

In seinen Worten des Dankes an Schey sprach er von der Arbeit, der diese großzügige Geste zugute kommen würde – seine Übertragungen (die Michelangelo-Sonette lagen immer noch auf seinem Schreibtisch) und insbesondere die Vorbereitung der Schriften Paula Modersohn-Beckers, die ihm ihre Mutter geschickt hatte (für deren richtigen Herausgeber er sich aber schließlich doch nicht hielt). Er hatte immer noch nicht die passende Umgebung für die eigene Arbeit gefunden und suchte, wie er Kippenberg geschrieben hatte, wirklich nach einer Alternative zu dem Haus in der Keferstraße, von dessen Verkauf nunmehr die Rede war. Regina Ullmann hatte sich mit ihrer Mutter in Burghausen an der Salzach niedergelassen, einem Städtchen, das östlich von München an der österreichischen Grenze lag. Im November besuchte er sie dort mit dem Gedanken, wie sie einen der Türme der alten Burg zu mieten, die für eine lächerlich geringe Summe zu haben waren – ein Zufluchtsort, wo die »abgerissenen Fäden« vielleicht wieder aufgenommen werden könnten. Er zögerte lang und gab den Plan schließlich auf. Er klagte zwar wieder über die »Ansprüche« der Menschen und das Fehlen eines eigenen Heims, das ausschließlich für seine Arbeit eingerichtet war, blieb aber den ganzen Winter an Ort und Stelle. Eines Tages vielleicht, schrieb er Sidie in seinem Geburtstagsbrief im Dezember, würde er dieses Heim finden, dazu die rechte Frau, die ihm dazu helfe, »das Maß« seiner Arbeit zu nehmen, »und nach diesem Maß Raum, Umgebung und Kost, Tag und Nacht einrichten, für sie und für nichts sonst –, dann sollen weder Menschen noch Briefe da sein, nur der eine gleichmäßige, gutgewillte, schlichte Werktag, der genau hinein paßt«.²⁴

Vorläufig gab es Menschen und Briefe in Mengen, dazu auch vieles in der künstlerischen und literarischen Szene Münchens, was ihn anzog. Thankmar von Münchhausen kam auf der Durchreise in den Urlaub, die Weiningers trafen aus Wien ein; Van de Velde und Richard von Kühlmann besuchten ihn; Lesungen von Alfred Wolfenstein und Theodor Däubler fanden statt; zusammen mit Wolfskehl und Kassner sah er im September die posthume Franz Marc-Ausstellung, von der er so begeistert war, daß er (vergeblich) Marianne Mitford drängte, zu gemeinsamem Genuß der Bilder aus Berlin zu kommen, »endlich wieder einmal ein Œuvre, eine im Werk erreichte und errungene Lebens-Einheit«.²⁵ Ein großes Ereignis für ihn, schrieb er an Loulou, die nun in der Schweiz war, »außer Cézanne, daß ich den haben konnte, wird wohl mein einziger Titel bleiben der Malerei gegenüber«.²⁶ Er war ziemlich oft mit Clara und Ruth zusammen, deren fünfzehnter Geburtstag näherrückte.

Der Krieg war immer gegenwärtig, wenn er etwa mit Walther Rathenau, der kurz in München war, oder mit Annette Kolb und Wilhelm Herzog sprach. Zu den Nachrichten von Gefallenen kam nun auch noch die des tragischen Todes Verhaerens in Rouen, eine schmerzliche Erinnerung an die Pariser Tage. Der belgische Dichter sei einer der wenigen Männer gewesen, denen er sich nahe gefühlt habe, ein Mensch, der seine Absichten gefühlt und anerkannt habe, schrieb er an Sidie, durch dessen Verlust es »trostlos in dieser Welt« werde.²⁷ Er versuchte, die Welt in einem günstigeren Licht zu sehen, da ihn die diskrete Spende, die Schey veranlaßt hatte, von unmittelbaren finanziellen Sorgen befreit hatte. Doch die Zeiten machten das nicht leichter. Glück hielt er »für ein unsäglich Beirrendes, Vorläufiges und Unentscheidendes, während auf den Wegen des Überstehens die Stationen der Freude liegen«.²⁸ Trotzdem aber fand er im Verlauf des Dezembers und Januars ein vorübergehendes Glück durch »ein ganz unerwartetes Erlebnis (das leider nicht Arbeit ist)« – die Bekanntschaft mit einem außergewöhnlich schönen jungen Mädchen, Mia Mattauch, deren Gesellschaft ihm »beinahe ein neues Leben« einbrachte, wenn auch nicht »*das* neue Leben«, das er wünschte. »Jugend ist im Recht, auch jetzt noch und ist so unerhört viel und wunderbar.«[29] Er habe sich »seit der Wiener Bresche« nicht erholt, gestand er Lou im Januar, doch sei durch Mias Gegenwart zumindest »die Unruhe des letzten Monats eine wie von unruhigen Engeln« gewesen. Zwei Linden, die er in Burghausen pflanzen ließ, sollten ein lebendiges Denkmal der kurzen, doch zweifellos ermutigenden Episode bilden. Mittlerweile ein »Monstrum an Unmitteilsamkeit« geworden, erwähnte er klugerweise Fürstin Marie gegenüber nichts von dieser Beziehung, als er ihr von seinen Hoffnungen schrieb, das neue Jahr werde »nicht das dritte schlechte sein ... sondern wieder ein erstes besseres ...«.[30]

Die besseren Tage sollten für ihn jedoch erst anbrechen, als der Krieg vorüber war. 1917 wurde ein Jahr des vergeblichen Bemühens, die abgerissenen Fäden zu reparieren. »Eine große Stummheit« schien in seiner Welt zu herrschen, München war »wie einem Kranken sein Bett«[31], die Bruchstellen seines Werks waren »hart und kalt geworden, und es fehlt die Wärme argloser Freudigkeit, sie aufzuschmelzen«. Der Krieg, für den kein Ende in Aussicht stand, lastete immer schwerer auf ihm, vor allem nach Hellingraths Tod im Feld und der amerikanischen Kriegserklärung an Deutschland im April. Sogar die Patrioten, schrieb er, müßten doch nun zugeben, daß diese »Weltkatastrophe«, der nur Barbusses *Le Feu* gerecht wurde, erschreckend wenig mit dem ritterlichen Streit zu tun hatte, die sie im August 1914 erwartet hatten.[32] Sein früheres Leben mit seinen Reisen und Erlebnissen, ein Leben, das Verpflichtung einer besonderen Aufgabe gegenüber und nicht bloßes Existieren bedeutet hatte, war »in der ätzenden Trübe« dieser Zeit spurlos verloren gegangen. »Wozu hat man Toledo gekannt, wozu die Wolga, wozu die Wüste, – um jetzt in dem engsten Welt-Widerruf dazustehen, voll plötzlich unanwendbarer Erinnerungen?«[33] Als die Insel endlich die in Toledo begonnenen Übertragungen der Louize Labé-Sonette veröffentlichte, wurde seine Melancholie nur noch stärker.

Gedanken an Erleichterung durch einen Ortswechsel flackerten Anfang des Jahres kurz auf, ein Aufenthalt bei Katharina Kippenberg in Leipzig, vielleicht sogar die Annahme der Einladung Richard von Kühlmanns nach Konstantinopel, ließen sich aber nicht verwirklichen. Seine Anstrengungen, sich vom geselligen und künstlerischen Leben Münchens fernzuhalten, waren nur halbherzig, da er keinen Antrieb zur Arbeit in Einsamkeit finden konnte, auch wenn er es immer noch ablehnte, öffentliche Lesungen zu halten. Er setzte die Michelangelo-Übertragungen fort, von denen einige nun im Insel-Almanach auf das Jahr 1917 und an anderen Stellen veröffentlicht wurden. Seine Korrespondenz nahm viel Zeit in Anspruch. Er versuchte, Clara durch Aufträge oder eine Stelle als Lehrerin zu zusätzlichem Einkommen zu verhelfen, oder sich bei Verlegern für Dichter einzusetzen, die er für würdig hielt, wie Max Pulver oder Hertha Koenig. Als es so aussah, als müsse er seine weitere Freistellung vom Militär rechtfertigen, ernannte ihn Katharina Kippenberg auf seinen Vorschlag hin offiziell zum Berater der Insel und schrieb ihm Briefe, die beweisen konnten, daß er aktiv an den Vorhaben des Verlages mitwirkte – eine Pflicht, der er auch gewissenhaft nachkam. Für ihn bedeutete jedoch das alles bloß den Anschein einer Tätigkeit, die gewissermaßen an der Oberfläche blieb. Echte Briefe, in denen er sich selbst mitteilen konnte, flossen nur zögernd aus einer Feder, die schwer geworden war, in Zeiten, die »wie Blei an mich herangegossen« sind. Sogar als er im April von Inga Junghanns, die mit ihrem Künstlergatten nun in der Schweiz lebte, erfuhr, daß sie den *Malte* ins Dänische übertrage, dauerte es einen Monat, bevor er seine Freude über »ein Ereignis für dieses Buch« zum Ausdruck bringen konnte, durch das es »in seine imaginäre Heimat erhoben« wurde.[34]

Im April hatte er, während Clara in Travemünde arbeitete, dafür gesorgt, daß Ruth bei einer Familie in Dachau untergebracht wurde. In den Pfingstferien machten sie sich nach Claras Rückkehr wieder zum Chiemsee auf, doch die vielen Leute am Bahnhof stießen ihn ab, und er ließ sie alleine losfahren, um dann später für ein oder zwei Tage mit den Weiningers nachzukommen, die wieder aus Wien zu Besuch da waren. Die Landschaft schien ihm einige Entspannung zu versprechen, und nach dem Verschwinden der Menschenmassen fuhr er wieder dorthin zurück, diesmal, um bis Ende Juni auf der Herreninsel zu bleiben. Hausenstein, der sich zur gleichen Zeit dort aufhielt, hatte das Gefühl, der Dichter habe seinen Eindruck auf der Insel hinterlassen, wo er unter den Platanen gesessen war, die wie Säulen vor dem Alten Schloß standen, oder zum Nonnenkloster von Seeon hinübergewandert war. »Die Welt glänzte leise um das Haupt dieses Menschen; aber noch schöner war, daß sein inniger Geist leise aus dem Antlitz der Welt flammte.«[35] Was Rilke am meisten half, war die Bekanntschaft mit Sophie (Sonia) Liebknecht, der aus Rußland stammenden Gattin des Sozialistenführers, der zu jener Zeit eine vierjährige Gefängnisstrafe für eine pazifistische Demonstration absaß. Ihre Gesellschaft empfand er wie eine Erneuerung. »Ich bin dieser Tage ich selbst gewesen«, schrieb er nach ihrer Abreise, »und wenn ich auch weiß, daß es *Ihre* Kraft war, Sophie Borisowna, Ihre reine Lebenskraft und die Kraft Ihrer Freude, mit der ich den Moment meines Auflebens bestritten habe, so hab ich mich doch eben einmal in Besitz nehmen dürfen, mich, meine wunderbaren Erinnerungen und die Gefühle meines von den Zeitläuften eingeschränkten und widerlegten Herzens. Es ist so gut zu wissen, daß das doch alles noch da ist, unter der Erstarrung, in der ich lebe . . .« Die unerwartete Begegnung hatte ihn aus seiner Lethargie gerüttelt. »Nach und nach habe ich gelernt, daß das Äußerste, was ich mit Menschen gemein haben darf, Augenblicke sind: Begegnungen, – aber wer, der solcher Begegnungen gewürdigt wird, dürfte sich am Ende beklagen, daß ihm ein ständiger Anschluß . . . versagt ist . . .« Die Gedichte, die er ihr vorlas, berührten sie tief. Als sie ihm später aber schrieb, sie sei davon überzeugt, daß sein Weg zurück zur Produktivität nicht in der Isolierung liege, sondern in einer stärkeren Beziehung zur äußeren Welt, so abstoßend er sie auch finden möge – »Sie würden dann nicht mehr Ihr eigenes Gesicht wiederfinden, sondern festen Boden haben« –, schlug sie eine Saite an, für die er unempfänglich blieb und seinem Wesen nach bleiben mußte.[36] Er folgte wenigstens ihrem Rat, sich durch Zeitungen auf dem laufenden zu halten, doch, wie er Kippenberg sagte, belasteten die äußeren Ereignisse weiter seine seelische Verfassung und verzerrten das, was in ihm war.[37]

»Ich habe in Chiemsee bemerkt, von wie guter Wirkung jetzt ein Wechsel der Umgebung für mich sein kann,« ließ er am 2. Juli Hertha Koenig wissen, die ihn seit einiger Zeit zu einem Besuch auf ihrem Gut Böckel in Westfalen gedrängt hatte, »habe gestern für den 1. August gekündigt«.[38] Er begann seine Sachen zu packen, um sie in der Wohnung Claras einzustellen, solange sie mit Ruth den restlichen Sommer in Fischerhude in der Nähe von Worpswede verbrachte. Die weitere Eingabe an das österreichische Konsulat, in der seine unbegrenzte Freistellung zu begründen versucht wurde, hatte noch zu keiner Entscheidung geführt (obwohl ihn die Nachricht ermutigte, daß sogar »Kapellmeister Lé-har« und der Wiener Schriftsteller Hans Müller die dauernde Entlassung aufgrund ihrer »künstlerischen Arbeit« erwirkt hatten[39]), so daß er zu gegebener Zeit ohnehin nach München würde zurückkehren müssen. Am 18. Juli war er unterwegs nach Berlin, der ersten Station auf seiner Fahrt nach Gut Böckel.

4

In allen Städten schlagen die Glocken tiefer,
denn immer ist jetzt einer, den ein Kugel zur
Erde schlug;
In allen Herzen ist eine Klage,
Ich höre sie lauter alle Tage.

Iwan Goll

Er hatte nur an zwei oder drei Tage Berlin gedacht, blieb aber eine ganze Woche, um einen Besuch Elisabeth Taubmanns, der Künstlerin, der er zum erstenmal 1908 in Meudon begegnet war, nicht zu versäumen. Marianne Mitford konnte er nur kurz bei der Trauerfeier für ihren Vater sehen, der die Woche vorher plötzlich verstorben war; der Aufenthalt lohnte sich aber wegen der Erneuerung der Bekanntschaft mit Elisabeth Taubmann, mit der er das Heimweh nach Paris teilen konnte, dem Wiedersehen mit seinem alten Freund Emil Orlik und mit Sophie Liebknecht. Mit ihr genoß er im Kaiser-Friedrich-Museum ein paar Stunden »wacheren Aufnehmens und Schauens ... (Etwas, worauf ich, in meiner dichten Stumpfheit, schon kaum mehr rechne.)«[1] Es gab eine Ausstellung von Werken Max Liebermanns, mit Gerhart Hauptmann nahm er an der Feier zum siebzigsten Geburtstag des Malers teil; in der »Freien Sezession« sah er einige bemerkenswerte Arbeiten von Georg Kolbe und Renée Sintenis. Alles in allem waren es gute Tage für ihn, wie er Mieze Weininger bei seiner Abreise nach Böckel am 24. Juli schrieb.

Er hatte Hertha Koenigs Einladung gerne angenommen, auch wenn ihn das, was er über ihren von einem Wassergraben umgebenen Landsitz gehört hatte – tiefliegend, feucht und im Schatten hoher Bäume –, nicht mit Begeisterung erfüllte. Seine ersten Eindrücke von der Landschaft im Regen waren in der Tat wenig verheißungsvoll, und obwohl ihn Hertha in Räumen des ursprünglichen Flügels aus dem 17. Jahrhundert bequem untergebracht hatte, war der Lärm der Landwirtschaft in dem Hof vor seinem Fenster nicht geringer als der Kinderlärm vor seiner Wohnung in München. Als das Wetter dann besser wurde, konnte er draußen im Park Ruhe finden und hatte zuweilen, wie er Inga Junghanns mit der Beantwortung ihrer langen Liste von Fragen über Probleme der *Malte*-Übertragung schrieb, das Gefühl, wieder in der nordischen Landschaft zu sein, da der Wind wie von der See her blase. Himbeeren oder Stachelbeeren, warm oder noch taunaß, in dem fruchtbaren Küchengarten zu pflücken, war ein Vergnügen, für das seine Energie gerade noch ausreichte.

Wartend und wartend, »bis die Welt zu sich kommt«[2], verbrachte er seine Zeit mit Briefen, von denen viele seit langem fällig waren, häufig auch mit dem Abschreiben von Gedichten für Freunde wie Eva Cassirer oder Sophie Liebknecht. Er habe die *Münchner Post* abonniert, berichtete er Sophie, um »nicht ganz Analphabet des Unheils« zu bleiben – doch das war nicht der Weg, seine verlorene Produktivität wiederzugewinnen. »Ich bin, zeitlebens, zuviel mit Worten umgegangen, denen man ohne Weiteres glauben darf und . . . würde auf die Sicherheit meiner eigenen, genauen und geglückten Worte einen verwirrenden Rückschlag fürchten, wenn ich aus dem Gedräng jener anderen, immer erst anzuzweifelnden, die Gegenstände meiner Hervorbringung wählen sollte.« Mehr Kontakt zu tätigen und kenntnisreichen Menschen würde ihn vielleicht der Gegenwart näherbringen, nie aber die Presse. »Vielleicht ist das unbeschreibliche Leiden, nichts hervorbringen zu können, meine genaueste Antwort auf die jetzigen Verhältnisse, dann will ich natürlich auch dieses auf mich nehmen, viel lieber, als daß michs im Wesentlichen irgendwie verböge.« Die Welt und das Leben mochten wohl schön sein, das gebe er zu, doch »ach, in den Menschen nicht . . . wir sind mitgefangen im Wahnsinn des Menschlichen und durch die Tatsache des Menschseins aus der ganzen einigen Natur hinausgestellt«.[3] Nun aber folgte er den Ereignissen genauer und hatte das Gefühl, ein klareres Verständnis des Krieges zu gewinnen. Ende August deutete er in einem Brief an Katharina Kippenberg, zweifellos unter dem Eindruck der Veränderung in Rußland nach der Märzrevolution, den Konflikt als den Endkampf zweier großer Konkurrenten. Der eine sei kurzsichtig auf geringen Gewinn bedacht, der andere eine »menschliche Partei« mit dem Ziel der unwiderruflichen Umformung der Gesellschaft. »Nie, soweit wir die Geschichte sehen können, ist die Menschheit so im Ganzen umformbar geworden, wie in diesem ihrem schrecklichsten Schmelzofen – wären nur die reinen Bildnerhände da –: jetzt wäre sie Wachs in ihnen.«[4]

Ein Hauptanliegen während seines Aufenthalts war für ihn die Ausbildung Ruths. Clara wollte sie gerne bei ihrer Großmutter in Norddeutschand zurücklassen, wo die Kost, die besser und reichhaltiger war als in München, ihrer Gesundheit bekommen würde. Sie sprach von Privatunterricht, damit die beiden letzten Schuljahre in einem Jahr abgelegt werden könnten – dessen Kosten natürlich weder sie noch Rainer bestreiten konnten. Wie immer wandte er sich an seine Freunde, zuerst an Hedwig Jaenichen-Woermann, die sich im Fall Marthe in Paris als so hilfreich erwiesen hatte und nun in Dresden lebte, dann an Marie-Anne Friedländer-

Fuld (wie sie sich nun nennen ließ). Hedwig antwortete sofort mit einer Zusage von 2000 Mark, was für die Einstellung eines Tutors vom Oktober an reichen würde, doch nur die Hälfte der erforderlichen Summe war. »Baby Friedländer« scheint nicht zu einer Hilfe geneigt gewesen zu sein, so mußte man den Rest irgendwo anders aufzutreiben versuchen. Eva Cassirer nahm es glücklicherweise nicht übel, als sie ein weiteresmal angegangen wurde; sie trug gegen Jahresende noch 500 Mark bei. Wie der Rest zustandekam, läßt sich nicht ermitteln. Die Bereitwilligkeit der Freunde Rilkes, nicht nur zu helfen, sondern über die Annahme ihrer Hilfe in dieser unschuldigen, doch rücksichtslosen Art geradezu überglücklich zu sein, ist in der Tat erstaunlich.

Noch erstaunlicher ist freilich, daß derartige Ansinnen unentwegt nötig sein sollten. Von der Insel erhielten er und Clara schließlich ein anständiges Monatseinkommen, zu dem noch sein Heeressold aus den ersten sechs Monaten von 1916 kam, der auch bei seinem niederen Rang nicht unbeträchtlich gewesen sein kann; dazu kamen noch die Honorare für die Aufträge, die sich Clara hatte beschaffen können. Sie mußten freilich die Miete für ihre Wohnungen bezahlen, doch beide hatten auf längere Zeit freie Gastfreundschaft genossen – Claras Sommerferien in Fischerhude, sein mehr als zweimonatiger Aufenthalt nun bei Hertha Koenig. Ein Mindestmaß an gutem Wirtschaften hätte sie beide nicht nur schuldenfrei machen, sondern es ihnen auch ermöglichen müssen, mit Sonderausgaben wie der Ausbildung Ruths fertigzuwerden. Beide aber führten ein Leben, das einer solchen Umsicht kaum zuträglich war. Rilke war in seiner Art keineswegs ein Bohémien – stets untadelig gekleidet, wählerisch im Geschmack und von pedantischer Sauberkeit –, und seine leiblichen Bedürfnisse waren außerordentlich bescheiden. Er legte aber den größten Wert auf die rechte Umgebung, stieg nur in den besten Hotels ab, sorgte dafür, daß sogar gemietete Räume nach seinem Gefallen eingerichtet waren und sparte nie an Büchern, die er für interessant hielt, auch wenn es teure Ausgaben waren, oder an Geschenken für seine Freunde. Auf diese Dinge verwendete er sein Geld, wie es gerade eintraf; wenn es zur Neige ging, bat er einfach um mehr, als einen Tribut an seine Sendung – und auf die eine oder andere Weise blieben wie im Märchen die Mittel nie aus.

Für den Augenblick besaß er dank Hertha Koenigs Gastfreundschaft genug Bargeld, um einen Besuch in Berlin erwägen zu können, und seine Rückkehr nach München und die neuerliche Suche nach einer Unterkunft dort zu verschieben – den ersten Schritt in einen »Winter, den man sich nicht vorstellen kann«, dem er sich noch nicht gewachsen fühlte.[5] Gegen Ende September schickte ihm das Konsulat in München die amtliche Mitteilung, daß er noch immer »bis auf weiteres« freigestellt sei, so bestand für seine Anwesenheit dort kein eigentlicher Anlaß. Pläne, die Ausstellung von Werken Paula Modersohn-Beckers in Hannover zu besuchen und Clara und Ruth in Fischerhude zu sehen, wurden nach seiner Ankunft in Berlin am 3. Oktober aufgegeben. Einmal in der Hauptstadt, stürzte er sich, gleichsam auf den Rat Sophie Liebknechts hin, in ein energisches Programm von Begegnungen und Gesprächen mit Leuten, die an den Ereignissen, die ihn bisher völlig verwirrt, aber gleichgültig gelassen hatten, aktiv beteiligt waren.

Es war ein Versuch, den Krieg zu *verstehen*, »die Verstrickungen genauer zu unterscheiden, in denen so viel gutes menschliches Anderswollen sich immer wieder bindet, ja sich in dem selben Maße, als es sich zu befreien gedenkt, in immer festere Knoten einzieht«.[6] Er wohnte einer Reichstagssitzung bei, dinierte mit Richard von Kühlmann, der vor kurzem von der Botschaft in Konstantinopel als Staatssekretär ins Auswärtige Amt zurückgekehrt war und der sich um den Frieden bemühte. Man konnte ihn in Clubs sehen, er sprach mit Menschen »jeder Einstellung und aus allen Lagern«, Karl von der Heydt, Wilhelm Herzog; Von Moltke, dem Flügeladjutanten des Kaisers; Jacob von Uexküll, Walter Rathenau; Fritz Wichert, der nun von Kühlmanns Privatsekretär war. »Ich möchte mich so gerne unterrichten lassen, aber der Unterricht wäre lang und der Schüler ist traurig« – er fand es unmöglich, sich ein klares Urteil zu bilden. »Hier halten . . . die Meisten diese Friedensversicherungen für Phrasen, und ich bewundere den Instinkt der Franzosen, die alle Folgen der Papstnote unter dem amüsanten Ausdruck le Saint-Piège zusammenfassen. Man hat hier im Großen und Ganzen eine merkwürdige Vorstellung von Politik: wissend, daß sie ihrem Wesen nach nicht immer aufrichtig sein müsse, nimmt man dann auch gleich im Gröbsten an, daß Unaufrichtigkeit Politik sei. Wenn wir uns vorstellen, daß der Frieden nur in einer völlig veränderten, in einer Welt, die umgelernt hat, Wurzel fassen könne, so ist, weiß Gott, noch nicht die Zeit für ihn. Berlin macht nicht den Eindruck, als ob jemand vorbereitet sei oder Lust habe, sich zu ändern.«[7]

Ein gelegentlicher stiller Vormittag in den Museen bot nur wenig Entspannung von der beinahe fiebrigen Aktivität seiner Oktobertage. Häufig eilte er bis spät in die Nacht von Verabredung zu Verabredung, in dem vergeblichen Bemühen, in der machtpolitischen Szene irgendeinen Sinn zu entdecken. Wie nicht anders zu erwarten, erschöpfte und schwächte ihn die ungewohnte Hetze. »Ich bin müde, vielleicht nicht mehr als die Meisten, die sich in den Untergrundbahnen zusammendrängen, aber weniger geneigt als sie, aus der Müdigkeit eine permanente Reizung zu machen. Gott, was für ein Gedräng und Geschiebe, und . . . die Zwischenräume zwischen den Menschen sind mit Zeitungsblättern ausgefüllt, als wäre das Ganze verpackt und sollte weit weggeschickt werden. Wohin? Ach, in welche Zukunft?«[8] Doch blieb er viel länger, als es ursprünglich seine Absicht war, in der Faszination, »dicht am deutschen Zifferblatt«[9] zu sein und trotz des Gefühls, daß er weiter davon entfernt war denn je, irgendeinen »Faden der Orientierung« zu erhaschen.[10] In einem Brief an Clara schrieb er Anfang November, daß alle Leute wie gebannt seien, statt um jeden nur möglichen Preis ihrer Lage zu entfliehen zu suchen. Siege, und seien sie noch so groß, führten nirgendwohin, der innere Wille zu den großen Veränderungen fehle, die zur Rettung der Welt nötig seien. »Kühlmann . . . ist sicher der einzige Weitersehende unter den ›Regierenden‹ . . . aber auch er wird kaum das Entscheidende tun können.«[11]

Erst in langen Gesprächen mit Harry Kessler während der ersten Novemberwochen spürte er endlich eine gewisse Hoffnung, seinen eigenen Standort in der Katastrophe bestimmen zu können. Kessler, der nach zwei Jahren Frontdienst eine Stelle bei der Botschaft in Bern erhalten hatte, war der Freund, der »unser früheres Leben (ich meine Paris und die ganze herrliche offene Welt)«[12] besser als jeder andere gekannt hatte. Nun war er nach seiner aktiven Erfahrung des Krieges in dieses Leben gewissermaßen zurückversetzt worden und konnte Rilke vielleicht zeigen, wie das scheinbar Unversöhnliche versöhnt werden konnte, wie es möglich war, »derselbe wissende und fühlende Mensch« in dem einen wie in dem anderen zu bleiben. Seine Briefe aus dem Feld, die Rilke nun lesen konnte, waren »die stärkste und sicherste Schilderung jenes unvorstellbaren Lebens, die mir je vorgekommen ist, am großen Beispiel von Tolstois ›Krieg und Frieden‹ ermessen und getragen von einer Fassung, Geistesgegenwart und Ruhe des Berichts, die so schrecklichen Umständen gegenüber fast unbegreiflich scheint.«[13] Es erschütterte ihn jedoch zutiefst, als Kessler davon sprach, daß seine Zeit im Feld Augenblicke gebracht habe, die in menschlicher Hinsicht weit ergreifender gewesen seien als irgendetwas in seinem früheren Leben; der Krieg als solcher mochte als sinnlos und brutal verdammt werden, doch er habe entdeckt, daß dessen einzelne Erscheinungen seelische Schönheiten und Offenbarungen bargen, die sich nur mit denen der Liebe vergleichen ließen. Allein die Tatsache, daß Millionen das Erlebnis des Sich-Opferns erfahren hatten, sei überwältigend.

Rilke, der glaubte, bereits im Frieden sein Leben seiner Arbeit geopfert zu haben, fand es unvorstellbar, daß irgendetwas überwältigender sein könne als die Augenblicke, die er vor einer Statue Rodins, dem erhabenen Gleichmaß eines Werkes von Michelangelo oder einer Abendlandschaft in Duino empfunden hatte. Er hatte das Gefühl, daß die rohe Natur, die sich in dem großen Konflikt enthüllte, eigentlich *un*natürlich war, dem wahren Wesen des Menschen fremd und ohne einen Funken des »Göttlichen«; er sah ein, daß das schreckliche Geschehen irgendwie notwendig sein mochte, daß seine Samen bereits in uns lagen, doch er war unfähig, es in sich aufzunehmen. Wenn es wirklich ein natürlicher, »göttlicher« Vorgang war, dann sei »jede Zeile, die ich früher schrieb, brüchig und falsch«. Die Elegien, von denen er

Kessler zwei vorlas, seien sein »Bekenntnis«, das er im *Malte* hatte zum Ausdruck bringen wollen, das sich aber gerade bei Ausbruch des Krieges in einer ihm selber überraschenden Weise zu verwirklichen begonnen habe; wenn er sie nur vollenden könne, dann wäre er bereit zu sterben. Kessler beurteilte ihn in seinem Tagebuch scharfsinnig als einen Ästheten, der sich auf jedes Abenteuer des Geistes oder der Form einlassen wolle, dem sonst aber die Fähigkeit zum Abenteuer der brutalen Wirklichkeit abging, die Künstler wie Dante, Shakespeare oder Byron in solchen Zeiten des Umsturzes bewiesen hatten. Rilkes einzige Rettung läge darin, »wenn er sich den Weltkrieg in ein geistiges Abenteuer . . . umsetzte«.[14]

Diesen Weg zur Rettung konnte Rilke nicht finden, solange der Krieg andauerte. Es lag nicht in ihm, so wie er es bei Fritz von Unruh sah, »das mit Schwarz durchknetete enorme Geschehen« in das Material eines Werkes umzusetzen – »Dinge machen aus Angst«, wie er Lou einst gestanden hatte. Kessler hatte Unruh in der Schweiz getroffen, wo dieser wegen einer schmerzhaften Erkrankung der Hände behandelt wurde, die er sich bei Verdun zugezogen hatte. Die eingebundenen Hände zu riesigen weißen Fäusten geballt, hatte er glühende Reden gehalten, »ganz Revolutionär und zugleich ganz Offizier, . . . Soldatenbegeisterung und soldatische Überzeugung und zugleich die innerste Auflehnung gegen die Unmenschlichkeit der Menschen«. Rilke vermochte die Bedeutung seines expressionistischen Dramas *Ein Geschlecht*, das eben in Berlin aufgeführt wurde, zu begreifen, »ein furchtbares Buch, furchtbar wie die Zeit«. Er selbst konnte, während in Rußland und Italien ein großes Geschehen das andere ablöste, nur weiter in der Ahnungslosigkeit verbleiben, die er mit der großen Masse teilte, »mit vielen, die drin stehen« – »über einen Mangel an Vorgängen hat sich niemand zu beklagen, aber das *Gesicht* dieser Ereignisse zu sehen, zu wissen . . . wer ist imstand?« – und das Leben des Ästheten führen, der unfähig ist, die umgebende Wirklichkeit in sich aufzunehmen.[15]

In seinem geschäftigen Programm hatte es tatsächlich viele Gelegenheiten zur Entspannung von den Problemen der

Politik und des Krieges gegeben. Als er in der »Sturm«-Galerie vor Chagalls »Moi et le village« stand (und es, so dachte Walter Mehring, wie die Marquis-Figur aus einem Rokokoroman genau visierte[16]), entdeckte er eine »beginnende Zustimmung« zum Werk der Moderne, das im Gegensatz zu der »Brutalität« der übrigen ausgestellten Arbeiten stand. Mit Gerhart Hauptmann besuchte er die Generalprobe von dessen *Winterballade* und verbrachte bei ihm und seiner Frau manchen Novemberabend. Das Werk der damals wenig bekannten Bildhauerin Renée Sintenis begeisterte ihn, es wurde beinahe zur Gewohnheit, Freunde wie Hertha Koenig in ihr Atelier am Wannsee zu führen. Berlin schien voller Freunde zu sein, Einheimische wie Besucher, die er nur ungern versäumt hätte und denen er Exemplare der eben erschienenen *Louize Labé*-Sonette verehren konnte. Thankmar von Münchhausen gab einen aufmerksamen »Adjutanten« ab, organisierte sein Programm und stellte ihn den verschiedenen Größen vor, als verleihe er eine Auszeichnung.

Ein denkwürdiger Abend fand im Oktober statt, als ihn Otto von Taube zu einer Zusammenkunft in der Residenz des Gouverneurs der Provinz Brandenburg, Joachim von Winterfeldt, mitnahm, der mit Stolz seinen Namen unter Rilkes Freistellungsantrag gesetzt hatte. Das Gespräch ging vor allem über den Künstler Götz von Seckendorff, der 1914 gefallen war, dessen Werke, die Rilke nun zum erstenmal sah, stark von El Greco beeinflußt worden waren und eine erstaunliche Verwandtschaft zu seinen eigenen Gedichten aufwiesen. Unter den Gästen befand sich der junge Freund des Künstlers, Bernhard von der Marwitz, dem im folgenden Jahr dasselbe Schicksal widerfahren sollte. Marwitz war von Rilkes Lesung der Gedichte »Auferweckung des Lazarus«, »Christi Höllenfahrt«, »Der Hirte« und der »Ode an Bellman« zutiefst beeindruckt. Lange nach Mitternacht, so verzeichnete er in seinem Tagebuch, trug Rilke das Gilgamesch-Epos vor, »mit wunderbaren Worten beschwört er die Bilder der alten Dichtung ... Es war Wind, der hoch über die Erde weggeht. Wie wenige spüren ihn, weil sie nur das Grüne an den Bäumen sehen, und nicht den Geist, der sie oben in den

Zweigen bewegt.«[17] Sie trafen sich nur dies eine Mal und wechselten nur wenige Briefe bis zum Tod Marwitz' im September 1918, doch sein Verlust war für Rilke einer der schwersten Schläge des Kriegs. In dem jungen Dichter hatte er, wie er dann an von Winterfeldt schrieb, einen wahrhaft engen Freund zu gewinnen geglaubt, aber dieses Privileg sei ihm versagt worden. Es wäre ihm um so wichtiger gewesen, »als Männer selten einen vertraulichen Anschluß an mich gesucht haben . . . Soll aus der deutschen Jugend eine Zukunft kommen, so müßte es eine der seinigen sehr verwandte Verfassung sein, die in ihr bestimmend würde«.[18]

Von Zeit zu Zeit konnte er Wanda Landowska besuchen, die ihm aus Paris bekannte Cembalo-Virtuosin, deren Spiel für ihn jene »sonstige frühere Welt« heraufbeschwor, in der die »Wurzeln und Aufwüchse aller meiner Arbeiten« erhalten blieben.[19] Eine schneidendere Erinnerung war die Nachricht vom Tod Rodins am 17. November. Er wisse nicht, welche Wirkung dieser unter normalen Umständen auf ihn gehabt hätte, schrieb er an Clara, vielleicht wäre er wie eine Versöhnung gekommen, »jetzt überwiegt zunächst die Verwirrung in mir, daß . . . hinter der unnatürlichen und fürchterlichen Wand des Krieges diese rein gekannten Gestalten einem wegsinken, irgendwohin, Verhaeren, Rodin, – die großen wissenden Freunde . . . ich fühle nur: sie werden nicht mehr da sein, wenn der entsetzliche Dampf sich verzieht, und werden denen, die die Welt wieder aufzurichten und zu pflegen haben werden, nicht beistehen können . . .«[20] Sidie, die ihm gegen Ende des Monats in einem Brief ihr Mitgefühl aussprach und ihn an ihre erste Begegnung in Meudon im April 1906 erinnerte, erwiderte er: »Wer hätte auch so wie Sie wissen und sagen können, was mir die Nachricht war . . . zu allen Gründen, die mich schweigen machen, kommt dieser Tod des lieben weisen Freundes als eine Stummheit mehr hinzu . . . ich schließe immer fester die Augen, um nur die innere Mitte nicht zu verlieren, von der aus das alles wirklich und herrlich berechtigt war.«[21]

Sidie hatte sich in ihrem Brief über seine materielle Lage besorgt gezeigt, da sie zu Recht annahm, daß er so wenig Geld hatte wie immer. Er teilte ihr mit, er werde in Kürze nach München zurückkehren und versuchen, eine Behausung zu finden, die ihm nach dem gesellschaftlichen Druck Berlins Abgeschlossenheit bieten könne; sollte es ihr möglich sein, ihn jeden Monat zu unterstützen, so wäre dies für den Winter eine gewaltige Erleichterung. Er sprach aber auch davon, daß er die Möglichkeit einer Flucht in die Schweiz erkundet habe. Das österreichische Außenministerium finanzierte Vorlesungsreisen angesehener Autoren, welche die offizielle Haltung in neutralen Ländern vertreten sollten. Hofmannsthal war in Schweden und in der Schweiz gewesen, Stefan Zweig eben nach Bern abgereist, auch Rilke war, wie er Zweig im September sagte, wegen ähnlicher Arbeit angegangen worden, habe jedoch erfahren, daß es »in meiner Lage« (das heißt, immer noch in Erwartung der endgültigen Entlassung) besser sei, »keinerlei Reisewünsche vorzubringen«.[22] Der Gedanke an diese Möglichkeit war ihm nun, da er frei war, in Berlin wieder gekommen, und er hatte mit Kessler und Hofmannsthal über die Schweiz gesprochen. Wenn er bereit gewesen wäre, sich zu jener Art von Propaganda herzugeben, die verlangt wurde, wäre er mit ziemlicher Sicherheit als Kandidat begrüßt worden; einen solchen Preis wollte er für seine Freiheit jedoch nicht entrichten, so gerne er auch die Stickluft der deutschen »guten Stube« mit der weiten Welt, die er einst gekannt hatte, vertauscht hätte. Auf den Brief eines Bewunderers des *Stunden-Buchs* erwiderte er am 3. Dezember mit Bitterkeit: »Ich lebe nicht mein Leben . . . fühle mich von einer Welt, die imstande war, in so sinnlosen Wirrsal ohne Rest aufzugehen, widerlegt und verlassen und vor allem bedroht: denn diese sollten, müßten, mehr als frühere, *meine* Jahre sein, Jahre geschütztester Leistung . . .« 1914 habe er daran gedacht, nach zehn Jahren Abwesenheit nach Schweden zurückzukehren: »hätt' ich's doch getan und überstünde dort das Ärgste dieser Welttrübe.«[23]

München mußte es also sein – wenn er dort aber das Gewünschte nicht finden könnte, so schloß er einen ernsthaften Versuch wegen der Schweiz nicht aus und zog auch weiter diesbezüglich inoffizielle Erkundigungen ein. Nahezu all die Ersparnisse, die er durch Hertha Koenigs Gastfreundschaft gemacht hatte, waren während der langen Wochen im Hotel Esplanade aufgebraucht worden. Sein Geldbeutel enthielt gerade noch genug für die Reservierung eines Schlafwagens am 9. Dezember und dann für ein Zimmer im Hotel Continental als Ausgangsbasis für die Suche nach einer Unterkunft. Kippenberg, der wieder auf Heimaturlaub war, hatte glücklicherweise Erfreuliches über den Verkauf seiner Bücher zu berichten und zahlte ihm nicht nur eine Weihnachtszuwendung, sondern schlug auch ab Januar eine Erhöhung seines Monatseinkommens um hundert Mark vor. Hertha Koenig, die so vernünftig gewesen war, ihm Geld zum Geburtstag zu schenken und gerne weiter helfen wollte, erklärte (nach einigem Zögern), daß er ihr als Mitbewohner der Wohnung willkommen sei, die sie vor kurzem in der Leopoldstraße genommen hatte. Er brauchte aber, wie er sagte, ein kleines Heim für sich selbst, das sich trotz der Wohnungsknappheit in München sicher finden ließe, und war so verwegen, für ihren Beitrag die Form einer monatlichen Zuwendung und eventueller Hilfe bei der Möblierung statt der angebotenen Gastfreundschaft vorzuschlagen. Er versicherte ihr, es sei nicht wählerische Verwöhntheit, die ihn zum Bleiben im Continental bewege, statt sich ein billiges Zimmer in einer Pension zu nehmen; er könne ganz einfach mit Kälte, Unbequemlichkeit und der Neugierde neuer Nachbarn nicht fertigwerden, »und die Depression, die ohnehin groß genug ist, würde mich völlig erdrücken, wenn ich kleinlichen Widerwärtigkeiten ausgeliefert wäre«. Schlimmstenfalls, und sollte sich die Schweiz auch als unmöglich herausstellen, so würde er sie bitten müssen, ihn wieder in Gut Böckel aufzunehmen.[24]

Es dauerte weitere vier Monate, bevor auch nur eine provisorische Lösung gefunden werden konnte, Monate, die nichts zur Linderung seiner Depression beitrugen. Seine Bemühungen in Berlin, sich über Politik und Krieg zu unterrichten, hatten ihn, wie er behauptete, »leer« und so unwissend wie zuvor gelassen.[25] Er verfolgte die Ereignisse weiter aufmerksam in den Zeitungen, doch beruhten seine Schlüsse eher auf Instinkt und einem blinden Verlangen nach Frieden als auf kühler und logischer Einschätzung.

Die Berichte von der Oktoberrevolution in Rußland hatte er als einen Lichtstrahl in der Finsternis begrüßt. »Rußland opfert unendlich und wird vielleicht der einzige Staat bleiben, der nun für wirkliche menschliche Absichten opfert, was die anderen für ihre Wahnvorstellungen und Ambitionen hingegeben haben, das einzige Land, das die Bereitschaft hat, sich völlig zu verändern, worauf es doch nun ankäme … Was für Menschen müßten das sein, die sich durchsetzten gegen eine Welt, die die Menschlichkeit als Lebensprinzip überhaupt noch nicht gelten läßt«.[26] Weihnachten in seinem Hotelzimmer würde keine Feier sein, schrieb er Katharina Kippenberg, wäre da nicht der Gedanke an »das herrliche Rußland«, das Land, das er nun in Trotzkis Manifest »an die mühseligen, bedrückten und verblutenden Völker Europas« wiedererkennen könne.[27] Bei den Friedensverhandlungen von Brest-Litowsk freilich kam ihm trotz seines Vertrauens auf Richard von Kühlmann der Verdacht, daß diese Hoffnungen auf Frieden durch »unaufhörliche Fehler« von seiten der Deutschen zerrieben wurden. Mitunter war es ermutigend, »das überlegte Wort eines erfahrenen Zuschauers« wie Prinz Alexander Hohenlohes (in dessen Artikeln für die *Neue Zürcher Zeitung*) zu lesen, das »ganz in der Richtung meiner blindlings erfühlten Überzeugung« lag – doch solche Stimmen schienen keinen allgemeinen Einfluß auszuüben.[28]

Er war mehr als willig, bei humanitären Bemühungen mitzuhelfen – er trug persönlich und durch die Insel zu Hermann Hesses Aufruf zu Bücherspenden für deutsche Kriegsgefangene in Frankreich bei und unterstützte aktiv Hertha Koenigs Vorhaben, von ihren eigenen und anderen Landgütern Nahrungsmittel unmittelbar an die Armen Münchens verteilen zu lassen. Sein Pessimismus verstärkte sich jedoch angesichts einer »in Menschenhände geratenen armen Zukunft, die wie eine Glocke umgegossen ist und nie mehr klingen wird in hoher heiterer Morgenluft«.[29] Stauffenbergs Tod Ende Februar kam als Mahnung an die unvollendeten Elegien, die dieser Freund bewundert hatte. Seine Sehnsucht nach einer vollkommenen Zuflucht, in der er sie vollenden könnte, wuchs.

Am 10. März, eine Woche nach der Unterzeichnung des Vertrags von Brest-Litowsk, schrieb er auf einen plötzlichen Einfall hin an Walter Rathenau mit der direkten Frage, ob er ihm einen Zufluchtsort auf Schloß Freienwalde, seinem Besitz in Brandenburg, bieten und ihn »für ein paar Monate den Menschen und Zeitungen, dem ganzen Zubehör der Zeit entziehn und ... in eine ländliche Einsamkeit versetzen könne, in der ich bis auf weiteres verborgen bliebe«. Bedingungen also, die denen von Duino glichen, »die mir dann dort so köstlich fruchtbar geworden sind«. Es war für ihn lebenswichtig, wie er in einem späteren Brief schrieb, den Anschluß an seine »frühere freudige Sicherheit über vier so widerlegende Jahre hinüber« wiederzufinden. »Wer in der Beteiligung an den maßlosen Ereignissen keinerlei Nutzen zu bringen vermag, der weise sich aus als ein Kämpfer für jene geistige Kontinuität, nach der doch schließlich Alle wieder verlangen werden.«[30] Rathenau zeigte zwar Verständnis, doch konnte er einen solchen Wunsch nicht erfüllen. Es sollte noch lange dauern, bis Rilke einen Zufluchtsort fand, der seinen Bedingungen entsprach, die sich in der Theorie zwar einfach ausnahmen, in der Praxis aber nur schwer zu befriedigen waren.

Im April fand er wenigstens ein eigenes Heim in München. Bei einer zufälligen Begegnung hörte er, daß der Österreichische Konsul nach seiner Verheiratung seine Dreizimmerwohnung in der Ainmillerstraße aufgab und mit der Wohnung auch eine Österreicherin als Haushälterin und Köchin freiwerden würde. Im vierten Stock gelegen, hatte die Unterkunft mit ihrem Ausblick über die Dächer hin zur Ursula-Kirche etwas Italienisches, »etwa wie die Intarsien aus Marmorstücken, die Reisende früher aus Florenz mitbringen konnten«.[31] Sie versprach mehr Ruhe, obwohl sie näher zur Stadtmitte lag als die Keferstraße. Er hatte dann zumindest vier Wände um sich, auch wenn er nur wenige Möbelstücke besaß. Hertha Koenigs Hilfe war unübertrefflich, da sie nicht nur einige Stücke ankaufte, die der Konsul zurückließ, sondern auch selbst Einiges zur Verfügung stellte. Im April nahm ein langerwarteter Besuch Katharina Kippenbergs viel Zeit in Anspruch – auch sie half mit Rat bei der Einrichtung und schickte später Bettwäsche und Küchengeräte, die sie erübrigen konnte –, am 7. Mai konnte er dann endlich sein neues Quartier beziehen.

Es entsprach zwar nicht seinem Ideal von Abgeschlossenheit, doch bedeutete es »einen kleinen äußeren Fortschritt« und würde in ihm, wie er zu Katharina sagte, keinen Mangel »an gutem dankbaren Willen« finden. Die Michelangelo-Übertragungen lagen bereits aufgeschlagen und wartend auf seinem Schreibtisch.[32] Daß er nach dem langen Winter der Klagen über seine »Obdachlosigkeit« endlich ein Heim hatte, war für die Kippenbergs eine bedeutende Erleichterung und gab auch zu der Hoffnung Anlaß, daß er nun seine Produktivität wieder entdecken werde; so setzten sie gerne ihre materielle Unterstützung fort. Ein Paket mit Reis, Mehl und anderen Nahrungsmitteln – die in Deutschland immer seltener wurden – traf Anfang Juli ein, dazu kam eine Sonderzuwendung von 1000 Mark zur Einrichtung seines Heims. Katharina aber hatte, wie sie sich später erinnerte, während eines scheinbar lebhaften Gesprächs mit Freunden das niedergeschlagene Aussehen Rilkes bemerkt. Sie erkannte vielleicht deutlicher als ihr Gatte, daß er der langersehnten Verschmelzung der »Bruchstellen« seiner dichterischen Existenz noch sehr ferne war. Solange er in Deutschland blieb, abgeschlossen von der weiteren Welt, die ihm einst gehört hatte, war es unwahrscheinlich, daß ihn selbst die Annehmlichkeiten einer neuen Wohnung wiederherstellen würden. Er lebe immer noch wie mit einer Aderpresse an seinen Arterien, schrieb er Ende Mai einer Freundin, um sein langes Schweigen zu entschuldigen, »alle Mitteilung ist Kreislauf, und es kreist (seit so lange!) nichts in mir, nichts aus mir heraus«. Die Ursula-Kirche ohne ihre Glocken – die man für Munition eingeschmolzen hatte – spiegele die völlige Leere seines Innern wieder.[33]

Die Veränderung sei für ihn nicht unbeträchtlich, so berichtete er Phia im Mai, doch sie sei im rechten Augenblick eingetreten.[34] Wie es seine Gewohnheit war, verwandte er endlose Mühe auf die Auswahl und Anordnung seiner Möbelstücke und hatte eine unbefangene Freude daran, seinen Freunden das Ergebnis vorzuführen (obwohl dies wiederum gegen die Abgeschlossenheit verstieß, die er zu suchen vorgab). Der Kreis seiner Bekannten im München der Kriegszeit reichte außerordentlich weit, was der Hauptgrund für Hertha Koenigs Zögern war, ihre stille Wohnung mit ihm zu teilen. Im Januar war sie nicht wenig erstaunt gewesen, als er sie in der Begeisterung über ihren Wohltätigkeitsplan dem unabhängigen Sozialisten Kurt Eisner vorstellte, dem feurigen Revolutionär, der kurze Zeit später wegen seiner Teilnahme an den Streiks für einen »Frieden ohne Annektierungen« ins Gefängnis kam. »Im Grund hatte *jeder* Mensch für Rilke eine Seite, einen Zug, ein Irgend-Etwas, das ihm wichtig, zumindest merkwürdig erschien. Da waren sie Menschen und alle gleich vor ihm.«[35]

Wer immer sich an ihn wandte, dem wollte er helfen; stundenlang las er einem kranken Freund vor, besorgte Mia Mattauch einen Posten bei seinem Buchhändler oder veranlaßte Lesungen aus den Werken wenig bekannter Dichter wie Alfred Wolfenstein oder Richard Scheid vor einem ausgewählten Publikum, wofür Hertha Koenig gerne ihr »Picasso-Zimmer« zur Verfügung stellte. Seine Beziehung zu Eisner und Sophie Liebknecht, ebenso wie die Beziehung zu liberaleren Schriftstellern wie Annette Kolb, Wilhelm Herzog oder Friedrich Wilhelm Förster und seine Empfänglichkeit für die Lyrik der Expressionisten brachten vielleicht das instinktive Gefühl zum Ausdruck, daß die Gesellschaft nun unbedingt eine radikale Umformung erfahren müsse. Doch es gab für ihn, wie er zu Rathenau gesagt hatte, keinen Platz in der Lenkung der Ereignisse; während er auf die Wiederkehr der rechten Umstände zur Wiederaufnahme seiner eigenen Sendung warte, könne er nicht mehr sein als ein Beobachter.

Ende Mai traf ein Telegramm von Phia aus Wien ein, in dem sie ihm zu seiner »Auszeichnung« gratulierte – eine verblüffende Nachricht, die sich erst aufklärte, als er bei seinem Friseur den Grafen Hartenau von der österreichischen Gesandtschaft in München traf, der ihm von der Verleihung des Ritterkeuzes des Franz-Joseph-Ordens Mitteilung machte. »Weiß nicht, was ich für ein Gesicht gemacht habe«, antwortete er auf Ruths entzückte Frage, denn der

Friseur »schabte mir gleich den ganzen Ausdruck mit der Seife herunter ... der Emotion nach hat Großmamma Phia diesen Orden bekommen«.[36] Es war für Österreich sehr bezeichnend (im Augenblick waren aber auch wichtigere Dinge zu erledigen), daß es bis zum Ende des ersten Nachkriegsmonats dauerte, bis er offiziell verständigt wurde und der Orden selbst eintraf. In einem sorgfältig abgefaßten Schreiben, mit dem er die Auszeichnung zurücksandte, sagte er, er habe auf die Nachricht hin unmittelbar seine Ablehnung erklären wollen; es sei »seit je seine Absicht« gewesen, »sich jeder ihm zugedachten Dekorierung zu entziehen«, wozu er aber als juristisch noch der Armee unterstehend nicht berechtigt gewesen sei, nun aber könne er seinen Überzeugungen nach handeln und wolle der Form genügen. »Der ergebenst Unterzeichnete« betonte, daß seine Entscheidung keineswegs einen Mangel an Ehrerbietung bedeute, »seine Ablehnung erfolgt lediglich zur Wahrung seiner persönlichen Unscheinbarkeit, zu der gerade seine künstlerische Arbeit ihn unbedingt verpflichtet«.[37] Dieser gewiß aufrichtigen Haltung lag aber wohl auch die Abneigung zugrunde, die er seit langem Österreich als Staat und Institution und der österreichischen Lebensweise entgegengebracht hatte, nicht zuletzt wegen seiner Jugenderfahrungen und deren Wiederaufleben in seinem kurzen Militärdienst im Jahr 1916.

Den Sommer hindurch war er nach außen hin geschäftig, konnte aber seine eigentliche Arbeit einfach nicht finden, so daß sogar das Briefeschreiben eine ungeheure Anstrengung erforderte, »um eine Feder in Bewegung zu setzen«. Die Münchner Gesellschaft war ihm häufig lästig, er sehnte sich, wie er Marie-Anne gestand, nach einem Ortswechsel, der für die »Sinnlichkeit« eines Wesens wie des seinen stets die beste Hilfe zum Beheben einer inneren Stockung gewesen sei.[38] In der Sorge, daß die Häuslichkeit seine »Erstarrung« noch weiter verhärten könne, träumte er immer noch von einem ländlichen Zufluchtsort. Sollte ein zweites Duino nicht möglich sein, so ließe sich doch gewiß irgendeine ruhige Villa finden. Das frühe Einsetzen des Herbsts, der Jahreszeit, die sich in der Vergangenheit häufig als ein Ansporn erwiesen hatte, brachte ihm keine Veränderung. »Meine Mühle steht«, schrieb er am 6. September an Marie Taxis, »der schöne Strom, der über sie stürzte, ist zu Eis geworden«.[39]

Wenn er schon nicht mehr Dichter sein konnte, so konnte er doch diese Rolle spielen. Gegen Monatsende erhielt er den anonymen Brief einer jungen Studentin und vielversprechenden Schauspielerin, Else Hotop, die ihn seit langem aus der Entfernung bewundert hatte, da ihr Haus ebenfalls in der Keferstraße lag. Als sie seine neue Adresse herausgefunden hatte, nahm sie es auf sich, dem frommen Autor des *Stunden-Buchs* ihre Trauer darüber zu gestehen, daß seine Seele »hinter Mauern von Äußerlichkeit gefangen« sei. Sie unterzeichnete nur mit »Elya«. Er aber wußte sehr wohl, wer sie war; er hatte sie nämlich als die Prinzessin jenes Namens in Vorstellungen des mittelalterlichen Spiels vom Heiligen Georg gesehen, das ihre Truppe im Sommer aufgeführt hatte. Binnen einer Woche hatte sie ihre Schüchternheit so weit überwunden, daß sie eine Einladung annahm; bald besuchten sie gemeinsam Konzerte und trafen sich regelmäßig in seiner Wohnung, wo sie damit zufrieden war, zu seinen Füßen zu sitzen, seine Worte in sich aufzunehmen und gelegentlich seine karge Mahlzeit mit ihm zu teilen. In ihrer anspruchslosen Einfachheit und trotz der Sentimentalität ihrer Briefe war Elya Nevar – so lautete ihr Künstlername – unter all den Frauen in seinem Leben vielleicht diejenige, die ihm den größten Trost brachte – wie ein zahmer Vogel, der die Tage eines Gefangenen aufheiterte. »Wenn ich an Dich denke,« schrieb er ihr am 4. Oktober, »seh ich uns, wie in einem Traume, nebeneinander knien.«[40]

Der Gedanke an eine Flucht aus seinem Kerker beschäftigte ihn auch weiterhin. Offiziell war zwar noch keine Nachricht aus Wien eingetroffen, doch seine Ausreise in die Schweiz würde höchstwahrscheinlich gebilligt werden, und er sah die Rettung in »einer wirklichen Reise, einer anderen Luft und Landschaft, ein paar neuen auswärtigen Beziehungen«.[41] Kippenberg, der das besetzte Belgien nunmehr endgültig verlassen hatte, war auf der Fahrt zu einem kurzen Dienstbesuch in der Schweiz bei ihm gewesen und drängte ihn bei der Rückkehr, selbst etwa nach Ouchy oder Morges am Genfer See zu fahren, sobald er seinen Paß habe; er sei bereit, 1000 Mark monatlich für das Unternehmen zur Verfügung zu stellen. Rilke hätte solch unerwarteten Reichtum lieber dazu benützt, sich »die stille geschützte und dauerndere Zuflucht zu schaffen«, die seinen Bedürfnissen, wie er offen sagte, besser entspräche, doch gab er zu, daß für den Augenblick die Schweiz vielleicht das Beste sei, und versprach, sich um die Überwindung der bürokratischen Hindernisse zu bemühen.[42]

Dies hätte eigentlich nur Formsache sein sollen. Die angesehene literarische Gesellschaft in Hottingen bei Zürich hatte ihn zu einer Lesung eingeladen; Sidie Nádherný, die bereits in der Schweiz war, hatte ihm ihre Gastfreundschaft solange angeboten, wie er sie brauchte; Kippenberg seinerseits hatte ihm Ende September die ersten tausend Mark überwiesen. Untergeordnete Angelegenheiten wie eine Reiseerlaubnis wurden jedoch unter dem Druck der Ereignisse hintangestellt, und während er wartete, begann er selbst zu zögern. An Axel Juncker, der ihn zu einer Lesung in der Kunstgalerie einlud, die er neben seiner Buchhandlung in Berlin eröffnet hatte, schrieb er am 15. Oktober: »Es sieht mir so aus, als sollte ich diesen Herbst und Winter, während die furchtbare Schwebe aller Dinge sich vielleicht am Eingang einer noch unabsehbaren Zukunft niederläßt, gar nicht an's Reisen denken, jedenfalls nicht in der Richtung auf Berlin zu.«[43]

Der Krieg war nach den Rückschlägen der deutschen Sommeroffensive und den alliierten Fortschritten an der Westfront, dem Zusammenbruch Bulgariens im September und Italiens Druck auf die Österreicher an der Piave in ein entscheidendes Stadium eingetreten. Das deutsche Ersuchen um einen Waffenstillstand am 3. Oktober, das nach der Ernennung von Prinz Max von Baden zum Reichskanzler formuliert wurde, war noch nicht öffentlich bekanntgegeben worden, wurde aber gerüchtweise verbreitet, und Rilke konnte die zunehmenden Anzeichen eines Abbröckelns der Heimatfront in Deutschland wie in Österreich erkennen. Er konnte zwar immer noch nicht »in der Beteiligung an den Ereignissen Nutzen bringen«, doch ließ ihn die wachsende Erregung in München nicht unberührt. In den letzten Oktobertagen, als auch anderswo in Deutschland die Unruhe wuchs und der Zerfall Österreich-Ungarns begann, war er bei vielen der Versammlungen und Demonstrationen zugegen, die in den Bierkellern, den Hotels und auf der weiten Theresienwiese, dem traditionellen Schauplatz des Oktoberfests, rasch aufeinander folgten und bei denen sich in der Verwirrung der Meinungen ein deutlicher Zug zur Revolution abzuzeichnen begann. Es sprachen die unabhängigen Sozialisten Eisner, eben erst aus der Haft entlassen, Edgar Jaffé, den Rilke ebenfalls persönlich kannte, der Anarchist Erich Mühsam, Professor Max Weber, der Sozialphilosoph aus Heidelberg, der Sozialist Auer auf der gemäßigten Linie Friedrich Eberts, des Mannes, der kurz darauf von Prinz Max von Baden das Kanzleramt in Deutschland übernehmen sollte.

Rilkes unabhängige und neutrale Einstellung führte zahlreiche Anhänger verschiedener Richtungen in seine Wohnung, die einen Menschen hören wollten, dessen Abscheu vor dem Krieg wohlbekannt war. Seine eigene Sympathie lag in den Wirren dieser frühen Tage zweifelsohne auf Seiten der Revolution, auch wenn er hinsichtlich der Wirkung des rauhen bayerischen Temperaments auf ein solches Ideal seine Bedenken hatte. Nach vier Jahren im grellen Licht des Weltbrandes, schrieb er, »so sehr sind uns alle anderen Lichter ausgegangen, daß uns jetzt der erlöschende Krieg in der furchtbarsten Finsternis zurücklassen wird, die es je gegeben hat, wenn nicht das Volk in seiner Not ein anderes gewaltsames Feuer anfacht, dessen Funken schon da und dort den Rand der Massen in Brand stecken.«[44] Auf einem Treffen im Hotel Wagner am 4. November hörte er Jaffé, Weber und Mühsam zu einer riesigen Menge sprechen, zu der auch ehemalige Soldaten und Studenten gehörten. »Obwohl man um die Biertische und zwischen den Tischen so saß, daß die Kellnerinnen nur wie Holzwürmer durch die dicke Menschenstruktur sich durchfraßen, – wars garnicht beklemmend, nicht einmal für den Atem; der Dunst aus Bier und Rauch und Volk ging einem nicht unbequem ein, man gewahrte ihn kaum, so wichtig wars und so über alles gegenwärtig klar, daß die Dinge gesagt werden konnten, die endlich an der Reihe sind, und daß die einfachsten und gültigsten von diesen Dingen, soweit sie einigermaßen aufnehmlich gegeben waren, von der ungeheueren Menge mit einem schweren massiven Beifall begriffen wurden. Plötzlich stieg ein blasser junger Arbeiter hinauf, sprach ganz einfach: ›Haben Sie oder Sie oder Sie, habt Ihr, sagte er, das Waffenstillstandsangebot gemacht? . . . bemächtigen wir uns einer Funkenstation und sprechen wir, die gewöhnlichen Leute zu den gewöhnlichen Leuten drüben, gleich wird Friede sein.‹ Ich wiederhole das lange nicht so gut, wie er es ausdrückte, plötzlich als er das gesagt hatte, stieg ihm eine Schwierigkeit auf, und mit rührender Gebärde, nach Weber, Quidde und den anderen Professoren, die neben ihm auf dem Podium standen, fuhr er fort: ›Hier, die Herren Professoren, können französisch, die werden uns helfen, daß wirs richtig sagen, wie wirs meinen . . .‹ Solche Momente sind wunderbar, und wie hat man sie gerade in Deutschland entbehren müssen.«[45]

Für Rilke waren dies Tage des »Zuschauens und Zuhörens, Hoffens vor allem«[46] – eines Hoffens darauf, daß die Wahrheit endlich die institutionalisierte Lüge der Kriegsjahre durchbrechen würde. Von diesem Ideal scheint auch Eisner inspiriert gewesen zu sein; noch als Rilke seinen Bericht vom Treffen im Hotel Wagner an Clara in Fischerhude schrieb, versammelte man sich zu der großen Friedensdemonstration vom 7. November auf der Theresienwiese, scharte sich nach dem Abgang der Auerschen SPD-Gruppe um Eisner und drängte auf unmittelbare Aktion. Bis zum Abend war die Menge nach einer Attacke auf die Maximilian II. Kaserne bis zur Innenstadt vorgedrungen, die verfassungsmäßigen Behörden waren abgesetzt worden. Eisner fand sich – zu seiner eigenen Verwunderung – an der Spitze einer provisorischen Regierung der Republik Bayern, die sich auf Arbeiter-, Soldaten- und Bauernräte gründete. Während andere öffentliche Gebäude und die Zeitungsverlage besetzt waren, flatterte die rote Fahne von den Zwillingstürmen der Frauenkirche, und Ludwig der Dritte und die Königsfamilie der Wittelsbacher entwichen im Schutz der Nacht aus der Hauptstadt.

So weit sei alles ruhig, fügte Rilke in einem Nachsatz an Clara am folgenden Morgen hinzu, »man kann nicht anders als zugeben, daß die Zeit recht hat, wenn sie große Schritte zu machen versucht ... nun bleibt nur zu hoffen, daß dieses ungewohnte Aufgestandensein in den Köpfen Besinnung erzeuge und nicht darüber hinaus die verhängnisvolle Berauschung«. »Jeder von uns«, hatte er am Tag zuvor an Anni Mewes, eine befreundete Schauspielerin, geschrieben, »steht ja nun gewiß bei denen, die die ehrlichsten und gründlichsten Veränderungen wollen; doch zweifle ich, daß sie so spät und gegen so obstinate Hemmnisse, noch *leise* durchzusetzen sein werden; brechen sie heftig ein, so kommt zu allen Zerstörungen eine neue dazu, die gerade uns manches zerbrechen wird. Die Kunst ist immer die Vorsprecherin der fernsten, mindestens übernächsten Zukunft, und darum wird eine Menge, die leidenschaftlich nach dem nächsten greift, immer bildstürmerisch gestimmt sein.«[47]

Was ihn anging, sollten sich diese Zweifel später bewahrheiten, gegenwärtig aber überwog seine Hoffnung, daß die Menschheit »eine ganz neue Seite der Zukunft aufzuschlagen ermächtigt sein möge, auf die nicht die ganze Fehlersumme der verhängnisvollen Vergangenheiten übertragen werden muß«.[48]

Unmittelbar vor Ausbruch des Sturms war er vom österreichischen Konsul benachrichtigt worden, daß ihm jederzeit eine Ausreisegenehmigung erteilt werden könne. Der Reise in die Schweiz hätte also trotz der nun unsicheren Umstände nichts im Wege gestanden. Die Ereignisse nahmen ihn jedoch derart in Anspruch, daß er sie von einer Woche zur anderen verschob, immer noch am Rande, doch in endlosen »Besprechungen mit aufgeregten Menschen«[49] und in engem Kontakt zu den Mitgliedern der Revolutionsregierung, der Jaffé als Finanzminister angehörte. Er interessierte sich für Vorhaben wie die Reformierung des Unterrichtswesens unter dem neuen Regime und beteiligte sich an den Diskussionen über die Aufnahme und Versorgung der zurückkehrenden Truppen. Er erinnerte sich an seine Betroffenheit über die aggressive Einstellung Deutschlands, die er vor dem Krieg im Ausland so oft gespürt hatte, und war nunmehr erleichtert, daß sie »seit jener starken umstürzenden Nacht« der Revolution von ihm genommen war; er stand nun bei

den Jungen, »die die Zuversicht dieses neuen Anfangs . . .
für ihr Recht . . . halten«.⁵⁰ Am 17. November, bei der merkwürdigen »Revolutions-Feier« im Nationaltheater − halb
Konzert, halb Versammlung −, bei der Eisner die Klänge
von Beethovens Leonoren-Ouvertüre als die Signale für
»eine neue Erde, eine neue Menschheit, eine neue Zukunft«
begrüßte, schienen sich Rilkes Züge zu verwandeln, als er in
den »Gesang der Völker« einstimmte, den Eisner eigens für
diesen Anlaß geschrieben hatte.⁵¹

Den November hindurch fand er immer noch Zeit für die
ergebene Elya; ihre unschuldige Verbindung wurde durch
gelegentliche Besuche bei ihren Eltern sanktioniert. Am Tag
vor der Feier jedoch erhielt er eine Nachricht, mit der eine
stürmische Liebesaffäre in sein Leben einbrechen sollte, die
zu dieser zart väterlichen Beziehung in schroffem Gegensatz
stand. Claire Studer, eine schöne und temperamentvolle Ba-
juwarin, war mit Anfang Zwanzig nur wenige Jahre nach
ihrer 1911 in Deutschland geschlossenen »Mußheirat« von
ihrem Schweizer Gatten geschieden worden, die Eltern des
Gatten hatten ihr kleines Kind übernommen. Während des
Krieges hatte sie pazifistische Artikel veröffentlicht und im
Jahr 1916 Deutschland den Rücken gekehrt; sie war in die
Schweiz gegangen, wo sie sich unter den emigrierten Kriegs-
gegnern, vor allem des linken Flügels, betätigte. Seit 1917
hatte sie mit dem Dichter Iwan Goll in Lausanne und Ascona
gelebt. Unmittelbar nach dem Waffenstillstand hatte sie sich
Golls Heiratsplänen widersetzt und beschlossen, Deutschland wieder zu besuchen, um sich mit eigenen Augen von
den Resultaten der Revolution zu überzeugen. Vor kurzem
hatte sie ihr erstes Buch, einen Gedichtband, herausgegeben
und an Rilke geschickt. München, Hauptstadt der neuen
Republik und Rilkes vorübergehendes Domizil, war ihre
erste Station, ihn zu benachrichtigen das erste, was sie nach
ihrer Ankunft tat. Seine höfliche Antwort, in der er sich
wegen seines Schweigens über die Gedichte, die er sehr
bewundert habe, entschuldigte und sich auf eine Begegnung
freute, führte sie am folgenden Nachmittag in seine Wohnung.

Sein Atelier schien ihr wie eine »schillernde Blase« über

dem Münchner Trubel zu schweben, karg eingerichtet wie die Zelle eines Einsiedlers, Rilke an einem Stehpult schreibend, das eher zu einem Archivar als zu einem Poeten paßte.[52] Er war schlank, beinahe körperlos, wie sie sich später erinnerte, »von ferne hätte man ihn für einen Kadetten in Zivil halten mögen, aber je näher er kam, desto größer wurde seine Stirn, und in zwei von unirdischem Glanz erfüllten Augen zuckte der Strahl der Genialität«. Sie war sich der sechzehn Jahre Altersunterschied bewußt und voll Ehrfurcht für den »Erzengel im Jackett. Aber das leise Lächeln seiner vollen und sinnlichen Lippen milderte meine große Erschütterung . . . Ich glaubte eine Vision von Rilke vor mir zu haben, nicht aber Rilke in Fleisch und Blut.«[53] Erst als sie fortging, wußte sie, daß es kein Traum gewesen war, denn sie trug zwei Geschenke in ihren Händen – ein kleines russisches Altarbild und ein Gedicht. Am folgenden Tag bedankte sie sich mit einer schwarzen Madonnenfigur, wurde wieder eingeladen, empfing ihn in ihrem Hotelzimmer, und innerhalb weniger Tage waren sie Geliebte.

Claire Studer war sexuell ziemlich ungehemmt – wenn auch nicht so nymphomanisch, wie sie sich selbst in den Memoiren darstellte, die sie mit fünfundachtzig veröffentlichte –, eine entschlossene Verführerin mit besonderer Vorliebe für Schriftsteller oder Dichter. Sie liebte Iwan Goll, doch schätzte sie auch ihre Freiheit; so war in der rauschhaften Atmosphäre des »befreiten« Bayern Rilke, als einer der größten Dichter und für seine Einstellung gegen den Krieg bekannt, für sie ein unwiderstehliches Ziel. Er wiederum brauchte wohl nach der langen Enthaltsamkeit seit seiner Trennung von Loulou kaum Ermunterung, zumal er wußte, daß es sich nur um eine kurze Affäre handeln konnte. »Gestern«, schrieb er ihr am 25. November, »gestern hab ich mich ungemein zur Wehr gesetzt –, und war doch so froh, als Deine Stimme (die im Telephon nah und unentstellt klang) das Schweigen brach. Dafür laß uns morgen den ganzen Tag – von ½ 12 an – einander gehören, so daß Du auch das Mittagessen mit mir einnimmst – ja? . . . Was wollt ich Dir für Blumen schicken! Aber ich hab keine Wahl. – Der, den Du nicht nennst.«[54]

Sie wohnte einige Zeit bei den Wolfensteins, zog aber für die letzten Tage ihres Aufenthalts, bevor sie nach Berlin ging, in seiner Wohnung ein. Seine »Liliane«, wie er sie nannte, bereitete ihm unentwegt Freude, während er sie mit Aufmerksamkeiten überhäufte. Für sie waren die Liebesnächte wie die Märchen der Scheherezade, stundenlang konnte sie ihm beim Vorlesen seiner Gedichte zuhören. Er hingegen konnte zum erstenmal das Erlebnis der körperlichen Liebe ohne Bitterkeit genießen – wenngleich darin auch ein Unterton der Schwermut lag, wie es in einem der Gedichte, die er für sie abschrieb (vor dem Krieg entstanden, da ihm die Inspiration zu Neuem fehlte), zum Ausdruck kommt:

> Laß uns in der dunkeln Süßigkeit
> nicht der Tränen Richtung unterscheiden.
> Bist du sicher, daß wir Wonnen leiden
> oder leuchten von getrunknem Leid?[55]

Als sie Ende Dezember nach Berlin abreiste, wo sie mit der jungen Schauspielerin Elisabeth Bergner eine Wohnung teilen wollte, schrieb er, er könne vor keinem weißen Blatt sitzen, »ohne daß Dein Feuerschein darüberfällt«. »Hab ich denn so Helles in Dir angefacht? Solchen Herzbrand? Liebes Kind . . . und bist jetzt bei Deiner unbegreiflich schönen Freundin, schlägst in sie über, voll, wie Du bist, meiner. Mir ist's wie ein heiliger Schrecken, daß ich dabei bin; sag ihr nur, ich mach mich leicht leicht in Dir, um nur mit meinem Göttlichsten an sie zu rühren in Deiner Umarmung . . . Wenn ich, abends im Dunkel, an ganz gestreckten Armen die flachen Hände öffne, so entsteht oben an ihnen das Gefühl von Deinem spanischen Tuch. Und immer mehr glaub ich, daß dieses Tuch nichts anderes ist, als Zauber in dem eine Berührung Deines Leibes mit einer Nacht sich plötzlich, als ein Geweb, schwermütig und zärtlich, erhalten hat.«[56]*

---

* »Liliane« behauptete in ihren (von anderer Hand geschriebenen) Memoiren, eine Schwangerschaft nach dieser Verbindung sei auf Betreiben Rilkes wie Iwan Golls unterbrochen worden, der auch dafür sorgte, daß alle Briefe über die Affäre vernichtet wurden (Claire Goll: *La poursuite du vent,* Paris: Olivier Orban, 1976, S. 104; deutsche

Liliane sah ihn nie bei irgendeiner Arbeit, doch die Zeit ohne sie war so ausgefüllt wie immer mit Briefeschreiben und Besuchen von Freunden wie Thankmar von Münchhausen oder der getreuen Elya. Auch den politischen Ereignissen folgte er mit der gleichen Aufmerksamkeit, wenngleich ihn die Tage, an denen nahezu pausenlos eine Verabredung der anderen folgte, ungeduldig nach seiner eigentlichen Arbeit verlangen ließen. An Phia, die sich nun anscheinend zufrieden in dem neuen tschechoslowakischen Staat niedergelassen hatte, schrieb er Anfang Dezember, daß das kommende Weihnachten größere Hoffnung bringe. »So sehr die Meinungen und Bestrebungen auseinandergehen –, sie sind frei geworden und wäre die Müdigkeit, die einfach schwere Erschöpfung nicht so aufs äußerste getrieben, wo würde man den Willen gewahren, der in Millionen Herzen steht, wie Wintergetreide auf das erst noch der Schnee fallen soll . . . was später in Halmen stehen wird, einmal, in der nächsten besseren Jahreszeit der Menschen, das wird lauter guter Wille sein.«[57]

Im Dezember, vor den Wahlen zum Landtag, begann die Koalition, die von Eisners Idealismus geschaffen worden war, zu zerfallen. Einerseits wurde die Linke zunehmend radikaler, Rufe nach einer »Roten Armee« wurden laut, andererseits zeichnete sich ein Drang nach rechts ab, der sich in der Erlaubnis zur Rückkehr der ehemaligen Königlichen Leibgarde unter Ritter von Epp ausdrückte. Dabei wuchs Rilkes Bestürzung – nicht wegen der politischen Zwistigkeiten an sich, sondern wegen des »Dilettantismus«, den die Einzelnen wie die Räte an den Tag legten. Ein neuer Anfang könne sich seinem Gefühl nach nur einstellen, »wenn jetzt jeder das tun dürfte, was er wirklich gelernt hat und kann und er müßte es mit Freude tun, und darüber müßten die Fähigsten stehen als Aufseher und über dem ganzen gesetzgebend ein Erfahrener, ein Weiser. Davon sind wir weit, weit«.[58] Er

Fassung: *Ich verzeihe keinem,* Bern: Scherz, 1978). Das Fehlen weiterer Beweise und die unangenehme Effekthascherei des Buches erwecken jedoch Zweifel. Elisabeth Bergner schrieb in einem Brief an den Verfasser (26. Mai 1983), Claire habe ihr nie von einer Schwangerschaft erzählt. »Sie schrieb wohl nicht viel Wahres, denn . . . sie sagte auch nicht viel Wahres.«

selbst neigte mehr denn je zur Rückkehr zu dem, was *er* wirklich tun konnte, »ganz entgegen dem Rufe der Zeit, die alle von ihrem eigentlichen Können... verführen möchte«.[59] Jeder sollte bei seinem eigenen Leisten bleiben. »Wenn Ihnen... die Wahlfrage Sorge macht«, schrieb er an Katharina Kippenberg, »so würd ich rufen: Wählen Sie die Insel (d. s. g.!) und niemanden anderen!« Der Gruß aus der Schweiz in der Gestalt Lilianes hatte seine Sehnsucht wiedererweckt, aus der Unfruchtbarkeit Münchens auszubrechen. Als ein Telegramm des Lesezirkels Hottingen ankam, in dem die frühere Einladung bestätigt wurde, erwog er wiederum den Antritt der verschobenen Reise. Die Bücher und das Hausgerät, das er angesammelt hatte, die vielen Weihnachtsgeschenke, die eingetroffen waren, gaben ihm das Gefühl, daß er der Wohnung in der Ainmillerstraße noch eine Möglichkeit zur Bewährung einräumen müsse, doch war da stets der Gedanke, all dies würde noch erst »anderswohin zu versetzen sein, von München fort, eh es mir zu Schutz und Umhalt gedeihen mag... Nur: wohin?« Er mußte unbedingt weg, »statt alles Ungefähren, statt aller Anpassung an's doch nie ganz Genaue und Geeignete«.[60]

Noch zögerte er und blieb an Ort und Stelle. Im neuen Jahr beschloß er, allein zu bleiben und niemanden außer Kassner und ein paar weiteren Freunden vorzulassen, um den »Fluß und Sturz« hervorzubringen, den er sich vom Ende des Kriegs erhofft hatte.[61] Er stellte seine Möbel um, so daß die Schreibpulte gerade in der Mitte des Arbeitszimmers standen, und verbannte Sofa und Sessel der »Kaminecke«, in der es sich zu viele Besucher bequem gemacht hatten. »Es ist wirklich schön *dans mes meubles*«, schrieb er an Marie Taxis, als er mit Bedauern ihr Angebot einer Zuflucht in Lautschin ablehnte, »Fortgehen –, wie ich mich kenne... wäre... nicht so sehr eine Unterbrechung, als vielmehr ein Abbruch, ich vermute (unter uns gesagt), daß ich nicht mehr nach München zurückkäme«. Er müsse bleiben. Während er auf jenes schwer zu fassende, endgültige Heim warte, würde er sich einen strengen Stundenplan vornehmen und sich »ein paar Wochen stiller und regelmäßiger Leistung« erzwingen.[62]

494

Finanziell war es ihm noch nie so gut gegangen. Kippenberg, der ihm zu Weihnachten einen Bonus von tausend Mark und einen ermutigenden Bericht über Neuauflagen seiner Werke geschickt hatte, teilte ihm freilich mit, daß sein Konto bei der Insel mit sechstausend Mark in den roten Zahlen war. »Erschrecken Sie nicht,« schrieb der Verleger aber voll Zuversicht, »der Absatz aller Ihrer Bücher ist so stark, wie er noch nie gewesen ist.« Im Februar erhöhte er schließlich die monatliche Zuwendung auf 1000 Mark und bot gleichzeitig, falls nötig, eine weitere Zuwendung von Tausend an. Rilke nahm bereitwillig an und bat darum, die Hälfte an Clara zu schicken, um ihr bei den Kosten der Einrichtung eines neuen Heims in Fischerhude und der Ausstattung Ruths zu helfen.[63] Das Mädchen war vorläufig für das Frühjahr an einer Landwirtschaftsschule in Dachau eingeschrieben worden und wollte in der Zwischenzeit bei einem Landwirt in der Nähe von Fischerhude praktische Erfahrungen sammeln – diesen Entschluß hielt er für eine Folge der Revolution wie der Lektüre von Knut Hamsuns *Segen der Erde*, und er sprach mit Bewunderung von ihrem Mut.[64]

In »einer strengsten Retraite« weigerte er sich in den ersten Monaten des Jahres standhaft, Einladungen anzunehmen[65], nur diejenigen Menschen durften in die Ainmillerstraße kommen, die (Kassner vielleicht ausgenommen) sanft und anspruchslos waren – Regina Ullmann oder Elya Nevar. Seine Absicht sei, wie er Sidie Nádherný mitteilte, »das Dringendste« aufzuarbeiten, »gute Bücher liegen hier, die gelesen sein wollen, hunderte von Briefen sind nicht beantwortet und, soweit ich, bei der inneren Zerrissenheit, doch an Arbeit denken dürfte, hätt ich wenigstens einige von meinen Übersetzungen bis zu einem gewissen Gedeihen gebracht«.[66] Im Insel-Almanach auf das Jahr 1919, der zu manchem überfälligen Brief eine willkommene Beilage bot, waren nicht nur seine Gedichte »Der Tod« und »Narziss« erschienen, sondern auch der Eintrag im Tagebuch von Ronda, in dem er jenes einzigartige »Erlebnis« in Duino beschrieb, da er an einen Baum gelehnt auf die »andere Seite« des Lebens getragen worden war.

Jedes dieser Stücke enthielt auf seine Art »Annäherungen an die Grenzempfindungen des Daseins« und veranlaßte ihn, als er den Almanach an die Witwe Stauffenbergs sandte, zu der Betrachtung »wenn ich, in der allgemeinen Trübung und Unberatenheit des Menschlichen . . . noch eine Aufgabe, rein gestellt und unabhängig, vor mir sehe, so ist es einzig diese: die Vertraulichkeit zum Tode aus den tiefsten Freuden und Herrlichkeiten des Lebens heraus zu bestärken«.[67] Mit anderen Worten die Aufgabe, das zu vollenden, was er in den Elegien begonnen hatte, wenn er nur den Weg zurück finden konnte.

Übersetzungen – die Arbeit an den Michelangelo-Sonetten, die Aufnahme eines Gedichts von Lermontow, das jahrelang in seinem Notizbuch gewartet hatte, Versuche an anderen Italienern und später Mallarmé – waren zusammen mit seinen Briefen Teil des täglichen Pensums, durch das er den neuen Anfang zu erzwingen hoffte. Am förderlichsten war freilich die abendliche Lektüre, denn unter den wartenden Büchern befand sich Verhaerens letzter Gedichtband *Les flammes hautes*, Gedichte, die er wieder und wieder las, da sie in ihm die Erinnerung an »den großen Freund« wachriefen und seinen Wunsch nach einer »Anknüpfung an die Gedanken und Hoffnungen« anregten, »von denen man im Sommer Neunzehnhundertvierzehn fortgerissen wurde«.[68] In Verhaeren habe er, wie er an die Schwester Bernhard von der Marwitz' schrieb, den einen Menschen verloren, der ihn zu seiner Aufgabe zu ermutigen verstand, »ob er gleich nie eine Zeile von meinen Arbeiten lesen konnte, er glaubte an sie mit einer stürmischen Zuversicht, und ich weiß, er traute mir genau *das* zu, was zu leisten mir ein innerster Jubel wäre«.[69]

Wie weit er sich von diesem Ziel noch entfernt fühlte, wird aus dem Brief ersichtlich, den er nach fast einem Jahr des Schweigens im Januar an Lou schrieb. Er schickte ihr den Almanach, legte eine Abschrift auch des zweiten »Erlebnisses« aus seinem Notizbuch von Ronda bei – im Garten auf Capri, wo er »den Geschmack der Schöpfung in seinem Wesen« gespürt hatte[70] – und erzählte ihr von dem fallenden Stern, den er von der Brücke in Toledo aus gesehen habe, »gespannt und großmütig, ohne Eile . . . der gleichzeitig durch mein Innerstes fiel«: wobei alles zusammenzukommen schien »wie ein erster Entwurf zu innerem *Sein*«. Das alles liege in einer Vergangenheit, die er über die Kluft der Kriegsjahre hinweg nicht mehr erreichen konnte. »Nun sitzt man doch wieder und sondert das eigne Dasein heraus und überlegts und plant's und hälts vor den trüben Hintergrund. Und alles, was man war, liegt . . . sechs Jahre zurück und mehr. Das Unheil hat mächtig vergeudet mit uns.« Er müsse sie dringend wieder sehen und sprechen. Als sie ihm mitteilte, sie werde vielleicht im März nach München kommen, schob er wiederum den Gedanken an die Schweiz beiseite, der ihm trotz seiner Bemühungen um eine Genesung hinter verschlossenen Türen immer noch vorschwebte. Sie müsse auf seine Kosten bleiben, darauf bestehe er, es gebe keine bessere Verwendung für das Extra-Honorar der Insel, das der Himmel geschickt habe.[71]

Seine Tür blieb vor dem Tumult und der politischen Verwirrung geschlossen, die der Ermordung Eisners am 21. Februar folgten. Die Gewalttat war für ihn »ganz besonders schmerzlich«[72] und verstärkte seine Enttäuschung über die Novemberrevolution, die ihn anfangs mit Hoffnung erfüllt hatte; trotz seiner Freundschaft mit dem Dichter Ernst Toller, einem weiteren unabhängigen Sozialisten, der zum Vorsitzenden der Räterepublik wurde, die man (ohne die Kommunisten) am 7. April ausrief, hielt er sich von der Berührung mit den Leuten fern, von denen die zunehmend chaotischen Verhältnisse des Freistaats Bayern bestimmt wurden.

Lou traf gegen Ende März ein und wohnte in einer Pension in der Nähe. Für beide schien das geistige und künstlerische Leben Münchens ungestört vom Trubel ringsherum weiterzugehen, wenn sie etwa mit Kassner sprachen, Freuds Sohn Ernst willkommen hießen oder den Künstler Walburga (Walt) Laurent, der sich einer Geschlechtsumwandlung unterzogen hatte, in seinem Atelier besuchten. Lou fand Rilke wesentlich ausgeglichener, seine Ansichten waren wie in den früheren gemeinsamen Tagen. »Der Andere« war freilich, wie sie dachte, in ihm noch anwesend, nun aber als ein integrierter Bestandteil seiner Persönlichkeit und keine Bedrohung seiner geistigen und körperlichen Gesundheit mehr.[73] Sie blieb den ganzen April und Mai, wie von einem Elfenbeinturm schauten sie auf den wilden Wechsel der Ereignisse hinunter: die zweite Räterepublik, die, diesmal kommunistisch, am 13. April die erste ablöste, die Sammlung der konterrevolutionären Kräfte des Freikorps und der Reichswehr, die Erschießung von Geiseln im Luitpold-Gymnasium und der »weiße« Terror, der nach der Besetzung der Stadt am 1. Mai blutig folgte. Als Intellektuellen, den man für gleichgesinnt hielt, wurde Rilke von der Räterepublik für seine Wohnung ein Schild zugeteilt, das »Schutz« verhieß. Als er es nach der Ankunft der »Weißen« nicht entfernte, mußte er zweimal eine Hausdurchsuchung über sich ergehen lassen, wobei der Verdacht auf seine linke Gesinnung noch durch die Entdeckung einer Photographie Tollers verstärkt wurde. Im Gegensatz zu anderen Verdächtigen, wie etwa dem Schriftsteller Oskar Maria Graf, wurde er aber nicht verhaftet. Er hatte auch den Mut, Toller auf seiner Flucht eine Nacht zu beherbergen, bevor dieser im Mai festgenommen und eingesperrt wurde. Er setzte seine Unterschrift unter Thomas Manns »Aufruf gegen Übermut«, der am 8. Mai veröffentlicht wurde, in dem ein Ende der Vergeltung gefordert und auf eine ehrliche Zusammenarbeit zwischen Bürgerschaft und Arbeiterklasse bei der Aufgabe des Wiederaufbaus gedrängt wurde.[74] Als er jedoch gegen Monatsende auf das »Gift und Gegengift« der jüngsten Zeit zurückblickte, hatte er das Gefühl, daß »die rechte tiefere Heilkunde nirgends zur Anwendung« kam.[75]

Die Flucht in die Schweiz, die er in Erwartung des Besuchs von Lou aufgeschoben hatte, schien nun anziehender denn je. Die Durchführung war jetzt merkwürdigerweise aber noch schwieriger als zuvor, da die Schweizer Behörden Einreisegenehmigungen für Besucher aus Ländern, die von Revolution und Bürgerkrieg zerrissen waren, nur sehr ungern erteilten. Er hatte nun eine feste Einladung nach Hottingen, auch hatte Sidie Nádherný es eingerichtet, daß er in Nyon am Genfer See bei ihrer Freundin Gräfin Mary Dobržensky wohnen konnte. Kippenberg teilte ihm mit, der Verkauf seiner Bücher laufe nun so gut, daß er eine ausgedehnte Reise unternehmen könne, wenn er wolle, und stellte sofort weitere 6000 Mark zur Verfügung. Die Mark wurde zwar niedrig gehandelt, doch war Rilke zuversichtlich genug, ihn zu ersuchen, ein Drittel der Summe an Clara gehen zu lassen, die nun mehr brauchte, da sie für sich und Ruth in Bredenau bei Fischerhude ein Haus als ständiges Heim bauen ließ. Die Formalitäten wegen Reisepaß und Visum wurden schließlich nach viel Schlangestehen und Briefwechsel erledigt; in der zweiten Juniwoche war er zur Abreise bereit.

Auch zahlreiche andere Leute, die von den Ereignissen abgestoßen waren, schickten sich an, München zu verlassen, einige wollten sogar auswandern. Für ihn bedeutete die Stadt schon lange nichts mehr, »wie ein Buch, das ich zwanzigmal im Gefängnis vom Anfang bis zum Schluß durchgelesen hätte«. Seine Flucht war jedoch keinesfalls eine Emigration, und wer später annahm, er sei vom »weißen Terror« davongejagt worden, hatte unrecht. Lou und Kippenberg gegenüber sprach er von einer Rückkehr nach Deutschland, nachdem er den Sommer in der Schweiz verbracht habe, auch wenn es eher nach Leipzig als nach München sein würde. Mit Hilfe der getreuen Elya verpackte er sorgsam alle seine Bücher, Aufzeichnungen und Korrespondenzen und ließ die Schlüssel bei ihr zurück. Die Wohnung behielt er bei. Lou, die München am 2. Juni verlassen hatte, kehrte zurück und bewohnte sie nach seiner Abreise auf einige Zeit; von Juni an wurde sie an eine entfernte Verwandte von ihr weitervermietet. Als er schließlich am 11. Juni den Zug nach Lindau nahm, um von dort nach Romanshorn überzusetzen, hatte er die feste Absicht, zu gegebener Zeit nach Deutschland zurückzukehren.

VII Vorspiel in der Schweiz
1919-1921

> They do best who, if they cannot but admit love,
> yet make it keepe quarter, and sever it wholly
> from their serious affairs and actions of life: for if
> it checke once with business, it . . . maketh men
> that they can no wayes be true to their own ends.
> Francis Bacon

Ich lobe lobe den Instinkt, der mich hierher getrieben hat.
(An Rudolph Junghanns, 11. 8. 1919)

Das Gefühl der endlich gewonnenen Freiheit, das er bei
seinem Eintritt in die Schweiz und auf der Fahrt nach Zürich
empfand, wurde von der Unsicherheit über die Dauer seines
Aufenthalts gedämpft, da er trotz allen Bemühens nur eine
Genehmigung für zehn Tage erhalten hatte. Die Veranstaltung der Hottinger Gesellschaft sollte erst im Herbst stattfinden, und so mußte er zuerst einmal um eine Verlängerung
ansuchen. Nach einigen Tagen in Zürich ging er daher am
16. Juni nach Nyon, wo er sich auf Anraten Mary Dobrženskys und Sidies ein entsprechendes ärztliches Zeugnis beschaffte, demzufolge er zwei oder drei Monate Ruhe
brauchte, bevor er die in seinem Reisepaß eingetragene »Vortragsreise« antreten könne. Mit dieser Begründung wurde
sein Antrag nach Bern geschickt. Rilke hatte dabei nicht so
ganz unrecht, da der Ortswechsel in der Tat eine überraschende Müdigkeit mit sich gebracht hatte und er sich in
Marys Villa am See, der Ermitage, die eng, voller Leute und
unentwegter Besucher war, als Gast unbehaglich fühlte. Sidie, die kurz vor ihrer Heimfahrt stand, tat ihr Bestes, ihm
den Weg durch die gesellschaftlichen Verpflichtungen zu
ebnen, doch er zog trotz seiner Freude über ihr Wiedersehen
nach ein paar Tagen in das benachbarte Genf um. Dieser
plötzliche Weggang lohnte seiner Gastgeberin den herzlichen Empfang schlecht, es gelang ihm aber, sich ihr Wohlwollen weiter zu bewahren.

Genf, wo er eine Woche zubrachte, erinnerte ihn sogleich
an Paris, »in der Atmosphäre, im Straßentreiben, im Dastehen der Häuser«,[1] und nicht zuletzt in Gestalt einer Vor-
kriegsbekanntschaft, der Malerin Baladine Klossowska. Mit
ihr und ihrem Gatten, dem Kunsthistoriker Erich Klossowski, hatte er während seines Pariser Aufenthalts, nach
dem Bruch mit Rodin, Besuche ausgetauscht, sie dann auch
ein paar Jahre später gelegentlich getroffen, ohne aber die

Bekanntschaft weiter aufrecht zu erhalten. Baladine lebte nun getrennt von ihrem Mann in Genf, zusammen mit ihren beiden jungen Söhnen Pierre und Baltusz. Man traf sich mehrere Male vor seiner Abreise nach Bern, seiner nächsten Station. Baladines Anschrift war der erste Eintrag in dem neuen Adressenbuch, das er für die Schweiz begonnen hatte, als wolle er damit den Zufall unterstreichen, der ihn wieder mit jemandem zusammengeführt hatte, der für sein Leben von wesentlicher Bedeutung sein würde.

In Bern, wo die Entscheidung über seinen Antrag getroffen werden sollte, hatte er bereits bei Yvonne von Wattenwyl angerufen. Er wußte durch einen Freund, daß sie sein Werk bewunderte und Beziehungen hatte, die bestimmt von Nutzen sein konnten. So war es denn auch. In der neuen Umgebung durch die Angehörige einer alteingesessenen Patrizierfamilie eingeführt zu werden – im Gegensatz zu der mehr kosmopolitischen Mary Dobrzensky – war ihm ein Vergnügen. Zum Teil entsprang es wohl seinem Snobismus, dann aber auch dem Gefühl, daß ihm dabei der Zutritt zu der Geschichte und dem Herzen einer Stadt gewährt sei, die sonst hinter dem äußeren Bild verborgen blieb. Die Schweiz hatte er bisher häufig mit ironischen Bemerkungen bedacht, auf der Durchreise nach Italien war er gewohnt, vor der allzu kunstvollen »Galerie von Spiegelbildern« die Vorhänge des Abteils zuzuziehen, da Gott als Regisseur damit beschäftigt sei, »die Scheinwerfer des Abendrots nach den Bergen zu richten«. Nun, unter Anleitung Yvonnes, war er dankbar dafür, nicht mehr »mit Allgemeinheiten« abgefertigt zu werden und das Gefühl haben zu dürfen, in das »Einheimische« einzudringen.* Bis zum 9. Juli blieb er in Bern, wurde überall als der gefeierte Autor des *Rodin* empfangen und mit Fragen über die Neuen Gedichte bestürmt. An Kippenberg schrieb er, er sei von dem Getriebe um seine Bücher zuweilen »ganz betäubt«.[2]

---

* In der Schweiz konnte er sich auch mancher materiellen Annehmlichkeiten erfreuen, die er im Deutschland der Kriegszeit hatte entbehren müssen. Der Coiffeur im Berner Hotel Bellevue, der später eine selbständige Parfümerie eröffnete, war Hersteller eines besonderen Kampfer-Toilettenwassers, für welches Rilke nun ein ständiger Kunde wurde. Zu den merkwürdigeren seiner noch erhaltenen Briefe gehören einundzwanzig Bestellbriefe an Herrn Schönauer.

Er durfte sich auf Schweizer Gebiet noch ungehindert bewegen, und so kehrte er nach Zürich zurück. Nach Bern war die Betriebsamkeit der Stadt anstrengend, doch er freute sich, die Busonis dort wieder vorzufinden und eine Vorstellung der Tänzerin Clotilde von Derp, die er in München gekannt und bewundert hatte, und ihres Partners Alexander Sakharoff besuchen zu können. Auch von Marthe, die seine Briefe nicht erreicht hatten, kam Nachricht. Jean Lurçat, ein junger französischer Künstler, der sie kannte, war in Zürich und erzählte ihm, daß sie demnächst selbst in die Schweiz käme. Inga Junghanns teilte ihm mit, daß sie immer noch in Sils-Baselgia sei. Er erwog einen Besuch bei ihr, um ihre Fortschritte bei der Übertragung des *Malte* zu sehen, und hoffte, irgendwo in Graubünden den ruhigen Ort zu finden, den er brauchte. Als er von einem eben von dort zurückgekehrten Reisenden von der Schönheit und Einsamkeit des hoch über dem Bergell und nahe an der Wärme Italiens gelegenen Soglio hörte, war sein Entschluß gefaßt. Claire Studer war, wie er wußte, zur Zeit in Zürich, doch sie lebte wieder mit Iwan Goll zusammen, so daß er taktvoll erst am Tag vor seiner Abreise bei ihr vorsprach. Die Wiederbegegnung fiel erwartungsgemäß gedämpfter aus als der Abschied im Dezember in München.

Die Junghanns hatten für ihn in Sils am 24. Juli ein Hotelzimmer gebucht, zögerten jedoch etwas, ihn zu einem Mahl in ihre einfachen Dachzimmer einzuladen, denn sie meinten, er sei größeren Luxus gewohnt; auch wußten sie nicht, in welchem Zustand sie ihn antreffen würden, da sie seine Niedergeschlagenheit wegen des Kriegs kannten. »Ob Rilke wohl noch lachen kann?« fragte Inga ihren Mann. »Kaum«, erwiderte Rudolf, »aber lächelt so wunderbar schön, wenn er das nur tut, können wir zufrieden sein.« Sie hätten sich keine Gedanken zu machen brauchen. Trotz der verregneten Fahrt nach St. Moritz, wo ihn Rudolf mit einer Kutsche abholte, war er wieder guter Laune, und sein körperliches Unwohlsein schien von ihm abzufallen. Inga hatte das Gefühl, noch nie einen Gast zu Tische gehabt zu haben, der sich so unmittelbar auf den rechten Ton einstimmte. »Daß er leichte Speisen vorzog, wußte ich von früher her.

Daß aber Spiegeleier auf Toast mit einer selbstkomponierten Madeirasauce ihm so viel Spaß machen und sofort an Kopenhagen erinnern würden, war ein glücklicher Zufall. Und daß schließlich das letzte Glas Oliven, das ich bei dem Kaufmann in Sils Maria gerade noch aufgetrieben hatte, in Rilke einen kindlichen Appetit und zugleich alle fröhlichen Pariser Erinnerungen erwecken sollte, war mehr als eine Hausfrau je hätte erwarten dürfen: ›Darf ich sie mit den Fingern nehmen? Das taten wir damals in Paris, wo wir sie auf der Straße kauften und sie gleich aus dem Papier aßen!‹ Und nun fing er an, von Paris vor dem Kriege zu erzählen, von den Freunden dort, von Rodin, André Gide, Troubetskoj und vielen anderen. Lange saßen wir zu Tische . . .«

Als das Gespräch auf Skandinavien und die See kam und Junghanns mit Anekdoten von den friesischen Inseln aufwartete, steuerte Rilke seine eigenen Erinnerungen über die Fischerleute bei, die er in Norddeutschland getroffen hatte. Bald probierte man das Plattdeutsch aus, und an jenem einen Abend in Sils gab es mehr Lachen, als er es all die dunklen Kriegsjahre hindurch gekannt hatte. Von diesem Vorspiel zu dem verheißenen Land von Soglio war er so angetan, daß er schließlich ganze vier Tage in Sils verbrachte, in der Sonne spazierenging, die Alpenblumen bewunderte und das Nietzsche-Denkmal auf der Halbinsel Chasté besuchte. Eines Abends erzählte er ihnen von seinem Aufenthalt in Duino und las ihnen die Elegien vor. Dabei schien es Inga, als würde seine schmale Gestalt im Licht der einen Kerze stattlicher, als wachse er selbst beim Lesen »zu seinem eigenen inneren Format« empor. Es war ein ernster und anregender Abend nach all der gemeinsamen Fröhlichkeit – beides aber gehörte zu dem Rilke, den sie damals erlebte. »Selber war er das empfindlichste Instrument; wo er Resonanzboden spürte, gab er sich ganz und gern, immer reich, immer neu bewegt und auch stets aufnahmefähig für das Erzählen anderer.«[3] Als Rilke schließlich am 29. Juli die Postkutsche bestieg, die ihn über den Malojapaß nach Soglio bringen sollte, fühlte er sich unbeschwerter als seit vielen Jahren.

Soglio, so hatte er gehört, sei »la soglia«, die Schwelle des Paradieses. Er setzte große Hoffnungen auf dieses entlegene

Bergdorf, am meisten aber auf das, was er über die Casa Battista gehört hatte, den Palazzo der Familie von Salis, der unter dem merkwürdigen Namen »Pension Willy« als einzige Herberge diente. Die großartige Landschaft bedeutete ihm kaum etwas, diese anmaßenden, »dummen« Gebirge waren »imposante Hindernisse, aber nicht klüger als irgendeine verrammelte Tür«, die Öde des ewigen Schnees, die auf die grünen Hänge herabblickte, sei nur eine Attraktion für Touristen.[4] Er hatte lediglich Augen für die unmittelbare Umgebung – die prächtigen Kastanienbäume, die französischen Gartenterrassen hinter dem Haus, halb verwildert, doch durch traditionell zugeschnittene Buchshecken eingerahmt – seine ganze Empfindsamkeit wandte sich nach drinnen, in den Palazzo des siebzehnten Jahrhunderts. Das Gebäude diente seit dreißig Jahren als Gasthaus, ließ in seinen Vertäfelungen, der Stuckierung, den Himmelbetten, den alten Tischen und Stühlen aber noch die Atmosphäre seiner Geschichte spüren. Die Bibliothek der Salis, die Gästen gewöhnlich nicht zugänglich war, wurde ihm von dem entgegenkommenden Wirt zur Verfügung gestellt, und eifrig vertiefte er sich in die Geschichte dieser vornehmen Familie, deren Zweige sich in viele Länder ausgebreitet hatten (der derzeitige Besitzer der Casa Battista, Graf John, war britischer Botschafter beim Heiligen Stuhl). Alte Dinge um sich zu haben war, wie er einmal sagte, nicht bloß ästhetische Prätention; in dem Gefühl der Vergangenheit, das sie ihm vermittelten, konnte er echte Berührung mit dem menschlichen Leben finden, wenn die Gegenwart, so wie jetzt, abstoßend war. »Ich muß überall ein Leben beginnen dürfen und mich der Einbildung ausliefern, daß an dieser Stelle und an jener, soll sie mir nur einigermaßen zuträglich und zutraulich werden, unendliche Vergangenheiten sich abgespielt haben, die, mit einem Zweige mindestens, mir zu- und in mich einwachsen wollen, als wärens meine eigenen oder die meiner Familie.«[5] Er hielt die Schweiz immer noch nicht für das richtige Land – aber hier konnte er sich wie in Bern so recht in die Geschichte vertiefen und dabei auch noch jenen »Schutz« für seine Arbeit spüren, der sich ihm seit Duino entzogen hatte. »*So* ein Haus mal ein Jahr allein haben, *keinen*

Menschen ein Jahr lang, nur, was aus den alten Dingen schwingt . . . voilà ce qu'il faudrait pour me refaire.«[6]

Das konnte freilich nur eine flüchtige Kostprobe seiner Wunschvorstellung sein. Auch wenn man ihm einen längeren Aufenthalt in der Schweiz zugestanden hätte, ein Winter auf der Höhe Soglios würde nicht auszuhalten sein. Man erwartete ihn nun Ende Oktober in Zürich zum ersten Abend der Herbstsaison des Lesezirkels Hottingen, bis dahin konnte er mit einer Aufenthaltsgenehmigung rechnen. Der fallende Wechselkurs für das Einkommen aus Deutschland, auf das er zunehmend angewiesen war, bedeutete jedoch, daß er wiederum Gastfreundschaft in Anspruch nehmen mußte. Dafür war Mary Dobržensky in Nyon die einzige Hoffnung. Mary versicherte ihm, er sei stets willkommen, und wollte ihm sogar mit Darlehen aushelfen, bis bessere Zeiten angebrochen seien. Solange ihn Soglio aber immer noch einschloß wie Tannhäuser in den Venusberg, wo »Bücher aufglänzen wie das lockende Gestein im Bergraum«, war alles zu schön, als daß er einen Gedanken an die Zukunft verschwendet hätte. Den August und September hindurch begann er mit dem langsamen Prozeß, sich in die Produktivität zurückzulesen und -zuschreiben, zumindest in der Prosa unzähliger Briefe. »Da sitze ich nun, und überlege mein Leben –, das immer am reinsten zu sich kommt, wo es sich auf fühlbar angestammte Umgebungen stützen darf.«[7] Mit dieser Unterstützung hatte er sich offenbar von der großen »Stummheit« erholt, zu der ihn der Krieg verdammt hatte; er war der inneren Reflektion der dichterischen Schöpfung zwar nur einen Schritt näher gekommen, hatte aber doch die Fähigkeit zurückgewonnen, sich in den Briefen mitzuteilen, die in der Abgeschiedenheit der Bibliothek nun aus seiner Feder flossen.

Auch konnte in dieser Umgebung seine Phantasie wieder frei herumschweifen – was sich aber noch nicht in Versen ausdrückte – und die Bereiche an den Rändern menschlicher Erkenntnis erforschen, denen er in Spanien, als er die »Erlebnisse« von Duino und Capri aufzeichnete, nahe gekommen war. In einem Aufsatz erwog er nun ein Experiment zur Entdeckung dessen, was er sich als »Ur-Geräusch« vorstellte.

Wenn man die Schädelnaht behandelte wie die zickzackförmige Tonspur des primitiven Phonographen, den er als Junge zusammen mit anderen in einer Physikstunde gebastelt hatte, könnte dann nicht jenes unbekannte Geräusch, jene seltsame Musik, ertönen, das uns den Mysterien des Lebens näher brächte? Könnten nicht andere, scheinbar willkürliche Linien in der Natur auf ähnliche Weise untersucht werden und uns in den Bereich eines noch unbekannten Sinnes führen? Irgendwo dort mußte eine »innerste Sprache« existieren, so schrieb er später, eine Sprache »aus Wortkernen«, nicht die Blumen, die wir auf der Erde pflücken, sondern die Samen darunter. »Meine Prosa im ›Experiment-Vorschlag‹ liegt tiefer, eine Spur weiter im Grunde, als die des Malte, aber man gelangt nur um eine minimale Schicht hinab, man bleibt im Ahnen, wie sich *dort* reden ließe, wo das Schweigen ist.«[8]

Eine kurze Weile konnte er so tun, als dauerte der Schutz von Soglio für immer, »etwa wie ein Hund lernt, sich ›tot‹ zu stellen«. Die äußere Wirklichkeit ließ sich jedoch nicht leugnen, der Aufenthaltsantrag mußte erneuert werden, er mußte in die Nähe seines eingetragenen Wohnortes Nyon zurückkehren. »Wie wenn man als Kind auf einer schönen Seite einen Wunsch-Zettel ganz zu schreiben angefangen hat«, schrieb er am 9. September an Yvonne von Wattenwyl, »und plötzlich merkt man, ach ach, es geht nicht genügend darauf und nimmt zusammen und wird klein und kleiner – so werd ich hier kleinschreibiger von Tag zu Tag und kanns doch nicht ändern, daß der wunderbare Blatt zu Ende geht. Ich bin nicht sehr weit gekommen in meiner ›Besinnung‹.«[9] Nach Beschaffung eines neuen ärztlichen Zeugnisses zur Begründung seines Antrags, das nach Nyon abgeschickt wurde, machte er sich am 21. September dorthin auf.

Bevor er wiederum mit Mary Dobržensky sein Glück versuchte, hatte er sich endlich ein Wiedersehen mit Marthe erhofft, die nun in der Schweiz war, – einen ersten Kontakt wieder mit Paris, »dem Paris meiner Arbeit und meiner Hoffnungen«.[10] Marthe kam am Monatsende auf ein paar Tage zu ihm in eine kleine Pension in Begnins, unweit von Nyon. Er konnte zwar die künstlerische Fertigkeit bewun-

dern, die sie im Teppichsticken, ihrer gegenwärtigen Beschäftigung, entwickelt hatte, doch war es eine in mancher
Hinsicht schwermütige Erfahrung, »ein klein bischen welk
an den Rändern«. Trotz ihrer Lebhaftigkeit und anhaltenden
Zuneigung zu ihm konnte er die Bindung, die sie einst
besessen hatten, nicht mehr finden.[11]

Zwei günstige Nachrichten erwarteten ihn bei der Ankunft
am 2. Oktober in Nyon. Seine Aufenthaltsgenehmigung war
bis Jahresende verlängert worden, und Gräfin Mary konnte
ihn überreden, eine monatliche Zuwendung zwischen sieben-
und neunhundert Francs als Darlehen zu akzeptieren, das er
nach Belieben und nach einer Besserung des Markkurses zurückzahlen konnte. Beides war für ihn eine große Erleichterung, die ihn zwei Wochen bei Mary genießen ließen, auch
wenn sein Zimmer kaum geräumiger war als ein Schrank unter der Treppe und der Gästestrom nicht abriß. Er erfuhr, daß
im Anschluß an seinen Auftritt in Zürich weitere Lesungen in
anderen Städten geplant seien und hoffte, wie er Kippenberg
schrieb, bei einem Erfolg der Reise, zusammen mit Marys Unterstützung, bis zum Jahresende durchhalten zu können,
ohne von der Insel weitere Gelder zu beanspruchen. Anschließend dann vielleicht eine Rückkehr nach Deutschland, doch
sei er immer noch neugierig, ob ihm die Schweiz irgendwo
eine Umgebung wie die von Soglio bieten könne. »Alles war
dort wie ein Versprechen des Künftigen, wie die Probe eines
Stoffes, aus dem man später ein ganzes Kleid bekommt, einen
Mantel mit einer Kapuze, die unsichtbar macht.«[12] So etwas
konnte nicht geplant werden, es mußte eine weitere jener Fügungen der Vorsehung kommen, die ihn das Leben nun fast
schon erwarten ließ. Der Winter kam jedoch näher, also
würde er die Vorsehung ein wenig antreiben müssen, um das
Gewünschte zu finden.

Er fuhr nach Genf, besuchte wieder Baladine Klossowska
und hatte große Freude an einem Theaterabend Georges
Pitoëffs, des »jungen genialen Russen, der . . . alles das auf-
führt, was seiner Vision entspricht, Stücke aller Länder und
Sprachen, – und noch ein jedes von dieser Vision aus inszeniert, in keiner Weise dem Zuschauer ›zuliebe‹ . . . ein Théâtre in meinem Sinn.«[13] In der Begleitung von Gräfin Mary

hatte er sich verschiedene Häuser bei Nyon angesehen, doch
die *bise* wehte bereits durchdringend, und er hielt das ganze
Gebiet um Genf für wenig geeignet. Einige wenige Tage im
Tessiner Brissago waren zumindest warm, doch auch hier
ergab sich nichts Neues, bevor er sich am 25. Oktober zu
seiner Verpflichtung in Zürich einfinden mußte.

2

> Stille, Versorgtheit nach meinem genaueren Be-
> darf, Natur, Einsamkeit, *keine, keine* Menschen ein
> halbes Jahr lang! *Wann* wird das sein? Wo?
> (An Marie von Thurn und Taxis, 18. 1. 1920)

Wäre es nach Rilkes eigenem Wunsch gegangen, so hätte er
ein öffentliches Auftreten in dieser Zeit wohl am liebsten
vermieden. Was er brauchte, war genau das Gegenteil – »die
Einkehr, zu der die Wochen auf Soglio ja nur ein kleiner
Anfang waren«.[1] Er war der Ansicht, daß ein Gedicht nur
dann voll zur Wirkung käme, wenn man es laut vortrug. In
den zehn Jahren, die seit seinem letzten Erscheinen vor
einem öffentlichen Lesepult vergangen waren, hatte er solche
Lesungen jedoch auf den intimen Kreis seiner Freunde beschränkt und eine wachsende Abneigung dagegen gefaßt,
sein Werk auf diese Weise einem unbekannten größeren Publikum vorzuführen. Mit seiner üblichen Gewissenhaftigkeit
hatte er sich trotzdem während seiner Streifzüge auf die
Prüfung vorbereitet, die ihm von den Umständen aufgezwungen wurde. Er hatte dabei das Gefühl einer zweifachen
Kluft, nicht nur zwischen sich selbst und einem Publikum
von Fremden, sondern auch zwischen einem Volk, das aus
der Erfahrung des Krieges auftauchte, und einem, das auf
einer Insel des Friedens geblieben war. Die Einführungsworte, die er bei seinem ersten Auftreten am 27. Oktober in
Zürich vor einem Publikum von sechshundert Anwesenden
sprach, erläuterten den Zwiespalt, den er empfand, und seine
Entscheidung, trotzdem Werke vorzutragen, die irrelevant
oder als bloße »Poésie de luxe« erscheinen mochten.

Es hätte nicht der »fürchterlichen Jahre« des Krieges bedurft, sagte er, damit er sich der Prüfung einer Rechtfertigung seiner Arbeit stellte. Zwanzig Jahre zuvor habe er sich, als er mit Tolstoj über die Vergißmeinnicht-Wiesen von Jasnaja Poljana gewandert sei, zum ersten Mal dieser Forderung gegenübergesehen; seit damals habe er an jeder Wendung seines Weges sein Gewissen erforscht – »aber bis heute ist mir die verantwortende innere Stimme immer noch zustimmend gewesen«. Das Werk, aus dem er nun lesen werde, entspringe der Überzeugung, daß seine Sendung darin liege, »daß es eine eigene berechtigte Aufgabe sei, die Weite, Vielfältigkeit, ja Vollzähligkeit der Welt in reinen Beweisen vorzuführen. Denn: ja! zu einem derartigen Zeugnis hoffte ich mir das Gedicht zu erziehen, das mir fähig werden sollte alle Erscheinung, nicht nur das Gefühlsmäßige allein, lyrisch zu begreifen –: Das Tier, die Pflanze, jeden Vorgang; – *ein Ding* in seinem eigentümlichen Gefühls-Raum darzustellen. Lassen Sie sich nicht dadurch beirren, daß ich oft Bilder der Vergangenheit aufrufe. Auch das Gewesene ist noch ein Seiendes in der Fülle des Geschehens, wenn man es nicht nach seinem Inhalte erfaßt, sondern durch seine Intensität, und wir sind . . . auf jene überlegene Sichtbarkeit des Vergangenen angewiesen, wollen wir uns, im Gleichnis, die nun verhaltene Pracht vorstellen, von der wir ja auch heute noch umgeben sind.«[2]

Alle, die Rilke im kleinen Kreis oder bei derartigen Anlässen gehört haben, schildern ihn als einen hervorragenden Interpreten seiner Dichtung, dessen »warme männliche Baritonstimme« die Worte mit »starken Betonungen und in plastischer Deutlichkeit« vortrug.[3] Mit seinem angeborenen Talent zur Darbietung und seinem Sinn für Zeremonie verstand er es, seine Zuhörer zu fesseln, ob es sich um einen einzigen oder, wie in diesem Fall, um viele Hunderte handelte. Der außergewöhnliche Erfolg dieses ersten Abends war aber auch zu keinem geringen Teil der Sorgfalt zu verdanken, mit der er jedes Gedicht oder jede Übertragung mit einem kurzen Kommentar einführte – eine Erwähnung des Rodinschen Einflusses in »Der Panther« oder eine Bemerkung zum Gedenken seines »großen Freundes« Verhaeren vor der Lesung seiner Übertragung von »Les morts« –, wobei der langanhaltende Schlußbeifall bewies, daß er die gewünschte Beziehung hergestellt hatte. Im Saal befanden sich viele Freunde, und das Gefühl, sie persönlich anzusprechen, half ihm, die Aufmerksamkeit »der undurchdringlichen und schwer beweglichen Masse« festzuhalten[4]; die höchst wohlwollende Besprechung, die in der *Neuen Zürcher Zeitung* folgte, ließ keinen Zweifel daran, daß ihm dies gelungen war.

Man überredete ihn zu einem zweiten Auftritt in Zürich, diesmal ausschließlich vor Mitgliedern des Hottinger Lesezirkels am 1. November, bei dem er den Essay über das »Ur-Geräusch« vorlas. Es folgte eine triumphale Tour durch die deutschschweizerischen Städte – zuerst St. Gallen, dann Luzern, Basel, Bern und schließlich am 28. November Winterthur. Der Gedanke daran hatte ihm zwar anfangs etwas Furcht eingeflößt, doch sein Selbstvertrauen wuchs während der Reise, und dieses Zugeständnis an den Ruhm, das er normalerweise vermieden hätte, bereitete ihm offensichtlich große Befriedigung. Er ging nach derselben Methode vor wie in Zürich, doch variierte er seine Auswahl von Gedichten und paßte ihre Einführung dem jeweiligen Ort an: ein Wort der Anerkennung für Regina Ullmann in ihrem Geburtsort St. Gallen, ein Hinweis auf Bachofen in Basel, schließlich in Winterthur, der Heimat der wohlhabenden Familie Reinhart, der Kunstliebhaber und Sammler, eine Konzentration auf Cézanne. Jedesmal wurde so eine Einstimmung mit seinem Publikum erzielt, die seinen Worten an Kippenberg nach auch den höchst persönlichen und »schwierigen« Gedichten eine ungewöhnliche Aufnahme sicherte. Bei einem vorwiegend mehrsprachigen Publikum war es auch ein kluger Einfall, seine Übertragungen aus dem Französischen oder Italienischen mit einer Lesung der Originalversion zu beginnen. Als das »kuriose öffentliche Benehmen« schließlich zu einem Ende kommen mußte, war er beinahe enttäuscht.[5]

»Die Schweizer sind ein hartes und dichtes Material«, dachte er und war auf sein Eindringen nicht wenig stolz.[6] Das größte Vergnügen während dieser vollen Wochen bereitete ihm freilich, wie vorher in Bern, die Einführung bei den alten Schweizer Familien und die neuen Freundschaften, die er unter ihnen schloß. Einige davon sollten für ihn von dauernder Bedeutung sein. In Basel wurde er besonders von den Burckhardts willkommen geheißen; es war ihm dort in der Atmosphäre der Architektur aus dem achtzehnten Jahrhundert, als kehre er in die vertraute Welt von Paris zurück. Als er vor seinem Basler Auftritt zum Tee bei Carl Burckhardts Schwester Theodora von der Mühll eingeladen war, erinnerte ihn ihr Kamin an seine Wohnung im Hôtel Biron, und er begann von Paris zu erzählen. Der Anflug von Bitterkeit über das Verlorene, so entsann sie sich später, wurde stets von seinem ansteckenden Lachen und dem sonnigen Humor überdeckt, den keiner seiner Bekannten je vergessen konnte.[7] In Winterthur wohnte er bei Hans Reinhart, dem Literaten und Dramatiker, Mitglied der literarischen Gesellschaft, die seinen Abend veranstaltete, und dessen jüngerem Bruder Werner, einem Mäzen der Musik, der selbst ein bedeutender Virtuose war. Er besuchte auch das Heim Georgs, des ältesten Bruders, eines Kunstkenners und Besitzers einer eindrucksvollen und wachsenden Sammlung. Die Reinharts waren vermögende Geschäftsleute, Teilbesitzer der großen Volkartschen Textilfirma, die ausgedehnte Interessen im Fernen Osten besaß; jeder der Brüder war auf seine Art mehr als ein Dilettant und eine Art Mäzen, ganz verschieden von den Adeligen, denen Rilke bisher begegnet war.

Unter den Menschen, die er kennenlernte, befand sich schon zu Beginn seiner Tour in Zürich eine Frau, die ihm »gleich wirklich und unmittelbar nahe war, ... Mutter eines schon ganz großen Sohnes ... aber klein, zierlich, jung«.[8] Nanny Wunderly, die eigentlich nur drei Jahre jünger war als Rilke, Gattin eines Gerbereibesitzers in Meilen bei Zürich, Enkelin eines der Gründer der Firma Volkart und eine Kusine der Brüder Reinhart, war eine energische und lebhafte Hausfrau und Mutter. Dieses kleine, beinahe elfenhafte Wesen war kein Blaustrumpf, doch hatte sie ganz bestimmte Ansichten über das, was ihr in Literatur und Kunst zusagte. Sie liebte ihren Garten und ihr Heim, die »Untere Mühle« in Meilen, die sie mit beachtlichem Talent ausgestaltete, wo sie auch ihrem Hobby, der Buchbinderei, nachging. Der vierte November, das Datum von Rilkes erstem Besuch dort, wurde in seinem Tagebuch besonders angemerkt, als »zeitlos guter, gültiger Tag«,[9] denn er erkannte in ihrem offenen und verständnisvollen Wesen die Unterstützung, derer er bedurfte. Hier endlich, so spürte er, war der völlig selbstlose Schutz, von dem er geträumt hatte: eine »wunder-wirkende« Freundin in der Ferne, stets zur Hilfe bereit, ohne jedoch den geringsten Anspruch an ihn zu stellen – die Verkörperung besitzloser Liebe. »Ich glaube, ich war noch nie so überzeugt von eines Menschen Nähe«, schrieb er ihr an Weihnachten, »und ich fühle, Zärtliche, wie leicht diese Nähe ist.«[10]

Aus den hunderten von Briefen, die er an sie richtete – jede Zeile von ihr sorgsam bewahrt –, spricht eine einzigartige Spontaneität. Bei Nanny Wunderly war er ein Rilke in Hausschuhen, der die Banalitäten der Alltagsexistenz mit seinen Gedanken und Überlegungen, seinen Meinungen über das, was er gelesen hatte, und freimütigem Klatsch über andere Leute durchflocht, wobei die Stilisierung, die er sogar in Briefen an Geliebte wie Benvenuta vornahm, fast ganz fehlte. Er war in diesen Briefen aber auch der Rilke der Selbstanalyse, nicht der der sorgfältigen, beinahe unbeteiligten Aufzeichnung von »Symptomen«, die seine Briefe an Lou bestimmte, sondern gleichsam der Patient auf der Couch des Psychiaters, aus dem die Erinnerungen und Assoziationen, die Ängste des Kindes und die Hoffnungen des Mannes hervorsprudelten. Die endlose Geduld, mit der sie all das las und erwiderte, sollte ihre Ergänzung in einer materiellen Unterstützung finden, wie er sie nie zuvor gekannt hatte. Jeder Wunsch wurde ihm erfüllt, beinahe noch ehe er ihn aussprechen konnte, von Schlafsocken, Gamaschen und Bettzeug bis zu besonderer Seife und Toilettesachen, unermüdlich kaufte sie Kleidungsstücke für ihn ein, die sie häufig umtauschte, wenn sie seinen hochgesteckten Ansprüchen nicht genügten. Mit sicherem Instinkt nannte er sie von Anfang an seine »kleine Nike«, denn ihr vor allem würde er den endlichen Sieg verdanken – nicht nur über die Mächte, die das Entstehen seiner Dichtung bedrohten, sondern auch in seinem ständigen Ringen um eine Identität, die ihm schon seit seiner Kindheit bei seinem Widerwillen gegen die Heimat, gegen das Deutsche überhaupt, und nun mit dem Untergang des k. und k. Vielvölkerstaates mehr denn je fehlte.

Im Augenblick war er tatsächlich kaum mehr als ein staatenloser Flüchtling, wenn er sich nicht entschloß, als tschechoslowakischer Bürger einen Paß zu beantragen. Sogar eine Rückkehr nach München sah problematisch aus, da er dort als Ausländer galt. Trotz seiner früheren Geringschätzung für die Schweizer und die künstlichen Schönheiten ihres Landes leuchteten ihm nun allmählich die Vorzüge einer bisher ungekannten soliden und geregelten bürgerlichen Existenz ein; allmählich festigte sich der Gedanke, daß er in dieser vielsprachigen Umgebung endlich doch Wurzeln schlagen, ja sogar auf Dauer ein wirkliches Heim finden könnte, in der Art, wie er es in Soglio erlebt hatte. Während seiner Tour hatte er nicht versäumt, bei all denen, die zuzuhören bereit waren, diesen Gedanken ins Gespräch zu bringen, in Basel hatte er unter der Führung Dory von der Mühlls eine Reihe möglicher Häuser besichtigt, ohne jedoch das Gewünschte zu finden. In dem verzweifelten Bemühen, zumindest einen vorübergehenden Zufluchtsort für den Winter zu finden, hatte er eine Einladung von einer wohlhabenden Verehrerin »provoziert, ja geradezu bestellt«, von der er wußte, daß sie einen Besitz in Ascona hatte.[11] Daß dieser Schuß ins Ungewisse fehlgegangen war, wußte er sofort, als er Anfang Dezember die kleine, primitive und schlecht geheizte Unterkunft in einem Außengebäude sah, die ihm seine Gastgeberin gerne, doch mit geringer Vorstellung von den Bedürfnissen ihres Gastes, zur Verfügung stellen wollte. Der rechte Ort würde sich nicht »bestellen« lassen, das sah er nun ein, es war ein Fehler gewesen, dies zu versuchen.

Klugerweise war er zuerst im Grand Hotel in Locarno abgestiegen. Als er sich aufrichtig, doch taktvoll aus der unangenehmen Situation befreit hatte, entschied er sich für zwei Zimmer in der nahegelegenen Pension Muralto, die zwar nicht viel größer, doch wenigstens warm waren, mit einem Wirt, der seine Wünsche bereitwillig erfüllen wollte. Das entsprach zwar kaum seinen Hoffnungen – »Enttäuschung, Unsicherheit und Sorge [atme ich hier] trotz aller

Klarheit und Sonne«, schrieb er beim Einzug an Werner Reinhart −[12], doch es wurde einigermaßen wohnlich, als Pakete und Körbe mit Kerzenhaltern, Besteck, einem Teekessel, zusätzlichen Decken von Nanny Wunderly einzutreffen begann. »Ich muß also für immer in dieser abscheulichen Pension bleiben«, schrieb er ihr unmittelbar vor Weihnachten, »denn wer wird das je wieder einpacken, was ich eben ausgepackt habe?«[13] Die einsame und besinnliche Jahreszeit wurde durch den Gedanken erleichtert, daß sie im Geist bei ihm war, und aus Dankbarkeit sandte er ihr Abschriften von drei der Elegien.

Erleichterung brachte auch ein Brief von Dory von der Mühll mit einer Einladung ihrer Mutter zu einem Aufenthalt auf ihrem Landsitz Schönenberg bei Pratteln, etwas südlich von Basel, wo ihm die gewünschte Einsamkeit sicher sei und (was er Dory als unentbehrlich beschrieben hatte) genug Platz, um bei der Arbeit auf und ab zu gehen. Er wolle sich dieses Angebot für die Zukunft aufsparen, schrieb er ihr, und seiner gegenwärtigen Unterkunft eine Zeitlang die Möglichkeit geben, zu zeigen, was sie für ihn tun könne, doch vermöge er sich keine ermutigendere Aussicht vorstellen, »dort müßte sich hausen lassen, so wie damals auf Duino, unwirsch und still, wortlos ganz nach innen. Bis es süß wird innen: Cella Continuata . . .«[14]

Sorge machte ihm andererseits jedoch die Geldfrage. Die Honorare von seiner Reise – die literarischen Gesellschaften außerhalb Zürichs waren klein und hatten nur geringe Mittel – hatten kaum für den Unterhalt von einem Vortragsort zum anderen ausgereicht; Mary Dobrženský war nach England verreist; als die Mark auf beinahe 10 zu 1 gegenüber dem Schweizer Franken fiel, hatte Kippenberg es für besser gehalten, seine Bitten um Geld unerwidert zu lassen – ja, er hatte ihm dringend angeraten, nach Deutschland zurückzukehren. Die Folge war, daß er trotz seines stattlichen Guthabens bei der Insel nahezu mittellos in der Schweiz saß. Marys Rückkehr vor Jahresende brachte jedoch Hilfe. »Nun hat sich alles besänftigt«, schrieb er an Yvonne von Wattenwyl, »meine Anleihen (so leichtsinnig es sein mag, sie fortzusetzen) gehen weiter, die kleine Pension gewöhnt sich an mich . . . und, was das Beste ist, es wird nicht für lange sein, dahinter stehen neue gastfreundliche Möglichkeiten, und vielleicht . . . diesmal die richtigen, fördernden.«[15]

Das Geld, einmal in seinem Besitz, rann durch seine Finger wie eh und je: Neujahrsgeschenke, Bücher aller Art, die ihn interessierten – Mardrus' *Geschichte der Königin von Saba*, Pierre Loti, der Neudruck eines Pariser Tagebuchs aus dem achtzehnten Jahrhundert –, und noch weitere Einkäufe für seine vollgestopften Zimmer, darunter ein unwiderstehlicher Louis Quinze-Schreibtisch, den er in genauen und liebevollen Einzelheiten an Nanny Wunderly beschrieb und der für ihr Haus in Meilen bestimmt war, wenn er umzog. Alle Anstrengungen, eine Umgebung für seine Arbeit zu schaffen, blieben angesichts seiner Unsicherheit jedoch vergeblich, er schwebte immer noch im Ungewissen, »sur une branche plutôt sèche«[16]. Am 10. Januar erreichte ihn die Nachricht, daß sein Aufenthalt nicht über Ende März hinaus verlängert werden könnte, so daß auch der Burckardtsche Zufluchtsort auf Schönenberg, auf den er sich freute, nicht von Dauer sein konnte. Ein Ende seiner Heimatlosigkeit schien so weit entfernt wie zuvor.

Strenge Einsamkeit konnte in dieser Umgebung nicht erwartet werden, doch er trug selbst die Schuld an einer zusätzlichen Bindung, die den Januar und Februar hindurch einen übermäßigen Teil seiner Zeit in Anspruch nahm und die – der Beziehung zu Marthe in Paris nicht unähnlich – seinen Gefühlsvorrat zu erschöpfen drohte. Angela Guttmann, eine junge Österreicherin, hatte während einer unglücklichen ersten Ehe in Rußland, dann mit ihrem zweiten Mann in Berlin in großer Armut gelebt. Nun lag sie krank und verlassen in Locarno, angewiesen auf völlig unzureichende Mark-Guthaben in Deutschland. Als sie Rilke durch einen Zufall kennengelernt hatte, griff sie gierig nach seiner Sympathie und Unterstützung. Sein Interesse an ihrer Geschichte verstärkte sich, als er ihre schriftstellerischen und dichterischen Ambitionen entdeckte, insbesondere, da er in ihrem Wesen so viel Russisches sah. Mehr noch mag ihn die Entdeckung angezogen haben, daß sie sich zum jüdischen Glauben bekannte, der für ihn, wie der Islam, Gott näherzukommen schien als das Christentum, in einem Volke, dessen Altes Testament seinem Gefühl nach »einen ungeheuren Gott« geschaffen hatte, »den Anfang eines Gottes«.[17]

Von Anfang an erkannte er die Gefahr, die darin lag, daß er sich wiederum den Ansprüchen anderer Menschen aussetzte. Deren Bereitwilligkeit, sich ihm zu offenbaren, und sein *Verstehen* ihrer Lage verführte ihn, wie er Nanny Wunderly gestand, zu einem Gefühl göttlicher Überlegenheit, doch er wußte, daß er gleichzeitig allzu menschlich war und daß dies nicht mehr sein konnte als ein Anschein. Seine beinahe hellseherische Kraft, das Schicksal des anderen zu sehen, erweckte in ihm einen Drang zu helfen, dem er nicht widerstehen konnte. Das hatte für ihn sich schon so oft als ein Fallstrick erwiesen, doch hoffte er stets auf Unpersönlichkeit, seine Hilfe sollte keine andere sein als die »eines Schauenden, der vorübergeht, nicht ohne zu lieben, aber doch ohne eigentlich zu verweilen«.[18] Eine solche Distanz ist selbst für den berufsmäßigen Berater, Psychiater oder Arzt, schwer einzuhalten – für Rilke war sie ganz unmöglich. Es dauerte nicht lange, bis er in Angela Guttmanns Umstände verwickelt war, ihr stundenlang zuhörte, einen neuen Arzt besorgte und, wenn ihre Krankheit sie ans Bett fesselte, ganze Nachmittage und Abende an ihrer Seite verbrachte. Der Grund dafür war zum Teil die Faszinierung durch ihre frühe Armut, mit der sich nichts vergleichen ließ, was er selbst gekannt oder im *Malte* beschrieben hatte, aber auch eine aufrichtige Bewunderung für ihr Werk, für das er voller Eifer Zeitschriften und Verleger zu interessieren suchte. Seine Begeisterung war so groß, daß sich Georg Reinhart auf seine Empfehlung hin bereit erklärte, Geld für sie zu schicken, auch Nanny Wunderly veranstaltete unter ihren Freunden eine Sammlung für sie.

Ob er die Zeit und Energie, die er derart verschwendete, anders hätte besser verwenden können, ist ungewiß. Er hatte sich danach gesehnt, der bloß mündlichen Mitteilung, die ihn – von Soglio abgesehen – seit seinem Eintreffen in der Schweiz unentwegt in Anspruch genommen hatte, ein Ende zu machen, sich allein hinzusetzen und zu schreiben. Nun aber genügten ein Schreibtisch und hübsche Notizbücher aus der Buchbinderei Nanny Wunderlys nicht, ihm bei der Überwindung des Berges zu helfen, der seinen Weg verstellte, und der Anfang des Januar verging in täglichem Selbstzweifel. Er hatte eine Art von Tagebuch begonnen, in dem er einige seiner Eindrücke aufzeichnete, klammerte sich an die Rettungsleine von Meilen und schrieb »seiner Lieben« dort manchmal mehr als einmal am Tag, jedes Ereignis und jeden Gedanken, der sich einfand – nichts aber davon war »Arbeit«. Auf seinem Schreibtisch türmte sich unerledigte Korrespondenz, auch sie fiel ihm anfangs schwer. »Gott weiß, wozu ich so viele Beziehungen unterhalte, manchmal denk ich es ist ein Ersatz für die Heimat, als ob doch eine Art von fein verteiltem Irgendwo-sein gegeben sei, mit diesem ausgedehnten Netz von Einflüssen«, gestand er Nanny; doch er wußte auch, daß seine Briefe ebenso seinetwegen wie für die anderen geschrieben werden mußten. Sie waren da »für ›die Sache‹, für das, was meine Arbeit ist, – schießlich schwingt doch in allen Briefen eine Spur ihrer Intensität und teilt sich mit«.[19]

Mitte Januar hatte er sich zu dieser wesentlichen Vorbedingung durchgerungen. Als er Nike eine Abschrift seiner peinlich geführten Agenda für den Monat schickte, um für seinen Fleiß ein »gutes Zeugnis« von ihr einzuheimsen, standen darauf nicht weniger als achtzig Briefe (seine siebzehn tagebuchartigen Mitteilungen an sie wie die bloßen Geschäftsbriefe nicht mitgerechnet). Die meisten umfaßten mehr als vier Seiten, viele waren wesentlich länger, darunter nicht wenige sorgfältige Erwiderungen an jene jungen Damen, die von dem bewunderten Dichter Ermunterung für eigenes Bemühen oder Trost im Unglück suchten.[20] Alles in allem war das wohl kaum weniger erschöpfend als seine täglichen Dienstleistungen für Angela Guttmann, hatte aber den Vorzug der Distanz dessen, »der vorüberging«.

Mehrere Male schrieb er an Ruth, die bei einem kurzen Besuch in München seine Wohnung benutzte, und ließ für sie von der Insel eine Unterstützung dorthin überweisen. Ein Brief an Clara erschien jedoch nicht auf seiner Liste. Ihre Beziehung war so freundlich wie immer, er hatte die Aussicht auf größere Unabhängigkeit für sie durchaus begrüßt, als das

Vorhaben des Hauses in Bredenau Gestalt annahm, auch wenn er wegen der Finanzierung Bedenken hatte. Er war aber beunruhigt, als er gegen Ende Oktober hörte, daß sie nicht nur einen Zuschuß von 3000 Mark brauchte, den er bereitwillig aus seinem Inselkonto überweisen ließ, sondern von ihm auch die Übernahme der Hypothek verlangte. Das überstieg seine Geduld. »Ich selbst betrachte mich in jeder Hilfe, die über das verabredete Maß hinausgeht, auch nur als ›Freund Clara Rilkes‹ und keineswegs als ›verpflichtet‹«, schrieb er an Kippenberg, als er ihm den Brief schickte, »und meine zu dieser Einstellung nicht unberechtigt zu sein, innerhalb eines Verhältnisses, das seit so vielen Jahren auf genaue und redliche Trennung gestellt war. Dieser letzte Brief zeigt mir indessen, daß es nächstens nötig sein wird, die mit dieser Anschauung gegebenen Grenzen, in aller Freundschaftlichkeit, sichtbarer nachzuziehen.«[21] In Locarno hatte er zu Weihnachten diese schwierige Aufgabe auf sich genommen und Clara einen Brief geschrieben, der, wie er Nanny Wunderly mitteilte, zur Vervollständigung seiner eigenen einsamen Existenz unumgänglich war, da er die letzten Spuren »einer längst vergangenen Verbindung« beseitigte.[22] Clara war nun so viel gesicherter und unabhängiger, daß er annahm, auch sie werde eine offizielle Scheidung begrüßen. Zu gleicher Zeit aber vereinbarte er mit Kippenberg, ihre monatliche Zuwendung von Februar 1920 an auf 600 Mark zu erhöhen.

Dory von der Mühll hatte ihm eine Skizze des Gutes Schönenberg geschickt, und gegen Ende Februar freute er sich auf das dortige Alleinsein, wenn es auch nur vorübergehend sein sollte. Die Verantwortung, die er für Angela Guttmann auf sich geladen hatte, ließ sich freilich nicht so leicht abschütteln, denn sie klammerte sich an ihn als ihren einzigen Freund. Tag für Tag schob er seine Abreise auf, bis er das Gefühl hatte, für sie hinreichend gesorgt zu haben, nachdem er sich unendliche Mühe gegeben hatte, ein passendes Sanatorium für sie ausfindig zu machen und ihr viele von den Dingen zu überlassen, die Nanny Wunderly ihm geschickt hatte. Erst am 27. Februar konnte er sich entschließen, nach Basel und Schönenberg abzureisen.

3

Suis-je donc condamné à vous faire tant, tant
souffrir?

(An Baladine Klossowska, 17. 9. 1920)

Sein neues Heim war ein mäßig großer Landsitz, den man im
18. Jahrhundert an die Landwirtschaftsgebäude angebaut
hatte und der der Familie Burckhardt nun vorwiegend als
Sommerhaus diente. Ein Flügel wurde von einem langen,
nach Norden gehenden Salon eingenommen, der nacheinan-
der als Musikzimmer, Speisezimmer, Arbeits- und Wohnzim-
mer möbliert worden war und zusammen mit einem durch
einen Vorraum in einer Ecke erreichbaren Schlafzimmer
Rilkes Unterkunft bilden sollte – neunzehn Schritte in allem,
wie er bei seiner Ankunft mit Entzücken feststellte. Von
Basel dauerte die Fahrt eine Stunde, zuerst mit dem Zug nach
Pratteln, dann zu Fuß. Die wellige Landschaft der Umgebung war zwar nicht von großer Schönheit und stand im
Zeichen wachsender Industrialisierung, bot aber einen Ausblick auf das Rheintal und vermittelte ihm zum ersten Mal in
der Schweiz das Gefühl von Entfernung, wobei die Berge
nicht länger »vordringlich« erschienen.[1] Bedienstete standen
zu seiner Verfügung, doch er würde, abgesehen von Besuchen der Familie von der Mühll, solange allein sein können,
wie er wollte. Alte Möbel, Bücher und Gemälde, ein ehrwür-
diger Schreibtisch, ein braver Schäferhund, der auf den Spaziergängen neben ihm hertrottete, dazu keine Kosten außer
dem, was er für sich selbst ausgeben wollte – er hätte sich
kaum etwas Besseres wünschen können. Es wäre seine eigene
Schuld, schrieb er nach seinem Einzug an Werner Reinhart,
wenn er in Schönenberg unproduktiv bliebe.[2]
Der Boden, auf dem er stand, war jedoch immer noch zu
unsicher, als daß das mehr als eine fromme Hoffnung sein
konnte. Seine Aufenthaltsgenehmigung würde in weniger
als einem Monat auslaufen, eine Rückkehr nach Deutschland
danach offenbar nicht zu vermeiden sein, so daß er unter
Bedingungen, die bei aller Annehmlichkeit so vorübergehend aussahen, wohl kaum Inspiration finden würde. Nach

wenigen Tagen führte diese Unsicherheit zu einer ungewöhnlichen Müdigkeit, er litt unter einem plötzlichen Rückfall in winterliches Wetter, dem die für den Sommer bestimmten Öfen des Hauses nicht gewachsen waren. Das
körperliche Unbehagen hielt ihn sogar vom Briefeschreiben
ab und erfüllte ihn mit einer wachsenden Unzufriedenheit
mit der Umgebung, die ihm anfangs ideal erschienen war (so
hielt er es für unverständlich, daß jemand seit Jahrzehnten
ein Haus besaß, ohne es mit einem Garten zu umgeben).[3]

Mitte März erreichte er mit Unterstützung der Familie von
der Mühll bei den Kantonsbehörden eine Ausdehnung seiner
Aufenthaltsgenehmigung bis zum 17. Mai, dem Verfallsda-
tum seines österreichischen Passes. Der Aufschub wie auch
der endliche Frühlingsanbruch brachten ihm keine Erleichterung; aus München traf nämlich die Nachricht ein, daß von
nun an alle Ausländer, die ihren Wohnsitz dort nicht vor dem
August 1914 hatten, von einem Aufenthalt ausgeschlossen
waren, wobei sogar die Gefahr bestand, daß seine Wohnung
beschlagnahmt wurde. Als einziger Ausweg erschien ein
Antrag auf einen Paß mit seiner neuen tschechischen Staats-
angehörigkeit, wodurch sich eine gute Aussicht für eine
Jahresgenehmigung in der Schweiz und dazu vielleicht noch
die Möglichkeit eines neuerlichen Besuches der vertrauten
Stätten wie Venedig oder sogar Paris bieten möchte. Durch
Vermittlung eines hilfsbereiten Journalisten, der Beziehungen zur tschechoslowakischen Gesandtschaft hatte, verbrachte er im April und Mai viel Zeit mit den damit verbundenen ärgerlichen bürokratischen Schwierigkeiten, an denen
auch ein schmeichelhafter Brief des Gesandten nichts änderte
(»Österreich ist dahin, aber seine Pedanterie scheint sich in
den neuen Ländern zu erhalten«, schrieb er an Nanny Wunderly).[4]

Zu diesen beachtlichen Sorgen kam noch ein Gefühl der
Reue, Angela Guttmann im Stich gelassen zu haben, gleichzeitig aber auch die Befürchtung, daß er sich von ihren
Ansprüchen immer noch nicht genug distanziert habe. Er
schickte ihr das Geld, das Nanny gesammelt hatte, führte
ihretwegen ein Gespräch mit einem Verleger in Basel und
hoffte, kurze, kühlere Briefe würden sie im Zaum halten. Sie

sollte sich so leicht aber nicht abfertigen lassen. Im April kam sie, wie er befürchtet hatte, nach Basel, er konnte nicht umhin, ganze Tage mit ihr zu verbringen, einen Arzt für sie zu suchen, sie bei den Direktoren der Museen und Bibliotheken einzuführen, da sie ein Werk über Negerkultur plante, wobei er taktvoll versuchte, sie von seinem Bedürfnis nach Alleinsein zu überzeugen. »Meine kranke Schützlingin [hat mir] großartige Freuden, aber auch sehr große Sorgen bereitet«, hatte er vor seiner Abreise aus Locarno an Dory von der Mühll geschrieben.[1] Es gelang ihm zuguterletzt zwar, ein kühleres Verhältnis herbeizuführen, doch ihre Sorgen lasteten noch lange auf seinem Gewissen. In vieler Hinsicht war es eine der schwierigsten Befreiungen aus den Klammern, in die er sich immer wieder ziehen ließ. Er hatte Clara verlassen, auch die tieferen Gefühlsbindungen an Benvenuta und Loulou Albert-Lazard ohne Gewissensbisse abgebrochen, in der Gewißheit, daß seine Sendung ein einsames Leben verlange. In diesem Fall blieb diese Gewißheit zwar erhalten, doch das Verlassen eines »Schützlings« gab ihm zum erstenmal das Gefühl der Schuld, denn der Vorwand des Alleinseins traf auf Schönenberg in der Tat kaum zu. (Angela starb zwei Jahre später in Davos.)

Basel war allzu leicht erreichbar, doch auch wenn ihn nicht der eine oder andere Grund dorthin zog, stellten sich im Haus Besucher ein, die er nicht abwehren konnte. Bei Herrn und Frau von der Mühll in Basel oder bei den Besuchen, die er im Mai bei Nanny in Meilen machte, schien er ausgesprochen nach dem geselligen Leben zu verlangen, das er hatte vermeiden wollen, und Schönenberg wurde zunehmend zu einer Zwischenstation auf dem Weg zu einem noch unbekannten Ziel. Gegen Ende Mai mußte er ohnedies innerhalb des Hauses umziehen, da die Familie für den Sommer eintraf und ihre eigenen Besucher zu empfangen begann. Unter ihnen waren die Hofmannsthals, alte Freunde, denen man durch den Verkauf einiger Kunstgegenstände über momentane Schwierigkeiten hinweghelfen wollte. (Rilke selbst gewann Werner Reinhart als Käufer für eine kleine Bronze Rodins – was er Hofmannsthal bezeichnenderweise nie verriet.)

Die Zukunft blieb immer noch unsicher, und er verhielt

sich vorwiegend passiv. Er traf allerdings die notwendigsten Vorkehrungen, um sich verschiedene Möglichkeiten offenzuhalten. Er beantragte den neuen Paß, vereinbarte mit dem Münchner Schriftsteller Hans Feist die Übernahme seiner Wohnung, um sie vor Beschlagnahme zu sichern, und stellte anschließend dort einen offiziellen Antrag auf seine Rückkehrberechtigung, die ihm schließlich zugestanden wurde. Er glaubte aber immer noch fest daran, daß ihm die Vorsehung auf irgendeine Weise zu Hilfe kommen würde, daß Zufall, nicht Planung seine Rettung bedeutete. Claire Studer, die nun mit Iwan Goll in Paris lebte, schrieb begeistert über die Möglichkeiten, die das Leben dort trotz des schlechten Wechselkurses bot. So sehr es ihn auch nach einer Rückkehr nach Paris verlange, teilte er ihr mit, könne sie nicht bloß aus eigenem Willen geschehen – sie »müßte sozusagen in meinen Sternen stehen«.[6]

Schönenberg war jedenfalls nicht mehr der richtige Ort zum Warten. Als er von Herrn und Frau von der Mühll, die Ende April von einem kurzen Besuch Venedigs zurückkehrten, erfuhr, daß einer Reise dorthin kaum etwas im Wege stehe, faßte er schnell den Gedanken, Marie Taxis dort zu besuchen. Sie hatte ihn gedrängt, während ihres Aufenthalts im Juni zu kommen, wobei ihm nach ihrer Abreise ihr *mezzanino* im Palazzo Valmarana zur Verfügung stünde. »Das Ideal wird es wohl nie für Sie sein können aber vorderhand glaube ich wirklich das Praktischeste.«[7] Anfang Mai traf endlich der neue Paß ein. Mit dessen Vorlage konnte er eine einstweilige Verlängerung seines Aufenthalts bis zum 11. Juni erreichen, worauf ihm ohne Schwierigkeiten das Visum für Italien und dazu auch noch die Wiedereinreise gewährt wurde, die bis zum Monatsende galt. Er stellte sich diese Reise als seinen ersten Schritt in die wahre Freiheit vor, für welche die Schweiz nichts mehr als ein Warteraum gewesen sei – vor allem aber sollte sie ein Schritt auf die Wiederherstellung der verlorenen Kontinuität seines Lebens sein.

Als er am 10. Juni in Venedig eintraf, berührte es ihn beinahe unheimlich, die Stadt nach acht Jahren so unverändert vorzufinden – es war wie in einem Traum oder wie die Erfüllung des Wunsches, den ein Sterblicher im Märchen äußern darf. Die Fürstin, die Valmaranas, der vertraute *mezzanino* mit dem Louis-Seize-Schreibtisch, den er dort zurückgelassen und vergessen hatte; die Stadt (von den geringen Bombardierungen während des Krieges nahezu unversehrt) war wie in seiner Erinnerung und hatte durch den Streik der Besatzungen der Vaporettos, welcher die schweigenden Gondeln als einziges Verkehrsmittel beließ, eher noch gewonnen; der »warme Marmor venezianischer Brücken« fühlte sich so tröstlich an wie eh und je.[8] Mit Pia Valmarana und ihrer Mutter unterhielt er sich über die gemeinsamen Tage von 1912, als sei es erst gestern gewesen. Eine merkliche Veränderung bedeuteten freilich die gewaltig gestiegenen Lebenshaltungskosten, doch seine paar Schweizer Franken und eine Überweisung Kippenbergs reichten aus, ihm einen längeren Aufenthalt als ursprünglich geplant zu gestatten.

Beunruhigend war indes die Entdeckung, daß auch er sich nicht geändert hatte, sodaß die Rückkehr nach Venedig weniger eine Kontinuität denn eine Wiederholung schien, wie er sie vorher nirgends empfunden hatte und in der nur »heillose Unfruchtbarkeit« liegen konnte.[9] Er hatte sich gleichsam mit angehaltenem Atem die Kriegsjahre hindurch selbst bewahrt – jedoch unverändert, ohne jenen inneren Fortschritt erreicht zu haben, der Venedigs allzu getreuer Widerspiegelung der Vergangenheit allein einen Rhythmus eingehaucht hätte. Wenn ihn diese Erkenntnis beinahe mit Widerwillen erfüllte, so versetzte ihm die Nachricht vor der bevorstehenden Rückkehr der Duse nach Venedig den letzten Stoß. »Da schien mir, daß auch nun dieses sich wiederholen sollte, so fürchterlich, daß ich von einem Tag zum anderen davonreiste und zurück in die Schweiz!«[10]

Als Versuch, die Verbindungen mit der Vergangenheit wieder anzuknüpfen, war die Reise ein Fehlschlag. »Aussi ce voyage ne m'a-t-il avancé en rien«, schrieb er später an Marthe – kaum mehr als sein Aufenthalt in der Schweiz, der wohl seinen Reiz hatte, doch keine Brücke schlug, »weder zu meiner Vergangenheit, noch zur Zukunft, die immer noch unerforschlich ist und um so ungewisser als ich den Ort nicht sehen kann, an dem ich sie erwarten soll«.[11] Seine stets nachsichtigen Freunde ließen es an Vorschlägen nicht fehlen –

Fürstin Marie bot ihm ein kleines Haus auf ihrem Lautschiner Besitz an, die Valmaranas schlugen ein anderes in der Nähe von Padua vor, man sprach von einem umgebauten Kloster in Taormina – keiner dieser Orte aber konnte mehr sein als eine vorübergehende Zuflucht, und er war gewisser denn je, daß nur ein gesetztes Leben die Eingebung wiederbringen könne. Als er am 13. Juli Venedig verließ, schien ein weiterer Aufenthalt in der Schweiz ausgeschlossen, zumal auch Mary Dobrženskys Darlehen aufgehört hatten, weil sie nun nach Böhmen zurückkehren mußte; er würde sich für den Sommer in Deutschland behelfen müssen, dann vielleicht in Lautschin, das er halb akzeptiert hatte.

Das schien zwar unvermeidlich, doch er brachte es schließlich nicht über sich, die Sicherheit der Schweiz mit den unbequemen und unordentlichen Verhältnissen zu vertauschen, die nun, wie er hörte, in Deutschland und der eigenen Heimat herrschten. Nach einem Besuch in Meilen kehrte er für den restlichen Juli nach Schönenberg zurück. Statt jedoch für die endgültige Abreise zu packen, wie er es vorgehabt hatte, konnte er einer kurzen Abschiedsreise nach Genf und Bern nicht widerstehen – aus den wenigen Tagen wurden Wochen, in denen er wieder und wieder »le retour pénible« aufschob. Genf war ihm nie schöner erschienen, »nie so glänzend und wehend und offen«, er bedauerte, seinen Winter trotz der *bise* nicht dort, sondern in Locarno verbracht zu haben.[12] Sein Zimmer im Hotel des Bergues hatte Aussicht über die Ile de Rousseau, die Stadt, der See, die »abgestufte Tiara« des Salève und der Savoier Alpen dahinter waren von einem klaren Licht überstrahlt, durch das Paris und Frankreich zu ihm herüberzuwehen schienen. Unbedenklich gab er sich dem Genuß dieser Tage hin, die »einer ungewissen und eigentlich schon anzutretenden Zukunft ein wenig leichtsinnig und eigenmächtig abgerungen sind«.[13] Beinahe täglich traf er Georges Pitoëff, der eben von einem erfolgreichen Gastspiel in Paris zurückgekehrt war, lernte dabei zum erstenmal den Schauspieler als echten Künstler kennen, unabhängig im Sinn Rodins, wenn er ihm zuhörte, wie er einen Dramentext durchging und die ganze Szene in Worten und lebhaften Gesten heraufbeschwor. *»Das ist Theater«,* schrieb er an Marie Taxis.

»Könnte ichs einrichten, ich würde ein Jahr in Pitoëffs Nähe arbeiten, alle seine Proben mitmachen –, das Genialische ist doch das Einzige, was uns wirklich ergreift und angeht.«[14]

Er wartete ab, in der Hoffnung, daß sich das »Wunder« noch einstellen würde. Einen kurzen Augenblick war er versucht, das Angebot eines neuen Freundes, des Architekten Guido von Salis, anzunehmen, in seiner Abwesenheit sein Chalet in Petit-Saconnex zu bewohnen, das in einer stillen Parklandschaft lag und an die Datscha von Aleksandr Benois bei St. Petersburg erinnerte, die er vor zwanzig Jahren besucht hatte. Doch das war nicht »Wunder« genug, da es nur wenige Wochen dauern konnte; nur ungern lehnte er ab. Er blieb weiter in Genf, hatte Freude an den Buchläden und den kleinen Cafés in der Rue de Carouge und dachte »Pariser Gedanken«. »Wenn ich über einem Haus ›Bonnetterie‹ lese, so beglückt mich das irgendwie«, schrieb er an Nanny Wunderly, »und eine Menge Deutsch wird frei in mir über der großen französischen Aufschrift. Ah, Chère, ce ne sera vraiment qu'à Paris que je me sentirai capable continuer ma vie, mais il faut avoir patience . . .«[15]

Einer seiner ersten Besuche nach seiner Ankunft hatte ihn in die Rue du Pré-Jérôme, eine Seitenstraße der Rue de Carouge, geführt, wo jene andere aus Paris Verbannte, Baladine Klossowska, mit ihren beiden Söhnen lebte. Seit dem letzten Jahr hatten sie gelegentlich miteinander korrespondiert, er hatte ihr ein Exemplar der Louize Labé-Sonette und nach seinem Besuch im Oktober Rosen geschickt. Bei so wenigen Bekannten in Genf und so vielem, was ihn an Paris erinnerte, war es nur zu verständlich, daß er die Gesellschaft einer jener künstlerischen Persönlichkeiten suchte, wie er sie vor dem Krieg dort gekannt hatte. Man traf sich häufig in den wenigen Tagen vor Baladines Abreise zu einem schon seit längerem geplanten Aufenthalt bei Freunden auf Beatenberg in der Nähe des Thuner Sees.

Da sie wenig von seinem Werk kannte, hatte ihre Beziehung nichts von den Untertönen der Verehrung für den Dichter, die ihm viele Frauen zugeführt hatte. Ihr Verhältnis gründete vielmehr auf gemeinsamen Erinnerungen an Paris und dem Band, das Flüchtlinge zusammenhielt, die dorthin zurückkehren wollten. Am Nachmittag vor ihrer Abreise, als sie sich auf Baladines Balkon aufhielten, schien sich etwas zu ereignen; es fiel kein Wort, doch erstaunte ihn die Zärtlichkeit in ihrem Blick, die eine Zuneigung stärker als Freundschaft verriet – in diesem gespannten Augenblick flammte eine Leidenschaft auf, an die sie sich beide mit Bewegung erinnern sollten. Genf schien leer ohne Baladine, er hatte keine Adresse für sie auf Beatenberg erhalten, doch schrieb ihr sofort in der Hoffnung, daß der Brief sie erreichen würde. Sie dachte nur an ihn, während sie zum erstenmal sein *Stunden-Buch* las. Als er telegraphierte, er werde am 21. August in Bern sein, kam sie sofort auf zwei Tage, dann sahen sie sich dort gegen Ende des Monats wieder. Es waren kurze, idyllische Tage, in denen sie als Liebende durch die alte Stadt wanderten.

»Merline«, wie sie sich gerne nennen ließ, zuweilen auch »Mouky«, war elf Jahre jünger als er, groß und dunkelhaarig, eher auffallend als schön; sie hatte wenig von der unmittelbaren Ausstrahlung Loulous oder Benvenutas oder von dem sinnlichen Reiz Claire Studers – am meisten ähnelte sie wohl Clara, obgleich sie in ihrem Wesen viel ausdrucksvoller und leidenschaftlicher war. Ihm dürften solche Vergleiche kaum eingefallen sein, denn für ihn lag wohl der stärkste Reiz darin, daß sie Paris und damit das Gefühl der Wiederherstellung der Kontinuität verkörperte, die er in seinem Leben suchte. Deutsch war für beide Muttersprache, doch sprachen und korrespondierten sie miteinander nahezu ausschließlich auf Französisch. Seine ersten Verse für sie nach den Begegnungen in Bern und Fribourg waren französisch:

> Qui nous dit que tout disparaisse
> de l'Oiseau que tu blesses,
> qui sait, s'il ne reste le vol,
> et peut-être les fleurs des caresses
> survivent à nous, à leur sol. . . .[16]

Es war auch symbolisch, daß er für sie wieder »René« werden sollte. Ihre Liebe schien ihn Paris einen Schritt näher zu bringen. Er begann sogar, an einen Besuch dort zu denken, bevor er dem Ruf zurück nach Deutschland folgen mußte, dem er sich für den Augenblick dank der Unterstützung Nanny Wunderlys und anderer Freunde noch entziehen konnte.

Der Schatten einer schließlichen Trennung lag von Anfang an über ihrem Weg. Auch wenn er, wie er hoffte, weiter in der Schweiz bleiben konnte, wußte er nur zu gut, daß er allein sein mußte, wenn er die Elegien je vollenden sollte. Als sie schrieb, er habe ihr »ein beinahe ungekanntes Glück« geschenkt, das sie nicht mit dem Leben in Einklang bringen könne, das sie führe, versuchte er sie zu überzeugen, daß sie beide, wenn auch nur für einen Augenblick, in einem Bereich ganz außerhalb der Wirklichkeit lebten, solange sie zusammen waren. Was immer auch geschehen mochte, ihr Herz müsse in dieser Gewißheit ruhig bleiben – ein zarter Hinweis auf die Distanz, die er einhalten mußte. Die leidenschaftliche Heftigkeit seiner Briefe und seine äußerlichen Aufmerksamkeiten straften das zwar Lügen – die Blumen, die er schickte, die Exemplare seiner Bücher, seine Rückkehr zu ihr Anfang September in Genf –, doch sie hielt tapfer daran fest, daß ihr das Bewußtsein ihrer Liebe genügen würde: »Je t'aime tant que je peux te quitter«. In ihr Exemplar des *Malte* hatte er geschrieben:

> Fülle ist nicht, daß sie uns betrübe –,
> Alle ahnten schließlich, wer besaß?
> Fürchte nicht zu leiden, aber übe
> Dir das reine Herz am Übermaß.[17]

Für sie war das ein Rat, der nur schwer zu befolgen sein sollte; er machte es ihr nicht leichter, wenn er vom »Wunder« ihrer Gemeinschaft sprach, wenn er vor seiner Abreise nach Zürich Ende August das Hotelzimmer in Bern seinen »Liebesgarten« nannte – »nirgends außer in den einsamen Wonnen meiner Arbeit war mein Herz erfüllter!«[18] –, oder wenn er anschließend auf vierundzwanzig Stunden nach Genf kam – und eine ganze Woche blieb. Er hätte aus früherer Erfahrung wissen müssen, daß er sich Sorgen für die Zukunft einhandelte, wenn er sich »diesem Traum« derart unterwarf. Doch er empfand, wie er Nanny Wunderly gestand, das

Gefühl einer erhabenen Freiheit: »Ich glaube, ich werde gebraucht, und diesmal darf mich bei meinem Abschied nicht das leiseste Bedauern verfolgen, einem Herz, das sich mir aufgeschlossen hat, nicht alles gewährt zu haben, was in mir daran gemessen ist.«[19]

Seine Zickzackfahrt durch die Schweiz, nach Genf, Bad Ragaz, Meilen und Zürich betrachtete er immer noch als eine Abschiedstour, falls sich nicht wieder einmal das ersehnte Wunder einstellte. Kurz vor Bern hatte er sehnsüchtig durch ein Parktor auf eine majestätische Kastanienallee geblickt, die zu dem kleinen Schloß Holligen hinaufführte. »Eine solche Allee, ein solches Haus ein Jahr lang, und ich wäre gerettet«, schrieb er am selben Abend an Nike. »Mir war, hätt ich dort hinauf und in ein hohes stilles Arbeitszimmer können, das mich erwartete: ich arbeitete noch diesen Abend! (Ists eine Ausrede? Ich trau mirs zu, das ich mich täusche, auch dann Mängel fände, Hemmungen, Unterbrechungen, Schwierigkeiten . . .) Aber doch, warum diese Ergreifung durch solche Alleen . . . schützend, dunkel, feierlich . . . in den alten Parkbäumen pfiff ein abendlicher Vogel, ein einzelner, wie eine Frage, ob die Stille tief genug sei für das Gefühl seines Lauts . . .: sie war −.«[20]

Merline fand nach seinem Septemberbesuch in Genf die erneute Trennung unerträglich und beschwor ihn, wenigstens in der Schweiz zu bleiben. »Bin ich denn dazu verdammt, dich so sehr leiden zu machen?« schrieb er am 17. September aus Zürich, als er ihr Kraft zusprechen wollte. »Ich trage immer noch das kleine Taschentuch bei mir, das naß war von Deinen Tränen – als Sinnbild, daß Deine Tränen stets an meinem Herzen trocknen werden, alle Deine Tränen – und laß mich glauben, meine Liebe, daß ich Dir Tag und Nacht beistehe, daß ich Dich keinen Augenblick verlasse.« »Wir sind doch menschlich«, rief sie aus – und konnte nicht begreifen, daß sie seine Arbeit bedrohte, wenn sie bei ihm war. Wenn er das dächte, müsse er es ihr sagen, sie hätte dann die Kraft, ihn aufzugeben. Das war es in der Tat, was er dachte; er wollte aber keinen Verzicht auf ihre gegenseitige Liebe zulassen, ganz gleich, was es sie beide kosten würde, wenn er den Ort für seine einsame Arbeit fände. »Zu den fundamentalen Versprechen unserer Liebe gehörte, daß nichts erzwungen werden sollte . . . diesen Anfang unseres Glücks gleichsam in die eigenen Hände zu nehmen würde uns vielleicht zu den ersten machen, die es zerstörten; es muß auf dem Amboß seines Schöpfers bleiben, unter den Hammerschlägen des großen Handwerkers . . . Laß uns unser schwaches Zutrauen in Ihn setzen, Merline: freilich werden wir stets den Schlag des Hammers fühlen . . . doch werden wir auch von Zeit zu Zeit gerufen werden, dieses Sein Lieblingswerk anzusehen, das Er zur schließlichen Vollendung bringen wird . . .« Er wußte, daß für sie als Frau das Opfer größer sein würde als für ihn, doch beschwor er sie, den Mut zu finden, den »Liebes-Aufschub«, der »in dieser Aufgabe zu liegen scheint«, wie er es ausdrückte, zu ertragen.[21]

Er hatte in den Züricher Buchläden nach einem Exemplar von Bettinas Briefwechsel mit Goethe gesucht – »die gleiche Ausgabe, die ich stets gelesen habe, wie viele Male?« –, das er schließlich an sie sandte, wobei Rosenblätter die »erhabenen Stellen« bezeichneten, die sie entdecken würde:

Malte
l'envoie à M –
qui de son admirable cœur
immensément
confirme la gloire de
Bettine.[22]

Für Merline aber war es unmöglich, dem Beispiel heroischer Entsagung zu folgen, und angesichts ihrer verzweifelten Anrufe schwankte auch seine eigene Entschlossenheit gerade zu der Zeit, da sich in der Schweiz eine ideale Zuflucht für ihn aufzutun schien.

Richard und Lily Ziegler, Freunde von Nanny Wunderly, erklärten sich bereit, ihn für den Winter auf ihrem Besitz Schloß Berg am Irchel, einem Schloß aus dem siebzehnten Jahrhundert, das nördlich von Zürich gegen den Rhein zu gelegen und nur während der Sommermonate bewohnt war, unterzubringen. Vorausgesetzt, die Probleme seiner Unterhaltskosten und seiner Schweizer Aufenthaltsgenehmigung ließen sich lösen (nach deren Auslaufen im November nur sechs weitere Monate bewilligt worden waren), war er ganz sicher, daß dieser Zufluchtsort, den er bereits mit Nanny Anfang August besucht hatte, genau seinen Bedürfnissen entsprach. Nun aber quälte ihn der Abschied von Merline. »Deine Briefe, Deine Briefe – es ist wie das Meer, ich stürze mich von der höchsten Klippe hinein, dem höchsten Gipfel meines Herzens, jenseits dessen nur das Unendliche liegt . . . Wenn es Dir nur gelänge, diese letzte Spur der Furcht der Liebe von mir zu nehmen . . . vielleicht würde ich dann langsam verstehen, warum Gott mich jenen armen Malte überleben ließ . . .«[23] Er konnte nicht widerstehen und kehrte am 3. Oktober unangemeldet nach Genf zurück. In ihrer Gegenwart überredete er sich für eine Weile selbst, daß es zwischen dem Leben und der Arbeit keinen Konflikt geben müsse. Genf, das Paris so ähnlich war, konnte ihm schließlich doch in Form einer kleinen Wohnung in der Altstadt, zu der Guido von Salis ihm riet, einen Zufluchtsort bieten. Diese Wohnung ließ er impulsiv vom ersten November an reservieren, denn die Liebe Merlines würde gewiß eine Hilfe und keine Störung bedeuten.

Inzwischen, als er bereits anfing, seine Reise nach Paris zu planen, vergaßen sie all ihre Sorgen auf einer Fahrt ins Wallis – nach Sion und Sierre, die Rhône entlang, die ihn im Geist mit Frankreich verband. Merlines Gatte, Erich Klossowski, der in Zürich lebte, verbrachte gerade mit seinem Freund Jean Strohl, einem Professor der Zoologie, und dessen Frau Frida die Ferien in Sierre. Er war von Merline seit langem getrennt und hatte nichts dagegen, daß sie sich ihnen anschlossen. Die Fünf bildeten eine geistesverwandte Gruppe, Rilke verstand sich mit Klossowski wie mit den beiden Strohls ausgezeichnet. Das Wallis fand er außergewöhnlich schön, eine Landschaft, die ihn eigenartig an die Provence und an Spanien erinnerte, doch »ein bischen weniger fanatisch, ein bischen versöhnlicher«.[24] Das schien der Beginn jener Kontinuität, die Paris wiederherstellen könnte, die er wiedergewinnen mußte, bevor er seine Arbeit wiederaufnehmen konnte. Und schon stellten sich Zweifel wegen seiner überstürzten Entscheidung für einen Winter in Genf ein.

Als er am 16. Oktober seinen Paß mit dem Gültigkeits-stempel für Frankreich bei der tschechoslowakischen Ge-sandtschaft in Bern abholte, erwartete ihn ein Brief Nikes, der Aufnahmen und Einzelheiten von Schloß Berg zusam-men mit einer Art Ultimatum der Zieglers enthielt. Er sollte sich unverzüglich entschließen, da sie das Haus in Kürze verlassen würden. Er hatte kaum eine Wahl, nicht nur wür-den die Bedingungen so günstig sein, wie er es nur wünschen konnte; Nike war dazu noch bereit, ihm eine Haushälterin zu besorgen, es war überhaupt die einzige Lösung, die seine Mittel gestatteten. »Ich sehe voraus, daß mein Aufenthalt in Paris mein Verlangen nach völliger und langer Einsamkeit noch weiter bestärken wird«, schrieb er an Merline, als er ihr gestand, daß er die Wohnung in Genf gekündigt hatte. »Wenn ich mein früheres Leben, das grausam unterbrochen wurde, wieder berühre, werde ich mich zu großen Anstren-gungen um Kontinuität verpflichtet fühlen, was ich in der einsamen Umgebung dieses Hauses besser als irgendwo sonst zu tun können glaube.« Noch im Glücksgefühl der unvergeßlichen gemeinsamen Tage war sie zu dem Opfer bereit, und am folgenden Tag erhielt er in Basel ihre Ant-wort: »consentante et heureuse«.[25]

Wenn er bei dieser Entscheidung noch mehr als gewöhn-lich zauderte, so deshalb, weil ihm die Trennung von einer Geliebten noch nie so viel Schmerz bereitet hatte. Doch hinter allem stand das hartnäckige Festhalten an seinem Ziel. Die ersehnte Einsamkeit war in Berg gegeben, aber er wußte, daß der erste Schritt zur Heilung der Bruchflächen in seinem Leben und die Vorbereitung auf eine fruchtbare Nutzung dieser glücklichen Wendung einzig und allein in einem Wie-dersehen mit Paris lag, so kurz es auch sein mochte. Er fühlte sich in seiner Ahnung bestätigt, als er kurz vor seiner Abreise nach Paris in Basel von André Gide ein herzlich gewidmetes Exemplar der *Symphonie pastorale* erhielt. Abgesehen von einem der Bücher Charles Vildracs, das ihm Anfang des Jahres auf ähnliche Weise zugegangen war, war dies seit dem Krieg der erste wahre Kontakt zu Frankreich. Was er in Paris suchte, waren freilich nicht die Menschen, sondern die Dinge und Orte – die erneute Berührung mit den unersetzlichen

Schauplätzen seines inneren Lebens, das dadurch, wenn dies überhaupt möglich war, wiedererweckt würde. Es genügte, die vertrauten Straßen entlangzuwandern, in die Luxembourg-Gärten zu gehen, um »la même plénitude de vie, la même intensité, la même justesse même dans le mal« zu entdecken. »Dürft ich hier bleiben, ich würde morgen mein Leben haben, alle seine Gefahren, alle seine Seligkeiten: mein ganzes Leben . . .« In der Odéon-Arkade erstand er ein neues Notizbuch und trug darin die Worte ein: »Ici commence l'indicible« – konnte aber nicht weiterschreiben, sondern überließ sich völlig der »lebendigen Berührung«, die Paris bot, wanderte ziellos herum, »denn jeder Schritt ist eine Ankunft«. Nur sechs Tage, doch sie bedeuteten »eine unaussprechliche Heilung in meinem Gemüt«.[26] Er erkannte die Kaufleute wieder, die Leute in den Zeitungskiosken, die Auslagen der *bouquinistes*; sogar der Blinde, dessen Leben ihn im Jahr 1902 so beschäftigt hatte, stand auf seinem Platz an der Pont du Carrousel. Es war das Paris Maltes, doch zum erstenmal schien es ihn für das Leiden zu entlohnen, das ihm diese Stadt bedeutet hatte.

»Ich bringe Dir ein Herz zurück, das durch diese Herrlichkeit eines Pariser Herbstes ganz befreit ist«, schrieb er am 29. Oktober an Merline, als er für den folgenden Tag seine Ankunft in Genf ankündigte, »es war kein Traum, es war die durchdringendste Wirklichkeit und ich gehörte dazu, während ich unablässig auch Dir gehörte, meine Liebe.«[27] Keine unfruchtbare Wiederholung wie in Venedig, sondern ein wunderbares Schließen eines Kreises: »Bruchfläche schloß sich an Bruchfläche«, er war reif dazu, wie er von Genf aus an Georg Reinhart schrieb, sich »in den arbeitsamen Winter zu stürzen, blindlings«.[28] Kippenberg, der von ihm seit August nichts gehört hatte und ihn schon längst in München vermutete, berichtete er von der Änderung seiner Verhältnisse und den Hoffnungen, die er auf seine Zuflucht in Berg setzte. Ganz so wie die Gastfreundschaft in Duino würde es sein, »weniger großartig, aber von verwandter Stille und Sicherheit . . . mit der meine ausführlich gewordene Schweizer Zeit sich runden soll . . . Nun fehlt mir zu diesem Antritt des Winters nur noch eine Wichtigkeit, guter Freund: Ihre Sanktion.«[29]

> Et si je penche enfin du côté de ma gloire,
> Crois qu'il m'en a coûté, pour vaincre tant d'amour,
> Des combats dont mon cœur saignera plus d'un jour.
>
> Racine, *Bérénice*

Nie wurde einem Dichter der Weg zu idealen Bedingungen
für seine Arbeit so geebnet wie Rilke der Weg nach Schloß
Berg am Irchel. Während er sich noch in Genf aufhielt und
nur an die bevorstehende Trennung von Merline dachte,
gaben sich die Zieglers und vor allem Nanny Wunderly
unendliche Mühe mit den Vorbereitungen für sein Eintreffen. Aus dem Nachbardorf Flaach wurde wie versprochen
eine Haushälterin besorgt, Nike besuchte das Haus häufig in
den ersten Novembertagen, um die Vorkehrungen zu überwachen. Für jede Einzelheit seines täglichen Lebens wurde
gesorgt, ohne daß er einen Finger rühren mußte, sogar ein
Vorrat an Wein, Zigarren und Zigaretten wurde angelegt, die
Ziegler, ein derber Oberst, Chef der Eidgenössischen Re-
montenanstalt, offenbar für das Wohlbefinden seines Gastes
unerläßlich hielt. Dazu erhielt Rilke auch noch das Versprechen, daß man seinen Antrag auf eine Verlängerung der
Aufenthaltsgenehmigung, die am 17. November auslief, unterstützen würde. Nikes selbstlose Hingabe ging soweit, daß
sie einen Brief an Merline schrieb, eine »Eingebung des
Herzens«, für die Rilke zutiefst dankbar war.[1] Alles was ihm
zu tun blieb, war die Fahrt nach Zürich, um sich mit ihr von
dort nach Berg hinauffahren zu lassen. Er hatte den Eindruck, daß alles so zusammenwirkte wie die Zahnräder einer
gut geölten Maschine.

Als er am 12. November sein neues Reich betrat, erschien
es ihm wie ein Wunder, daß die Bedingungen, von denen er
seit Soglio geträumt hatte, so genau erfüllt waren. Einsamkeit inmitten alter Dinge, einige wenige Bücher (Goethe,
Molière, Stendhal), eine Stille, die durch das leise Spiel der
Uhren und das Plätschern des Brunnens in den kleinen See im
Park vor seinem Fenster nur verstärkt zu werden schien;
dazu die Bedienung durch Leni Gisler, die Haushälterin, so

unaufdringlich wie »ein freundliches Klima«. »Alles, alles stimmt, bis ins Kleinste.«² Wie um seine Abgeschiedenheit noch zu betonen, wurde seine Bewegungsfreiheit durch einen Ausbruch von Maul- und Klauenseuche auf den Park beschränkt, sodaß, abgesehen von Leni Gisler, sein einziger Kontakt in Pastor Zimmermann bestand, der während der Quarantäne als Dorfbote tätig war und ihm sogar die Milch heraufbrachte. Über seiner Türe sollten, so fühlte er, die Worte von Thomas von Kempen stehen, »Cella continuata dulcescit«; hier, wenn irgendwo, mußte er den Weg zu sich selbst zurück finden können, »den verschütteten Weg zur innersten Arbeitsmitte«.³

Er machte sich keine Illusionen darüber, daß sein Fortschritt nur von schmerzlicher Langsamkeit sein konnte. Fünf Jahre waren vergangen, seit die Einberufung den Fluß der Elegien angehalten hatte, Jahre der Beschäftigung mit äußerlichen Dingen, die kaum mehr gezeugt hatten als einen gelegentlichen Widmungsvers. Ein Boden, der so lange brachgelegen hatte, würde mühsamer Bestellung bedürfen, um wieder Frucht zu tragen; der erste Spatenstich, das erste Umgraben vor den tiefen Furchen mußte für ihn wie immer in der Wiederaufnahme seiner Korrespondenz liegen. Er lebte zwar in Abgeschlossenheit, doch er war nicht unerreichbar, und der Postvorstand des Dorfes und seine Frau hatten in der Bewältigung der Flut eingeschriebener Briefe, die nun von Schloß Berg kam, die schwerste Arbeit ihres Lebens. Freunde nah und fern – darunter viele wie Hertha Koenig und Eva Cassirer, deren Hilfe sein allzu langes Schweigen schlecht zu lohnen schien – vernahmen seinen Freudenschrei der Hoffnung, der in starkem Gegensatz zur Litanei der Verzweiflung während der Kriegsjahre stand, und seine Erleichterung, endlich die Umgebung gefunden zu haben, die er brauchte.

Auch für die Freunde bedeutete die Nachricht eine ungemeine Erleichterung. Fürstin Marie und die Kippenbergs waren nur zu gerne bereit, sein endloses Zögern zu vergeben, als sie hörten, daß er sich zu einer Einsiedlerexistenz niedergelassen hatte, die solch große Verheißung in sich trug. Er selbst betonte unaufhörlich sein Bedürfnis, sich »in seinen

Cocon zu spinnen«, und lehnte mit Bestimmtheit alle Einladungen ab – von Jean Strohl zu einer Begegnung mit Albert Schweitzer nach Zürich, von Hans Reinhart zur Premiere seines Dramas mit Pitoëff in Genf, oder von Nanny Wunderly zu Klossowskis Vortrag über Daumier in Winterthur, den er selbst Georg Reinhart vorgeschlagen hatte. »So wenig man dem eingepuppten Wurm vorschlagen dürfte, zwischendurch aus dem Cocon heraus, eine Promenade zu machen, ... so wenig darf ich auf die mindeste Bewegung eingehen.«[4] Er hoffte zwar auf einen Besuch der Kippenbergs, da er nun so nahe an der Grenze lebte, betonte jedoch, daß dieser nur kurze Zeit dauern dürfe. Auch Ruth riet er von dem Gedanken ab, sich ihnen anzuschließen. Etwaige Gewissensbisse erleichterte er dadurch, daß er die Insel anwies, den langen weihnachtlichen Wunschzettel, den sie ihm geschickt hatte, und die kleine regelmäßige Zuwendung, die sie wollte, großzügig zu handhaben. Kaum je hatte er so eifersüchtig über seine Einsamkeit gewacht.

Buchstäblich über hunderte von Seiten erging er sich den November und Dezember hindurch in endlosen Variationen über das Thema der Hoffnung, die er auf die Abgeschiedenheit setzte. Dies geschah auch in sorgsam abgefaßten Erwiderungen an die vielen Briefschreiber, die immer wieder seinen Rat für ihr Leben oder ihre Arbeit erbaten – Briefe, die, wie er es Lily Ziegler gegenüber ausdrückte, wie »ein Aufräumen bis weit ins Gemüt hinein« wirkten, der »lange vernachlässigten Feder« Übung gaben und »eine Art Übergang vom Mündlichen und Mitteilenden zu der, niemandem Einzelnen mehr zugekehrten Schriftlichkeit der Arbeit« bildeten.[5] Dieser Übergang sollte lange und dornig sein. »Seit sich diese Einsamkeit um mich geschlossen hat (und sie war vom ersten Anfang an vollkommen)«, schrieb er an Merline, »fühle ich von neuem die angsterregende unbegreifliche Polarität des Lebens und der großen Arbeit. Wie ferne sie doch ist, diese Arbeit, wie weit die Engel. Ich werde nur langsam vorwärtskommen, jeden Tag einen halben Schritt und oft dabei zurückfallen.« Doch er müsse um jeden Preis diesen Akt der »Hingabe und des Gehorsams« aufrechterhalten und der Versuchung widerstehen, sich davonzumachen und

Weihnachten mit ihr zu verbringen. Er mußte in sich selbst zurückgehen, Gefühle wiederzugewinnen versuchen, die acht Jahre zurücklagen, und den Auftrag erfüllen, der ihm auferlegt worden war – die Elegien, die sie noch nicht kannte.[6]

Von der Briefflut abgesehen, galt sein erstes »Werk« auf Berg, »wenn mans so ernst nehmen will«,[7] Merline als eine Art Entschädigung für ihre Geduld. Als er bei ihr in Genf war, hatte ihm eine Reihe von Zeichnungen sehr gefallen, die ihr jüngerer Sohn Baltusz mit nur elf Jahren im vorigen Jahr gemacht hatte, die jedoch bereits das schöpferische Talent verrieten, das ihn später weltberühmt werden ließ. Gegenstand der Bilder war »Mitsou«, ein Findlingskätzchen – die gezeichnete Geschichte seines Lebens bei der Familie bis zu dem traurigen Tag, an dem es wieder verlorenging. Rilke, der sich, von Baltusz und dessen älterem Bruder Pierre hochverehrt, allmählich selbst als Teil der Familie fühlte, war von der Arbeit des Knaben so begeistert, daß er in Zürich dafür einen Verleger gefunden hatte und selbst ein kurzes Vorwort schreiben wollte. Am 26. November entwarf er auf seinem Spaziergang von einhundertundzwanzig Schritten im Park in Gedanken diese Einführung, die er dann am Abend niederschrieb, voll Befriedigung darüber, etwas ohne ein Wort der Übersetzung ganz auf Französisch konzipiert zu haben.

Merline und vor allem Baltusz waren hingerissen. Rilke selbst gefiel die kleine Sache so gut, daß er Exemplare an andere Freunde schickte. Wer kennt eigentlich Katzen? schrieb er. Er selbst gestand, daß für ihn »ihre Existenz nie mehr als eine ziemlich gewagte Hypothese« gewesen sei. Tiere müssen ein wenig in unser Leben eindringen, wenn sie ein Teil davon werden wollen. Hunde scheinen ihre hündischen Traditionen abgelegt zu haben, »um unsre Gewohnheiten und sogar unsre Irrtümer« anzubeten, sie leben am Rand ihres Wesens und kreuzen es ständig mit »ihrem vermenschlichten Blick und ihren wehmütigen Schnauzen«. Katzen aber – sie sind eine Welt für sich. »Wissen wir je, ob sie für einen Augenblick geruhen, unser nichtiges Bild auf den Tiefen ihrer Netzhaut zu registrieren? ... War der Mensch jemals ihr Zeitgenosse? Ich bezweifle es. Und ich versichere Euch, daß zuweilen in der Dämmerung die Katze des Nachbarn über meinen Leib springt, ohne mich zu beachten, oder als wollte sie der verblüfften materiellen Welt beweisen, daß ich nicht existiere.« Wenn der Leser aber Baltusz' Geschichte gesehen hat, kann er sich beruhigen: »Ich bin. Baltusz existiert . . . Es gibt keine Katzen.«[8]

Es war ein hübscher Versuch, doch in jeder Hinsicht eine Abschweifung, kaum die Übung, die er für die »lange vernachlässigte Feder« brauchte. Wenige Tage später schien ein seltsames Erlebnis dann auch zu betonen, daß die Empfindungen, die mit den Elegien eingesetzt hatten, noch schlummerten und zur Wiedererweckung noch nicht reif waren. Eines Abends kamen merkwürdige Verse zu ihm, die nicht von ihm selbst zu stammen schienen:

> Berge ruhn, von Sternen überprächtigt; –
> aber auch in ihnen flimmert Zeit.
> Ach, in meinem wilden Herzen nächtigt
> obdachlos die Unvergänglichkeit.[9]

Er habe sie mehr gehört als gedacht, wie er Kippenberg später berichtete. Er beschrieb, wie im Anschluß daran am Kamin im Sessel gegenüber ein Mann in Kleidern des achtzehnten Jahrhunderts erschienen sei, der aus einer alten, verblichenen Handschrift eine Reihe von Gedichten gelesen habe, zu denen auch diese Verse gehörten, die er aufzeichnete. Als Überschrift für den Zyklus von zehn ähnlichen reimenden Vierzeilern wählte er »Aus dem Nachlaß des Grafen C. W.« – da er stets behauptete, daß sie nicht sein eigenes Werk seien. Gelegentlich erhärtete er diese Erfindung noch durch eine »Anmerkung des Kopisten«, ganz so, wie er es bei den Aufzeichnungen Maltes getan hatte.

Er gab sich nicht der Täuschung hin, daß dieses »Diktat« einer Erscheinung aus dem Jenseits, wenn es auch eine gute Geschichte abgegeben hatte, etwas mit der zwingenden Inspiration von Duino gemeinsam habe. Das wird aus den unbekümmerten Worten deutlich, mit denen er Nanny Wunderly von diesem »anregenden Spiel« berichtete, als er ihr am

Abend des Entstehens eine Abschrift versprach. Wie das Vorwort zu Mitsou trug er diese in eines jener kleinen Hefte aus dem besonderen Papier ihrer eigenen Binderei ein, mit dem sie ihn stets versorgte. »Ich wünschte mir so etwas wie die Spur eines bergischen Vorwohners, z. B. ein Heft im Bücherschrank entdeckt, eines Abends . . . Ich bildete mir, ganz oberflächlich, auch eine Figur ein . . . da aber besagtes Heft, trotz aller Imagination, doch nicht zum Vorschein kam, was blieb übrig, als es zu verfassen? . . . (übrigens ist das Ganze die Arbeit kaum dreier Tage und gemacht, so wie man strickt – vermute ich), – jetzt erst versteh ich, wie sich's hervortun konnte . . .: zu eigener Produktion noch nicht eigentlich fähig und aufgelegt, mußte ich mir, scheints, eine Figur gewissermaßen ›vorwändig‹ machen, die das, was sich etwa doch schon, auf dieser höchst unzulänglichen Stufe der Concentration, formen ließ, auf sich nahm: das war Graf C. W.«[10]

Damit war die Sache aber merkwürdigerweise nicht abgetan. Einige Monate später, während er noch auf Berg war, diktierte der »Graf« einen weiteren Zyklus von elf Gedichten. Rilke machte Abschriften der ersten Gruppe für die Kippenbergs wie für Nike, später eine Abschrift des Ganzen für Fürstin Marie, lehnte jedoch weiterhin die Verantwortung für diese Verse ab, die seinen hohen Ansprüchen nicht genügten. Der glatte Reim und die gefälligen Bilder standen in der Tat dem dichten Stil der Elegien fern, den er wiederzugewinnen suchte. Er hatte eine Gestalt aus der Vergangenheit erfunden, doch in einer viel undeutlicheren Form als Malte. Sie war nur in kurzen Augenblicken mit seiner eigenen Erfahrung verknüpft. Das einzige dieser Gedichte, dessen Veröffentlichung er (und auch dann nur anonym) gestattete, war eine Evokation Karnaks, wie er es 1911 gesehen hatte, mit der großen Säule und der Allee von Sphinxen – der »Graf« und seine »Hélène« glichen ihm selbst und Jenny Oltersdorf:

Uns half es nicht mehr, wie?
Daß wirs ertrugen, war schon viel. Wir Beide:
du Leidende, in deinem Reisekleide,
und ich, Hermit in meiner Theorie.[11]

Auf eine merkwürdige Weise war es trotzdem ein Anfang gewesen, ein Schritt auf die Konzentration zu. Als er im Dezember an das Ende der Korrespondenz kam, die er sich vorgenommen hatte, begann seine »Brieffeder« jener Feder Platz zu machen, die echter Arbeit vorbehalten war. Er machte vielen seiner Briefpartner gegenüber gerne diesen Unterschied, zuweilen nur, um sie auf weiteres Schweigen vorzubereiten, doch die beiden Federn waren tatsächlich eine einzige. Mit peinlicher Sorgfalt schrieb er ganze Briefe oder Briefauszüge ab, bei denen er das Gefühl hatte, daß sie in Prosa zum Ausdruck brachten, was in lyrische Form gegossen werden mußte, oder die auf andere Weise für die Entwicklung seiner Gedanken wichtig waren. In den wirklich geordneten Verhältnissen von Berg, wo jeder mündliche Umgang fehlte und er sich selbst auf dem Übergang zu der universellen Mitteilung sah, die ihm als seine Sendung galt, war sein Drang nach dieser Selbstdokumentierung stärker denn je zuvor. Zum erstenmal standen ihm auch die Mittel zu einer Systematisierung auf die ihm eigene handwerkliche Art zur Verfügung, indem er eines von Nikes gebundenen Heften zu einem Sammelbuch machte.

Auch das war Arbeit, von einer Wechselwirkung, die nun endlich die lang ersehnten Ergebnisse ahnen ließ. In einem Brief auf seiner Liste, der lange auf Antwort hatte warten müssen, ließ sich eine Stimme aus ferner Vergangenheit vernehmen – die seines Deutschlehrers an der Militäroberschule von St. Pölten, der nunmehr Generalmajor war und auf naive Weise seine Freude darüber ausdrückte, »in goldener Jugendzeit . . . dem edlen Dichter, der uns einen Schatz so reiner Poesie geschenkt hat«, begegnet zu sein.[12] Diese gewiß aufrichtigen Worte hatten in Rilke wiederum all die »Schrecken« der Zeit wachgerufen, die er stets zu vergessen versucht hatte. Während er sich noch überlegte, ob er überhaupt antworten solle, begann in den ersten Dezembertagen eine Elegie über das Thema der Kindheit Gestalt anzunehmen, die sich in seiner Vorstellung vielleicht mit den letzten Abschnitten der Elegie zusammenschloß, die er 1915 vollendet hatte:

Laß dir, daß Kindheit war, diese namenlose
Treue der Himmlischen, nicht widerrufen vom Schicksal,
selbst den Gefangenen noch, der finster im Kerker verdirbt,
hat sie heimlich versorgt bis ans Ende. Denn zeitlos
hält sie das Herz. Selbst den Kranken,
wenn er starrt und versteht, und schon gibt ihm das
                    Zimmer nicht mehr
Antwort, weil es ein heilbares ist –, heilbar
liegen seine Dinge um ihn, die fiebernden, mit-krank,
aber noch heilbar, um den Verlorenen –: *ihm* selbst
fruchtet die Kindheit. Reinlich
in der verfallnen Natur hält sie ihr herzliches Beet.

Nicht, daß sie harmlos sei. . . .
Nicht ist sie sichrer als wir und niemals geschonter;
keiner der Göttlichen wiegt ihr Gewicht auf. Schutzlos
ist sie wie wir, wie Tiere im Winter . . .
          . . . Schutzlos
wie ein Brand, wie ein Ries', wie ein Gift, wie was umgeht
nachts, im verdächtigen Haus, bei verriegelter Tür. . . .[13]

»Was ist doch ein Kind für ein argloses Geschöpf«, schrieb er
am 2. Dezember an Mieze Weininger: »wächst hinaus aus den
ängstlichen und krankhaften Verhältnissen seiner Familie –
bildet sich . . . draußen, auf neuem Boden, seinen eignen . . .
und gefühlten Wert – und wird doch, wird in den tätigsten
Jahren, von allen Verhängnissen wieder eingeholt und in ein
Martyrium gestürzt, dessen Boden – wenn es einen hat –
tausend Meilen unter dem Niveau des Erträglichen liegt!«[14]

Denn wer begriffe nicht, daß die Hände der Hütung
lügen, die schützenden –, selber gefährdet. Wer *darf* denn?
Ich!
– Welches Ich?
              Ich, Mutter, ich *darf*. Ich war Vor-Welt. . . .
. . . .
Aber die Angst! Sie erlernt sich auf einmal im Abschluß,
den das Menschliche schafft, das *un*dichte. Zugluft,
zuckt sie herein durch die Fugen. Da ist sie. Vom Rücken

huscht sie es an überm Spielen, das Kind, und zischelt
Zwietracht ins Blut –, die raschen Verdachte, es würde
immer ein Teil nur, später, ergreiflich sein, immer
irgend ein Stück, fünf Stücke, nicht einmal
alle verbindbar, des Daseins, und alle zerbrechlich.
Und schon spaltet sie an, im Rückgrat, des Willens
Gerte, daß sie gegabelt, ein zweifelnder Ast am
Judas-Baume der Auswahl, wachsend verholze.[15]

Während er noch am Entwurf dieses Gedichtes arbeitete,
schrieb er am 9. Dezember eine lange Erwiderung an den
General, die er zur Gänze in das Sammelbuch abschrieb – da
es, nach seinen Worten an Nike, seine erste Aussprache über
»jene entlegene und verdrängte Zeit« in seinem Leben und
für ihn von großer Bedeutung war.[16] Keine Spur einer goldenen Jugendzeit in jenen fünf Jahren der Militäroberschule,
bekam sein Lehrer zu hören. Für den Jungen René seien sie
nichts als eine unbarmherzige Heimsuchung gewesen, ein
»Abgrund unverschuldeter Not«, ein »undurchdringliches
Verhängnis«, das er ebensowenig zu verstehen vermochte
»wie das Wunder, das mich schließlich . . . befreien kam«. Er
hätte sein Leben nicht durchhalten können, wenn er nicht
alle Erinnerung an eine Erfahrung verleugnet und verdrängt
hätte, die sich für einen Zehnjährigen mit dem sibirischen
Kerker Dostojewskijs vergleichen ließ. Erst später, in Rußland, habe er eingesehen, daß er wie Dostojewskij durch das
Ertragen des Unerträglichen seiner Seele freien Spielraum
geschaffen habe, »eine vierte Dimension ihres Daseins, in der
nun, mögen die Zustände noch so bedrängend werden, eine
neue, endlose und wahrhaft unabhängige Freiheit für sie
beginnt« – und so habe er »eine gewisse Versöhnlichkeit« mit
jenem älteren Schicksal erreicht. Es hatte ihn nicht zerstört,
daher mußte es in die Waagschale des Lebens gelegt werden,
die nur durch die »reinste Leistung« ins Gleichgewicht gebracht werden konnte. Das sei seit Rußland sein Entschluß
gewesen.[17]

Die Qualen, die er während seiner militärischen Schulzeit
hatte ertragen müssen, hatte er zwar häufig anderen anver-

traut, doch dies war in der Tat sein erster Versuch der Bewältigung dessen, was jene Jahre wirklich bedeutet hatten. Die Verdrängung, die ihn davon abgehalten hatte, je seinen »Militärroman« zu schreiben, befreite sich endlich in dieser kühlen Selbstanalyse. Nun konnte er sie ins Positive wenden. Dazu hatte er jetzt auch das Gefühl, dem bedrückenden Prag seiner Jugendzeit allmählich gerechter gegenübertreten zu können, in der Hoffnung, »jene heimliche und erhabene Stadt« könne in seine Erfahrung aufgehen wie Moskau, Toledo oder »Paris das Unvergleichliche«.[18] Die Wechselwirkung von Brief und Gedicht ist nicht zu verkennen, auch wenn wir nichts von ihrer gleichzeitigen Entstehung wüßten. Er glaubte nun offensichtlich, den Ausgangspunkt für die Fortsetzung der Elegien gefunden zu haben. Gegen Jahresende machte er eine Reinschrift der vier bisher vollendeten Elegien, die für die Fürstin bestimmt war.

Wenn es ihm tatsächlich gelungen wäre, sich so hermetisch abzuschließen, wie er es gewünscht hatte, wäre der Durchbruch gewiß geschehen. Die Wochen bis zum Jahresende brachten jedoch Ablenkungen, und die neue Elegie blieb hartnäckig Fragment. Briefe, die paketweise aus München nachgesandt wurden, trafen ein und füllten die Briefliste wieder auf, die er eben erst abgehakt hatte; Weihnachtsgeschenke mußten vorbereitet werden, auch wenn dank Nike und Lily Ziegler keine Einkaufsausflüge notwendig waren; die Festtage über konnte er zwar auf Alleinsein hoffen, doch der Gedanke an Neujahrsbesucher begann ihm unmäßige Sorge zu bereiten. Nike war willkommen, doch hatte sich auch Oberst Ziegler angesagt, dazu wurden die Kippenbergs nun in den ersten Januartagen erwartet. Er konnte sich nicht vorstellen, wie er und sein friedlicher Haushalt mit diesen »zwei lebensgroßen Menschen . . . mit ihren Gedanken, Gefühlen, Gewohnheiten« fertig werden sollten, wo die seinen jetzt bereits jeden Winkel auszufüllen schienen. Es waren wohl gute und treue Freunde, doch wenn er an all das Reden dachte, wünschte er, er hätte sie nie eingeladen.[19]

Das waren geringere, doch wachsende Übergriffe des »Lebens« auf die »Arbeit«. Das eigentliche Problem war Merline.

Durch sie hatte er zum erstenmal diesen Konflikt versöhnt geglaubt; indem sie sich völlig der Liebe zu ihm unterwarf, hatte sie bereits die Tapferkeit erkennen lassen, sein Bedürfnis nach Alleinsein zu achten. Die Versuchung, aus seiner Zelle auszubrechen und sie zu besuchen, war stark; er hatte tatsächlich bereits von Nike das Geld für die Reise erbeten und erhalten. Doch er hatte widerstanden. Während er nun auf neue Inspiration wartete, hatte er eine ungewöhnliche Befreiung des Geistes gespürt, eine Freiheit, seine Leidenschaft auf dem Papier auszuleben, in der Gewißheit, daß sie verstand.

»Ce n'est pas de l'ecriture, c'est de la respiration par la plume«. Nicht einmal Benvenuta gegenüber hatte er sich zu einer solchen Verherrlichung der Liebe hinreißen lassen – einer Liebe, die jenseits der Zeit stehen sollte, mit deren Kraft er auf den Erfolg vertrauen konnte. »Merline, ja, meine Liebe, hilf mir auf diese heroische Art, binde Dich an diese stille Landschaft, an diese friedlichen Mauern, die mich beschützen, beschütze mich mit ihnen . . . und wenn ich Dir, da ich in die Tiefen meiner Arbeit hinabsteige, ein dunkler Bergmann, der dem Licht entschwindet, nur ein seltenes, kurzes Wort zukommen lasse, wie ein Jäger, der auf Zeichen wartet statt zu sprechen, angstvoll, das nahende Wild nicht zu verschrecken – sei nicht traurig, mein zärtliches Liebes, fühl Dich nicht verlassen, verloren, vergessen. Denk lieber daran, das ich dort, wo ich begraben bin, gleichsam der andren Seite Deines Herzens näherrücke, in Schweigen – denn wie nahe waren doch unsre Augenblicke der Verzückung diesem erhabenen Kern, an dem sich mein Feuer zur Arbeit entzündet. – Meine Teuerste, Teuerste, ich verlange so sehr, meine Arme um Dich zu schließen, mir unbewußt breiten sie sich ständig aus, und wenn sich Deine Liebe verleiblicht, wenn ich bei Dir bin . . . meine eigene, so schwör ich, erfüllt all den Abstand zwischen uns, alles um Dich, soweit Du sehen kannst, alles was Du atmest, Merline, *ist meine Liebe*, dessen sei gewiß.«[20]

Die Empfängerin der Briefe war solcher Höhenflüge würdig – »Ich trage Dich in mir, ich bin Dein Heiligenschrein, denn Du bist heilig . . . Du mein Schöpfer«[21] –, doch als

Weihnachten näherrückte, wurde es trotz ihrer tapferen Worte offenbar, daß Dithyramben aus der Ferne nicht genügten, sie mit der Trennung zu versöhnen. Immer noch beteuerte sie, es sei ihr einziger Wunsch, daß er in seine Arbeit »verschwände«, doch sie machte aus ihrem Verlangen nach seiner Anwesenheit kein Hehl. Er war erschüttert von der Nachricht, daß sie zu Weihnachten an starken rheumatischen Schmerzen gelitten habe und Baltusz mit Fieber zu Bett gelegen sei.

Er beschwor sie, ihre Schwester aus Deutschland kommen zu lassen, war selbst aber unbedingt entschlossen, an Ort und Stelle zu bleiben. In seinen vielen Briefen zum Jahresende kam die große Hoffnung zum Ausdruck, daß der Durchbruch bevorstehe. Vorläufig aber hatte er sich mit einer toten Zeit abgefunden – zumindest, bis der Besuch der Kippenbergs vorüber war. Als er am 4. Januar nicht ohne eine gewisse Erleichterung hörte, daß Katharina zu krank sei, um zu reisen, und die Ankunft ihres Gatten sich verzögere, mit gleicher Post aber auch erfuhr, daß sich Merlines Zustand verschlechtert hatte, hielt es ihn nicht länger. Zwei Tage später war er im Hôtel des Bergues in Genf. Merline brauchte offensichtlich sofort Pflege, die bis zum Eintreffen ihrer Schwester von einer Freundin aus Bern besorgt wurde. Georg Reinhart sprang auf Rilkes dringliche Bitte mit einem höchst nötigen Darlehen ein, so daß Merline für einige Tage ein Zimmer in dem Hotel nehmen konnte. Schließlich ließ sie die beiden Jungen bei ihrer tüchtigen Schwester zurück und fuhr mit Rilke für eine Woche der Erholung nach Berg.

Sie trafen am 23. Januar dort ein, gerade rechtzeitig, um Kippenberg zu begrüßen, dessen Aufenthalt – glücklicherweise vielleicht – nur bis zum folgenden Tag dauern sollte. Was der Verleger von der Anwesenheit »Moukys« hielt, wissen wir nicht; als er Rilke jedoch in so angemessener Umgebung fand und die Geschichte vom »Grafen C. W.« hörte, bestand er weniger nachdrücklich auf einer Rückkehr nach Deutschland. Er versprach, die Bücher und wichtigeren Dinge, die sich noch in der Münchner Wohnung befanden, bei der Insel aufzubewahren, bis Rilke, wie er hoffte, ein mehr permanentes »Berg« in der Schweiz entdeckt habe. Er war großzügig genug, auch Rilkes Bitte um eine monatliche Zuwendung für Regina Ullmann zu erfüllen, deren eben erst veröffentlichte jüngste Erzählung zu höchsten Erwartungen zu berechtigen schien, und – was das beste war – versprach ihm selbst eine Überweisung von 2000 Schweizer Franken. Nach seiner Abreise schrieb Rilke, der Besuch, so kurz er auch gewesen sei, habe Berg für ihn erst »vollzählig« gemacht und ihn in jeder Hinsicht zu einem mehr »beruhigten Gebrauch« ermutigt.[22]

Seine Hoffnungen sollten sich jedoch nicht erfüllen; die Ablenkungen, die er für nur vorübergehend gehalten hatte, nahmen in den folgenden Monaten kein Ende. Merlines Gesundheit war durch den Aufenthalt einigermaßen wiederhergestellt. Als er sie aber am 1. Februar nach Zürich begleitete, von wo sie mit der Bahn nach Genf weiterreisen sollte, bedrückte sie eine größere Sorge. Wie er hatten auch die Klossowskis beim Ausbruch des Krieges den größten Teil ihrer Habe in Paris zurücklassen müssen. Das Problem des Wechselkurses in der Schweiz hatte Merline wie ihren Gatten nun in eine Lage gebracht, in der eine Rückkehr nach Deutschland unvermeidlich schien, so sehr sie diese Möglichkeit, vor allem wegen der Wirkung auf die bisher gänzlich französische Erziehung von Pierre und Baltusz, verabscheuten. Klossowski war tatsächlich bereits in München, wo er einen befristeten Auftrag am Nationaltheater ausführte, und wollte dort bleiben, bis er einen Ort zum Leben und Arbeiten gefunden habe. Merline, die sich bei weitem noch nicht mit dem Umzug abgefunden hatte, dachte daran, die Jungen mit ihrer Schwester im Februar nach Berlin zu schicken, um dann später nach ihrer völligen Gesundung nachzureisen. Rilke brachte es nicht fertig, sich in sein Werk zurückzuziehen und sie ihrem eigenen Schicksal zu überlassen; er machte sich die größte Mühe, Hilfe für sie zu finden – was bei seiner Abgeschiedenheit auf Berg eine uferlose Korrespondenz bedeutete.

Sein erster Einfall, ihnen seine Münchner Wohnung anzubieten, erwies sich als undurchführbar. Die Untervermietung an Feist hatte zu Schwierigkeiten mit den Wohnungsbehörden geführt, doch Feist konnte schließlich die Wohnung offiziell übernehmen, nachdem Rilke von der Insel seine eigenen Sachen hatte abholen lassen. Merline wurde bei dem Gedanken an einen Weggang immer verzweifelter, behielt nach der Heimreise ihrer Schwester die Jungen bei sich und hoffte ohne jede Aussicht auf ein Wunder – ebenso groß aber war ihre Verzweiflung bei dem Gedanken, ob sie René je würde an sich binden können. Rilke bemühte sich überall um finanzielle Unterstützung für sie – er bezahlte für den Transport zweier Bilder, darunter ein Delacroix, die sie aus Paris gerettet hatte, nach Berlin, wo ihr Bruder sie vielleicht verkaufen konnte; er veranlaßte Mary Dobržensky, einige ihrer Aquarelle zu kaufen – doch seine leidenschaftlichen Liebesbeteuerungen waren verknüpft mit dem festen Entschluß, allein zu bleiben und zu versuchen, in den wenigen Wochen, die ihm auf Berg noch verblieben, Ordnung in sein Leben zu bringen. Er beschwor sie, von den Elegien nicht so zu sprechen, als seien sie nur die Wiederaufnahme einer abgebrochenen Aufgabe. Ein solches Werk (oder was immer ihm »gewährt« werde) könne nur einem inneren Zustand entspringen, einem Fortschritt auf die Wiederherstellung einer inneren Verfassung hin, die durch die Kriegsjahre unterbrochen und verschüttet worden war. »Deine Liebe hat in gewissen Stunden unendlich gewirkt an meiner Bestärkung . . . aber die Entscheidungen fallen nur im Alleinsein.« Sie erfuhr die bittere Wahrheit, daß ihre Liebe trotz all ihres »Glanzes« zurückstehen mußte. »Vous n'avez pas besoin de moi pour votre vie«, schrieb sie: »c'est cela qui est la verité – tandis que pour moi, *vous êtes toute ma vie*«; er liebe sie, doch vermöge er, sie von sich wie einen Blumenstrauß fortzuhalten. »Soll ich Dich ganz lassen? Meine Seele wird Dich nie bedrücken, und der Körper, mein Liebster, ist weiß Gott gering genug – soll ich ihn woanders hintragen?«[23] Er blieb standhaft gegen ein Wiedersehen auf ihrer Durchreise, als sie Anfang April schließlich mit Pierre und Baltusz nach Berlin fuhr. Und sie fand kaum Trost in der Hoffnung, daß sie der Sommer vielleicht wieder zusammenführen würde.

Für Rilke war es, als hege das Schicksal eine »heimliche Feindschaft« gegen seine Arbeit. Der Winter auf Berg, der so viel verheißen hatte, war vergeudet und verloren. Die Ver-

strickung in die Probleme Merlines, gerade als er sich anschickte, in sein »Bergwerk« hinunterzusteigen, war ebenso
verhängnisvoll wie der Bruch, den ihm die Einberufung 1915
zugefügt hatte. »Schließlich ists immer dieser eine, in meiner
Erfahrung unversöhnliche Konflikt zwischen Leben und
Arbeit«, hatte er im Februar an Fürstin Marie geschrieben,
»den ich in neuen unerhörten Abwandlungen durchmache
und fast nicht überstehe.«[24] Er hatte gehofft, bis Juni auf
Berg bleiben zu können, doch die Zieglers hatten für den Mai
neue Bewohner angekündigt, so daß er seine Abreise nicht
mehr verschieben konnte. Seine Ruhe war ohnedies durch
die Errichtung eines neuen Sägewerks in der Nähe zerstört
worden, dessen »riesige dumme Gillette-Klinge« brummte
wie eine große Schmeißfliege oder der Bohrer eines Zahn-
arzts.[25] Seit Dezember war ihm kaum mehr gelungen als die
Entdeckung des zweiten »Manuskripts« des »Grafen C. W.«
und die Bewältigung eines noch größeren Briefberges. »Jeder Brief ein Stoß, ein Angriff, der alles umstürzen konnte,
oder eine innige Eindringung, die das Blut verwandelte –
und das täglich, in jener Zeit, die die meines reinsten Gleich-
muts werden sollte.«[26] Diesmal hatte ihm die Brieffeder das
Gefühl der Vorbereitung auf die Arbeit genommen.

Die einzige mögliche Anregung war im Februar die Entdeckung von Paul Valérys »Cimetière marin« gewesen. Für
das Werk dieses Dichters fühlte er eine Begeisterung, der nur
seine Bewunderung für Rodin gleichkam, und er machte
sofort eine Übertragung des Gedichts für sich selbst und
Merline. Der »Cimetière marin« – Feier der Wiedergeburt
der Inspiration und freudige Bejahung des Lebens –, der in
solch vollendeter Form von einem Dichter kam, der wie er
selbst »lang mit seinen Gedichten gelebt« hatte, bevor er sie
veröffentlichte,[27] schien ihm die Hoffnung zu geben, daß es
auch ihm gelingen mochte, den Konflikt zwischen Leben
und Arbeit zu versöhnen und zu lernen, die Gefahren des
Lebens zu zähmen, »wie der Heilige Hieronymus mit seinem
Löwen, der neben seinem Pult schlafend liegt«.[28]

»Ich war allein, ich wartete: mein ganzes Werk wartete«,
sollte er später schreiben. »Eines Tages las ich Valéry: da
wußte ich, daß mein Warten zu Ende war.«[28] So sah es damals

freilich nicht aus. Im Gegenteil, als die letzten Wochen auf Berg dahinschwanden, zweifelte er allmählich, ob er das so lang Erwartete jemals finden würde. Nach außenhin legte er zwar die gewohnte gutgelaunte Resignation an den Tag, vor einer Lage, die ihm ja nur zu vertraut war – wieder ein Umzug, der Bestimmungsort unbekannt –, dazu das immer gleiche Vertrauen auf die Hilfe der Vorsehung. Fürstin Marie würde bald in die Schweiz kommen. Er würde sie nun freilich nicht in seiner Einsiedelei empfangen können, doch er sah den Vorschlägen erwartungsvoll entgegen, die sie ihm hinsichtlich einer neuen Zuflucht machen würde. Nach wie vor blieb er bereit, die Dinge ihren Lauf nehmen zu lassen. Nanny Wunderly, auf Urlaub in Sizilien, erhielt fröhliche Briefe eines anscheinend zufriedenen Bewohners von Berg – eine lebhafte Beschreibung der Frösche, die im See ihr Ständchen brachten, Graf C. W.s vermutliche Reaktionen auf die neuen Bewohner, ein neuerliches Lob der tadellosen Bedienung Lenis – und ahnte nicht, daß er den Punkt erreicht hatte, an dem er zum erstenmal zugab, daß er bei der höchsten Aufgabe versagt hatte.

Wie tief diese Depression ging, wird aus dem Bericht deutlich, den er im April schrieb, einem der eigenartigsten und bewegendsten Zeugnisse aus seiner Feder. Es ist eine Sammlung bruchstückhafter Betrachtungen und Auszüge aus Briefentwürfen, der eine Einführung vorangeht, die in der dritten Person gehalten ist und alle unmittelbaren Hinweise auf Personen und Orte unterläßt. »Der Schreiber«, heißt es da, habe von der Vorsehung alle nur mögliche Gunst erhalten: den vollkommenen Zufluchtsort, um den verheerenden Bruch der Kriegsjahre wieder zu heilen, davor die Möglichkeit, »zwei berühmte Orte in verschiedenen Ländern wieder aufzusuchen, die unabtrennbar in die Geschichte seiner Vergangenheit gehören«, vor allem aber habe ihn »die unerschöpfliche Gnade . . . auch noch mit jener ungeheuren Bewegtheit überfüllt, die ein Herz überstürzt, das sich unter dem Andrang eines neuen Geliebtwerdens entschließt, zu lieben . . .« Bei einem »so vollkommen Begünstigten und Begabten« hätte man erwarten können, daß die ihm gewährte Einsamkeit Früchte tragen würde. Seine Aufzeichnungen aber, so fährt die unpersönliche Einführung fort, »verzeichnen ein Mißlingen, einen grausamen, verwirrenden Verlust«. »Der Schreiber hat . . . diese losen Blätter unter dem Titel *Das Testament* zusammengefaßt, wahrscheinlich, weil mit diesen Einsichten in sein eigentümliches Verhängnis, ein Wille ausgesprochen ist, der sein *letzter* bleiben wird, auch wenn seinem Herzen noch die Aufgabe vieler Jahre bevorsteht.«[30]

Der Kern des *Testaments* selbst besteht in der Erkenntnis, daß Einsamkeit seine einzige Liebe sein muß – die Einsamkeit, die ihm von frühester Zeit an gelächelt, ihn geprüft und »wie einen Wurfspeer« geworfen habe. Keine gewöhnliche Liebe könne sich je mit der Bestimmung zu solchem Geworfensein und dem ekstatischen Zittern im Ziel messen. Nicht in Augenblicken wie diesen kommt für den Künstler die Prüfung, sondern in den Zeiten dazwischen, »der Zeit der Versuchungen«, wenn ihn das Leben und die gewöhnliche Liebe ablenken. Die Hoffnung, endlich die Eine gefunden zu haben, die sein Bedürfnis nach Freiheit verstehen und annehmen könnte, hat sich als vergeblich erwiesen. »Solange es so zwischen uns steht, weiß ich nicht zu leben« – Leben ist für ihn ebenso unmöglich, wenn er sie durch seine Schuld unglücklich weiß, wie wenn er sie durch seine Gegenwart glücklich macht.[31]

Auf den letzten Seiten, die aus einem Briefentwurf stammen, beugt er sich schließlich unter das Schicksal, das seine Bemühungen vergeblich gemacht hatte – nicht in einem Vorwurf gegen Merline, sondern indem er zugibt, daß es für beide ein Versagen war. Seine Arbeit habe mit der »Fehlgeburt« der Elegie aufgehört, die er im Dezember begonnen hatte; »die Erschütterungen nahmen kein Ende, Du konntest sie nicht verhüten«; von da an sei es ihm nie mehr gelungen, die einsame Existenz zurückzugewinnen, aus der »allein ich meiner mächtig werden kann. Mein Herz war aus der Mitte seiner Kreise hinausgerückt, an die Peripherie, dorthin, wo es Dir am nächsten war –, dort mag es groß sein, fühlend, jubelnd oder beängstigt, – es ist nicht in *seiner* Konstellation, es ist nicht das Herz meines Lebens.« Sie habe ihm einst versichert, sie sei nun jeder Art von Liebe zu ihm fähig: »Ach, nimm Dich zusammen, . . ., zu jener, wie sie nun heißen mag, die mir *mein*

Leben gewährt . . . Denn, wenn ich alles alles Meinige aufgäbe und, wie ich es manchmal ersehne, blindlings in Deine Arme überginge, mich darin verlöre – so hieltest Du ja eben einen, der sich aufgegeben hat: nicht mich, nicht mich. – Ich kann mich nicht verstellen und nicht ändern . . . [ich] knie . . . in der Welt und bitte die, die mich lieben, um Schonung. Ja, daß sie mich schonen! Daß sie mich nicht verbrauchen für ihr Glück, sondern mir beistehen, jenes tiefste einsame Glück in mir zu entfalten, ohne dessen Große Beweise sie mich doch am Ende nicht würden geliebt haben.«[32]

Nicht anders war das Grundthema der Briefe gewesen, die tatsächlich an Merline gegangen waren, wenn er es auch nie so unmittelbar ausgedrückt und stets mit solchen Preisgesängen auf ihre gegenseitige Liebe und solcher Sorge für ihr Wohlergehen durchwirkt hatte, daß es kaum verwunderlich war, daß sie nur schwer daran glauben konnte. In einem Brief, den er ihr später im Mai nach seinem Weggang aus Berg schrieb, nannte er als den einzigen Trost, wenn es überhaupt einen geben könne, die Tatsache, daß ihnen etwas widerfahren sei, was etwas »zu Großes« für sie war. »Ich kann es weder teilen noch darüber reden – eines Tages werden Dir ja die Noten, die ich in der vorletzten Woche auf Berg aufgeschrieben habe, einiges mitteilen; das Letzte steht auch dort nicht, Gott verhüte, daß es je in Worte käme, ich würde sie nicht ertragen.«[33]

Das *Testament*, derart unpersönlich aufgezeichnet, bildete einen Versuch, zu dem Erlebnis Abstand zu gewinnen, sich selbst und die Stellung der Liebe in seinem Leben eingehend zu analysieren. »Das Prinzip meiner Arbeit ist eine leidenschaftliche Unterwerfung unter den Gegenstand, der mich beschäftigt, dem, mit anderen Worten, meine Liebe gehört«, die sich »mir selber unerwartet« plötzlich in »den schöpferischen Akt« umkehrt. »Vielleicht wird für ein in solchen Verhältnissen sich leistendes Herz das *Geliebtwerden* immer zum Verhängnis« – denn dann wird sich der schöpferische Akt in der Erwiderung dieser Liebe aufbrauchen und seine wahre Sendung verlorengehen. »So erscheint das Liebeserlebnis als eine gleichsam verkümmerte, unfähige Nebenform der schöpferischen Erfahrung, als ihre Herabsetzung, – und bleibt ungekonnt, unbeherrscht und, an der höheren Ordnung jenes Gelingens gemessen, unerlaubt.«[34]

Dessen war er sich freilich schon längst bewußt. Nun aber mußte er eingestehen, daß er sogar das mißbraucht habe, was ihm Berg geboten hatte, daß er sich als nicht bereit für »die Speerspielerin Einsamkeit« erwiesen und die Einsicht gewonnen habe, daß der endgültige Zwiespalt nicht einer zwischen Liebe und Arbeit sei, sondern in seiner Liebe selbst klaffte – »da ja . . . meine Arbeit Liebe ist«.[35] »Das Letzte«, was er nicht aufzeichnen könnte, war das Wissen, daß er sich dem Ruf der Liebe auch weiter nicht zu widersetzen vermöge. In diesem Sinn war das, was er geschrieben hatte, tatsächlich ein letzter Wille, Testament der Angst, daß der höchste schöpferische Akt der Elegien nie geleistet würde.

Das Dokument war zu privat und zu enthüllend, als daß er es seinem gewöhnlichen Notizbuch anvertraut hätte. Die einzige Abschrift, die er anfertigte, sandte er zur Aufbewahrung an Kippenberg, das Original vertraute er der Diskretion Nanny Wunderlys an. Sollte sich seine Angst bewahrheiten, so gab es dann wenigstens für die Nachwelt einen Bericht über alles, was er durchzumachen hatte, ein Dokument, in dem sein »Nichtgeleistetes« rücksichtslos dargestellt und ans Licht gebracht würde. Er hatte zwar nicht *das* Werk, so doch *ein* Werk gemacht, ein »Ding aus Angst« – und es dabei wie mit dem *Malte* verstanden, in einer so distanzierten Form den Strich unter eine qualvolle Erfahrung zu ziehen.

Es schien, als habe dieser Akt der Entbindung von seinen Ängsten alle Zweifel von seiner Seele genommen. Im kommenden Sommer mußte ein zweites Berg gefunden werden – so schrieb er an Merline, »nicht um den nächsten Winter anzufangen, sondern um jenen Winter, den ich zwischen Angst und Glück verbrachte, mit einer größeren Entschlossenheit, *ganz von vorne* anzufangen«[36] –, vielleicht doch noch ein Weg, seine Arbeit und seine Liebe zu ihr miteinander zu verbinden. In dieser neuen Verfassung erschien ihm die bevorstehende Ankunft Fürstin Maries in der Schweiz als bedeutsam. Sie hatte vor, ihre Enkel, die Söhne Paschas, zu besuchen, die im Internat in Rolle am Genfer See waren. Als er am 10. Mai Berg verlassen mußte, nahm er ein Zimmer in

Etoy, unweit von Rolle, in einer Pension, die man in einem alten Kloster eingerichtet hatte.[37] Er konnte sich schon vorstellen, was ihm die mütterliche Freundin raten würde – doch es war ihm ein Bedürfnis, mit ihr seine Lage zu besprechen, auch wenn er kaum gewillt war, ihren Ratschlägen zu folgen.

Merline litt schwer unter der Trennung, ein lähmendes Ischias war zurückgekehrt, die Nachricht, daß er am See war, rief in ihr unendliche Sehnsucht wach. All ihre Gedanken richteten sich auf eine mögliche Wiedervereinigung im Sommer, vielleicht im Tessin, wo sie die Möglichkeit hatte, die Villa eines Freundes zu mieten. Er seinerseits schien nur zu bereit, sie bei sich zu haben, selbst im Tessin, doch die Freude über einen erneuten Aufenthalt in französischer Umgebung in Etoy und die Erinnerung an ihren gemeinsamen Besuch in Sierre lenkten seine Aufmerksamkeit eher auf das Wallis. Darüberhinaus wollte er sein wichtigstes Anliegen, den rechten Ort für die Arbeit zu finden, nicht aus den Augen verlieren.

Geld war wieder das eigentliche Problem, wieder setzte er sein Vertrauen auf Kippenberg. Alle seine Freunde versuchten, wie er Ende Mai schrieb, ihm zu »einem nächsten ›Berg‹« zu verhelfen – Böhmen, Württemberg, sogar Kärnten, »die alte Urheimat der Rilke«, wurden in Betracht gezogen –, doch könnte es für ihn vielleicht wichtig sein, »im Interesse gewisser Beziehungen noch etwa bis Ende Juli in der Schweiz bleiben zu dürfen«. Er bat den Freund, ihm ganz aufrichtig mitzuteilen, was zur Verfügung stehe und an welche Summe er sich halten müsse. Er sei jedoch »vernünftig genug, zu bedenken, daß wir die ›Gründung‹ jenes zweiten Berg und überhaupt das Leben der nächsten Jahre, in einer mir günstigen Gestaltung, *vor allem*, soweit als möglich, gesichert halten müssen«.[38]

Er hatte noch keine Antwort erhalten, als die Fürstin am 7. Juni endlich in Rolle eintraf, doch er rechnete fest mit einer Zusage. Sie fand einen Rilke vor, der sich sehr von dem schwermütigen Dichter unterschied, den sie im April 1914 auf Duino begrüßt hatte. Nach der Benvenuta-Episode machte ihr das, was er über Merline erzählte, nicht weniger Sorgen, doch sie wußte gleich, daß er sich diesmal von seinem Traum nicht abbringen lassen würde, da er sie so eifrig davon überzeugen wollte, nun den richtigen Wächter seiner Einsamkeit gefunden zu haben, das liebende Wesen, »bereit, in dem Augenblick zurückzutreten, da die Stimme ihn riefe«. »Armer Serafico«, trug sie nachher in ihr Tagebuch ein, »wird man ihm nie Ruhe lassen, wird er niemals die Frau finden, die ihn genug liebt, um zu verstehen, was er braucht – um nur für ihn zu leben, ohne an ihr eigenes kleines unbedeutendes Leben zu denken? . . . Und wenn diese Frau lebt, wie sollte er sie finden? . . . Ich sehe keinen Ausweg.«

Energischen Einspruch erhob sie jedoch gegen seine Resignation den Elegien gegenüber. Sie wollte nichts davon hören, daß man sie so, wie sie waren, als Fragmente veröffentlichte. Sie *mußten* vollendet werden, sagte sie ihm, »und sie werden es . . . warten Sie nur, warten Sie – ich weiß, daß es kommen muß«.[39] Er war über ihre Sicherheit erstaunt, die ihm für die Suche nach einem »zweiten Berg« nun wieder Mut einflößte, zumal er auch von Kippenberg gleichzeitig einen höchst ermutigenden Brief erhielt. Der Verleger billigte seine Pläne völlig, sah keine Schwierigkeit darin, das Geld zu ihrer Verwirklichung flüssig zu machen; das Inselkonto stand besser denn je, eine weitere Zuwendung von 2000 Schweizer Franken war unterwegs. Merline hatte sich bereits für die Tessiner Villa entschieden, und Rilke hatte sich beinahe damit abgefunden, obgleich ihn innerlich alles nach Sierre zog. Nun aber, da die Mittel gesichert waren, bat er sie telegraphisch, gleich zu ihm nach Etoy zu kommen. Das war alles, was sie wollte, und am 17. Juni waren sie dort wiedervereinigt.

Ein »désir infini« nach seiner Gegenwart hatte an ihr gezehrt, ihre körperlichen Gebrechen waren wie durch ein Wunder verschwunden, und in ihrer Leidenschaft vergaß sie jeden Gedanken an die weitere Zukunft. Das gemeinsame Leben in der rosenumrankten Priorei war köstlich, gemeinsam besuchten sie die alten Lieblingsstätten. Bald wurde ihr jedoch klar, daß es für ihn bloß Sommerferien waren, daß er tatsächlich nach einem neuen Berg suchte – in dem es für sie keinen dauernden Platz geben würde. Entgegen seiner bisherigen Überzeugung, daß man das Erwünschte nur durch

Zufall entdecken, nicht aber danach suchen dürfe, wollte er nun nicht mehr alles den Freunden überlassen, sondern unternahm seine eigenen Schritte, indem er ganz einfach einen Makler in Lausanne beauftragte. Merline kam nicht dazu, die mitgebrachten Wasserfarben zu benützen, sondern fand sich mit ihm auf einer Besichtigungstour der wenigen Anwesen, die seinen sehr bestimmten Ansprüchen vielleicht genügen könnten. Der Canton de Vaud hatte nichts Geeignetes zu bieten, seine Hoffnungen konzentrierten sich wieder auf das Wallis. So trafen sie am 28. Juni in Sierre ein, wo sie in demselben Hotel Bellevue abstiegen, das ihnen im Oktober so gefallen hatte. Sie hatten, wie er an Nanny Wunderly berichtete, sogleich das Gefühl, daß »dieses merkwürdige Valais« für sie so bewundernswert und wichtig war wie damals, als sie es zum erstenmal entdeckt hatten.[40]

Nach einigen Enttäuschungen waren sie schon daran, aufzugeben und zurückzukehren – dann aber geschah das »Wunder«. Auf einem Spaziergang an ihrem letzten Abend sahen sie in der Auslage eines Friseurladens die Photographie eines Turms aus dem 13. Jahrhundert, eines kleinen Châteaus, das »zu verkaufen oder zu vermieten« war. Es stellte sich heraus, daß es der Mutter des Friseurs gehörte und ein paar Meilen oberhalb von Sierre, am Weg hinauf nach Montana, gelegen war. Eine Besichtigung am folgenden Tag zeigte ihnen einen Besitz, der abgesehen von offenbaren Mängeln – Wasser nur aus dem Brunnen außerhalb, keine Stromversorgung und etwas primitive sanitäre Verhältnisse – alle Wünsche zu erfüllen schien. Sie überließen die Mietverhandlungen dem Makler und brachen nach Lausanne und Genf auf, wobei Rilke völlig, oder beinahe völlig, überzeugt war, daß das Suchen vorüber war. »Ghère«, schrieb er an Nike, »c'est peut-être mon Château en Suisse, peut-être!«[41]

VIII   Muzot und Valmont
1921-1926

. . . the quality of life as of death and of light
As of darkness is one, one beauty, the rhythm of that wheel,
and who can behold it is happy and will praise it to the people.
                    Robinson Jeffers, *Point Pinos and Point Lobos*

I

Hier ist des *Säglichen* Zeit, *hier* seine Heimat.
Sprich und bekenn.

Neunte Elegie

Was Rilke an dem kleinen Château de Muzot (das »t« am
Ende wurde gesprochen, wie er bemerkte), einem vierecki-
gen, steilgiebligen Turm inmitten eines kleinen Gartens,
unmittelbar ansprach, war nicht nur dessen Alter – er
forschte einmal in der Geschichte der Familien nach, die das
Schloß seit dem dreizehnten Jahrhundert beherbergt hatte,
und fand zu seiner Freude heraus, daß eine der Schloßherrin-
nen sogar noch darin spuken sollte – sondern auch die
Umgebung, »la noble contrée«, wie man diesen Teil des
Wallis nannte, und die Aussicht auf eine Landschaft von
bemerkenswerter Schönheit, die ihn wieder lebhaft an die
Provence und an Spanien erinnerte. Diese Verbindung zu
seiner eigenen Vergangenheit wurde noch deutlicher, als er
entdeckte, daß bestimmte Arten von Blumen, Vögeln und
Schmetterlingen nur hier und in den beiden anderen Gebieten zu finden waren. In der Nähe des Besitzes stand eine
verwahrloste kleine Kapelle, der Heiligen Anna geweiht;
zwei Bögen mit voll erblühten Rosen in dem Garten, zu dem
auch ein kleines Obstgärtlein gehörte, verstärkten noch den
Reiz; etwas bergab lagen Weinberge, an der Straßengabelung
erhob sich eine mächtige Pappel, »wie ein Wahrzeichen wieder und Ruf-Zeichen, als sagte, als bestätigte sie: sieh, dies
ists!« Den Rest des Sommers zusammen mit Merline dort zu
verbringen, wäre vielleicht zu der vom Makler vorgeschlagenen Miete möglich. Es würde sich dann zeigen, ob der Ort
für den »strengen Winter« geeignet war, den er für sich allein
dort plante – immer vorausgesetzt, es ließe sich die »rechte
Leni« finden, worin die Empfangsdame des Hotel Bellevue
keine Schwierigkeiten sah.[1]

Einige Wochen unruhigen Wartens folgten. Es stellte sich
heraus, daß ihre Zimmer in der Priorei von Etoy aufgegeben
werden mußten, daher zogen sie am 8. Juli hinauf ins Bellevue, mit der Absicht, vielleicht in einer anderen Pension in

Sierre zu bleiben, falls die Muzot-Verhandlungen fehlschlü-
gen. In langen Briefen schüttete Rilke sein Herz vor Nanny
Wunderly aus, wog die Möglichkeiten unentwegt gegenein-
ander ab, konnte sich aber zu keinem Entschluß durchringen
und wollte keinen Schritt ohne ihren Rat unternehmen. Er
fühlte sich schuldig, weil er Merline von der Tessiner Villa
abgebracht hatte, wo man billiger hätte leben können und ihr
Sommer ruhiger gewesen wäre, als bei dieser etwas nomadischen Existenz im Wallis; er erfuhr von einem Besitz am
Wörthersee in Kärnten, den er glaubte besichtigen zu müssen; Muzot blieb immer noch ungeheuer anziehend, doch
wegen der Krankheit Mme. Rauniers, der Eigentümerin, war
keine Antwort auf den Vorschlag des Maklers zu einer vorläufig kurzfristigen Vermietung zu erhalten. Rilke war besonders daran interessiert, von Nanny die Meinung Werner
Reinharts zu erfahren – Reinhart hatte nämlich ein Bild des
Anwesens einige Jahre zuvor gesehen, und Rilke hoffte, er
würde es vielleicht für ihn mieten. »Möglicherweise wäre
dieses wunderbare spanisch-provençalische Valais die Umgebung für einen Elegien-Winter und Muzot hätte die Zukunft,
mir dafür Schutz zu sein –, ich weiß es nicht . . ..«[2]

Es war ein Segen, daß seine Freunde entschlossener waren
als er. Am 17. Juli traf von Nanny ein Eilbrief mit dem
Vorschlag Reinharts ein, Muzot für sechs Monate mit einer
Option auf Erneuerung des Vertrags zu mieten. Ein Besuch
bei Mme. Raunier am selben Abend fand die Eigentümerin
bei klarem Verstand und unter der Bedingung einverstanden,
daß für den Fall eines Verkaufs eine entsprechende Kündi-
gungsfrist vereinbart würde. In den folgenden Tagen begannen eifrige Einzugsvorbereitungen gleichsam über Rilkes
Kopf hinweg, ohne Rücksicht auf seine anhaltenden Zweifel.
Merline mit ihrem Künstlerblick hatte eine gewisse Erfahrung im Umgang mit alten Gebäuden, sie hatte sofort erkannt, was sich aus Muzot machen ließ, und war bald mit den
Putzfrauen am Scheuern. Eine gewisse Renovierung war
notwendig, nicht aber einschneidende Veränderungen; die
Möbel, darunter einige brauchbare Stücke aus dem siebzehnten Jahrhundert, waren ausreichend; gegen Ende der Woche
war Merline bereits eingezogen, während Rilke sich immer

noch im Hotel mit dem Gedanken an die bevorstehende Prüfung abquälte.

Er sei zutiefst dankbar, schrieb er an Reinhart, daß er ihm soweit vertraue, ihn »als den ersten in der Reihe Ihrer einsamen Burgvögte« einzusetzen, er verstünde hoffentlich aber auch, daß dies immer noch eine Art Versuch bleiben werde. »Die Schwierigkeit und Unsicherheit meiner Lage ist so groß, daß ich nicht weiß, ob ich das feste Obdach lange werde bewahren können, es können immer Umstände eintreten, die mich zwingen, fortzureisen . . . auch seh ich nicht, ob das feste alte Haus nicht schwieriger zu bestellen sein wird, als Berg und ob es den Bedürfnissen meiner Arbeit wird so gut entgegenkommen können, wie [Berg] imstande war.« Doch sei die Möglichkeit, diesen Versuch wagen zu können, eine große Freundlichkeit. »Die innere Stimme, die mir zu dieser [walliser] Landschaft zuredet, spricht mit der gleichen Stärke wie mein Wunsch, noch einen Winter in der gastlichen Schweiz zu bleiben, abwartend bis sich meine verstörten Verhältnisse etwas geordnet haben (und bis vielleicht die Rückkehr nach Paris eines Tages möglich wird) und vielleicht . . . im Schutze dieser Zuflucht, die Arbeiten vollendend, die die Wirrnis des Krieges und seine Nachwirkungen in mir unterbrochen haben! Gelänge das also, wie würde ich unseren festen Turm segnen!«³ Reinhart war gerne bereit, das Risiko eines Auszugs seines »Vogtes« einzugehen, da ihn der Besitz ohnedies interessierte. Er ermutigte Rilke, mit der Ausstattung und Renovierung zu beginnen, die ihm nötig erschien, ohne sich um die Kosten zu kümmern, und bot ihm bei der Beschaffung von Teppichen, Geschirr und dergleichen jede Hilfe an.⁴ »Eigentümlich berührt es mich«, schrieb Rilke an Nanny, »daß er, Werner, der einzige Mensch, dessen Besuch wir uns auf Berg wünschten, nun die Ziegler'sche Rolle übernimmt, et vous chère, vous restez dans le vôtre: vous me rendez ce nouveau Berg possible et habitable.«⁵

Er bestand immer noch darauf, daß es ein Versuch war, bat sie aber trotzdem darum, Briefpapier mit der Adresse von Muzot für ihn drucken zu lassen, und zog am 17. Juli schließlich selbst hinauf. Es herrschte glühende Hitze (»die gewiß dazu beigetragen hat, die Trauben für den berühmten »crû d'Enfer« reifen zu lassen, den Stolz dieses Sommerlandes«), und er mußte gestehen, daß Merline wesentlich mehr Courage besaß als er. Muzot war nunmehr sauberer und luftiger, da man es »entrauniert« hatte, und sah von der Straße bei der Pappel unten so entzückend und glücklich aus – es zu betreten war aber immer noch »hart, hart, als zöge man eine schwere Rüstung an«.[6]

Er ordnete wenigstens die Beschränkung von Reparaturen, Ausstattung und zusätzlicher Möblierung auf das Mindestmaß an, bis er sich über den Erfolg des Versuchs im klaren war. Seine Bitten an Nanny bezogen sich daher auf das offensichtlich Unentbehrliche – Leuchter, Kissen, eine Sturmlaterne (wobei sie jedoch fürsorglich genug war, auch eine ganze Menge anderer Dinge zu schicken, an deren Unentbehrlichkeit er nicht gedacht hatte). Anfang August kam Werner Reinhart mit seinem Bruder Hans, war von seiner neuen Domäne sehr angetan und schickte nach seiner Rückkehr weitere Dinge, um das Haus zu füllen. Seinem Vogt schlug er einen Fundus für weitere Ausgaben vor. Merlines Energie und Unternehmungslust waren ungeheuer, sie verstand zu improvisieren und örtlichen Rat und Hilfe einzuholen, so daß das alte Haus allmählich eine Wohnlichkeit annahm, die Rilke nie vermutet hätte. Sie war unerschütterlich entschlossen, den Versuch zu einem Erfolg werden zu lassen; nach einigen Wochen begann Rilke ihre Gewißheit zu teilen, auch wenn ihm Muzot häufig wie eine Rüstung – eine rostige überdies – erschien. Erst nach einem Besuch mit Nanny auf einem anderen in Frage kommenden Anwesen, einem Landhaus in Kaiserstuhl, das ihm nicht zusagte, und nach weiteren großen Zweifeln beschloß er Ende September, »im Schutze dieser festen alten Mauern« zu bleiben und sich für seinen arbeitsamen Winter niederzulassen.[7]

Die Anlage des rechteckigen Turmes war jedenfalls sehr praktisch. Das Erdgeschoß, das man durch einen überdachten Vorplatz erreichte, enthielt ein geräumiges Eckzimmer mit einem traditionellen walliser Steinofen und einem prächtigen Eichentisch aus dem siebzehnten Jahrhundert; ein kleiner Salon daneben ging auf einen Balkon, von dem aus man eine Aussicht auf das Rhônetal hatte; dazu kam ein kleines Schlafzimmer und eine Küche, die man in jüngerer Zeit anstelle der ursprünglichen Küche im Keller angebaut hatte. Hier waren für den Augenblick, bis man eine Haushälterin gefunden hatte, die Räumlichkeiten Merlines. Im ersten Stock lag ein quadratischer Raum, dessen Deckenbalken die Jahreszahl MDCXVII trugen. Diesen bestimmte Rilke zu seinem Arbeitszimmer. Für sein gewohntes Hin- und Hergehen während der Arbeit war zwar nicht allzuviel Platz, doch erinnerte die Atmosphäre angenehm an Nanny Wunderlys »Stübli« in Meilen. Nach Süden und Westen gingen Fenster auf die ferne Majestät der walliser Alpen. Anschließend befand sich ein kleines Schlafzimmer für ihn, von dem aus es einerseits durch eine Bogentür zu einem schmalen Balkon ging, andererseits in eine kleine weißgetünchte Kammer, die sogenannte »Kapelle«, die man auch vom Treppenabsatz durch einen niedrigen mittelalterlichen Gang erreichen konnte. Über ihr war kein Kreuz, sondern ein Hakenkreuz im Relief angebracht. Oberhalb lagen weitere Dachzimmer, die aber nur Luken besaßen. Seine Isolierung konnte so gewahrt bleiben, »unabhängig von Kommen und Gehen und Hauswirtschaft«.[8]

Seine Bedürfnisse waren einfach, doch nicht so gering, daß er sich mit Primitivem zufriedengegeben hätte; die Lebensbedingungen auf Muzot, »demeure un peu héroique et rude«,[9] standen in scharfem Gegensatz zu denen des wohleingerichteten Schloß Berg. Die Möbel waren erträglich, Leuchter und Lampen reichten aus; das Fehlen fließenden Wassers und die minimalen sanitären Einrichtungen waren aber ernste Mängel. Was ihn vor der Aussicht auf einen Winter auf Muzot vor allem zurückschrecken ließ, war die Befürchtung, daß es auch trotz einiger Verbesserungen und einer nur halb so tüchtigen Haushälterin wie Leni, ein Besitz war, den man nicht sich selbst überlassen konnte. Das Ganze würde mehr von seiner eigenen Aufmerksamkeit beanspruchen, als er ihm tatsächlich widmen konnte, wenn er wirklich arbeiten sollte, auch wenn Nanny Wunderly die Haushaltskosten übernahm. Anfang Oktober konnte er Reinhart jedoch die schriftliche Bitte schicken, ihn »in seinem Burgvogtsamt für die Dauer des Winters« zu bestätigen, und weitere Vorschläge für die Verwendung des Fundus zu machen, den ihm sein »Lehensherr« eingeräumt hatte. Er nannte einen neuen Kachelofen für das Arbeitszimmer, die Abdichtung der vielen Ratten- und Mäuselöcher, kleinere Schreinerarbeiten an Balkon und Fenstern.[10] Mme Raunier war mittlerweile ihrer Krankheit erlegen, die Tochter hatte den Verkauf Muzots an Reinhart vorgeschlagen, und Rilke versprach, für ihn eine genaue Vermessung und unabhängige Schätzung vornehmen zu lassen.

Ob Merline damals von seinem Berger *Testament* Kenntnis hatte, bleibt dahingestellt. Die Hingabe, mit der sie für ihn die Vorbereitungen für einen einsamen Winter auf Muzot traf, läßt jedoch darauf schließen, daß sie seine Bedingungen angenommen hatte und entschlossen war, ihrerseits keine Wiederholung des Mißgeschicks von Berg zuzulassen. Unermüdlich suchte sie nach der rechten Haushälterin, was nicht so einfach war, und wollte erst nach Berlin zurückkehren, wenn diese gefunden war. In der Zwischenzeit werkelte sie weiter am Küchenherd, hatte für die Hausarbeit aber ein Mädchen aus dem Dorf eingestellt. So konnte sie die letzten gemeinsamen Wochen voll genießen, während der Sommer, seit Jahrzehnten der heißeste, in den Herbst überging und sich ihre Mappe mit Zeichnungen von Muzot und Aquarellen von »la noble contrée« füllte. Auf eine der Zeichnungen, die ihn selbst auf dem Sofa schlafend darstellte, schrieb Rilke für sie die Verse:

> Der Gram ist schweres Erdreich. Darin
> wurzelt dunkel ein seliger Sinn,
> daß er sich blühend entringe;
> wie war in dir, mein stiller Schooß,
> alles trotzdem namenlos:
> draußen erst heißen die Dinge.
>
> Heißen nach Zweifel und heißen nach Zeit,
> aber da legen wir Seligkeit
> plötzlich zwischen die Namen.
> und dann tritt auch die reine Hirschkuh

und der starke Stern dazu
in den befriedigten Rahmen.[11]

Es war Nanny Wunderly, die endlich eine als Wirtschafterin geeignete Person fand. Am 15. Oktober konnte Frieda Baumgartner, die sechsundzwanzigjährige Tochter eines Bauern aus Balsthal bei Solothurn, von Merline in ihre Aufgaben eingeführt werden. Obwohl das länger dauern würde als nur die zwei, drei Tage, die man sich vorgestellt hatte, fing Rilke sogleich mit dem Leben an, das er fortan führen wollte. »Heute sollte meine Einsamkeit beginnen«, schrieb er am 17. Oktober an Nike, »und sie beginnt auch gewissermaßen: ich sitze an meinem Schreibtisch seit früh und bin dabei, die Aufarbeit einer langen Briefliste zu beginnen, was für mich immer der Anstieg in die Besinnung ist«; der Umstand, daß »Mouky« noch eine Weile länger blieb, änderte nichts an seiner Entschlossenheit.[12] Ihre Anwesenheit war in der Tat sehr willkommen, da es ihm dadurch erspart blieb, die Zügel des neuen Haushalts bei den ersten zaghaften Schritten in die Hand nehmen zu müssen. Frieda, die guten Willens, doch langsam und weniger erfahren war, als man hatte annehmen dürfen, brauchte offenbar Zeit, um unabhängig schalten zu können. »Hoffentlich hab ich und Muzot die Eignung, die Fähigkeiten der neuen Hausgenossin zum Blühen zu bringen«, schrieb er an Reinhart, »vorläufig ist sie noch mehr Stengel und ein Blättchen an ihr, das sich aufschlüge, wäre schon viel.«[13] Merline verschob ihre Abfahrt mehrere Male; erst am 8. November konnte er sich von ihr in Sierre verabschieden. Er schrieb ihr anschließend vom Bellevue aus, »vor dem Aufstieg zu unserem guten und treuen Muzot, das von nun an mein sein wird mit all dem Herz, das Du in ihm erweckt hast«, und beschwor sie, an ihrem rechten Willen festzuhalten: »mag uns Gott die Sicherheit geben, daß wir das Rechte tun und nichts von dem Reichtum verlieren, mit dem Er uns überschüttet hat . . .«[14] »Es ist ja nicht an dem, daß Mouky es nicht verstünde«, schrieb er an Simone Brüstlein, die Freundin, die ihnen während der Genfer Krise zur Seite gestanden hatte, »nur, ihr Herz hat unsägliche Mühe, es zu leisten.«[15]

Mittlerweile war der neue Ofen für sein Arbeitszimmer eingesetzt und auch noch die Küche neu möbliert worden. Die anderen Arbeiten gingen voran, mit dem Eintreffen eines stattlichen Ohrensessels von Reinhart schien sich Muzot der »Vollendung« zu nähern. Rilke, der wohl wußte, wie sehr er nicht nur für seine Haushaltskosten, sondern auch für all die anderen Dinge, die Muzot zu einem würdigen Nachfolger Bergs machen würden, auf Nike angewiesen war, lud sie nun zu einer Besichtigung ein. Sie brachte von Reinhart die gute Nachricht, daß er bis zum etwaigen Verkauf, auf den er die Option wünsche, bereit war, die Pacht auf weitere sechs Monate zu verlängern. Kurz darauf erfuhr Rilke von Oberst Souvairan, dem Vormund der jungen Rauniers, daß man die Frage des Verkaufs gerne so lange ruhen lassen wolle: »soyez bien heureux et tranquille dans votre château . . . travaillant de belles œuvres, avec la douce espérance qu'elles contribueront à améliorer quelque peu nos pauvres natures humaines.«[16] Nikes Besuch – auf den Tag genau ein Jahr, seit er Berg betreten hatte – schien Muzot für den Beginn seines »guten Winters« bereit zu machen. Die Rüstung war nun zu einem Mantel geworden, »ein etwas steifer, aber doch immerhin nun weicherer Mantel«.[17] Eine Flut von Paketen Nikes brachte die zahllosen kleinen Dinge, die noch zusätzlich nötig waren, um es bequemer zu machen. Zuweilen stellte sich eine sehnsüchtige Erinnerung an Berg ein – vor allem an den anheimelnden offenen Kamin –, die aber durch den Gedanken verscheucht wurde, daß sich keine der unheilvollen Ablenkungen von dort wiederholen konnte. Im November und Dezember waren seine Briefe an Merline zwar immer noch zärtlich, doch gingen sie weniger häufig, während er sich leichteren Herzens seiner anderen Korrespondenz zuwandte.

Vor allem um eine Familienangelegenheit mußte er sich kümmern. Im September hatte Ruth ihre Verlobung mit Carl Sieber, einem jungen Referendar, dem Großneffen Johanna Westhoffs, also einem Vetter zweiten Grades, angekündigt. Sie hatte ihm mitgeteilt, sie wollten so bald als möglich heiraten, um anschließend auf dem Sieberschen Gut zu Liebau, südlich von Leipzig im sächsischen Vogtland, zu leben. Ein Brief Siebers an seinen zukünftigen Schwiegervater war bereits eingetroffen, so mußte die Höhe der Mitgift, die er Ruth geben konnte, ziemlich bald bestimmt werden. Eine weitere Komplikation ergab sich aus einem Ersuchen Claras. Ruths früherer Verlobter, mit dem sie nun gebrochen hatte, war der Sohn eines Freundes, der einer der Berater Claras gewesen war, auch den Plan ihres Hauses in Bredenau unterstützt und sich seit langem auf die Vereinigung ihrer Kinder gefreut hatte, so daß durch Ruths Sinneswechsel eine schmerzliche Entfremdung eingetreten war. Sie mußte sich nun nicht nur mit einem doppelt einsamen Leben abfinden, sondern brauchte auch ein weiteres Darlehen, um das sie sich sowohl unmittelbar an Kippenberg als auch an ihren Ehemann gewandt hatte. Rilke, der wie üblich bereit war, seine Verpflichtungen nach bester Möglichkeit zu erfüllen und der Ruths zukünftiges Eheleben mit wohlwollend distanziertem Blick ansah, legte dem Verleger das Problem in aufrichtiger Genauigkeit vor, da dieser allein beurteilen könne, was sich seinem Konto mit gebührender Rücksicht auf die eigenen Erfordernisse zumuten ließe.

Er selbst schickte die Hälfte der Summe, die Clara erbeten hatte, freilich als Geschenk, nicht als Darlehen (ausnahmsweise war der Wechselkurs günstig), und überließ es seinem Freund, den Rest zu überweisen und über die Mitgift Ruths zu entscheiden. Er machte aber auch deutlich, daß er an der Einstellung festhielt, die er vor zwei Jahren geäußert hatte, daß nämlich die Trennung von Clara in offizieller oder inoffizieller Form auf Dauer gelte und jegliche Unterstützung von ihm als einem Freund und nicht als Ehemann komme. »Wir müssen nach und nach dazukommen, der Wahrhaftigkeit meines, nicht leichten und andererseits so notwendigen Alleinseins (nachdem es schon so lange als Wirklichkeit sich konstituiert hat) Bedingungen zu schaffen, die es ganz der Arbeit meines Lebens zueignen und es sichern vor jedem Hineingerissenwerden in ein anderes, oft nur der eigenen Schwere nachgebendes Schicksal.« Ruth würde soviel erhalten, wie es die Rücksicht auf seine eigenen Umstände erlaubte, es kam jedoch nicht in Frage, daß ihr ein Teil seiner Münchner Möbel, die er eines Tages für sich selbst zurückzuholen hoffe, zum Geschenk gemacht würde.[18]

Ruth sollte ihren Geburtstag am 12. Dezember mit einem Verlobungsfest in Liebau begehen, und Rilke bat Katharina, einen besonderen Kuchen als seinen Beitrag zu bestellen. Kippenberg war so umsichtig, Ruth nach Leipzig einzuladen, um mit ihr die Angelegenheit der Mitgift zu besprechen. Dabei riet er zu einer Summe von 50 000 Mark, die ungefähr den halben Kontostand ausmachte und augenblicklich dem Betrag von 1500 Schweizer Franken entsprach. Rilke telegraphierte seine Einwilligung und erklärte sich später, mit einigem Zögern, mit einer Erhöhung auf 60 000 einverstanden – aber nicht mehr. Mit diesen Vereinbarungen und einem Verlobungsbild seiner eigenen Eltern als verspätetem Geburtstagsgeschenk scheint er das Gefühl gehabt zu haben, den Verpflichtungen seiner Tochter gegenüber nachgekommen zu sein (obgleich er ihr nach der Hochzeit im Mai eine kleine monatliche Zuwendung machen würde). Was wie Vernachlässigung aussehen mochte, schrieb er an Carl Sieber, sei in Wirklichkeit die Aufopferung der Familie für die Arbeit. Wolle man ihm vorwerfen, daß er nicht die Kraft zu beidem habe, so könne er nur schweigend auf jene Bereiche hinweisen, »in die ich alle meine Fähigkeiten geworfen habe«, und das endgültige Urteil abwarten.[19] »Eine Tür geht zu«, schrieb er seufzend an Nike: »vielleicht gehen andere *auf*, es ist eben *ihr* Leben, und mir fehlen ja so viele Einblicke nicht nur gegenwärtige, sondern auch frühere, für die ich zu entfernt und zu abgelenkt war.«[20]

Die Verlobungsanzeige hatte vielen alten Freunden seine Adresse verraten, und seine Briefliste wurde länger denn je. »Die Brief-Usine arbeitet mit Dampf«, teilte er Nike am 1. Dezember mit: über 180 Seiten seien in einer Woche abgegangen, »das geht nach dem Meter, um nicht ›Kilometer‹ zu prahlen! Es muß. Denn erst dahinter liegt das Tal der eigentlichen Einsamkeit und jenseits die Aufstiege ins Arbeitsgebirg.«[21] Er halte sich an das Vorbild jener früheren Zeit, schrieb er in seinem Brief zum siebzigsten Geburtstag von Alexander Taxis, »jenes Winters, in dem diese fleißige Verpuppung so wunderbar gelang: des Winters auf Duino!«[22] Seine Hoffnungen auf Muzot, die zwar gedämpfter klangen als in den Briefen aus Berg, verstärkten sich in dem Bewußtsein, daß seine Einsamkeit hier besser gewährleistet sei, und in dem Gefühl, daß er im Wallis endlich die wahre Größe der Schweiz entdeckt habe – »diese großmütige und so unverbrauchte Landschaft«, die Jean Strohl so angemessen als »eben aus der Schöpfung« hervorgehend, noch »mit dem Dunst«, beschrieben hatte.[23]

Hier hatte er auch den Vorzug einer französischsprechenden Umgebung – was nicht so widersinnig war, wie es sich anhörte, da er stets das Gefühl hatte, sein bestes Werk stelle sich ein, wenn er nicht vom Alltagsdeutsch umgeben war. Dazu kam vor allem die Anregung durch Valéry, dessen verstreute und nicht leicht erreichbare Werke er mit der Hilfe Gides gesammelt hatte und den er begeistert allen Freunden empfahl. »Vor etwa fünfundzwanzig Jahren erschien ein merkwürdiger Aufsatz *(l'Introduction à la Méthode de Léonard de Vinci)*, den er nun – 1919 – mit einer außerordentlich schönen Einleitung neu herausgegeben hat; aber bei Mallarmé einzusetzen, das hieß mit dem nächsten halben Schritt im Schweigen stehn, *dans un silence d'art très-pur,* so kam es auch: Valéry schwieg und trieb Mathematik. Erst jetzt ... entstand wieder, umso reiner, die Notwendigkeit des künstlerischen Wortes in dem Fünfzigjährigen: und was seither von ihm ausgegangen ist, ist von der größten Besonderheit und Bedeutung.«[24] Wenn es einem anderen gelang, nach so langem Schweigen produktiv zu sein, dann müsse es auch für ihn Hoffnung geben. In Valérys »Palme«, so schrieb er an Fürstin Marie, stünden die Worte:

> Patience, patience
> patience dans l'azur,
> chaque goutte de silence
> est la chance d'un fruit mûr! –

»Könnt ich das auch für mein Schweigen erhoffen.«[25]

Als er Kippenberg für die finanziellen Vorschläge dankte, teilte er ihm auch den glücklichen Umstand mit, daß ihm Muzot auf länger gesichert sei. Ein wenig Taschengeld würde ihm nicht ungelegen kommen, doch könne man warten, bis sich die Mark erhole. Übrigens sei es vielleicht ganz gut, daß er nicht die Mittel habe, auch nur für einen Tag den Turm zu verlassen, der so genau den Anforderungen der Arbeit entspreche, die er zu leisten hoffe. Ob ihm die Erfüllung der »größten Aufgabe« gewährt werde, könne er nicht vorhersagen; er begrüße in der Zwischenzeit jedoch den Vorschlag des Verlegers zu einer Gesamtausgabe der Werke, riet aber, die Vollendung der Michelangelo-Übertragungen abzuwarten, die vielleicht ebenfalls eine Aufgabe für diesen Winter seien. Er hoffe auf einen Besuch – »zeigte es sich dann, daß ich grade ganz tief ins Bergwerk eingefahren sei, so empfinge ich Ihren vertrauten, auch dorthin gehörigen Besuch eben im Stollen Soundso, bei der Grubenlampe!. . . .«[26] –, doch in Wirklichkeit war er froh, daß dieser nicht so bald bevorstand.

Sein »Schweigen«, der im Grunde genommene völlige Rückzug von jedem menschlichen Kontakt, war endlich erreicht, sogar Tiere wurden um Armeslänge entfernt gehalten. Eine zugelaufene Katze, die sich dem Haushalt angeschlossen hatte und die Mäuse in Schach hielt, war in ihrer überlegenen Unabhängigkeit willkommene Genossin, doch das Angebot eines Hundes schlug er aus. Frieda bewährte sich, ihr Können besserte sich von Tag zu Tag, doch neigte sie begreiflicherweise dazu, »etwas ›Konversation‹ aus dünnen Fädchen« zu machen, auch wenn sein ihr zugekehrter Rücken seinen Wunsch nach Stille betonte. Es fehlte ihm die vollkommene, gefühlsmäßige Diskretion Lenis. Bei Nanny Wunderly, die über Frieda brieflich eine sanfte Kontrolle ausübte, bat er um einen zarten Wink an das brave Mädchen, das er natürlich keineswegs verletzen wolle; sie möge nur ganz beiläufig andeuten, daß mit dem baldigen Ende der »Correspondenzen-Zeit« der Herr nun an seine eigentliche Arbeit gehen werde und es ratsam sei, nur zu sprechen, wenn er sie dazu auffordere. Er beschwere sich keineswegs, zu Zeiten aber sei ihm eben *jedes* Angeredetwerden zu viel, »viel mehr stört mich die Furcht, daß es jeden Augenblick geschehen könne. (Die z. B. bei Leni nie nie nie vorhanden war!)«[27] Es war wie eine Erlösung, als der gute Oberst Souvairan seine Neujahrseinladung absagte: »je [le] vois comme un consentement de Dieu que je reste dans ma solitude sans l'interrompre même pour un si aimable appel.«[28]

Die »Correspondenzen-Zeit« erstreckte sich weit in den Januar hinein. Vielleicht nach einem Hinweis Nannys lernte Frieda auch den Umgang mit ihrem ungewöhnlichen Herrn, dem seine unfehlbare Höflichkeit ihre Achtung eintrug. Er erkannte seinerseits, wie gut er es mit jemandem getroffen hatte, der mit einem so einsamen Leben zufrieden war, einem Mädchen, das abends bei einer Handarbeit oder einem Buch saß, wenn er sich in sein Arbeitszimmer zurückgezogen hatte. Bevor sie am Weihnachtsabend zusammen zur Anna-Kapelle hinübergingen, um Kerzen anzuzünden, und sie sich den Nachbarn zur Mitternachtsmesse in Sierre anschloß, sorgte er dafür, daß unter ihren Geschenken ein Exemplar seiner Übertragung von Gides *Rückkehr des verlorenen Sohnes* war. Dazu freilich auch der *Mitsou*, und Stifters *Nachsommer*, gewidmet der »stillen getreuen Helferin und guten Hausgenossin auf Muzot für ihre einsamen Abende dieses Winters«.[29] Seine Exemplare von *Mitsou* lagen schon lange bereit, es waren ideale Geschenke, die er seinen Weihnachtsbriefen, insbesondere an die vielen Freunde, beilegen konnte, die lange Zeit nicht von ihm gehört hatten. Lou gehörte zu ihnen. Diesmal sprach aus seinem Bericht zum Jahresende, dem zwar die Zuversicht des Berichtes aus Berg fehlte und der auch seine Schwierigkeiten mit der Konzentration nicht zu verkleinern suchte, doch ein leises Vertrauen auf »dieses wörtlichste Alleinsein« auf Muzot.[30]

Ein Brief, der ihn als Folge von Ruths Verlobung erreichte, hatte in ihm tiefere Bewegung hervorgerufen als der Anlaß selbst. Er stammte von Gertrud Ouckama Knoop, deren Tochter Wera vor dem Krieg eine Gespielin Ruths in München gewesen war, ein schönes Mädchen, das eine anmutige Ballerina zu werden versprach, doch nach Kriegsende im Alter von nur neunzehn Jahren gestorben war. Rilke, der den Vater Gerhart Knoop seit ihrer Begegnung 1909 in Paris gekannt und geschätzt hatte, hatte es nie versäumt, die Familie zu besuchen, wenn er in München war. Nach dem plötzlichen Tod Gerharts im Jahr 1913 hatte er einen teilnehmenden Brief an die Witwe geschrieben und mit der Insel wegen dessen unveröffentlichter Werke verhandelt. Wera und ihre Schwester waren einmal bei ihm zum Tee gewesen. Es war begreiflich, daß ihm Weras Mutter wegen Ruth schreiben wollte; sie wird jedoch überrascht gewesen sein, eine Antwort von sechzehn eng beschriebenen Blättern zu erhalten, da sie, trotz ihrer Verehrung für ihn, Clara und Ruth schließlich näher gestanden und mit ihm nur gelegentlich einen Brief gewechselt hatte. Ihr gegenüber schüttete er Ende November sein Herz aus wie niemandem zu dieser Zeit, nicht einmal Lou oder Marie Taxis. Sie hörte von seiner resignierten, beinahe gleichgültigen Aufnahme der Heirat Ruths, seinem verzweifelten Bedürfnis nach völliger Einsamkeit und der vernichtenden Wirkung, die menschlicher Umgang auf seine schöpferischen Kräfte ausübe. Er betonte die seelische Verletzung, hervorgerufen durch die Kriegsjahre, seine Zweifel, ob sein Werk je die verschwenderische Hilfe seiner Freunde rechtfertigen würde. Im Wallis habe sich nun ein neues Kapitel aufgetan, seine Suche ginge nunmehr nicht so sehr nach ästhetischem Ausdruck, sondern nach dem inneren Kern des eigenen Wesens, wobei ihm das Werk Valérys wie eine Offenbarung erschienen sei. Ganz zum Schluß, beinahe als Nachwort, trat der eigentliche Grund für diese ausführliche Beichte hervor. Wera, die so jung verstorben war, schien Gegenwart für ihn, er hoffe, ihre Mutter werde ihm einmal mehr von ihr erzählen.[31]

Am Neujahrstag erhielt er von Gertrud einen Bericht über die Krankheit und den Tod dieses jungen Mädchens, das er kaum gekannt hatte: wie sie noch als Kind bei allen, die sie tanzen sahen, »Aufsehen erregte, durch die ihrem Körper und Gemüt eingeborene Kunst der Bewegung und Wandlung«, wie sie dann in der Pubertät ganz unerwartet ihrer Mutter erklärt hatte, sie könne oder wolle nicht mehr tanzen. Bei dem Ausbruch der unerklärlichen Drüsenkrankheit, die bald ihren Tod verursachen sollte, hatte sie sich der Musik zugewandt, diese dann schließlich für das Zeichnen aufgegeben, »als ob sich der versagte Tanz immer leiser, immer diskreter noch aus ihr ausgäbe«.[32] Es war eine bewegende Geschichte, die ihm eine Verpflichtung aufzuerlegen schien, »eine ungeheure Verpflichtung zu meinem Innersten und

Ernstesten«;[33] er könne deren Erfüllung zwar noch nicht vor sich sehen, die Vorstellung des Tanzes als Verwandlung aber, die er nun auch in Valérys *L'âme et la danse* fand, gab seiner Phantasie weiteren Antrieb.

Gegen Mitte Januar verordnete er sich eine »Brief-Fastenzeit«. Er hatte Hunderte geschrieben, die ungeheure Anstrengung mußte zu einem Ende gebracht werden, wenn er je den »Aufstieg ins Arbeitsgebirg« beginnen sollte. Konnte ihm wie schon so oft vielleicht das Übersetzen weiterhelfen? Valérys Leonardo-Essay, der *Eupalinos*-Dialog oder *L'âme et la danse* waren reizvolle Aufgaben, mußten seinem Gefühl nach aber solange warten, bis er selbst weitergekommen war. Eine gute Vorarbeit, die auf ihre Art eine gewisse Kontinuität bot, schien jedoch die Wiederaufnahme eines lateinischen Briefes Petrarcas, den er in Paris angefangen und dort hatte abbrechen müssen. Strohl in Zürich, der ihn mit Büchern versorgt hielt, sandte rasch den Originaltext und ein Wörterbuch; die »kleine Aufgabe« erschien anziehend.[34] Der Tischler des Dorfes hatte nun endlich das vor einiger Zeit in Auftrag gegebene Stehpult geliefert – unentbehrliches Utensil zur wirklichen Arbeit –, doch die Brieffeder erhob immer noch ihre Ansprüche. Er schien von Natur aus unfähig, einen Brief unbeantwortet zu lassen oder einen, den er schuldig war, nicht zu schreiben. Nur durch eine höchste Willensanstrengung brachte er es am 31. Januar fertig, dies »unbeschreiblich übermüdete« Instrument beiseite zu legen und seine Entschlossenheit zu verkünden, es den ganzen Februar über liegen zu lassen. Denn die Zeit floß weiter. »Tage, Nächte, Tage, Nächte: ich wußte kaum, daß man so große Seiten, wie ich sie jetzt habe, so rasch umblättern könne.«[35] (Briefe an Nanny Wunderly zählten freilich nicht; ihr gegenüber laut zu denken, war ihm so selbstverständlich geworden wie das Atmen.)

Gebirgshöhen oder Grubentiefen waren ausdrucksstarke Metaphern für die Einsamkeit, die seine Arbeit verlangte; aber die Vorstellung eines hartnäckigen Durchhaltens bis zum Ziel traf keineswegs zu. Die Elegien waren begonnen, der ganze Zyklus auf Duino in einem jähen Sturm der Eingebung, der nun ein ganzes Jahrzehnt zurücklag, entworfen

worden; die Eingebung war in Paris und München kurz
zurückgekehrt; sie mußte abermals zurückkehren, wenn die
Elegien vollendet werden sollten. Rodins »toujours travailler« konnte nicht länger die Anleitung zum »Herz-Werk/an
den Bildern in dir, jenen gefangenen« sein; so sehr er auch
den Saum nach Gold abklopfte oder sich abmühte, den
Berggipfel zu erreichen, all das konnte kein Ersatz für den
jähen Ausbruch des »inneren Diktats« sein. Er konnte nichts
tun, als nach den richtigen Bedingungen zu suchen, sich
durch regelmäßiges Worteschmieden vorzubereiten – Briefe,
Abschriften seiner Lektüre, Übertragungen – und hoffen.
»Mit der Konzentration ists entsetzlich schwer«, beklagte er
sich am 1. Februar bei Nike, »sogar das Essen ist mir eine
Zerstreuung und die Stunden von Mahlzeit zu Mahlzeit sind
wie zu kurz, um etwas Heiles zu tun . . . äße man ein halbes
Jahr und dächte die andere Hälfte lang nach, daß nicht immer
die Centren sich verschieben müssen . . .«[36]

Unmittelbar am folgenden Tag, so unerwartet wie auf
Duino, kam die Wendung. Der Geist war plötzlich über
ihm. Was er aber zu seiner eigenen Verwunderung zu
schreiben begann, war nicht die Fortsetzung der Elegien,
sondern eine Folge von »Sonetten an Orpheus«, die sich
schrittweise als ein Denkmal für Wera Knoop entpuppten.
In drei Tagen vollendete er einen Zyklus von fünfundzwanzig Gedichten in freier Verwendung der klassischen Sonett-
form, am 7. Februar sandte er Gertrud Knoop eine Abschrift von dem, was ihm »geschenkt« worden war. Sie
würde sofort erkennen, schrieb er, warum sie als erste den
Zyklus erhalten solle. Zwar sei nur ein einziges Sonett eine
unmittelbare Anrufung Weras, doch sei es ihr Geist, der
den Gang des Ganzen »beherrscht und bewegt«, der »immer mehr – wenn auch so heimlich, daß ich ihn nach und
nach erst erkannte – diese unaufhaltsame, mich erschüt-
ternde Entstehung« durchdrungen habe.[37] Sein Original
schickte er am selben Tag an Strohl, »tout chaud encore«,
»une dictée intérieure, toute spontanée«, dem zuliebe er die
Übertragung habe abbrechen müssen, bei der sein Freund
so hilfreich gewesen sei.[38]

Die Sonette waren am Stehpult zu ihm gekommen. Nun,

als er ihre Abschrift vollendete, traf wie als Antwort auf den gebieterischen Ruf der Inspiration ein zweites Pult ein, das Nike, als das erste sich verspätet hatte, in Auftrag gegeben hatte. An diesem Pult nahm er die Elegien wieder auf. In dieser Nacht und am folgenden Tag wurden die Siebte und die Achte Elegie geschaffen. »Ich stecke bis weit über Kopf . . . in Schreiberei«, ließ er Nike in einer kurzen Nachricht wissen, »endlich zum Teil solcher, die sich *nicht* in Couverts falten läßt«.[39] Elegien und Sonette waren »aus derselben ›Geburt‹«[40] – als er am 9. Februar erwachte, war bereits ein weiteres Sonett im Geist nahezu vollendet, ein Hymnus an den Frühling, den er sogleich an Gertrud sandte, um ein Gedicht des früheren Zyklus zu ersetzen, das ihm etwas leer erschienen war. Dann begann er sofort eine Fortsetzung der »Antistrophen«, deren Anfang im Sommer 1912 entstanden war und die nunmehr die Fünfte Elegie bilden sollten. Am Nachmittag wanderte er hinunter zum Postamt, sandte ein Telegramm an Nike – »Sieben Elegien nun im ganzen fertig . . . Freude und Wunder«[41] –, auf dem Weg zurück strömten dann die restlichen Teile der Sechsten und Neunten auf ihn ein, deren Fragmente er seit Duino und Ronda bei sich getragen hatte. Auch sie sollten vollendet werden, als er bis tief in die Nacht hinein arbeitete. »Mein lieber Freund«, schrieb er an Kippenberg: »spät, und ob ich gleich kaum mehr die Feder halten kann, nach einigen Tagen ungeheuern Gehorsams im Geiste –, es muß . . ., *Ihnen* muß es noch heute, jetzt noch, eh ich zu schlafen versuche, gesagt sein:

ich bin überm Berg!

Endlich! Die ›Elegien‹ sind da. Und können heuer (oder wann sonst es Ihnen recht sein mag), erscheinen. Neun große, vom Umfang etwa der Ihnen schon bekannten; und dann ein zweiter Teil, zu ihrem Umkreis Gehöriges, das ich »Fragmentarisches« nennen will . . . Denn dieses war überlebensgroß –, ich habe gestöhnt in diesen Tagen und Nächten, wie damals in Duino, – aber, selbst nach jenem Ringen dort –, ich habe nicht gewußt, daß ein *solcher* Sturm aus Geist und Herz über einen kommen kann! Daß mans übersteht! daß mans übersteht . . .

Ich bin hinausgegangen, in den kalten Mondschein und habe das kleine Muzot gestreichelt wie ein großes Tier –, die alten Mauern, die mirs gewährt haben. Und das zerstörte Duino.

Das Ganze soll heißen:

Die Duineser Elegien . . .

Und: mein lieber Freund: *dies,* daß *Sie* mirs gewährt haben, mirs geduldet haben: *zehn* Jahre! Dank! Und immer geglaubt: *Dank*!«[42]

Vor mehr als einem Monat hatte Merline in ihrem letzten Brief an den Jahrestag der Krise in Genf erinnert, als er ihr zu Hilfe gekommen war, und dabei nicht verheimlicht, daß sie wieder erkrankt war. Wenn sie damit die schwache Hoffnung verband, daß er wieder so reagieren würde, wurde sie enttäuscht, denn er antwortete nicht einmal. Nun aber konnte er ihr endlich die frohe Botschaft seiner Erlösung senden, für die sie die Bedingungen geschaffen hatte, was ja ohne ihr Opfer nicht geschehen wäre. Der Sturm, der über ihn gebraust sei, mache ihn immer noch erzittern, schrieb er: »mais voilà, j'ai vaincu . . . Was auf mir am schwersten lastete, mir die größte Angst eingab, ist getan, und herrlich, wie ich glaube.«[43]

Er hatte offensichtlich das Gefühl, die »höchste Aufgabe« sei vollendet – die abschließende Elegie, die Zehnte, von der er in Duino einen ersten Schimmer erblickt hatte, war ja in der Fassung der Vorkriegszeit bereits vorhanden. »Oh Nike, petite Victoire, fièrement ailée à jamais, wie sind Sie doch sicher vorangeflogen, unbeirrt, immer... Der Sieg! Der Sieg!« Nun freue er sich auf die Ruhe nach dem Sturm, auf etwas mehr Alltägliches, »ruhige, gelassene Arbeiten«.[44] Doch sein Sturm war noch nicht vorüber. Am 11. Februar schrieb er die Zehnte, bis auf die Anfangszeilen von Duino, beinahe völlig neu, worauf noch freudigere Briefe an Nike, Marie Taxis und an Lou gingen. »Endlich, Fürstin, endlich, der gesegnete, *wie* gesegnete Tag, da ich Ihnen den Abschluß – so weit ich sehe – der *Elegien* anzeigen kann: *Zehn!* Von der letzten, großen... die ja auch, damals schon, gemeint war, die *letzte* zu sein, – von dieser – zittert mir noch die Hand!... Alles in ein paar Tagen, es war ein namenloser Sturm, ein Orkan im Geist... alles, was Faser in mir ist und Geweb, hat gekracht... Aber nun ists. Ist. Ist. Amen....

Eine, habe ich *Kassner* zugeeignet. Das Ganze ist *Ihr's,* Fürstin, wie sollts nicht! Wird heißen:

Die Duineser Elegien.
Im Buch wird (denn ich kann Ihnen nicht geben, was Ihnen, seit Anfang, gehört hat) *keine* Widmung stehen, sondern
Aus dem Besitz . . .«
Er sende ihr noch keine Abschrift der neuen Gedichte, denn sie solle sie zum erstenmal von seinen Lippen hören – »*hoffentlich, bald«.*[45]

Für Nike freilich machte er eine Abschrift des Ganzen in einen kleinen Pergamentband aus Soglio, der die vier Elegien bereits enthielt, damit eine weitere vollständige Kopie in ihrer Obhut sei. Seinem Brief an Lou legte er Abschriften der Sechsten, Achten und Zehnten bei, die sie zu den bereits erhaltenen legen sollte. »Denk«, schrieb er, »Ich habe überstehen dürfen bis dazu hin. Durch alles. Wunder. Gnade . . . Und stell Dir vor, noch *eins*, in einem anderen Zusammenhang, eben vorher, (in den *Sonetten an Orpheus* . . . geschrieben, plötzlich, im Vor-Sturm . . .) schrieb ich, *machte*, das *Pferd*, weißt Du, den freien glücklichen Schimmel mit dem Pflock am Fuß, der uns einmal, gegen Abend, auf einer Wolga-Wiese im Galopp entgegensprang –:
wie
hab ich ihn gemacht, als ein ›*Ex-voto*‹ für *Orpheus*! – Was ist Zeit? – Wann ist Gegenwart? Über so viel Jahre sprang er mir, mit seinem völligen Glück, ins weitoffne Gefühl...* Jetzt *weiß*

---

* Dir aber, Herr, o was weih ich dir, sag,
  der das Ohr den Geschöpfen gelehrt? –
  Mein Erinnern an einen Frühlingstag,
  seinen Abend, in Rußland –, ein Pferd . . .

  Herüber vom Dorf kam der Schimmel allein,
  an der vorderen Fessel den Pflock,
  um die Nacht auf den Wiesen allein zu sein;
  wie schlug seiner Mähne Gelock

    an den Hals im Takte des Übermuts,
  bei dem grob gehemmten Galopp.
  Wie sprangen die Quellen des Rossebluts!

  Der fühlte die Weiten, und ob!
  Der sang und der hörte –, dein Sagenkreis
  war *in* ihm geschlossen.
          Sein Bild: ich weih's.
          (I, 20)[47]

ich mich wieder. Es war doch wie eine Verstümmelung meines Herzens, daß die *Elegien* nicht da-waren. Sie sind. Sie sind...«[46]

In diesen wenigen Tagen hatte er wie ein Besessener gearbeitet, gleichgültig gegen Ruhe und Nahrung – obwohl er, wie sich Frieda später erinnerte, die gewohnten einfachen Mahlzeiten, wenn auch weniger pünktlich, zu sich nahm. Er sollte für die Festigkeit ihres ausgeglichenen Wesens dankbar sein, »da Muzot auf hoher See des Geistes trieb«, denn die Woge der Flut war noch nicht verebbt. Am 13. Februar kam ein weiteres Sonett, das er dem Zyklus anfügte. Dann, am folgenden Tag, in »einem strahlenden Nach-Sturm«, noch eine weitere Elegie, die »Saltimbanques«, nach den Assoziationen von Hertha Koenigs Picasso und Père Rollins Familie von Akrobaten, die er vor langer Zeit in Paris gesehen hatte. Es war ein Tag von »heiliger, elementarischer Unordnung«. Er blieb jedoch bei seinem ursprünglichen Aufbau des Werks, in dem die mächtige Zehnte das Ganze abrunden sollte, und fügte die nun entstandene, die Hertha gewidmet war, als Fünfte anstelle der früheren »Antistrophen« ein, die seinem Gefühl nach weniger zur elegischen Form paßten. Von Strohl erhielt er das Originalmanuskript der »Orpheus«-Gedichte zurück und begann, »diesen Faden« weiterzuspinnen, schuf im Verlauf von neun Tagen in einem letzten Ausbruch der Inspiration einen Strom weiterer Sonette, die einen zweiten Zyklus bilden sollten. Seine Fülle des Schaffens sei nun so groß, daß er es sich erlauben könne, wählerisch zu sein, ließ er Nike jubelnd wissen. »In was für einer Welt der Gnade leben wir doch! ... Uns freilich, ganz zu eigen, gehört nichts, als die Geduld, aber was ist die für ein Kapital –, und welche Zinsen trägt sie, zu ihrer Zeit!«[48] Am 23. Februar vollendete er das Manuskript dieses zweiten Teils der »Sonette an Orpheus« in der endgültigen Gestalt von neunundzwanzig Gedichten.

Der Bruch in seinem Leben war endlich geheilt, die »Bruchflächen« hatten sich geschlossen. Er hatte das Gefühl, endlich wieder mit sich »Schritt ... zu halten«, nach den langen Jahren vergeblichen Bemühens wieder sein eigener Zeitgenosse zu sein.[49] In seiner Besessenheit von dem großen Vorhaben der Elegien war dies für ihn nun der Höhepunkt seines Lebenswerkes. Nun war das Versagen auf Berg herrlich wettgemacht, und es nimmt nicht wunder, daß er unmäßigen Stolz auf diese Leistung empfand. Gleich beim Anfang in Duino hatte ihm die Gestalt des Zyklus deutlich vorgeschwebt, beginnend mit den Beschränkungen der menschlichen Existenz und schließend mit einer endgültigen Bejahung der Stellung des Menschen, genauer der Stellung des Dichters, im Ganzen – im symbolischen Begriff, den er sich vorgenommen hatte, eine Entwicklung von der Feier des »schrecklichen« zur Feier des »zustimmenden« Engels. Was sich ihm seit den Kriegsjahren entzogen hatte, war die Fähigkeit gewesen, der Wendung von dem wesentlich negativen Thema der Zweiten Elegie und vor allem von dem bitteren Ton der Vierten, die 1915 entstand, zu dem Jubel hin, Ausdruck zu verleihen, den er bereits in den Eingangsversen der Zehnten angeschlagen hatte, die seit Duino gewartet hatte – »Jubel und Ruhm« aufzusingen »zustimmenden Engeln«. Seine ständige Klage über die Fäden, die der Krieg abgerissen hatte, entsprangen diesem Unvermögen, seinen Geist dorthin zurückzuwenden, wo er im Januar 1912 gestanden hatte. Die »Kindheits«-Elegie, die er in Berg begonnen hatte, war ein Schritt darauf zu gewesen, doch ihr fehlte der positive, bejahende Ton, den er suchte.

Erst in der völligen Einsamkeit von Muzot, frei von allen Ablenkungen, vor allem denen der Liebe, schenkte ihm die Eingebung die rechten Worte, um den Strom seiner Dichtung von der Klage zum Ruhm zu wenden – anfangs nicht in den fehlenden Elegien, sondern in der unerwarteten Erscheinung der Sonette, in denen nicht der Engel, das unabhängige Wesen jenseits der vergänglichen Menschenwelt die alldurchdringende Gestalt ist, sondern Orpheus, der höchste Gott der Dichtung, von dem alle Dichter nur vergängliche Verwandlungen sind, wie Rilke lange Zeit vorher in seinem Vortrag über Rodin gesagt hatte.[50]

> Errichtet keinen Denkstein. Laßt die Rose
> nur jedes Jahr zu seinen Gunsten blühn.
> Denn Orpheus ists. Seine Metamorphose
> in dem und dem. Wir wollen uns nicht mühn

um andre Namen. Ein für alle Male
ists Orpheus, wenn es singt. Er kommt und geht.
Ists nicht schon viel, wenn er die Rosenschale
um ein paar Tage manchmal übersteht? . . .

(I, 5)

Rühmen, das ists! Ein zum Rühmen Bestellter,
ging er hervor wie das Erz aus des Steins
Schweigen. Sein Herz, o vergängliche Kelter
eines den Menschen unendlichen Weins . . .

(I, 7)[51]

Auf Schloß Berg hatte Rilke die *Metamorphosen* des Ovid
gelesen, nun brachte er über seinem Schreibtisch in Muzot
einen Druck des Orpheusbildes von da Conegliano an. Der
orphische Mythos – die Macht des Sängers über Tiere und
Bäume, sein Abstieg in die Unterwelt – war als symbolischer
Ausdruck der Vorstellung Rilkes von der Einheit von Leben
und Tod und vor allem der Berufung des Dichters besonders
angemessen. So war es nur natürlich, daß sich dieser Rahmen
anbot, noch natürlicher aber, daß die Gestalt Wera Knoops,
die einem Leben des Tanzes und der Musik so früh entrissen
worden war, vor dem Auge des schreibenden Dichters erschien:

Entwandte,
schöne Gespielin des unüberwindlichen Schrei's.

Tänzerin erst, die plötzlich, den Körper voll Zögern,
anhielt, als göß man ihr Jungsein in Erz;
trauernd und lauschend –. Da, von den hohen Vermögern
fiel ihr Musik in das veränderte Herz.[52]

Die Sonette dachten in sinnlichen und höchst verdichteten
Bildern über viele Themen und Probleme nach, die ihn
beschäftigt hatten: Liebe, Tod, Kindheit, die Beziehung von
Pflanzen, Tieren und unbelebten Dingen zum menschlichen
Bewußtsein, die Freuden und Unzulänglichkeiten irdischer
Existenz. Vorherrschend war jedoch das Thema des Or-

pheus, der dichterischen Sendung, die Ruhm der Schöpfung hieß, Ruhm der Welt in all ihren Erscheinungen, Ruhm auch noch in der Klage. Einen Monat vorher hatte er in ein Exemplar des *Malte* die Widmungsverse geschrieben:

> Oh sage, Dichter, was du tust?
> – Ich rühme.
> Aber das Tödliche und Ungetüme,
> wie hältst du's aus, wie nimmst du's hin?
> – Ich rühme.
> Aber das Namenlos, Anonyme,
> wie rufst du's, Dichter, dennoch an?
> – Ich rühme . . .[53]

Nun, in den Sonetten hieß es:

> Über dem Wandel und Gang
> weiter und freier,
> währt noch dein Vor-Gesang,
> Gott mit der Leier.
>
> Nicht sind die Leiden erkannt,
> nicht ist die Liebe gelernt,
> und was im Tod uns entfernt,
>
> ist nicht entschleiert.
> Einzig das Lied überm Land
> heiligt und feiert.[54]

Jenes Rühmen war der Schlüssel zum verschlossenen Tor seiner Elegien. Als er diesen Zyklus zuerst entworfen hatte, hatte er davon gesprochen, »die Menschen« zu »überschlagen und gleich zu den Engeln . . . übergehn«[55] – »von Dingen und Tieren gründlich herkommend, . . . da wurde mir, siehe, das Übernächste, das Engelische beigebracht, und darum hab ich die Leute übersprungen . . .«[56] Die Menschheit, das Hiesige und Diesseitige, sollte sich aber nicht so überspringen lassen. Der freudigen Stimmung des »Frühlings«-Sonetts,

einer Erinnerung an Kinder, die in einer kleinen Kirche in
Ronda zu Tambourin und Triangel sangen:

> Erde, die frei hat, du glückliche, spiele
> nun mit den Kindern. Wir wollen dich fangen
> fröhliche Erde. Dem Frohsten gelingts —[57]

entsprang die Siebte Elegie, die Feier des menschlichen Daseins – »Hiersein ist herrlich« – und die Bestätigung des
menschlichen Vermögens, durch seine größten Kunstwerke
die Dichte des Seins zu erlangen, das den Engeln gehört.

> Säulen, Pylone, der Sphinx, das strebende Stemmen,
> grau aus vergehender Stadt oder aus fremder, des Doms.

> War es nicht Wunder? O staune, Engel, denn *wir* sinds,
> wir, o du Großer, erzähls, daß wir solches vermochten, mein
>   Atem
> reicht für die Rühmung nicht aus.[58]

Damit tat sich der Weg zu den restlichen Elegien auf. In einer
fugenartigen Komposition entwickelten sie die Themen der
ersten Vier, doch sie schritten fort von der Klage über die
Beschränkungen und Vergänglichkeit des Menschen, die nur
die Frühverstorbenen, der Held oder die großen Liebenden
zu überschreiten scheinen, zur Freude über seine (des Dichters) Fähigkeit, zum Ganzen zu gelangen, das »Äußerliche«
zum »Absoluten« zu erheben. Die Achte, Gegenstück zur
Bejahung der Siebenten, betonte wiederum diese Beschränkungen:

> Mit allen Augen sieht die Kreatur
> das Offene. Nur unsre Augen sind
> wie umgekehrt und ganz um sie gestellt
> als Fallen . . .

> Und wir: Zuschauer, immer, überall,
> dem allen zugewandt und nie hinaus![59]

Die Fünfte, die zuletzt entstand, beschrieb das noch flüchtigere Leben der fahrenden Akrobaten, der Spielzeuge irgendeines »niemals zufriedenen Willens«, versammelt auf ihrem »dünneren Teppich«, um die endgültige Einsamkeit des Menschen anzudeuten.[60] In der Neunten aber gab er Antwort auf die Frage, »Warum dann / Menschliches müssen – und, Schicksal vermeidend, / sich sehnen nach Schicksal?« Wir sind hier »*Ein* Mal / jedes, nur *ein* Mal. *Ein* Mal und nichtmehr«. Doch es ist unsere Gabe und der Auftrag des Dichters, den Dingen dieser Welt Ausdruck zu geben:

> oh zu sagen *so*, wie selber die Dinge niemals
> innig meinten zu sein,

nur so ist es möglich, die materielle Welt in das unsichtbare Ganze zu verwandeln:

> Erde, ist es nicht dies, was du willst: *unsichtbar*
> in uns erstehn? – Ist es dein Traum nicht,
> einmal unsichtbar zu sein? – Erde! unsichtbar!
> Was, wenn Verwandlung nicht, ist dein drängender Auftrag?
> Erde, du liebe, ich will.

In der Hingabe an seinen Auftrag »Sprich und bekenn« wird der Dichter/Mensch frei von der Furcht vor dem Tode, der Erde »heiligem Einfall«, dem »vertraulichen Tod«.

> Siehe, ich lebe. Woraus? Weder Kindheit noch Zukunft
> werden weniger . . . Überzähliges Dasein
> entspringt mir im Herzen –

ein unendlicher Bereich, jenseits von Zahl und Zeit, in dem Sein und Nicht-Sein eins sind.[61]

Seit seinen frühen Tagen hatte Rilke die Vorstellung vertreten, der Tod sei nur die gleichsam unbeschienene Seite des Lebens. Nun hatte er ebenso instinktiv seinen Weg zur buddhistischen Vorstellung der äußeren und der inneren Welt als nur »zwei Seiten desselben Gewebes« gefunden, »in dem die Fäden aller Kräfte und aller Ereignisse, aller Formen des

Bewußtseins und ihrer Gegenstände, in ein unzertrennliches Netz endloser, sich gegenseitig bedingender Beziehungen gewoben sind«[62] (eine Vorstellung, wie sie heute in der Tat auch von der Quantentheorie der Atomphysik vertreten wird). Dies ließ ihn seine frühere unvollendete Zehnte Elegie ablehnen, die für die »gehärmten Nächte« und die tiefen Wurzeln des Menschen im Leiden nur Klage hatte, als er aus der »grimmigen Einsicht« aufwachte, um die Elegie neu zu schreiben, um die gegenseitige Ergänzung von Leid und Freude auf der Fahrt über das Halb-Leben des Jahrmarkts der Erde hinüber in den Bereich des »überzähligen Daseins« zu zeigen.

Aber erweckten sie uns, die unendlichen Toten, ein
                                                            Gleichnis,
siehe, sie zeigten vielleicht auf die Kätzchen der leeren
Hasel, die hängenden, oder
meinten den Regen, der fällt auf dunkles Erdreich im
                                                            Frühjahr. –

Und wir, die an *steigendes* Glück
denken, empfänden die Rührung,
die uns beinah bestürzt,
wenn ein Glückliches *fällt*.[63]

In dieser Ordnung der Dinge war kein Platz für das Christentum, »von dem ich mich immer leidenschaftlicher entferne«. Sein »Engel«, so erläuterte er später, hatte nichts mit den Gestalten des christlichen Himmels gemeinsam – eher mit denen des Islam; er sollte nur die völlige Verwandlung des Sichtbaren in die unsichtbare »höhere Realität« versinnbildlichen.[64] Unmittelbar nach Vollendung der Zehnten Elegie hatte er nämlich seine Ablehnung Christi als einer überflüssigen Einschiebung zwischen Gott und Mensch zu Papier gebracht, seine Überzeugung aus den frühen Jahren, die noch stärker geworden war, als er in Spanien den Islam kennenlernte. Diese Ausführungen waren nicht zur Veröffentlichung bestimmt (er maßte sich nie an, seine persönlichen Überzeugungen als Beispiel oder Vorschrift hinzustellen⁶⁵). Sie waren in die Form eines fiktiven Briefes eines jungen Arbeiters an Verhaeren gekleidet⁶⁶, als Anruf an den Dichter »des Hiesigen«, ihn in seinem unmittelbaren Zugang zu Gott gerade aus diesem Leben, aus den Sinnen, zu bestätigen und ihm darin recht zu geben, daß er die christliche Verwerfung unserer irdischen Existenz und besonders des Geschlechtsverkehrs als etwas Sündhaftes ablehnte. Rilkes Einwand gegen alle modernen Religionen, das Christentum eingeschlossen, lag darin, daß sie, wie er in einem späteren, tatsächlichen Brief schrieb, für den Tod nur Trost anboten, statt ihn zu bewältigen und zu begreifen. Nötig war ein Schlüssel, »der erlaubte, das Wort ›Tod‹ *ohne* Negation zu lesen; wie der Mond, so hat gewiß das Leben eine uns dauernd abgewendete Seite, die *nicht* sein Gegen-Teil ist, sondern seine Ergänzung zur Vollkommenheit, zur Vollzähligkeit, zu der wirklichen heilen und vollen Sphäre und Kugel des *Seins*. . . . Das Leben sagt immer zugleich: Ja und Nein. Er, der Tod . . . ist der eigentliche Ja-Sager. Er sagt *nur*: Ja . . .«⁶⁷

Es war bezeichnend, daß in der zweiten Folge der Sonette, die unmittelbar nach Vollendung der Elegien entstand, das zentrale dreizehnte Rilkes Lieblingsstück war:

Sei allem Abschied voran, als wäre er hinter
dir, wie der Winter, der eben geht. . . .

Hier, unter Schwindenden, sei, im Reiche der Neige,
sei ein klingendes Glas, das sich im Klang schon zerschlug.

Sei – und wisse zugleich des Nicht-Seins Bedingung,
den unendlichen Grund deiner innigen Schwingung,
daß du sie völlig vollziehst dieses einzige Mal . . .⁶⁸

sowie auch, daß er das letzte, das er am 23. Februar schuf, an die Spitze des Zyklus stellte:

Atmen, du unsichtbares Gedicht!
Immerfort um das eigne
Sein rein eingetauschter Weltraum. Gegengewicht,
in dem ich mich rhythmisch ereigne.

Einzige Welle, deren
allmähliches Meer ich bin;
sparsamstes du von allen möglichen Meeren, –
Raumgewinn.

Wieviele von diesen Stellen der Räume waren schon
innen in mir. Manche Winde
sind wie mein Sohn.

Erkennst du mich, Luft, du, voll noch einst meiniger Orte?
Du, einmal glatte Rinde,
Rundung und Blatt meiner Worte.[69]

Sonette wie Elegien seien »von der gleichen Essenz erfüllt«,
schrieb er drei Jahre später an seinen polnischen Übersetzer.
»Es gibt weder ein Diesseits noch Jenseits, sondern die große Einheit,
in der die uns übertreffenden Wesen, die ›Engel‹, zu Hause
sind.« Der unfreiwillige Beginn mit den Sonetten, ihre Beziehung zu Wera Knoops frühem Tod habe ihn noch mehr
»nach der Mitte *jenes* Reiches hin« gezogen, »dessen Tiefe und
Einfluß wir, überall unabgegrenzt, mit den Toten und Künftigen teilen . . . In jener größesten ›*offenen*‹ Welt *sind* alle, man
kann nicht sagen ›gleichzeitig‹, denn eben der Fortfall der
Zeit bedingt, daß sie alle *sind*. Die Vergänglichkeit stürzt
überall in ein tiefes Sein.« Es stehe dem Menschen daher
an, all die Formen seines irdischen Seins nicht als zeit-be-
dingt und daher vergänglich, sondern als Stufen zu dem
höheren Bereich anzusehen. »Die *Elegien* zeigen uns an diesem Werke, am Werke dieser fortwährenden Umsetzungen
des geliebten Sichtbaren und Greifbaren in die unsichtbare
Schwingung und Erregtheit unserer Natur, die neue
Schwingungszahlen einführt in die Schwingungs-Sphären
des Universums. (Da die verschiedenen Stoffe im Weltall
nur verschiedene Schwingungsexponenten sind, so bereiten
wir, in dieser Weise, nicht nur Intensitäten geistiger Art
vor, sondern wer weiß, neue Körper, Metalle, Sternnebel
und Gestirne.)«[70]

Rilkes Worte scheinen hier auf verblüffende Weise das

moderne physikalische Konzept des Universums als »eines dynamischen Gewebes untrennbarer Energiestrukturen«[71] vorwegzunehmen. In seinem dichterischen Begriff der Vergangenheit, Gegenwart und Zukunft kommt er dem Raum-Zeit-Konzept der Relativitätstheorie nahe. Es war vielleicht kein Zufall, daß er, als er im April 1922 von Einsteins Vorlesungen in Paris las, ohne dessen Theorien wirklich zu kennen, das instinktive Gefühl hatte, es seien da Ideen am Werk, die für die Rettung unseres Zeitalters vor der Verdammung durch spätere Generationen als nur negativ und böse von entscheidender Bedeutung sein könnten. »Es mag sein, daß einen der Ausschluß von dem, was sich jetzt in Mathematik und Naturwissenschaften vollzieht, auf immer von dem eigentlichen Geschmack der Frucht fernhalten wird, die in dem unsicheren Klima dieses Jahrhunderts reif werden wird.«[72]

Es war reiner Instinkt. Was er in den fiktiven wie tatsächlichen Briefen, dann später in seinem Kommentar an den Übersetzer über den »Sinn« der Elegien schrieb, war eine Intellektualisierung der Vorstellung, die er eher durch das Gefühl als durch logisches Denken oder philosophische Betrachtung gewonnen hatte. Nicht zu Unrecht hatte er die Erfahrung dieser Februarwochen als einen Sturm, als eine Unterwerfung unter den Geist beschrieben. In der Stille von Muzot hatte es ihn buchstäblich wie ein jäher Anfall überwältigt und ihn für das »Herz-Werk« frei gemacht, das er seit 1915 gesucht hatte. Die Sonette und Elegien brachen von selbst hervor, in einer Flut von Bildern aus seinen Erinnerungen und Assoziationen, während er sich des philosophischen Entwurfes, den sie enthüllen sollten, nur halb bewußt war, erfaßt einzig von dem Gefühl, »Gesang ist Dasein« und »*Hier* ist des *Säglichen* Zeit«.[73]

> Wie ergreift uns der Vogelschrei . . .
> Irgend ein einmal erschaffenes Schreien.
> Aber die Kinder schon, spielend im Freien,
> schreien an wirklichen Schreien vorbei.

Schreien den Zufall. In Zwischenräume
dieses, des Weltraums, (in welchen der heile
Vogelschrei eingeht, wie Menschen in Träume –)
treiben sie ihre, des Kreischens, Keile.

Wehe, wo sind wir? Immer noch freier,
wie die losgerissenen Drachen
jagen wir halbhoch, mit Rändern von Lachen,

windig zerfetzten. – Ordne die Schreier,
singender Gott! daß sie rauschend erwachen,
tragend als Strömung das Haupt und die Leier.[74]

2

Die Wurzel des Übels will sich nicht
finden lassen.
(An Anton Kippenberg, 1. 1. 1924)

Sie habe über seine erste Nachricht vor Freude geweint,
schrieb Lou Salomé, »und es war garnicht nur Freude, sondern ein Mächtigeres, als würde ein Vorhang zerteilt, zerrissen, und alles auf einmal still und gewiß und vorhanden und
gut«. Sie müsse sich nach dieser Leistung daran erinnern,
»wie Du damals, damals, manchmal ausschaun konntest, daß
man an einen Knaben dachte in Blick und froher Haltung:
und welche Hoffnungen Dich dann bewegten, *was* Du vom
Leben unbedingt und innig, als Deine einzige Notwendigkeit erbatest, es ist nun wie erfüllt«. Er war sich, wie er ihr
sagte, des Rückschlags sehr wohl bewußt, vor dem sie nach
solcher Anstrengung warnte. »Nach solchem Geworfenwer-
den das Auffallen irgendwohin, aber . . . da ich die Geduld
haben durfte, die lange, zu dem nun Erreichten hin –, wie
sollte ich nicht eine kleine Nebengeduld leisten können,
durch schlechtere Tage . . .«[1] Im Augenblick aber fühlte er im
Sonnenschein des Vorfrühlings nichts als Glück, die Gefahren einer zu starken Erschlaffung schienen fern, als er eifrig

ganze oder teilweise Abschriften des Werks für Freunde anfertigte.

Die Abschrift für Kippenberg, der ihn noch nicht hatte besuchen können, genoß freilich Vorrang. Am 23. Februar schickte er ihm die letzten sechs Elegien, damit er sie nach Gutdünken drucken könne. Das Manuskript der Sonette legte er mit einem gesonderten Brief an Katharina bei, da er sie – wie das *Marienleben* – immer noch für ein geringeres Werk hielt und es ihr überlassen wollte, ob man sie voll oder auszugsweise veröffentlichen sollte. Erst am »großen Tag« des 7. Juni, als die Fürstin endlich nach Sierre kam und er sie nach Muzot heraufführte, damit sie alle Elegien hören und er ihr dann am folgenden Tag in ihrem Zimmer im Bellevue die vollständigen Sonettzyklen vorlesen konnte, erkannte er selbst, wie eng verwandt die beiden Werke waren, »wie geschwisterlich sie, in ihrer Art, die gleichen Motive sich aneignen und mitteilen«.[2]

Für die Fürstin war es ein unvergeßliches Erlebnis. »Heimliche, winzige, niedrige Zimmer mit alten Möbeln – Blumen, viele Blumen überall, darunter die fünfblättrige, feuerfarbene Rose. . . . Wir gingen zum Studierzimmer hinauf – ein Raum voller Bücher, voller Andacht. Daneben das schmale Schlafzimmer und die kleine Hauskapelle . . . Alles scheint wie für den Dichter geschaffen. Und endlich begann er, vor dem Pult stehend, wie er es immer zu tun pflegt, zu lesen. . . . Während er las, wundervoll las, wie nur er zu lesen weiß, fühlte ich immer stärker das Pochen meines Herzens, fühlte ich mein Gesicht von Tränen überströmt. Darüber reden läßt sich nicht. . . . Am Tag darauf . . . waren es die Sonette. Siebenundfünfzig, und nicht eines zuviel! Jedes Wort ein Juwel. Manche, die einem das Herz stocken lassen . . .«[3]

Vor ihrem Besuch hatte er beinahe mit Bangen der Erneuerung menschlicher Kontakte entgegengesehen, nach dem langen »Fasten«. »Muzotien endurci«, war er noch nicht so weit, daß er das Reden ertragen konnte, das zum geselligen Umgang gehörte, und sah ein, daß er »von den Brüsten der Arbeit« »vorsichtig ›entwöhnt‹ werden« mußte.[4] So war er dankbar für eine Weiterführung des einsamen Lebens und entschied sogar gegen einen Besuch Ruths vor der Hochzeit, die auf den 18. Mai angesetzt war, der er aber fernbleiben wollte. Ende März verbrachte er einige Tage in Zürich, wobei er Gelegenheit hatte, Nanny Wunderly und Jean Strohl zu treffen, doch auch dann war er ungeduldig, in seine Zuflucht zurückzukehren.

Seine Liebe zu Blumen lenkte seine Aufmerksamkeit nun auf den Garten, dessen Nutzung der Mietvertrag zwar den Rauniers überließ, die aber gerne zu teilen bereit waren. Bald steckte er in genauen Diskussionen mit Frieda, die sich im Garten besser auskannte als in der Küche, mit den örtlichen Gärtnern und mit Nanny Wunderly. Es ging darum, wie man die Vorderseite mit hochstämmigen und niedrigen Rosen füllen und Kletterrosen für die Mauern beschaffen konnte. Reinhart ließ ihm freie Hand, und so nahm er an der Arbeit der Gärtner regen Anteil. Muzot halle wider vom Ruf »oui, mais il est trop jeune«, berichtete er an Nanny, was sich als eine Frage des Düngers für die Rosenbeete entpuppte – »Wir brauchen, ich weiß nicht warum, greisen, ehrwürdigen, ungemein erfahrenen Dünger.«[5] Vor vielen Jahren hatte er sich beim Anblick eines Rosenbeetes im Jardin du Luxembourg nach dem Tag gesehnt, da er selbst eines besitzen würde, »so ein Beet möcht ich mal haben, wenn ich alt bin, und davor sitzen und es machen, aus Worten, in denen alles ist, was ich dann weiß«.[6] Nun kannte seine Freude keine Grenzen bei der Aussicht auf »eine Rosenschar, ein Volk von Rosen. Das Rosenwunder. Quel miracle«.

Zum erstenmal seit Westerwede, seit über zwanzig Jahren, hatte er das Gefühl, vier Wände zu besitzen und seinen eigenen Garten gestalten zu dürfen. Auch wenn die Zukunft Muzots noch unsicher war, schwelgte er in einem Gefühl, Eigentum zu besitzen, wie er es nie zuvor, auch in den ersten gemeinsamen Wochen mit Clara nicht, empfunden hatte. Der Traum, einen solchen Ort mit einer schweigenden Geliebten als Wächterin seiner Einsamkeit zu teilen, war im Lauf seiner Enttäuschungen geschwunden. Nun, in seinem siebenundvierzigsten Lebensjahr, genügte es ihm, sich zu einem Leben allein niederzulassen, mit der zwar nicht immer zufriedenstellenden, doch nun weniger störenden Bedienung Friedas, und sich selbst vor den Ablenkungen zu schützen, welche die Liebe unvermeidlich mit sich brachte. Merlines Antwort auf seine frohe Botschaft von der Vollendung der Elegien war von ihren eigenen Schwierigkeiten überschattet gewesen, so ließ er sich mit seiner Erwiderung viele Wochen Zeit. Sie hatte an Nanny Wunderly geschrieben, sie trage sich mit dem Gedanken an eine Rückkehr in die Schweiz, vielleicht auf einen Posten als Gesellschafterin, doch er hatte sich über diesen wirklichkeitsfremden Einfall Nanny gegenüber ziemlich gleichgültig geäußert. Er war bereit, »Mouky« im Sommer für eine Weile auf Muzot, das ihr so viel verdanke, wohnen zu lassen und das Möglichste für die Erziehung ihrer Söhne zu tun, indem er Gide dazu bewegen wollte, Pierre in einer Schule in Paris unterzubringen. All seinen Liebesbeteuerungen zum Trotz war er aber offensichtlich nicht bereit, sein Leben von dieser Beziehung bestimmen zu lassen. Merline wurde allmählich ebenso zu einer Stimme der Vergangenheit wie Loulou Albert-Lazard, die ihm aus einer Ahnung, daß für ihn etwas Bedeutendes geschehen sei, nach vier Jahren Schweigens plötzlich im März schrieb und ihm Abbildungen ihrer Werke schickte, auf die er im brüderlichen Ton eines Künstlerkollegen antwortete.

Für Muzot meldeten sich nun andere Interessenten, die Oberst Souvairan allerdings bis zur Entscheidung Reinharts hinhielt. Eine Entscheidung mußte nun aber so bald wie möglich fallen. Rilke berichtete Reinhart davon im April, wobei er seinen Wohltäter dringlich bat, seine eigenen Wünsche nicht zu berücksichtigen, auch wenn er mit Freuden weiterhin sein Vogt bliebe: »die große Arbeit, die Muzot zu beschützen hatte, ist ganz abgeschlossen und liegt heil und fertig vor.«[7] Er hatte Reinhart und Nanny zu Ostern erwartet, doch Nannys Erkrankung verzögerte den Besuch, und so konnte erst am 17. April das Muzotsche Gästebuch, das sie vorbereitet hatte, mit einem passenden Vers Rilkes an seinen »Lehens-Herrn am Ausgang des wunderbar gewährten Winters 1921/22« eingeweiht werden.[8] Reinhart war offensichtlich zum Kauf entschlossen. Er machte Souvairan nach seiner Rückkehr nach Winterthur ein festes Angebot von 37 500 Franken für den Besitz, das am 12. Mai angenommen wurde, worauf Rilke an seiner Statt eine Woche später unterschreiben konnte. »Vous êtes maintenant chez vous!« schrieb der Oberst, der ihm stets wohl gesonnen war[9]; Reinharts einziger Wunsch war, Muzot Rilke so lange zur Verfügung zu stellen, als er es wünschte.

Sein ganzes Leben hindurch hatte sich der Dichter der Großzügigkeit von Freunden und Gönnern erfreut, doch diese Geste war die wichtigste und gleichzeitig die angemessenste. Darlehen oder noch häufiger Geldgeschenke, vornehmlich aus den Händen der Fischers und Cassirers, hatten ihm oft über schwierige Zeiten geholfen, doch war er keineswegs vernünftig damit umgegangen; das Familienerbteil sowie das Legat Wittgensteins waren wie im Wind zerstoben; ohne Kippenbergs weise monatliche Zuwendung aus seinem laufenden und zu erwartenden Verlagseinkommen wäre er gewiß gescheitert. An zeitweiliger Gastfreundschaft hatte es ihm selten gefehlt, doch sie hatte sich kaum je als befriedigend erwiesen; auch als er allein in Paris war, hatten ihm die Umstände bestenfalls kurze Abschnitte gewährt, in denen seine Arbeit gedeihen konnte. Die Wohnung in der Münchner Ainmillerstraße, in der er angefangen hatte, eigene Dinge um sich zu sammeln, hatte wie ein Schritt auf die Sicherheit zu ausgesehen; der Mangel an Einsamkeit jedoch und seine angeborene Abneigung gegen Deutschland hatten, zusammen mit seiner Niedergeschlagenheit über den Krieg, die Freude an ihr erstickt. Muzot bot ihm zum ersten Mal ein echtes Heim und eine dauerhafte Existenz, es war ein besseres Geschenk als Geld, mit dem er unmöglich hätte umgehen können. Als die Inflation sein beachtliches Guthaben in Deutschland zerrinnen ließ, besaß er nur wenig eigenes Bargeld, doch er konnte sich für die Bedürfnisse des Alltags auf Nanny Wunderly und die Reinharts verlassen. Darüber hinaus gefiel ihm gewiß auch die Rolle des Schloßherrn, als er Fürstin Marie in einer gemieteten Kalesche heraufführte und ihr mit Stolz die Domäne zeigte, auf der ihre Elegien vollendet worden waren.

In einer Hinsicht freilich kam dieser Wechsel der Umstände zu spät. Was immer auch die Nachteile seines ungesicherten Lebens in den vergangenen zehn Jahren gewesen waren – stets lag die eine große Aufgabe vor ihm. Nun, in der Ruhe nach dem Sturm des Leistens, fehlte ihm die Zielbewußtheit, die ihn bisher erfüllt hatte. Er konnte sich nun nicht dem Gefühl entziehen, daß er diese Möglichkeit einer dauerhaften Existenz gewissermaßen unter falschem Vorwand annahm. Nach der äußersten Anspannung des Februar war der Rückschlag unvermeidlich eingetreten, nicht zuletzt auch körperlich, indem er eine ungewöhnliche Menge Schlaf brauchte und ein unbestimmtes, doch andauerndes Unwohlsein spürte. Wieder einmal wurde ihm bewußt, daß er sich in seiner unbedingten Hingabe an seine Kunst das nützliche Gegengewicht versagt hatte, das andere Dichter in der Ausübung eines anderen Berufs gefunden hatten – Mallarmé als Lehrer, Carossa als Arzt –, mit dem die Entziehungssymptome nach einer schöpferischen Anstrengung gelindert werden konnten. Nun standen weniger anspruchsvolle Aufgaben bevor – im März und April übertrug er Valérys *Ébauche d'un serpent* –, doch er konnte Rodins Beispiel nicht mehr folgen und sah dem kommenden Sommer mit einer gewissen Niedergeschlagenheit entgegen.

Seine Ruhelosigkeit im Leben sei, wie er später sagte, teilweise der Aufgeschlossenheit zuzuschreiben gewesen, mit der er jeden Ortswechsel begrüßt habe. Nach solchen Spannen der Anstrengung sei das die beste Weise der Erholung wie der Vorbereitung auf einen Neubeginn gewesen.[10] Nun aber brachte er es nicht über sich, sich zu rühren. Nach der Abreise der Fürstin verbrachte er den restlichen Juni im Bellevue, da Frieda Urlaub hatte. Von dort aus beaufsichtigte er die Bewässerung des Gartens, der nach einem späten Anfang in der Hitze zu gedeihen begonnen hatte, was ihm eine willkommene Ausrede verschaffte, Einladungen nach auswärts, sei es auch nur nach Meilen, zu entgehen. Deren gab es ja viele – von Pia Valmarana in Italien, Sidie Nadhérný, Mary Dobržensky und natürlich der Fürstin in Böhmen; Gide wollte, daß er an den »Entretiens de Pontigny« teilnehme, besonders verlockend kam auch eine Einladung der Purtscher-Wydenbrucks in seine angebliche Heimat Kärnten. Doch er wußte, daß ihm keine davon die entspannende Veränderung gewähren würde, die er nötig hatte. Er durfte auch auf keinen Fall die Kippenbergs versäumen, die ihren Besuch bei ihm nun endlich auf den späten Juli angesetzt hatten. Eine Zeitlang sah es so aus, als mache der Tod des Sohnes seiner Cousine Irene, Oswald von Kutschera, der ihn zu seinem Haupterben bestimmt hatte, seine Anwesenheit in Wien erforderlich; er war aber, obgleich betroffen von dem frühen Hinscheiden eines Freundes und eines der wenigen verbliebenen Angehörigen seiner Prager Familie, schließlich erleichtert, als er Österreich nicht besuchen mußte. Nach Deutschland, dem Schauplatz von Streiks, Unruhen und wachsender Rechtlosigkeit, hätte ihn keine Macht der Welt gebracht. Die Ermordung Walther Rathenaus am 24. Juni erfüllte ihn mit Entsetzen, er sah in ihr die Vernichtung des »letzten Verständigen«, der Deutschland unter Kontrolle hätte halten können.[11] Um so wichtiger war es ihm, Merline einen Urlaub von Berlin auf Muzot, wo sie »née-invitée« war, zu ermöglichen. Mit Reinharts Zustimmung wurde vereinbart, daß sie im Juli kommen sollte, während Pierre in Berlin zurückblieb, Baltusz aber im Ferienheim Beatenberg untergebracht würde. Sie dürfe ihr Künstlerwerkzeug nicht vergessen, schrieb er, »Du mußt zur Malerin des Wallis werden . . . Welche Pracht, die sanften Schatten, die Reinheit der ›traits‹ dieses Landes . . . doch wem sage ich das!«[12]

Merline hatte sich kaum in dem eilig möblierten Gästezimmer auf dem oberen Stockwerk eingerichtet, als die Kippenbergs am 21. Juli im Bellevue eintrafen. Sie kamen jeden Tag nach Muzot herauf, ihr Aufenthalt verlief sehr harmonisch, wie Rilke an Nanny berichtete – obgleich Kippenbergs Genuß der hervorragenden Zigarren, die sie ihm auf Rilkes dringende Bitte geschickt hatte, beinahe seine Freude am Hören der Elegien übertroffen habe. Man einigte sich auch auf den Inhalt der sechsbändigen Gesamtausgabe; Elegien und Sonette sollten veröffentlicht werden, sobald es die immer schwierigeren Verhältnisse in Deutschland erlaubten; die Sonette, die er Katharina alleine vorlas, drückte er ihr als Widmungsexemplar in die Hand, als die Kippenbergs den Zug in Sierre bestiegen. Auch das Manuskript des zweiten Zyklus des »Grafen C. W.« nahmen sie mit. Rilke konnte mit dem Besuch mehr als zufrieden sein.

Er hatte daran gedacht, Merline zumindest für einen Teil des Sommers auf Muzot sich selbst zu überlassen. Als sie aber einmal da war, erschien die Anstrengung eines Umzugs zu groß, und wieder bedrückten ihn ihre Sorgen. Er war erschrocken über die Veränderung, die seit den glücklichen Tagen von Genf mit ihr vorgegangen war. Das wachsende Chaos in Berlin, ihre fruchtlosen Versuche, sich bei den steigenden Kosten mit ihrer Kunst durchzubringen, vor allem aber die deutliche Aussichtslosigkeit, je ihren Traum einer Rückkehr nach Paris und in französische Umgebung verwirklichen zu können, hatten sie an den Rand der Verzweiflung gebracht. Als Rilke von Werner Reinhart unerwartet eine beträchtliche Summe Geld erhielt, erwachte er aus seiner Lethargie. Er begann selbst an einen späteren Besuch in Paris zu denken, da er durch die tschechoslowakische Gesandtschaft gehört hatte, daß man seine Sachen endlich freigegeben habe, doch vorläufig wollte er auf einen kurzen Aufenthalt mit Merline zu Baltusz nach Beatenberg fahren.

Als sie Anfang September nach Muzot zurückkehrten, schien Merline entspannter, er selbst aber hatte sein Unwohlsein nicht völlig abschütteln können – und nun warteten neue Schwierigkeiten auf ihn. Nach so langer Selbständigkeit begann sich Frieda gegen die Anwesenheit einer anderen Frau im Haus aufzulehnen; als sie sich von Merline ungerecht kritisiert fühlte, kündigte sie für den folgenden Monat unter dem Vorwand, man brauche sie zuhause in Balsthal.[13] Eine im Oktober angestellte Nachfolgerin erwies sich als unbefriedigend und mußte nach einmonatiger Probezeit gehen. Rilkes Hoffnungen auf einen weiteren fruchtbaren Winter schienen gerade in dem Augenblick zunichte zu werden, als er seinen Entschluß gefaßt hatte.

Solange Merline blieb, war die Führung des Haushalts gesichert – doch gerade jetzt konnte er sie auf Muzot nicht auf Dauer um sich haben. »Ich kann eben *nur noch Alleinsein*«, schrieb er an Nanny, »alles andere darf nur als Ausnahme vorkommen, für einzelne Stunden, Tage, – nie mehr in solcher Konstanz und Hindauer . . . Wärs noch ein anderes Haus, Berg etwa, wo sich Alles mehr von einander halten und absondern ließe, ohne zu große Absichtlichkeit; Muzot ist wie die Guß-Form für eine *einzige* Lebensgestalt, zwei Leben überfüllen sie und geben (besonders wenn man nicht mehr so frei in Garten und Landschaft hinaus weiterlebt) keine Figur!«[14] Trotz all seiner Sympathie und dem Verständnis für ihre Lage fand er das Leben mit Merline ein unerträgliches *énervement*. Im Lauf des Novembers konnte man Frieda zur Rückkehr überreden, und er unternahm alle erdenklichen Anstrengungen, um für Merline die finanzielle Unterstützung zu beschaffen, die ihn wieder frei machen würde. Es war ihm gelungen, Georg Reinhart für die Zukunft der Jungen zu interessieren, und als sich Merline am 29. November mit Baltusz widerstrebend nach Berlin aufmachte, war ihr eine Unterstützung zugesichert worden. Reinhart stellte Rilke schließlich für die kommenden zwölf Monate 3000 Schweizer Franken zur Verfügung, die in entsprechenden Raten für die ganze Familie, in erster Linie aber für die Ausbildung der Jungen, an sie gehen sollten. Bei der nun rasenden Inflation in Deutschland war diese Vereinbarung ein Gottesgeschenk für sie. Rilkes Gewissen war entsprechend erleichtert, als er sich endlich zu seinem einsamen Winter anschickte, »la belle route de ma solitude«.[15]

Während des Oktobers, als diesem Winter Gefahr zu drohen schien, hatte er kurze Zeit bedauert, Werner Reinharts großzügiges Geschenk nicht gleich zu einem bessern Zweck für sich und Merline genutzt zu haben. Nun, da seine »große Arbeit geleistet« war, wäre es da für sie beide nicht der Augenblick gewesen, eine sofortige Rückkehr nach Frankreich zu wagen? Sie hätte trotz allem vielleicht festen Boden gewonnen, er hätte mit der Hilfe Gides und vielleicht Valérys die Möglichkeit erkunden können, sich wieder ganz in Paris niederzulassen. Dafür war es nun zu spät, aber er gab den Gedanken an eine künftige Rückkehr nach Paris nicht auf, wofür die endgültige Vollstreckung des Testaments Oswald von Kutscheras womöglich die Mittel bieten konnte. Seine Sorgen wegen der Kosten Muzots für Nanny, die den Haushalt bestritt, wie für Werner, dem die notwendigen Reparaturen wachsende Rechnungen brachten, erwiesen sich nach Aussage beider aber als gegenstandslos, und seinem Winter dort stand nichts im Wege.

Verglichen mit dem vorhergegangenen würde dieser Winter nicht mehr als eine Zeit des Abwartens sein, die »unvermeidliche Pause zwischen zwei Perioden der Arbeit«.[16] Sein Plan war, abgesehen von der Erledigung der Korrespondenz und der Durchsicht der Fahnen der Elegien und Sonette, von denen die ersten bereits mit einer entmutigenden Menge von Irrtümern eingetroffen waren, sich auf seine Übertragungen zu konzentrieren, die den letzten Band der Gesammelten Werke bilden sollten. Es lag da zwar kein Arbeits-Gebirge vor ihm, doch ein Gipfel war noch zu erobern, ein geringer, doch ein ebenso wichtiger für ihn: Valéry. Von den ersten Dezembertagen an in Muzot eingeschneit, machte er sich, während der Haushalt seinen »gleichmäßigen und geräuschlosen« Gang wiederaufnahm, unmittelbar an diese Aufgabe, und hatte im Februar bereits alle Gedichte der *Charmes* übertragen – »alle diese Kleinode, und ich kann sagen, meine Arbeit war, glaube ich, erfolgreich und gesegnet«.[17] Wie bei seinen früheren Übertragungen – den *Sonetten aus dem Portugiesischen*, Gides *Rückkehr des verlorenen Sohnes*, Guérins *Kentauer*, den Sonetten des Michelangelo – waren seine Valéry-Versionen eher Rilkesche Nachdichtungen als getreue deutsche Übersetzungen des Originals. Seinem Gefühl nach war er einem Original noch nie so nahe gekommen wie auf diesen »Gipfeln der Herrlichkeit«, er war stolz auf die Geschicklichkeit, mit der er es verstanden hatte, die äußere Form der Verse beizubehalten. Rilkes Bilder sind gegenüber den Originalen jedoch häufig auf eine subtile Weise verändert, die Gedanken von einer schwer zu definierenden Verschiedenheit. So ergeben sich deutsche Gedichte, die eine eigene Schönheit besitzen, über eine Übersetzung im wörtlichen Sinne aber hinausgehen – »als würde ein für das Clavecin geschriebenes Stück auf einer Orgel gespielt«.[18] Das war wohl der Grund dafür, daß ihm diese Art von Arbeit ebenso viel Freude bereitete wie die eigene Produktion, während sie ihm gleichzeitig das Gefühl gab, einen *tour de force* der Äquivalenz geleistet zu haben, wobei er Valéry – dessen mehr intellektuelle Lyrik sich von der seinen in Wirklichkeit sehr unterschied – weiter als den betrachtete, »der mir unter den Dichtern meiner Generation . . . am nächsten steht«.[19]

Diese Aufgabe half ihm zweifelsohne durch einen mittelmäßigen und unbehaglichen Winter. Sein Tageslauf folgte einer ruhigen und gleichmäßigen Routine von Briefwechsel, Übersetzungsarbeit und Lektüre. Er war nicht eigentlich krank, fühlte sich jedoch unerklärlich matt und nahm zu Weihnachten für einige Tage nur Suppe zu sich. Manchmal brauchte er zehn, sogar zwölf Stunden Schlaf, dann wieder litt er unter Schlaflosigkeit. Jede ungewöhnliche Anstrengung schien an eine außerordentliche Empfindlichkeit des Sonnengeflechts zu rühren, einen Bereich des Körpers, dem er nahezu mystische Bedeutung zuschrieb – »der Mittelpunkt unserer Orientierung zum Sichtbaren wie zum Unsichtbaren hin«. Er selbst wie seine Freunde, die seine Klagen und Vermutungen über dieses unbestimmbare Unwohlsein hörten, sahen darin eine Reaktion auf die erschöpfende Anstrengung des vergangenen Jahres, und er versuchte, es nicht so ernst zu nehmen. Nach den »großen Arbeiten«, wie nach dem *Malte*, stehe er, so teilte er Katharina Kippenberg mit, vor einer neuen Epoche: »ein neuer Mut und eine neue Verzagtheit . . . o Anfängerschaft ohne Ende!«[20]

Seine Hoffnungen, die ersten Exemplare der Elegien zu Weihnachten verschicken zu können, wurden enttäuscht. Die Mitternachtsstunde zu Neujahr sah ihn an seinem Schreibtisch immer noch bei den zweiten Fahnen; die erste, beschränkte Ausgabe konnte erst im Sommer erscheinen. Das *Inselschiff* für den Dezember hatte freilich ein Faksimile der Handschrift der Vierten Elegie gebracht, der Almanach von 1923 mehrere frühere Gedichte, darunter »Ausgesetzt auf den Bergen des Herzens« und Graf C. W.s »Karnak«. Die einzigen verschwenderischen Geldausgaben galten Büchern, auch wenn das einen verschämten Griff in den Muzot-Fundus oder Vertrauen auf die Großzügigkeit Nanny Wunderlys bedeutete. Seine weitgespannte Lektüre wandte sich immer mehr dem Französischen zu. Paul Morisse, der früher für den *Mercure de France* gearbeitet hatte und nun eine französische Buchhandlung in Zürich führte, war nicht zuletzt durch seine Verbindung zu Valéry zu einem festen Freund geworden. Bei ihm ging ein ständiger Strom von Bestellungen der neuesten Erscheinungen ein – Jules

Romains, Valéry Larbaud, Colette, Edmond Jaloux, die »Cahiers verts«, sobald sie herauskamen, wie auch literarische Zeitschriften und neue Übertragungen von Turgenjew, Dostojewskij, sogar Chesterton. Die Sonderausgabe der *Nouvelle Revue Française* im Januar, die Proust gewidmet war, dessen Werk Rilke mit Bewunderung seit dem ersten Erscheinen verfolgt hatte, hielt ihn bis zwei Uhr morgens wach und vermittelte ihm einen Eindruck von dem, was der Zeitgenosse geleistet hatte, indem er seiner inneren Stimme unbeirrbar treu geblieben war. »Diese Aufwendung ins Gesellige, ohne alle Ambition, wie nah am ›Snob‹ vorbei, gerettet durch dieses In-Allem-Etwas-Suchen, etwas Reines und Gewaltiges, das dann auch mehr und mehr die Führung dieses Lebens übernimmt, alles in *einem* Sinne beherrschend, auch noch die Krankheit. Schließlich dieses Sterben, Medicamente ablehnend, aber noch in der Agonie die Beschreibung einer Agonie verbessernd . . .!, nachdem das Wort ›Fin‹ . . . schon unter das letzte Blatt . . . geschrieben war.«

»Dies auf der einen Seite des Rheins«, schrieb er an Nanny, »drüben, dagegen, monatelanges Hauptmann-Feiern . . . On n'a qu'à choisir.« Der Gegensatz drückte die Abscheu aus, die er seit langem für Deutschland empfand und die sich nun beinahe zu Haß verstärkte, als er die Nachrichten von den dortigen politischen und wirtschaftlichen Entwicklungen und der Krise in Europa verfolgte. Er verteidigte nicht die französische Besetzung des Ruhrgebiets und des Rheinlands, doch gab er den Deutschen die eigentliche Schuld. Das sei kein Volk, sondern eine Masse, bereit und willens, sich von größenwahnsinnigen »Ideen« antreiben zu lassen; »ein Bündnis schlimmer Instinkte«, die umso schlimmer waren, als sie wahre geistige Werte mit hineinzogen; ohne Würde, ohne Ruhe, ein Volk, das Gemeinschaftsgefühl nur an den Tag legte, wenn ein Vorteil winkte. »Der ›deutsche Gott‹, unter Wilhelm II. wars ein Unteroffizier –, jetzt ist es eine Art Ebert auf Halbmast.« Der rechte Augenblick für den Umschwung war im Jahr 1918 versäumt worden, nun schien es keine Hoffnung mehr zu geben. »Wirklich, es gibt nichts, wozu ich in leidenschaftlicherem Gegensatz stände, als dieses ›Reich‹ . . . Möge die Schweiz mich schützen, solang bis ich irgend eine weit weit entlegne Zuflucht finde, oder still, als Privatmann in Paris verschwinde, als ein čechoslovakischer Staatsbürger, der die Quais entlanggehen und im Luxembourg sich benehmen darf ohne irgendwann an die Schellen der Politik zu stoßen.«[21]

Seine Abneigung gegen Deutschland ließ ihn beinahe Scham darüber empfinden, daß er die deutsche Sprache gebrauchen mußte – »wüßte ich nicht, wie weit weg von alledem meine Sprache lebt und schwingt, es könnte mich völlig verstummen machen, daß sie, dem Namen nach, von dort zu kommen und dorthin zu gehören scheint«. Er sprach, nicht völlig zum Scherz, von einer Wiederaufnahme des Studiums des Arabischen, mit dem er sich auf seiner nordafrikanischen Reise kurz befaßt hatte. »Und wenn, wiederum in zehn Jahren, ein Buch von mir erscheint, so muß die Insel sehen, wie sie sich arabische Alphabete verschafft, es zu drucken ...«[22] Die deutsche Sprache neige nicht nur zur Ungenauigkeit, gegen die sein ganzes Werk unentwegt gekämpft hatte, denn »er war ein Dichter und haßte das Ungefähre«.[23] Auch ihr Wortschatz erschien ihm arm im Vergleich zum Französischen. Gide erinnerte sich an eine Bemerkung, die Rilke 1914 darüber gemacht hatte, daß es im Deutschen kein Wort für das Innere der Hand gebe; der Deutsche konnte bestenfalls von einer »Handfläche« oder von der Oberseite als »Handrücken« sprechen, als ziehe er die rauhe, unpersönliche Außenseite »dem warmen, liebkosenden, weichen Innern« vor, »der *paume*, die das ganze Mysterium des Menschen erzählt!« Im Grimmschen Wörterbuch Gides hatte er »Handteller« gefunden – »aber es ist doch die *paume* einer Hand, die man zum Almosen sammeln, zum Betteln ausstreckt und die als Schale dient! was für ein Geständnis in diesem Ungenügen unserer Sprache!«[24] Als er von Etoy aus wegen der Korrekturen für das Vorwort zu *Mitsou* mit Vildrac in Verbindung stand, hatte er Französisch mit »einem während Jahrhunderten gereiften Weinberg« verglichen, der nach sorgfältig festgelegten Regeln gepflegt wurde; eine Sprache mit einer Reinheit und Sicherheit, von denen die seine noch weit entfernt war.[25]

Frankreich, seine Sprache und Literatur, waren nun der

einzige Lichtblick in seiner düsteren Schau Europas. Er sei hier am rechten Ort, schrieb er im Januar an Lou Salomé, um zu erkennen, wie sich auf einer Ebene unterhalb der Politik, insbesondere in Frankreich, ein verborgenes Wachstum abzeichne. »Ich weiß nicht, ob Du Proust verfolgt hast, sein Einfluß ist ungeheuer –, aber nicht nur *sein* Einfluß verwandelt, sondern, was aus ihm wirkte, wirkt gleichzeitig aus Anderen und Jüngeren.«[26] Erfreulich war indessen auch, daß Maurice Betz, ein junger Schriftsteller aus dem Elsaß, einen Teil des *Malte* für die Veröffentlichung in Paris übersetzte. Er bat Merline, ihn für dieses Buch zu zeichnen, das als sein erstes Werk in Buchform in Frankreich erscheinen sollte. Betz, so stellte sich heraus, war ein Bekannter Claire Golls, die, auf seine Nachrichten über Rilke, ihm nach drei Jahren Schweigens wieder schrieb und ihr jüngstes Werk schickte. Es war bezeichnend, daß diese Erinnerung an ein flüchtiges, doch leidenschaftliches Verhältnis in ihm nicht deutsche, sondern französische Verse hervorrufen sollte, die er auf die Rückseite ihres Briefumschlags notierte:

Ah moi à mon tour
si je te lis, Liliane,
c'est sans doute par amour
que mon être s'inganne
de la nuit et du jour
et que je m'agite pour
une goutte diaphane.[27]

Anfang März konnte er Kippenberg die Vollendung des Bandes der Übertragungen mitteilen. Auch brauchte er nun Abwechslung von seiner mönchischen Abgeschiedenheit, so daß ihm die zahlreichen Besucher, die sich anzusagen begannen, willkommener waren als zu anderen Zeiten. Muzots Gastzimmer reichte kaum aus, daher brachte er sie hauptsächlich in Sierre unter, war dann aber beim Tee oder gelegentlichen Abendessen ihr Gastgeber (auch Frieda hatte nun größeres Selbstvertrauen gewonnen). Silber, Gläser und Porzellan, die Nanny Wunderly die Monate hindurch besorgt hatte, wurden dabei unter seiner Aufsicht arrangiert, was seiner kerzenerleuchteten Tafel Glanz verlieh. Es bereitete ihm besondere Freude, für Regina Ullmann und Ellen Delp mit ein paar Schweizer Franken Fahrkarten zu einer Besichtigung Genfs kaufen zu können, als ihr Vorrat an inflationärer Mark für die Extrareise nicht mehr ausreichte. Ostern wurde zu einem echten Fest für ihn, da nicht nur der erste Band der Sonette eintraf, sondern auch Werner Reinhart mit zwei Freunden, dem Künstler Edmund von Freyhold und der jungen australischen Geigenvirtuosin Alma Moodie, zu Besuch kam. Werner schien diesmal »Muzot, das sich in allem bewährte, wahrhaft in Besitz und . . . zu Herzen genommen« zu haben, schrieb Rilke an Nanny. Alma Moodies Bach gab dem alten Haus »seine große Musik-Taufe« – »*das*, und die Sonette an Orpheus; das waren wie zwei Saiten derselben Stimme«.[28]

Frieda, die nach Ostern in ihre Heimat zurückkehren würde und bereits dabei war, eine Nachfolgerin einzuführen, wurde zum Fest nicht vergessen. Am Ostersonntag erhielt sie eine kleine Karte vom Osterhasen, der seine Absicht ankündigte, seine Eier »in einen neuen Sommerhut zu legen. Da er als Osterhase altmodisch ist und sich nicht mit den heutigen Hutmoden beschäftigen kann, bittet der schleunigst Unterzeichnete schon jetzt, ihm bei der Auswahl dieses seines Eier-Korbes behilflich zu sein«.[29] Sein Abschiedsgeschenk für sie war eine teure Flasche Parfum, so großartig, daß sie sie vor ihrer Schwester Rosa verstecken wollte, der sie sicher gefallen hätte. Als er sich dann am 6. April von ihr verabschiedete, entdeckte sie, daß er für Rosa genau die gleiche besorgt hatte.[30]

Im Mai wohnte Mary Dobržensky für zwei Wochen in Sierre, war eine häufige Besucherin auf Muzot, und Rilke besichtigte mit ihr ein kleines Château in der Nähe, das sie für einen längeren Aufenthalt mieten wollte. Es gehörte einem Arzt in Sierre, dessen Gattin Jeanne de Sépibus sie herumführte und von ihnen anschließend zum Tee ins Bellevue eingeladen wurde. Jeanne konnte kein Deutsch, wußte so gut wie nichts von Rilkes Ruhm, war aber von seiner Aufmerksamkeit und Ausstrahlung gefesselt. Sie wurden feste

Freunde, Rilke brachte ihr häufig Rosen, verbrachte unter dem Nußbaum in ihrem Garten friedliche Stunden und schrieb ihr, wenn er auf Reisen war. Zwei Jahre später faßte sie den Mut, ihn – von dem sie gehört habe, er sei ein großer Dichter – zu bitten, für sie ein Gedicht auf Französisch zu schreiben, vielleicht über ihren Nußbaum. Er erwiderte lächelnd, er schreibe für gewöhnlich nicht auf Bestellung, werde aber sein Bestes versuchen. Als sie kurz darauf zum Abendessen auf Muzot eingeladen war, fand sie neben ihrem Teller, auf der Serviette eine einzelne Rose, das sorgfältig von eigener Hand geschriebene »Le noyer«:

> . . . Arbre qui peut-être
> pense au dedans:
> antique Arbre-maître
> parmi les arbres servants!
>
> Arbre qui se domine,
> se donnant lentement
> le forme qui élimine
> les hasards du vent:
>
> plein de forces austères
> ton ombre claire nous rend
> une feuille qui désaltère
> et des fruits persévérants.

Jeanne, die ein hohes Alter erreichte, erinnerte sich bis zum Ende ihrer Tage an die Jahre der Bekanntschaft mit Rilke als »die wundervollsten meines Lebens«.[31]

Später im Mai kam die Fürstin nach Sierre, blieb diesmal eine Woche und nahm Rilke auf Autofahrten mit. Er war enttäuscht, ihr den Band der Elegien nicht überreichen zu können, doch er konnte ihr wenigstens seine Valéry-Übertragungen vorlesen, deren erste Reinschrift er in einen Geschenkband für den Dichter selbst gemacht hatte. Auch mit Werner Reinhart konnte er sie bekanntmachen, worum sie ihn gebeten hatte. Kippenberg hatte mittlerweile eine Möglichkeit gefunden, einige Franken aus einem Schweizer

Konto zur Verfügung zu stellen. Mit dieser leichten Aufbesserung seines Taschengelds konnte Rilke im Sommer Muzot von Zeit zu Zeit verlassen – er fuhr nach Zürich, zum Greifensee, nach Thun, Vevey und Villeneuve, Bern –, ohne dabei immer auf die Gastfreundschaft und die Automobile seiner Freunde angewiesen zu sein. Er war besonders froh, der faden Küche der Nachfolgerin Friedas zu entrinnen, deren Erzeugnisse er meistens unberührt ließ. Sie mußte dann auch gehen, obwohl Friedas Rückkehr ungewiß war. Paris und das Zurückholen seiner Papiere, die endlich »desequestriert« worden waren, mußte für den Augenblick ein Traum bleiben. Merline erhielt im Juli wieder eine Einladung, doch blieb er diesmal seinem Vorsatz treu, sie für längere Zeit allein auf Muzot zurückzulassen. Sie konnten nun ruhig über ihre Sorgen sprechen, wie »alte Freunde, die wir ja sind«[32], und er bemühte sich für sie ebenso eifrig wie zuvor; die erwünschte Distanz aber war erreicht worden.

Trotz der Ablenkungen durch Besucher und Besuche dauerte sein körperliches Unwohlsein an, ja verschlimmerte sich noch. Offenbar mußte es sich um eine Erkrankung des Unterleibs handeln, da er rasch an Gewicht verlor, so daß es trotz seines Glaubens an die Selbstheilung seines Körpers notwendig wurde, ärztlichen Rat einzuholen. Gegen Ende August ging er in ein Sanatorium in Schöneck am Vierwaldstätter See, wo der Arzt (»es scheint, weil seine Schwiegertochter . . . mich zu lesen liebt«) darauf bestand, seine Untersuchung und die anschließende Massagebehandlung persönlich durchzuführen. Rilke erschien es ziemlich grotesk, »daß ein alter Herr jeden Morgen auf den Händen nachdenklich über meinen Leib spaziert. Eine Cirkus-Nummer«.[33] Doch mit einer gewissen Erleichterung hörte er, daß tatsächlich eine Verkrampfung des Unterleibs vorhanden sei, auch wenn deren Ursache unklar blieb und die heißen Bäder, Massagen und Elektrobehandlung während des einmonatigen Aufenthalts zu keiner Besserung führten.

Er verbrachte ein paar Tage in Luzern, war dann anschließend bei Guido von Salis, der sich nun in Malans in Graubünden niedergelassen hatte, doch die Wirkung einer Nachkur, die er sich von diesen Aufenthalten erwartet hatte, blieb aus. Pläne für weitere Reisen – nach Paris vielleicht, oder Italien – wurden rasch aufgegeben; eine Rückkehr nach Muzot schien in seiner augenblicklichen Verfassung das einzig mögliche. Er hatte es freilich nicht eilig dorthinzukommen, bevor die Renovierung, die Merline überwachte, abgeschlossen war und er wußte, ob Frieda, die man wieder gebeten hatte, zurückkehren wollte – trotz ihrer Mängel war das besser, als es mit jemandem Neuen zu versuchen. Meilen mit Nanny Wunderly bot ihm für drei Wochen im Oktober Zuflucht, darauf folgte ein kurzer Aufenthalt in Bern; als er dann Ende des Monats wieder in Muzot eintraf, war alles geregelt. Frieda wurde nach einem kurzen Kochkurs, in dem sie von Nanny auf die nun erforderliche Schonkost vorbereitet wurde, ab Anfang November wieder angestellt. Auch Merline hatte Pläne gemacht. Dank der Bemühungen Gides und einer beträchtlichen Summe aus dem Fundus Georg Reinharts konnte Pierre nun endlich nach Paris gehen, wo er sich eine unabhängige Zukunft schaffen wollte, während sie am 20. November nach Beatenberg abreisen wollte, um dort den Winter mit Baltusz zu verbringen.

Als sie sich anschickte, ihn seiner Einsamkeit zu überlassen, geriet ihr resigniertes Einverständnis mit ihrer neuen Rolle sehr ins Wanken, als Frieda eines Tages einer elegant gekleideten und stark geschminkten Dame die Tür öffnete, die sich bei Rilke anmelden ließ. Es war Loulou Albert-Lazard, die eine Reise von Frankreich nach Italien in Sierre unterbrochen hatte. Merline ließ bestellen, daß er sie nicht empfangen könne, worauf die Besucherin zum Entsetzen Friedas an der Schwelle, wo man sie hatte warten lassen, beinahe in Ohnmacht sank. Merline gab nach und holte Rilke, zog sich dann mit Frieda in die Küche zurück, während Rilke die unerwartete, doch glücklicherweise kurze Heimsuchung nach besten Kräften abfertigte – erwartungsgemäß durch eine Lesung aus den Elegien und der Verehrung eines Exemplars mit einer Widmung an Loulou.[34]

Die Sicherheit seiner eigenen Verhältnisse im Vergleich zu dem Chaos in Deutschland, wo die Inflation nun unerhörte Ausmaße annahm, hatte ihn auch seiner Familie gegenüber milder gestimmt. Als im Juni die Nachricht eingetroffen war, daß Ruth ihr erstes Kind erwartete, hatte er ihr für 48 Schweizer Franken eine Million Mark schicken können (wobei er sich freilich vom tatsächlichen Wert dieses fiktiven Vermögens keine Vorstellung machen konnte); nach der Geburt Christines im November sorgte er für ein ähnliches Weihnachtsgeschenk für sie und Ruth. Auch Clara gegenüber hatte sich seine frühere Strenge gemildert. Er hatte den Vorschlägen Kippenbergs zugestimmt, ihr aus seinem Konto wachsende Zuwendungen zu machen, und war von ihrer Würdigung der Elegien gerührt. Der Abstand zwischen ihnen hatte sich nicht verringert, doch ihre Beziehung war herzlicher als seit vielen Jahren.

Er war dankbar, den Schutz Muzots noch einen weiteren Winter genießen zu dürfen, in der festen Hoffnung, daß ihn die vertrauten Verhältnisse wieder aufrichten würden. Es schien ihm jedoch immer noch eine nur vorübergehende Bleibe. Er freute sich auf eine endgültige Rückkehr nach Frankreich, um sich in Paris oder der Provence niederzulassen. Sein freigegebenes Konto bei der Crédit Lyonnais, das zwar nur etwa hundert Francs enthielt, erschien ihm als ein Symbol der Zukunft, auch brauchten tschechoslowakische Staatsbürger kein Visum mehr – »Wenn es mich eines Tages anwandelt, dann brauche ich nur den Zug besteigen!« Im Augenblick aber konnte er, nach den durchaus angenehmen Reisemonaten durch die Schweiz, den vergangenen Sommer doch nur als »verloren« ansehen und sich auf einen weiteren unsicheren Winter einstellen.[35] Solange das heimtückische Unwohlsein anhielt, konnte er nicht einmal die gewohnte Vorbereitung auf die Arbeit durch das Briefeschreiben mit vollem Schwung angehen, auch wenn es ihm große Freude bereitete, weihnachtliche Exemplare der Elegien und Sonette an seine Freunde zu senden. Die Arbeit, auf die er anschließend gehofft hatte, wurde zurückgehalten durch das bohrende Gefühl, daß ihn sein Körper im Stich ließ. Er wollte gerne glauben, die »herrliche Bewegtheit und Leistung« der Elegien habe ihn verjüngt[36], doch das Gefühl einer Belohnung für diese große Anstrengung wurde zunehmend von dem überschattet, was es ihn körperlich gekostet hatte.

Im Lauf des Dezembers ging es ihm so schlecht, daß er

nach Weihnachten ein verzweifeltes Telegramm an Georg Reinhart schickte mit der Bitte, ihn an einen Arzt in der Klinik in Valmont, in Glion oberhalb von Montreux, zu empfehlen. Dort wurde er am 28. Dezember aufgenommen, verbrachte drei Wochen unter Beobachtung, während er wie in Schöneck routinemäßig für einen Zustand behandelt wurde, der sich jeder Diagnose entzog, zumal auch die Röntgenaufnahmen im Januar nichts ergeben hatten. Valmont war eine luxuriöse Einrichtung, die ein Höchstmaß an persönlicher Fürsorge bot, dafür aber auch entsprechende Rechnungen stellte. Rilke war froh über die Summe in Schweizer Franken, die Kippenberg hatte bereitstellen lassen. Er hatte das Gefühl, für das Beste zu bezahlen, denn Reinharts Doktor Haemmerli widmete dem rätselhaften Fall viel Zeit. Rilke nahm etwas an Gewicht zu, so daß »objektiv« gesehen eine Besserung eintrat. Tatsächlich aber spürte er bei seiner Rückkehr nach Muzot am 20. Januar keinen Fortschritt, so daß der einzige Gewinn in der Überzeugung lag, in Haemmerli den verständnisvollen und zuverlässigen Berater gefunden zu haben, den er zweifelsohne brauchen würde.

Angesichts des Fehlens erkennbarer körperlicher Symptome konnte der Arzt, der die Beschwerden wohlhabender Hypochonder gewohnt war, begreiflicherweise noch nicht erkennen, wie tief bei Rilke die Krise vom Dezember gegangen war. In einem plötzlichen Anfall hatte sich das bisher vage Gefühl des Unwohlseins zu einem brutalen Schock verstärkt, der Rilke derart ins innerste Mark traf, daß er zu Tode erschrak. Er konnte diesen heimtückischen Anfall nicht erklären, spürte aber eine Schwächung seiner inneren Zuversicht, die auch in seinen schlimmsten Momenten stets unerschütterlich schien, deren vollkommener und stets noch zunehmender Einklang mit seinem Körper die Quelle seiner Kunst gewesen war. Nun ergriff ihn die namenlose Furcht, daß das Versagen seines Körpers diesen Einklang zerstören könne, daß sich eine Kluft in seinem Sein aufgetan habe, die sich nie mehr heilen ließe. »Mein Körper war zu sehr Teil meiner Freuden der Seele und des Geistes, zu sehr verknüpft mit den Begeisterungen, den Ekstasen, den Erhebungen meines Seins, als daß ich weiter ›ich‹ sein könnte, wenn dieses köstliche Instrument plötzlich verstimmt wäre . . .« Haemmerli mochte sich als der »Deuter seiner Natur« erweisen, an den er nie zuvor gedacht hatte – ein »Patient« zu werden, schien ihm jedoch eine unerträgliche Aussicht. Während er in Valmont zu Bett lag, habe er sich wie »auf eine andere Ebene des Lebens« versetzt gefühlt, schrieb er an Nanny Wunderly, »vielleicht die Ebene der Unheilbaren, die nicht mehr teilnehmen«.[37] Sich zu fügen würde eine völlige Umwandlung in eine andere Person bedeuten, ganz so wie 1915, als man ihn gezwungen hatte, die Uniform anzulegen. Er wußte, daß es sich um eine ganz fundamentale Krankheit handelte – was sich tatsächlich bewahrheiten sollte –, doch er war entschlossen, sie zu bewältigen, sein eigenes Selbst zu bleiben und nicht nachzugeben. Nanny allein beichtete er die Furcht, die ihn erfaßt hatte. Andere erfuhren nur von »minder guten Kapiteln« in seiner Verfassung, die sich aufgetan hatten und »gelesen und begriffen sein wollen«[38], daß er sich fühle wie ein Samenkorn, das auf steinigen Boden gefallen ist, daß er versuchte, die grundsätzliche Einheit von Körper und Geist wiederzugewinnen[39] – so daß sich niemand besondere Sorgen über den Zustand machte, der sich nur wie eine weitere seiner zeitweiligen Depressionen anhörte.

Haemmerli hatte Rilkes Plan eines Besuchs in Paris begrüßt, einen derart radikalen Ortswechsel sogar empfohlen; augenblicklich aber hatte Rilke Bedenken wegen seiner Ernährung, der Arzt erkannte vermutlich auch nicht, wie wichtig für ihn die »äußerste Einsamkeit« von Muzot war, »auch wenn deren wichtigste Absicht nun erreicht worden« war.[40] Für den restlichen Winter, *tant bien que mal*, würde er die vertraute Routine wiederaufnehmen. Auch ohne einen richtigen Plan sollte sie sich als produktiv erweisen. Im Februar und März flossen nahezu täglich Gedichte aus seiner Feder – häufig Gelegenheitsverse oder Widmungen in die Exemplare der Elegien und Sonette, die er immer noch verschickte, darunter aber auch Werke von beachtlicher Kraft, wie etwa das im Februar entstandene »Eros«:

Masken! Masken! Daß man Eros blende.
Wer erträgt sein strahlendes Gesicht,

wenn er wie die Sommersonnenwende
frühlingliches Vorspiel unterbricht.

Wie es unversehens im Geplauder
anders wird und ernsthaft . . . Etwas schrie . . .
Und er wirft den namenlosen Schauder
wie ein Tempelinneres über sie.

Oh verloren, plötzlich, oh verloren!
Göttliche umarmen schnell.
Leben wand sich, Schicksal ward geboren.
Und im Innern weint ein Quell.[41]

Der Drang, seine zweite Sprache zu gebrauchen, war jedoch
stärker, so füllte sich der größere Teil seines Notizbuchs mit
französischen Gedichten. Mehr und mehr fand er Freude an
den ganz anderen Ausdrucksmitteln, die sie für die Themen
bot, die er im Deutschen aufgegriffen hatte, wie auch an ihrer
Suggestionskraft für die Themen, die in der Umgebung von
Muzot zu ihm kamen. Gewisse Worte faszinierten ihn –
»verger« (Obstgarten), für das es im Deutschen kein Wort
mit denselben Assoziationen gab, oder Valérys »absence«; in
der einfachen Klarheit dieser Sprache fand er sich auf neuen
Wegen. Ein »Eros« entstand, zur gleichen Zeit wie das deutsche Gedicht, in einer Form, die konkreter und auf andre
Weise ausdrucksvoller war:

Là, sous la treille, parmi le feuillage
il nous arrive de le deviner:
son front rustique d'enfant sauvage
et son antique bouche mutilée . . .

La grappe devant lui devient pesante
et semble fatiguée de sa lourdeur,
un court moment on frôle l'épouvante
de cet heureux trompeur.

. . .

> . . . Toi, qui indifférent et superbe,
> humilies la bouche et exaltes le verbe
> vers un ciel ignorant . . .
> Toi qui mutiles les êtres en les ajoutant
> à l'ultime absence dont ils sont les fragments.[42]

Arbeit »mit halbem Dampf« vielleicht, wie er an Dory von der Mühll im März schrieb,[43] die ihm trotzdem eine stille Befriedigung gab. An Valéry hatte er bereits die Reinschrift seiner Übertragung gesandt; als er dann hörte, daß sich vielleicht eine Begegnung mit dem Dichter auf dessen Reise nach Italien einrichten ließe, unternahm er das Wagnis, einen seiner französischen Versuche folgen zu lassen, »der mir in dem Augenblick diktiert wurde, da Ihr Brief eintraf«,[44] das erste aus einer Reihe von Gedichten über das Thema des »Verger«:

> Peut-être que si j'ai osé t'écrire,
> Langue prêtée, c'était pour employer
> ce nom rustique dont l'unique empire
> me tourmentait depuis toujours: Verger.
> . . . . .
> Nom clair qui cache le printemps antique
> tout aussi plein que transparent,
> et qui dans ses syllabes symétriques
> redouble tout et devient abondant.[45]

Valérys Lob für die »eigenartige Anmut« dieser Verse, »die mir einen unmittelbaren und unschätzbaren Eindruck ihrer reinen und tiefen Lyrik vermittelt haben«,[46] trug beträchtlich zu Rilkes Überzeugung bei, daß seine dichterische Begabung, auch in der französischen Sprache, in anderen Formen und Rhythmen ihren Ausdruck finden könne.

»Im Grunde müßte man alle Sprachen schreiben«, hatte er während des Krieges erklärt – das Gegenstück zu seiner »Vaterlandslosigkeit«, die »sich auch jubelnd, in positiver Form, als eine Zugehörigkeit zum Ganzen bekennen ließe«.[47] Er hatte sich viele Male im Französischen, Russischen, sogar Italienischen versucht, ohne sich jedoch einzubilden, diese

Leistungen könnten seinem Werk in der Muttersprache gleichkommen. Auf Französisch waren es vereinzelte Versuche gewesen, vom flüchtigen Augenblick angeregt, die auch in Paris nur selten gewesen waren. Nun spürte er zum erstenmal einen Drang zu »tätigem Gehorsam« für »diese bewunderte Sprache«,[48] der Strom floß in einer Bewegung dahin, die er den Rest des Jahres hindurch als echte Verjüngung empfand, neben und oft gleichzeitig mit Gedichten in deutscher Sprache. Er mochte vielleicht auch gespürt haben, wie Boris Pasternak später vermutete, daß er im Deutschen die äußerste Grenze der Abstraktion erreicht hatte und nicht mehr »zu den Einzelheiten des Anfangs zurückkehren« konnte, »ohne die das künstlerische Wort nicht auskommt – in der französischen Dichtung konnte er noch einmal zum Beginnenden werden«.[49]

Diese »Überschüsse« des großen Werkes halfen ihm über die schlechten Tage, die ihm von Zeit zu Zeit immer noch zu schaffen machten, hinweg. Als Valéry am 6. April einige Stunden auf Muzot verbrachte – auf dem alten Turm flatterte die französische Fahne, anschließend wurde zu Ehren des Anlasses, der für Rilke so bedeutsam war, eine Weide gepflanzt –, war der Gast entsetzt von der Vorstellung immerwährender Winter in solcher Abgeschiedenheit, inmitten einer schwermütigen Landschaft und in »solchem Mißbrauch der Vertrautheit mit dem Schweigen«. Valéry konnte, obwohl er kein Deutsch sprach, instinktiv erfassen, wie förderlich diese »erschreckende Stille« für die Kunst Rilkes sein mochte, doch er habe Angst um ihn, wie er im Jahr darauf schrieb, »in dieser Durchsichtigkeit eines zu monotonen Lebens, durch dessen gleichförmige Tage ein unverkennbarer Strahl des Todes fällt«.[50]

In diesem Winter und Frühjahr war Rilkes Abgeschlossenheit jedoch keineswegs vollkommen. Der Burgvogt von Muzot war nun zugänglich für seine Nachbarn, häufig hatte er Jeanne de Sépibus zum Tee; zahlreiche andere Freunde aus anderen Teilen der Schweiz stellten sich ein; dem Besuch Valérys folgten weitere, als aus dem Frühling Sommer wurde. Jean Rudolf von Salis, damals Student, erinnerte sich an das »natürliche gelöste Lachen« und die Resonanz der starken Baritonstimme Rilkes, der einige von den Valéry-Übertragungen vortrug – ein »Eindruck souveränen Künstlertums«. »Hier las nicht nur ein Dichter, hier stand auch ein Mann . . . ein Mann mit seiner Härte.«[51] Zu Ostern wurde zur Ankunft Werner Reinharts, der wieder mit Alma kam und den österreichischen Komponisten Ernst Křenek mitbrachte, die Schweizer Flagge aufgezogen. Ende April verbrachten auch die Kippenbergs wieder einige Tage in Sierre, eine Veröffentlichung der Übertragungen wurde diskutiert. Im Mai kamen Clara und ihr Bruder Helmuth auf eine Woche nach Muzot. Es war zum erstenmal seit dem Krieg, daß Rilke seine Ehefrau traf – es sollte das letztemal sein –, eine kurze Überschneidung ihrer getrennten Wege, die ihm jedoch eine merkwürdige Befriedigung verschaffte. Er konnte ihr den Schauplatz zeigen, den er für sein Leben gewählt hatte, den blühenden Garten mit seinen Rosen, und ließ sich von Ruth und der kleinen Christine erzählen, »eine Art Elementarunterricht in der ›Kunst Großvater zu sein‹. Mais j'ai peu de talent!«[52] Er richtete es ein, daß sie auf der von ihm bezahlten Rückreise eine Woche bei Nanny Wunderly verbringen konnten, und war zufrieden, als er anschließend hörte, wie schnell die beiden Frauen sich angefreundet hatten.

Der Besuch war für ihn eine Begegnung ohne Emotion gewesen, ein Austausch von Neuigkeiten und Erinnerungen unter alten Freunden. Auch zu Merline hatte er einen ähnlichen Abstand gewonnen. Nanny Wunderly hatte sich besorgt über die Wirkung geäußert, die eine mögliche Rückkehr Merlines nach Muzot auf ihn haben würde, doch hatte er ihr beruhigend versichert, daß weder er noch Merline daran dächten. Zwar gehöre sie »zu den Menschen, die, wenn sie einmal an einem Schalter eine große Summe ausgezahlt bekommen haben, immer wieder dort sich anstellen, auch wenn der Beamte versichert, daß keinerlei Sendung unter ihrer Adresse eingetroffen sei«. Er habe jedoch für sie alles getan, was in seinen Kräften stand, sie reise nun endgültig nach Paris ab, wo Baltusz bereits auf sie wartete, und er könne nur hoffen, daß dort ihr Schiff ins rechte Wasser geriete.[53] Aus Merlines Briefen sprach immer noch die hoffnungslose Leidenschaft, doch ihre Korrespondenz hielt sich zunehmend an weniger gefährliche Themen aus Literatur und Kunst. Es lag eine Ironie darin, daß die Sicherheit der einsamen Existenz und die emotionelle Unabhängigkeit, die er nun erreicht hatte, von einer Krankheit untergraben wurde, die nicht mehr von ihm weichen wollte.

Fürstin Maries Reisepläne führten in diesem Jahr nicht nach Muzot. In ihrem siebzigsten Lebensjahr hatte man ihr nun zu einer Kur in Bad Ragaz geraten. Rilke, dem die altmodische Eleganz des Heilbads auf der Durchreise von Soglio zugesagt hatte, wollte sich ihr dort anschließen, da er sich von dieser Veränderung eine Besserung versprach. Seine Finanzen waren wenigstens gesund, dank der Neubewertung der Mark und weiterer Überweisungen Kippenbergs, zu denen noch ein großzügiger Beitrag Reinharts zu »dem Reise- und Ferienkonto des getreuen Burgvogtes« kam. Damit sei ihm »eine Freiheit der Bewegung und der Sorglosigkeit gewährt, wie sie selten ein Burgvogt hat genießen dürfen durch die Jahrhunderte«, schrieb er dankbar an Reinhart, auch wenn er die frische Sommerlandschaft Muzots nur ungern verließe.¹⁴ Er unternahm als erstes mit Nanny Wunderly eine gemächliche Autoreise über Vaud, Neuchâtel und Bern, benutzte die Gelegenheit zu einer Untersuchung bei Dr. Haemmerli in Valmont und traf dann am 28. Juni in Ragaz ein.

Das Bad hatte sich seit dem Krieg durch das Erscheinen des Automobils und eine nunmehr weitgehend angelsächsische Besucherschaft (darunter während Rilkes Aufenthalt Mary Pickford und Douglas Fairbanks) verändert; das Hotel Hof Ragaz, in dem er mit Fürst und Fürstin wohnte, bewahrte aber mit seinen Empire-Möbeln und dem Pferdebus am Bahnhof noch etwas von der Atmosphäre des neunzehnten Jahrhunderts. Er konnte sich seiner Nostalgie nach einer vergangenen Zeit voll hingeben, auch wenn von den traditionellen Kurgästen nicht mehr viele übrig waren. »Die heutigen (hélas!) sind nicht die richtigen Akteure, um die noble Szenerie der Alleen und Rasenplätze angemessen zu beleben. (Quel public!)«¹⁵ Die Hotels besaßen aber noch gute Kutschen, wie er mit Freude entdeckte, »ich hatte endlich wieder mal die Freude (die mir, seit Kindheit, zu den ersten rechnet) im Landauer über Land zu fahren«[56] und die Salis auf ihrem Schloß Bothmar in Malans zu besuchen.

Seine Tage vergingen ruhig, er unternahm Spaziergänge, hörte sich die dreimal täglich stattfindenden Darbietungen des Orchesters an, genoß wieder eine »Brieffastenzeit« und hielt sich von der Menge fern, indem er der Fürstin in ihrem Privatsalon vorlas. Seine Gedichte in französischer Sprache gefielen ihr, doch war darin nicht mehr »die Stimme der großen Engel, nicht das ›uralte Wehn vom Meer‹«, das in Capri zu ihm gekommen war – sie konnten für ihn, so fühlte sie, nur noch ein reizvolles Spiel bleiben.[57] Dieses Spiel wurde zwar in der Entspannung von Ragaz gelegentlich fortgesetzt, doch die Rückkehr in eine deutschsprachige Umgebung brachte ihm auch Inspiration in seiner Muttersprache, die in einer Reihe von Gedichten, »Im Kirchhof zu Ragaz Niedergeschriebenes«, Ausdruck fand. Einige dieser Gedichte sind seinen größten Werken ebenbürtig, ebenso die Fortsetzung einer Korrespondenz in Versform, die im Mai mit einem an ihn gerichteten Gedicht der jungen Erika Mitterer aus Wien eingesetzt hatte.[58]

Nach der Abreise der Fürstin am 10. Juli blieb er für zwei weitere Wochen, da er eine wohltuende Wirkung verspürte, wagte gegen das Ende zu sogar einen Versuch mit den Thermalbädern, die er zunächst für zu anstrengend gehalten hatte, nun aber nicht genug loben konnte. Die Radioaktivität und chemische Zusammensetzung des Wassers, vor allem aber die körperwarme Temperatur gab ihm ein ungewöhnliches Gefühl des Wohlbefindens und schien die körperliche Harmonie wiederherzustellen, die ihm gefehlt hatte. Mit Nanny Wunderly, die auf einen kurzen Besuch kam, machte er einen Ausflug nach Bad Pfäfers, dann durch die großartige Tamina-Schlucht hinauf zur Heilquelle. Die »alte heilsame Quelle« floß geräuschlos aus einer Höhle, die ihn an das Pecharskaja-Kloster unterhalb Kiews erinnerte, »wie verwandt, fiel mir ein, mögen die Kräfte sein, die aus der Tiefe der Erde heraufwirkend, dort ein Wunder des Todes vollziehen –, hier eines versprechen, das, unendlich hilfreich, auf Seiten des Lebens steht!« In der Schlucht selbst rief das Brausen des Wassers in seiner engen Bahn seine Vorstellung vom »Urgeräusch« zurück, das in physischen Erscheinungen existiere. Die große Kluft mochte nicht nur durch die Kraft des Wassers, sondern auch durch dessen Geräusch die Jahrtausende hindurch ausgehöhlt worden sein, die Wände »akustisch ausgeschliffen«, genauso wie es den Mauern von Kathedralen durch den Einfluß der Tonwellen geschehe, die aus der Orgel strömten. Experimente würden seiner Überzeugung nach eines Tages die ganze Welt als ein solches Spiel von Wechselwirkungen erkennen lassen und beweisen, daß die verschiedenen Reize, die sich unseren Sinnen boten, irgendwo »in einer noch nicht entdeckten Peripherie« zusammenliefen.[59]

Als er am Monatsende schließlich abreiste, um bei Nanny in Meilen eine Woche zu verbringen, war es mit dem festen Entschluß, eines Tages an diesen »gelegenen Ort« zurückzukehren, dessen Quellen, wie er später schrieb,

. . . eine irdische Kraft wärmt auf den nämlichen Grad
unseres eigenen Bluts. Kann man deutlicher segnen,
als es hier die Natur, die überströmende, tat?

Oft scheint sie feindlich und fremd, ganz in sich selber
beschäftigt,
läßt sie uns gleichsam geschehn zwischen Unruh und Ruh;
doch wie ergänzt sie uns schön, wenn sie uns einmal
bekräftigt:
rein, aus der Tiefe hervor, stimmt sie uns Zögernden zu.[60]

Mittlerweile hatte er seine Abende gewissenhaft mit der Vorbereitung des Manuskripts der Valéry-Übertragung für Kippenberg zugebracht. Dafür war eine hervorragende Sekretärin angestellt worden, der er aus den Entwürfen diktierte, da die einzige Reinschrift an den Dichter selbst gegangen war. Das Manuskript wurde von Meilen abgeschickt, der Band erschien 1925 in einer eleganten limitierten Ausgabe der Cranach-Presse im Auftrag der Insel, mit einer Initiale von Eric Gill und einer Widmung an Werner Reinhart, »dem gastlichsten Freunde«.[61]

Bei seiner Rückkehr nach Muzot am 2. August stellte er

fest, daß er den Preis für seine Ferien von der Korrespondenz bezahlen mußte. Doch trotz eines Berges von Briefen begann seine »zweite Leier« wieder zu tönen – eine ganze Reihe französischer Gedichte stellte sich ein, »gewidmet dem Valais, echte ›Quatrains Valaisans‹«, die er, wie er Nanny Wunderly mitteilte, benützen würde, »um meinen künftigen Antrag auf Schweizer Staatsbürgerschaft zu unterstützen, denn es gibt keinen besseren Beweis, daß ich dieses Land *in meinem Blut* trage«:

> Pays, arrêté à mi-chemin
> entre la terre et les cieux,
> aux voix d'eau et d'airain,
> doux et dur, jeune et vieux,
>
> comme une offrande levée
> vers d'accueillantes mains:
> beau pays achevé,
> chaud comme le pain!
>
> (2)
>
> Chemins qui ne mènent nulle part
> entre deux prés,
> que l'on dirait avec art
> de leur but détournés,
>
> chemins qui souvent n'ont
> devant eux rien d'autre en face
> que le pur espace
> et la saison.
>
> (31)[62]

Es war die erste »Heimatdichtung«, die seit dem »Laren-opfer«, das er vor dreißig Jahren seiner tatsächlichen Heimat dargebracht hatte, aus seiner Feder geflossen war – so stark war die Verjüngung, die er im Schreiben französischer Gedichte fand. Auch das harte Bild von Prag, das er sich seit seinem Weggang gemacht hatte, hatte sich gemildert. Jean Strohl, der sich zu einem Besuch in Prag anschickte, hörte von seiner Erinnerung an die Altstadt, wieviel deren herrliche Gebäude für seine Kindheit bedeutet hätten und was er diesen fernen Erinnerungen zu verdanken habe. Dabei unterstrich er die großen Hoffnungen für die Zukunft des neuen Nationalstaats unter der staatsmännischen Führung Masaryks, dem er bereits im Jahr 1921 Tribut gezollt hatte. Nicht Undankbarkeit halte ihn von einer Rückkehr ab, sondern die Erinnerung an das unglückliche Familienleben, das er dort durchgemacht hatte.[63] Die Erinnerungen daran waren freilich durch den Tod seiner letzten verbliebenen Kusine Paula, der Tochter Jaroslavs, wieder jäh erwacht, als man ihm aus ihrer Hinterlassenschaft Schriften und Familienandenken zustellte. Worauf er dort zurückblicke, sei äußerst grotesk, »de la province engourdie«, wie er Nanny Wunderly gestand; »auf dem mütterlichen Ufer« die uralte Großmutter, dann die alternde Phia selbst, das spotte erst recht jeder Beschreibung – »ein vollkommener Guignol, von traurig zerlumpten doch unzerbrechlichen Puppen gespielt. Gott erspare mir ein näheres Hinsehen«.[64] Auch wenn er nicht in der Schweiz hätte bleiben können, so wäre ihm die Tschechoslowakei als Zufluchtsort offenbar noch weniger vorstellbar gewesen als Deutschland. Er zog es vor, von seinem Heimatland »abgelöst genug« zu bleiben, »um seinen besonderen Schicksalen, unabhängig, treu zu sein«.[65]

Ob er den Gedanken an die Schweizer Staatsbürgerschaft nun ernst meinte oder nicht, die *Quatrains valaisans* – »mir selbst so sehr Überraschung und Beschenkung ... und mir so bestärkend durch das in mir Sprachewerden des Lands, dem ich so viel verdanke«[66] – brachten die Bestätigung eines Treueverhältnisses, das nun sogar die Beziehung zu Frankreich zu übertreffen schien. Der Gedanke an Paris beschäftigte ihn allerdings sehr, er hoffte, noch vor Jahresende dorthin reisen zu können. Sein Besuch sollte jedoch vielmehr wehmütiger Erinnerung als der Möglichkeit gelten, sich dort einmal endgültig niederzulassen.

Eine der ersten, die einige seiner frühen »Verger«-Gedichte erhielten, war Claire Goll gewesen. »Weit von den Elegien«, hatte sie im Februar geschrieben, »aber sie haben einen Liebhaberwert oder vielmehr Liebhaberinnenwert ... alles was von Dir kommt wandert direkt in mein Herz.«[67] Sie hatte während ihres Sommeraufenthalts in der Schweiz auf eine Begegnung gehofft; er aber hatte gezögert, als sie von »Schicksal« sprach. »Ich bin allein, meine kleine Liliane«, schrieb er am 2. Juni, »und würde Dir gerne meinen alten Turm und meine hundert Rosen zeigen . . . doch glaube ich, daß Du *nur* kommen sollst, wenn Du irrst, wenn es *kein* Schicksal ist, das ich Dir, wie ich auch sei, ›auferlege‹. Sonst wärs ja ein Betrübnis sich wiederzusehen, statt einer Freude, und ich bitte Dich, wenn Du kämst, um *diese*, um die Freude, je größer je besser! . . . Au revoir, Liliane, mit den schönen Armen und dem Herz voll singender Vögel.«[68] Sie hatte ihm sofort die Furcht genommen, daß sie ihn irgendwie binden wolle. »Als ob ich Dir anderes mitbringen wollte, als Freude, Rainer! Ängstigt Dich das Wort ›Schicksal‹, dann nehm ich es zurück. Und seit ich weiß, daß ich Dich wiederhören darf, hat ja auch alle Qual ein Ende.«[69] Im August aber, als sie in Zürich eingetroffen war und er sich auf ihren Besuch freute, erfuhr er, daß sie schließlich doch unmittelbar nach Paris zurückkehren werde.

Die Nachricht verstärkte noch eine gewisse Ruhelosigkeit, die er seit Ragaz gespürt hatte. Es wurde zu spät, um an eine auch nur kurze Rückkehr dorthin zu denken, daher nahm er im September gerne die Gastfreundschaft von Richard und Mieze Weininger an, die in Ouchy, Lausanne, Ferien machten und die er seit 1916 in Wien nicht mehr gesehen hatte. Sie hatten für ihn das beste Zimmer im Hotel Savoy reserviert, das eine herrliche Aussicht auf den See hatte. In der, verglichen mit seinem Turm, luxuriösen Umgebung stellte sich rasch ein weiterer Zyklus französischer Gedichte ein, mehr als zwanzig zarte und schöne Variationen in Vierzeilern über eines seiner Lieblingsthemen, »Les Roses«.

> T'appuyant, fraîche claire
> rose, contre mon oeil fermé –,
> on dirait mille paupières
> superposées
> contre la mienne chaude.
> Mille sommeils contre ma feinte
> sous laquelle je rôde
> dans l'odorant labyrinthe.
>
> (VII)[70]

Edmund Jaloux, der sich zufällig in Lausanne aufhielt und Rilke nun kennenlernte, wurde von dessen eigenartiger Mischung aus vornehmer Höflichkeit und Verlegenheit überrascht. Es war so, als scheue Rilke instinktiv vor neuen Bekanntschaften zurück. Tatsächlich aber war er hocherfreut, dem Autor zu begegnen, dessen Werk er bewundert und dessen Würdigung des von Betz übertragenen *Malte*-Fragments er als erste gelesen hatte, »fünfundzwanzig Jahre lang habe ich es durchgehalten, von Kritiken meiner Werke keine Notiz zu nehmen, doch . . . Ihre Artikel habe ich stets zu gerne gelesen, um vor diesem zu zögern«.[71] Die wenigen Stunden, die er mit Jaloux verbrachte, erschienen ihm »großartig«, so daß er auf ein baldiges Wiedersehen hoffte, denn Paris war für den Oktober nun ernsthaft in Aussicht genommen.

Bis dahin wollte er auf Muzot die Zeit damit verbringen, seine Schriften etwas zu ordnen und mit Hilfe der Sekretärin, die ihm Nanny Wunderly besorgte, Reinschriften der beträchtlichen Anzahl deutscher wie französischer Gedichte herzustellen, die sich angesammelt hatten. Daß er das Gefühl hatte, dafür wieder eine Schreibkraft zu brauchen, läßt erkennen, wie sehr ihn die Krankheit bereits in ihren Krallen hielt. Abgesehen vom Diktieren des *Malte* hatte er die Handarbeit seines Berufs ja nie gescheut, weniger noch, wenn er Gedichte für Freunde abschrieb oder seine Riesenkorrespondenz erledigte. »Das ist schließlich doch mein Handwerk, das Schreiben, und man muß nicht nur die Arbeit lieben . . . sondern das Handwerk, das dazu gehört«, hatte er während der intensiven Anstrengung der *Neuen Gedichte* erklärt.[72] Ein weiteres bedenkliches Zeichen war auch seine Aufgeschlossenheit jeder Ablenkung gegenüber, die vor allem endloses Rückerinnern, Anekdoten und Diskussionen mit seinen zahlreichen Besuchern versprach. Auch als die Sekretärin eintraf, verwendete er fast ebensoviel Zeit auf Spaziergänge und Ausflüge mit ihr wie auf die Arbeit, zu der sie angestellt war. Seine gelegentlichen jähen Schmerzanfälle entgingen ihr nicht.

In seinem Bemühen, die körperlichen Beschwerden nicht zu ernst zu nehmen, brachte ein Brief Valérys, der die Bitte um einen Beitrag zu der von ihm herausgegebenen neuen

Vierteljahresschrift *Commerce* enthielt, einen willkommenen Anreiz. »Vielleicht werden sie daran denken, Ihren Beitrag persönlich hierherzubringen, was hier, wo man Sie besser kennt als sie meinen, große Freude auslösen würde.«[73] (Die Dezembernummer druckte schließlich drei von Rilkes französischen Gedichten ab, die ersten, die veröffentlicht wurden.) Vielleicht regte ihn das auch an, die Anwesenheit der Sekretärin zu nutzen, um ihr vom Blatt einen ersten Entwurf der Übertragung von Valérys *Eupalinos*-Dialog zu diktieren, die seinem Gefühl nach die »erhabene Schönheit« des Originals so traf, als sei es sein eigenes Werk.[74]

Seine Abreise habe sich dadurch verzögert, schrieb er am 3. Oktober an Katharina Kippenberg, »aber wenigstens wird darüber etwas Erfreuendes und Bleibendes zustand gekommen sein«. Geistig befand er sich jedoch in einem Zustand, in dem, wie er Nanny Wunderly gestand, eine Erlösung durch Reisen noch mehr zu fürchten sei als seine augenblickliche »Heimsuchung«. Es sei ihm, als ob er »unter einem Schutthaufen atme und nur durch kleine Fugen hinaussehe in's Offene und Harmlose«. Daran sei nichts zu ändern, wenn es Hilfe gebe, so müsse sie »aus derselben Quelle kommen wie die Gnade zu einem großen Gedicht«.[75] Obgleich ihm Kippenberg bereits die Mittel für die Reise überwiesen hatte, zögerte er. Seine Depression wurde durch die enttäuschende Weinlese noch verstärkt, die für diese Gegend des Wallis nach den vielen Monaten der Arbeit so lebenswichtig war. In einer Reihe lyrischer Skizzen hatte er bei der letzten Ernte das Weinjahr gefeiert, den Weinstock, der auf den »Weinbergterrassen wie Manualen« mit dem »Sonnen-Riesen . . . ringt«, bis er den »vollendeten Traubenton« als »Gehör in empfangenden Munden« erklingen läßt.[76] Diesmal fiel der Ertrag karg und schlecht aus, es fehlte der bacchanalische Überschwang, der stets des Jahres Arbeit krönte. »Heuer sind Sommer und Herbst wie riesige Spiegel, durch die ein Sprung gegangen ist: und nun weiß man nicht, ob dieses Zerschlagensein ein Bild des Weltalls verzerrt, oder ob es sich wirklich seltsam entstellt darüberneigt.«[77]

Urne, Fruchtknoten des Mohns –,
oh und die leichten, die roten
Blätter, die ihr unwissender Wind entriß . . .
Wie schon die Söhne des Sohns!
Alle sooft überboten,
jeder einzelne ungewiß.

Und da stürzt sich die Zeit weiter mit ihnen ins Tiefe;
was von den Stürzenden bleibt?
Ein verblichenes Bild und vergilbende Briefe
und in dem, der noch lebt, das, was keiner beschreibt . . .[78]

Es erschien ihm als Zeichen des »Verhängnisses«, das ihn ein-
holen wollte, als er eines Morgens spät aufwachte und entdeckte, daß man die Pappel an der Weggabelung unterhalb
von Muzot gefällt hatte – den Baum, der bei seinem ersten
Blick auf sein Heim dagestanden war wie ein Rufzeichen »Das
ist's!« »Ich schrieb das triste Datum auf eine Seite des Gäste-
buchs, es bildet ein trübes Gegenstück zu der, nach Valérys
Besuch gepflanzten Weide«, teilte er Nanny mit. »Sie glauben
nicht, wie sehr die Landschaft verändert ist, seit sie diese
große Maßeinheit des Vertikalen verloren hat; sie ist wie ins
Flache eingestürzt . . . (Daß einem so tief Eingebildetes kann,
von heut auf morgen, aus dem Auge genommen werden!)«[79]
Ende Oktober raffte er sich auf; er wollte entweder Dr.
Haemmerli aufsuchen, um etwas Zuspruch für die Reise nach
Paris zu erhalten, oder eine Beratung bei einem Psychiater in
Freiburg im Breisgau versuchen, die ihm Dory von der
Mühll früher vorgeschlagen hatte.[80] Beides würde seinem
Empfinden nach sinnvoller sein als »dieses am eigenen Zopf
ziehen (was selbst bei Münchhausen erst seinen Sinn bekam,
als er es hernach, wohlbehalten, auf festem Boden erzählte)«.
Er entschied sich schließlich für Haemmerli, der zuversichtlich war, verbrachte anschließend auf einem Besuch in Montreux aber »ekelhafte Tage«,[81] aus denen deutlich hervorging,
daß er nach Valmont zurückkehren mußte, bevor er an
irgendeine längere Reise denken konnte. Am 24. November
wurde er wieder in die Klinik aufgenommen, zu einem Aufenthalt, der sich über sechs Wochen hinziehen sollte. Die

Anwesenheit Nanny Wunderlys, die während dieser Zeit ebenfalls dort Patientin war, machte zusammen mit dem Gedanken eines Wiedersehens mit Paris, »den Alleen des Luxembourg und den schönen Schleifen der Seine bei Sévres«[82] den Aufenthalt angenehmer. Kippenberg hatte versprochen, die Rechnung für Valmont zu übernehmen und ihm von Januar an auch eine monatliche Zuwendung von 500 Franken zugesichert; wie schon früher trat in seinem Zustand aber keine merkliche Besserung ein. Der Verzweiflung nahe beschloß er, am 6. Januar unmittelbar nach Paris abzureisen, »um zu versuchen, mich von einer Krankheit abzulenken, die durch die Aufmerksamkeit nur zu gedeihen schien, die man ihr in Valmont zuteil werden ließ«.[83]

3

> Ich steh im eignen Blut
> im Folterbad des eignen Blutes, drin,
> auf einmal wach und feindlich ausgeruht,
> so vieles wirrt und wühlt was ich nicht bin.
> (Briefwechsel in Gedichten mit Erika Mitterer)

Er griff nach Paris wie nach einem Talisman, dessen Zauber vielleicht noch einmal wirksam würde. Vor vier Jahren hatte die vertraute Umgebung ausgereicht, um das verlorengegangene Gefühl der Kontinuität wiederherzustellen, obwohl er nach Menschen so wenig Verlangen hatte wie in den Tagen vor dem Krieg. Diesmal jedoch, auf der Flucht vor der Krankheit, die er nicht begriff, in einem jähen Ausbruch aus dem Kerker des Krankenbetts, hatte er ein fast fieberhaftes Bedürfnis nach menschlichem Kontakt. Dieser wurde ihm in Fülle zuteil. Er war nun in Frankreich bekannt, wenn auch nicht als der große lyrische Dichter der Elegien und der Neuen Gedichte, so doch als der Autor des *Malte* und der französischen Gedichte, die in der Zeitschrift *Commerce* erschienen waren; das Lob Gides, Valérys und Jaloux' hatte auf ihn aufmerksam gemacht; die literarische Welt von Paris stand ihm offen wie nie zuvor.

Er ließ sich im Hotel Foyot in der Nähe des Luxembourg nieder, verbrachte die ersten Tage ruhig und kam sich wie ein »unverbesserlicher Landjunge« im ungewohnten Trubel der Stadt vor[1]; bald aber machte er seine Anwesenheit bekannt. Ein großer Blumenstrauß mit einem Kärtchen »à tout à l'heure!« kam als freudige Überraschung bei Merline an, deren Wohnung gerade um die Ecke lag. Sie verbrachten während seines Aufenthalts viel Zeit zusammen. Betz, der an einer vollständigen Übertragung des *Malte* arbeitete, war über Rilkes Kommen hocherfreut. Sie begannen mit einer morgendlichen Routine der Durchsicht seiner Arbeit, bei der sich Rilkes scharfsinnige Bemerkungen und Vorschläge als unschätzbare Hilfe erwiesen. Valéry galt einer der ersten Besuche, aber leider war er zu beschäftigt, um ihn häufig zu sehen. Auch Gide, der sich in der Hauptsache auf dem Land aufhielt, sah er nur selten. Beide aber sorgten für Einführungen, bei der Fürstin Bassiano, der aus Amerika stammenden Mäzenin des *Commerce*, und bei Charles Du Bos, der neben Gide einer der wenigen war, die Rilkes Werk im Original kannten – gleichsam das Vorspiel zu einer zunehmend lebhaften Runde von Einladungen. »Ich . . . sehe täglich ein ganzes Personenverzeichnis, ausreichend für fünf Akte«, schrieb er an Marie Taxis und bat sie um ihre französischen Fassungen einiger Werke Kassners, für deren Veröffentlichung sich Du Bos interessierte.[2]

Er sprach bei Jaloux und Prinzessin Bibesco vor; auch Anna de Noailles traf er wieder, dann Mardrus, den Übersetzer von *Tausendundeine Nacht*; Giraudoux, Jean Cassou, Jules Supervielle und Martin Du Gard, deren Werke er aus der Ferne bewundert hatte, dazu noch viele andere wie St. John Perse oder Ivan Bunin, die er noch nicht kannte. Alte Freunde waren anwesend, die in seinen übervollen Terminkalender eingetragen werden mußten, Marianne Mitford, in ihrer dritten Ehe nun eine von Goldschmidt-Rothschild, und als Gegensatz dazu, in der traurigen Rolle des Flüchtlings, Helene Woronin, die er seit St. Petersburg nicht mehr gesehen hatte; Claire Goll, die viel von ihm hörte, ihn aber wenig traf und der nur ein paar Stunden gegönnt wurden; die Sakharoffs und Georges Pitoëff, der nun in Paris etabliert war. Anderen, die auf der Durchreise waren, stellte er sich wie eh und je zur Verfügung. Hofmannsthal war im Februar ebenfalls zu Gast bei der Fürstin Bassiano, zusammen mit Valéry und Paul Claudel. Rilke brachte ihn für seine Marokkoreise mit einem Reisegefährten zusammen, der ihn bei Marschall Lyautey einführen konnte. Für Thankmar von Münchhausen, der sich um ein französisches Visum bemühte, besorgte er eine Einführung bei Roland de Margerie, Botschaftssekretär in Berlin, dessen schöne Gattin Jenny er bei einem Mittagessen mit ihrem Bruder Alfred Fabre-Luce hatte kennenlernen dürfen. Marthe aber, die nun glücklich mit Jean Lurçat verheiratet war, mußte wochenlang auf ein Zeichen von ihm warten, schließlich besuchte er sie am Montmartre erst gegen Ende seines Aufenthalts.

Es war das Ende eines viel längeren Besuches, als er sich je vorgestellt hatte. Wenn Veränderung einer Erholung gleichkomme, hatte er früher bereits an Nanny Wunderly geschrieben, so müßte er durch diese Verhältnisse, die Muzot so völlig entgegengesetzt waren, gänzlich verjüngt sein. Das unaufhörliche Reden erschöpfte ihn jedoch, häufig sehnte er sich nach der Stille seines Turms, es schien ihm, als werde er von der Welt der Gesellschaft verschluckt wie Jonas vom Walfisch. Er glaubte aber so fest an die therapeutische Wirkung der Veränderung, daß er sich nicht zur Abreise entschließen konnte, nicht einmal nach einer schweren Influenza, die ihn im April ans Bett fesselte. Kippenberg wie Nanny Wunderly steuerten die zusätzlichen Mittel bei, die er nicht nur für notwendige Einkäufe und gastliche Gegeneinladungen zu Mittagessen im Foyot brauchte, sondern auch – der größte Unterschied zu seinem einstigen Pariser Leben – für Droschken, um seinen vielen Verpflichtungen nachzukommen.

Die Stadt war, wie er immer wieder fühlte, nicht mehr *sein* Paris, das Paris, das ihn geformt hatte – daran war er vielleicht selbst schuld, da er sich derart in den geselligen Wirbel hineinziehen ließ. Sooft ihn aber »der immense Fisch ins Freie« spie, staunte er »die herrlichen Wasser an . . . und das Große und Mächtige dieser Welt, in der das Untier mich, recht eigenmächtig . . . hinbewegt«, »die unbeschreibliche

Vollzähligkeit, die diese Stadt befähigt, mit allen Bildern ihrer unerschöpflichen Erscheinung Landschaften des Geistes zu bilden unter den süßesten Himmeln der Erde«.³ Für einen, der an einsame Stille gewöhnt war, drehten sich die Tage in frenetischem Wirbel, gewährten aber auch entspanntere Genüsse: einen täglichen Morgenspaziergang in den Luxembourg-Gärten; ein Wortgefecht mit Betz, dem er häufig eine Kleinigkeit mitbrachte, die er eben in einem Antiquitätenladen erstanden hatte; eine Ruhepause in dem kleinen Zufluchtsgarten von St. Julien le Pauvre; Besuche im Marionettentheater Julie Sazonovas; oder eine stille Stunde mit Elisabeth Bergner. Gelegentlich fanden sich sogar zum Schreiben Zeit und Inspiration. Im Februar trug er zu Paul Thuns neubegründeter *Europäischen Rundschau* unter anderem ein deutsches Gedicht bei, das im vergangenen Oktober entstanden war, »Handinneres«:

> Sohle, die nicht mehr geht
> als auf Gefühl . . .
>
> Die auftritt in anderen Händen,
> die ihresgleichen
> zur Landschaft macht:
> wandert und ankommt in ihnen,
> sie anfüllt mit Ankunft —⁴

zu dem er, an den Kontrast des deutschen zum französischen Wortschatz erinnert, nun ein Gegenstück schrieb, »La paume«:

> Paume, doux lit froissé
> où des étoiles dormantes
> avaient laissé des plis
> en se levant vers le ciel.
> . . . . . .
> Ô les deux lits de mes mains,
> abandonnés et froids,
> légers d'un absent poids
> de ces astres d'airain.⁵

Das Gedicht schloß mit einigen weiteren, die nun entstanden, im Mai das Manuskript einer Auswahl seiner französischen Gedichte ab, die im folgenden Jahr von Gallimard zusammen mit den *Quatrains valasains* unter dem Titel *Vergers* veröffentlicht wurden (die *Quatrains* waren Jeanne de Sépibus gewidmet). Ende Juni war die Übertragung des *Malte* vollendet, Wort für Wort von Rilke selbst durchgesehen, der mit dem Ergebnis wohl zufrieden war. Betz und seine Frau wurden eingeladen, zusammen mit ihm und Merline bei einem Mittagessen im »Boeuf à la mode« zu feiern. Man saß bis in die späten Nachmittag, der Gastgeber, gesprächig und die von ihm ausgewählten Weine genießend, legte eine sprühende Fröhlichkeit an den Tag, wie Betz sie an ihm nie zuvor erlebt hatte. Jaloux übernahm die Übersetzung als ersten Band in eine Reihe ausländischer Prosawerke, die er Emile Paul, bei dem er als literarischer Herausgeber tätig war, vorgeschlagen hatte, so daß auch der *Malte* im folgenden Jahr erschien.

Rilke hinterließ in Paris einen gemischten Eindruck. Für viele der mondänen Gastgeberinnen, sogar für die amerikanische »Amazone« Natalie Clifford Barney, galt er als Sammlerstück, doch gab es andere, die, wie Jaloux berichtet, sich weigerten, diesen »deutschen Dichter« zu empfangen. Valérys Bewunderung war so groß, daß er davon sprach, ihn für die Ehrenlegion vorzuschlagen (ein Einfall, den Rilke vernünftigerweise ablehnte), einigen seiner Kollegen wie Du Bos und Martin Du Gard galt er als die eigentliche Verkörperung der Poesie. Andere wieder waren abgestoßen davon, wie er sich benahm und den Eindruck erweckte, als sei er eben aus der Tiefe aufgetaucht. Raymond Schwab erinnert sich, einmal als sein einziger Zuhörer übriggeblieben zu sein, als Rilke mit schiefgelegtem Kopf ausführlich über das »Diktat« dozierte, das beim Schreiben von Gedichten zu ihm käme; die übrigen Anwesenden waren aus Langeweile über den Monolog verschwunden. Später seien sie gewiß Rilkeverehrer geworden, sagte Schwab, damals aber hätten sie ihn nur ermüdend gefunden.[6] Jaloux hielt es für ein unnötiges Opfer, wenn Rilke sich mit so vielen farblosen und unwichtigen Gestalten der gesellschaftlichen und literarischen Welt abgab und darüber diejenigen vernachlässigte, die ihn aufrichtig schätzten.

Er war nun auch selbst zu dieser Erkenntnis gekommen und hatte eingesehen, daß sein Versuch einer Kur durch Kontrast nicht gelungen war. Das dauernde Verschieben seiner Abreise, schrieb er am 26. Juni an Nanny Wunderly (die geduldig über Muzot gewacht und seine Korrespondenz gesiebt hatte), sei in der Hoffnung geschehen, »gewisse Irrtümer meines Pariser Lebens zu korrigieren, von einem Tag zum anderen es neu zu beginnen, auf eine freiere Art. Ich stecke wie in einem Schraubstock, und mein . . . inneres Unglück ist nicht gewichen . . . Ich büße offenbar für die zu große, zu herrliche Freiheit, die ich in meinen Jahren der Einsamkeit und Arbeit gefühlt und erreicht habe.« Sein einziger Trost sei, daß Muzot noch stehe, daß er bald wieder dort zurück sein könne, »um Ordnung in die Beute zahlloser angehäufter Souvenirs zu bringen, oder sie vielleicht, wer weiß, in einem fruchtbaren Vergessen zu begraben«.[7]

Zu den Souvenirs gehörten auch die zwei Kisten mit seinen Papieren, die er endlich bei Gallimard abgeholt hatte und die auf den ersten Blick nicht nur die Rilkesche Petschaft und die verblichene Daguerreotypie seines Vaters enthielten, sondern auch Bündel von Briefen, von Rodin, der Duse und vielen anderen. Auch die Arbeit an der *Malte*-Übersetzung hatte Erinnerungen geweckt – an die Landschaft der Provence, in die er seinen Verlorenen Sohn gestellt hatte, an Les Baux, Alyscamps, Orange. Betz gegenüber erwähnte er, daß er jene, damals gewissermaßen als »Vorrat« niedergelegten »Schlüsselworte« vielleicht zu einem größeren Prosawerk erweitern wolle, das sich zu den Elegien so verhalten würde wie der *Malte* zu den *Neuen Gedichten* und dem *Buch der Bilder*. Im Juli begann er tatsächlich an einen neuerlichen Besuch des Südens – die Heimat Valérys wie auch das Exil des Verlorenen Sohnes – auf der Rückfahrt nach Muzot zu denken. Immer noch zögerte er mit der Abreise, obwohl Paris immer leerer wurde. Claire Goll, die selbst in schlechter Verfassung war, traf ihn nochmals im August, er machte einen schwachen und kranken Eindruck. »Wie traurig ich darüber bin«, schrieb sie später, »daß wir uns gerade in einem Augenblick wiedersahen, da der Körper seine Müdigkeit auch auf das Gefühl übertrug. Seelisch abgemagert . . .«[8] Sie und Marthe waren die einzigen Freunde, von denen er Abschied nahm, bevor er sich plötzlich entschloß, am 18. August in der Begleitung Merlines den Zug nach Süden zu nehmen.

Sie fuhren nicht in die Provence, sondern durch Burgund, verbrachten eine Nacht in Sierre und fuhren dann weiter nach Mailand. Rilke sprach zwar von einer »dringenden Verabredung« in dieser Stadt, doch er hatte mit dieser Reise eher die Absicht, Merline einen Sommerurlaub zu ermöglichen, bevor sie allein nach Paris zurückkehren mußte. Ihre Gesellschaft war ihm während des langen Aufenthalts in Paris willkommen gewesen, er hatte seine Bemühungen für sie fortgesetzt, die schließlich zu einer Unterstützung für Pierre und Baltusz durch Richard Weininger führten. Aber sie wußte ganz genau, daß eine Wiederaufnahme des gemeinsamen Lebens nicht mehr in Frage kam. Ende August verbrachten sie einige Tage am Lago Maggiore, wo er sich eine Art Lebensmittelvergiftung zuzog, was die Rückkehr nach Sierre ratsam erscheinen ließ. Am 1. September waren sie wieder im Bellevue. Sie pflegte ihn dort noch zehn Tage, bevor sie nach Paris abreiste, erschüttert vom Anblick seiner immer kleiner werdenden Gestalt auf dem Bahnsteig.

Sie wußte ja besser als jeder andere Mensch, mit welchem Gefühl der Unsicherheit er dem kommenden Winter entgegensah, wie tief ihn die Hartnäckigkeit dieses mysteriösen Unwohlseins beunruhigte. Alles in allem, so schrieb er Kippenberg nach ihrem Weggang, rechnete er das Jahr 1925 zu den schlimmsten, an die er seit den Qualen seiner Kindheit zurückdenken könne – wie damals fühle er sich bis in seine körperlichen Grundfesten erschüttert, mit demselben Gefühl der Unentrinnbarkeit, »die dadurch noch fühlbarer wird, daß man das Leben nicht mehr vor sich hat«.[9] Ragaz mit seinem lindernden Heilwasser könnte ihm vielleicht Erleichterung und Genesung bringen, weshalb er sich zu einem Aufenthalt am Ende der Saison entschloß, bevor er sich wieder auf Muzot eingewöhnte. Bei seiner Ankunft am 16. September jedoch entdeckte er, daß das Bad bereits einen verfrühten Winterschlaf antrat, da das unfreundliche Wetter die meisten Besucher vorzeitig vertrieben hatte. Es sah aus, als wolle auch der Hof Ragaz am Monatsende die Läden herunterlassen, denn schon schienen sich dort mehr Angestellte als Gäste aufzuhalten. Für eine Begegnung mit Fürstin Marie war er zu spät angekommen; Jeanne de Sépibus war da, reiste aber nach wenigen Tagen ab; später kam Nanny Wunderly zu einem kurzen Besuch. Sonst war das Leben einsam, Lektüre, Spaziergänge im Regen, allein mit dem unaufhörlichen Geplapper der Quelle. »Ein so ausschließliches Zwiegespräch mit ihr hatte ich eigentlich nicht erwartet«, schrieb er an Jeanne de Sépibus, »zum Glück aber schwätzt sie immer fort wie Mme de Noailles, ohne auf irgendeine Antwort von meiner Wenigkeit zu warten.«[10]

In der zweiten Woche erschreckte ihn ein Symptom, das von allen früheren völlig verschieden war – Schwellungen im Mund, die das Sprechen beinahe unmöglich machten und ihn an Krebs denken ließen. Als er die erste Oktoberwoche auf Meilen verbrachte, konsultierte er zwei Ärzte in Zürich und nahm auch die Gelegenheit zu einem kurzen Gespräch mit Haemmerli wahr, der sich zufällig dort aufhielt. Keiner der Ärzte sah irgendein Anzeichen von Krebs. Wie schon früher hatte er jedoch den Eindruck, daß Haemmerlis objektive Befunde in keinem Verhältnis zu seiner tatsächlichen, subjektiven Verfassung standen. Haemmerli tat die Schwellungen als bloße Geschwüre ab und hatte vielleicht das Gefühl, die Befürchtungen seiner Patienten seien allzu subjektive, so daß er eine Beratung mit Dr. Mäder, einem Züricher Nervenspezialisten, vorschlug, ohne jedoch an Psychoanalyse zu denken.[11] Rilke selbst war sich völlig im klaren darüber, daß die Ursachen seiner Krankheit physischer Art waren, auch wenn man sie noch nicht bestimmen konnte. Als er nach Muzot zurückkehrte, fühlte er sich immer noch im Griff derselben unbegreiflichen Krallen, in einem »entsetzlichen Zirkel, einem Kreis böser Magie, der mich einschließt wie in ein Breughel'sches Höllenbild«, und spürte wieder die Angst, seine Krankheit könnte ihn in ein völlig anderes Wesen verwandeln.

Noch sind die Ärzte, fragend hin und her,
unsicher, ob ich ein Erkanntes leide,
von dem sie wissen . . . Und ich selber meide
den Übergang in ihre Hand aus der
des Lebens . . .[12]

Da er es gewohnt war, laut zu lesen und sein eigenes Werk
während des Schreibens laut vorzutragen, empfand er die
Behinderung durch die Schwellungen als besonders qualvoll.
»Animalisches Leiden ruft in mir das Bedürfnis hervor, mich
ganz animalisch zu verkriechen«,[13] hatte er während des
ersten Valmont-Aufenthalts geschrieben; für das Versteck
seines Turmes war er nun dankbar. Frieda Baumgartner
wollte diesmal endgültig gehen, doch ließ sich ihre Nachfolgerin Ida Walthert gut an. Er konnte die Routine von Muzot
wieder aufnehmen. In einem entschlossenen Versuch, gegen
die Krankheit zu kämpfen, suchte er Ablenkung in der Auf-
arbeitung seiner Korrespondenz und in immer weiter gespannter französischer Lektüre. Unentwegt häufte er neue
Sendungen von Morisse auf den Berg von Büchern, die er
aus Paris mitgebracht hatte. Seine Lektüre war lang, die
Briefe aber waren kurz; seinen Freunden, anfangs sogar Nike
gegenüber, beschönigte er gerne seine gesundheitliche Verfassung, über die sie früher jede Einzelheit erfahren hätten –
ein Zeichen dafür, wie sehr er sich auf einer abschüssigen
Bahn fühlte.

Ende Oktober verfaßte er in der Tat ein Testament, das er
in versiegeltem Umschlag an Nanny Wunderly schickte, mit
der Anweisung, es im Notfall zu öffnen. »Kindisch vielleicht,
doch ich habe mir erlaubt, unter spontanem Diktat einige
Anweisungen aufzuschreiben, für den Fall, daß mich eine
ernste Erkrankung daran hindert, gewisse Verfügungen zu
treffen. Das Schreiben in Ihrer Hand zu wissen, meine Liebe,
Ihren treuen Händen vor allen anderen, ist eine der wenigen
Tröstungen, die ich mir in diesen unendlich qualvollen und
schwierigen Tagen bereiten kann.«[14] Er war so gut wie be-
sitzlos, so bedurfte es keiner speziellen Verfügungen. Er
wollte aber vor allem sicherstellen, daß man ihn, wenn die
Zeit kam, seinen eignen Tod sterben ließe,

Das Sterben, das aus jenem Leben geht,
darin er Liebe hatte, Sinn und Not,[15]

ihn hinübergehen ließe zu dem, was immer ihn auf der anderen Seite des Lebens erwarten mochte, »aufs Offene zu«, ohne Einmischung der christlichen Kirche, die er seit seinen frühen Tagen als überflüssiges Zwischenstück empfunden und im »Brief des jungen Arbeiters« als geradezu verderblich verurteilt hatte.

»1. Sollte ich in eine schwere Krankheit fallen, die am Ende auch den Geist verstört, so bitte, ja *beschwöre* ich meine Freunde, jeden priesterlichen Beistand, der sich andrängen könnte, von mir fernzuhalten. Schlimm genug, daß ich, in den körperlichen Nöten meiner Natur, den Vermittler und Verhandler, im Arzte, zulassen mußte; der Bewegung meiner Seele, aufs Offene zu, wäre jeder geistliche Zwischenhändler kränkend und zuwider.

2. Geschieht es, daß ich auf Muzot oder überhaupt in der Schweiz sterbe, so wünsche ich, weder in Sierre noch etwa in Miège beigesetzt zu sein. . . .

3. Sondern ich zöge es vor, auf dem hochgelegenen Kirchhof neben der alten Kirche zu Rarogne zur Erde gebracht zu sein. Seine Einfried[ig]ung gehört zu den ersten Plätzen, von denen aus ich Wind und Licht dieser Landschaft empfangen habe, zusammen mit allen den Versprechungen, die sie mir, mit und in Muzot, später sollte verwirklichen helfen.«

Anschließend beschrieb er genau den Grabstein, den er sich wünschte: wenn möglich einen alten Stein, »etwa des Empire . . . wie dergleichen in Wien für das Grab meines Vetters geschah«, darauf nur das Wappen, den Namen, darunter dann den Grabspruch:

Rose, oh reiner Widerspruch, Lust,
Niemandes Schlaf zu sein unter soviel
Lidern.[16]

An Besitz erwähnte er nur das, was sich auf Muzot befand. Davon betrachtete er nur einige Familienbilder als Eigentum, die an Ruth gehen sollten; über den Rest, soweit er nicht zum Haus gehörte, solle Frau Wunderly im Einverständnis mit ihrem Vetter Werner Reinhart, »dem mir freundschaftlich-großmütigen Eigentümer von Muzot«, verfügen. Das Dokument schloß mit den Worten:

»6. Da ich, von gewissen Jahren ab, einen Teil der Ergiebigkeit meiner Natur gelegentlich in Briefe zu leiten pflegte, steht der Veröffentlichung meiner, in Händen der Adressaten etwa erhaltenen, Korrespondenzen (falls der Insel-Verlag dergleichen vorschlagen sollte) nichts im Wege.

7. Von meinen Bildern halte ich kein anderes für wesentlich gültig, als die bei einzelnen Freunden, in Gefühl und Gedächtnis, noch bestehenden, vergänglichen.«[17]

Vor dem Sterben hatte er keine Angst. Seit dem Schock, der ihn vor zwei Jahren erstmals nach Valmont geführt hatte, verfolgte ihn jedoch unentwegt die Furcht, zu einem Leben als Kranker verurteilt zu sein, ohne jemals die Einheit von Körper und Geist wiederzuerlangen, die allein seine Arbeit möglich gemacht hatte.

> Denn wir sind nur die Schale und das Blatt.
> Der große Tod, den jeder in sich hat,
> das ist die Frucht, um die sich alles dreht.[18]

Wenn sich diese grundsätzliche Einheit nicht wiedergewinnen ließe, so würde der Tod nicht sein »eigener Tod« sein, die Frucht, die sein Leben tragen sollte. Er fühlte sich jetzt schon ein anderer – »Ich bin wie eine leere Stelle, ich bin nicht, ich bin nicht einmal identisch mit meiner Not«[19] –, da seine Furcht vor dieser Entfremdung noch durch seine, wie er es nannte, »Phobie« genährt wurde, durch die Befürchtung, daß die zunehmend schmerzvollen Symptome seines Körpers Krebs bedeuteten.

Zwei Tage, nachdem das Testament abgeschickt war, wandte er sich an Lou Salomé, indem er einen langen Brief begann, in dem er so objektiv wie möglich die körperlichen, vor allem aber die seelischen Erscheinungen seiner Heimsuchung beschrieb: die allmähliche Untergrabung seiner »treuen Natur« durch die große Furcht, mit der er zwei Jahre gelebt habe, die sich auf perverse Weise aus seiner eigenen Besessenheit durch sie genährt zu haben schien – »eine an mir selbst ausgeübte Reizung« – und ihm den Verstand zu rauben drohe. »Ich weiß nicht, wie ich *so* weiterleben soll.« Es sei eine »Niederlage«, die Lou verstehen und ihm zu überwinden helfen werde, vielleicht indem sie ein paar Tage als sein Gast auf Muzot verbringe, was er schon im vergangenen Jahr erwogen habe. »Hätt ich Dich doch längst gerufen. Oder wär ich gegangen und hätt mich einen Augenblick in meine alten harten Sandalen gestellt« (die für ihn auf der Treppe in Loufried immer noch bereitstanden), »ich wäre darüber ›standhaft‹ geworden wie der Zinnsoldat, den man wieder an seine waagrechte Stehplatte auflötet. So steh ich schief, schief, der erste Blick auf dieses Blatt wird Dir gesagt haben, Liebe, in welchem Winkel.« Der Brief lag unversiegelt und unabgesandt auf seinem Schreibtisch, als verzweifle er sogar an der Hilfe des einen Menschen, der »soviel alte Wörterbücher meiner Klagensprache« in seinem Besitz habe.[20]

In den wenigen Gedichten dieser Tage erscheinen Anzeichen eines neuen Aufbruchs in seiner Arbeit. Er bewegte sich am »Rande des Unsagbaren«, in dem Streben nach dem Ausdruck seiner Vorstellung des »Urgeräuschs«, der Sinne, die sich »in einer noch nicht entdeckten Peripherie« trafen:[21]

Gong

Nicht mehr für Ohren . . .: Klang
der, wie ein tieferes Ohr,
uns, scheinbar Hörende, hört.
Umkehr der Räume. Entwurf
innerer Welten im Frein . . .,
. . . . .
Dauer, aus Ablauf gepreßt,
um-gegossener Stern . . .: Gong!
. . . . .
Wein an unsichtbarem Mund,
Sturm in der Säule, die trägt,

Wanderers Sturz in den Weg,
unser, an Alles, Verrat . . .: Gong![22]

Mit diesem Thema, wie mit dem vom »Idol«, an denen er sich
während des Sommers auch in französischer Sprache versucht hatte, wagte er sich an die höchste Synästhesie, unmittelbar an den »Grenzen der Wahrnehmung«:

> Gott oder Göttin des Katzenschlafs,
> kostende Gottheit, die in dem dunkeln
> Mund reife Augen-Beeren zerdrückt,
> süßgewordnen Schauns Traubensaft,
> ewiges Licht in der Krypta des Gaumens . . .[23]

Eine verwandte »imagerie concentrée« fand er in den Werken
der Berner Künstlerin Sophie Giauque, von denen er einige
auf längere Zeit ausgeliehen hatte. Sie hatten die seltene
Fähigkeit, Einzelheiten in »einen völlig inneren und imagi-
nären Raum« zu stellen, »ohne Rückgriff zu dem der Realität,
den alle Bilder (und übrigens auch alle Gedichte) nachahmen,
die der Schaffung dieses übertragenen, profunden und wesentlichen Raums nicht fähig sind«. Die ebenbürtige lyrische
Form, die ihrem Erfolg gleichkommen könne, war seiner
Meinung nach der Hai'-Kai, eine Kunstform, die etwa der
Herstellung einer Pille gleiche, »wobei sich die ungleichen
Elemente durch den Anlaß und durch die Emotion, die er
hervorruft, verbinden, doch dabei stets der völligen Aufnahme dieser Emotion in das einfache Glück der Bilder
unterliegen. Das Sichtbare wird mit bestimmtem Griff genommen, wie eine reife Frucht gepflückt, doch schwerelos,
denn einmal niedergelegt, muß es das Unsichtbare vermitteln.«[24] Mit einem Gedicht wie »Idol« befand er sich auf seinem
eigenen Weg zu solcher Konzentration, doch das andauernde
Versagen seines Körpers schien ihn zurückzuhalten.

»Arbeit« wurde nun tatsächlich in größerem Umfang eine
Beschäftigung mit der Vergangenheit, als er mit genauen
Einzelheiten die Fragebögen seines polnischen Übersetzers
zum *Malte*, zu den Elegien und den Sonetten beantwortete
und sich in die Papiere versenkte, die er aus Paris geholt

hatte. »Mémoires de ma vie morte«, nannte er sie, George Moore zitierend, Nike gegenüber. Eine triste Beschäftigung, das Wiederlesen und Ordnen dieser alten Notizbücher und Briefe – sie fühlten sich alle kalt an, »doch noch wärmer, als ich jetzt bin. Und, seltsam, heißt mehr: ›Ich‹, totes Ich, aber doch ›Ich‹, als was die Briefe und Papiere des letzten pariser Aufenthalts mir zu bedeuten vermögen.«²⁵ Ihm war, als sehe er bereits seinen Nachlaß durch, die literarischen Überbleibsel, über die er in seinem Testament nichts verfügt hatte. Zu seiner Leidenschaft für peinliche Ordnung kam noch das Bestreben, ihnen durch die Auswahl der Werke, die er des Überlebens für wert hielt, eine gewisse Form zu geben. In einem ledergebundenen Buch begann er, verstreute Gedichte und Prosastücke abzuschreiben, ausgewählt »Aus Taschen-Büchern und Merk-Blättern in zufälliger Folge 1925«, von denen manche bis 1906 zurückgingen, die Mehrzahl aber nach den Elegien entstanden war.

In seinen Briefen schwieg er sich über seine Krankheit aus, sogar Nike gegenüber, deren Sorge wuchs. Er hatte auch eine Abscheu vor wohlgemeintem Rat von seiten Ida Waltherts, falls sie die Schwere seiner Krankheit vermuten sollte. Die Schwellungen in seinem Mund bestanden weiter, er spürte ähnliche Symptome nun im Hals und an der Zunge – die sich so verstärkten, daß er sich Ende November zu einer Rückkehr nach Valmont entschloß. »Jede Gewißheit wäre besser als diese lange Folter!«²⁶ Ein Rückzug dorthin hätte den zusätzlichen Vorteil, daß er seinem fünfzigsten Geburtstag, »jenem schrecklichen Vierten Dezember« entging, vor dem ihn Nike, wie er inständig bat, beschützen sollte. Zu seiner Bestürzung erfuhr er aber, daß Haemmerli bis Mitte Dezember verreist sei. Er dachte zwar daran, während seiner Abwesenheit bei anderen Kliniken Hilfe zu suchen, aber es schien besser abzuwarten, bis er nach Valmont gehen konnte. Dabei irritierte ihn der Gedanke, daß Haemmerli verreist war, ohne ihn vor seiner Abreise zumindest noch zu sehen und ihm zu sagen, ob es tatsächlich besser sei zu warten.

Unrecht hat, wer müde
zum Leben steht und müder steht zum Tod.

Ich, der ich ausging, beide zu bejahen,
erschrecke vor dem Kampf, der Krankheit heißt;
plötzlich versagt mir an dem Allzunahen
der Raum im Herzen und das Maß im Geist.[27]

In einem solchen Zustand war er keineswegs für die Zerreiß-
probe seines Geburtstags gerüstet, der, wie befürchtet, Anlaß einer Flut von Briefen, Telegrammen und Geschenken
von Freunden fern und nah war. Ein großer Korb, wie er zur
Apfelernte benützt wurde, reichte kaum aus dafür. Wenigstens einige von ihnen mußten beantwortet werden. »Quelle
corvée, quelle inutilité«, schrieb er an Nike: »Natürlich, wenn
man's gerecht ansieht, war Liebes dabei, aber wo ist *das*
Liebe, das nicht wieder Mühe macht? Fast nur bei Ihnen,
Chère.«[28] Wie gerne wäre er »unter diesem Geburtstag unbe-
merkt durchgekrochen«, schrieb er Fürstin Marie mit Dank
für ihre Botschaft und Entschuldigungen für ein so langes
Schweigen, »ein unterbrochener Mensch«, würde er bald
wieder seine einsame Freiheit mit Valmont vertauschen, »das
seit zwei Jahren eine Art *dépendance* von Muzot geworden
ist«.[29]

Er vermochte nur die notwendigsten Briefe zu schreiben
– an die Kippenbergs, die ihm nicht nur aus dem Bellevue
hatten Blumen heraufschicken lassen, sondern ihm auch die
Sondernummer des *Inselschiffs* zu diesem Tag übersandten; an
Ruth, die reizende Bilder seiner Enkelin geschickt hatte und
deren eigener Geburtstag bevorstand; an Werner Reinhart;
an Hans Wunderly und natürlich an Nanny, deren aufmerksames Geschenk eines warmen Morgenmantels von einem
Tausendfrankenschein begleitet war. In seinem Dank an Jean
Strohl, der ihm einen Ginkgo-Baum gesandt hatte, berichtete
er, wie er diesen während einer kurzen Periode milderen
Wetters habe pflanzen können, damit er in der Walliser Erde
sein »uraltes Pflanzenbewußtsein« wiederentdecken und sich
an die schlafenden Atome erinnern könne, »von denen einige, einst Teil des Mutterbaums, vom Gong des Tempels
bewegt wurden«.[30] Eine Kuriosität, auf die er einfach antworten mußte, war ein Schreiben, unterzeichnet von allen
Lehrern und Studenten der deutschen Abteilung der Univer-

sität Edinburgh, in dem ihre Bewunderung und Hochachtung für diese »Dichter-Persönlichkeit« wie auch die Dankbarkeit für die Werke zum Ausdruck gebracht wurde, die er der Welt geschenkt habe.[31]

Einige Tage später beschloß er, den Geburtstag auf seine eigene Weise auszuzeichnen. Der Verfall der kleinen Annakapelle, für deren Erhaltung die Nachfahren der Erbauer aus dem achtzehnten Jahrhundert zu arm waren, hatte ihm Sorge bereitet. Als er nun aus Wien hörte, daß er aus dem Kutschera-Erbe ein Einkommen beziehen würde, machte er eine Schenkung von tausend Franken für die Wiederherstellung von Dach und Fenstern. »Nicht jeder hat die Heilige Anna zur Nachbarin, sie darf kein Rheuma bekommen.«[32] Es war freilich eher ein Akt der Ehrfurcht vor der Vergangenheit und der Erinnerung an den Erbauer als eine Äußerung irgendeiner Neigung für die katholische Kirche, doch die Geste bereitete ihm große Befriedigung.

Es ist bezeichnend, daß er erst am 8. Dezember den Brief an Lou abschickte, den er vor mehr als einem Monat geschrieben hatte. Alles darin gelte noch, setzte er hinzu, seine »Phobie« sei noch stärker als zuvor, er bitte sie bei diesen harten Winterverhältnissen nun nicht um ihren Besuch, doch sie möge ihm zumindest ein paar Zeilen des Rats zukommen lassen. Ihre lange Erwiderung, die einige Tage darauf eintraf, wird ihm kaum etwas von der erhofften Hilfe gewährt haben. Er selbst spürte, trotz des Widerspruchs der Ärzte, daß sein körperliches Elend mehr war als nur ein Ausdruck seiner geistigen Verfassung, aber er hatte ihr seinen Fall in den Symptomen geschildert, an deren Gebrauch sie sich beide gewöhnt hatten – in ihren »Wörterbüchern seiner Klagensprache« hatte stets der Wortschatz der Psychologie und nicht der Wortschatz der Medizin geherrscht. Ihre eigene jüngste Erfahrung als Psychoanalytikerin hatte sie unvermeidlich noch mehr für diese Methode eingenommen, zumal sie jetzt nicht genügend über seine physischen Symptome wissen konnte. Sie verglich seine »sich selbst ausgeübte Reizung« mit den Schuldkomplexen der Kindheit, seine qualvolle Halserkrankung mit einem früheren Auftreten von Hämorrhoiden, die, trotz seiner damaligen Furcht vor Bös-

artigkeit, »neurotisch überbedingt« gewesen seien und mit
dem Wiedererlangen seiner geistigen Stabilität verschwunden seien. Ihm sei stets die Kraft der Sublimierung durch
seine Arbeit gewährt worden; was er ihrer Meinung nach
nun erfahre, sei die Rückseite jener göttlichen Gnade, die
doch ebenso zu dieser gehöre. Um dies zu fühlen und zu
wissen, brauche er nur seine eigenen Elegien zu lesen.
»Nichts ist da Schuld«, er müsse nur sein Vertrauen in sich
selbst wiedergewinnen, wie es ihm in der Vergangenheit ja
stets gelungen sei.[33]

Ob er seelisch einen Trost aus der völlig Freudianischen
Analyse zog oder nicht, sie hatte auf seine körperliche Verfassung, für die er immer noch die Hilfe eines Arztes suchte,
keinen Einfluß. Am 20. Dezember wurde er gleich nach
Haemmerlis Rückkehr in Valmont aufgenommen. Die erste
Untersuchung ergab, daß die Schwellungen im Mund weiter
verbreitet waren, als er angenommen hatte, was bei Haemmerli, der zwar immer noch keinen Grund für seine »Phobie«
sah, endlich ernste Besorgnis erweckte. Die einfache Wahrheit war jedoch, daß es für seine Schmerzen keine Erklärung,
ja nicht einmal eine wirksame Linderung gab, so daß er sich
auf ein weiteres Weihnachten und Neujahr in Valmont noch
niedergeschlagener als zuvor einstellte.

4

Und wenn der Mensch in seiner Qual verstummt,
Gab mir ein Gott, zu sagen, wie ich leide.

Goethe, *Tasso*

Es sei genau ein Jahr, schrieb er am 8. Januar 1926 an Kippenberg, seit er den Sprung nach Paris gewagt habe, aus
eben diesem Zimmer in Valmont. Diesmal sehe es nicht so
aus, als würde es ein solches Sprungbrett bieten – es sei
denn »zum Absprung nach Innen«, auf der Suche nach einer festen Grundlage für eine »unsicher gewordene Natur«.
Er konnte von seiner »bataille décisive«[1] sprechen, doch die
ersten Wochen waren nicht ermutigend. Haemmerli hätte

kaum aufmerksamer sein können. Wie zuvor war er zu langen Diskussionen mit seinem Patienten bereit, hielt ihn
durch eine Routinebehandlung von Massagen und besonderen Bädern beschäftigt und suchte ihn nach Kräften
durch die »objektiven« Besserungen zu beruhigen, die er zu
entdecken behauptete. Wie alle ratlosen Ärzte setzte er auf
Zeit und Ruhe, schließlich auf Luftveränderung – Rom
etwa, wohin Fürstin Marie Rilke dringlichst einlud. Dem
Patienten klang dieser Optimismus freilich so hohl wie eh
und je. Er hörte den Behauptungen des Arztes mit einem
eigenartigen Unbeteiligtsein zu, es war ihm ganz deutlich,
daß sie mit der Ursache der Krankheit, die ihn weiterhin in
ihrem »fatalen Zirkel« hielt, nichts zu tun hatten. Auch
ließ ihn seine Erfahrung mit Paris wenig Neigung verspü-
ren, eine solche Veränderung nochmals zu versuchen. Da er
sich jedoch in die bestmöglichen Hände begeben hatte, war
er bereit, geduldig zu warten und mit einem melancholischen Gefühl »des Gefangenseins, des Entferntseins und
Ausgeschlossenseins« vom Leben dem Ergebnis der Be-
handlungen entgegenzusehen, ohne jedoch die Hoffnung
auf Linderung und Genesung aufzugeben. »Ich werde dieses hartnäckige Hindernis erst überwinden, wenn ich
irgendeine Möglichkeit entdeckt habe, eine Kur in meine
eigene Hand zu nehmen – zuletzt kann sie niemandem gelingen außer mir selbst.«[2]

Er umgab sich mit »ungezählten Büchern«, kaum eine
Woche verging ohne eine Bestellung an Morisse. Er verfolgte weiter begierig, was in Frankreich produziert wurde.
Nicht zufrieden damit, seinen Freunden die Bücher, die
sein besonderes Interesse erregt hatten, nur zu empfehlen,
ließ er auch für sie Exemplare kommen – Giraudoux' *Bella*,
Jouves *Paulina 1880* oder *Le navire aveugle*, den Roman Jean
Barreyres, den er für seine eigene besondere Entdeckung
hielt. Jeder Tag sei ein Jahrestag der Pariser Zeit, schrieb er
im Februar an Werner Reinhart[3]; die Bilder, die er »auf dem
leeren écran« seines Daseins in Valmont zurückrief, waren
die der Kollegen, die er in Paris am höchsten bewundert
hatte – Jean Cassou, Supervielle und Jaloux, mit denen allen er herzliche Briefe wechselte. Er war besonders darauf

bedacht, nichts aus der Feder Valérys zu versäumen, und ermunterte Kippenberg, Valérys einziger deutscher Verleger zu werden.

Die französische Literatur schien seiner Bewunderung einen unerhörten Reichtum zu Verfügung zu stellen. Die eigenen spontanen Verse in dieser Sprache sah er als den bescheidenen Tribut eines Lernenden nicht nur an seine Wahlheimat, sondern auch an »Frankreich und das unvergleichliche Paris, die in meiner Entwicklung und Erinnerung eine Welt bedeuten«.[4] Als er im März die Fahnen des *Vergers*-Bandes erhielt, war er mit Merlines endgültiger Auswahl aus dem überlangen Manuskript, das er bei ihr zurückgelassen hatte, höchst zufrieden. Einige der halbvergessenen Gedichte bereiteten ihm eine angenehme Überraschung, gerne gab er seine Zustimmung zur Veröffentlichung einiger der »Quatrains valaisans« in der *Revue de Genève*. Die *Malte*-Übertragung lag ebenfalls bereits in Fahnen vor. Als er hörte, Betz bereite eine Sondernummer der *Cahiers du mois* mit dem Titel »Reconnaissance à Rilke« vor, war er nur zu bereit, ihm mit biographischen und anderen Einzelheiten zu helfen. Er schickte ihm sogar eine weitere Auswahl französischer Gedichte aus seinem *carnet de poche* und brachte ihn mit der Insel wegen ihres Archivs kritischer Beurteilungen seines Werks in Verbindung – ein bemerkenswerter Schritt für einen, der sich von solcher Publizität stets ferngehalten hatte und der jedem ähnlichen Unternehmen in Deutschland mit Sicherheit die Mitarbeit verweigert hätte.

Der Blick aus dem Gefängnis von Valmont war jedoch nicht ausschließlich auf Frankreich gerichtet. Auch in Italien glaubte er neue Höhepunkte nicht nur in der lyrischen Poesie Ungarettis, sondern auch im politischen Leben zu entdecken, wie es sich in einer »bewundernswerten Rede« Mussolinis ausdrückte. Als eine Italienerin, der er diese überraschende Ansicht mitteilte, protestierte und erklärte, daß für sie der Duce ganz und gar nicht bewundernswert sei, daß sie die Gewalttätigkeit des Regimes verabscheue und Freiheit das *sine qua non* eines zivilisierten Landes darstelle, wurde sie mit langen Briefen bedacht, in denen er behauptete, die Welt kranke eben an einem Übermaß von Freiheit; die Menschheit brauche ebenso wie die Natur die Ordnung, die durch ein gewisses Maß an Gewalt erzwungen werden müsse. Er verstehe wenig von Politik, wie er einräumte, es scheine ihm jedoch, daß in ihr wie in der Poesie humanitäre Absichten von geringem Nutzen seien. Es sei vielleicht auf seinen jetzigen Krankenstand zurückzuführen, daß er ein Regime und ein Heilmittel predige, das ein gewisses Maß an Autorität und Gewalt zusammen mit einer Beschränkung der Freiheit bedeute. In jedem Fall zeige das Italien von 1926, im Gegensatz zur Unordnung seiner Nachbarn, seinen guten Willen und seine Lebenskraft. Freilich habe man die abstoßenden Gefahren des Nationalismus an Deutschland seit 1870 gesehen; die abstrakten Vorstellungen von »Internationalismus« und »Humanität« seien aber für die Gesundheit Europas kaum weniger gefährlich.[5]

Aufschlußreicher als diese Abschweifung in die Politik (für die er einige Unterstützung aus Artikeln von Gonzague de Reynold und Valéry Larbaud bezog) war die Erklärung seiner eigenen poetischen Theorie, aus der er die fragwürdige Parallele zog. Er bewundere einen Autor wie Rolland zwar sehr, schrieb er, doch könne er unmöglich irgendeine tendenziöse Absicht in der Kunst befürworten. »Dichtung, die *beabsichtigte* zu trösten, oder zu helfen, oder irgendeine edle Überzeugung zu unterstützen, wäre eine Art von Schwäche ... was entscheidet, ist nicht irgendeine wohltätige oder barmherzige Absicht, sondern der Gehorsam einem autoritären Diktat gegenüber, das weder Gutes noch Böses *will* (wovon wir so wenig wissen), das uns aber einfach befiehlt, unsere Gefühle, unsere Vorstellungen, all die Regungen unseres Wesens gemäß der höheren Ordnung aufzustellen, die uns so weit übersteigt, daß sie auf immer jenseits unseres Begreifens liegen wird.« Unterwerfung unter die Diktate einer mysteriösen höheren Ordnung war stets seine Auffassung von der Rolle des Dichters gewesen; nun fehlte ihm das körperliche Wohlbefinden, das sie tragen mußte. »Meine Pläne ... befinden sich immer noch im Larvenzustand, wenn dann eines Tages ein Schmetterling aus diesen Puppen kriechen sollte, werde ich ihm wirklich folgen?«[6]

Seine Behandlung in der bisherigen Form dauerte, während sich Haemmerli nach etwas Wirksamerem umsah, volle drei Monate, ohne jedoch, abgesehen von der Mundhöhle, irgendeine merkliche Besserung zu erbringen. Zuwendungen von Kippenberg und Reinhart deckten im großen und ganzen die Kosten dieses lang hingezogenen Aufenthalts in der »unsinnig kostspieligen« Klinik, doch er machte sich ständig Sorgen, auch wenn er sie in seinen Briefen häufig mit Humor abtat. »Man hört, wenn man sich mal in der Stille des Bads aufsetzt, diese teuflische Anstalt Geld kauen, Gott verzeih ihr . . . ich frage mich oft, ob irgendeinem physischen Ensemble zugute kommen kann, was auf ein so empfindliches Organ, wie das Portemonnaie, auszehrend wirkt.«[7] Der offensichtliche Mangel an Fortschritt deprimierte ihn außerordentlich; dazu kam auch noch die Aussicht, daß er nach drei aufeinanderfolgenden Jahreswechseln auch noch zu Ostern dort sein würde, während sich dieser »lange Roman meines Lebens (oder eines Zwischenspiels darin)« weiterspann, der den Titel Valmont trug und dessen Ausgang noch geheim war.[8] Abgesehen von Nanny Wunderly hörte jedoch keiner seiner Korrespondenten mehr als einen Ton melancholischen Sichfügens in dieses lästige Los, für das er häufig sogar unbeschwerte Worte fand.

Er mied für gewöhnlich die »exotischen Millionäre«, die Valmont vorwiegend bevölkerten, doch es gab einige Mitpatienten, deren Gesellschaft eine erholsame Ablenkung bot, da sie seine Interessen teilten. Im März erschien Lalli Horstmann, eine junge Freundin Marianne Mitfords, die er zuletzt im Berlin der Kriegsjahre gesehen hatte und über deren Anwesenheit er sich besonders freute. »Meine erste echte Freude seit Monaten«, schrieb er auf ein Kärtchen, das von einer einzelnen Rose begleitet wurde. Er bot ihr seine Hilfe und seinen Rat »als ein Schweizer seit sieben Jahren« an, schickte ihr Bücher und verbrachte, als sie sich wohler fühlte, seine Sonntagabende in ihrem Zimmer, das ausnahmsweise einen Kamin besaß – ein Trost, der ihm seit Schloß Berg gefehlt hatte. Wie Elya Nevar und zahlreiche andere vor ihr war sie eine aufmerksame und willige Zuhörerin für seine langen Monologe der Erinnerung, dazu auch eine Schülerin, die er in der Literatur, vor allem in der französischen, unterweisen konnte. Sie bemerkte seine Niedergeschlagenheit, war aber überrascht, wie sehr er es vermied, von körperlichem Leiden zu sprechen. »Er lachte gerne, erkannte die komische Seite von Menschen und Ereignissen, und mied alles, was ihn hätte verletzen können.«[9]

Zu Ostern wurde seine Behandlung gelockert, so daß er ein »mehr oder weniger normales Leben« führen konnte.[10] Haemmerli wollte ihn noch nicht entlassen, doch Ausflüge nach Montreux und Vevey wurden möglich. Diese Veränderung, zusammen mit dem Frühlingsanbruch, inspirierte ihn zum Schreiben einiger »Ostereier«, französischer Vierzeiler, die er »als Beweis für die . . . Harmlosigkeit meiner Produktion« an Merline und andere Freunde in Paris verschickte. Dabei entstand auch für Nanny Wunderly »Le Christ ressuscité«:

> Comment rester avec ce corps, comme un grain
> blessé afin qu'il repousse,
> dans ce tertre d'impatience tout plein
> sous la printanière secousse?
>
> Comment isoler ce coeur végétal
> de l'environnante Nature
> qui professe que nul n'arrête le mal
> à moins que qu'il le transfigure.[11]

Endlich Zeichen einer subjektiven Besserung, möchte man glauben. Aber einige Tage später gestand er Nanny Wunderly in einem Brief, daß es ihm nicht besser gehe, daß er sich tatsächlich schlechter fühle als bei seiner Ankunft, daß sein »ganzer Zustand ungeeignet für das Leben in der Freiheit« sei. Ihr bevorstehender Besuch sei sein einziger Hoffnungsschimmer, ihr Rat und Beistand der einzige, der ihm helfen könne. Da Haemmerli auf einige Zeit abwesend sein würde, entschloß er sich, vorübergehend in das Hotel Victoria in Glion, ein Nebengebäude der Klinik, zu ziehen, wo wenigstens nur normale Hotelpreise verlangt wurden. »Dort, aus so naher Distanz, werd ich dann, wie ein Baby, das bis zum nächsten Stuhl getorkelt ist, merken, ob ich allein weiter kann oder zurück muß zu dédébabas Ohrensessel.«[12]

Haemmerli hatte vermutlich nichts gegen einen solchen Urlaub einzuwenden, da größere äußerliche Interessen womöglich die krankhafte Selbstbezogenheit verringern konnten, zu der sein Patient neigte, und die auch jeder Besserung seines körperlichen Zustands im Wege stand. Den April und Mai über wurde Rilke zwar weiter auf der Liste der Klinik geführt, doch sie war nun eine offene Anstalt, deren begrenzte Freiheit ihn zumindest vorübergehend aufzuheitern schien. Während Nikes einwöchigem Aufenthalt in Glion wurden Ausflüge nach Sierre und Vevey unternommen, wo er einen Tisch und einen Louis-Quatorze-Stuhl für das Arbeitszimmer auf Muzot, dazu noch zwei farbige Holzleuchter für die Annakapelle kaufte, deren Reparaturen unter der Aufsicht Jeanne de Sépibus nun abgeschlossen waren.

Haus und Garten von Muzot nahmen jetzt seine Aufmerksamkeit in Anspruch. Als er mit Nike in Sierre war, gab er Reparaturen am Kamin in Auftrag, dessen mangelhafter Zustand eine ernste Feuersgefahr darstellte; im Mai konnte er dann anläßlich eines weiteren Besuches eine Neugestaltung des lange vernachlässigten Gartens planen, bei der er von Antoinette de Bonstetten, einer jungen Krankenschwester, die sich für den Gartenbau interessierte, willkommenen Rat erhielt. Der Schweizer Gelehrte Gustav Schneeli hatte ihm schon in München von ihrer Familie erzählt. Im Frühjahr 1924, als er von ihrem Interesse für sein Werk hörte, hatte er ihr die Elegien und Sonette geschickt.[13] Es war dann ein Briefwechsel entstanden, aber erst als er sie gebeten hatte, den »Gefangenen von Valmont«[14] zu besuchen, war es zu einer Begegnung gekommen. Sie erschien dann regelmäßig am Freitag nach ihrer Arbeit in Genf. Er ließ sich von ihr gern bei seinen Gartenbauplänen beraten. Ihr war es zu verdanken, daß er den Anbruch eines neuen Lebens auf Muzot sah. »Ces quelques parterres vagues se repenseront, comme dirait Valéry«, die neue Anordnung würde den Turm heiterer machen, der durch den Trübsinn und die lange Abwesenheit seines Herrn so grämlich geworden war.[15] Die Briefe, die er ihr zwischen ihren Begegnungen schrieb, mit

einem Charme im Französischen, der manchmal seinen deutschen Briefstil noch übertrifft, zeugen von dem wohltuenden
Einfluß dieser neuen Interessen und von seiner Fähigkeit, die
tieferliegenden Sorgen vorübergehend zu vergessen.

Mehrere Male fuhr er nach Lausanne, wo er einmal mit
Jaloux und dessen Frau zu Mittag aß – eine lebhafte Erinnerung an Paris. In Montreux wurde er von Madame Revilliod,
die als Tochter des von ihm verehrten Präsidenten Masaryk
»une compatriote« war, herzlich zum Tee empfangen; vor
Lalli Horstmanns Abreise verbrachte man gemeinsam einen
Tag in Vevey. Zufällige Begegnungen erweckten Erinnerungen an die fernere Vergangenheit. Von Poul Bjerre, dem
schwedischen Neurologen, den er zuletzt zusammen mit Lou
vor dem Krieg in München gesehen hatte, erfuhr er, daß
Ellen Key vor kurzem gestorben war – ihre letzten Tage
erinnerten »nicht weniger an Balzac als das Ende Rodins«,
schrieb er an Nanny Wunderly, »wie voll von Gefahren das
Leben ist, wie unbarmherzig bis zum letzten Augenblick«.[16]
In Vevey traf er August und Selma von der Heydt, deren
Gastfreundschaft er vor zwanzig Jahren in Elberfeld auf
seiner Vortragsreise genossen hatte. Seine Ausflüge fanden in
größeren Abständen statt, ermüdeten ihn aber trotzdem –
Lalli bemerkte, wie er auf der Rückfahrt mit ihr mit geschlossenen Augen zurücksank. In der Gesellschaft von Menschen,
die er weniger gut kannte, fühlte er sich infolge der Beschwerden im Mund befangen, ja »verschüchtert«. Doch er
schien entschlossen, der »unwirklichen Sphäre« Valmonts zu
entfliehen, statt unter ruinösen Kosten dort herumzusitzen
und in vergeblicher Hoffnung darauf zu warten, daß eines
Tages »dieser gute Haemmerli hereinkòmmt und sagt: nun
weiß ich, wie man sie von ihrer langen und hartnäckigen Qual
befreien kann«.[17]

Es war in der Tat völlig klar, daß Haemmerli nichts für ihn
tun konnte, so war es besser, auf den eigenen Füßen zu
stehen. Am letzten Maitag überschritt er die Schwelle zur
Freiheit, noch immer unter der Bürde seiner unerklärlichen
Beschwerden. Ein ganzer langer Winter schien vergeblich
geopfert worden zu sein, in dem seine einzige Tätigkeit darin
bestanden hatte, sich »mit einem jener Zimmer abzufinden,

die unter dem Vorwand das Eigene zu sein, hartnäckig niemandes Zimmer bleiben«.[18] Doch er habe, wie er an Werner Reinhart schrieb, wenigstens an Fähigkeit zugenommen, das Unvermeidliche seines Zustands auszuhalten und womöglich zu ignorieren.[19] Das Bellevue in Sierre wurde abermals zu einer vorübergehenden Unterkunft, bis ihn Muzot wieder aufnehmen konnte. Die Kaminreparaturen hatten nämlich die Erneuerung einer ganzen Mauer in seinem Arbeitszimmer erforderlich gemacht, dazu waren bei seinen täglichen Besuchen viele Überlegungen und endlose Besprechungen nötig, bevor er genau über die Art der Ausmalung entscheiden konnte (der »junge intelligente Maler« konnte sich darüber freuen, daß er bei der Arbeit keine Aufsicht hatte, da er so häufig mit dem Angebot einer Zigarre und eines Schwätzchens unterbrochen wurde).[20] Antoinette de Bonstettens Plan zur Umgestaltung des Gartens bot für den Herbst eine angenehme Aussicht, bis dahin konnte Rilke die Pracht seiner Rosen genießen, unter denen ihn die Fülle einer feuerfarbenen Eglantine für das Absterben der Weide entschädigte, die man zum Besuch Valérys gepflanzt hatte:

> Gente églantine,
> coupe simple et fine
> que personne n'a remplie de pétales
> pour qu'elle reste égale
> à son origine . . .[21]

Die eingehende Beschäftigung mit Haus und Garten war ihm willkommen bei dem Versuch, die Krankheit zu ignorieren. Henri Gaspoz, der als Knabe seit Rilkes ersten Tagen auf Muzot ein nützlicher Laufbursche und Hausgehilfe gewesen war, erinnert sich noch dankbar an das Interesse, das der Dichter an seiner Zukunft genommen hatte. Dank Rilkes Fürsprache bei Werner Reinhart und Henry Détraz, dem Eigentümer der nahegelegenen Aluminiumwerke in Chippis, wo Gaspoz als ungelernter Arbeiter beschäftigt war, eröffnete sich für ihn ein Weg zum Studium, nach dem er später zu einer erfolgreichen Laufbahn als Ingenieur in die

Firma zurückkehren konnte.* Ablenkung kam für Rilke auch aus dem Gefühl, daß seit dem Verlassen Valmonts auch seine Feder wieder frei geworden sei – was sich nicht nur in weiteren französischen Gedichten unter dem Anreiz des walliser Sommers niederschlug, sondern auch in einer neuen Elegie, die von einer in den letzten Monaten geknüpften Verbindung unmittelbar inspiriert wurde.

Unter den Glückwünschen zu seinem fünfzigsten Geburtstag befand sich auch einer von Leonid Pasternak aus Deutschland. In seiner Erwiderung hatte Rilke einige eindrucksvolle Gedichte von Boris, dem Sohn Leonids, gelobt, die er in Valérys *Commerce* in französischer Übertragung gelesen hatte. Boris in Moskau war die Nachricht, daß sein Werk von einem Mann gekannt und geschätzt wurde, den er für den größten lebenden Dichter Europas hielt, »wie ein elektrischer Seelenkurzschluß«. In einem Brief an Rilke, der von seinem Vater weitergesandt wurde (es bestand zu der Zeit keine Postverbindung zwischen der Schweiz und der Sowjetunion), gestand er, daß er sich »wie wiedergeboren« fühle. Es scheine vom Schicksal bestimmt, daß ihm an eben dem Tag, an dem er von Rilkes Lob für sein Werk gehört habe, ein Gedicht zugegangen sei, »so wahr und echt geschrieben, wie hier in U.S.S.R. jetzt keiner von uns schreiben wird«. Es stammte von Marina Zwetajewa, die in der Pariser Emigration lebte und die, wie Boris wußte, Rilke nicht weniger verehrte als er selbst. Er wage die Bitte, Rilke möge ihr eines seiner jüngsten Werke, vielleicht die Elegien, schicken. Wenn er ihm auf diese Weise antworte, so wäre er beruhigt, daß sein Brief keine Zumutung an die Freundlichkeit eines Künstlers gewesen sei, der für ihn auf immer eine »Offenbarung« war.[22] Als Rilke Anfang Mai in Valmont den Brief erhielt, war er wie von »einem Wehen von Flügelschlägen« bewegt. Aus einem inneren Gefühl der Zuneigung streckte er den beiden Dichtern die Hände entgegen, schrieb sofort an Marina und bedauerte, daß

---

* Nach seiner Pensionierung stifteten Henri Gaspoz und seine Frau einen jährlichen Preis für ein Werk der Kunst oder Literatur. Die erste Auszeichnung ging an den Walliser Bildhauer Vitali für eine Büste Rilkes, die Gaspoz dann der Stadt Sierre als Zeichen seiner Dankbarkeit dem Dichter gegenüber schenkte. Die Enthüllungsfeier fand am 28. September 1984 im Jardin Public in Sierre statt.

er sie nicht schon in Paris kennengelernt habe. Er legte dem Brief eine leidenschaftliche Antwort an Boris bei, außerdem die Sonette und Elegien, mit der Widmung für sie:

Wir rühren uns. Womit? Mit Flügelschlägen,
mit Fernen selber rühren wir uns an.
Ein Dichter einzig lebt, und dann und wann
kommt, der ihn trägt, *dem*, der ihn trug, entgegen.[23]

Für Marina Zwetajewa war Rilke »die verkörperte Dichtung«. Ihre Antwort, die von der Vendée-Küste kam, war eine Dithyrambe der Liebe – »Weil Du eine *Kraft* bist. Das seltenste« –, sie blicke zu ihm auf »wie auf einen Berg, der mich schützt«.[24] Noch ehe er die beiden Gedichtbände erhalten hatte, die sie ihm schickte, fühlte er die Dichterin schon »eingetragen . . . in meine innere Karte«, wie er am 10. Mai schrieb, »zwischen Moskau und Toledo irgendwo hab ich Raum geschaffen für den Andrang Deines Ozeans«.[25] Es zog ihn zu dieser Unbekannten beinahe so stark hin wie zu Benvenuta, diesmal aber in instinktivem Vertrauen darauf, daß sie ebenbürtig war, daß sie nichts als schreiben und ihr Leben und ihre Gedanken in Erwiderung der seinen ausschütten wollte, wie er es bei Magda von Hattingberg nie gefunden hatte. Die Elegie, die er nun in den ersten Tagen in Sierre an sie richtete, feierte die Verwandtschaft in ihrer beider Poesie und die Vereinigung von Rühmen und Klagen in der Sendung des Dichters (und Liebenden):

O die Verluste ins All, Marina, die stürzenden Sterne!
Wir vermehren es nicht, wohin wir uns werfen, zu welchem
Sterne hinzu! Im Ganzen ist immer schon alles gezählt.
So auch, wer fällt, vermindert die heilige Zahl nicht.
Jeder verzichtende Sturz stürzt in den Ursprung und heilt.
Wäre denn alles ein Spiel, Wechsel des Gleichen,
    Verschiebung,
nirgends ein Name und kaum irgendwo heimisch Gewinn?

Wellen, Marina, wir Meer! Tiefen, Marina, wir Himmel.

Erde, Marina, wir Erde, wir tausendmal Frühling, wie
    Lerchen,
die ein ausbrechendes Lied in die Unsichtbarkeit wirft
. . . . .
Loben, du Liebe, laß uns verschwenden mit Lob.
Nichts gehört uns.
. . . . . .
           Frühe erlernten die Götter
Hälften zu heucheln. Wir in das Kreisen bezogen
füllten zum Ganzen uns an wie die Scheibe des Monds.
Auch in abnehmender Frist, auch in den Wochen der
    Wendung
niemand verhülfe uns je wieder zum Vollsein, als der
einsame eigene Gang über der schlaflosen Landschaft.[26]

Die kurze Korrespondenz der beiden ist zutreffend mit einem Zwiegespräch von »Verschwörern, Komplizen« verglichen worden, »die etwas wissen, von dem ihre Umwelt nichts
ahnt«[27] – der eine sah im anderen den Dichter, der im Geist
verwandt und an Stärke gleichwertig war. »Auf der Insel, auf
der *wir geboren sind – sind alle wie wir*«, schrieb Marina an Boris
Pasternak.[28] Das Genie, das Rilke sofort erkannte, ist vom
Urteil der Nachwelt mehr als bestätigt worden. Er war jedoch nun nicht in der Verfassung, sich in den Strom von
Briefen zu werfen, den eine solche Beziehung früher hervorgerufen hätte. Es wurde ihm bald zu anstrengend, auf Mari-
nas überwältigenden Stil zu erwidern, dessen beinahe surrea-
listischen Wortspiele durch ihre erstaunliche Beherrschung
der deutschen Sprache ermöglicht wurden. Nach dem plötzlichen Ausbruch der Inspiration in der Elegie brauchte er bei
seiner Rückkehr nach Muzot in einem Leben, das er langsamer werden fühlte, friedlichere Beschäftigungen – die gemächliche Entspanntheit der Mitteilungen an Nanny Wunderly (die von der Zwetajewa freilich nichts zu hören bekam);
die befriedigende Arbeit an der Vollendung der Übertragung
von Valérys *Narcisse*, dazu gelegentlich die Entstehung eines
kurzen Gedichts; die Erholung eines Spaziergangs mit
Jeanne de Sépibus, oder ein Besuch in der Fabrik in Chippis
zusammen mit Détraz.

Er hatte seine frühere französische Lyrik bereits handschriftlich in einem Band unter dem Titel »Tendres impôts à la France« zusammengestellt. Einige der Gedichte hatten schon in der endgültigen Auswahl für *Vergers* Platz gefunden. Die späteren Gedichte fügte er nun einem Manuskript »Exercices et évidences« an. Davon wieder standen einige nun in dem Zyklus *Les Roses,* den er für eine gesonderte Veröffentlichung vorbereitete, und in einer weiteren Folge Variationen auf das Thema des Fensters, *Les Fenêtres,* die Merline mit Gravuren ausstatten sollte und die er in Paris unterzubringen suchte. Inzwischen war *Vergers, suivis des Quatrains valaisans* endlich erschienen. Er verteilte mit großer Freude seine Exemplare mit den gewohnten sorgfältigen Widmungen. Sie gingen unter anderem an Valéry, Gide, Jean Cassou und Jules Supervielle – »admirable poète que j'aime« –, vor allem aber an Jeanne de Sépibus, damit sie »ihr pied-à-terre in diesem Obstgarten, der nun der Öffentlichkeit gehört, unwiderruflich in Besitz nehmen könne«, und er stellte für sie den Quatrains noch einige zusätzliche Verse voran. Valéry sprach ihm brieflich seine Bewunderung für die »erstaunliche Eigenart Ihres französischen Klanges« und seine Freude über die Übertragung des »Narcisse« aus – »ein unglaublicher Glücksfall für mich, daß sie und ich gleichzeitig in diesem höllischen Zeitalter existieren«. Gide seinerseits entdeckte in Rilkes französischer Dichtung »eine neue Freude, in ihrer Art etwas anders und vielleicht noch seltener, zarter, subtiler«.[29]

Die Wiederaufnahme dieses literarischen Lebens blieb trotz aller Befriedigung, die es ihm gewährte, im Wesentlichen an der Oberfläche; es war mehr eine Fassade, die seine Krankheit vor den Freunden verbarg, ihm selbst aber kein Vergessen brachte. Erneutes Suchen nach einer Sekretärin deutete den wahren Sachverhalt an. Er wurde auch ruheloser, verlangte nach Gesellschaft und Bewegung. Fürstin Marie erwartete man für den Juli in Ragaz, wo er sich ihr anschließen wollte. Die Abreise wurde wegen seines wechselhaften Zustands von Tag zu Tag verschoben, dann aber, im Lauf des Juli, stellte sich Ablenkung durch die Gesellschaft jüngerer und anziehenderer Besucher ein, die ihm Nachklänge seines Aufenthalts in Paris brachten – Besuche, die er nicht versäumen wollte, wie er an Nanny Wunderly schrieb.

Elisabeth Bergner hatte ihm zum fünfzigsten Geburtstag ein Telegramm gesandt, und es hatte einige Mühe gekostet, ihre Anschrift ausfindig zu machen, um ihr danken zu können. Als sie von seiner Krankheit hörte, beschloß sie, Muzot in ihre sommerliche Reiseroute einzubeziehen, und am 13. Juli kam sie mit ihrer Begleiterin Viola Bosshardt heraufgefahren. Der ein- oder zweistündige Besuch, den sie geplant hatten, wurde zu einer Übernachtung. Ihr Gastgeber las die ganze Nacht hindurch ein Gedicht nach dem anderen vor. Trotz der Vorhaltungen Elisabeths wollte er nicht rasten, er hielt sie in seinem Bann, während Viola auf dem Sofa in einen festen Schlaf fiel. Am Morgen fragte er sie unmittelbar vor der Abfahrt, welches ihre Lieblingsfrucht sei. »Ich wußte es«, sagte er, als sie Kirschen nannte, und führte sie daraufhin in den Garten, wo er ihnen einen jungen Kirschbaum zeigte, der nur noch in ein vorbereitetes Loch gepflanzt werden mußte. Dies geschah dann sogleich, in Erinnerung an ihren Besuch.³⁰ Etwa zur gleichen Zeit hörte er von Dory von der Mühll, daß Jenny de Margerie aus Berlin mit ihren beiden kleinen Söhnen in Lausanne Ferien machte. Er schrieb Jenny sofort, er stehe zwar kurz vor der Abreise nach Ragaz, die er aber aufschieben würde, wenn sie einen Tag mit ihm verbringen könnte. Sie gehörte zu den wenigen seiner Verehrer des vergangenen Jahres in Paris, die etwas von seinem früheren Werk kannten – ein Exemplar des *Stunden-Buchs* war damals schon ein kostbarer Besitz; ihr Besuch am 17. Juli auf Muzot, der zwar förmlicher war in seiner Art als der Elisabeth Bergners, blieb für sie nicht weniger unvergeßlich. Seine Sehnsucht nach Paris war so deutlich, daß sie mit dem Gedanken abreiste, ihm später ihre dortige Wohnung zur Verfügung zu stellen, die leerstand, solange ihr Gatte in Berlin Dienst tat.³¹

Seine »tristes maux« hätten ihn noch nicht verlassen, hatte er, während er auf den Zug Jenny Margeries wartete, in einem Brief an Nanny Wunderly geschrieben. Darin stand auch die Nachricht, daß er in zwei Tagen endlich auf der Fahrt nach Ragaz über Zürich kommen werde.³² Daß er alles tat, eine solche Gesellschaft anzuziehen, während die Fürstin ungeduldig in der beruhigenden Atmosphäre von Ragaz auf ihn wartete, spricht von seinem Gefühl, nach jedem Augenblick greifen zu müssen, den das Leben noch zum Genuß von Jugend und Schönheit bot.

Fürstin Maries Aufenthalt war beinahe zuende, als er im Hotel Hof-Ragaz eintraf. Sie war infolge einer schweren Bronchitis keineswegs in guter Verfassung. Rilke widmete ihr die erste Woche ausschließlich, »volle und reizvolle Stunden, wobei wir jeden Augenblick fühlten, wie sehr wir sie gebraucht hatten«.[33] Am 27. Juli reiste sie ab, mit dem Versprechen eines Wiedersehens später im Jahr in Paris. Er begann nun ernsthaft mit der Kur, die er bei seinen früheren Besuchen versäumt hatte, gewissenhaft nahm er täglich die Thermalbäder. Das Wasser, klar und ungewöhnlich reichhaltig, schien außerordentliche Wirksamkeit zu versprechen. Er ließ sich daher zu einem längeren Aufenthalt als ursprünglich geplant nieder, in der Hoffnung, die besonderen Heilkräfte würden ihm vielleicht Erleichterung bringen.

Er suchte keineswegs die Einsamkeit, war vielmehr ebenso gesellig wie in Paris. Auch wenn mit dem Einbruch des feuchten Augustwetters die Gäste spärlicher wurden, blieben noch viele, die ihn interessierten, wohlhabende Schweizer, die er kannte oder von denen er gehört hatte, Österreicher, Deutsche, Holländer und Belgier. Vorwiegend in Begleitung ihrer Familien waren sie nur zu erfreut, die Bekanntschaft eines berühmten Dichters zu machen, der so gerne bereit war, sich zu unterhalten, aus seinen Werken zu lesen, mit gleicher Geschicklichkeit französische oder deutsche Verse für sie zu schreiben und ihnen Exemplare der *Vergers* oder des französischen *Malte* mit reizenden Widmungen aufzunötigen. Er hatte seine Übertragung des *Narcisse* mitgebracht, von der die Fürstin in der kurzen gemeinsamen Zeit entzückt war; auch Nanny Wunderly hörte sie, als sie den frühen Schnee Pontresinas in der ersten Augustwoche mit dem milderen Klima von Ragaz vertauschte. In der Hotelkutsche machten sie Ausflüge ins benachbarte Graubünden, besuchten wieder die Gärten von Schloß Bothmar in Malans und zum erstenmal auch Schloß Salenegg in Maienfeld, das früher im Besitz der Familie von Salis gewesen war. Eine weitere alte Freundin, die auf kurze Zeit kam, war Eva Cassirer, die er seit Kriegsbeginn nicht mehr gesehen hatte. Auch sie hörte den *Narcisse.*

Nanny Wunderly fand ihn sehr erholt, sehr »entrain«. »Cette vie au ralenti« erschien ihm, nicht zuletzt wegen der Anwesenheit junger Menschen, später im Rückblick besonders reizvoll. Er traf Beppy Veder, fünfundzwanzig, eine vielversprechende Sängerin, die in Basel studierte und ihre Eltern aus Holland im Nachbarhotel Quellenhof besuchte; er fühlte sich »reich in der neuen Freude«, sie zu sehen, und mußte ihr einfach die eben eingetroffenen Fahnen der Gedichte, die im nächsten Insel Almanach erscheinen sollten, hinüberschicken.[34] Auch wenn sie sie nicht voll würdigen könne, »selbst wenn ... jeder Gegenstand meines inneren Eifers sich als Ihnen fremd herausstellte, so bliebe doch das bestehen, was Sie mir, *vor* jedem Wort, mit dem ersten Händereichen in die Hand gelegt haben: ein unendlich freudiges Vertrauen zu Ihrem Leben selbst ...« Ihr Dasein, schrieb er nach ihrer Abreise, sei denen, die ihr in Ragaz begegnen durften, »eine immer sichere Freude« gewesen.[35]

> Da mit dem ersten Händereichen schon
> hast du dich rein mir in die Hand gegeben:
> so hört man in dem ersten Orgelton
> das ganze Lied sich unaufhaltsam heben.
>
> Das ganze Lied mit Opfer, Wandlung, Sieg.
> (Wie ward ich des vergangnen Wartens inne!)
> Und wie es mit dem starken Anbeginne
> mein Horchen und Gehorchen überstieg.[36]

Entzückend sei während seines Aufenthalts auch ein »ganz hinreißendes kleines belgisches Mädchen, ein bezauberndes Kind«, gewesen, schrieb er an Nanny Wunderly vor ihrem Eintreffen. Nie habe er solche Vollkommenheit gesehen, beinahe erschreckend, wenn man daran dachte, wie schnell sie verblassen müsse. »So schön, so vollendet in den Bewe-

gungen, so gemessen, so intelligent.« Er verstand sonst nicht
so leicht mit Kindern umzugehen, doch die kleine Reine
nahm ihn sehr gefangen – »könnte man sie Se-reine nennen?« –, ein Kind mit sechs Jahren, das ihn eines Tages mit
fragenden Augen ansah und sagte »Du siehst wie ein Einhorn aus«. (Wie einzigartig hellseherisch, dachte Jaloux, als
er später davon hörte, »so genau Rilke – physisch und mora-
lisch, ein Einhorn«. Auch Rilke selbst mag sich an seine
Gestaltung jenes »niegeglaubten . . . weißen Tiers« in den
Neuen Gedichten vor zwanzig Jahren erinnert haben, »Doch
seine Blicke, die kein Ding begrenzte/warfen sich Bilder in
den Raum . . .«[37])

Er blieb bis Ende August, da er zögerte, die Umgebung
zu verlassen, die ihm eine Zeitlang geholfen hatte, seine
Krankheit zu vergessen und die ihn zur Schaffung einer
recht bemerkenswerten Zahl von Gedichten angeregt hatte.
Zum Großteil waren es Gelegenheitsarbeiten auf Französisch, doch darunter waren auch zwei lange Gedichte, die
seine ungeminderte Meisterschaft im Deutschen bewiesen –
»Die Weide von Salenegg« und die Zeilen, die vom Schluß-
vers eines Gedichtes des Grafen Lanckoroński inspiriert
waren:

> *»Nicht Geist, nicht Inbrunst wollen wir entbehren«*:
> eins durch das andre lebend zu vermehren,
> sind wir bestimmt; und manche sind erwählt,
> in diesem Streit ein Reinstes zu erreichen . . .
> . . . .
> Im Schlafe selbst noch bleiben sie die Wächter:
> aus Traum und Sein, aus Schluchzen und Gelächter
> fügt sich ein Sinn . . . Und überwältigt sie's,
> und stürzen sie ins Knien vor Tod und Leben,
> so ist der Welt ein neues Maß gegeben
> mit diesem rechten Winkel ihres Knie's![38]

In diesem Werk, wie in dem Gedicht über Salenegg, in dem
er das Wunder der jahrhundertealten Weide feierte, die dort
aus ihrer Krone durch den verwesenden Stamm hinunter
eine neue Wurzel gebildet hatte, um neues Leben zu gewin-

nen, fand sich ein Geist der Bejahung, der Ausdruck vielleicht eines fundamentalen Glaubens an seine Genesung, der
die Schwermut und das Abschiedsgefühl in vielen der französischen Quatrains und Fragmente ausglich:

Comment te faire encore hésiter, bel été . . .

C'est la vie au ralenti,
c'est le coeur à rebours,
c'est une espérance et demie:
trop et trop peu à son tour . . .[39]

Die Einladung der Weiningers, die sich in Ouchy aufhielten,
war eine willkommene Ausrede für die Verschiebung seiner
Rückkehr nach Muzot. Er fürchte nun beinahe dessen Einsamkeit, hatte er Beppy Veder geschrieben, indem er sie um
ihren Besuch dort bat. »Es bedarf genau solcher Aussichten,
um mir die Rückkehr in mein strenges walliser Haus lieb zu
machen.«[40] Er dachte keineswegs daran, zu einem weiteren
»Winter der Arbeit« in seinen Turm zu kommen. Zunächst
wurde ein kurzer Aufenthalt geplant, um mit Hilfe einer
Sekretärin seine Valéry-Übertragungen zu vollenden, dann
vielleicht weg zum Meer in Südfrankreich, hieß es an Kippenberg, den er um eine zusätzliche Summe für diese Ausgaben bat. Inzwischen konnte er, als Gast der Weiningers
wieder bequem im Hotel Savoy untergebracht, in ihrer und
Jaloux' angenehmer Gesellschaft einen Übergang von Ragaz
schaffen. Er hatte auch Gelegenheit zu einer Unterredung
mit einem russischen Mädchen, das als Sekretärin geeignet
schien. Am meisten aber freute es ihn, daß er ohne weiteres
über den See fahren konnte, um Valéry persönlich zu treffen,
der, wie er entdeckte, in Anthy bei Thonon Ferien machte.
Betz' »Reconnaissance à Rilke« war eben erschienen – ein
ungewöhnlicher Tribut an einen lebenden Dichter, einmalig
damals auch als internationale Würdigung eines Dichters
deutscher Zunge. Merline, die einige der Fahnen gesehen
hatte, fand Valérys Einführungsbrief an Rilke von einer
»politesse écrasante«, typisch weltmännisch.[41] Dem Empfänger dagegen, der sich nun zu einem Besuch in Anthy anmel-

657

dete, erschien er exquisit – »ein offener Brief, der zwischen uns köstlich geschlossen bleibt, ich mache mich klein, damit ihn die Welt über meine Schulter lesen kann«. Er habe nie etwas Derartiges gelesen, behauptete er, »außer jenem früheren Artikel von Ellen Key«, ein Schwindel erfasse ihn angesichts der Würdigungen aus allen Teilen Europas, die hier versammelt seien, »dabei ist etwas von einer langwährenden Unschuld verlorengegangen«.[42]

Der Tag, den er am 13. September mit Valéry verbrachte, war der Höhepunkt des Lausanner Zwischenspiels. Er war voll von seiner Übertragung des *Narcisse*, auch wenn er sein Idol vergeblich bedrängte, die Prosastudie über dieses Thema zu schreiben, die ihm unbestimmt vorgeschwebt hatte – »einige Stufen aus heiligem Marmor, die zum Tempel des Narziß hinaufführen«.[43] Der Rilke, der an diesem Tag photographiert wurde und an den sich Valéry erinnerte, trug ein Lächeln und gab sich jugendlich; er sprach von einem weiteren Wiedersehen, vielleicht später, wenn Valéry in Wien sei, und ließ kein Zeichen irgendeiner Krankheit erkennen. In der anschließenden Nacht jedoch raubten ihm Unterleibskrämpfe den Schlaf. Er werde immer noch von derselben »schrecklichen und lächerlichen Besessenheit« gequält, schrieb er einige Tage später an Nanny Wunderly, »die mir überallhin folgt, mich nach neuen Eindrücken und neuen Menschen mit der Verzweiflung eines Mannes greifen läßt, der durch das Wunder von außen gerettet werden will. Und doch wird dieses Wunder *in* mir selbst erreicht werden müssen . . . Sie können sich nicht vorstellen, was für ein Leben ich führe, in welchem ausweglosen Kreis ich mich seit Jahren drehe.«[44]

In der kosmopolitischen Gesellschaft von Lausanne bestand für ihn freilich kein Mangel an »neuen Menschen«. Besonders hingezogen fühlte er sich zu Harriet Cohen, einer später berühmten Pianistin, die er mehrere Male traf und einmal nach Genf begleitete. Daß er für sie die Verse an die »im Voraus verlorne Geliebte« von 1913 abschrieb, zeigt, daß er auch noch in diesen schweren Zeiten seinen Traum von der idealen Frau in sich trug. Harriet Cohen blieb diese Begegnung noch lange in zärtlicher Erinnerung, auch wenn sie darüber enttäuscht war, daß Rilke nicht, wie sie angenommen hatte, das Gedicht eigens für sie geschrieben hatte.

Eine weitere Begegnung ergab sich vor dem Besuch bei Valéry, als er eines Tages allein mit einem Buch im Garten des Savoy saß. Dabei hatte ihn Jaloux entdeckt, der mit Freunden an einem Nebentisch war. Unter ihnen befand sich eine junge Ägypterin, ebenfalls Gast des Hotels, hochgewachsen und von atemberaubender Schönheit, die Jaloux eben mit Begeisterung und Ergriffenheit von ihrer jüngsten Entdeckung, der französischen Version des *Malte Laurids Brigge*, berichtete. Als Jaloux ihr den Autor zeigen konnte, war sie verblüfft und bat um Vorstellung. Die Anwesenheit einer solchen Schönheit im Hotel war Rilke natürlich keineswegs entgangen; als er von Jaloux hörte, daß ihr sein Name etwas bedeute, schickte er ihr sofort eine Nachricht – da er befürchtete, fortgehen zu müssen, bevor sein Freund eine Begegnung zwischen ihnen vereinbaren könne. Nimet, die Tochter von Ahmed Khairy Pascha, eines Hofbeamten in Kairo, französisch erzogen und mit achtzehn verheiratet, hielt sich bereits seit einigen Jahren in der Schweiz auf, wo ihr Gatte Aziz Elwi Bey schwerkrank in einem Sanatorium in Leysin lag. Noch als Kind hatte sie beide Eltern und eine ältere Schwester verloren; diese frühe Erfahrung des Todes gab ihr, wie Jaloux dachte, eine Aura der Gleichgültigkeit gegen das oberflächliche Leben einer reichen Weltdame, das sie in Lausanne führte. Das mag auch die Gefühle, die der *Malte* in ihr geweckt hatte, ebenso wie ihre Verehrung für den Dichter erklären.

Rilke traf sie oft während seines restlichen Aufenthalts, den er nach der Abreise der Weiningers um nahezu eine Woche verlängerte. Das tiefe Verständnis, das sie für den Roman erkennen ließ, berührte ihn stark – »une compréhension essentielle qu'aucun consentement concernant ›M. L. Brigge‹ n'a jamais su égaler: et les Cahiers existent pourtant depuis dix-sept ans!« Er brachte beinahe eine ganze Nacht damit zu, das Werk in dem von ihr geliehenen Exemplar wiederzulesen, voll Bewunderung, daß all diese »présences« für einen Augenblick ihr gehört hatten, »votre ineffable présence en vous-même«.[45] Es war auch ein neues, wenngleich etwas aufregendes Erlebnis, als er in ihrem Auto mit einer Geschwindigkeit fortgewirbelt wurde, die von den gesetzten Chauffeuren der Fürstin Marie oder Nanny Wunderlys nie angeschlagen wurde. Am meisten aber bezauberte ihn ihre orientalische Schönheit, das Profil, das einer jener Königsstatuen glich, die er in Ägypten gesehen hatte, das dunkle Goldbraun der Augen, die makellose Haut und die langen feinen Hände. In seinem Dank an Jaloux, der für beide in seinem Haus ein Mittagessen gegeben hatte, bat er den Gastgeber dringend, auf seinem Tisch ein kleines Denkmal zu errichten, »auf der Stelle, wo Mme E's Handschuhe ruhten, bevor sie sich zur Himmelfahrt erhoben, die sie mit Engeln füllte«.[46] Bei seiner Abreise am 26. September lud er Nimet ein, sobald wie möglich einen Tag auf Muzot zu verbringen.

Mittlerweile war er auch mit der jungen Sekretärin, die sich ihm im Savoy vorgestellt hatte, sehr zufrieden gewesen. Genia Tschernosvitowa schien ebenso intelligent und tüchtig wie charmant, so daß man vereinbarte, daß sie ihn zurück nach Sierre begleiten sollte, wo er sie im Bellevue unterbringen würde. Ihre Arbeit – die letzte Durchsicht der Übertragungen von Valérys Dialogen *Eupalinos* und *L'âme et le danse*, die schon lange im Entwurf vorlagen – begann sofort und wurde am 9. Oktober vollendet. Das tägliche Pensum wurde häufig unterbrochen, wenn etwa die Sonne zu einem Spaziergang verlockte oder Besucher erschienen. Während dieser Zeit traf Nanny Wunderly in Begleitung einer Freundin ein, wohnte im Bellevue, auch Nimet Elwi kam nur wenige Tage nach seiner Rückkehr nach Muzot heraufgefahren. Nanny Wunderly, die ihn seit Ragaz nicht gesehen hatte, war über sein Aussehen ziemlich erschüttert. Als sie ihn von weitem im Hotel sah, erschrak sie, »so elend, so ängstlich, bleich und wie nach einer schweren Krankheit sah er aus«; die Lebhaftigkeit aber, die er bei ihrer Begegnung an den Tag legte, ließ diesen Eindruck schnell vergessen.[47] Zum Abschied am 5. Oktober erschien er mit beiden Händen in Verbänden. Er hatte für Nimet Elwi Rosen gepflückt, dabei war ein Dorn tief in die linke Hand gedrungen und hatte eine schwere Entzündung hervorgerufen, der gleich darauf eine schmerzhafte Entzündung unter einem Nagel der rechten Hand gefolgt war. Er ließ Nike nur ungern gehen – »ich höre noch, wie er so lieb sagte: ›ich denke – jetzt fängt es erst an!‹«, schrieb sie später.[48] Sie konnte ihn aber überreden, einige Zeit im Bellevue zu bleiben, und spürte eine gewisse Erleichterung bei dem Gedanken, daß er sich dort in der hingebungsvollen Fürsorge Genias befand.

Als das Diktat der Valéry-Übertragung abgeschlossen war, nahm er Genia nach Lausanne mit, wo die Vieux-Colombier Truppe auftrat und Mauriac über »La défense du roman« sprechen sollte. Für sie war es, wie sie sich erinnerte, ein köstlicher Ausflug, der all den Reiz einer unerlaubten Eskapade besaß. Nach dem Abend im Theater nahmen sie an einer Künstlerparty in Chailly teil, die sich bis drei Uhr morgens hinzog, und verbrachten den folgenden Tag ruhig in den üppigen Räumen des Hotel Savoy. Nach dem Vortrag Mauriacs am 14. Oktober kehrten sie dann nach Sierre zurück, machten aber unterwegs in Vevey zu einem erlesenen Abendessen bei Kerzenlicht halt. Am nächsten Tag fing die Arbeit wieder an, eine weitere Übertragung Valérys, ein Aufsatz über »Tante« Berthe Morisot. Der Herbst aber war so schön, daß Rilke darauf bestand, die Arbeit abzubrechen und den restlichen Tag gemeinsam in Sion zu verbringen.

Die Freude an diesem Ausflug kam ihn teuer zu stehen. Bei der Rückkehr mußte er sich mit einer Art Magengrippe niederlegen, die ihn auch nach dem baldigen Nachlassen des Fiebers noch zwei Wochen ans Bett fesselte. Er sei keineswegs in der Verfassung für einen Winter auf Muzot, teilte er Kippenberg mit, dem er über den Fortschritt der Übertragungen berichtete, und daher fest entschlossen, das Haus zuzumachen und nach Südfrankreich zu gehen. Auch im Bellevue, wo Umbauten vorgenommen wurden, wurde das Leben unbequem. Wie in Vorbereitung dieser Abreise hatte Rilke den Einfall, seinen Briefwechsel zu klassifizieren, solange ihm Genia noch zur Verfügung stand. Sie brachte die zahllosen Bündel von Briefen kofferweise von Muzot herunter, er begann mit unendlicher Geduld, sie zu sortieren. Genia legte für jeden Korrespondenten einen großen Umschlag an und trug die fertigen Umschläge dann jeweils wieder zurück. Sein Zustand wollte sich jedoch nicht bessern. Im November konnte er nur wenig essen, eine Verengung im Hals und ein unerklärlicher Husten gaben ihm wieder das Gefühl, in den Krallen zu stecken, die er so lange zu ignorieren versucht hatte. Die Mitteilung Nanny Wunderlys, daß Clara wieder in der Schweiz erwartet werde und von ihr zu einem Aufenthalt eingeladen worden sei, machte ihn höchst ärgerlich. Wenn es seinetwegen sei, so weigere er sich unbedingt, sie zu sehen »und mich ihrer mitleidigen ›Christian Science‹-Neugierde auszusetzen. Sollte sie darauf bestehen, so würde ich mich sofort über die eine oder andere Grenze fortmachen.«[49]

»Quel temps perdu!« beklagte er sich bei Nanny. »Ich hätte gerne um so viel mehr getan mit Genias reizender Hilfe, in den wenigen Tagen, die sie bei mir war – stattdessen mußte sie eine Krankenschwester werden.« Es sei qualvoll für ihn, einer Freundin und nicht einem unpersönlichen Fachmann seine Schwäche zeigen zu müssen; er fühle sich wie ein kranker Hund, der sich zu verstecken versuche, dann aber, wenn man ihn findet, über jedes Mitleid ärgerlich sei. Er wollte nichts von einem Arzt wissen oder irgendetwas einnehmen, »was nach Apotheke roch«, und kämpfte um seine Genesung, indem er ein Leben führte, das so normal war wie möglich.[50] Er setzte seinen Briefwechsel mit A. A. M. Stols, einem bibliophilen Verleger in Holland, fort wegen einer erweiterten Neuausgabe von *Vergers*; trotz seines Unwohlseins machte er sich auch die Mühe, an Georg Reinhart einen langen Brief mit der Bitte um finanzielle Unterstützung für Regina Ullmann zu schreiben – ein scharfer Gegensatz zu seiner beinahe brutalen Haltung gegenüber Clara. Die Anstrengungen fielen ihm immer schwerer; Dory und Hans von der Mühll, die ihn am 14. November besuchten, waren entsetzt über sein verfallenes Aussehen und seine deutlich erkennbare Erschöpfung.

Marianne von Goldschmidt-Rothschild hatte ihn brieflich von Dezember an nach Berlin eingeladen, ohne sein Wissen planten auch andere Freunde Zufluchtsorte. Jenny de Margerie hatte die Neuausstattung ihrer Pariser Wohnung, die sie ihm anbieten wollte, beinahe abgeschlossen; Marie Taxis, die von Valéry in Wien einen zuversichtlichen Bericht über seine

Gesundheit erhalten hatte, dachte daran, ihn im Frühjahr nach Rom zu bringen. Er selbst hatte freilich immer noch Südfrankreich im Sinn – vielleicht die Côte des Maures, nach Auskunft eines Freundes ein stilles Gebiet, das die Touristen noch nicht entdeckt hatten. Das von Nanny Wunderly vorgeschlagene Tessin wäre nur ein kümmerlicher Ersatz – »jenes *presque-Italie* das mehr und mehr ein Zufluchtsort der Deutschen wird. Stellen Sie sich vor, Hermann Hesse in Castagnola, morgen vielleicht schon Wilhelm der Zweite in Monte Verità.«[51] Kippenberg hatte darauf hingewiesen, daß sein Konto im Augenblick beträchtlich überzogen war, ihn wegen seiner Finanzen aber trotzdem beruhigt. »Um zu irgendeiner Art von Zukunft zu gelangen, muß zunächst die hinreichend mißliche Gegenwart bewältigt sein«, schrieb er mit seinem Dank am 15. November. »Ich weiß, Sie raten mir, *das*, vor Allem, mit allen verfügbaren Mitteln zu besorgen.«[52]

Er suchte sich immer noch zu überzeugen, daß er das ohne Hilfe zustandebringen könne, indem er aufstand, wann er konnte, und mit Genia häufig Spaziergänge, sogar bis hinauf nach Muzot, unternahm. Nach großen Schmerzen und schlaflosen Nächten aber, als ein hartnäckiger Durchfall als Folge der Magengrippe Spuren von Eiter zeigte, sah er ein, daß eine erneute Zuflucht in Valmont nicht zu vermeiden war. Am 30. November begab er sich dorthin, von Genia begleitet, die ein paar Tage später nach Paris abreisen sollte. Während sie sich im Zug von Sierre unterhielten, schien ihr seine »erstaunliche innere Jugendlichkeit« die Oberhand über das Leiden zu gewinnen; im Wagen aber, der sie von Montreux nach Valmont hinaufbrachte, war er wieder der »unendlich gebrechliche Patient, der jeder möglichen Sorgfalt bedurfte«.[53]

Haemmerli war bei seiner Ankunft verreist und wurde erst in mehr als einer Woche zurückerwartet. Diesmal aber stand die Diagnose fest. Die Blutuntersuchung ergab eine akute myelogene Leukämie – damals wie heute unheilbar –, und die Ärzte stellten ein bereits fortgeschrittenes Stadium fest. In seinem Fall handelte es sich um eine besonders schmerzhafte Form der Krankheit, bei der den ersten Erscheinungen in den Infektionen der Hand und der Eingeweide rasch der

Ausbruch schwarzer Beulen wie bei einer Blutvergiftung folgte – erst auf der Haut, später dann in Mund und Nase. Seine Kräfte begannen unter den »unaussprechlichen Foltern«[54], die er leiden mußte, rasch zu schwinden. Auf seine Bitte hin ließ Nanny Wunderly über hundert Kärtchen drucken, auf denen er seinen Korrespondenten mitteilte, daß er zu krank sei, um zu schreiben. In der ersten Woche konnte er noch die Briefe erledigen, die er für unbedingt erforderlich hielt. An Freunde in Paris schrieb er eine Empfehlung für Genia, deren Zukunft dort ungewiß war; Stols gegenüber bedauerte er, nicht zu der geplanten »Hommage des écrivains à Paul Valéry« beitragen zu können, bot ihm aber seine Übersetzung von »Tante Berthe« und das Manuskript des Zyklus Les Roses an, das er »dans vos belles éditions« zu sehen hoffte.[55] Eine Antwort an Richard Weininger dagegen, der ihm Vorschläge wegen der Kutschera-Erbschaft gemacht hatte, überließ er Nanny mit der Bitte, Weininger seine Vollmacht zu erteilen, nach eigenem Ermessen zu handeln. »Tag und Nacht, Tag und Nacht . . . Hölle!« schrieb er ihr am 8. Dezember – dazu das hoffnungslose Gefühl des Verzichts, dazu gezwungen zu werden, Patient zu sein und »diesen absurden Beruf unter dem Auge der Ärzte zu lernen . . . Bei diesem Geschäft bin ich der Verlierer! . . . Dr. Haemmerli soll morgen zurückkehren. Was für eine Überraschung ich für ihn habe, den armen Kerl.« Er fragte sie auch, ob die Rechnungen von Valmont inzwischen an Werner Reinhart gehen dürften: »Später ordne ich mich mit Kippenberg, kann jetzt nichts veranlassen nicht mal richtig signieren.«[56]

Als ihr Haemmerli telephonisch mitteilte, wie schwer krank Rilke war, eilte sie am folgenden Abend nach Valmont. Ihre Gegenwart schien ihm Trost zu bringen – »Sie bringen mir das Leben«, sagte er zu ihr.[57] Sie blieb in seiner Nähe, nach Genias Abreise der einzige Besuch, den er ertragen konnte. Er ließ es nicht zu, daß seine Familie oder Freunde beunruhigt wurden; sein einziger Wunsch war, nach Aussage Haemmerlis, keinen zu sehen, »der in ihm den Gedanken an den Ernst seines Zustandes hätte aufregen können, den er mit Willen vor sich selber verbarg«, da er trotz seines Leidens noch zuversichtlich war, daß er wieder genesen werde.[58] Lou war die einzige Ausnahme – am 13. Dezember konnte er ihr mit Bleistift einen kurzen Brief schreiben. »Meine Liebe, *das* siehst Du also wars, worauf ich seit drei Jahren durch meine wachsame Natur vorbereitet und vorgewarnt war: nun hat sie's schwer, schwer durchzukommen, da sie in dieser langen Frist sich in Hilfen Korrekturen und unmerklichen Richtigstellungen auszugeben hatte. . . . Und jetzt, Lou, ich weiß nicht wie viel Höllen, du weißt wie ich den Schmerz, den physischen, den wirklich großen in meine Ordnungen untergebracht habe, es sei denn als Ausnahme und schon wieder Rückweg ins Freie. Und nun. Er deckt mich zu. Er löst mich ab. Tag und Nacht!

Woher den Mut nehmen?

Liebe, liebe Lou, der Arzt schreibt Dir, Frau Wunderly schreibt Dir, die hilfreich hierher gekommen ist für ein paar Tage. Ich habe eine gute verständige garde-malade und glaube den Arzt der mich nun seit drei Jahren wiedersieht, dies mal zum vierten Mal, im Rechten. Aber. Die Höllen . . .«[59]

»Sie wissen alles von ihm, von Anfang an bis heute«, hieß es in Nanny Wunderlys Begleitbrief. »Sie kennen seinen unbegrenzten Glauben an Sie – er sagte: Lou muß alles wissen – vielleicht weiß sie einen Trost.« Haemmerli schickte ihr einen vollen und detaillierten Bericht über seinen Zustand, wie es Rilke gewünscht hatte, »im Vertrauen, daß Sie als wahre Freundin vermögen, trotz allem in unserm armen Kranken den Lebenswillen und die Hoffnung zu erhalten, die für jetzt nicht erschüttert sind, – dem Kranken die Diagnose zu sagen, scheint mir in diesem Moment gefährlich.«[60]

Lou schrieb zwar häufig, aber sie konnte keinen Trost bieten. Er selbst schrieb nicht mehr, doch sie fühlte, daß er wußte, daß er wissen *mußte*, daß es das Ende war. Mit Haemmerli, dem er seine negative Einstellung Ärzten gegenüber nie verborgen hatte, auf den persönlich er aber großes Vertrauen setzte, konnte er offen und ausführlich über seine Symptome sprechen. Er wollte sich jeden Tag davon überzeugen, daß die vorgeschlagene Behandlung und die Zuziehung von Spezialisten mit seinen eigenen Vorstellungen übereinstimmten. Den Namen der Krankheit wollte er nicht wissen, da er sie lieber als etwas Eigenes ansah, wobei er seinen Zustand eher als »ein unvermeidliches Mysterium, das man nicht zu sehr analysieren sollte«, akzeptierte.[61] Haemmerli bemerkte, wie er es bei ihren langen Gesprächen sorgfältig vermied, die Möglichkeit des Todes zu erwähnen.

Während der ersten Dezemberwochen wurde er zunehmend schwächer und war dankbar, daß Nanny Wunderly an den Nachmittagen zugegen war, ihm vorlas und wichtige Briefe erledigte. Das Fieber und die unablässigen Schmerzen ertrug er mit ungeheurer Tapferkeit, entschlossen, keine Medikamente anzunehmen, die ihm das Bewußtsein raubten. Es war herzzerreißend für sie, so neben ihm zu sitzen, ohne ihm helfen zu können. Seine Hand führte noch häufig den Bleistift. Kassner bat er, der Fürstin so viel mitzuteilen, wie er für ratsam hielt, er berichtete ihm und Weininger von seiner »elenden und unendlich schmerzhaften« Krankheit, »die nicht die vorübergehendste sein wird«. »Eine wenig bekannte Zellenveränderung im Blut wird zum Ausgangspunkt für die grausamsten, im ganzen Körper versprengten Vorgänge. Und ich, der ihm nie recht ins Gesicht sehen wollte, lerne, mich mit dem inkommensurabeln anonymen Schmerz einrichten. Lerne es schwer ... Ich habe alle erdenkliche Pflege hier, aber noch ist fast nichts für meine Erleichterung zu tun möglich.«[62] In seinem Notizbuch verlieh ein letztes Fragment seiner Qual poetischen Ausdruck:

> Komm du, du letzter, den ich anerkenne,
> heilloser Schmerz im leiblichen Geweb:
> wie ich im Geiste brannte, sieh, ich brenne
> in dir; das Holz hat lange widerstrebt,
> der Flamme, die du loderst, zuzustimmen,
> nun aber nähr' ich dich und brenn in dir.
> Mein hiesig Mildsein wird in deinem Grimmen
> ein Grimm der Hölle nicht von hier.
> Ganz rein, ganz planlos frei von Zukunft stieg
> ich auf des Leidens wirren Scheiterhaufen,
> so sicher nirgend Künftiges zu kaufen
> um dieses Herz, darin der Vorrat schwieg.
> Bin ich es noch, der da unkenntlich brennt?

Erinnerungen reiß ich nicht herein.
O Leben, Leben: Draußensein.
Und ich in Lohe. Niemand der mich kennt.[63]

Kippenberg, der von Haemmerli benachrichtigt worden war, beschwor seinen »geliebten Freund«, sich wegen der Kosten keine Sorgen zu machen – »»Siehe, was mein ist, ist auch Dein‹« –, und veranlaßte die Hinzuziehung eines Leipziger Spezialisten.[64] In der traurigen Gewißheit, daß keine Hoffnung mehr bestand, nahm es Nanny Wunderly am 15. Dezember auf sich, an Clara zu schreiben, die zwei Tage später eintraf. »Schrecklich aufgeregt«, erlaubte Rilke nicht, daß man sie vorließ, so daß sie wieder abreisen mußte, ohne ihn gesehen zu haben.[65] An Ruth aber sandte er am 20. Dezember einen Weihnachtsgruß: »ich denke an Euch, an Christine, an Carl, umarme Dich weihnachtlich. Seid froh, freudig, zuversichtlich, das Leben ist immer das Gleiche, Gute«.[66] An Supervielle, der ihm seine Gedichte geschickt hatte, schrieb er dann am folgenden Tag: »Ich denke an Sie, Dichter, Freund, und dabei auch an die Welt, trauriges Überbleibsel einer Vase, die sich erinnert, daß sie von der Erde stammt. (Mais cet abus de nos sens et de leur ›dictionnaire‹ par la douleur qui le feuillette!)«[67]
Er leide unvorstellbaren Schmerz, hieß es in einer kurzen Nachricht an Nimet Elwi Bey, die Ärzte mochten einen Namen für sein Leiden haben, »doch uns lehrt es nur drei oder vier Schreie, in denen unsre Stimme unkenntlich ist – unsere Stimme, die in Nuancen so geübt war! Point de fleurs, Madame, je vous en supplie, leur présence excite les démons dont la chambre est pleine. Mais ce qui m'est venu *avec* les fleurs, s'ajoutera à la grâce de l'invisible. Oh merci!«[68]
Noch schien er die Hoffnung nicht aufgegeben zu haben. In einem Brief, den er am folgenden Tag, den 23. Dezember, an Merline schrieb, die einen Monat lang nichts von ihm gehört hatte und nicht einmal genau wußte, ob er in Valmont war, sprach er davon, daß er dort »auf lange Zeit eingeschlossen sei«. »Demütig, erbärmlich krank, kann ich dich nur bitten mir zu glauben, daß ich alle nur mögliche Pflege

habe . . . Sollte Dir Dein liebendes Herz raten, zu kommen, so wärst Du schlecht beraten. . . . Ma chère Merline!«[69] Es war der letzte Brief, den er schreiben konnte. Danach schien es ihn sogar übermäßig anzustrengen, beim Vorlesen zuzuhören. Nanny Wunderly erkannte, daß er das Ende kommen sah. »Helfen Sie mir zu *meinem* Tod«, sagte er plötzlich zu ihr. »Ich will nicht den Tod der Ärzte – ich will meine Freiheit haben.« Und weiter: »Das Leben kann mir nichts mehr geben – ich war auf allen Höhen. . . . Vergessen Sie nie, Liebe, das Leben ist eine Herrlichkeit!«[70] Am 28. Dezember war er äußerst schwach, im Halbschlaf, doch bat er Haemmerli, ihn bei Bewußtsein zu lassen, »er drückte meine Hand statt zu antworten, da ihm das Sprechen den Atem benahm«.[71] Um Mitternacht fiel er in ein Koma, während Nanny Wunderly und der Arzt wachten; so lag er, bis er um 3 Uhr dreißig am Morgen des 29. Dezember mit weitgeöffneten Augen seinen Kopf hob und tot in die Arme Haemmerlis zurücksank.

Für Nanny Wunderly war es eine unsägliche Erleichterung, als sie ihn endlich aus der Qual erlöst sah. Wie er dort lag – das hagere, beinahe braune Gesicht immer noch vom Ausschlag gezeichnet, die Bartstoppeln schwarz gegen das Kissen, die schweren Lider unter der starken Braue geschlossen, erinnerte er sie an eine Priestergestalt, »wie von einem vornehmen Perser oder Inder, von einem Weisen, der von weit her gekommen war für ein kurzes Leben und der jetzt, nach überstandenem Martyrium unfaßlich leblos auf seinem Sterbebett lag«.[72] Ihr fiel nun die traurige Aufgabe der Überlebenden zu, die Telegramme und Briefe, ein Besuch mit Werner Reinhart in Raron, um das Grab den Wünschen Rilkes entsprechend zu besorgen. Die wenigen Freunde, die die Reise machen konnten, darunter Anton und Katharina Kippenberg, Loulou Albert-Lazard und Regina Ullmann, begannen einzutreffen. Am Sonntag den 2. Januar 1927, einem sonnigen, doch bitterkalten Tag, wurde er nach einem kurzen (katholischen) Gottesdienst, bei dem von der Orgel und der Geige Alma Moodies die Musik Bachs erklang, in Raron zur Ruhe gelegt; an der Mauer der kleinen Kirche hoch über dem Tal der Rhône, einem der ersten Orte, der ihm

»Wind und Licht« der Landschaft gebracht hatte, in der er endlich sein größtes Werk geleistet hatte, gleichnishaft an der Sprachgrenze zwischen Französisch und Deutsch gelegen.

Jeder der wenigen Trauergäste war, wie Eduard Korrodi in einer kurzen Ansprache sagte, ein Vertreter der Schar der mit Rilke verbrüderten Gemüter, die über weite Länder ausgesät seien, die nun ihre Tröstung für seinen Verlust im ewigen Stoff seines Werkes finden mußten; dabei zitierte er aus der Ersten Elegie die Sätze:

Schließlich brauchen sie uns nicht mehr, die Früheentrückten, man entwöhnt sich des Irdischen sanft, wie man den Brüsten milde der Mutter entwächst. Aber wir, die so große Geheimnisse brauchen, denen aus Trauer so oft seliger Fortschritt entspringt – *könnten* wir sein ohne sie?[73]

Als sich die gefrorene Erde über dem Grab schloß, sprach der Walliser Dramatiker René Morax im Namen derer, die Rilke nur durch seine »zweite Leier« gekannt hatten: »Adieu, grand poète!« Wenig später wurde Fürstin Maries Lorbeerkranz am Grab niedergelegt, »au poète incomparable, au cher et fidèle ami«.

Nachwort

Glauben Sie mir, daß ich doch von nichts so
ergriffen bin wie von der unbegreiflichen, unerhörten Wunderbarkeit meines Daseins, das von
vornherein so unmöglich angelegt war und von
Rettung zu Rettung dennoch fortschritt.
(An Victor Emil von Gebsattel, 14. 1. 1912)

Der Tod Rilkes wurde in Gedenkschriften, Reden und Feier-
lichkeiten in vielen Ländern betrauert – Deutschland und
Österreich, der Tschechoslowakei, Frankreich und Polen,
Skandinavien und Italien, sogar England. Vielen, die über
ihn schrieben oder sprachen, war der Dichter nur durch sein
veröffentlichtes Werk bekannt; aber auch denen, die privile-
gierter gewesen waren, erschien sein Leben, einem Wort
Stefan Zweigs nach, »eingehüllt in Schweigen und Geheimnis«.[1] Sein Werk erweckte den Eindruck, als sei er der Dichter
des Todes, der das Leben zwar in all seinen Erscheinungen
gestaltete, es aber als die Vorbereitung auf jenen andern
Bereich rühmte, der allein seinen wahren Sinn entdecken
würde. In Wien, wo zwei Gedenkfeiern stattfanden, bei
denen aus seinen Werken gelesen wurde und Magda von
Hattingberg musizierte, wurde bei der zweiten Veranstaltung Alexander Lernet-Holenias Prolog von einem Herold
gesprochen, dessen Rock der Windhund der Kärntner Rilkes zierte: »Tod war für ihn kein Ausgang, es war ein Zustand von Dauer, in den Ermüdete und solche, die Wichtiges
vorhaben, sich zurückziehen, gewissermaßen um . . . weiter-
zuleben. . . . Der Tod war für ihn voll Existenz.«[2]
In diesen frühen Huldigungen sah man ihn auch als das
Vorbild des reinen Dichters, der unbeirrbar »sein Lebens-
schiff quer gegen den Wellengang der bürgerlichen Gesellschaft treibt«.[3] Seine »heroisch erfüllte Bemühung um das
lyrische Wort« werde nur in seinem Werk erkennbar, sagte
Stefan Zweig in seiner Münchner Gedenkrede: »Niemand
hat ganz sein inneres Leben gekannt . . .; frommer Steinmetz
am ewig unvollendbaren Dome der Sprache«, mühte er sich
sanft, »schweigsam wie immer das Große geschieht, im Ab-

seits ... wie alles Vollendete entsteht«.[4] Die anderen Dichter,
die er gekannt hatte, schrieb Edmond Jaloux, seien Dichter
nur durch ihren Geist – außerhalb ihrer Arbeit waren sie wie
andere Menschen, Rilke aber habe ihn in ein »ihm eigenes
Universum« geführt, »zu dem ich nur wie durch ein Wunder
zugelassen wurde ... man hatte das Gefühl, er kenne keine
irdischen Belange, sein Gesicht stets jenen Wahrheiten zuge-
kehrt, die nie ausgedrückt werden«.[5] Kassner schlug einen
ausgeglicheneren Ton an, in dem er darauf hinwies, daß
Rilkes Askese und Religiosität von dem Eindruck weit entfernt seien, den sein Werk vermittle, und unterstrich in Anekdoten und Erinnerungen die menschlichen Werte des Dichters. Er pries jedoch »die köstliche, wundervolle Einheitlich-
keit« von Leben und Werk. »Rilke war Dichter, war Persönlichkeit, auch wenn er sich nur die Hände wusch.«[6]

Die *Laudatio funebris* ist selten der Ort, an dem ein ausge-
wogenes Urteil über den Verstorbenen zu finden ist. Im Fall
Rilkes, dessen Leben bereits eine Aura des Legendären ange-
nommen hatte, überrascht es umsomehr, am Morgen seines
Todes Würdigungen zu entdecken, die auch noch ein halbes
Jahrhundert später gelten können. Man sah ihn als einzigartige Erscheinung, als einen Dichter, der sich ausschließlich
seiner Sendung hingab, auch wenn die Intensität des Ringens, die das für ihn bedeutete, noch kaum geahnt wurde.
Obgleich ein großer Teil seines Werks, ja, manches vom
Besten, damals noch unbekannt war, herrschte einstimmige
Anerkennung für seine lyrischen Leistungen, die bis dahin
ungekannte Höhen erreicht hatten. Diese Urteile, die in der
riesigen Literatur, die sich seither um seine Gestalt angesammelt hat, zuweilen angegriffen und häufig eingeschränkt
wurden, bleiben jedoch die Grundsteine einer jeden Darstellung Rilkes.

Nach außen hin war sein Leben eine Folge endloser Wechselfälle, doch im Wesentlichen folgte es einem beständigen
Kurs. Ein wurzelloser Wanderer, der bald die Einsamkeit,
bald die Gesellschaft suchte, anscheinend nach jeder Gelegenheit zur Veränderung griff, die der Zufall bot, hielt er
doch unbeirrbar in seinem Ziel fest. Mit Hilfe der Alchemie
der Begabung, die er in sich trug, wollte er ein persönliches

Verständnis der Welt der Menschen und der Natur in das
Gold des dichterichen Ausdrucks verwandeln:

> gleichsam mit den Augenlidern
> des leichten Falters Flügelschlag erwidern,
> und ... spüren, was die Blume spürt.[7]

Die Zeit milderte die Arroganz des jungen René, der ausgerufen hatte: »es gibt keinen wie mich, hat nie einen solchen
gegeben«; nicht aber schwächte sie sein Gefühl einer Sendung, das sich wie ein Faden durch sein Leben zog – nie
abgerissen, doch häufig von gefährlicher Brüchigkeit –, das
stets das Maß blieb, an dem er versuchte, alle Entscheidungen zu messen, und das Leitbild, dem er in jeder Handlung
instinktiv folgte.

Viele Menschen, die ihm begegneten, hatten den Eindruck
eines Lebens von »metaphysischer Entferntheit«.[8] Seine Bitten um Rat und Hilfe, in denen er unentwegt seine Unfähigkeit betonte, mit praktischen Einzelheiten fertigzuwerden,
schienen ihn als einen Dichter auszuweisen, der in einer
eigenen Welt lebte, geradezu die Verkörperung eines von den
Wolken Getragenen. Geld gab er freilich aus, wie es herein-
kam, in sorglosem Vertrauen darauf, daß sich wieder neue
Quellen erschließen würden. Von den Bedingungen, die er
brauchte, hatte er eine sehr genaue Vorstellung, plante sie
mit beinahe jungfernhafter Umsicht, indem er auf Einzelheiten achtete, für die andere weder die Zeit noch die Geduld
besitzen. »Nie gab Rilke etwas aus der Hand, was nicht ganz
vollendet war«[9], schrieb Stefan Zweig – ob es nun ein Brief
war, der wegen eines Makels völlig neu geschrieben wurde,
ein Buch, äußerst sorgfältig in Seidenpapier zum Versand
eingehüllt, ein eigenhändig abgeschriebenes Gedicht oder
eine Widmung. Derselbe Vollkommenheitsdrang ist auch in
seinen täglichen Gewohnheiten oder in dem unentwegten
Einpacken für seine Umzüge festzustellen. In seinen vorübergehenden Heimstätten, manchmal auch in den Wohnungen anderer, umgab er sich mit wenigen Besitztümern, die
sorgfältig ausgewählt und angeordnet wurden – das Stehpult, dessen präzise Maßangaben er für eine etwaige Neube-

stellung stets bei sich trug, Ikonen oder Drucke, edles Porzellan, Vasen und Schalen für die nie fehlenden Blumen.

Die Leidenschaft zur Ordnung, die sich auf seine schriftlichen Dinge und die peinlich genaue Organisation der kleineren Belange des Lebens auswirkte, stand in scharfem Gegensatz zu seiner scheinbaren Passivität bei größeren Entscheidungen, bei denen er häufig endlos zögerte, bis irgendeine Gnade der Vorsehung die Entscheidung für ihn fällte oder, wie er gerne glaubte, sein eigener Instinkt ihn richtig handeln ließ. Es war, als ob er, statt zu leben, *sich leben ließ*, während er sich in ständiger Bereitschaft für »jene gewaltigen Spannungen des inneren Erlebens« hielt, »über die niemand Macht hat« und die Zeiten dazwischen um so schwerer ertrug, »weil ich außer der Arbeit alles vernachlässigt habe«.[10] Wenn er den Aphorismus Kassners, »der Weg von der Innerlichkeit zur Größe geht durch das Opfer«, als einen Satz zitierte, der sowohl »für wie gegen« ihn spreche, so tat er das in der Erkenntnis seines Zieles wie auch des Ringens, in dem er zu unterliegen fürchtete.

Im Gegensatz zu manchen seiner Zeitgenossen — Hofmannsthal, Rudolf Borchardt, Stefan Zweig, Rudolf Alexander Schröder — waren für Rilke sowohl Herkunft wie Lebensverhältnisse keineswegs günstig für den Weg, den er sich gewählt hatte. Im Gegensatz zu solchen wohlhabenden Dichtern brauchte er ständig einen Schutz und eine Förderung, ohne die er nie hätte durchhalten können. Er hatte das Glück, in einem Zeitalter zu leben, da Gönner und ein Verleger noch bereit waren, diesen Schutz zu gewähren, auch das Glück, so viele Freunde zu haben, die ihm gerne halfen, die Schwierigkeiten auf seinem Weg zu ebnen. Freilich erwies sich die Suche nach einer solch »unbesitzend beschützenden« Hand[11] in Gestalt einer Lebensgefährtin als vergeblich. »Ausgesetzt auf den Bergen des Herzens«, trieb es ihn immer und immer wieder, in der Liebe zu einer Frau danach zu suchen — »Ihr, die ihr beinah Schutz seid, wo niemand schützt«[12] —, wieder und wieder wurde seine Hoffnung enttäuscht. Lou Salomé gegenüber beschrieb er sich einmal als »immer am Fernrohr stehend, jeder Kommenden eine Seligkeit zuschreibend, die sicher bei keiner je zu finden war:

674

meine Seligkeit, die Seligkeit, einst, meiner einsamsten Stunden«[13] – eine Diagnose, die ihn freilich nicht davon abhielt, sich kaum drei Monate später in das Abenteuer mit Benvenuta zu stürzen.

So blieb es sein Leben hindurch. Die Erfahrung wurde endlos wiederholt, in seinen tieferen Liebeserlebnissen wie in den flüchtigeren Episoden erotischer Anziehung, der er nie widerstehen konnte. Die ideale Frau für ihn war, wie Fürstin Marie glaubte, wohl nie zu finden, »und doch kann er nicht sein, ohne um sich die Atmosphäre einer Frau zu spüren ... dann kommt der Augenblick der Flucht, der Augenblick da er sich jeder Bindung entzieht ... und dann wieder der alte Schmerz, das gleiche Leid.«[14] (Hofmannsthal zufolge soll sie einmal sogar gesagt haben, daß Rilke weder Freundschaft noch Liebe zu empfinden vermocht habe, »er *hat es gewußt* und darunter unendlich gelitten«.[15]) Sein Herz war in der Tat stets ein »flüchtendes«, er bekannte, er sei ein »Betrüger des Gefühls«, »Menschen bekommen mir schlecht«, ja, er entdeckte mit vierundvierzig Jahren, daß er »in den Gebieten gesteigerten Gefühls« Angst hatte, »als ob ich seit Kindheit in der Liebesburg nur die Gefängnisse gekannt hätte«.[16] Und doch sehnte er sich noch in der Einsamkeit, »manchmal am Abend auf zwei Frauenhände zu sehen, die sich, fast geistig, in einer Handarbeit rühren«[17], worauf er bald wieder nach der Hand einer weiteren Frau greifen würde, nur um die seine dann wieder zurückziehen zu müssen. Die Martha in der Gestalt Nanny Wunderlys erwies ihm schließlich die rückhaltlose Hingabe, die keine Unruhe brachte, ihm aber doch noch den Weg zu einem erneuten Fehlschlag, bei dem ewigen Versuch öffnete, die ideale Frau zu finden. Ein unvergleichlicher Schmied der Worte, verstand er es, die Liebe in tausend Bildern und transzendierenden Gefühlswallungen auszudrücken, was ihn für eine Merline oder Benvenuta unwiderstehlich machte – die Forderungen ihrer Wirklichkeit aber blieben für ihn unerfüllbar. »Liebe lebt von Worten und stirbt an Taten«.[18] Die beiläufige Bemerkung in Marina Zwetajewas letztem Brief an ihn bezeichnet wohl am besten die Unfähigkeit Rilkes, das Leben mit der Arbeit zu versöhnen.

»Wo ich dem Leben je verpflichtet war oder mich ihm
verband, da hab ich mich zurückgenommen«, sagte er einmal.[19] Aus dieser Weigerung vor den Verantwortungen, die
das Leben dem gewöhnlichen Sterblichen auferlegt, formte
er eine Philosophie, die, wie richtig bemerkt wurde, das
vorherrschende Kennzeichen seines Werks wie seines Lebens
darstellt.[20] »Warum Menschen, die sich liebhaben, auseinandergehen, eh es nötig ist?« schrieb er 1909. »Weil es doch
etwas so sehr Vorläufiges ist: beisammen zu sein und sich
liebzuhaben . . . Unser Wesen geht immerfort in Veränderungen über und ein, die an Intensität vielleicht nicht geringer
sind als das Neue, Nächste und Übernächste, das der Tod mit
sich bringt. Und so wie wir einander an einer bestimmten
Stelle jenes auffallendsten Wechsels ganz und gar lassen müssen, so müssen wir . . . einander jeden Augenblick aufgeben
und weiterlassen und nicht zurückhalten.«[21] Diese »furchtbare Wahrheit« als »unsere fruchtbarste und seligste« zu
sehen, mag wohl eine Rationalisierung einer grundsätzlichen
Schwäche gewesen sein, der Furcht, die Verpflichtungen von
Liebe, Ehe und Familie auf sich zu nehmen. Wie dem auch
sei, wichtig bleibt doch die Tatsache, daß aus ebendiesem
Vorgang von Annäherung und Rückzug seine schöpferische
Kraft zu entspringen schien. Daher konnte er trotz all des
Leids, das jedes Abbrechen einer Beziehung mit sich brachte,
nicht aufhören, sich wieder auf die Suche zu begeben, mit
dem Argwohn, daß jede langersehnte Geliebte »im voraus
verloren« sein würde, doch in der Überzeugung, daß ihn die
Erfahrung »der Fülle der Zukunft« näherbringen würde.[22]
»Jeder glückliche Raum ist Kind oder Enkel von Trennung.«[23]
Viele von seinen anderen Ideen waren nicht mehr als
Variationen dieses Themas – so die Idealisierung der besitz-
losen Liebe, der Verlorene Sohn, »sie beschwörend, daß sie
nicht liebten«; die Feier der Glückseligkeit der Frühverstorbenen oder der Ehe als einer Vereinigung von Menschen, die
»über die Einsamkeit des anderen wachten«. Früh ausgebildet und bis zum Ende seines Lebens als Lehrsätze behauptet,
spiegeln all diese Vorstellungen die grundsätzliche Selbstbezogenheit seines Werks wider. Im Streben nach »Innerlich-

keit« bleibt seine Lyrik im wesentlichen persönlich und selbst-
orientiert, so beispielhaft sie sich auch gibt. Seine Briefe enthüllen unter dem Charme, den humorvollen Anflügen, dem
Mitgefühl mit dem Adressaten und den philosophischen Wal-
lungen genau dieselbe unablässige Beschäftigung mit sich
selbst, seiner Kunst und seinen wiederkehrenden Existenz-
krisen. Es war verständlich, daß er ein solches zwanghaftes
Selbst-Mitteilen als »Teil der Ergiebigkeit meiner Natur«
ansah[24], und schon in seinem Testament die Veröffentlichung
der Briefe voraussehen konnte, sowohl als selbständige
Kunstwerke wie als eine Seite jener Innerlichkeit, die er
anstrebte. Auch wenn es unnötig war, ein solch riesiges
Gewebe von Verbindungen aufrechtzuerhalten, so war es
doch »für ›die Sache‹, für das, was meine Arbeit ist«, wichtig – »schließlich schwingt doch in allen Briefen eine Spur
ihrer Intensität und teilt sich mit«.[25]

Er lebte für Worte, durfte aufgrund einer Reihe von bemerkenswerten »Erlösungen« nach seinen eigenen Bedingungen überleben und sich völlig dem Schreiben hingeben.
Dabei griff er doch nach sinnlicher Erfahrung in dem wirklichen Leben, das er rühmte; zog sich dann aber immer
wieder in eine wesentlich unwirkliche Existenz zurück,
»allem Abschied voran«, um den »rühmlichen Teppich« der
Welt und des menschlichen Gefühls in seine ureigene Sprache zu verwandeln.[26] In diesem Vorgang verwandelte er sich
selbst. Der Rilke, der in der Lyrik und den Briefen erscheint,
ist eine Konstruktion, eine ideale Person, »die Gestalt, die ich
mir, draußen, gültiger und dauernder baue . . . Wer weiß,
wer ich bin? Ich wandle und wandle mich.«[27] Es war, wie
Philip Larkin in anderem Zusammenhang sagte: Ausschließlich als Dichter zu leben hieße, sein eigenes Selbst bloß
vorzutäuschen. Die Frauen, die Rilke liebten oder bemutter-
ten, sogar Lou Salomé, die Freunde, die ihm so bereitwillig
halfen, kannten die wirkliche Persönlichkeit wohl ebensowenig wie viele Menschen, die heute von seinen Worten
bezaubert werden oder dem sich auftürmenden Bau der Ril-
kewissenschaft einen weiteren Stein der Deutung anfügen.

»Verwandlung ist nicht Lüge.«[28] Die Faszination der Geschichte Rainer Maria Rilkes liegt in dem Wechselspiel

zwischen dem empirischen Ich, dem Mann, der dieses außerordentliche Leben tatsächlich lebte, und dem Dichter, der
danach strebte, »unter Schwindenden ... im Reiche der
Neige« zu sein, »ein klingendes Glas, das sich im Klang
schon zerschlug«,

wie der Pfeil die Sehne besteht, um gesammelt im Absprung
mehr zu sein als er selbst. Denn Bleiben ist nirgends.[29]

Abbildungen

Josef und Phia Rilke, Verlobungsbild

Der dreijährige Rilke

›Mein fleißiger Student‹, 1883

Der Zögling in Mährisch-Weißkirchen

Rilke in Linz

Valerie von David-Rhonfeld

Frieda von Bülow, Rilke, August Endell
und Lou Andreas-Salomé in Wolfratshausen, 1897

Rilke und Lou Andreas-Salomé mit dem russischen Dichter S. D. Drožžin, 1900

Ellen Key

Clara Westhoff, 1902

Lou Andreas-Salomé

Heinrich Vogeler im ›Barkenhoff‹, etwa 1900

Paula Becker und Clara Westhoff

Rilke und Clara Westhoff, 1904

Fürstin Marie von Thurn und Taxis

Mit den Eltern Westhoff und Phia Rilke, Oktober 1904

Mimi Romanelli

Anna de Noailles

Franziska zu Reventlow

Marthe Hennebert

Rilkes eigenhändige Widmung an Rodin
der *Neuen Gedichte*, 1908

Rilke im Hôtel Biron, Paris

Schloß Duino

Das ›Rosenhäusl‹, Capri

Schloß Janowitz

Ronda

Sidonie Nádherný

Sidonie Nádherný
Büste von Clara Rilke

Magda von Hattingberg (›Benvenuta‹)

Loulou Albert-Lazard

Mary Dobržensky

Rudolf Kassner

Rilke als Soldat, 1916

Claire Studer, 1921

Rilke und Baladine Klossowska
(›Merline‹) auf Muzot

Yvonne von Wattenwyl

Muzot vor 1900

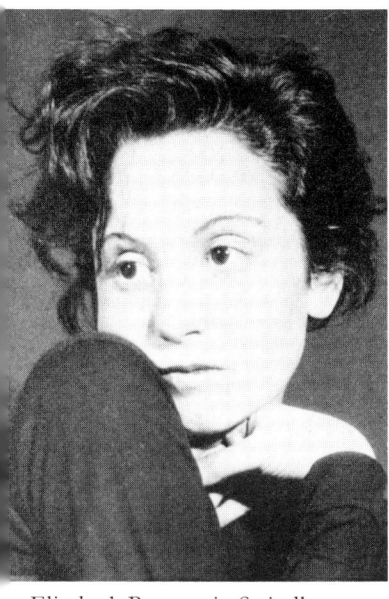

Elisabeth Bergner in Strindbergs
Miss Julie

Jenny de Margerie

Jeanne de Sépibus

Nimet Elwi Bey

Rilke in Sierre, 1924

Nanny Wunderly-Volkart, 1927

Rilke und Paul Valéry, Anthy sur Thonon, 13. Sept. 1926

Anhang

Abkürzungen

In den Anmerkungen werden folgende Abkürzungen verwendet
(für vollständige Titel, siehe Bibliographie, S. 706).

Benvenuta	[Hattingberg] *Rilke und Benvenuta*, 1943
Betz	*Rilke in Frankreich*, 1938
Betz²	*Rilke in Paris*, 1948
BL	British Library, London
Blätter	Blätter der Rilke-Gesellschaft
Br 1, 2, usw.	Buchveröffentlichungen von Rilke-Briefen
	(Erläuterung der Numerierung in Abt. II
	der Bibliographie)
Brutzer	*Rilkes russische Reisen*, 1934
BStB	Bayerische Staatsbibliothek, München
Butler	*Rilke*, Cambridge, 1941 (Nachdruck 1973)
Byong	*Rilkes Militärschulerlebnis* . . ., 1973
Capra	*The Tao of Physics*, 1978
Cardiff	Nachlaß B. J. Morse, University College, Cardiff
Casellato	*La veneziana ›misteriosa‹* . . ., 1977
Clary	Rilkes Briefe an Dorothea von Ledebur, im Besitz
	von Gräfin Clary, Salzburg
CSR	Archiv der nationalen Gedenkstätten, Prag
Dernière amitié	*La dernière amitié de Rilke* (Jaloux), 1949
DLA	Deutsches Literaturarchiv, Marbach a.N.
Drožžin	›Der Dichter R. M. Rilke‹, 1929
Ekner	›Rilke, Ellen Key och Sverige‹, 1965
Ficker	›Rilke und der unbekannte Freund‹, 1954
GB	Göteborgs Universitetsbibliotek
Goll	*La poursuite du vent*, 1976
Goll²	*Rilke et les femmes*, 1955
Houghton	Houghton Library, Harvard University
HK	Hertha Koenig, *Rilkes Mutter*, 1963
Jaloux	*Rilke*, 1927
JNUL	Jewish National & University Library, Jerusalem
Jonas, *Huf*	›Rilke und Fritz Huf‹, 1974
Kat.	Katalog, Sonderausstellung Rilke, Marbach a.N.,
	1975
KB	Kungliga Biblioteket, Stockholm
KBCop	Det Kongelige Bibliotek, Kopenhagen
LAG	Landsarkivet, Göteborg
LAL	Lou Albert-Lazard, *Wege mit Rilke*, 1952

LAS	Lou Andreas-Salomé, *Lebensrückblick*, 1974
Leppin	›Der neunzehnjährige Rilke‹, 1927
Les Lettres	*Rilke: Inédits, études . . .*, 1952
LUL	Universitetsbiblioteket, Lund
Mason	*Rilke, Leben und Werk*, 1964
Mason[2]	*Rilke, Europe and the English-speaking World*, 1961
Mauser	›Lettere di Rilke a Carlo Placci‹, 1956
Mises	*Katalog der Rilke-Sammlung Mises*, 1966
MStB	Stadtbibliothek, München
Mühll	›Erinnerungen an Rilke‹, 1945
Pfeiffer	›Rilke und die Psychoanalyse‹, 1976
Pfeiffer[2]	›Denn Rilke starb »trostlos«‹, 1982
Pittsburgh	German Literature Center, Pittsburgh
PMB	*Paula Modersohn-Becker, Briefe . . .*, 1979, hg. Busch/ Von Reinken
RA	Rilke-Archiv, Gernsbach
Reconnaissance	*Reconnaissance à Rilke*, 1926
Reventlow	Marbacher Magazin 8/1978
Salis	*Rilkes Schweizer Jahre*, 1975
Schnack	*Rilke Chronik*, 1975
Schnack[2]	*Rilke in Ragaz*, 1981
Scholz	*Eine Jahrhundertwende*, 1936
Sieber	*René Rilke*, 1932
Sieber, RA	Biographie in Manuskript, Rilke-Archiv, Gernsbach
Sieber[2]	›Rilke und Worpswede‹, 1941
Simenauer	*Rilke – Legende und Mythos*, 1953
SLB	Schweizerische Landesbibliothek
Šolle	›Neznámé Dopisy R. M. Rilka‹, 1975
Stargardt	Auktionskataloge J. A. Stargardt, Marburg
StBPKB	Staatsbibliothek (Preußischer Kulturbesitz), Berlin
StdFR	Buchheit (Hg.), *Stimmen der Freunde*, 1931
Storck	›Rilkes Linzer Episode‹, 1981
Storck[2]	›Rilkes Briefe an Marianne Mitford‹, 1982
Storck[3]	›Unbekannter Brief an Kippenberg‹, 1974
Storck Diss	›Rilke als Briefschreiber‹, Dissertation, 1957
Studer-Kiefer	Rilke-Album 1963-1971, SLB
Studien	*Rilke-Studien zu Werk . . .*, 1976
SW	*Sämtliche Werke*, 1955-1966
Tagebücher	*Tagebücher aus der Frühzeit*, 1973
Taxis	*Erinnerungen an Rilke*, 1966
Trebitsch	*Chronik eines Lebens*, 1951
Testament	Rilke, *Das Testament*, 1975

UBr	Universität Bremen, Bibliothek
Unseld	›Das Tagebuch‹ Goethes . . ., 1978
Voronin	Stahl u.a.: ›Letters of Rilke to Helene***‹, 1960
Weimar	Goethe- und Schiller-Archiv, Weimar
Werfel	›Begegnungen mit Rilke‹, 1976
WNB	Nationalbibliothek, Wien
Wohltmann	›Rilke in Worpswede‹, 1952
Wydenbruck	*Rilke*, 1949 (Nachdruck 1972)
ZE	Nachlaß Stefan Zweig, London

Anmerkungen

I Eine Kindheit in Böhmen 1875-1896
Seite 17-58

1

Motto KB – *1* Phia Rilke, 17. 12. 1922 (zit. Sieber, 63-4) – *2* An Jenny Oltersdorf, 28. 7. 1911, und Nora Goudstikker, 4. 4. 1897 (DLA) – *3 Br* 8:37, 332 – *4* 15. 4. 1904 (*Br* 31:146) – *5 SW* I, 149 – *6* Benvenuta, 22 – *7* An Ellen Key, 14. 2. 1904 (KB) – *8 Br* 40:145-6

2

Motto KB – *1* 6. 8. 1883 (zit. Sieber, 84) – *2* An Werner Reinhart, 28. 5. 1924 (SLB) – *3* 17. 3. 1926 (zit. Schnack, 13) – *4* Sieber, 82, 85 – *5 Br* 27:78 – *6* Byong, 35-62 – *7* Ebda., 63-4 – *8* Zit. Sieber, 159-60 – *9* An Ellen Key, 14. 2. 1904 (KB) – *10 Br* 8:37-8 – *11* An Valerie von David-Rhonfeld, 4. 12. 1894 (zit. Leppin, 632) – *12 SW* III, 813 – *13* Zit. Sieber, 97 – *14* Zit. Leppin, 632

3

Motto Zit. Sieber, 159-60 – *1* Zit. ebda., 103-4 – *2* Zit. Schnack, 20 – *3 SW* III, 415 – *4 SW* III, 415-6 – *5* Byong, 51-4 – *6* Sieber, 108 – *7* An Helene und Tissa *** (zit. Storck, 123-4) – *8* Zit. im Brief von Sedlakowitz an Rilke, 16. 1. 1921 (SLB) – *9* Aufzeichnung Arnold Wimhölzels (zit. Storck, 125-7) – *10* Zit. Sieber, 109-10 – *11 Br* 8:38 – *12* Briefe an Kastner, März-Juni 1892 (Auktionskatalog 6, Dorotheum, Wien, 1980) – *13* Zit. Schnack, 22 – *14* Sieber, 112 – *15* Zit. im Brief von Sedlakowitz an Rilke, 5. 10. 1920 (SLB; Sieber, 159-60) – *16* An Valerie, 4. 12. 1894 (zit. Leppin, 631) – *17* 3. 3. 1904 (KB) – *18 Br* 13:10 – *19* Zit. Leppin, 631-3 – *20 SW* IV, 483 – *21* Zit. Sieber, 127

4

Motto *SW* IV, 533 – *1* Zit. Schnack, 36 – *2* 29. 1. 1896 (CSR) – *3* Zit. Schnack, 40 – *4* Richard von Mises, *Br* 22:4-5 – *5* Sieber, 129-30 – *6 Br* 8:13 – *7 Br* 22:14 – *8* An Ottilie Malybrock-Stieler, ?Jan. 1896 (CSR) – *9 Br* 22:28 – *10* Ebda., 21-3 – *11* Ebda., 31-2 – *12* An Arthur Schnitzler, April 1896 (zit. Schnack, 44) – *13 Br* 22:32-3 – *14 Br* 15, II:459 – *15 Br* 22:23 – *16 SW* V, 304-5 – *17 Br* 24:22 – *18 Br* 22:40 – *19* An Hans Olden, ?Herbst 1896 (Sieber, RA) – *20* An Richard Zoozmann, 10. 8. 1896 (Houghton; Mises 545) – *21* Sieber, 134 – *22 Br* 8:23 – *23* Trebitsch, 75-83 – *24* Schnack, 48 – *25* An

Richard Zoozmann, 20. 8. 1896 (Houghton; Mises 545) – *26 Br* 24:32 – *27 SW* IV, 512 ff.

II   München, Rußland und Worpswede 1896-1902
Seite 59-158

Motto *Br* 31:96

1

Motto *SW* III, 550 – *1 SW* IV, 536 – *2 Br* 22:59 – *3* Sieber, RA – *4* An Phia Rilke, 8. 12. 1896 (Sieber, RA) – *5* Kat., 35 – *6 Br* 8:26-7 – *7* Ebda. – *8 Br* 24:37-8 – *9 SW* III, 823 – *10 SW* III, 549-51 – *11 SW* III, 551 – *12* Briefe an F. V. Krejči, Jan. 1897 (Šolle) – *13 Br* 8:30-1 – *14 SW* III, 777 – *15 Br.* 15, II:460 – *16 Br* 8:35 – *17* Ebda., 32 – *18 SW* III, 489-92 – *19 SW* III, 147-51 – *20 Br* 30:245-6 – *21 SW* IV, 556 – *22* Kat., 52; *Br* 15, II:461 – *23* Nachwort, *Niels Lyhne* (Leipzig: Paul List, o.D.), 255 – *24 SW* VI, 1021-2 – *25* Zit. Schnack, 56 – *26* An Wilhelm von Scholz, 30. 3. 1897 (Houghton; Mises 548) – *27 Br* 8:35 – *28* An Nora Goudstikker, 28/29. 3. und 4. 4. 1897 (DLA) – *29* An Nora Goudstikker, 2. 4. und 3. 4. 1897 (DLA) – *30 Br* 8:37-42 – *31* Reventlow, 6 – *32* 18. 5. 1897 (zit. Sieber, RA) – *33* An Franziska zu Reventlow, 6. 7. 1902 (Houghton; Mises 551) – *34* 29. 4. 1897 (DLA) – *35* SW I, 103 – *36* An Nora Goudstikker, 29. 4. 1897 (DLA) – *37 SW* III, 565

2

1 18. 5. 1897 (zit. Sieber, RA) – *2* LAS, 43 – *3* Curt Paul Janz: *Friedrich Nietzsche* (München: Carl Hanser, 1978), Bd. II, 171 – *4 Br* 31:7-8 – *5* Vgl. Ernst Pfeiffers Zusammenfassung, *Br* 31:488-90 – *6 Br* 31:10 – *7 SW* III, 572 – *8 Br* 31:11-13 – *9* LAS, 138 – *10 Br* 31:22, 16, 18, 20 – *11* Ebda., 21 – *12* An Phia Rilke, 7. 10. 1897 (zit. Sieber, RA) – *13* LAS, 138 – *14 Br* 31:26. Vgl. Ernst Pfeiffers Anmerkung, ebda., 496-7, zur geringfügigen Abweichung in der Fassung letzter Hand. – *15* LAS, 288 – *16 Br* 31:26 – *17* An Ludwig Ganghofer, 7. 10. 1897 (MStB) – *18* Ebda., und an Phia Rilke, 7. 10. 1897 (zit. Sieber, RA) – *19* An Bonz, 19. 10. 1897 (Houghton; Mises 493) und 25. 10. 1897 (zit. Schnack, 64) – *20 SW* I, 103 – *21 SW* IV, 98 – *22* An Bonz, 15. 2. 1898 (Houghton; Mises 493) – *23* 8. 3. 1898 (ebda.) – *24 SW* III, 605 – *25* An Julius Hart, 26. 3. 1898 (Abschrift Pittsburgh); an Hugo Salus, 1. 4. 1898 (zit. Sieber, RA) – *26 Tagebücher*, 21-3 – *27* An Hugo Salus, 16. 4. 1898 (zit. Sieber, RA) – *28 Tagebücher* 19, 13, 17, 25, 27, 28 – *29 SW* III, 615-6 – *30 Tagebücher*, 29 – *31* Ebda., 28, 33-4, 46 – *32* Ebda., 74 – *33* Ebda., 65 –

34 An Franziska zu Reventlow, 18. 6. 1898 (Houghton; Mises 551) – *35 Tagebücher*, 115 – *36* Ebda., 118-9 – *37* 11. 7. 1898 (Houghton; Mises 493) – *38* An Alfred Roller, 21. 7. 1898 (WStB, zit. Schnack 74); an Phia Rilke, 27. 7. 1898 (zit. Sieber, RA) – *39 Tagebücher*, 126 – *40* An Phia Rilke, 7. 9. 1898 (zit. Sieber, RA) – *41* An Phia Rilke, 28. 11. 1898 (zit. ebda.) – *42 Br* 8:60 – *43* An Phia Rilke, 29. 12. 1898 (zit. Sieber[2]) – *44* Heinrich Vogeler: *Erinnerungen* (Berlin: Rütten & Loening, 1952), 101 – *45 SW* III, 636 – *46* 29. 12. 1898 (Voronin, 149) – *47 Br* 8:62 – *48* Ebda., 64 – *49 Br* 41:41 – *50* (?18.) 3. 1899 (zit. Sieber, RA) – *51* Briefe 9. 3., 21. 3., und 20. 4. 1899 (Houghton; Mises 493) – *52* 22. 4. 1899 (zit. Sieber, RA) – *53 Br* 1:8

3

Motto Zit. Schnack, 93 – *1* Schnack, 84 – *2 Br* 31:142-3 – *3* An Bonz, 10. 5. 1899 (NS) (Houghton; Mises 493); an Phia Rilke, 4. 5. 1899 (NS) (zit. Schnack, 85) und 29. 4. 1899 (NS) (zit. Brutzer, 29). Rilke datierte gewöhnlich seine Briefe aus Rußland nach dem Alten Stil: sie werden hier nach dem Neuen Stil (NS) umdatiert. – *4 Br* 1:15 – *5* Voronin, 154 – *6* Ebda., 156 – *7* 7. 6. 1899 (zit. Schnack, 86, und Sieber, RA) – *8* An Ilse Sadee, 13. 3. 1912 (zit. Sieber, RA) – *9* An Dr. L., 29. 3. 1902 (zit. ebda.) – *10 Br* 8:68-9 – *11* An Emil Faktor, 3. 6. 1899 (DLA, zit. Kat., 74) – *12* Voronin, 157, 158, 160 – *13 Br* 8:493 – *14 Br* 31:37 – *15 Br* 8:72, 73 – *16* Zit. Schnack, 91 – *17* An Emil Faktor, 22. 7. 1899 (DLA, zit. Schnack, 88) – *18 SW* III, 361 – *19 SW* III, 334 – *20 Br* 19:54 – *21* Vgl. Walter Simon, ›Philologische Untersuchungen zu R. M. Rilkes »Cornet«‹, *Blätter* 2 (1973), 28-31 – *22 SW* I, 245 – *23 SW* II, 265 – *24 Tagebücher*, 134, 166, 172 – *25* Ebda., 137-44 – *26 SW* IV, 288 – *27* 27. 10. 1899 (Houghton; Mises 551) – *28* 5. 12. 1899 (zit. Brutzer, 1) – *29* 14. 7. 1899 (Houghton; Mises 493) – *30 Almanach der Insel für 1900*, zit. in *Die Insel: eine Ausstellung* (DLA, 1965), 15 – *31* 10. 12. 1899 (zit. Schnack, 94) – *32* Vogeler, a.a.O., 74 – *33 Br* 8:76-7 – *34* Ebda., 78 – *35* 27. 3. 1900 (zit. Sieber, RA) – *36* 24. 3. 1900 (Houghton; Mises 551) – *37* Lou Andreas-Salomé, unveröffentlichtes Tagebuch (Ernst Pfeiffer) – *38 Br* 50:19 – *39* P. D. Ettinger, ›Erinnerungen an Rainer Maria Rilke‹, *Prager Presse*, Nr. 215, 7. 8. 1932 – *40* 21. 5. 1900 (zit. Brutzer, 4-5) – *41* Ebda. – *42* Lou Andreas-Salomé, Tagebuch – *43* Zit. Schnack, 101 – *44 Br* 1:39-42 – *45* Vgl. *SW* VI, 967 ff. – *46* 6. 6. 1900 (zit. Brutzer, 6) – *47* Lou Andreas-Salomé, Tagebuch – *48* Ebda., 19.-21. 6. 1900 – *49* Ebda., 24. 6. 1900 – *50* Drožžin, 228 – *51 Br* 8:100-1 – *52* Lou Andreas-Salomé, Tagebuch, Juli 1900 – *53* Drožžin, 230 – *54* An Phia Rilke, 30. 7. 1900 (zit. Sieber, RA) – *55 Br* 31:42-3 – *56* An Phia Rilke, 18. 8.

1900 (zit. Brutzer, 29-30) – *57* Zit. Brutzer, 7 – *58* LAS, 146 – *59* Zit. *Br* 31:49

4

Motto *Br* 1:141 – *1* Clara Rilke, Interview um 1954 für eine unidentifizierte Zeitung (SLB) – *2* Wohltmann, 10 – *3* 28./29. 8. 1900 (zit. Sieber[2]) – *4 Tagebücher*, 196-8 – *5* Ebda., 198 – *6* Wohltmann, 10 – *7 Tagebücher*, 204 – *8* PMB, 245 – *9* Ebda., 233 – *10* Ebda., 149 – *11 SW* I, 375 – *12 Tagebücher*, 216, 214, 237, 238 – *13* Ebda., 247 – *14* Ebda., 250 – *15* Ebda., 253, 256, 271-2, 264, 276 – *16* Ebda., 282, 283, 296, 289 – *17 Br* 8:107 – *18* Ebda., 105, 110-11 – *19* Ebda., 117 – *20* 5. 11. 1900 (zit. Sieber[2]) – *21 SW* III, 706, 704 – *22* PMB, 245 – *23 Br* 8:129, 137 – *24 Tagebücher*, 324 – *25 Br* 8:145 – *26 Tagebücher*, 346-9 – *27 Br* 31:51 – *28* Ebda., 507 – *29* Zit. Sieber, RA – *30 Br* 1:91 – *31* Ebda., 92, 97 – *32 SW* III, 729 – *33* Aus Schmargendorf, 15. 2. 1901 (zit. Sieber, RA) – *34 Br* 31:55 – *35* Ebda., 56 – *36* Aus Netzlers Hotel, Berlin, 16. 2. 1901 (zit. Sieber, RA) – *37* 18. 2. 1901 (zit. ebda.) – *38 Br* 1:99 – *39* Zit. Schnack, 121 – *40 Br* 31:53-5 – *41 SW* III, 738 – *42 Br* 1:141 – *43* Ebda., 108 – *44* An Ellen Key, 22. 3. 1904 (KB)

5

Motto *Br* 1:109 – *1 Br* 31:258 – *2* Zit. Scholz, 218 – *3 Br* 1:109 – *4* Ebda., 103-4 – *5* Abbildungen der verschollenen Porträts befinden sich in Richard Pettit: *Rilke in und nach Worpswede* (Worpsweder Verlag, 1983) – *6* 2. 9. und 10. 10. 1901 (zit. Sieber[2]) – *7 Br* 1:110 – *8 SW* I, 307-8 – *9 SW* I, 323, 339 – *10* 13. 12. und 16. 12. 1901 (zit. Schnack, 130-1) – *11 Br* 1:135 – *12 Br* 3:146 – *13 SW* III, 755 – *14* 16. 12. 1901 (*Br* 1:131 ff.) und Ende Dezember 1901 (StBPKB) – *15 Br* 1:137; an P. D. Ettinger, ? Januar 1902 (zit. Asadowskij, ›Briefe nach Rußland‹, *Studien*, 207) – *16 Br* 1:143 – *17* ? Januar 1902 (zit. Asadowskij, a.a.O.) – *18 SW* V, 8 – *19 Br* 1:154 – *20* Ebda., 182 – *21* Ebda., 137, 141 – *22* 24. 8. 1902 (zit. *SW* III, 863) – *23* PMB, 309 – *24* 26. 6. 1902 (UBr) – *25 Br* 1:183 – *26 Br* 16:1-7 – *27 Br* 48:35 – *28 SW* I, 477 – *29* An Arthur Holitscher, 31. 7. 1902 (zit. Schnack, 147) – *30 Br* 1:191

III Paris, Rom und Schweden 1902-1905
Seite 159-214

Motto *Br 2:43*

1

Motto *Br* 2:57 – *1* Ebda., 21-2 – *2 Br* 8:246, 247 – *3* Ende August 1902 (zit. Sieber, RA) – *4 Br* 8:250-3 – *5 Br* 42:18 – *6* 24. 9. 1902 (zit. Sieber[2]) – *7* 6. 9. 1902 (KB) – *8* An Oskar Zwintscher, 18. 10. 1902 (zit. Schnack, 153) – *9 Br* 16:16-18 – *10 Br* 2:52; *Br* 8:294 – *11 SW* III, 757; *SW* I, 400, 398 – *12 SW* I, 505 – *13 SW* V, 145 – *14 SW* V, 200 – *15* An den Verlag Greiner & Pfeifer, Stuttgart, 27. 1. 1903 (Stargardt 620, 88) – *16 Br* 48:89 – *17 Br* 8:304 – *18* PMB, 334, 309 – *19 SW* III, 769, 768 – *20 Br* 13:12 – *21 Br* 8:344 – *22 SW* I, 343-66 – *23 Br* 8:436 – *24* Lou Andreas-Salomé an Eva Cassirer, 5. 3. 1933 (SLB) – *25 Br* 8:321 – *26* An Gerhart Hauptmann, 17. 6. 1903 (StBPKB) – *27 Br* 31:56-7 – *28* Ebda., 58-9 – *29* Ebda., 62-4 – *30 SW* V, 145 – *31 Br* 31:65-74 – *32* Ebda., 76-8 – *33* Ebda., 79 – *34* Ebda., 96-8 – *35* Ebda., 105, 103 – *36* An Ellen Key, 25. 7. 1903 (KB) – *37 Br* 31:118

2

Motto KB – *1 Br* 13:28 – *2* An Ellen Key, 3. 11. 1903 (KB) – *3 Br* 2:131 – *4 Br* 31:121 – *5 Br* 48:257 – *6* 16. 1. 1904 (zit. Schnack, 175-6) – *7* 14. 2. 1904 (KB) – *8 SW* I, 542, 549, 540 – *9 Br* 31:139 – *10* Ebda., 145, 160 – *11* Ebda., 139, 146, 145 – *12* Ebda., 154, 157, 158 – *13* Ebda., 160, 162 – *14* Ebda., 174 – *15* 10. 5. 1904 (KB) – *16* 30. 5. 1904 (KB) – *17 Br* 31:177 – *18* An Ernst Norlind, 14. und 20. 6. 1904 (LUL) – *19 Br* 31:177 – *20* Ebda., 177-8; *Br* 2:170

3

Motto KB – *1 Br* 9:11 – *2* Ebda., 14 – *3* 27. 6. 1904 (KB) – *4* Juli 1904 (zit. Sieber, RA) – *5 Br* 9:21 – *6* Ernst Norlinds Tagebuch (unveröffentlichtes, deutsch verfaßtes Typoskript, LUL) – *7* 26. 6. 1904 (KB; zit. Reidar Ekner, ›Rainer Maria Rilke, Ernst Norlind och Hans Larsson‹, 1965, 128) – *8 Br* 9:11 – *9 Br* 31:178 – *10 Br* 9:38, 39 – *11* Ebda., 39, 40, 47 – *12 Br* 13:50, 47 – *13 Br* 16:41 – *14 Br* 31:180 – *15* Ernst Norlinds Tagebuch (LUL) – *16* Zit. Wydenbruck, 111-12 – *17* 23. 9. 1904 (LAG) – *18 Br* 31:186 – *19 Br* 9:54; an die Gibsons, 6. 10. 1904 (LAG) – *20 Br* 31:183-5 – *21* Ebda., 185-7 – *22* Ebda., 187-9 – *23 Br* 2:224 – *24* Ebda., 225 – *25* Zit. Ekner, 28 – *26* An Ellen Key, 2. 11. 1904 (KB) – *27 Br* 2:227, 229-30 – *28* Ebda., 226 – *29 Br* 31:192 – *30* Ebda., 194 – *31* 29. 11. 1904 (KB) – *32 Br* 48:281

Motto *Br* 9:78 – *1* An Jimmy Gibson, 18. 12. 1904 (LAG) – *2 Br* 31:196 – *3* An Jimmy Gibson, 18. 12. 1904 (LAG) – *4* 6. 1. 1905 an Ellen Key (KB) und Jimmy Gibson (LAG); an Jimmy Gibson, 26. 2. 1905 (LAG) – *5* An Ellen Key, 15. 2. 1905 (KB) – *6 Br* 31:196-8 – *7* 19. 1. 1905 (LAG) – *8* 2. 3. 1905 (KB) – *9* An Ellen Key, 9. 3. 1905 (KB) – *10* An Eva Solmitz, 18. 3. 1905 (SLB) – *11* Zit. Schnack, 208 – *12* An Ellen Key, 30. 3. 1905 (KB); an Luise von Schwerin, o.D. (zit. Sieber, RA) – *13 Br* 31:201 – *14* An Anna Schewitz-Hellmann, 24. 4. 1905 (DLA) – *15 Br* 31:204, 203, 200 – *16* Ebda., 203-6 – *17* An Ellen Key, 7. 6. 1905 (KB) – *18 Br* 31:206 – *19 Br* 9:75, 71 – *20* Ebda., 75-6 – *21* Ebda., 81-2 – *22 Br* 16:45 – *23 Br* – 9:86 – *24 Br* 2:250 – *25* Ebda., 251

IV   Frankreich, Italien und Nordafrika 1905-1911
Seite 215-314

Motto *SW* VI, 728

1

Motto *Br* 31:209 – *1 Br* 2:255 – *2* Ebda., 257-8 – *3* Ebda., 258, 259 – *4* An Gudrun von Uexküll, 25. 9. 1905 (Stargardt 620, 90) – *5* Ebda.; *Br* 2:262-3 – *6* An Marie Herzfeld, 10. 11. 1905 (BL) – *7 Br* 16:50-1 – *8* An Lizzie Gibson, 4. 11. 1905 (LAG) – *9* 6. 11. 1905 (KB) – *10* An Lizzie Gibson, 4. 11. 1905 (LAG) – *11* An Marie Herzfeld, 10. 11. 1905 (BL) – *12 Br* 2:274 – *13 Br* 31:209, 214 – *14 SW* I, 496 – *15* Stefan Zweig an Ellen Key, 9. 2. 1906 (KB) – *16* 8. 11. 1905 (zit. Schnack, 224) – *17 Br* 48:167 – *18* Zit. Ingeborg Schnack/Renate Scharffenberg: ›Ein Brief Rilkes an Karl von der Heydt (1905)‹, *Blätter* 7/8 (1980/81), 53 – *19 Br* 3:156 – *20* An Marie Herzfeld, 22. 2. 1906 (BL) – *21* Zit. Kat., 123 – *22 Br* 9:117 – *23* 20. 12. 1905 (zit. Sieber, RA) – *24 Br* 2:291 – *25* An Paula Modersohn-Becker, 23. 2. 1906 (RA) – *26 Br* 2:296-8 – *27* 7. 2. 1906 (zit. Sieber, RA) – *28 Br* 2:290, 294, 295, 300 – *29 Br* 2:302; *Br* 9:119-20 – *30 Br* 9:122 – *31* Ebda., 121-2 – *32* An Ellen Key, o.D. (Anfang April 1906) (KB) – *33 Br* 9:123-5 – *34* Ebda., 130 – *35 Br* 2:316 – *36* An Gerhart Hauptmann, 19. 4. 1906 (StBPKB) – *37 Br* 2:315 – *38* Wie Anm. 36 – *39 Br* 2:319 – *40 Br* 16:67-8 – *41 Br* 9:132-3

2

Motto *Br* 3:305 – *1 Br* 9:137, 138 – *2 Br* 16:68-9 – *3 Br* 2:325 – *4* 21. 5. 1906 (BL) – *5 Br* 9:141 – *6 Br* 35:21 – *7 Br* 3:19, 32, 33 –

8 Ebda., 37, 38 – *9* Br 48:186 – *10* Br 3:17 – *11* 13. 6. 1906
(Houghton; Mises 554) – *12* Br 3:42, 43 – *13* Ebda., 46 – *14* StdFr,
92 – *15* 31. 7. 1906 (Houghton; Mises 554) – *16* 28. 7. 1906 (KBCop)
– *17* An Dora Herxheimer, o.D. (wahrscheinlich 10. 8. 1906),
(Houghton: Mises 554) – *18* An Mathilde Vollmoeller, 20. 8. 1906
(zit. Schnack, 249) – *19* Sieber, RA – *20* Br 3:78 – *21* Br 42:44 – *22*
S. Fischer an Rilke, 2. 11. 1906 (SLB) – *23* Br 3:94-5 – *24* Br 7:15-16
– *25* Br 3:104; an Dora Herxheimer, 29. 11. 1906 (Houghton; Mises
554) – *26* Br 3:107 – *27* 6. 12. 1906 (zit. Sieber, RA) – *28* Br 3:121;
Br 31:221; Br 3:119 – *29* Br 3:121; Br 25:20 – *30* Br 3:118, 117 – *31*
An Gustaf af Geijerstam, 16. 12. 1906 (GB) – *32* Br 31:221 – *33* Br
3:132, 133, 136 – *34* Ebda., 146-7 – *35* An Geijerstam, 7. 2. 1907
(GB) – *36* Br 3:136 – *37* Ebda., 144, 150 – *38* SW II, 332 – *39* Br
3:186 – *40* SW II, 11 – *41* Br 3:155 – *42* 3. 1. 1907 (SLB) – *43* SW I,
552, 546, 600, 518 – *44* Br 3:164-6 – *45* Ebda., 213, 214, 216, 215, 213
– *46* Ebda., 221 – *47* 9. 2. 1907 (KB) – *48* Br 3:211, 212 – *49* Ebda.,
183, 186 – *50* Ebda., 226 – *51* Vgl. B. J. Morse, ›Rainer Maria Rilke
and English Literature‹ (Privatnachdruck aus German Life and Letters, 1948), 5 – *52* Br 7:22 – *53* Br 3:252 – *54* An Ellen Key, 18. 4.
1907 (KB) – *55* An Geijerstam, 12. 4. und 25. 5. 1907 (GB) – *56* Br
3:263 – *57* Ebda., 237 – *58* Ebda., 273, 265, 271, 272, 276 – *59* SW
I, 530 – *60* Br 31:94 – *61* Br 3:279-80 – *62* 5. 7. 1907 (zit. Sieber, RA)
– *63* An Clara, 4. 8. 1907 (zit. Sieber, RA); Br 3:301 – *64* 14. 7. 1907
(Houghton; Mises 554) – *65* Br 3:295 – *66* Ebda., 371, 369 –
67 Ebda., 390

3

Motto Br 16:125 – *1* Br 3:339 – *2* Br 47:19 – *3* Br 4:11, 10 – *4* Ebda.,
16, 15 – *5* 5. 11. 1907 (Houghton; Mises 505) – *6* Br 4:17 – *7* Felix
Braun: Das Licht der Welt (Wien:Herder, 1949), 557 – *8* An Mathilde
Vollmoeller, 22. 11. 1907 (SLB) – *9* Br 4:23 – *10* Br 16:76 – *11* Br
40:48; Br 4:26; an Lili Schalk, 23. 11. 1907 (zit. Sieber, RA) – *12* Br
4:26-7 – *13* 25. 11. 1907 (zit. Sieber, RA) – *14* Casellato, 40-1 – *15* Br
19:7-8 – *16* Br 40:53 – *17* Br 15,I:229 – *18* Br 19:82 – *19* An Emma
von Ehrenfels, 30. 12. 1907 (zit. Sieber, RA) – *20* Br 40:59 – *21* Br
16:83 – *22* 30. 12. 1907, Br 35:29 (auch Br 4:27, irrtümlich 30. 11.
1907 datiert) – *23* Br 25:25 – *24* 14. 3. 1908 (zit. Schnack, 301) –
25 3. 4. 1908 (SLB) – *26* 11. 3. 1908 (zit. Sieber, RA) – *27* Br 7:44-5
– *28* An Clara, 11. 3. 1908 (zit. Sieber, RA) – *29* An Clara, 14. 4. 1908
(zit. ebda.) – *30* Br 16:90-1 – *31* An Eva Solmitz, 19. 5. 1908 (SLB)
– *32* An Gudrun von Uexküll, 1. 6. 1908 (zit. Sieber, RA) – *33* 2. 7.
1908 (zit. ebda.) – *34* Br 40:69 – *35* An Clara, 3. 7. 1908 (zit. Sieber,
RA) – *36* An Eva Solmitz, 11. 8. 1908 (SLB) – *37* Br 7:47 – *38* 20. 8.

1908 (zit. Schnack, 309) – *39 Br* 16:99 – *40 Br* 4:42 – *41 Br* 16:100 –
42 Br 25:45 – *43* 3. 9. 1908 (Houghton; Mises 554) – *44 SW* V, 657-8
– *45 Br* 4:95 – *46* Ebda., 54, 55 – *47 Br* 19:34-5 – *48 Br* 4:47 – *49 Br*
40:79, 80, 82 – *50 SW* VI, 924, 937, 941, 946 – *51 Br* 40:89 – *52 SW*
I, 654 – *53 SW* I, 662-4 – *54* 9. 6. 1909 (BStB) – *55 Br* 10:57 – *56* An
Ellen Key, 9. 10. 1908 (KB) – *57* 5. 10. 1908 (KB, zit. Ekner, 42) –
58 9. 10. 1908 (KB) – *59 Br* 40:90 – *60 Br* 19:40; *Br* 16:125 – *61 Br*
16:127-8 – *62* 21. 12. 1908 (zit. Sieber, RA) – *63* 31. 12. 1908 und 2. 1.
1909 (DLA, unvollständig in *Br* 7:58-63) – *64 Br* 7:63 – *65 Br* 25:45
– *66* Lou Andreas-Salomé: *Rainer Maria Rilke* (Leipzig: Insel, 1929),
43. Vgl. Pfeiffer, 262 – *67 Br* 7:72 – *68 Br* 19:46 – *69 Br* 4:69 – *70 Br*
31:226 – *71* 2. 9. 1909 (SLB) – *72* 5. 9. 1909 (SLB) – *73 Br* 31:230 –
74 An Madeleine de Broglie, 11. 10. 1909 (zit. Schnack, 335) – *75 Br*
31:230-1, 233 – *76 SW* VI, 943 – *77 Br* 7:85 – *78* An Heime
Magdalene Kawerau, 17. 11. 1909 (SLB) – *79* 16. 10. 1909 (zit.
Sieber, RA) – *80 SW* VI, 1026-7 – *81 Br* 40:109 – *82* 25. 10. 1909
(LAG) – *83 Br* 40:109 – *84* Taxis, 7 – *85* Ebda. – *86 Br* 30:8

4

Motto *Br* 7:98 – *1* An Mathilde Vollmoeller, 10. 1. 1910 (Auszug in
Abschrift, SLB) – *2 Br* 16:145 – *3 SW* VI, 946 – *4* Butler, 211, 205
– *5* Mason, 73 – *6 Br* 30:10 – *7* Ebda., 12 – *8 Br* 10:93 – *9 Br* 43:20
– *10 Blätter* 5 (1978), 21 – *11 Br* 30:12 – *12 Br* 7:98; an Mathilde
Vollmoeller, 3. 4. 1910 (zit. Schnack, 347-8) – *13 Br* 4:112-3 – *14 Br*
40:79 – *15 Br* 31:240 – *16* An Mathilde Vollmoeller, 3. 4. 1910 (SLB)
– *17 Br* 4:101 – *18 Br* 30:15 – *19 Br* 4:101 – *20 Br* 19:58-60 – *21 Br*
4:100 – *22 Br* 7:103 – *23* An Anton Kippenberg, 25. 5. 1910 (DLA)
– *24* 8. 8. 1910 (DLA) – *25 Br* 34:14; *Br* 40:125 – *26 Br* 30:26; *SW*
II, 377 – *27* An Phia Rilke, 6. 9. 1910 (zit. Sieber, RA) – *28 Br* 4:113
– *29 Br* 40:126-7 – *30* An Clara, 30. 9. 1910 (zit. Sieber, RA); *Br*
16:157 – *31* An Anton Kippenberg, 20. 10. 1910 (DLA, zit. Schnack,
356); Kippenbergs Antwort, 22. 10. 1910 (Weimar) – *32 Br* 7:108-9;
Br 30:29 – *33 Br* 4:114 – *34* Ebda., 115 – *35* Ebda., 116 – *36* An Clara,
Anfang Dezember 1910 (zit. Sieber, RA) – *37 Br* 4:117-8 – *38* 19. 12.
1910 (zit. Sieber, RA) – *39 Br* 4:118-9; an Clara, 1. 1. 1911 (zit.
Sieber, RA) – *40 Br* 25:62 (die Fassung »am unendlich Überlegenen«
nach Zitat in Sieber, RA) – *41* An Mary Dobržensky, 19. 2. 1922
(SLB) – *42 Br* 34:15-16 – *43 Br* 4:119-20 – *44* An Phia Rilke, 13. 1.
1911 (zit. Sieber, RA); *Br* 40:325 – *45 Br* 4:121 – *46* An Clara, 29. 1.
1911 (zit. Sieber, RA) – *47 Br* 7:112 – *48* 4. 4. 1911 (DLA) – *49 Br*
44:1074 – *50* 28. 7. 1911 (DLA, zit. Schnack, 378) – *51* Vgl. *Br*
30:901 – *52 Br* 10:125 – *53 Br* 7:113-15, 118 – *54* Zit. Schnack, 366

V Duino und Spanien 1911-1913
Seite 315-371

1

Motto *Br* 10:141 – *1* 29. 3. 1911 (zit. Sieber, RA) – *2 Br* 43:26-7 –
3 SW II, 119 – *4 Br* 4:128-9 – *5* An Mathilde Vollmoeller, 25. 4. 1911
(zit. Schnack, 368) – *6* An Clara, 3. 5. 1911 (zit. Sieber, RA) – *7 Br*
43:27; an Ivo Hauptmann, 14. 5. 1911 (DLA) – *8 Br* 30:37 –
9 Katharina Kippenberg: *Rilke – ein Beitrag* (Zürich/Wiesbaden:
Niehans/Insel, 1948, 4. Auflage), 155 – *10* 22. 5. 1911 (DLA) – *11* An
Clara, ca. 20. 6. 1911 (zit. Sieber, RA) – *12* An Erica von Scheel, 4. 6.
1911 (DLA, zit. Kat., 156) – *13 Br* 30:44 – *14 Br* 10:141-2; Kassner:
Rilke – Gesammelte Erinnerungen, hg. Klaus Bohnenkamp (Pfullingen: Neske 1976), 7 – *15 Br* 32:53-4, 57 – *16* An Mathilde Vollmoeller, 3. 6. 1911 (zit. Schnack, 372); an Erica von Scheel, 4. 6. 1911
(DLA) – *17 Br* 30:46, 50 – *18 SW* II, 379 – *19 Br* 40:84 – *20 SW* II,
382-3 – *21 Br* 40:132, 182 – *22* 28. 6. 1911 (DLA, gekürzt in *Br*
7:129-31) – *23* 8. 7. 1911 (zit. Schnack, 376) – *24 Br* 43:133-4 –
25 14. 7. 1911 (DLA) – *26 Br* 30:69 – *27* Ebda., 52; Taxis, 23 –
28 An Clara, 23. 7. 1911 (zit. Sieber, RA) – *29* An Jenny Oltersdorf,
28. 7. 1911 (DLA) – *30 Br* 7:132, 133; *Br* 30:55 – *31* Zit. Sieber, RA
– *32 Br* 40:133 – *33 Br* 30:59 – *34 Br* 15,I:314 – *35 Br* 40:136; *Br*
30:68 – *36 Br* 30:63-6 – *37 Br* 40:201 – *38* An Josef Stark, 9. 12. 1911
(DLA) – *39* Ebda. – *40 Br* 7:146 – *41* Ebda., 149-50

2

Motto *Br* 34:35 – *1 Br* 25:66 – *2* Taxis, 35-6 – *3 Br* 40:137 – *4* An
Wilhelm von Scholz, 31. 1. 1898 (*SW* VI, 1158-9) – *5 Br* 19:62 –
6 An Erica von Scheel, Ende November und ca. 13. 12. 1911
(DLA) – *7 Br* 4:142 – *8 Br* 30:75-6 – *9 Br* 40:138 – *10* 20. 12. 1911
(Weimar) – *11 Br* 7:152 – *12 Br* 31:250 – *13* Vgl. Pfeiffer, 267 –
14 SW II, 39 – *15 Br* 31:242 – *16 SW* II, 39-40 – *17 Br* 31:240, 250
– *18 SW* II, 40 – *19 Br* 31:238-41 – *20 Br* 4:169 – *21 Br* 31:250-1 –
22 Br 30:82 – *23* 9. 1. 1912 (SLB) – *24 Br* 30:85, 90 – *25 Br* 18:17, 16
– *26* Taxis, 48-9; *SW* I, 685 – *27 Br* 31:241 – *28 SW* I, 685, 721 –
29 SW I, 686, 687 – *30 SW* I, 689-92 – *31 Br* 30:97 – *32 Almanach der
Psychoanalyse* (Wien: Internat. Psychoanalyt. Verlag, 1926), 35 – *33*
Simenauer, 136 – *34* Pfeiffer, 266 – *35 Br* 31:252-3 – *36* Ebda., 255-6
– *37 Br* 40:144 – *38 Br* 30:100-1 – *39 Br* 4:200; *Br* 31:263-4 – *40 Br*
7:163, 174 – *41* Algernon Blackwood an B. J. Morse, 28. 9. 1949 und
7. 3. 1950 (Cardiff) – *42 Br* 30:131 – *43 Br* 31:259-61 – *44* 13. und
17. 4. 1912 (SLB) – *45 Br* 4:226

Motto *SW* II, 51 – *1 Br* 7:174; an Anton Kippenberg, 14. 3. 1912
(Weimar) – *2 Br* 7:173 – *3 Br* 30:149, 158 – *4* Ebda., 162, 163 – *5* An
Pia Valmarana, Juni 1912 (SLB) – *6 Br* 40:154 – *7* 1. 7. 1912 (Mauser,
221; zit. Schnack, 406) – *8 Br* 30:171 – *9* Ebda., 181 – *10* Taxis, 63
– *11 SW* II, 387 – *12 SW* II, 42-3 – *13 Br* 40:156 – *14 Br* 7:178 –
15 4. 9. 1912 (SLB) – *16 Br* 40:158, 161 – *17 Br* 6:282, Taxis, 74; *Br*
7:179-80 – *18* An Eva Cassirer, 18. 10. 1912 (SLB) – *19 Br* 7:186 –
20 Br 30:218 – *21* An Pia Valmarana, 3. 11. 1912 (SLB); *Br* 30:219
– *22* 15. 11. 1912 (SLB) – *23 Br* 40:165-6; *Br* 10:267 – *24* 7. 11. 1912
(zit. Sieber, RA) – *25* An Gerhard Ouckama Knoop, 9. 11. 1912
(DLA) – *26* An Mathilde Vollmoeller, 14. 11. 1912 (zit. Schnack,
414); *Br* 10:266 – *27 Br* 30:229 – *28* An Frl. von Schenk, 12. 1. 1913
(DLA) – *29 SW* II, 388 – *30 Br* 30:239-40 – *31* 10. und 23. 12. 1912
(Houghton; Mises 511) – *32* 10. 12. 1912 (ebda.) – *33 Br* 30:246; an
Pascha Taxis, 10. 12. 1912 (Houghton; Mises 511); an Pia Valmarana, 16. 12. 1912 (SLB) – *34 Br* 43:38 – *35 Br* 31:273-5 – *36 Br* 7:198
– *37 Br* 31:275-6 – *38* Ebda., 279 – *39 SW* II, 43-6 – *40* Zit. Storck
Diss., Anhang 129 – *41* An Eva Cassirer, 11. 1. 1913 (SLB) – *42 SW*
VI, 1038, 1040-1 – *43 SW* II, 48 – *44 SW* I, 706-7 – *45 Br* 7:193-4 –
46 16. 1. 1913 (Mauser, 218) – *47* Anton Kippenberg an Rilke, 16. 1.
1913 (Weimar) – *48* An Clara, 23. 2. 1913 (zit. Sieber, RA) – *49 Br*
40:175-6

VI   Eine Welt im Krieg 1913-1919
Seite 373-499

1

Motto *Br* 4:363 – *1 Br* 30:271, 275 – *2* 27. 2. 1913 (zit. Sieber, RA)
– *3 Br* 7:202; an Pia Valmarana, 22. 3. 1913 (SLB) – *4 Br* 30:277,
278 – *5* Ebda., 279, 280 – *6 Br* 40:177 – *7 Br* 7:202 – *8* An Stefan
Zweig, 15. 3. 1913 (JNUL) – *9 Br* 7:204 – *10* 20. 3. 1913 (Houghton;
Mises 554) – *11 Br* 16:177 – *12* 15. 3. 1913 (JNUL) – *13 Br* 30:281,
an Ellen Key, 5. 4. 1913 (KB) – *14* Stefan Zweigs Tagebuch, 17. 3.
1913 (ZE; Frankfurt a. M.: S. Fischer, 1984, 51-2) – *15 Br* 30:281,
290, 285 – *16* Stefan Zweigs Tagebuch, 5. 4. 1913 (ZE; a.a.O., 63) –
17 Br 40:181-2 – *18 Br* 16:178 – *19* Zit. LAL, 51-2 – *20* An Pia
Valmarana, 14. 4. 1913 (SLB) – *21 Br* 30:294 – *22 Br* 40:192; an Pia
Valmarana, 19. 6. 1913 (SLB) – *23* Hedwig Bernhards Tagebuch,
28. 6. 1913 (DLA; zit. Kat., 180) – *24* 6. 7. 1913 (DLA) – *25* 21. 7.
1913 (DLA) – *26 Br* 31:288 – *27* Zit. Pfeiffer, 281 – *28 SW* II, 57 –

29 Zit. Pfeiffer, 281 – *30 Br* 30:303; an Ellen Key, 21. 7. 1913 (KB; zit. Schnack, 433) – *31 Br* 34:60 – *32 Br* 31:289, 290 – *33 Br* 30:303 – *34 Br* 43:43 – *35* 8. 8. 1913 (DLA) – *36* 7. 8. 1913 (SLB) – *37 SW* II, 61-2 – *38* 14. 8. 1913 (zit. Schnack, 437) – *39 SW* VI, 1055 – *40 SW* II, 396-7 – *41 Br* 30:309 – *42* 14. 8. 1913 (Weimar) – *43* 16. 8. 1913 (zit. Schnack, 438) – *44* 1. und 2. 9. 1913 (SLB) – *45* An Pia Valmarana, 17. 9. 1913 (SLB) – *46 Br* 27:127 – *47 Br* 30:322 – *48* Ebda., 323 – *49 SW* II, 1064 – *50 Br* 30:323, 324 – *51* Werfel, 242 – *52 Br* 31:304, 305 – *53 Br* 43:50; an Leopold von Kalckreuth, 27. 10. 1913 (Houghton; Mises 555) – *54 Br* 31:304 – *55* 24. und 29. 10. 1913 (SLB) – *56 Br* 40:202 – *57 Br* 30:329 – *58* An Pia Valmarana, 16. 11. 1913 (SLB) – *59* Brief (vielleicht an May Knoop), 29. 12. 1913 (Houghton; Mises 514); an Eva Cassirer, 29. 10. 1913 (SLB) – *60 SW* I, 693-6 – *61 SW* I, 708 – *62 Br* 40:205-7 – *63 Br* 30:341 – *64 SW* II, 79. Das Gedicht wurde höchstwahrscheinlich *vor* der Begegnung mit Benvenuta geschrieben – *65 Br* 30:345 – *66 Br* 43:63; Rilkes Taschenbuch, Januar 1914 (zit. Storck Diss., 133) – *67 Br* 27:16 – *68* Ebda., 17-19 – *69* 25. 1. 1914 (Mauser, 220-1) – *70 Br* 27:22, 27, 28 – *71* Ebda., 30, 31, 32 – *72 Br* 31:322 – *73* Ebda., 323; *Br* 27:39-44 – *74* Ebda., 47, 48 – *75* 15. 2. 1914 (unveröffentlichter Teil, DLA) – *76 Br* 27:90-1 – *77 Br* 31:323, 313 – *78 Br* 27:118 – *79* 13. 2. 1914 (SLB) – *80 Br* 27:133, 140, 147 – *81 Br* 31:321 – *82 SW* VI, 1235-6 – *83 Br* 31:310 – *84 Br* 30:369; an Anton Kippenberg, 18. 3. 1914 (DLA) – *85* Benvenuta, 77 – *86* Ebda., 144-5 – *87* Ebda., 154. Die Gedichte sind nicht erhalten (vgl. *SW* VI, 1538) – *88* Kassner an Rilke, 25. 8. 1919 (*Modern Austrian Literature,* Bd. 15, Nr. 3/4, 1982, 228) – *89* Benvenuta, 238 – *90* 27. 4. 1914 (DLA) – *91* An Pia Valmarana, 8. 5. 1914 (SLB) – *92 Br* 40:215-6 – *93 Br* 7:277; *Br* 30:382 – *94* 7. 6. 1914 (DLA) – *95 Br* 31:321-8 – *96 SW* II, 80-1 – *97 SW* II, 417 – *98 Br* 31:329; *SW* II, 82-4 – *99 Br* 31:336, 340, 347

2

Motto *Br* 5:25 – *1 Br* 7:279 – *2* Ebda., 270 – *3* Zit. Storck[3], 28 – *4 Br* 5:10 – *5 Br* 4:372 – *6 SW* II, 86:92 – *7 Br* 5:9-10 – *8 Br* 31:353 – *9 Br* 40:223; *SW* II, 92-4 – *10* LAL, 14 – *11 SW* II, 219 – *12 SW* II, 94-5 – *13* LAL, 27 – *14* Ebda., 52-3 – *15* Ebda., 45 – *16 SW* II, 224 – *17* Ficker, 206-7 – *18 Br* 30:391 – *19* LAL, 42 – *20* Harry Graf Kessler, 25. 11. 1914 (zit. Schnack, 487) – *21 Br* 43:83; an Pia Valmarana, 21. 10. 1914 (SLB); *Br* 5:25 – *22* DLA (Auszug zit. Storck[2], 51) – *23* Durch diese Heirat also wurde Marianne Friedländer-Fuld vorübergehend zur Tante der sechs Schwestern Mitford, Töchter des zweiten Baron Redesdale – eine

Verbindung, die Nancy Mitford zweifellos interessiert hätte, Unity oder Diana dagegen kaum zugesprochen – *24 Br* 30:397 – *25 SW* II, 95 – *26 Br* 30:397 – *27* 28. 12. 1914 (DLA, zit Storck³, 30) – *28* 4. 1. 1915 (ebda., 31) – *29* An Hertha Koenig, 4. 1. 1915 (*Blätter* 5 (1978), 11) – *30* 18. 1. 1915 (DLA, zit. Storck², 63) – *31* 4. 11. 1914 (DLA) – *32* Hertha Koenig (*Blätter* 5 (1978), 11) – *33* 15. 1. 1915 (DLA, zit. Storck², 62) – *34 Br* 40:231 – *35 Br* 30:400 – *36* Ebda., 408, 404, 409 – *37 Br* 31:369, 371 – *38* Burte, Autobiographisches Fragment (Abschrift SLB) – *39 Br* 5:33 – *40* An Pia Valmarana, 19. 2. 1915 (SLB) – *41 Br* 30:425 – *42* LAL, 55-6 – *43 Br* 30:418; an Alexander Taxis, 30. 4. 1915 (Houghton; Mises 511) – *44 Br* 31:366 – *45* Sieber, RA – *46 Br* 31:374-5 – *47 SW* II, 99-100 – *48 Br* 5:47 – *49* 26. 6. 1915 (*Blätter* 5 (1978), 13) – *50* An Ellen Delp, 6. 9. 1915 (MStB) – *51* Wie Anm. 38 – *52* Sieber, RA – *53* An Marianne Mitford, 28. 5. 1915 (zit. Storck², 72) – *54* An Lizzie Gibson, 28. 10. 1915 (LAG) – *55* An Ilse Erdmann, 11. 9. 1915 (zit. Schnack, 511) – *56* An Erica Hauptmann, 18. 8. 1915 (DLA, zit. Kat., 205-6) – *57* Zit. Schnack, 504 (irrtümlich »Anfang Juni« datiert) – *58* An Erica Hauptmann, 10. 8. 1915 (DLA, zit. Kat., 201) – *59* An Ellen Delp, 6. 9. 1915 (MStB) – *60* An Marianne Mitford, 6. 9. 1915 (DLA, zit. Storck², 80); Br 30:438 – *61* 5. 10. 1915 (DLA, zit. Storck³, 33-6) – *62* HK, 7 – *63 SW* II, 101-2 – *64* An Marianne Mitford, 15. 10. 1915 (zit. Schnack, 514) – *65 Br* 5:78 – *66* An Marianne Mitford, 15. 10. 1915 (*Br* 38:50) – *67* Ca. 20. 10. 1915 (BStB) – *68* An Ellen Delp, 3. 11. 1915 (MStB) und Jomar Förste, 1. 11. 1915 (Unseld, Tafel VIII) – *69 Br* 5:90-1, 93 – *70 SW* II, 103-4. Unseld, Tafel IV, bringt ein Faksimile eines Teils des Taschenbuch-Originals, mit der Fassung von Z. 7: »an ihrer *Rundung* in *vergangner* Schrift« – *71* An Else Jaffé, 14. 11. 1915 (DLA) – *72 Br* 15, II:47 – *73 SW* II, 435-8 – *74* Zit. Pfeiffer, 285 – *75* Jacob Steiner: *Rilkes Duineser Elegien* (Bern/München: Francke, 2. Aufl., 1969), 54; *SW* I, 693 – *76 SW* II, 438 – *77* Unseld, 159-60; an Else Jaffé, 14. 11. 1915 (DLA, zit. Schnack, 517) – *78 SW* I, 697- 700 – *79* An Philipp Schey-Rothschild, 25. 11. 1915 (zit. Schnack, 518)

3

Motto *Br* 31:376 – *1* Zit. Sieber, RA – *2* Stefan Zweigs Tagebuch, 16. 1. 1916 (a.a.O., 245-6) – *3* Ginzkey, ›Rainer Maria Rilke der Infanterist‹ (*Zeit und Menschen meiner Jugend*, 1943) – *4 Br* 32:97 – *5 Br* 7:298 – *6* 26. 2. 1916 (DLA, zit. Kat., 211-12) – *7 Br* 7:301 – *8 Br* 40:257 – *9 Br* 30:472 – *10* An Loulou Albert-Lazard, 4. 3. 1916 (zit. Schnack, 530) – *11* An Richard Weininger, 28. 3. 1916 (WNB) – *12 Br* 43:96 – *13 Br* 31:379; *Br* 44:166 – *14* LAL, 148 – *15 Br* 40:261 – *16* Ebda., 262 – *17 Br* 34:170 – *18* An Prinz Wilhelm von Stolberg-

Wernigerode, 9. 8. 1916 (zit. Sieber, RA) – *19* An Magda von Hattingberg, 2. 10. 1914 (DLA) – *20 Br* 34:162, 177 – *21* 18. 9. 1916 (DLA) – *22* 27. 9. 1916 (zit. Schnack, 541) – *23* An Philipp Schey-Rothschild, 25. 12. 1916 (Abschrift DLA); an Mieze Weininger, 31. 12. 1916 (WNB); *Br* 40:268-9 – *24 Br* 40:266 – *25* 28. 9. 1916 (Abschrift Pittsburgh; zit. Schnack, 541) – *26* LAL, 123 – *27 Br* 40:267-8 – *28* An Adrienne Sachs, 1. 12. 1916 (zit. Storck Diss., Anhang 100) – *29* An Mieze Weininger, 31. 12. 1916 (WNB) und Marianne Mitford, 24. 1. 1917 (Abschrift Pittsburgh; zit. Schnack, 552) – *30 Br* 31:376; an Mieze Weininger, 9. 12. 1916 (WNB); *Br* 30:501 – *31* Zit. Sieber, RA – *32 Br* 7:311-12; *Br* 34:229 – *33* An Kurt Wolff, 28. 3. 1917 (Wolff: *Briefwechsel eines Verlegers 1911-1936*; Frankfurt a. M., 1966, 145-6) – *34 Br* 5:137; *Br* 37:31 – *35* Hausenstein, *StdFr*, 89 – *36* An Sophie Liebknecht, 22. 6. 1917 (RA) und von ihr, 18. 8. 1917 (DLA, zit. Kat., 231) – *37 Br* 7:313 – *38* 2. 7. 1917 (DLA) – *39* An Anton Kippenberg, 5. 7. 1917 (DLA)

4

Motto ›Requiem für die Gefallenen Europas – Rezitativ I‹ – *1* An Mieze Weininger, 24. 7. 1917 (WNB, zit. Schnack, 564) – *2* An Hedwig Jaenichen-Woermann, 18. 8. 1917 (DLA) – *3* An Sophie Liebknecht, 3. und 23. 8. 1917 (RA) – *4 Br* 34:244 – *5* An Mieze Weininger, 5. 10. 1917 (WNB, zit. Schnack, 572) – *6 Br* 34:250 – *7* An Dorothea von Ledebur, 5. 10. 1917 (Clary) – *8* An Dorothea von Ledebur, 29. 10. 1917 (Clary) – *9* An Clara, 15. 11. 1917 (zit. Sieber, RA) – *10* Wie Anm. 8 – *11 Br* 5:165 – *12* Ebda., 166 – *13* An Dorothea von Ledebur, 14. 11. 1917 (Clary) – *14* Kesslers Tagebuch (Bernhard Zeller: *Jahrbuch der dt. Schiller-Gesellschaft*, XII, 1968, 82-4) – *15* Wie Anm. 13 – *16* Mehring, ›Einige Erinnerungen an Rilke‹ (*Literarische Welt*, 1927, Nr. 2), 2 – *17* Zit. Bassermann: *Der späte Rilke* (München, 1947), 263. Vgl. William L. Moran, ›Rilke and the Gilgamesh Epic‹ (*Journal of Cuneiform Studies*, Vol. 32:4, October 1980, 208-10) – *18 Br* 5:192, 191 – *19 Br* 40:277; *Br* 34:268 – *20 Br* 5:169-70 – *21 Br* 40:278-9 – *22* An Stefan Zweig, 20. 9. 1917 (JNUL) – *23* An Elisabeth von Schmidt-Pauli, 3. 12. 1917 (*Neue Rundschau*, Jg. 38, H. 9, September 1927) – *24* 27. 12. 1917 (DLA) – *25* An Dorothea von Ledebur, 24. 1. 1918 (Clary) – *26* An Clara, 8. 12. 1917 (zit. Sieber, RA) – *27 Br* 34:257 – *28* Wie Anm. 25 – *29* An Marianne Mitford, 12. 3. 1918 (Abschrift Pittsburgh; zit. Schnack, 593) – *30* An Walther Rathenau, 10. und 18. 3. 1918 (RA) – *31 Br* 31:388 – *32 Br* 7:323; *Br* 34:291-2 – *33* An Adrienne Sachs, 29. 5. 1918 (DLA); an Gräfin von Courten, 11. 10. 1918 (zit. Sieber, RA) – *34* 10. 5. 1918 (zit. Sieber, RA) – *35* Hertha Koenig, *Blätter* 5

(1978), 27-8 – *36* 2. 7. 1918 (zit. Sieber, RA) – *37 Br* 5:212-13 –
38 10. 8. 1918 (Abschrift Pittsburgh; zit. Schnack, 601) – *39 Br*
30:557 – *40 Br* 23:21, 27 – *41* An Hertha Koenig, 16. 9. 1918 (DLA)
– *42 Br* 7:328 – *43 Br* 48:201 – *44* An Anni Mewes, 6. 11. 1918 (BStB,
zit. Schnack, 608-9) – *45 Br* 5:207-8 – *46* Ebda., 206 – *47* Ebda., 209;
an Anni Mewes, 6. 11. 1918 (BStB; zit. Storck Diss., Anhang 131)
– *48 Br* 5:214 – *49 Br* 23:40 – *50* An Dr. Erich Katzenstein-Erler,
15. 11. 1918 (zit. Schnack, 612) – *51* Alfred Wolfenstein, ›Erinnerungen an Rilke‹ (*Basler National-Zeitung*, 15. 2. 1942; zit. Kat., 235)
– *52* Goll, 88 – *53* Goll², 22-3 – *54 Br* 20:6 – *55 SW* II, 69 – *56 Br*
20:8-9 – *57* An Phia Rilke, 8. 12. 1918 (zit. Sieber, RA) – *58* An
Clara, 15. 12. 1918 (zit. ebda.) – *59 Br* 5:215 – *60 Br* 34:322, 323; *Br*
31:383 – *61 Br* 31:381 – *62 Br* 30:570, 572 – *63* Von Anton Kippenberg, 20. 1. 1919 (DLA, zit. Schnack, 622); an Kippenberg, 9. 2.
1919 (DLA) – *64 Br* 34:328 – *65* An Ludwig Landshoff, 5. 3. 1919
(MStB) – *66 Br* 40:285 – *67 Br* 5:226, 227 – *68* Undatierter Brief an
eine Unbekannte (Houghton; Mises, 523). Angesichts des Briefes
vom 5. 2. 1919 an Gräfin Stauffenberg (*Br* 5:228) trifft hier wohl
Januar 1919 zu, nicht Juni 1919, wie in Mises 523 angegeben) –
69 Br 15, II:118 – *70 SW* VI, 1041-2 – *71 Br* 31:382-3, 394 – *72 Br*
34:332-3 – *73* Pfeiffer, 301 – *74* Thomas Mann: *Tagebücher 1918-1921*
(Frankfurt a. M.: S. Fischer, 1979), 668 – *75 Br* 7:338 – *76* An
Annette Kolb, 21. 3. 1919 (MStB; zit. Schnack, 634)

VII   Vorspiel in der Schweiz 1919-1921
Seite 501-557

1

Motto *Br* 21:13 – *1* An Clara, 20. 6. 1919 (zit. Sieber, RA) – *2 Br*
5:270; *Br* 7:344, 345; an Phia Rilke, 6. 7. 1919 (zit. Sieber, RA) –
3 Inga Junghanns, *StdFr*, 105-9 – *4 Br* 34:357 – *5 Br* 5:284, 259 –
6 An Elisabeth von Schmidt-Pauli, 14. 8. 1919 (*Neue Rundschau*, Jg.
38, H. 9, September 1927). In *Br* 5:261 ff. kommt diese Stelle nicht
vor – *7 Br* 5:261, 255 – *8 SW* VI, 1085 ff.; *Br* 44:143 – *8* 9. 9. 1919
(Rilke-Sammlung, Sierre) – *10* An Yvonne von Wattenwyl, 26. 9.
1919 (zit. Schnack, 660) – *11 Br* 30:587 – *12 Br* 7:347 – *13 Br*
33:15-16

2

Motto *Br* 30:588 – *1 Br* 26:103 – *2 SW* VI, 1096-8 – *3* Salis, 49 –
4 An Anton Kippenberg, 31. 10. 1919 (DLA) – *5 Br* 44:20 – *6 Br*

5:278 – *7* Mühll – *8 Br* 33:22 – *9 Br* 44:1203 – *10* Ebda., 59 – *11* An
Fritz Huf, 12. 11. 1919 (Jonas, *Huf*; zit. Schnack, 665) – *12* 16. 12.
1919 (SLB) – *13 Br* 44:44, 46 – *14 Br* 15, II:167 – *15* 30. 12. 1919
(Rilke-Sammlung, Sierre; zit. Schnack, 674) – *16 Br* 14:16 – *17* An
Eva Cassirer, 20. 8. 1908 (SLB) – *18 Br* 44:81 – *19* Ebda., 105-6 –
20 Ebda., 139, 1176-8 – *21* 31. 10. 1919 (DLA) – *22 Br* 44:71

3

Motto *Br* 28:41 – *1 Br* 33:44 – *2* 4. 3. 1920 (SLB) – *3 Br* 44:218 –
4 Briefe an Hans Buchli, 23. 3.-13. 5. 1920 (SLB); *Br* 44:223 – *5* 22. 2.
1920 (SLB) – *6 Br* 20:19 – *7 Br* 30:597 – *8* An Resi Hardy, 24. 6. 1920
(DLA) – *9 Br* 30:611 – *10 Br* 31:421-2 – *11* 1. 8. 1920 (SLB) – *12* An
Pia Valmarana, 28. 7. 1920, und Mary Dobržensky, 16. 8. 1920
(SLB) – *13 Br* 44:296 – *14 Br* 30:620 – *15 Br* 44:306 – *16 SW* II, 637
– *17 Br* 28:18, 30; *SW* II, 243 – *18 Br* 28:35, 32 – *19 Br* 44:320, 321-2
– *20* Ebda., 311 – *21 Br* 28:41, 42, 45, 59 – *22* Ebda., 53, 54 –
23 Ebda., 69-70 – *24 Br* 44:330 – *25 Br* 28:77, 80 – *26 Br* 5:323; *Br*
44:332-3; an Mieze Weininger, 21. 11. 1920 (WNB) – *27 Br* 28:85-6
– *28* 8. 11. 1920 (SLB) – *29 Br* 7:364-5

4

1 Br 44:338 – *2* An Lily Ziegler, 2. 12. 1920, und Mary Dobržensky,
19. 11. 1920 (SLB) – *3* An Fanette Clavel, 1. 12. 1920 (SLB) – *4* An
Hans Reinhart, 29. 11. 1920 (SLB) – *5* 25. 11. 1920 (SLB) – *6 Br*
28:91, 124 – *7 Br* 44:347 – *8 SW* VI, 1099-1103 – *9 SW* II, 123 –
10 Br 44:349 – *11 SW* II, 119 – *12* Sieber, 160 – *13 SW* II, 130 –
14 WNB – *15 SW* II, 130-2 – *16 Br* 44:353 – *17 Br* 5:351-5 – *18* An
Paul Adler, 3. 6. 1921 (Stargardt 630, 107) – *19 Br* 44:370 – *20 Br*
28:125-6 – *21* Ebda., 136 – *22 Br* 7:378 – *23 Br* 28:213-9 – *24 Br*
30:639 – *25 Br* 44:406 – *26 Testament*, 27 – *27* Valéry, ›Préface à l'essai
d'explication du Cimetière marin par G. Cohen‹ (*Variété III*, Paris:
Gallimard, 1946), 56 – *28 Br* 30:639 – *29* Zit. Bassermann, *Der späte
Rilke*, 360 – *30 Testament*, 7-12 – *31* Ebda., 18, 22, 35 – *32* Ebda., 51,
52 – *33 Br* 28:343 – *34 Testament*, 39 – *35* Ebda., 31 – *36 Br* 28:335
– *37* Im Prieuré zu Etoy, heute Privatbesitz, befindet sich am
Eingang eine Tafel, die Rilkes Aufenthalt bezeugt – *38* 31. 5. 1921
(DLA; nur teilweise in *Br* 7:387) – *39* Taxis, 106-7 – *40 Br* 44:493 –
41 Ebda., 496

VIII   Muzot und Valmont 1921-1926
Seite 559-669

I

Motto *SW* I, 718 – *1 Br* 44:499, 500 – *2* Ebda., 509 – *3* 20. 7. 1921
(SLB) – *4* Von Werner Reinhart, 29. 7. 1921 (SLB) – *5 Br* 44:513 –
6 Ebda., 522, 521 – *7* An Werner Reinhart, 7. 10. 1921 (SLB) – *8 Br*
44:516 – *9* An Frida Strohl, 13. 9. 1921 (Pittsburgh) – *10* 7. 10. 1921
(SLB) – *11 SW* II, 247 – *12 Br* 44:567 – *13* 19. 10. 1921 (SLB) –
14 Br 28:368 – *15* 28. 11. 1921 (SLB) – *16* An Werner Reinhart,
11. 12. 1921 (SLB) – *17* Zit. Salis, 123 – *18* An Anton Kippenberg,
25. 11. 1921 (DLA, unveröffentlichter Teil) – *19 Br* 15,II:256 –
20 Br 44:596 – *21* Ebda., 585 – *22* 26. 11. 1921 (Houghton; Mises
511) – *23* An Louis Gauchat, 1. 12. 1921 (SLB) – *24 Br* 31:438-9 –
25 Br 30:686 – *26 Br* 7:404, 407 – *27 Br* 44:594-5 – *28* An Souvairan,
1. 1. 1922 (SLB) – *29 Br* 44:1265-6 – *30 Br* 31:438 – *31 Br* 6:4188 –
32 Br 18:60-1 – *33 Br* 6:84 – *34* An Jean Strohl, 6. 1. 1922 (Pittsburgh) – *35 Br* 37:202; *Br* 6:93 – *36 Br* 44:658-9 – *37 Br* 6:98 – *38*
7. 2. 1922 (Pittsburgh) – *39 Br* 44:667 – *40 Br* 6:333 – *41 Br* 44:668
– *42 Br* 7:409-10 – *43 Br* 28:393 – *44 Br* 44:668, 669 – *45 Br* 30:697-9
– *46 Br* 31:444-5 – *47 SW* I, 743-4 – *48 Br* 44:673, 672, 675 – *49* An
Werner Reinhart, 14. 2. 1922 (SLB) – *50 SW* V, 215 – *51 SW* I, 733,
735 – *52 SW* I, 747 – *53 SW* II, 249 – *54 SW* I, 743 – *55* Zit. Storck
Diss., Anhang 129 – *56 Br* 4:275 – *57 SW* I, 744 – *58 SW* I, 710, 712
– *59 SW* I, 714, 716 – *60 SW* I, 701 – *61 SW* I, 717-20 – *62* Lama
Govinda, zit. Capra, 147 – *63 SW* I, 721, 726 – *64 Br* 6:334, 337 –
65 Br 21:60 – *66 SW* VI, 1111-27 – *67 Br* 18:53, 55 – *68 SW* I, 759
– *69 SW* I, 751 – *70 Br* 6:333-335 – *71* Capra, 85 – *72* An Jean Strohl,
13. 4. 1922 (Pittsburgh) – *73 SW* I, 732, 718 – *74 SW* I, 768

2

Motto *Br* 7:444 – *1 Br* 31:446-8 – *2 Br* 44:755, 756 – 3 Taxis, 112 –
4 Br 44:697, 739, 733 – *5* Ebda., 715 – *6 Br* 3:293 – *7* 19. 4. 1922
(SLB) – *8 SW* II, 251 – *9* 12. 5. 1922 (SLB) – *10 Br* 18:47-8 – *11 Br*
44:770 – *12 Br* 28:407 – *13* Aussage von Frieda Baumgartner
gegenüber dem Verfasser, März 1979 – *14 Br* 44:798-9 – *15* An
Antoine Contat, 8. 11. 1922 (zit. Schnack, 819) – *16* An Jean Strohl,
10. 1. 1923 (Pittsburgh) – *17 Br* 44:822; an Paul Morisse, 10. 2. 1923
(SLB) – *18 Br* 6:178; Salis, 183 – *19 Br* 33:111 – *20 Br* 30:740; *Br*
34:484 – *21 Br* 44:851, 855, 850 – *22* Ebda., 849 – *23 SW* VI, 863 –
24 Zit. Salis, 177 – *25 Br* 44:448 – *26 Br* 31: 455 – *27 Br* 19:3 – *28 Br*
44:886 – *29* Studer-Kiefer III (SLB) – *30* Wie Anm. 13, April 1979
– *31* Aussage von Jeanne de Sépibus gegenüber dem Verfasser,

23. 4. 1977; Studer-Kiefer IV, 266-72 (SLB); *SW* II, 658-9 – *32 Br* 44:905 – *33* Ebda., 907 – *34* Wie Anm. 13 – *35 Br* 44:932; Salis, 187 – *36* An Renée Alberti, 4. 9. 1923 (zit. Sieber, RA) – *37 Br* 44:962 – *38* Zit. Salis, 188 – *39* An Alma Moodie, 31. 3. 1924 (Brief November 1980 in Berlin versteigert) – *40 Br* 44:963 – *41 SW* II, 158 – *42 SW* II, 526, 527 – *43* 11. 3. 1924 (SLB) – *44* 22. 2. 1924 (*Mesa* Nr. 4, Frühling 1952, 34) – *45 SW* II, 531, 532 – *46* 20. 3. 1924 (zit. Schnack, 908) – *47* An Marie von Mutius, 15. 1. 1918 (zit. Betz, 53-4) – *48 Br* 32:182 – *49 Br* 50:209 – *50 Reconnaissance*, 9-10 – *51* Zit. Schnack, 913 – *52 Br* 30:806; an Werner Reinhart, 22. 5. 1924 (SLB) – *53 Br* 44:977, 980 – *54* Von Werner Reinhart, 17. 6. 1924; Rilkes Antwort, 18. 6. 1924 (SLB) – *55 Br* 18:95 – *56* An Dorothea von Ledebur, 9. 8. 1924 (Clary) – *57* Taxis, 115 – *58 SW* II, 168-74, 279 ff. – *59* Schnack², 85-7 – *60 SW* II, 274 – *61* Schnack, 1003 – *62 Br* 44:1011; *SW* II, 557, 569 – *63* 4. 9. 1924 (Pittsburgh) – *64 Br* 44:874 – *65 Br* 6:346 – *66 Br* 44:1021 – *67* 15. 2. 1924 (DLA) – *68 Br* 20:28 – *69* 15. 6. 1924 (DLA) – *70 SW* II, 577 – *71* An Edmond Jaloux, 12. 9. 1924 (SLB) – *72* An Dora Herxheimer, 14. 7. 1907 (Houghton; Mises 554) – *73* 27. 9. 1924 (zit. Schnack, 944) – *74 Br* 44:1025 – *75 Br* 34:545; *Br* 44:1022-3 – *76 SW* II, 146-7 – *77 Br* 44:1023 – *78 SW* II, 502 – *79 Br* 44:1022, 1032 – *80* Es handelte sich um Dr. Arthur Muthmann (1875-1957), einen Psychiater, der die Behandlungsmethode Freuds anwandte und zu dieser Zeit ein Sanatorium in Freiburg i.Br. unterhielt. Einer Aussage von Dr. Heinrich Meng (1887-1972) im März 1952 zufolge hat Rilke »tatsächlich in seinen letzten Lebensjahren noch einen Versuch [sic] mit der Psychoanalyse gemacht« (Simenauer, 688). Am 3. März 1970 (Pfeiffer, 311) sagte Meng weiter aus, daß die Behandlung nach einer Woche abgebrochen worden sei, was Rilke mit der Behauptung begründet habe, das Verfahren sei für ihn als Dichter zu gefährlich – wenngleich er den Versuch anfangs einer Anregung Lou Salomés zugeschrieben habe. Ernst Pfeiffer ist der Meinung, daß Mengs Besuch bei Lou, am 2.-3. Januar 1933, den sie ohne Kommentar in ihrem Tagebuch notierte, die Absicht hatte, sie über diesen späten Versuch einer Analyse zu unterrichten, den Rilke vor ihr verborgen gehalten habe und den sie als völlig im Gegensatz zu seinem früheren Verhalten empfunden hätte (Pfeiffer², 300-1). Sollte dies der Fall sein, so geriete Rilkes Brief an sie vom 31. 10.-8. 12. 1925 sowie ihre Antwort vom 12. 12. 1925 (vgl. SS 634-5 und 639 oben) in ein ganz anderes Licht. Aus Rilkes Briefwechsel mit Dory von der Mühll jedoch (SLB), zwischen dem 14. 4. 1924 (als er zum ersten Mal ihren Vorschlag einer Konsultation bei Muthmann erwähnte) und dem 17. 1. 1925, geht klar hervor, daß er bis dahin dem Vorschlag nicht

gefolgt war. Zwischen seiner Rückkehr aus Paris, im August 1925, und seiner Wiederaufnahme in Valmont am 20. 12. 1925 gibt es nur drei nicht genau belegte Zeitspannen, in denen er Muthmann besucht haben könnte: 9.-13. Oktober (aus Zürich), 15.-18. Oktober und 21.-23. Oktober (aus Muzot). Unter Berücksichtigung der nötigen Reisezeit hätten diese für höchstens zwei oder drei Konsultationen gereicht, und es ist kaum denkbar, daß sich Rilke so kurze Zeit für ein solches Unternehmen gelassen hätte. Es scheint jedenfalls höchst unwahrscheinlich, daß er Nanny Wunderly gegenüber – auch wenn er sein Vorhaben nicht enthüllen wollte – eine *Reise* nach Freiburg i.Br. verschwiegen hätte (oder nach Basel, von wo aus Dory von der Mühll ihn schon früher zu Muthmann zu fahren bereit war): zu dieser Zeit war Nike ja für ihn eine Beichtmutter, wenn auch nicht in demselben Sinn wie Lou. Freilich scheinen die kategorischen Aussagen Mengs keinen Zweifel zu lassen. Angesichts der vorhergehenden Überlegungen jedoch muß diese »verheimlichte Analyse«, meiner Meinung nach, noch dahingestellt bleiben, falls nicht festere Beweise bzw. Belege an den Tag kommen sollten. – *81 Br* 44:1031, 1036 – *82* Zit. Salis, 199-200 – *83 Br* 36:66-7

3

Motto *SW* II, 314 – *1* An Yvonne von Wattenwyl, 16. 1. 1925 (Rilke-Sammlung, Sierre) – *2 Br* 30:819 – *3* 20. 2. 1925, an Mieze Weininger (WNB, zit. Schnack, 971) und Ellen Delp (MStB) – *4 SW* II, 178 – *5 SW* II, 519-20 – *6* Betz², 95-6 – *7 Br* 44:1058-9 – *8* Betz², 151; Brief 2. 9. 1925 von Claire Goll (DLA) – *9 Br* 7:495 – *10 Br* 15,II:473 – *11* Vgl. Anm. 80, S. 702 – *12 Br* 31:476; *SW* II, 314 – *13* An Mary Dobržensky, 17. 1. 1924 (SLB) – *14 Br* 44:1062 – *15 SW* I, 347 – *16 Br* 44:1192; *SW* II, 185 – *17 Br* 44:1193 – *18 SW* I, 347 – *19 Br* 44:1074 – *20 Br* 31:475-8 – *21* Zit. Schnack², 86 – *22 SW* II, 186 – *23 SW* II, 185-6 – *24 Br* 15,II:488-90 – *25 Br* 44:1073, 1074 – *26* Ebda., 1080 – *27 SW* II, 317 – *28 Br* 44:1087 – *29 Br* 30:841 – *30* 17. 12. 1925 (Pittsburgh) – *31* Zit. Schnack, 1017 – *32 Br* 44:1089 – *33 Br* 31:478-82

4

1 Br 7:509; an Dory von der Mühll, 7. 2. 1926 (SLB) – *2* An Werner Reinhart, 19. 2. 1926 (SLB); *Br* 28:562 – *3* 19. 2. 1926 (SLB) – *4 Br* 6:378 – *5 Br* 36:77, 82-98 – *6* Ebda., 84, 108 – *7* An Werner Reinhart, 24. 2. 1926 (SLB); *Br* 37:244 – *8 Br* 44:1135 – *9 Les Lettres,* 205-6, 209 – *10 Br* 44:1120 – *11 Les Lettres,* 208; *SW* II, 676-7 – *12 Br* 44:1122, 1123 – *13* Mit Brief vom 29. 2. 1924 (Mme A. Vincens-de Bonstetten) – *14 Br* 45:29 – *15* Ebda., 43 – *16 Br* 44:1130 – *17* Ebda.,

1122; an Edmond Jaloux, 5. 5. 1926 (SLB); *Br* 44:1130 – *18 Br* 32:181 (neu übersetzt aus dem Französischen) – *19* 3. 6. 1926 (SLB) – *20* An Léonie Contat, 8. 7. 1926 (*Rilke en Valais*, 187); Studer-Kiefer II, 146 ff. (SLB) – *21 SW* II, 626 – *22 Br* 50:76-8 – *23* Ebda., 128, 105 – *24* Ebda., 105, 108 – *25* Ebda., 112 – *26 SW* II, 271-3 – *27* Konstantin Asadowskij, *Br* 50:53 – *28 Br* 50:147 – *29* Zit. Schnack, 1055, 1058, 1059 – *30* Aussage von Elisabeth Bergner gegenüber dem Verfasser, 30. 9. 1978 – *31* Aussage von Jenny de Margerie gegenüber dem Verfasser, 15. 9. 1983. Bei Valérys Aufenthalt in Berlin später im Jahre 1926 veranstaltete sie eine Vorlesung der Rilkeschen Übertragungen, hoffte aber vergeblich auf Rilkes Anwesenheit – *32 Br* 44:1150 – *33* Ebda., 1151 – *34* Schnack[2], 137, 124; *Br* 44:1155 – *35 Br* 6:393 – *36 SW* II, 509-10 – *37 Br* 44:1152; Schnack[2], 122-3; *SW* I, 507 – *38 SW* II, 276-7 – *39 SW* II, 742, 684 – *40* Zit. Schnack[2], 127 – *41 Br* 28:591 – *42* An Valéry, 5. 9. 1926 (zit. Schnack, 1072-3) – *43* Zit. Schnack, 1060 – *44 Br* 44:1158-9 – *45 Dernière amitié*, 197, 204 – *46* An Jaloux, 20. 9. 1926 (SLB; *Dernière Amitié*, 132-3) – *47 Br* 33:132 – *48* Nanny Wunderly an Mieze Weininger, 16. 1. 1927 (WNB) – *49 Br* 44:1167 – *50* Ebda., 1166 – *51* Ebda., 1170 – *52* DLA – *53* Zit. Schnack, 1087 – *54* Zit. ebda., 1088 – *55* Ebda. – *56 Br* 44:1171-2 – *57* Wie Anm. 48 – *58 Br* 30:955 – *59 Br* 31:482-3 – *60* Ebda., 618, 619 – *61 Br* 30:956 – *62* Ebda., 884; an Richard Weininger, 19. 12. 1926 (WNB) – *63 SW* II, 511 – *64* Zit. Schnack, 1090 – *65* Wie Anm. 48 – *66* Zit. Sieber, RA – *67* Zit. Schnack, 1091 – *68 Dernière amitié*, 211-12 – *69 Br* 28:601-2 – *70 Br* 33:135; Salis, 277 – *71 Br* 30:957 – *72* Salis, 283 – *73 SW* I, 688

Nachwort
Seite 671-678

Motto *Br* 4:170 – *1* Stefan Zweig an André Suarès, 4. 1. 1927 (Mme Roland de Margerie) – *2 Philobiblon*, Jg. 8, H. 10, 1935, (8) – *3 Inselschiff*, VIII:2, 82 – *4* Stefan Zweig: *Abschied von Rilke* (Tübingen, 1927), 25, 30 – *5* Jaloux, 41-2, 58 – *6 Inselschiff*, VIII:2, 125 – *7 SW* II, 277 – *8* Wilhelm Hausenstein, *StdFr*, 90 – *9 Die Welt von gestern* (Frankfurt a. M., 1981), 171 – *10* An Manon zu Solms-Laubach, 12. 1. 1912 (*Br* 4:166, 165) – *11 SW* II, 463 – *12 SW* II, 95, 137 – *13* 21. 10. 1913 (*Br* 31:305) – *14* Taxis, 107 – *15* Hugo von Hofmannsthal an Dory von der Mühll, 1929 (*Neue Zürcher Zeitung*, 6. 10. 1982) – *16* An Nanny Wunderly, 26. 12. 1919 (*Br* 44:63); an Sidie Nádherný, 30. 3. 1913 (*Br* 40:181) – *17* An Julie von Nordeck zu Rabenau, 2. 1. 1912 (*Br* 4:154) – *18* 22. 5. 1926 (*Br* 50:238) – *19* Benvenuta, 236 – *20* Mason², 176 – *21* An Elisabeth Schenk zu Schweinsberg, 4. 11. 1909 (*Br* 4:80-1) – *22 SW* II, 42 – *23 SW* I, 759 – *24 Br* 44:1193 – *25* Ebda., 105-6 – *26 SW* I, 759, 765 – *27* An Ilse Jahr, 2. 12. 1922 (*Br* 6:154) – *28 SW* II, 266 – *29 SW* I, 759, 687

Bibliographie

I *Rilkes Werke*

Sämtliche Werke, Bd. I-VI, hg. Ernst Zinn. Frankfurt a. M.: Insel, 1955-1966.

Tagebücher aus der Frühzeit, hg. Ernst Zinn. Frankfurt a. M.: Insel, 1973.

Übertragungen, hg. Ernst Zinn und Karin Wais. Frankfurt a. M.: Insel, 1975.

Das Testament, hg. Ernst Zinn, Frankfurt a. M.: Suhrkamp, 1975.

II *Rilkes Briefe*

Bei Veröffentlichung der Briefe ist auf unsystematische und manchmal verwirrende Weise vorgegangen worden. Hier schien die sinnvollste Lösung, die Haupt- (also meistens Buch-)veröffentlichungen ungefähr nach der Reihenordnung des Erscheinens numeriert anzugeben (*Br* 1, 2, usf.) Wenn nicht anders vermerkt, handelt es sich um den Insel Verlag (Leipzig, Wiesbaden bzw. Frankfurt a. M.) und bei der Jahreszahl jeweils um Erscheinungsjahr der benutzten Ausgabe.

1 *Briefe und Tagebücher aus der Frühzeit 1899-1902* (1931).
2 *Briefe 1902-1906* (1929).
3 *Briefe 1906-1907* (1930).
4 *Briefe 1907-1914* (1933).
5 *Briefe 1914-1921* (1937).
6 *Briefe aus Muzot 1921-1926* (1935).
7 *Briefe an seinen Verleger* (erweiterte 2-bändige Ausgabe 1949).
8 *Briefe 1892-1904* (1939).
9 *Briefe 1904-1907* (1939).
10 *Briefe 1907-1914* (1939).
11 *Briefe 1914-1921* (1938 – identisch mit 5 oben).
12 *Briefe aus Muzot 1921-1926* (1937).
13 *Briefe an einen jungen Dichter* (Insel-Bücherei Nr. 406, 21.-40. Tsd.)
14 *Briefe an eine junge Frau* (Insel-Bücherei Nr. 409, 272.-274. Tsd.)
15 *Briefe:* Bd. I 1897-1914, Bd. II, 1914-1926 (1950).
16 *Lettres à Rodin* (Paris: Emile Paul, 1931).
17 *Dreizehn Briefe an Oskar Zwintscher* (Gesellschaft der Bücherfreunde zu Chemnitz, 1931).
18 *Briefe an Gräfin Sizzo* (1977).

19 *Lettres à une amie vénitienne* (an Mimi Romanelli) (Mailand: Hoepli, 1941).

20 *Briefe an eine Freundin* (an Claire Goll) (Aurora, N.Y.: Wells College Press, 1944).

21 *Briefe an R. R. Junghanns und Rudolf Zimmermann* (Olten: Vereinigung Oltner Bücherfreunde, 1945).

22 *Briefe an Baronesse von Oe.* (New York: Johannespresse, 1945).

23 *Freundschaft mit R. M. Rilke* (Briefe an Elya Nevar) (Bern-Bümpliz: Albert Züst, 1946).

24 *Briefe, Verse und Prosa aus dem Jahre 1896* (New York: Johannespresse, 1946).

25 *Briefe an das Ehepaar S. Fischer* (Zürich: Classen, 1952).

26 *Briefe an eine Reisegefährtin* (an Albertina Casani) (Wien: Ibach, 1947).

27 *Briefwechsel mit Benvenuta* (Esslingen: Bechtle, 1954).

28 *Rainer Maria Rilke et Merline: Correspondance* (Zürich: Niehans, 1954).

29 *Briefwechsel in Gedichten mit Erika Mitterer 1924-1926* (*SW* II).

30 *Briefwechsel Rainer Maria Rilke und Marie von Thurn und Taxis* (gemeinsame Ausgabe mit Niehans & Rokitansky, Zürich, 1961), Bd. 1, Bd. 2.

31 *Briefwechsel Rainer Maria Rilke und Lou Andreas-Salomé* (1975).

32 *Rainer Maria Rilke/André Gide: Correspondance 1909-1926* (Paris: Corrêa, 1952). Nach der deutschen Ausgabe (Stuttgart: Deutsche Verlagsanstalt/Wiesbaden: Insel Verlag, 1957) zitiert.

33 *Briefe an Gudi Nölke* (1953).

34 *Briefwechsel Rainer Maria Rilke und Katharina Kippenberg* (1954).

35 *Correspondance Rilke/André Gide/Emile Verhaeren* (Paris: Messein, 1955).

36 *Lettres milanaises 1921-1926* (an Duchesa Aurelia Gallarati-Scotti) (Paris: Plon, 1956).

37 *Briefwechsel Rainer Maria Rilke und Inga Junghanns* (1959).

38 Marianne Gilbert: *Le tiroir entr' ouvert* (enthält 31 Briefe an Marianne Mitford, in häufig mangelhafter französischer Übersetzung) (Paris: Grasset, 1956).

39 ›Briefwechsel Rilke/Arthur Schnitzler‹ (*Wort und Wahrheit*, Jg. 13, 1. Halbjahr 1958, 232-98).

40 *Briefe an Sidonie Nádherný von Borutin* (1973).

41 *Hugo von Hofmannsthal – Rainer Maria Rilke: Briefwechsel*, hg. Rudolf Hirsch und Ingeborg Schnack (Frankfurt a. M.: Suhrkamp, 1978).

42 *Briefe an Ernst Hardt* (Marbach a. N.: Deutsches Literaturarchiv, 1975).

43 *Briefwechsel Rilke/Helene von Nostitz*, hg. Oswalt von Nostitz (1976).

44 *Briefe an Nanny Wunderly-Volkart* (1977), Bd. I, Bd. II.

45 *Lettres autour d'un jardin* (an Antoinette de Bonstetten) (Paris: La Délirante, 1977).

46 ›Briefe an Rolf Ungern-Sternberg‹ (*Sinn und Form*, Jg. 29, H. 2, 1977, 300-42).

47 ›Lettres à Madonna‹ (Madeleine de Broglie) (*Journal de Genève*, 21.-22. 1. 1961).

48 *Briefe an Axel Juncker*, hg. Renate Scharffenberg (1979).

49 *Briefwechsel Rilke/Anita Forrer*, hg. Magda Kerényi (1982).

50 *Rainer Maria Rilke/Marina Zwetajewa/Boris Pasternak: Briefwechsel*, hg. Jewgenij Pasternak, Jelena Pasternak, Konstantin Asadowskij (1983).

NB: Werke, die weitere Briefe Rilkes enthalten, sind in III unten mit * bezeichnet.

III *Sekundärliteratur*

Albert-Lasard, Lou. *Wege mit Rilke.** Frankfurt a. M.: S. Fischer, 1952.

Andreas-Salomé, Lou. *Rainer Maria Rilke.* Leipzig: Insel, 1928.

– *Lebensrückblick*, hg. Ernst Pfeiffer. Frankfurt a. M.: Insel, 1974 (Insel-Taschenbuch 54).

Angelloz, J.-F. *Rilke.* Paris: Mercure de France, 1952.

Bassermann, Dieter. *Der andere Rilke.* Bad Homburg: H. Gentner, 1961.

– *Der späte Rilke.* München: Leibnitz Verlag, 1947.

Bauer, Marga. *Rainer Maria Rilke und Frankreich.* Bern: Haupt, 1931.

Baumgartner, Frieda. ›Wie ich den großen Dichter Rainer Maria Rilke erleben durfte‹*. Separatdruck, ›Lueg nit vorby‹. Derendingen: Habegger, 1967.

Bergman, Marianne. *Rilkes kontakt med Ellen Key och hennes betydelse för honom och hans verk.* Stockholm, Dissertation, o. J.

Betz, Maurice. *Rilke in Frankreich.** Wien: Reichner, 1938.

– *Rilke in Paris.** Zürich: Arche, 1948.

Blüher, Hans. *Werke und Tage.** München: List, 1953.

Braun, Felix. *Das Licht der Welt.* Wien: Herder (Th.-Morus-Presse), 1949.

– *Zeitgefährten.** München: Nymphenburger, 1963.

Brutzner, Sophie. *Rilkes russische Reisen.** Stallüpönen: Klutke, 1934.

Buchheit, Gerd (hg.) *Rainer Maria Rilke: Stimmen der Freunde.* Freiburg i.Br.: Urban, 1931.
Buddeberg, Else. *Rainer Maria Rilke: eine innere Biographie.* Stuttgart: Metzler, 1955.
Busch, Günter/Von Reinken, Liselotte (hg.) *Paula Modersohn-Becker in Briefen und Tagebüchern.* Frankfurt a. M.: S. Fischer, 1979.
Butler, E. M. *Rainer Maria Rilke.* Cambridge University Press, 1941 (Nachdruck New York: Octagon Books, 1973).
Byong-Ock Kim. *Rilkes Militärschulerlebnis und das Problem des verlorenen Sohnes.* Bonn: Bouvier Verlag Herbert Grundmann, 1973.

Capra, Fritjof. *The Tao of Physics.* London: Fontana/Collins, 1978.
Carossa, Hans. *Führung und Geleit.* Leipzig: Insel, 1933.
Casellato, Pietro. *La veneziana ›misteriosa‹ di Rainer Maria Rilke.* Venezia: Ed. Helvetica, 1977.
Casey, Timothy J. *Rainer Maria Rilke: A Centenary Essay.* London: Macmillan Press, 1976.
Centro Studi ›Rainer Maria Rilke e il suo tempo‹, Duino/Trieste. *Atti degli Convegni,* 1-9, 1972-1980.
Černý, Václav. *Rilke, Prag, Böhmen und die Tschechen.* Prag: Artia, 1966.

Delp, Ellen. *Regina Ullmann: eine Biographie der Dichterin.** Einsiedeln/Zürich: Benziger Verlag, 1960.
– ›Erinnerung‹. *Philobiblon,* Jg. 8, H. 10, 1935, 483-7.
Demetz, Peter. *René Rilkes Prager Jahre.* Düsseldorf: Diederichs, 1953.
*Die Insel.** Eine Ausstellung zur Geschichte des Verlags unter Anton und Katharina Kippenberg. Marbach a. N.: Deutsches Literaturarchiv, 1965.
Drožžin, S. D. ›Der deutsche Dichter Rainer Maria Rilke – Erinnerungen‹. *Inselschiff* X:3, 1929, 225-33.

Ekner, Reidar. ›Rilke, Ellen Key och Sverige‹. *Samlaren,* Tidskrift för svensk litteraturhistorisk forskning, 1965, 5-43.
– ›Rainer Maria Rilke, Ernst Norlind och Hans Larsson‹. *Nordisk tidskrift för vetenskap, konst och industri,* 1965, 3, 127-41.
– ›Rilke och Gustaf af Geijerstam: en vänskap'. *Svensk Litteraturtidskrift,* 1965, 2, 76-85.

Faesi, Robert. *Rainer Maria Rilke.* Zürich/Leipzig/Wien: Amalthea, 2. Auflage, 1921.
Ficker, Ludwig von. ›Rilke und der unbekannte Freund‹.* *Der Brenner,* 18. Folge, 1954, 234-48.

Fischer, Brigitte B. *Sie schrieben mir.* Zürich: Classen, 1978.

Fleischmann, Joseph. ›Zur Geschichte der Familie Rilke in Türmitz‹. *Inselschiff* XVII:1, 1935, 8-14.

Gebser, J. *Rilke und Spanien.** Zürich: Oprecht, 1945.

Glaubert, Barbara. ›Wie auf einer Goldwaage gelegt – zu einem unveröffentlichten Briefwechsel zwischen Rilke und Mathilde Vollmoeller‹.* *Frankfurter Zeitung*, 22. 8. 1970, und *Stimme der Pfalz*, 23. Jg., 5/6, 1972, 6-9.

– ›»Liliane«: Rainer Maria Rilke und Claire Studer in ihren Briefen 1918-1925‹.* *Börsenblatt für den dt. Buchhandel*, 23. 1. 1976 (Aus dem Antiquariat, A1-11).

Goldstücker, Eduard. ›Rainer Maria Rilke und Franz Werfel: zur Geschichte ihrer Beziehungen.* *Acta Univ. Carolinae*, Philolog. 3, 1960, Germanistica Pragensia I, 37-71.

Goll, Claire. *La poursuite du vent.* Paris: Olivier Orban, 1976.

– *Rilke et les femmes.** Paris: Ed. Falaize, 1955.

Hauptmann, Erica. ›Unbekannte Briefe von Rainer Maria Rilke‹.* *Die Welt*, 11. 9. 1948.

Hamburger, Käthe. ›Rilkes svenska resa‹. *Bonniers Lit. Magazin,* Jg. 13, H. 7, Sept. 1944.

[Hattingberg Magda von] *Rilke und Benvenuta. Ein Buch des Dankes.** Wien: Wilhelm Andermann, 1943.

Herzog, Wilhelm. *Menschen, denen ich begegnet bin.* Bern/München: Francke, 1959.

Hirschfeld, C. ›Rilke-Erinnerungen Valerie von David-Rhonfelds‹.* *Die Horen,* Jg. 5, H. VIII, 1928/29.

Hoefert, Siegfried. ›Rilkes Briefe an Max Halbe‹.* *Euphorion* 61, 1967, 187-95.

Holthusen, Hans-Egon. *Rainer Maria Rilke in Selbstzeugnissen und Dokumenten.* Hamburg: Rowohlt, 1967.

Insel-Almanach auf das Jahr 1977: ›Rainer Maria Rilke 1875-1975 – eine Dokumentation‹.* Frankfurt a. M.: Insel, 1976.

Italiaander, Rolf. ›Rainer Maria Rilke: aus den Briefen an Ivo Hauptmann und seine Frau Erica‹. ›. . . und ließ eine Taube fliegen‹: *Almanach für Kunst und Dichtung.** Reinbek/Hamburg: Parus, 1948.

Jaloux, Edmond. *Rainer Maria Rilke.* Paris: Emile Paul, 1927.

– *La Dernière amitié de Rainer Maria Rilke.** Paris: Laffont, 1949.

Jonas, Klaus W. ›Rainer Maria Rilkes Handschriften‹. *Philobiblon,* Jg. XV, H. 1/2, 1971, 1-100.

– ›Rilke und Clotilde Sakharoff‹.* *Börsenblatt für den dt. Buchhandel* 69, 31. 8. 1973. A313-21.

- ›Rilke und Fritz Huf‹.* *Die Tat*, Zürich, Nr. 115, 18. 5. 1974.
- ›Rilke und Paul Thun-Hohenstein›.* *Jb. des Wiener Goethe-Vereins*, Bd. 79, 1975, 78-99.
- ›Richard Beer-Hofmann und Rilke‹.* *Modern Austrian Literature*, Vol. 8, Nos. 3/4, 1975.
- ›Rilke und Mechtilde Lichnowsky‹.* *Neue Zürcher Zeitung*, 9.-10. 8. 1980.

Kassner, Rudolf. *Rilke: Gesammelte Erinnerungen*, hg. Klaus Bohnenkamp. Pfullingen: Neske, 1976.

Kippenberg, Katharina. *Rainer Maria Rilke: ein Beitrag*. Zürich/Wiesbaden: Niehans/Insel, 1948 (4. Auflage).

Koenig, Hertha. *Rilkes Mutter*. Pfullingen: Neske, 1963.

Kohlschmidt, Werner. *Rainer Maria Rilke*. Lübeck: Wildner, 1948.

Leppin, Paul. ›Der neunzehnjährige Rilke‹.* *Die Literatur*, Jg. 29, H. 11, 1927, 630-4.

Leppmann, Wolfgang. *Rilke: sein Leben, seine Welt, sein Werk*. Bern: Scherz, 1981.

Luck, Rätus. ›»Winterthur, diese berühmte Winterthur . . .«: Rainer Maria Rilke und die Eulachstadt‹.* *Winterthurer Jahrbuch*, 1979, 7-38.

Marbacher Magazin 8/1978: ›Franziska zu Reventlow – Schwabing um die Jahrhundertwende‹. Deutsches Literaturarchiv, Marbach a. N.

Mark, Paul J. (Hg.) *Die Familie Pasternak: Erinnerungen, Berichte*. Genève: Ed. Poésie vivante, 1975.

Mason, Eudo C. *Rainer Maria Rilke: sein Leben und sein Werk*. Göttingen: Vandenhoeck & Ruprecht, 1964.

- *Rilke , Europe and the English-speaking World*. Cambridge University Press, 1961.

Mauser Wolfram. ›Lettere di Rilke a Carlo Placci‹.* *Rivista da Letterature Moderne e Comparate*, IX:3, Juli-Sept. 1956, 217-23.

Milne, H. J. M. ›The Letters of Rilke, Hofmannsthal, Malwida von Meysenbug and others to Marie Herzfeld‹.* *British Museum Quarterly*, XIII, 1938/39.

Modern Austrian Literature, Vol. 15, Nos. 3/4 (Sondernummer Rilke), 1982.

Modersohn-Becker, Paula: s. Busch, Günter.

Morse, B. J. ›Rainer Maria Rilke and English Literature‹ und ›Contemporary English Poets and Rilke‹. Privatnachdrucke aus *German Life and Letters*, Neue Folge, I, 1947/48.

- ›Rainer Maria Rilke and the Occult‹. *Journal of Experimental Metaphysics*, Juli und Oktober 1945, Januar 1946.

Naville-Wertheimer, Marga. *Arbeitsstunden mit Rainer Maria Rilke.* Zürich: Oprecht, 1962.

Obermüller, Paul/Steiner, Herbert/Zinn, Ernst (Hg.). *Katalog der Rilkesammlung von Richard von Mises.* Frankfurt a. M.: Insel, 1966.

Osann, Christiane. *Rainer Maria Rilke: der Weg eines Dichters.* Zürich: Orell Füssli, 1941.

Parry, Idris. *Hand to Mouth and other essays.* Manchester: Carcanet New Press, 1981.

Pettit, Richard. *Rainer Maria Rilke in und nach Worpswede.* Worpsweder Verlag, 1983.

Petzet, H. W. *Das Bildnis des Dichters.* Frankfurt a. M.: Insel, 1976.

– *Von Worpswede nach Moskau: Heinrich Vogeler.* Köln: DuMont Buchverlag, 1977 (4. Auflage).

Pfeiffer, Ernst. ›Rilke und die Psychoanalyse‹. *Literaturwiss. Jb. der Görresgesellschaft*, N. F., Bd. 17, 1976, 247-320.

– ›Zugang zu Rilke‹. Ebda., Bd. 18, 1977, 204-18.

– ›Denn Rainer starb »trostlos« – eine Betrachtung‹. Ebda., Bd. 23, 1982, 297-304.

– (Hg.) *Lou Andreas-Salomé: Eintragungen, letzte Jahre.* Frankfurt a. M.: Insel 1982.

Rainer Maria Rilke: Inédits, études et notes.* Hg. André Silvaire. Collection Les Lettres, Paris, 1952.

Rainer Maria Rilke 1875-1975.* Katalog der Ausstellung des Deutschen Literaturarchivs, Marbach a. N., Hg. Joachim W. Storck. Stuttgart: Klett, 1975.

Razumovsky, Maria. *Marina Zwetajewa – Mythos und Wahrheit.* Wien: Âge d'Homme-Karolinger, 1981.

Reconnaissance à Rilke. Les Cahiers du mois 23/24. Paris: Emile Paul, August 1926.

Rie, Robert, ›Drei unveröffentlichte Briefe Rilkes.* *Wort in der Zeit,* 1958, 4.

Rilke en Valais.* *Suisse Romande,* 3e. série, No. 4, 15. 9. 1939, 148-206.

Rilke et la France: Hommages et souvenirs. Paris: Plon, 1943.

Rilke-Gesellschaft: *Blätter* 1-10,* 1972-1983.

Rilke heute: Beziehungen und Wirkungen. 1. Band (Hg. Ingeborg Solbrig und Joachim W. Storck), 2. Band. Frankfurt a. M.: Suhrkamp, 1975, 1976.

›Rilkes Briefe an seine Haushälterin‹ (= Ida Walthert).* *Annabelle,* Jg. 8, Nr. 94, Weihnacht 1945.

Rilke-Studien zu Werk und Wirkungsgeschichte. Berlin/Weimar: Aufbau, 1976.

Ritzer, Walter, *Rainer Maria Rilke: Bibliographie*. Wien: O. Kerry, 1951.

Salis, Jean Rudolf von. *Rilkes Schweizer Jahre*. Frankfurt a. M.: Suhrkamp, 1975 (Suhrkamp Taschenbuch 289).

– ›Zu Rilkes Lebensgeschichte – ein biographischer Essay‹. *Im Lauf der Jahre*, Zürich: Orell Füssli, 1962, 319-77.

– *Grenzüberschreitungen: ein Lebensbericht*, 1. Teil. Zürich: Orell Füssli, 1975.

– ›Rainer Maria Rilke im Wallis‹. *Raron – Burg und Kirche*, Basel: Birkhäuser-Verlag, 1972, 177-94.

Schmidt-Pauli, Elisabeth. *Rainer Maria Rilke: ein Gedenkbuch.** Basel: Schwabe, 1940.

Schnack, Ingeborg (Hg.) *Rilkes Leben und Werk im Bild*. Wiesbaden: Insel, 1956.

– *Rainer Maria Rilkes Erinnerungen an Marburg und das hessische Land*. Marburg: N. G. Elwert, 2. verm. Auflage 1963.

– *Rainer Maria Rilke: Chronik seines Lebens und seines Werkes.** Bd. I, Bd. II. Frankfurt a. M.: Insel, 1975.

– *Rilke in Ragaz*. Bad Ragaz: Privatdruck der Thermalbäder und Grandhotels,* 2. erw. Auflage 1981.

Scholz, Wilhelm von. *Eine Jahrhundertwende*. Leipzig: List, 1936.

Schwarz, Egon. *Das verschluckte Schluchzen: Poesie und Politik bei Rainer Maria Rilke*. Frankfurt a. M.: Athenäum, 1972.

Sieber, Carl, *René Rilke.** Leipzig: Insel, 1932.

– Biographische Fortsetzung von *René Rilke,** unveröffentlichtes Manuskript, Rilke-Archiv, Gernsbach.

– ›Die Ahnen Rilkes‹. *Inselschiff* XII:4, 1931.

– ›Rainer Maria Rilkes Briefwerk‹. *Inselschiff* XIV:4, 1933.

– ›Rilke und Worpswede‹. *Stader Archiv*, Neue Folge, 1941, H. 31.

Simenauer, Erich. *Rainer Maria Rilke: Legende und Mythos*. Bern: Haupt, 1953.

Šolle, Zdeněk. ›Neznámé Dopisy R. M. Rilka v Československých Archivech‹.* *Studie o Rukopisech*, XIV, 1975, Prag.

Stahl, E. L./Boutchik, Vladimir/Mitchell, Stanley. ›Letters of Rainer Maria Rilke to Helene***‹.* *Oxford Slavonic Papers*, Vol. IX, 1960, 129-64.

Steiner, Jacob. *Rilkes Duineser Elegien*. Bern: Francke, 2. Auflage 1969.

Storck, Joachim W. *Rainer Maria Rilke als Briefschreiber.** Dissertation, Freiburg i.Br., 1957.

– ›Ein unbekannter Brief Rilkes an Anton Kippenberg‹.* *Jb. der dt. Schillergesellschaft* XVIII/1974, 23-36.

- ›Politisches Bewußtsein beim späten Rilke‹. *Recherches Germaniques*, 8, 1978, 83-112.
- »»Die Rose von Locarno«: ein Kapitel aus dem Briefwechsel Rainer Maria Rilkes mit Wilhelm Hausenstein‹.* *Jb. der dt. Schillergesellschaft* XXIII/1979, 94-116.
- ›René Rilkes »Linzer Episode«.* *Blätter der Rilke-Gesellschaft*, 7/8, 1980/81, 111-34.
- »»Zeitgenosse dieser Weltschande«: Briefe Rilkes an Marianne Mitford . . . aus dem Kriegsjahr 1915‹.* *Jb. der dt. Schillergesellschaft* XXVI/1982, 40-80.
- ›Rainer Maria Rilkes Begegnung mit Wilhelm Muehlon‹.* *Recherches Germaniques*, 12, 1982, 221-35.

Studer-Kiefer, Ella. Illustriertes Sammelbuch/Manuskript über Rilkes Schweizer Jahre, 1963-1971, unveröffentlicht (SLB).

Thurn und Taxis, Marie von. *Erinnerungen an Rainer Maria Rilke*, übersetzt von Georg Blokesch. Frankfurt a. M.: Insel, 1966 (Insel-Bücherei Nr. 888).

Trebitsch, Siegfried. *Chronik eines Lebens.* Zürich/Stuttgart/Wien: Artemis-Verlag, 1951.

Ullmann, Regina. *Erinnerungen an Rilke.** St. Gallen: Tschudy-Verlag, o.J.

Unseld, Siegfried. *Der Autor und sein Verleger.* Frankfurt a. M.: Suhrkamp, 1978.
- ›Das Tagebuch‹ Goethes und Rilkes ›Sieben Gedichte‹. Frankfurt a. M.: Insel, 1978 (Insel-Bücherei Nr. 1000).

Van Heerikhuizen, F. W. *Rainer Maria Rilke: his Life and Work*, übersetzt von F. G. Renier and Anne Cliff. London: Routledge & Kegan Paul, 1951.

Vogeler, Heinrich. *Erinnerungen*, Hg. Erich Weinert. Berlin: Rütten & Loening, 1952.

Von der Mühll, Theodora. ›Erinnerungen an Rilke‹. Radiovortrag, 10. 6. 1945 (unveröffentlicht, SLB).

Werfel, Franz. ›Begegnungen mit Rilke‹. *Sudetenland*, XVIII, 1976.

Wocke, Helmut. *Rilke und Italien.* Gießen: Von Münchow, 1940.

Wohltmann, Heinrich. *Otto Modersohn.** Stade: Geschichts- und Heimatverlag, 1941.
- *Rainer Maria Rilke in Worpswede.** Hamburg: Deutscher Literatur-Verlag, 1952, 2. erw. Auflage.

Wolff, Kurt. *Briefwechsel eines Verlegers 1911-1963.** Frankfurt a. M.: Scheffler, 1966.

Wydenbruck, Nora. *Rilke, Man and Poet.* London: Lehmann, 1949 (Nachdruck Westport, Conn.: Greenwood Press, 1972).

Zech, Paul. *Rainer Maria Rilke.* Dresden: Jess, 1930.

Zermatten, Maurice. *Les années valaisannes de Rilke.** Sierre: Amacker, 1951.

– *Der Ruf der Stille: Rilkes Walliser Jahre.** Zürich: Rascher, 1954.

– *Les Dernières années de Rainer Maria Rilke.** Fribourg: Le Cassetin, 1975.

Zweig, Stefan. *Abschied von Rilke.* Tübingen: Rainer Wunderlich Verlag, 1927.

– *Die Welt von gestern.* Frankfurt a. M.: S. Fischer, 1981.

Verzeichnis der Abbildungen

Rilke 1897 (Seite 6)	Rilke-Archiv, Gernsbach
Josef und Phia Rilke	Rilke-Archiv, Gernsbach
Der dreijährige Rilke	Rilke-Archiv, Gernsbach
›Mein fleißiger Student‹, 1883	Rilke-Archiv, Gernsbach
Der Zögling	Rilke-Archiv, Gernsbach
Rilke in Linz	Rilke-Archiv, Gernsbach
Valerie von David-Rhonfeld	Städtisches Museum, Prag (Prof. Alois Hofman)
In Wolfratshausen, 1897	Dr. Ernst Pfeiffer, Göttingen
Rilke und Lou Andreas-Salomé mit S. D. Drožžin	Deutsches Literaturarchiv, Marbach a. N.
Ellen Key	Deutsches Literaturarchiv, Marbach a. N.
Clara Westhoff, 1902	Mme Roland de Margerie, Paris
Lou Andreas-Salomé	Dr. Ernst Pfeiffer, Göttingen
Heinrich Vogeler	Worpsweder Verlag, Lilienthal
Paula Becker und Clara Westhoff	Rilke-Archiv, Gernsbach
Rilke und Clara Westhoff	Frau Susanna Böhme und Worpsweder Verlag
Fürstin Marie von Thurn und Taxis	Fürst Raimondo della Torre e Tasso, Duino
Mit den Eltern und Phia	Rilke-Archiv, Gernsbach
Mimi Romanelli	Edizioni Helvetica, Venedig
Anna de Noailles	Porträt F. Laszlo; Mme Roland de Margerie, Paris
Franziska zu Reventlow	Heribert Sturm, vorm. Kester-Lichtbild-Archiv

Marthe Hennebert	Rilke-Archiv, Gernsbach
Rilkes Widmung an Rodin	Mme Roland de Margerie, Paris
Rilke im Hôtel Biron, Paris	S. Fischer Verlag, Frankfurt a. M.
Schloß Duino	Donald A. Prater
Das ›Rosenhäusl‹, Capri	Yves Dupuis, Capri
Schloß Janowitz	Donald A. Prater
Ronda	Schweizerische Landes-bibliothek, Bern
Sidonie Nádherný	Deutsches Literaturarchiv, Marbach
Sidonie Nádherný, Büste von Clara Rilke	Donald A. Prater
Magda von Hattingberg	Dr. Ingeborg Schnack, Marburg
Loulou Albert-Lazard	Mme Ingo de Croux, Paris
Mary Dobržensky	Deutsches Literaturarchiv, Marbach
Rudolf Kassner	Kassner-Archiv, Tübingen (Prof. Ernst Zinn und Dr. Klaus Bohnenkamp)
Rilke als Soldat, 1916	Rilke-Archiv, Gernsbach
Claire Studer, 1921	Foto E. H. Martinié, Paris; Musée de Saint-Dié (Goll-Sammlung), Vosges
Rilke und Baladine Klossowska	Schweizerische Landes-Bibliothek, Bern
Jeanne de Sépibus	Foto Francis de Jongh, Lausanne; Mme W. Loretan-de Preux, Sion
Muzot vor 1900	Deutsches Literaturarchiv, Marbach

717

Elisabeth Bergner	Elisabeth Bergner, London
Jenny de Margerie	Mme Roland de Margerie, Paris
Yvonne von Wattenwyl	Mme Antoinette Vallotton, Epalinges
Nimet Elwi Bey	Edmond Jaloux: *La dernière amitié de Rainer Maria Rilke*. Paris: Laffont, 1949
Rilke in Sierre, 1924	Schweizerische Landes-Bibliothek, Bern
Nanny Wunderly-Volkart	Frau M. Wunderly-Böhme, Meilen
Rilke und Paul Valéry	Schweizerische Landes-Bibliothek, Bern

Werkregister

›Abend in Skåne‹ 199
›Abend-Lied (Ruth zum 10.
  Geburtstag)‹ 340
›Abisag‹ 251
›Ach wehe, meine Mutter reißt
  mich ein‹ 447
Advent 70, 85 f., 224, 284
›Ah moi á mon tour . . .‹ 603
›Alkestis‹ 247
Am Leben hin 84, 88 f., 95
›An die Erwartete‹ (›Komm
  wenn du sollst . . .‹) 364
›Arme Heilige aus Holz‹ 25
›Auferweckung des Laza-
  rus‹ 368, 476
›Aus dem Nachlaß des Grafen
  C. W.‹ 540 f., 547, 550 f.,
  600
›Ausgesetzt auf den Bergen
  des Herzens‹ 426, 600
*Aus Taschenbüchern und Merk-
blättern* 637

*Briefwechsel in Gedichten mit
  Erika Mitterer* 616, 624,
  632, 637 f.
›Buddha‹ 222 f.

›Christi Höllenfahrt‹ 476
›Christus am Kreuz‹ 67
Christus-Visionen 66 ff., 73,
  77 f., 95, 107, 388

›Da mit dem ersten Hände-
  reichen . . .‹ 655
›Dann brachte mir dein
  Brief . . .‹ 80
Das Buch der Bilder 149 f.,
  154 f., 157 f., 165 f., 168,
  181, 189, 199, 224, 228, 232,

  235, 241, 244, 246, 261, 285,
  327, 336, 338, 360, 362, 383,
  629
*Das Buch vom lieben Gott und
  anderes* 111, 114, 125, 127,
  138, 146, 149, 168, 182, 199,
  208, 223, 249, 402 f., 405,
  461
›Das Karussell‹ 251, 254 f.,
  261
›Das kleine Weinjahr‹ 622
Das Marienleben 345, 350, 362,
  395, 591
Das Stunden-Buch 106, 122,
  148, 171 ff., 182, 191, 205,
  208 ff., 214, 220, 223 ff., 241,
  244, 247, 254, 262, 284 f.,
  295, 305, 325, 355, 395, 443,
  478, 485, 529, 633, 634, 653
Das tägliche Leben 284, 383
Das Testament 551-4, 566
›Der Brief des jungen Arbeiters‹ 587
›Der Geist Ariel‹ 368
›Der Gram ist schweres Erdreich . . .‹ 566
›Der Hirte‹ 476
Der Kentaur (Maurice Guérin) 318 f., 323, 343, 377,
  599
›Der Panther‹ 166 f., 198 f.,
  222, 227, 251, 254, 512
›Der Tod‹ 449, 495
›Der Tod ist groß . . .‹ 158
*Die Aufzeichnungen des Malte
  Laurids Brigge* 11, 178, 182,
  184, 196, 200, 204, 210, 215,
  230, 233, 235, 248, 251,
  253 f., 257, 261, 268 f., 275-
  9, 281 ff., 285-90, 292,

295 ff., 299 f., 303 f., 310,
317-20, 324, 341 f., 349, 352,
357, 377, 380, 382, 386, 405,
445, 466, 469, 475, 505, 509,
519, 530, 540 f., 554, 600,
603, 621, 624 f., 629, 636,
642, 654, 659
›Die drei Könige‹ 113
Die frühen Gedichte 283, 285
›Die Geschwister‹ 492
Die Letzten 149 f., 170, 224,
284, 360
Die Liebe der Magdalena 318 f.,
321, 335, 338, 355, 377, 383
›Die neue Kunst in Berlin‹ 97
›Die Rosenschale‹ 247
*Die Rückkehr des verlorenen Soh-
nes* (André Gide) 398, 407,
573, 599
Die Sonette an Orpheus 5, 11,
576 f., 579-84, 587-91, 596,
599, 604, 608, 610, 636, 646
›Die spanische Trilogie‹ 368
›Die Turnstunde‹ 43, 110
*Die vierundzwanzig Sonette der
Louize Labé* 318, 382 f., 465,
476, 528
›Die Weide von Salenegg‹ 656
*Die Weise von Liebe und Tod des
Cornets Christoph Rilke* 108-
11, 137, 191, 200, 224 f., 227,
232, 235, 241, 244, 249, 254,
272, 284, 338, 355, 360, 380,
395, 406 f., 433, 446, 461 f.
Die weiße Fürstin 93, 97, 127,
200, 205, 240, 268, 285,
357 f.
›Dir zur Feier‹ 91
›Du aber alles erwartende . . .‹
(Sankt Georg) 445
›Du schmiegtest Dich an
mich . . .‹ (an Lou Andreas-
Salomé) 140

›Du im voraus / Verlorne Geliebte . . .‹ 401 f., 413, 658
Duineser Elegien 11, 13, 325,
345-51, 355, 359, 367-71,
381, 390, 399 f., 401, 412,
451 ff., 474, 480, 496, 506,
530, 537, 539, 541 f., 545,
549, 554, 556, 561, 575-81,
583-6, 588-91, 593, 596, 599,
600, 605, 607 f., 610, 619,
624, 629, 636 f., 640, 646,
649, 669
›Dunkelndes Moor, jetzt bist
du tief . . .‹ 168
›Du schöne dunkle Laute, mir
gegeben . . .‹ 143

›Ebauches et Fragments‹ 657
›Ein rarbegangner
Pfad . . .‹ 305
*Elizabeth Barrett-Browning: So-
nette aus dem Portugiesi-
schen* 251, 266, 271, 599
›Entsinnen ist da nicht ge-
nug . . .‹ 340 f.
›Erlebnis I‹ 369, 382, 495, 508
›Erlebnis II‹ 369 f., 496, 508
›Eros‹ 610 ff.
Erste Gedichte 283, 383, 385,
400
›Es winkt zu Füh-
lung . . .‹ 424
Ewald Tragy 45, 56 ff., 66, 97
›Exercices et évidences‹ 648,
652

›Festspielszene‹ (zur Einwei-
hung der Kunsthalle, Bre-
men) 154
›Figurines pour un ballet‹ 321
›Flutet mir in diese trübe
Reise . . .‹ (an Benve-
nuta) 408

›Fülle ist nicht, daß sie uns be-
    trübe . . .‹ (an Baladine) 530
›Fünf Gesänge‹ 421 ff., 431,
    462

›Gebete der Mädchen zur Ma-
    ria‹ 91
›Geburt der Venus‹ 182
Gesammelte Werke 572, 596,
    599
Geschichten vom lieben Gott – s.
    *Das Buch vom lieben Gott und
    anderes*
›Gong‹ 635 f.

›Handinneres‹ 627
›Haussegen‹ (1899) 98
›Herbst‹ 168, 199
›Herbsttag‹ 166
›Hetärengräber‹ 182
›Himmelfahrt Mariae‹ 368
›Hinter den schuld-losen Bäu-
    men . . .‹ 388
Höhenluft 74

›Ich steh im Finstern und wie
    erblindet . . .‹ (an Lou An-
    dreas-Salomé) 140
›Ich trage in mir tausend wilde
    Fragen . . .‹ 75
›Ich weiß euch lau-
    schen . . .‹ 135
›Idol‹ 636
Im Frühfrost 47, 51, 54, 63, 73,
    83 f.
›Im Kirchhof zu Ragaz‹ 616
›Immer wieder, ob wir der
    Liebe Landschaft . . .‹ 433 f.
›Improvisationen aus dem Ca-
    preser Winter‹ 247

*Jetzt und in der Stunde unseres
    Absterbens* 49, 51 f., 54, 63

›Komm du, du letz-
    ter . . .‹ 666 f.
›Kommt mein Frühling erst
    noch? . . .‹ 169
›Kopf Amenophis IV. in Ber-
    lin‹ 390

›La paume‹ 627
Larenopfer 45, 48, 52, 54 f., 87,
    618
›Laß dir, daß Kindheit
    war . . .‹ 542-5, 581
›Laß mich nicht an deinen Lip-
    pen trinken . . .‹ 425
›L'Attente‹ 657
Leben und Lieder 39 ff., 46
›Le Christ ressuscité‹ 645
›Le Noyer‹ 605
Les Fenêtres 652
Les Roses 620, 652, 664
›Liebesanfang‹ 440 f.
›Lied vom Meer‹ 247
›Lieder der Sehnsucht‹ 79
›Lösch mir die Augen
    aus . . .‹ 82, 148

›Magie‹ 11
Michelangelo-Übertragungen 407,
    453, 463, 466, 482, 496, 572,
    599
›Mir zur Feier‹ 98, 112, 137,
    158, 199, 281, 283
Mitsou (Vorwort) 539 ff., 573,
    602
›Moderne Lyrik‹ 89, 99
›Moderne russische Kunstbe-
    strebungen‹ 168
Mütterchen 63
›Narziss‹ 386, 495

Neue Gedichte 11, 166, 182,
    222, 235 f., 247, 251, 254-8,
    260 f., 265-8, 272, 274,

281 f., 284, 291 f., 295, 338,
342, 369, 427, 458, 621, 624,
629, 656
›»Nicht Geist, nicht Inbrunst
wollen wir entbehren«‹ 656,
673

›Ode an Bellmann‹ 476
›O die Verluste ins All, Mari-
na . . .‹ 650 f.
›Oh sage, Dichter, was du
tust? . . .‹ 583
›Oh, wie schälst du mein
Herz . . .‹ 409
›O ich möchte meine Stimme
heben . . .‹ 170 f.
›Orpheus. Eurydike. Her-
mes‹ 182, 199

›Perlen entrollen . . .‹ 359
Pierre Dumont 43
Portugiesische Briefe (Briefe der
Marianne Alcoforado) 377,
382 f., 392, 400
›Puppen‹ (zu den Wachspup-
pen von Lotte Pritzel) 407,
420

Quatrains valaisans 618 f., 628,
642, 652
›Qui nous dit que tout dispa-
raisse . . .‹ 529

›Reden will ich . . .‹ 451
›Requiem‹ 137 f., 158
›Requiem für eine Freun-
din‹ 279 ff., 285 f.
›Requiem für Wolf Graf von
Kalckreuth‹ 280 f., 285 f.
Rodin 157, 163, 166 ff., 170,
173 f., 176, 179, 187, 219,
239, 241, 257, 258 f., 261 ff.,
291, 355, 383, 392, 400, 504

›Rose, oh reiner Wider-
spruch . . .‹ 633
›Russische Kunst‹ 115

›Samskola‹ 198, 200, 204
›Schleppe oder keine
Schleppe‹ 34
›Sieben Gedichte‹ 450 f.
›So wie eine Türe, die nicht
zubleibt . . .‹ 322
›Spiel‹ (Ludwig von Hofmann
zu eigen) 97
›Stanzen‹ 75

›Tendres impôts à la
France‹ 652
›Todes-Erfahrung‹ 247
Traumgekrönt 54, 61, 63 f., 78,
85, 284

›Über den jungen Dich-
ter‹ 390, 400, 433
›Urgeräusch‹ 508, 513, 616,
637
›Urne, Fruchtknoten des
Mohns . . .‹ 623

Valéry-Übertragungen 595, 599,
605, 612, 614, 617, 622, 651,
654 f., 657 f., 660 f., 664
Vergers 612, 619, 628, 642,
652, 654, 662
Vigilien 63
›Von den Mädchen‹ 131, 158

›Waldteich‹ 415 f.
›Warst mir die mütterlichste
der Frauen . . .‹ 140,
340
›Welcher gelegene
Ort . . .‹ 617
›Wendung‹ 416 ff.
›Wenn endlich Drang und

Stumpfheit sich ent-
zweien . . .‹ 323
›Wer könnte einsam le-
ben . . .‹ 246
›Wie die Vögel . . .‹ 428
›Wie man ein Tuch vor ange-
häuften Atem . . .‹ 340

›Wir rühren uns.
Womit? . . .‹ 650
Worpswede 152 f., 155,
299

Zwei Prager Geschichten 86 ff.,
100, 102, 105, 139, 284

Ortsregister

Abramtsevo 117
Aix-en-Provence 286
Alexandria 310
Algier 307 f., 310, 324
Alyscamps 288, 629
Ammersee 441
Amsterdam 155 f.
Anthy 657
Aquileia 333
Arco 69, 88, 99, 115, 141, 143, 229
Arles 286
Arqua 360
Ascona 490, 516
Assisi 408, 412 f.
Assiut 387
Assuan 312
Auerbach 325
Avallon 332
Avignon 174, 287, 332, 363

Bad Ischl 56
Bad Pfäfers 616
Bad Ragaz 531, 615 ff., 620, 630, 652-5, 657, 660
Bad Rippoldsau 287, 384 f., 387, 406
Balsthal 567, 599
Barkenhoff (Worpswede) 92, 98, 126, 129, 131, 134, 147, 177, 180
Basel 409, 513 f., 516 f., 521-4, 534, 655
Batignolles 234
Bayonne 361 f.
Beatenberg 528 f., 596 f., 607
Beaucaire 288
Beauvais 396
Begnins 509
Beni Souef 310

Berg am Irchel, Schloß 532, 534-7, 539, 541 f., 548-51, 553 f., 563, 565 f., 568, 570, 573, 581 f., 597, 644
Bergen 196
Berlin 50, 53, 62 f., 77, 83 f., 87, 94, 96 f., 99 f., 112 f., 123 ff., 127 f., 134, 139, 142, 153, 168, 197, 206, 208-13, 221, 228 f., 239 f., 244, 246 f., 252, 263, 266 ff., 285, 291, 297 ff., 327, 390, 392 f., 401, 404, 408, 410, 431 ff., 435 ff., 454, 462, 464, 468, 472 f., 475 f., 478 f., 486, 492, 518, 548 f., 566, 596 f., 644, 653, 662, 689, 704
Bern 474, 478, 503 ff., 507, 513 f., 527, 529 ff., 534, 547, 606 f., 615
Bibersberg 104
Biskra 307 f.
Bjärred 190
Blankenese 393
Böckel (bei Bieren) 468 f., 479
Böhmisch-Leipa 88
Bologna 333
Borgeby-Gård 186, 188, 193
Bothmar, Schloß 616, 654
Boulogne-sur-Seine 228
Bredenau (Fischerhude) 499, 521, 569
Bremen 53, 98, 113, 132, 141, 143, 149, 152 f., 157, 168, 170, 184, 187, 213, 221, 229
Breslau 99, 114, 261
Brest-Litovsk 480 f.
Bretagne 168, 237, 425
Brissago 511
Brügge 238

Brüssel 218
Brüx 21
Buchara 334
Budapest 52 f.
Burghausen 463, 465

Canale 28, 31
Capri 212, 239 ff., 246 f., 249,
   251, 257, 259, 265 ff., 269 ff.,
   291, 344, 369, 385, 388, 406,
   496, 508, 616
Carpentras 288
Castagnola 663
Chailly 661
Chantilly 236
Charlottenlund 202
Charkow 117, 120
Chartres 227, 344
Chiemsee 440, 466, 468
Chippis 648, 651
Cordoba 365

Dachau 130, 189, 466, 495
Danzig 94, 96, 104, 125
Darmstadt 152 f.
Dijon 174
Dittersbach 44
Dorfen 81
Dresden 21, 41, 56, 145, 175,
   197, 206, 208, 212, 219, 249,
   394 f.
Duino 291 ff., 297, 299 ff.,
   304, 314, 325, 328 f., 332 f.,
   336, 339, 342 f., 350 f., 354,
   360 f., 364, 366, 369 f., 375,
   380, 382, 385, 398 ff., 410-3,
   439, 441, 474, 481, 484, 495,
   506 ff., 517, 535, 540, 555,
   570, 575-8, 581
Düsseldorf 187

Edinburgh 638
Elberfeld 221, 228, 236, 289,
   294, 647

El Kantara 309
Etoy 555 f., 561, 602, 700

Fischerhude 468, 471 f., 488,
   495, 499
Flaach 536
Flädie 188
Fleurines 383
Florenz 88-92, 103, 108 f.,
   111, 127, 180, 270, 334, 438,
   481
Fontainebleau 235, 240
Frankfurt a. M. 430
Franzensbad 304, 325
Freiberg 21
Freiburg i. Br. 623, 702 f.
Freienwalde, Schloß 481
Fribourg 529
Friedelhausen 209, 211 ff.,
   221, 226, 230, 238 f., 385
Furnes 237
Furuborg 194 ff., 198, 200,
   202, 204, 220 f., 226, 271,
   290

Gamelitz 21
Genf 407, 443, 503 f., 510 f.,
   527-31, 533-6, 538 f., 547 f.,
   557, 578, 603, 646, 658
Gent 238
Genua 170, 172
Gibraltar 365
Gießen 209
Glion 609, 645 f.
Gmunden 56
Godesberg 214, 236 ff., 257
Goisern bei Ischl 56
Göteborg 194, 198 f., 221,
   235, 259
Göttingen 50, 185, 196,
   200 f., 209, 211 f., 244, 266,
   385, 387, 418 f., 421
Grado 337, 360

Greifensee 606

Hallein 82 f.
Hamburg 41, 53, 74, 97, 132,
  152 f., 202 f., 221, 229, 304,
  392
Hannover 265, 273, 472
Haseldorf 149, 155 f.
Heiligendamm 387 f., 391 f.,
  417
Heliopolis 313
Hellerau 391
Heluan 246, 252, 310, 312 f.,
  351
Hietzing 456, 458
Hottingen 486, 496, 498, 508
Husum 73
Hütteldorf 454

Innsbruck 94, 410, 428
Irschenhausen 423, 425,
  435 f., 439, 441, 461

Janowitz, Schloß 231, 259 f.,
  304 f., 326, 431
Jaroslawl 117, 121 f., 125
Jasnaja Poljana 117 f., 512
Jena 289, 295
Jonsered 194, 221, 275
Juan-les-pins 332

Kairo 310, 312, 324, 363,
  659
Kairouan 309
Kaiserstuhl 564
Kamenitz an der Linde 22,
  231
Karnak 311, 317, 541
Kärnten 20 f., 555, 562,
  595
Karthago 309
Kassel 213
Kazan 121
Khralynsk 121

Kiel 187
Kiew 114, 117, 119 f., 616
Köln 306 f.
Konstantinopel 466, 472
Konstanz 71, 74
Kopenhagen 174, 184, 187,
  192-7, 202 f., 213, 277
Korbonowka 120
Krakau 429
Kralup 22
Krefeld 344
Krementschug 117, 120
Kremsier 22
Kresl 120
Kresta-Bogorodskoje 121
Krummhübel 387 f., 391, 395
Kufstein 82

Langenau 21, 108
Lausanne 490, 557, 620 f.,
  647, 653, 658, 661
Lautschin, Schloß 291 f.,
  304 f., 313, 321, 325 f., 431,
  494, 527
Leipzig 40, 53, 113, 130, 182,
  220, 291, 294, 297, 304,
  325 ff., 384 f., 387, 390 f.,
  401, 414, 418 ff., 428, 431,
  461 f., 466, 499, 568, 570
Les Baux 288, 363, 629
Leysin 659
Liebau 568, 570
Linda 21
Lindau 499
Linz 33, 38
Locarno 516, 518, 521, 524,
  527
London 227 f., 327 f., 419
Lübeck 62, 73
Lund 188, 191 f., 203
Luxor 311
Luzern 313, 513, 606
Lyon 332

Madrid 362, 371
Mährisch-Weißkirchen (Hra-
   niče) 29, 32 f.
Maienfeld 654 f.
Mailand 187, 630
Malaga 365
Malans 606, 616, 654
Malmö 186 ff.
Mannheim 378
Marburg 213, 239
Marienbad 180
Marly-le-roi 319
Marseille 307
Meilen 514, 518, 520, 524,
   527, 531, 565, 595, 607, 617,
   631
Meiningen 104, 135, 157
Meran 70
Metz 425
Meudon 162 f., 167, 214,
   217 f., 220, 222, 226, 228,
   230 f., 270, 272 ff., 383, 468,
   477
Miège 633
Misdroy 44
Mlada Vožice 21
Montana 557
Monte Verità 663
Mont St. Michel 321
Montreux 609, 623, 645, 647,
   663
Morges 485
Moskau 99-103, 108, 114-8,
   120, 122 f., 127, 448, 545,
   649 f.
München 53-7, 61, 63, 71, 74,
   76 f., 81 ff., 84 ff., 94, 97,
   111 ff., 130, 149, 180, 189,
   193, 223, 304 ff., 325, 328 f.,
   332, 339, 344, 354, 361,
   391 ff., 397, 404, 407, 409 f.,
   415, 419, 421, 423-6, 429,
   432-7, 439 ff., 444, 446 f.,

454, 457 f., 460-6, 468 ff.,
   472, 478 f., 481, 483, 486,
   490, 494, 497, 499, 505, 516,
   520, 523, 535, 545, 548, 573,
   575, 646 f.
Muzot 557, 561-8, 570 f., 573,
   577, 580 ff., 589, 591-4,
   596 ff., 603-8, 610, 613 f.,
   617, 621, 623, 626, 629-35,
   638, 646, 648, 651, 653, 657,
   660 f., 663, 703

Neapel 241, 243, 246 f., 249,
   251 f., 307, 309 f.
Neuchâtel 615
Nisowka 122
Nizhni-Nowgorod
   (Gorki) 121
Nowgorod Veliki 123
Nowinki 123
Nyon 498, 503, 508-11

Obergrund 55
Oberneuland 132 f., 168, 174,
   177 f., 193, 195, 197, 202,
   204, 206, 211, 239, 258 f.,
   263, 267 f., 270, 283, 304, 328
Oby 210
Oldenburg 265
Oliva 104
Olšany (Prag) 229
Oostduinkerke 237
Orange 288, 629
Oslo (Christiania) 195
Ouchy 485, 620, 657

Padua 360, 527
Palermo 309
Paris 70, 129 f., 156 ff., 161-6,
   168-71, 173 ff., 178 f., 183-5,
   189, 192, 198, 201, 209, 213 f.,
   217, 222, 226, 233-6, 238 f.,
   240, 242, 244, 250-3, 256 f.,

259, 262, 265 ff., 269 ff.,
275 ff., 279, 281, 287, 289 ff.,
294 f., 297, 301, 303-8,
313 f., 317-20, 322 ff.,
328 f., 331 f., 338 f., 362,
370 f., 375-8, 383 ff., 389,
391 f., 395 f., 401 f., 404,
406, 408 ff., 412 ff. 419, 421,
424 f., 428, 434, 436, 444,
458, 468, 470, 474, 479, 503,
506, 509, 514, 518, 523, 525,
527 ff., 533 ff., 545, 548 f.,
563, 573, 575 f., 580, 589,
593 f., 597 f., 602 f., 607 f.,
610, 613 f., 619 ff., 623-6,
628 ff., 632, 636, 640 ff.,
645, 650, 652 ff., 663 f., 703
Perugia 408
Petit-Saconnex 528
Philae 312
Piacenza 332
Pisa 92
Poltawa 120, 122
Pontresina 654
Prag 11, 19, 22, 27, 39 ff., 44,
46 f., 49 f., 52-6, 61, 63 ff.,
79, 84 ff., 88, 94, 99, 112, 114,
143, 146, 154, 180, 192,
206 ff., 219, 223, 229, 231,
244, 256, 259 ff., 303 f., 313,
325 f., 328, 330, 383, 393, 545,
618
Pratteln 524
Provence 288, 329, 533, 561,
608, 629

Raron 633, 668
Reims 257
Riva 69, 305
Rodaun 262, 459
Rolle 554 f.
Rom 76, 173, 175, 179 f.,
182 f., 192, 196, 199, 228,

230, 239, 242, 250, 271,
275 ff., 297, 299, 304, 353,
406, 439, 641, 662
Romanshorn 499
Ronda 355, 365 f., 369 ff.,
403, 496, 577, 584
Rongas 123
Rouen 396, 464

Sagrado 291
Saint-Cloud 378
Saintes-Maries-de-la-mer 286
Saint-Rémi 288
Saint Tropez 321
Sakkhara 310
Salenegg, Schloß 654, 656
Salzburg 32
Salzkammergut 56
Samara 121
St. Gallen 513
St. Moritz 505
St. Petersburg 76, 93, 98,
102 ff., 122 ff., 125, 196, 228,
318, 528, 625
St. Pölten 29, 32 f., 36, 39
San Michele (Capri) 252
Santa Margherita 170
Saonara 360
Sarajewo 418
Saratow 117, 120, 122
Sceaux 375 f.
Schmargendorf 84, 87, 94, 96,
104 f., 114, 127, 135, 139 f.,
157, 196, 367, 406, 689
Schöneck 606, 609
Schönenberg bei Pratteln
517 f., 521 f., 524 f., 527
Schönfeld 39
Schwabitz 22
Senlis 383
Sevilla 365
Sierre (Siders) 533, 555 ff.,
562, 567, 573, 591, 596,

603 ff., 607, 614, 630, 633, 646, 648 ff., 660 f., 663
Sils-Baselgia 505 f.
Sils-Maria 506
Simbirsk (Uljanowsk) 121
Sion 533, 661
Sizilien 249, 270, 362, 551
Skodsborg 197
Smichov 33 f.
Soglio 506, 508-11, 516, 519, 536, 579, 615
Solothurn 567
Sorrent 242
Stawropol 121
Stockholm 196
Straßburg 40, 287
Stuttgart 39, 83, 168, 181, 361
Syrakus 250
Syzran 121

Taormina 527
Tashkent 334
Teplitz 21
Thonon 657
Thun 606
Tiflis (Tbilisi) 334
Tirol 409, 413
Toledo 332, 360-6, 369, 375, 448 f., 465, 496, 545, 650
Toskana 89, 184
Trapani 309
Travemünde 466
Treseburg 212 f.
Triest 28, 291, 337, 350, 362, 459
Tschochau 22
Tula 118
Tunis 249, 309 f., 383
Türmitz (Termiče) 21
Turnau 22, 453 f.

Valmont 609 f., 615, 623 f.,

632, 634, 637 f., 640 ff., 644, 646-9, 663 f., 667, 703
Veleslavin, Schloß 47, 55
Venedig 69 ff., 76, 111, 180, 185, 259, 263 ff., 291, 301, 303, 314, 317, 333, 335 f., 351, 354 f., 357-60, 366, 385, 406, 412, 461, 523, 525 ff., 535
Ventimiglia 332
Verdun 475
Verona 362
Versailles 218, 227
Vevey 606, 645 ff., 661
Viareggio 92 f., 170 f., 174, 176, 187, 230
Villa Discopoli (Capri) 242, 249, 252, 259, 267, 269 f., 299
Villeneuve 606
Volkardey 232

Waadtland (Vaud) 557, 615
Wallis (Valais) 533, 555, 557, 561 f., 571, 574, 596, 622
Warschau 101
Weimar 221, 229, 298, 326 ff., 339, 348, 387
Westerwede 134, 141 f., 143-6, 156 f., 166, 189, 245, 268, 592
Wien 37 ff., 41, 50, 63, 82, 94, 99 f., 112, 152, 168, 208, 221, 225, 229, 234, 249, 259 ff., 263, 265, 286, 292, 299, 303, 314, 318, 332, 337, 350, 355, 367, 407, 439, 443, 454, 456-62, 464, 466, 483, 485, 595, 616, 620, 638, 658, 662, 671
Wiener Neustadt 170
Wiesbaden 53, 240, 430
Wilmersdorf 84

Winterthur 513 f., 538, 593
Wolfratshausen 79, 83, 87, 94,
    143, 148
Woronesch 117, 120
Worpswede 98, 125-30, 132-5,
    137 ff., 152 f., 157, 175 f.,
    180, 192 f., 205 f., 209 ff.,
    213, 220, 226, 229, 237, 347,
    468

Würzburg 407, 430

Zoppot 94 f.
Zürich 48, 53, 76, 185, 196 f.,
    200, 409, 435, 486, 503, 505,
    508, 510 f., 513 f., 517,
    531 ff., 536, 538 f., 548, 575,
    592, 600, 606, 620, 631, 653,
    703

Namenregister

Abravanel, Maren 14
Adler, Paul 700
Albert, Eugen 424, 426, 430, 436, 441
Alberti, Renée 448, 460, 702
Albert-Lazard, Lou (Lou-lou) 424-7, 429-43, 446 f., 459 f., 462, 464, 491, 524, 529, 593, 607, 668, 697
Alcoforado, Marianna 251, 278, 302, 348, 377, 382
Altenberg, Peter 87
Am Ende, Hans 98, 153
Amenophis IV. 390 f., 393, 420, 433
Andreas, Friedrich Carl 77, 80, 82, 96, 101, 104 f., 135, 185, 367
Andreas-Salomé, Lou 59, 76-84, 87 f., 90 ff., 94 ff., 98 f., 101-5, 109 f., 114-27, 131, 134, 137-44, 148, 150, 173, 175-85, 192 f., 195 ff., 200, 204 f., 208-12, 217, 221 f., 228, 244 f., 266 f., 276, 281, 285, 287 f., 339-45, 349, 351 f., 366-8, 385 ff., 391, 393 ff., 397, 399, 404, 407 ff., 414 ff., 418 f., 421, 437, 439 f., 451, 454, 465, 475, 496-9, 515, 573 f., 578 f., 590, 603, 634 f., 639, 647, 664 f., 674, 677, 688, 690, 702 f.
Annunzio, Gabriele d' 357
Aretin, Erwein von 438, 442
Arnim, Bettina von 278, 327, 532
Arnold, Rosa 442
Arp, Hans 319

Asadowskij, Konstantin 704
Auer, Erhard 487
Augustin, Sankt 321, 344

Bachofen, J. J. 513
Bacon, Francis 315, 501
Bahr, Hermann 51
Balthus – s. Klossowski, Arsène Davitcho
Balzac, Honoré de 344, 647
Bang, Hermann 193
Barbusse, Henri 465
Barney, Natalie Clifford 628
Barreyre, Jean 641
Bartsch, Rudolf Hans 454
Bassermann, Dieter 698, 700
Bassiano, Fürstin Marguerite 625 f.
Baudelaire, Charles 161
Bauernfeldpreis (Wien) 286
Baumgartner, Frieda 14, 567, 572 f., 580, 592, 595, 597 f., 603 f., 606 f., 632, 701
Baumgartner, Rosa 604
Bazalgette, Léon 378
Beardsley, Aubrey 97
Becker, Molly 132
Becker, Paula – s. Modersohn-Becker, Paula
Beer-Hofmann, Richard 262, 266
Bellman, Carl Michael 443
Benois, Aleksandr Nikolaevič 124 f., 147, 528
›Benvenuta‹ – s. Hattingberg, Magda von
Benzmann, Hans 52
Bergner, Elisabeth 14, 492 f., 627, 653, 704

Bernhard, Hedwig 385, 388, 393, 406, 695
Betz, Maurice 603, 621, 625, 627 ff., 642, 657
Bibesco, Prinzessin Marthe 625
Bierbaum, Otto Julius 113 f.
Bjerre, Poul 393, 647
Bjørnsen, Bjørnstjaerne 198
Blackwood, Algernon 351 f., 694
Blätter für die Kunst 99
Blumauer, Olga 36, 38
Boccaccio, Giovanni di 89
Bodman, Emanuel von 63
Böhmens Deutsche Poesie und Kunst 35
Bojer, Ellen 189
Bojer, Johan 189
Bonin, Edith von 270, 281, 300, 424 f.
Bonstetten, Antoinette de – s. Vincens-de Bonstetten
Bonz, Adolf 83-6, 88, 100, 110, 112, 114, 268 f., 284, 687 f.
Borchardt, Rudolf 674
Bosshardt, Viola 653
Brandes, Georg 174, 181, 193, 195, 237
Braun, Felix 262, 459, 692
Broglie, Madeleine de 240, 253, 693
Brown, Horatio 333, 411
Browning, Elizabeth Barrett 251
Bruckmann, Elsa 306, 361, 438, 443, 448
Bruckmann, Hugo 306, 438
Brüstlein, Simone 567
Buber, Martin 384
Buchli, Hans 700
Büchner, Georg 443

Bülow, Frieda von 76, 78, 81, 99, 105, 135, 138
Bunin, Ivan 625
Burckhardt, Carl Jacob 514
Burckhardt-Schazmann, Hélène 517
Burte, Hermann (eig. H. Strübe) 438, 442
Busoni, Ferruccio 404, 409, 505
Butler, Elizabeth Maria 107
Byron, George Gordon, Lord 475

Cahiers du mois 642
Cahiers verts 601
Carossa, Hans 438, 595
Carrière, Eugène 165, 171, 218
Carsen, Jenny 56, 62
Cassirer, Eva, geb. Solmitz 207, 240, 247, 268, 299, 353 f., 392, 396 f., 429, 469, 471, 537, 594, 655, 690 ff., 695, 700
Cassirer, Kurt 299, 353 f., 362, 429, 594
Cassou, Jean 625, 641, 652
Cellini, Benvenuto 89
Cézanne, Paul 130, 137, 258, 265, 268, 279, 294, 401, 464, 513
Chagall, Marc 476
Chesterton, Gilbert Keith 601
Clary, Gräfin von 14
Claudel, Paul 391, 394, 626
Clavel, Fanette 700
Cocteau, Jean 270, 293 f.
Cohen, Harriet 658
Colette, Sidonie-Gabrielle 601
Commerce 622, 624 f., 649

Concordia-Gesellschaft
(Prag) 39, 49, 153, 191, 260
Conegliano, Cima da 582
Conrad, Michael Georg 61,
73, 77, 84 f.
Contat, Antoine 701
Contat, Léonie 704
Copeau, Jacques 456
Cotta Verlagsanstalt 39
Courten, Gräfin von 698
Csokor, Franz Theodor 459

Da Bologna 89
Dante 88 f., 329, 334, 475
Das Inselschiff 600, 638, 704
Däubler, Theodor 464
Daumier, Honoré 538
Dauthendey, Maximilian 149,
430
David-Rhonfeld, Valerie
von 39 f., 42-6, 71, 174, 686
Degas 97
Dehmel, Richard 62 f., 88,
328, 362
Delacroix 549
Delp, Ellen 394, 603, 697, 703
Der Brenner 428 f., 438
Derp, Clotilde von (eig. Von
der Planitz, Clotilde) 438,
442, 505, 625
Desarzens, Monique 14
Détraz, Henry 648, 651
Diaghilew, Sergej 124
Dickinson, Harry Louis von –
s. Wildberg, Bodo
Die Fackel 400
Diefenbach, Karl Wil-
helm 243
Die Gesellschaft 61, 73
Die Insel 113
Die weißen Blätter 420, 435
Die Zeit (Wien) 114, 168
Dimitriewa, Alice 209

Dobržensky, Mary Grä-
fin 498, 503 f., 508 ff., 517,
527, 549, 595, 604, 693, 700,
703
Dostojewski, Fedor 112, 312,
427, 436, 544, 601
Drouot, Frau 36 f.
Drouot, Hans 34
Drožžin, Spiridon Dimitrije-
witsch 115, 122 ff., 127, 139
Du Bos, Charles 625, 628
Duncan, Isadora 270
Du Prel, Karl Freiherr von 66
Duse, Eleanore 97, 223, 240,
278, 357 ff., 406 f., 430, 444,
526, 629

Ebert, Friedrich 487, 601
Eeden, Frederik van 393, 435
Ehrenfels, Emma von 692
Einstein, Albert 589
Eirich, Dr. O. F. 54
Eisner, Kurt 483, 487 f., 490,
493, 497
Ekner, Reidar 690
›El Greco‹ (Dominico Theo-
kopuli) 281, 318, 332, 344,
360, 362, 364, 366, 368, 371,
380, 393, 476
Elwi Bey, Nimet 659 f., 667
Emerson, Ralph Waldo 90
Emile-Paul 628
Endell, August 69, 77 f., 81
Entz, Carl Joseph 23, 39
Entz, Caroline, geb. Kinzel-
berger 19, 23, 39, 619
Epp, Franz Xaver Ritter
von 493
Erdmann, Ilse 697
Erzia, Stepan Dimitrievich
(eig. Nefedov) 376
Ettinger, Pawel Davido-
vich 116 f., 139, 152, 688 f.

Europäische Rundschau 627
Eysoldt, Gertrud 202, 213

Fabre-Luce, Alfred 626
Faehndrich, Alice 212, 239 f.,
    242, 249, 251 f., 257, 271,
    388
Fairbanks, Douglas 615
Faktor, Emil 688
Falke, Gustav 62, 97
Feist, Hans 525, 548
Ficker, Ludwig von 428 f.,
    436
Fischer, Brigitte (Tutti) 289
Fischer, Hedwig 87, 240, 243,
    266 f., 274, 285, 289, 297 ff.,
    344, 436, 594
Fischer, S., Verlag 148
Fischer, Samuel 87, 200, 221,
    231, 240, 266-9, 271 f., 275,
    285, 297 ff., 344, 436, 594,
    692
Flaischlen, Cäsar 99
Flaubert, Gustave 427
Foligno, Angela da 366
Fontane, Theodor 48 f.
Förste, Jomar 696
Förster, Friedrich Wil-
    helm 483
Forum 435
Franz von Assisi, Sankt 172
Franzos, Karl-Emil 49
Freeman-Mitford, Hon.
    John 432
Freud, Ernst 497
Freud, Sigmund 339, 342,
    367, 386, 393, 451, 497,
    702
Freyhold, Edmund Carl
    von 604
Fried, Oskar 61
Friedländer-Fuld, Fritz Vik-
    tor 431 f., 468

Friedländer-Fuld, Marianne –
    s. Mitford, Marianne
Friesenhahn, P. 53, 85
Frisell, Stina 235

Gallimard 458, 628 f.
Ganghofer, Ludwig 53, 61,
    71, 74 f., 83 ff., 174, 687
Gaspoz, Henri 648 f.
Gauchat, Louis 701
Gebsattel, Victor Emil
    von 339, 343, 345, 349, 352,
    393, 419, 439, 671
Geijerstam, Gustaf af 240,
    243, 245, 249 f., 252, 692
George, Stefan 87, 91, 98,
    112, 380
Giauque, Sophie 636
Gibson, Bertil 249
Gibson, Elizabeth (Liz-
    zie) 194 f., 198, 202 f.,
    220 f., 226, 235, 244, 249, 259,
    270 f., 275, 290, 300, 443,
    690 f.
Gibson, John James (Jim-
    my) 194 f., 198, 202 f.,
    205 f., 220 f., 226, 244, 259,
    271, 275, 443, 690 f.
Gibson, Johnny 200
Gide, André 307, 320, 344,
    377 f., 380, 398, 400, 407 f.,
    427, 456, 506, 534, 571, 573,
    593, 595, 598 f., 602, 607,
    624 f., 652
Gilgamesch 476, 698
Gill, Eric 617
Ginzkey, Franz Carl 455, 697
Giotto di Bondone 89
Giraudoux, Jean 625, 641
Gisler, Leni 536 f., 551, 565,
    572
Glauert-Hesse, Barbara 14
Gneisenau, Mary Gräfin 243

Goethe, Johann Wolfgang von 69 f., 194, 278, 327, 349, 351, 384, 532, 536, 640

Goldschmidt-Rothschild, Marianne von – s. Mitford, Marianne

Goll, Claire, geb. Aischmann 490-4, 505, 525, 529, 603, 619 f., 625, 629, 703

Goll, Ivan (eig. Isaac Lang) 468, 490 ff., 505, 525

Gorki, Maxim 243, 252

Goudstikker, Mathilde Nora 69 f., 74 f., 78, 86, 686 f.

Goudstikker, Sophie 69, 78

Goya y Lucientes, Francisco José de 371

Graf, Oskar Maria 498

Greenham, Miss 328, 336 f.

Gregh, Fernand 84

Greiner & Pfeifer Verlag 690

Guérin, Maurice de 318

Guttmann, Angela 518-21, 523 f.

Haemmerli, Dr. Theodor 609 f., 615, 623, 631, 637, 640, 643, 645 ff., 663-70

Halbe, Max 53, 61, 71, 77, 84

Hammershøj, J. Sven 202

Hamsun, Knut 495

Hardt, Ernst 239, 244

Hardy, Resi 700

Hart, Julius 62, 88 f., 687

Hartenau, Assen Graf 483

Hartig, Graf 22

Hattingberg, Magda von (›Benvenuta‹), geb. Richling 402-14, 424 f., 427, 441, 461, 515, 524, 529, 546, 555, 650, 671, 675, 696, 698

Hauptmann, Carl 87, 127, 132

Hauptmann, Erica, geb. von Scheel 319, 321, 336, 344, 393, 694, 697

Hauptmann, Gerhart 87, 137, 150, 157, 174, 231, 289, 297, 362, 469, 476, 601, 690 f.

Hauptmann, Ivo 319, 392, 694

Hausenstein, Wilhelm 438, 467

Heidenstam, Verner von 198

Helbig, Nadezhda, geb. Schachowskoj 299

Heller, Hugo 260 f., 263

Hellingrath, Norbert von 439, 442 f., 465

Henckell, Karl 48 f.

Hennebert, Marthe 322 f., 329, 336, 350, 362, 375 ff., 381, 444, 470, 505, 509, 518, 526, 626, 629

Herxheimer, Dora 236 f., 243, 250-3, 257, 275, 300, 377, 692, 702

Herzfeld, Marie 208, 225, 234, 691

Herzl, Theodor 100

Herzog, Wilhelm 435, 464, 472, 483

Hesse, Hermann 250, 349, 480, 663

Heydt, August von der 236, 647

Heydt, Elisabeth von der 214, 236, 240, 250, 419

Heydt, Karl von der 214, 217, 225, 230, 232, 236-9, 243, 257, 270, 285, 332, 419, 442, 454, 472, 691

Heydt, Selma von der 647

Heymel, Alfred Walter (von) 113 f., 430 ff.

Hofmann, Ludwig von 97

Hofmannsthal, Gertrud
von 459, 524
Hofmannsthal, Hugo von 41,
85, 99 f., 221, 223, 252, 257,
261 f., 266, 269, 297 f., 306,
324, 329, 344, 350, 361, 380,
393 f., 458 f., 478, 524, 625,
674 f., 704
Hohenlohe-Waldenburg-
Schillingsfürst, Prinz Alex-
ander zu 480
Hohenlohe-Waldenburg-
Schillingsfürst, Prinz Egon
zu 291
Hokusai, Katushika 191, 243
Hölderlin, Friedrich 421, 424,
439
Holitscher, Arthur 53,
145 ff., 156, 254, 689
Holmström, Tora Vega 192,
253, 287, 344
Holmström, Torsten 192
Horaček, Professor 30
Horstmann, Lalli 644, 647
Hotop, Else – s. Nevar, Elya
Maria
Huch, Ricarda 197, 367
Huf, Fritz 699

Ibsen, Henrik 73, 76, 115,
240, 250, 308
Insel-Almanach 241, 251, 355,
466, 495 f., 600, 655, 688
Insel-Bücherei 109, 355, 362,
383
Insel-Verlag 114, 138, 149,
182, 208, 210, 214, 220, 224,
241, 248, 251, 267, 269, 275,
283 f., 303, 306, 322, 331 f.,
360, 383, 387, 393, 397, 407,
420, 431, 441, 446, 461 f.,
465 f., 471, 480, 494 f., 497,
510, 520, 538, 547, 549, 573,
602, 617, 634, 642
Internationale Rundschau 439

Jacobowski, Ludwig 54, 100
Jacobsen, Jens Peter 68 f., 85,
90, 136, 153, 173, 182, 184,
187, 192 f., 202, 208, 277,
305, 307, 367, 379
Jaenichen, Johann 323, 392
Jaenichen-Woermann, Hed-
wig 323, 329, 336, 392,
470 f., 698
Jaffé, Edgar 487, 489
Jaffé, Else 697
Jahr, Ilse 705
Jaloux, Edmond 601, 621,
624 f., 628, 641, 647, 656 f.,
659 f., 672, 702, 704
Jammes, Francis 414
Janz, Curt Paul 687
Jeffers, Robinson 559
Jenny, Rudolf
Christoph 50 ff., 63
Jensen, Johannes 344
John, Gwen 236
Jonas, Klaus W. 14
Jouve, Pierre-Jean 641
Joyce, James 295
Juncker, Axel 149, 154, 157,
168, 171, 181, 187, 189, 191,
193, 198, 200, 202 f., 205,
223 ff., 235, 240 f., 244, 246,
268 f., 272, 284, 327, 360,
486
Jung-Deutschland und Jung-
Elsaß 47
Jung-Deutschland und Jung-
Oesterreich 47, 49
Junghanns, Inga 443, 466,
469, 505 f., 699
Junghanns, Rudolf Rein-
hard 466, 503, 505 f.

Kafka, Franz 53, 420
Kainz, Josef 285
Kalckreuth, Bertha Gräfin
 von 281
Kalckreuth, Leopold Graf
 von 696
Kalckreuth, Wolf Graf
 von 280
Kappus, Franz Xaver 170,
 192
Kassner, Rudolf 262, 281,
 290, 301, 307, 317, 320, 324,
 332 ff., 350, 354 f., 367,
 411 f., 416, 427, 464, 494 f.,
 497, 578, 625, 666, 672, 674,
 696
Kastner, Eduard 38 f., 686
Kattentidt, G. E. 40, 47, 49,
 53
Katzenstein-Erler, Dr.
 Erich 699
Kawerau, Heime Magda-
 lene 693
Keim, Franz 39
Kempen, Thomas von 537
Kerényi, Magda 14
Kessler, Harry Graf 221, 298,
 320, 324, 332, 355, 432, 463,
 473 ff., 478, 696, 698
Key, Ellen 19, 26, 41, 154,
 164, 170, 172-5, 180 ff.,
 184-6, 188 ff., 192 ff., 198 f.,
 201-4, 206-9, 217, 220 f.,
 223, 225 f., 229, 234 ff., 240,
 249 f., 259, 281, 285, 290, 367,
 387, 402 f., 443, 647, 658,
 686, 689-93, 696
Keyserling, Eduard Graf
 von 77
Kierkegaard, Søren 191, 200,
 277
Kipling, Rudyard 373
Kippenberg, Anton 109, 208,

241, 244, 247 f., 250 f., 254,
 260, 265, 267-72, 281, 283-7,
 289, 294-9, 302 ff., 306 f.,
 310 f., 312 ff., 317, 319 f.,
 323-7, 332 f., 338, 345, 351,
 355, 360 ff., 367, 371, 377,
 383 ff., 387 f., 391, 393 ff.,
 398, 407, 409 f., 412 f., 415,
 418-21, 427 ff., 431, 433 ff.,
 441, 445 f., 457, 460-3, 468,
 479, 482, 485 f., 495, 498 f.,
 504, 510, 513, 517, 521, 526,
 535, 537 f., 540 f., 545, 547,
 554 ff., 569-72, 577, 591, 594,
 596, 603, 605, 608 f., 614 f.,
 617, 622, 626, 630, 638, 642,
 644, 657, 661, 663 f., 667 f.,
 693, 695 f., 698 f., 701
Kippenberg, Katharina 295,
 300, 304, 310, 319, 322,
 325 f., 333, 385, 387, 394 f.,
 427, 431, 441 f., 461, 466,
 470, 480 ff., 494, 537 f., 541,
 545, 547, 570, 591, 596, 600,
 614, 622, 638, 668
Klaar, Dr. Alfred 39, 49, 53
Klee, Paul 438
Kleist, Heinrich von 305, 400
Klimt, Gustav 99
Klinger, Max 130
Klossowska, Elisabeth Doro-
 thee (›Baladine‹, ›Merline‹),
 geb. Spiro 503 f., 510, 522,
 528-36, 538 f., 545-50, 552-7,
 561-8, 578, 593, 596 ff., 603,
 606 f., 614, 625, 628, 630,
 642, 645, 652, 657, 667 f., 675
Klossowski, Arsène Davitcho
 (›Baltusz‹, ›Balthus‹) 504,
 528, 539 f., 547 ff., 593,
 596 ff., 607, 614, 630
Klossowski, Dr. Erich 503 f.,
 533, 538, 548

Klossowski, Pierre 504, 528, 539, 547 ff., 593, 596, 607, 630
Klutz, Dr. Karl 14
Knoop, Gerhard Ouckama 573
Knoop, Gertrud Ouckama 573 f., 576 f.
Knoop, Baronin May 246, 252, 256, 312 f., 319, 351, 429, 696
Knoop, Wera Ouckama 573 f., 576, 582, 588
Koenig, Hertha 298, 300, 435 f., 438, 441, 447 f., 466, 468 f., 471 f., 476, 478-81, 483, 537, 580, 697 ff.
Kokoschka, Oskar 458 f.
Kolb, Annette 361, 394, 432, 435, 464, 483, 699
Kolbe, Georg 469
Korrodi, Eduard 669
Kramskoi, Iwan Nikolaje-witsch 127
Kraus, Karl 100, 400, 413, 428, 458
Krejči, F. V. 687
Křenek, Ernst 614
Kühlmann, Richard von 464, 466, 472 f., 480
Kutschera, Gabriele, geb. Rilke 22, 39, 65
Kutschera-Woborsky, Irene von, geb. von Rilke 45, 72, 144, 151, 244, 325, 328, 333, 596
Kutschera-Woborsky, Oswald von 328, 595, 598
Kutschera, Wenzel von 22

Labé, Louize 318
Lahmann, Dr. Heinrich 145
Lanckoroński, Karl Graf 656

Landowska, Wanda 477
Landshoff, Ludwig 699
Larbaud, Valéry 398, 601, 643
Larkin, Philip 677
Larsson, Hanna 186, 188, 190
Lasker-Schüler, Elsa 149
Laurent, Walt (Walburga) 497
Lauterburg, Greta 14
Lazard, Leopold 430
Ledebur, Dorothea von 698, 702
Lehar, Franz 468
Lemont, Jessie 281
Leonardo da Vinci 89, 173, 187, 364, 458
Lermontow, Mikhail Jurje-witsch 104 f., 114, 496
Lernet-Holenia, Alexander 671
Lichnowsky, Fürst Karl Max 419 f.
Lichnowsky, Fürstin Mech-tilde 419 f.
Liebermann, Max 97, 469
Liebknecht, Karl 467
Liebknecht, Sophie (Sonja) 467, 469, 472, 483, 698
Liliencron, Detlev von 62-5, 89, 97
Loti, Pierre 518
Luck, Rätus 14
Ludwig III. von Bayern 488
Ludwig Ferdinand, Fürst von Bayern 454
Lurçat, Jean 505, 626

Mackensen, Fritz 98, 128 ff., 132, 153
Mäder, Dr. Alphonse 631
Maeterlinck, Maurice 51, 85, 152, 154, 301
Mähler von Mählersheim, Charlotte, geb. Entz 40

Mähler von Mählersheim, Ottilie 40
Maillol, Aristide 231, 319
Mallarmé, Stéphane 161, 496, 571, 595
Malybrock-Stieler, Ottilie 686
Mann, Heinrich 443
Mann, Thomas 153, 436, 498, 699
Marc, Franz 464
Mardrus, Joseph Charles 518, 625
Margerie, Jenny de 14, 626, 653, 662, 704
Margerie, Roland de 626
Martin Du Gard, Roger 625, 628
Marwitz, Adelheid von der 496
Marwitz, Bernhard von der 476 f., 496
Masaryk, Thomas Garrigue 619, 647
Mason, Eudo C. 12
Mattauch, Mia 465, 483
Mauriac, François 661
Max, Edouard de 294
Max von Baden, Prinz 486 f.
Mehring, Walter 476, 698
Meng, Dr. Heinrich 702 f.
Mercure de France 600
Mewes, Anni 489, 699
Meyer, G. H. 112, 114
Meysenbug, Malwida von 76
Michaëlis, Karin 193, 195
Michaëlis, Sophus 195
Michel, Wilhelm 154
Michelangelo 89, 111, 264, 409, 474
Milton, John 369
Mir iskusstva 124
Mises, Richard von 686

Mitford, Diana 697
Mitford, Marianne, geb. Friedländer-Fuld 431 ff., 435 f., 464, 468, 470 f., 484, 625, 644, 662
Mitford, Nancy 697
Mitford, Unity 697
Mitterer, Erika 616, 624
Modersohn, Otto 98, 127, 129, 132, 136, 139, 153, 161, 171, 226, 279
Modersohn-Becker, Paula 128-36, 139, 141, 153, 155, 158, 169, 226, 231 f., 236, 250, 253, 279 f., 463, 472, 691
Moissi, Alexander 240, 306
Molière 536
Moltke, Detlev Graf von 472
Montaigne 427
Moodie, Alma 604, 614, 668, 702
Moore, George 636 f.
Moran, William L. 698
Morax, René 669
Morgenstern, Christian 62
Morice, Charles 218
Morisse, Paul 600, 632, 641, 701
Morris, William 97
Morse, Benjamin J. 692, 694
Mühll, Theodora von der – s. Von der Mühll
Mühll, Hans von der – s. Von der Mühll
Mühsam, Erich 487
Müller-Einigen, Hans 468
Münchhausen, Thankmar von 442, 464, 476, 493, 626
Münchner Post 469
Munthe, Axel 252
Mussolini, Benito 642
Muther, Richard 99, 114, 124, 157

739

Muthmann, Dr. Arthur 702 f.
Mutius, Marie von 702

Nádherný von Borutin,
   Amalie 231, 304
Nádherný von Borutin, Carl
   262, 304
Nádherný von Borutin, Jo-
   hannes 262, 304 f., 326, 384
Nádherný von Borutin, Sidonie (Sidie) 231, 243, 259 f.,
   264, 266, 271, 278, 282, 290,
   299 f., 304 f., 322 f., 330,
   337, 350, 360 f., 371, 377 f.,
   380, 383 f., 393 f., 400, 413,
   429, 431, 438, 458, 460, 463 f.,
   477, 486, 495, 498, 503, 595
Neue Freie Presse (Wien) 262
Neue Rundschau 73, 200, 221,
   266, 269, 344, 699
Neue Zürcher Zeitung 480, 513,
   704
Nevar, Elya Maria (eig. Else
   Hotop) 485, 490, 493, 495,
   499, 644
Nietzsche, Friedrich 62, 73,
   76 f., 290, 506
Nijinsky, Vaclav 320 f.
Noailles, Anna Comtesse
   de 278, 290-3, 358, 625, 631
Nölke, Gudi 13
Nordeck zur Rabenau, Julie
   Freifrau von 211 f., 242,
   257, 344, 385, 704
Norlind, Ernst 186-90, 193 f.,
   690
Nostitz-Wallwitz, Alfred
   von 298, 387 f.,
Nostitz-Wallwitz, Helene
   von 298, 300, 324 f., 387 f.,
   394, 415, 431, 459
Nouvelle Revue Française 320,
   601

Obstfelder, Sigbjörn 199,
   275 f.
Oestéren, Laska van 47, 54 f.
Oestéren, Werner van 61, 63
Olden, Hans 686
Oltersdorf, Jenny 306 ff.
   312 f., 326, 541, 686, 694
Orcagna, Andrea 89
Orlik, Emil 50, 53, 61, 85,
   146, 469
Orwell, George 11
Österling, Anders 186
Overbeck, Fritz 98, 129, 153
Ovid 582

Pan 99
Pascal, Blaise 344
Pasternak, Boris 118, 613,
   649 ff.
Pasternak, Leonid 101 f., 114,
   116 ff., 243, 649
Paszthory, Kasimir von 461
Pater, Walter 173
Pauli, Gustav 126, 152,
   154 ff., 166
Petrarca, Francesco 89, 321,
   360, 575
Pettit, Richard 689
Pfeiffer, Ernst 14, 687 f., 702
Picasso, Pablo 432, 436, 441,
   444, 483, 580
Pickford, Mary 615
Pineles, Friedrich (›Ze-
   mek‹) 82, 141 ff., 175, 185,
   193, 196
Pitoëff, Georges 510, 527 f.,
   538, 625
Placci, Carlo 325, 357, 361,
   371, 404
Poellnitz, Rudolf von 182,
   208
Poeschel, Carl Ernst 208, 223,
   241

Poletti, Signora 358
Preuschen, Hermione von 61
Pritzel, Lotte 394, 407, 442
Proust, Marcel 407, 601, 603
Pulver, Max 466
Purtscher-Wydenbruck,
    Nora 595
Puschkin, Alexander Sergeje-
    witsch 102, 104

Quidde, Ludwig 488

Racine, Jean 536
Rathenau, Walter 464, 472,
    481, 483, 596, 698
Raunier, Madame 562, 566
Rayson, Thérésine 335, 351
›Reconnaissance à Rilke‹ (Ca-
    hiers du mois) 642, 657
Reder, Heinrich von 61
Redesdale, Baron 432, 696
Rée, Paul 76 f.
Rehnquist, Lennart 14
Reinhart, Georg 514, 519,
    535, 538, 547, 598, 607, 609,
    662
Reinhart, Hans 514, 538, 564
Reinhart, Werner 514, 517,
    522, 524, 562-6, 568, 592 ff.,
    596 ff., 604 f., 614 f., 617,
    634, 638, 641, 644, 648, 664,
    668, 686, 701 ff.
Reventlow, Franziska Gräfin
    zu 73 f., 94, 111, 115, 150,
    687
Revilliod, Madame 647
Revue de Genève 642
Reynold, Gonzague de 643
Ribadaneira, Pedro 344
Rilke, Emil 22
Rilke, Hugo 22
Rilke, Irene von – s. Kut-
    schera-Woborsky, Irene

Rilke, Jaroslav, Ritter von Rü-
    liken 22, 24, 38, 40, 45, 72,
    151, 328, 619
Rilke, Johann Baptist Joseph
    (1788-1853) 21
Rilke, Johann Franziskus
    (geb. 1719) 21
Rilke, Johann Joseph (geb.
    1755) 21, 23
Rilke, Johannes (1679-
    1750) 21
Rilke, Josef 22-6, 28, 32, 34,
    36 ff., 54, 56, 64, 82, 84, 100,
    141, 144, 146, 171, 180, 198,
    205, 207, 220, 229, 629
Rilke, Michael (1653-1710) 21
Rilke, Paula von 45, 72, 144,
    151, 244, 328, 619
Rilke, Phia (Sophie) geb.
    Entz 23-9, 32, 35, 37 f., 56,
    64, 66, 69 f., 74, 76, 84, 96 f.,
    99 ff., 103, 112, 115, 117,
    124, 126, 139, 141, 146 f.,
    180, 183, 226, 229, 242, 260,
    271, 283, 296, 304 f., 308 f.,
    325, 330 f., 361, 363, 375,
    446 f., 454 f., 482 ff., 493,
    619, 686 ff., 693, 699
Rilke, Ruth 150, 155, 164 f.,
    168, 174, 177 f., 184, 199,
    202 f., 211, 220, 226, 229, 232,
    236-9, 245 f., 252, 258 f.,
    264, 266 ff., 270, 283, 290,
    297, 304, 322, 325, 328 f.,
    331, 340, 352 ff., 361 f.,
    391 ff., 397, 406, 429, 440,
    442, 454, 458, 464, 466, 468,
    470 ff., 483, 495, 499, 520,
    538, 568 ff., 573 f., 592, 608,
    614, 633, 638, 667
Rilke, Wilhelmine, geb. Rei-
    ter 22
Rilke-Westhoff, Clara 128-41,

143-7, 149 f., 152, 155-9,
161-6, 168-73, 174 f., 179 f.,
184, 186 f., 189, 191-5, 198,
200, 202-6, 209-14, 217,
220 f., 226-30, 232 f., 235-40,
242-54, 256, 258 f., 263 ff.,
267-71, 273 f., 277, 279, 281,
283, 285 f., 289 f., 297 f.,
300, 303 f., 306, 308, 310 ff.,
317 f., 325, 327-31, 339,
352 ff., 361 f., 378, 383,
391 ff., 397 f., 410, 412, 429,
434, 439 f., 442, 462, 464,
466, 468, 470-3, 477, 488, 495,
499, 520 f., 524, 529, 569,
574, 592, 608, 614, 661 f.,
667, 689, 692-5, 698 f.
Rivière, Jacques 398
Rodin, Auguste 130, 137,
157 f., 161 ff., 165 ff., 169,
173, 175, 177, 179, 182, 189,
192, 208 f., 211-4, 217-36,
240, 249, 254, 256, 258, 260,
262 f., 265 f., 270, 272-5,
281 f., 285, 290, 294, 298, 306,
308, 322, 332, 341, 344, 358,
377 f., 380 f., 383 f., 410,
444, 474, 477, 503, 506, 524,
527, 550, 576, 581, 595, 629,
647
Rodin, Rose 163, 214, 353
Rolland, Romain 378-81, 400,
427, 435, 443, 456 f., 643
Roller, Alfred 688
Romains, Jules 398, 600 f.
Romanelli, Adelmina (Mi-
mi) 263 ff., 277 f., 281, 286,
300, 302, 313, 335, 381 f.
Romanelli, Pietro 263, 265,
281, 335, 344
Rosen, Lia 262, 266, 393
Ross, Gräfin 388
Rothenstein, William 231 f.

Rülcko, Christophorus 21
Rülike, Franz 21
Rylke (Rülko), Johann 21

Sachs, Adrienne 698
Sadee, Ilse 344, 688
Sakharoff, Alexander 505,
625
Sakharoff, Clotilde – s. Derp,
Clotilde
Salis, Guido von 528, 533,
606, 616
Salis, Jean Rudolf von 12, 14,
613
Salis, Count John de 507
Salten, Felix 285
Salus, Hugo 139, 227, 687
Sappho von Mytilene 278
Sauer, Professor August 53,
98, 112, 208, 261, 266, 303,
313
Sauer, Hedda 261, 266, 327
Sazanova, Julie 627
Schachowskoj, Fürst Sergej
Iwanowitsch 117, 122, 139
Schalk, Lili 692
Scharffenberg, Renate 691
Schaukal, Richard von 63
Scheel, Erica von – s. Haupt-
mann, Erica
Scheid, Richard 483
Schenk, Frl. von 695
Schenk zu Schweinsburg,
Elisabeth 705
Schewitz-Hellmann, Anna 209
Schey-Rothschild, Philipp
von 430, 454, 463 f., 697 f.
Schickele, René 435
Schill, Sophia Niko-
laewna 114-9, 122 f.
Schlözer, Leopold von 299
Schmidt-Pauli, Elisabeth
von 13, 698 f.

Schnack, Dr. Ingeborg 12,
    14, 691
Schneeli, Gustav 646
Schnitzler, Arthur 49, 99 f.,
    686
Schobloch, Rosa 261
Scholz, Wilhelm von 61,
    63 ff., 71, 146, 687, 694
Schönaich-Carolath, Prinz
    Emil von 62, 149, 155
Schönauer, Herr 504
Schönberg, Arnold 458
Schröder, Martha – s. Vogeler,
    Martha
Schröder, Rudolf Alexan-
    der 113, 674
Schuler, Alfred 439, 443
Schuster & Loeffler 73 f.,
    113
Schwab, Raymond 628
Schweitzer, Albert 538
Schwerin, Luise Gräfin
    von 209, 211, 213, 217,
    225 f., 247, 691
Seckendorff, Götz von 476
Sedlakowitz, Gen.-Major Cä-
    sar 30 f., 33, 39, 542, 544,
    686
Sépibus, Jeanne de 14, 604 f.,
    613, 628, 631, 646, 651 f.,
    701
Servaes, Franz 262
Shakespeare 321, 475
Shaw, George Bernard 55,
    231, 352, 435
Sieber, Carl 13, 568, 570, 667
Sieber, Christine 608, 614,
    638, 667
Sieber-Rilke, Christoph 13 f.
Sieber-Rilke, Hella 13 f.
Simenauer, Erich 349
Simmel, Georg 98, 100, 197,
    206, 208 f., 212

Simon, Walter 688
Simplicissimus 53
Sintenis, Renée 469, 476
Sizzo-Noris, Margot Grä-
    fin 13
Solmitz, Eva – s. Cassirer, Eva
Solms-Laubach, Manon Grä-
    fin zu 233, 242, 250, 252,
    266, 344, 704
Souvairan, Oberst 568, 572,
    593, 701
St. John Perse (eig. René
    Alexis St.-Léger Léger) 625
Stampa, Gaspara 278, 302,
    348
Stark, Josef 328 f., 331, 351,
    694
Stauffenberg, Dr. Wilhelm
    Schenk von 415, 419, 421,
    423, 442, 453, 480, 496
Steindorff, Professor
    Georg 387, 390, 419
Steiner, Herbert 262
Steiner, Professor Jacob 451,
    697
Steiner, Rudolf 100
Stendhal 536
Stifter, Adalbert 367, 573
Stoeving, Curt Karl Gu-
    stav 97
Stolberg-Wernigerode, Prinz
    Wilhelm von 697 f.
Stols, Alexandre Alphonse
    Marius 662, 664
Storck, Dr. Joachim W. 14
Strauss, Richard 361
Strindberg 436, 443
Strohl, Frida 533
Strohl, Jean 533, 538, 571,
    575 f., 580, 592, 618, 638,
    701
Strohl-Fern, Alfred 181, 183
Studer, Claire – s. Goll, Claire

Suarès, André 704
Sulzberger, Nathan 69 f., 351
Supervielle, Jules 625, 641,
  652, 667
Suttner, Bertha von 35
Symonds, John Adding-
  ton 333

Tagore, Rabindranath 400
Taube, Otto von 383, 476
Taubmann, Elisabeth 236,
  468
Thun-Hohenstein, Paul
  Graf 627
Thurn-Hofer-Valassina, Gräfin Therese 291
Thurn und Taxis, Fürst Alexander von 291, 313 f., 326,
  398, 439, 454, 570, 615, 697
Thurn und Taxis, Prinz Alexander von (›Pascha‹) 291,
  351, 361, 365 f., 411, 459, 554,
  695
Thurn und Taxis, Prinz
  Erich 291, 333, 335 ff.
Thurn und Taxis, Fürstin Marie von 290-3, 295, 297, 301,
  304, 307, 313 f., 318, 321,
  324 ff., 328 f., 332-7, 339,
  344 ff., 348, 350, 352-8,
  360 ff., 376, 380, 387 f., 391,
  393, 398, 401, 410 ff., 414,
  427, 429, 431 f., 434, 436,
  439, 443, 458 f., 465, 485,
  494, 511, 525 ff., 537, 541,
  545, 550 f., 554 ff., 571, 574,
  578, 591, 594 f., 605, 615 f.,
  625, 630, 638, 641, 652, 654,
  660, 662, 666, 669, 675
Thurn und Taxis, Fürst Raymond Louis von – s. Torre e
  Tasso, Raimondo della
Tiemann, Walter 241

Toller, Ernst 497 f.
Tolstoj, Leo Graf 35, 100-3,
  105, 114, 117 ff., 127, 163,
  223, 308, 379, 449, 474,
  512
Tolstoj, Nikolaj Alexeje-
  witsch 123
Torre e Tasso, Principe Raimondo della 14, 326, 554
Trakl, Georg 429, 431
Trebitsch, Siegfried 55 f.,
  231, 249, 383
Trotzki, Léon 480
Troubetzkoj, Fürst Pavel 102,
  228, 506
Tschechow, Anton Pawlo-
  witsch 115
Tschernoswitowa, Genia
  657, 660-4
Turgenjew, Iwan Sergeje-
  witsch 68, 112, 601

Uexküll, Damajanti von 249
Uexküll, Jacob von 211 f.,
  472
Uexküll, Gudrun von 211,
  217, 249, 691 f.
Ullmann, Regina 393, 433,
  436, 438, 442, 461, 463, 495,
  513, 548, 603, 662, 668
Ungaretti, Giuseppe 642
Ungern-Sternberg, Rolf
  von 383
Unruh, Fritz von 475
Unseld, Siegfried 451
Urzidil, Johannes 17

Valéry, Paul 550, 571, 574 f.,
  595, 598 ff., 605, 611 ff.,
  621-6, 628, 641, 646, 649,
  651 f., 657 ff., 662, 664, 700,
  704
Valmarana, Agapia (Pia) 356,

360, 363, 375, 388 f., 408 f.,
431, 526 f., 595, 695 ff., 700
Van Gogh, Vincent 226, 258
Veder, Beppy 655, 657
Velde, Hanry van de 97, 464
Velhagen & Klasing 152
Veltzé, Oberst Alois 455,
458
Verhaeren, Emile 222, 234,
237, 252, 265 f., 338, 378 f.,
383, 464, 477, 496, 512 f.,
587
Verlaine, Paul 161
Vildrac, Charles 534, 602
Vincens-de Bonstetten, Antoi-
nette 14, 646 f., 703
Vinnen, Carl 153
Vogeler, Franz 132
Vogeler, Heinrich 92, 97 f.,
114, 125-9, 132 f., 138 f.,
144, 153, 156 f., 166, 175,
178 f., 199, 345, 383, 688
Vogeler, Martha, geb. Schrö-
der 132, 177
Vogüé, Eugène Marie Mel-
chior Vicomte de 112
Volkart, Gebrüder 514
Vollmoeller, Mathilde 236 f.,
239, 253, 259, 270, 272, 285,
287, 289, 294, 300, 321, 344,
692-5
Von der Mühll, Hans 524 f.,
662
Von der Mühll, Theodora
(Doly), geb. Burck-
hardt 514, 516 f., 521, 524 f.,
612, 623, 653, 662, 702 ff.
Vrchlický, Jaroslav 46, 100

Waern, Florence 270
Walden, Herwarth (eig. Georg
Levin) 221
Walthert, Ida 632, 637

Wasnetzow, Viktor Mikhailo-
witsch 105, 115
Wassermann, Jakob 61, 68,
76 f., 221, 361
Wattenwyl, Yvonne von 504,
509, 517, 699, 703
Weber, Professor Max 487 f.
Wedekind, Frank 77
Wegwarten 48, 50 f., 54, 62, 66,
93
Weininger, Marianne
(›Mieze‹) 458, 460, 464, 466,
469, 543, 620, 657, 659, 698,
703 f.
Weininger, Richard 458, 460,
464, 466, 620, 630, 657, 659,
664, 666, 697, 704
Weissenburg, Josef von 23
Wells, Herbert George 76
Werfel, Franz 53, 387, 389 ff.,
393 ff., 407, 420
Westhoff, Friedrich 129, 141,
145, 151, 156, 166, 168, 177-
80, 186, 193, 202, 213, 220
Westhoff, Helmuth 271, 614
Westhoff, Johanna 128, 141,
144 f., 151, 156, 168, 177 f.,
186, 193, 202, 246, 258 f., 470,
568
Whitman, Walt 378
Wichert, Fritz 472
Wildberg, Bodo (eig. Harry
Louis von Dickinson) 50,
62 f.
Wildgans, Anton 454
Wimhölzel, Arnold 35, 37,
686
Winterfeldt, Joachim von
476 f.
Wittgenstein, Ludwig 428 f.,
594
Woermann, Hedwig – s. Jae-
nichen-Woermann, Hedwig

745

Wolfenstein, Alfred 464, 483, 492, 699
Wolff, Kurt 420, 698
Wolfskehl, Karl 464
Wolkoff-Murumzoff, Prinz 356
Wolzogen, Ernst von 61, 84, 111
Woronin, Helene 93, 98, 102 f., 104 f., 625
Wunderly, Hans 638
Wunderly-Volkart, Nanny (›Nike‹) 514 f., 517-21, 523 f., 528, 530-4, 536, 538, 540 ff., 544 ff., 551, 554, 557, 562-5, 567 f., 570, 572 f., 575-80, 592 ff., 596 ff., 600 f., 603 f., 607, 610, 614-9, 621-4, 626, 629, 631 f., 634, 637 f., 644-7, 651, 653 ff., 658, 660-9, 675, 703 f.
Wydenbruck, Nora – s. Purtscher-Wydenbruck, Nora

Zeller, Bernhard 698
›Zemek‹ – s. Pineles, Friedrich
Zeno, Carlo 301 f., 335
Zeyer, Julius 40, 46
Ziegler, Richard 532, 534, 536, 545, 550
Ziegler, Lily 532, 534, 536, 538, 545, 550, 700
Zimmermann, Rudolf 537
Zinn, Professor Ernst 12, 14
Zola, Emile 443
Zoozmann, Richard 53 f., 686 f.
Zuloaga, Ignacio 170 f., 174, 180, 184, 187, 222
Zweig, Stefan 68, 223, 229, 249, 257, 338, 378-81, 454 ff., 478, 671, 673 f., 691, 695, 697, 704
Zwetajewa, Marina 649 ff., 675
Zwintscher, Oskar 146 f., 154, 690

Biographien im
Carl Hanser Verlag

Robert Alter
Stendhal
1982

Elias Bredsdorff
Hans Christian Andersen
1980

Leo Deuel
Heinrich Schliemann
1979

Werner Fuld
Walter Benjamin
1979

Wolfgang Hädecke
Heinrich Heine
1985

Dieter Hildebrandt
Lessing
1979

Curt Paul Janz
Friedrich Nietzsche
Drei Bände 1978/79

Wolfgang Kemp
John Ruskin
1983

Donald A. Prater
Stefan Zweig
2. Auflage 1982

Rüdiger Safranski
E.T.A. Hoffmann
1984

Denis Mack Smith
Mussolini
1983